古今

（三）

復刻本說明

＊ 本期刊依《古今文史半月刊》合訂本全套復刻，為使閱讀方便，原刊每六期為一冊，復刻本則每十二期為一冊；復刻本的尺寸亦由原書的 16×23 公分，擴大至 19×26 公分。

＊ 本期刊因尺寸放大，但每期封面無法符合放大尺寸，故每期封面皆對齊開口，使裝訂邊的留白較多。

＊ 本期刊第一集書前加入導讀。

＊ 本期刊為復刻本，內文頁面或有少數污損、模糊、畫線，為原書原始狀況，不另註；唯範圍較大者，則另加「原書原樣」圖示 原書原樣 ，以作說明。

文史雜誌的尤物——朱樸與《古今》及其他

蔡登山

在上海淪陷時期，他一手創刊《古今》雜誌，網羅諸多文士撰稿，使《古今》成為東南地區最暢銷也最具有份量的文史刊物，他就是朱樸（字樸之，號樸園，亦號省齋）。他在《古今》創刊號寫有〈四十自述〉一文，根據該篇自述及後來寫的〈樸園隨譚〉、〈記蔚藍書店〉，我們知道他生於一九〇二年，是江蘇無錫縣景雲鄉全旺鎮人。全旺鎮在無錫的東北，距元處士倪雲林的墓址芙蓉山約有五里之遙，居民大都以耕農為生，讀書的不過寥寥一二家而已。而朱樸卻出身於書香門第，他的父親述珊公為名畫家，他本來希望朱樸能傳其衣缽，但看到他臨習《芥子園畫譜》臨得一塌糊塗，認為不堪造就，遂放棄了初衷。朱樸七歲入小學，成績不壞。十歲以後由鄉間到城裡，進著名的東林書院（高等小學），因得當時國文教授龔伯威先生的特別賞識，對於國文一門，進步最快。高小畢業後，他赴吳江中學讀書，不到一年轉入輔仁中學就讀。一年後，考入吳淞中國公學商科。一九二二年夏季從中國公學畢業，本想籌借一千元赴美留學，結果到處碰壁，不克如願。後來承楊端六先生的厚意，介紹他進商務印書館《東方雜誌》社任編輯，那時他年僅二十一歲。

當時的《東方雜誌》社共有四位編輯：錢經宇、胡愈之、黃幼雄、張梓生。錢經宇是總編輯；胡愈之專事譯文兼寫關於國際的時事述評（他用的筆名是「化魯」）；黃幼雄襄助胡愈之做同一性質的工作；張梓生專寫關於國內的時事述評。朱樸進去之後，錢經宇要他每期主編「評論之評論」欄，兼寫關於經濟財政金融一類的時事述評。社址是在寶山路商務印書館的二樓一間大房間，與《教育雜誌》社、《小說月報》社、《婦女雜誌》社、《民鐸雜誌》社同一房間。朱樸說：「那時候的《教育雜誌》社有李石岑（兼《民鐸雜誌》）和周予同；《小說月報》社有鄭振鐸；《婦女雜誌》社有章錫琛和周建人；此外還有各雜誌的校對等共有一二十人之多；濟濟蹌蹌，十分熱鬧。……當時在我們那一間大編輯室裡，以我的年紀為最輕，頗有翩翩少年的丰采。鄭振鐸那時也還不失天真，好像一個大孩子，時時和我談笑。他和他的夫人高女士在一品香結婚的那天，請嚴既澄與我二人為男儐相，我記得那天大家在一起所攝的一張照片，好像現在還保存在我無錫鄉間的老家裡呢。」

在《東方雜誌》做了一年多的編輯，經由衛聽濤（渤）的介紹，朱樸到北京英商麥加利銀行華帳房任職。當時華經理（即買辦）是金拱北（城），是有名的畫家，所以賓主之間，亦頗相得。

一九二六年夏，他辭去北京麥加利銀行職務，應友人潘公展、張廷灝之招，任上海特別市政府農工商局合作事業指導員之職。後因友人余井塘之介紹得識陳果夫，朱樸說：「陳先生對於合作事業頗為熱心，因見我對於合作理論有相當研究，遂於十七年（一九二八）夏以中央民眾訓練委員會的名義，派我赴歐洲調查合作運動，於是渴望多年的出國之志，方始得償。當我出國的時候，我開始對於政治感到無限的興趣和希望。那時國民黨有所謂左派與右派之分，左派領袖是汪精衛先生，右派領袖是蔣介石先生。我對於汪先生一向有莫大的信仰，我認為孫先生逝世後祇有汪先生才是唯一的繼承者。那時汪先生正隱居在法國，我在赴歐的旅途中，旦夕打算怎樣能夠追隨汪先生為黨國而奮鬥。」於是到了巴黎幾個月後，朱樸先認識林柏生，之後又經過幾個月，才由林柏生介紹晉謁汪精衛，那是在曾仲鳴的寓所。

在巴黎期間，朱樸除數度拜謁合作導師季特教授（Prof. Charles Gide）暨參觀各合作組織外，並一度赴倫敦參觀國際合作聯盟會及各大合作組織，復一度赴日內瓦參觀國際勞工局的合作部，得識該部主任福古博士（Dr. Facquet）及幫辦哥侖朋氏（M. Colombain），相與過從，獲益不少。一九二九年春，陳公博由國內來巴黎，經汪精衛介紹，朱樸初識陳公博。後來並陪他到倫敦去遊歷，兩星期後陳公博離英他去，朱樸則入倫敦大學政治經濟學院聽講。

一九二九年夏秋之間，朱樸奉汪精衛之命返回香港，到港的時候正值張發奎率師號稱三萬，由湖南南下，會同桂軍李宗仁部總共約六萬人，從廣西分路向廣州進攻，「張、桂軍」當時亟須奪取廣州來擴充勢力，準備同蔣介石分家，割據華南。不料後來因軍械不濟的緣故，事敗垂成。

香港掌故大家高伯雨說：「我和省齋相識最久，遠在一九二九年在倫敦就時相見面，但沒有什麼交情。一九三〇年我從英國回上海一轉，在十四姊家中又和他相值，原來那時候他正避難在租界裡，住在我姊姊處。那天他還約了史沫特萊女士來吃茶，我和她談了兩個多鐘頭。」對此朱樸在〈人生幾何〉一文補充說道：「至於伯雨所說的關於史沫特萊女士一節倒是的確的，而且非常之秘密，因為她那時正寓居於上海法租界霞飛路西的一層公寓內，我們不但是『打倒獨裁』的同志，並且是好抽香煙好喝咖啡的同志。所以，我常常是她寓所裡的座上客，我一到她那裡她總是親手煮咖啡給我喝的。那時候她和孫中山夫人宋慶齡女士來往非常親密，她曾屢次說要為我介紹，可是因為不久我就離開上海到香港來了，卒未如願。」

這次倒蔣的軍事行動雖未成功，但汪精衛並不灰心，他頗注意於宣傳工作，遂命林柏生、陳克文、朱樸三人創辦《南華日報》於香港，林柏生為社長，陳克文與朱樸為副社長。朱樸說：「當時我與柏生、克文互相規定每人每星期各寫社論兩篇並值夜兩天，工作相當辛勞。所幸編輯部內人才濟濟，得力不少，如馮節、趙慕儒、許力求等，現在俱已嶄露頭角，有聲於時。那時候汪先生也在香港，有時候也有文字在《南華日報》上發表，所以這一個時期《南華日報》的社論，博得讀者熱烈的歡迎。還有副刊也頗為精彩，尤其是署名『曼昭』的〈南社詩話〉一文，陸續登載，最獲一般讀者的佳評與讚賞。」

一九三〇年夏，汪精衛應閻錫山及馮玉祥的邀請到北平召開擴大會議，朱樸亦追隨同往，任海外部秘書。同時並與曾仲鳴合辦《蔚藍畫報》於北平，頗獲當時平津文藝界的好評。同年冬，汪精衛赴山西，朱樸奉命重返香港。道經上海時，因中國公學同學好友孫寒冰的夫人之介紹，認識了沈瑞英女士。一九三一年春，汪精衛赴廣州主持非常會議，朱樸被任為文化事業委員會委員。寧粵雙方代表在上海開和平會議，朱樸事先奉汪精衛命赴上海辦理宣傳事宜。一九三二年一月三十日與沈瑞英於上海結婚。兩年間留滬時間居多，雖掛著行政院參議、農村復興委員會專門委員、外交部條約委員會委員等名義，但實際上並沒做什麼事。

一九三四年六月，朱樸奉汪精衛之命，以行政院農村復興委員會特派考察歐洲農業合作事宜的名義出國。朱樸說：「汪先生因該會經費不充，所以再給我一個駐丹麥使館秘書的職務。我赴歐後先到倫敦，適張向華（發奎）將軍亦在那裡，闊別多年，暢敘至歡。數日後我隨他到荷蘭去遊覽。後來，張將軍離歐赴美，我即經由德國赴丹麥。我在丹麥三、四個月，普遍參觀了丹麥全國的各種合作事業，所得印象之深，無以復加。」一九三六年，張發奎在浙江江山新就閩、贛、浙、皖四省邊區清剿總指揮之職，來函相招。於是朱樸以一介書生，乃勉入戎幕。

一九三七年春，他奉汪精衛命為中央政治委員會土地專門委員再兼襄上海《中華日報》筆政。同年「八・一三」事變發生，朱樸奉林柏生命重返香港主持《南華日報》筆政。不久，林柏生亦由滬來港。一九三八年春節樊仲雲也由滬到港，隨即在皇后大道「華人行」七樓租房兩間，開辦「蔚藍書店」。「蔚藍書店」其實並不是一所書店，它乃是「國際編譯社」的外幕。而「國際編譯社」直屬於「藝文研究會」，該會的最高主持人是周佛海，其次是陶希聖。「國際編譯社」事實上乃是「藝文研究會」的香港分會，負責者為林柏生，後來梅思平亦奉命到港參加，於是外界遂稱林柏生、梅思平、樊仲雲、朱樸為「蔚藍書店」的四大金剛。其中林柏生主持一切總務，梅思平主編國際叢書，樊仲雲主編國際週報，朱樸則主編國際通訊。助編者有張百高、胡蘭成、薛典曾、龍大均、連士升、杜衡、林一新、劉石克等人。「國際編譯社」每星期出版國際週報一期，國際通訊兩期，選材謹嚴，為研究國際問題一時之權威。國際叢書由商務印書館承印，預計一年出六十種，編輯委員除梅思平為主編外，尚有周鯁生、李聖五、林柏生、高宗武、程滄波、樊仲雲、朱樸等。當時所謂「四大金剛」，他們除了本店的職務外，尚兼有其他職務。如林柏生為國民政府立法院委員、《南華日報》社長；梅思平為中央政治委員會法制專門委員；樊仲雲為《星島日報》總主筆；朱樸為中央政治委員會經濟專門委員。

一九三八年十二月二十九日汪精衛發表「豔電」，於是和平運動立即展開。朱樸被派秘密赴滬，從事宣傳工作，經一兩個月的籌備，和平運動上海方面的第一種刊物《時代文選》於次年三月二十日出版。同年八月二十八日，汪偽中國國民黨在上海舉行第六次全國代表大會，朱樸被選為中央監察委員，復擔任中央宣傳部副部長。同年八月至九月間，接辦上海《國際晚報》（後因工部局借故撤銷登記證而被迫停刊。）十月一日創辦《時代晚報》，由梅思平任董事長，到一九四〇年九月一日才遷到南京出版。一九四〇年三月三十日汪精衛在南京成立偽「中華民國國民政府」，其組織機構仍用國民政府的組織形式，汪精衛任行政院院長兼代主席。此時朱樸被任為交通部政務次長。先是中央黨部也將他調任為組織部副部長。五月二十六日中國合作學會在南京成立，朱樸被推為理事長。

一九四一年一月十一日，朱樸的夫人在上海病逝；同年十月十六日長子榮昌亦歿於青島。一年之中喪妻喪子，給他以沉重的打擊，萬念俱灰之下，他先後辭去中央組織部副部長和交通部政務次長的職務，僅擔任全國經濟委員會委員一類的閒職。一九四二年三月二十五日，朱樸在上海創辦了《古今》雜誌，他在〈《古今》一年〉文中說：「回憶去年此時，正值我的愛兒殤亡之後，我因中心哀痛，不能自已，遂決定試辦這一個小小刊物，想勉強作為精神的排遣。」他又在〈滿城風雨話古今〉文中說：「有一天，忽然闊別多年的陶亢德兄來訪，談及目前國內出版界之冷寂，慫恿我出來放一聲大砲。自惟平生一無所長，只有對出版事業略有些微經驗，且正值精神一無所託之際，遂不加考慮，立即答應。」他在〈發刊辭〉中說：「我們這個刊物的宗旨，顧名思義，極為明顯。自古至今，不論是英雄豪傑也好，名士佳人也好，甚至販夫走卒也好，只要其生平事蹟有異乎尋常不很平凡之處，我們都極願盡量搜羅獻諸於今日及日後的讀者之前。我們的目的在於彰事實、明是非、求真理。所以，不獨人物一門而已，他如天文地理，禽獸草木，金石書畫，詩詞歌賦諸類，凡是有其特殊的價值可以記述的，本刊也將兼收並蓄，樂為刊登。總之，本刊是包羅萬象、無所不容的。」

《古今》從第一期到第八期是月刊，到第九期改為半月刊，十六開本，每期四十頁左右。朱樸在〈《古今》兩年〉文中說：「當《古今》最初創刊的時候，那種因陋就簡的情形決非一般人所能想像的。既無編輯部，更無營業部，根本就沒有所謂『社址』。那時事實上的編輯者和撰稿者只有三個人，一是不佞本人，其餘兩位即陶亢德周黎庵兩君而已。創刊號中一共只有十四篇文章，我個人寫了四篇，亢德兩篇，黎庵兩篇，竟占了總數之大半；其他如校對、排樣、發行，甚至跑印刷所郵政局等類的瑣屑工作，也都由我們三人親任其勞，實行『同艱』『共苦』的精神。……那種情形一直賡續到十個月之後才在亞爾培路二號找到了社址（這是承金雄白先生的厚意而讓與的），於是所謂的『古今社』者才名副其實的正式辦起公來。」《古今》從第三期開始由曾經編輯過《宇宙風乙刊》的周黎庵任主編（其實是從籌備開始，只是沒公開掛名而已。），朱樸說：「我與黎庵沒有一天不到社中工作，不論風雨寒暑，從未間斷。就我個人的經驗來說，生平對於任何事務向來比較冷淡並不感覺十分興趣的，可是對於《古今》，則剛剛相反，一年多來如果偶而因事離滬不克到社小坐的話，則精神恍惚，若有所失。」

周黎庵在〈《古今》兩年〉文中說：「我編《古今》有一個方針，便是善不與人同，戰後作家星散，在上海的只有這幾個人。雖然他們的文章寫得好，但因為每一家雜誌都可以有他們的作品，便算不得名貴了，於是《古今》便開發北方……每期總刊載幾篇北方名家的作品，北方開發成功之後，我覺得還不足以維持《古今》獨有的風格，近期更有碩果僅存的珍貴史料和大江南北無與抗手的書畫刊載，可以說是《古今》特殊的貢獻。」

經過朱樸、周黎庵的努力邀約，在一九四三年七月《古今》夏季特大號（第二十七、二十八合刊）的封面上開列了一個「本刊執筆人」的名單：

汪精衛、周佛海、陳公博、梁鴻志、周作人、江康瓠、趙叔雍、樊仲雲、吳翼公、瞿兌之、謝剛主、謝興堯、徐凌霄、徐一士、沈啟无、紀果庵、周越然、龍沐勛、文載道、柳雨生、袁殊、金梁、金雄白、諸青來、陳乃乾、陳寥士、鄭秉珊、予且、蘇青、楊鴻烈、沈爾喬、何海鳴、胡詠唐、楊靜盦、朱劍心、邱艾簡、陳旭輪、錢希平、陳耿民、何戡、白銜、病叟、南冠、陳亨德、李宣倜、周樂山、張素民、左筆、楊蔭深、魯昔達、童家祥、許季木、默庵、靜塵、許斐、書生、小魯、方密、何淑、周幼海、余牧、吳詠、陶亢德、周黎庵、朱樸。

在這份六十五人的名單中，除南冠、吳詠、默庵、何戡、魯昔達是同屬黃裳一人外，可謂名家雲集。其中以汪精衛、周佛海、陳公博、梁鴻志、江亢虎、趙叔雍、樊仲雲等為首，顯示出《古今》與汪偽政權的千絲萬縷的關係。學者李相銀在《上海淪陷時期文學期刊研究》書中，就指出：「無論是汪精衛的『故人故事』，還是周佛海的『奮鬥歷程』，無不是在訴說自己的輝煌過去。……作為民族國家的罪人，他們與日本侵略者媾和並將此視為『豐功偉業』大肆吹噓，不過是為自己荒謬的言行尋找『合法』的外衣而已。其實他們又何嘗不知此舉早為世人所不齒，必將等來歷史的審判。他們焦慮不安的內心充滿了對於『末日』的恐懼，除了借助於文字聊以排遣之外，還能有何良策呢？就此而言，《古今》無疑成了他們『遺愁寄情』的最佳言說空間，《古今》的文學追求也因此被『政治化』。」而舊派文人和學者如吳翼公、瞿兌之、周越然、龍榆生、謝剛主、謝興堯、徐凌霄、徐一士、陳旭輪、陳乃乾等人佔了相當的比重，體現出雜誌的「古」的色彩。這其中有許多是專研掌故之學的，如明末四公子之一冒辟疆之後人——冒鶴亭他的〈孽海花閒話〉在《古今》第四十一期起連載九期；而晚清大學士瞿鴻機之子瞿兌之出身宰輔門第，故舊世交遍天下，是民國筆記小說的重要代表人物；徐一士出身晚清名門世家，與兄徐凌霄均治清代掌故，所著《凌霄一士隨筆》與瞿兌之的《人物風俗制度叢談》、黃秋岳的《花隨人聖庵摭憶》並稱為「三大掌故名著」。謝剛主原名謝國楨，是明史專家；謝興堯則主要從事太平天國史研究，他對《水滸傳》作者的考證，從胡適考證的遺漏之處入手，認為《水滸傳》最根本的問題是作者問題，發幽探微，溯古追今，既有史實，又有史識。而周越然在二十世紀上半葉，是無人不知的大藏書家，其書室名為「言言齋」，於一九三二年毀於「一・二八」之役，但他並不因此而稍挫，他移居西摩路（今陝西北路），繼續廣事搜購，不數年又復坐擁書城。他偏嗜禁書，寫有〈西洋的性書與淫書〉等文。陳乃乾則早年從事古舊書業經營，所經眼的版本書籍特別多，撰著了不少有關版本目錄學方面的專著，並在《古今》上發表了許多目錄學、版本學方面的學術文章。

紀果庵在《古今》第三十期（一九四三年九月一日出版）的〈海上紀行〉一文，談到他們在朱樸的「樸園」雅集的情況：「次日上午我先到黎庵兄處會齊，往樸園，老樹濃蔭，蟬聲搖曳，殊為人海中不易覓到的靜區。樸園主人前在京時曾見過一面，但未接談，這番重見到他清癯的面容，與具有隱士嘯傲之感的風格，不覺未言已使我心折。我常想晉宋之交，有栗里詩人，與遠公點綴了美麗的廬山，五斗米雖不能使他折腰，而我輩卻呻吟於六斗之下（公務員配給米以六斗為限），古今世變，還是相去有間的，然如樸園之集，固亦大不易得，並非我輩『群賢畢至』，良以濁世可以談談的機會與心情太不容吾人日日如此耳。亢德已至，因有他約，先去。隨後來的有矍鑠的周越然先生，推了光頂風趣益可撩人的予且先生，丰度翩翩的文載道柳雨生二兄，和我最喜歡讀其文字的蘇青小姐，樊仲雲先生則最後至，於是談話馬上熱鬧起來，予且先生在抄寫樸園主人的八字預備一展君平手段，越翁則談到方九霞劫案，載道大說其墨索公辭職的新聞，聲宏而氣昂，蘇青小姐只有在一邊微笑，用小型扇子不住的扇著。我這個北方大漢，插在裏邊，殊有不調和之感，只好聽著似懂不懂的上海話，一面欣賞吳湖帆送給樸園主人的對聯，（聯曰：顧視清高氣深穩，文章彪炳光陸離。）和書架上的書籍，大部是清代筆記掌故和清印的書帖之屬，主人脾胃，可睹一斑，其與吾輩相近，亦頗顯然也。時主人持出《扇面萃珍》一冊，與黎庵討論《古今》封面材料，此集乃廉南湖小萬柳堂所藏，均明清珍品。主人因談到吳芝瑛女士的字，據云乃是捉刀，余亦久有所聞，而不如主人所知之證據確鑿。飯已擺好，我竟僭越的被推首席，可惜自己不能飲酒，白白辜負主人及黎庵的相勸之意。老饕既飽，本該『遠颺』，（昔人喻流寇云，『饑則來歸，飽則遠颺。』）奈外面紛傳，馬路將要戒嚴，『下雨天留客』，適有饋主人以西瓜者，不免益使老饕堅其不去之心。西瓜吃畢，蘇青女士的文章來了，她掏出小巧精緻的紀念冊，定要樊公題字，樊公未有以應，叫我先寫幾句，我只得馬馬虎虎，塗鴉一番，大意好像是發揮定公詩：『避席畏聞——著書都為——』數語的意思，未免平凡得很。主人堅執請樊公執筆，樊公索詞於我，我忽然說：『您寫纔成白雪桑重綠，割盡黃雲稻正青罷。』樊公未作可否，我已竟感到荊公此語，太露鋒芒，豈唯對樊公不適，即給人題字，亦復欠佳，乃急轉語鋒曰：隨便寫個

『文章千古事，得失寸心知』好了，不是蘇青小姐的文章大可『千古』嗎？樊公乃提筆一揮而就。三點了，不好意思再坐下去，於是告辭了雅潔的樸園……」

對於《古今》的創辦，上海電影製片廠離休老幹部、上海作家協會會員沈鵬年在《行雲流水記往》一書中另有一說，他云：「朱樸畢竟出身於書畫世家，深知『國寶』級的兩宋古書畫的價值。而當時號稱『前漢』（汪精衛屬『後漢』）的大漢奸梁鴻志家藏兩宋古書畫，他覬覦之心，無時或已。便以《古今》約稿為名，頻頻登門訪梁。」梁鴻志出身閩侯望族，曾祖父梁章鉅，號茝林，官至江蘇巡撫，是嘉道間名震朝野的收藏家，外祖林壽圖，號歐齋，工書畫及詩詞。梁鴻志早年結識北洋皖系大紅人、安福系王揖唐，王賞識梁鴻志的詩才，拉其入安福國會任財務副主任，梁鴻志因此搜刮了不少安福俱樂部的公款，後來王揖唐又舉薦梁鴻志任段祺瑞秘書。段歸隱上海，梁就用安福系的巨額贓款也在上海置花園洋房一所，並以祖傳宋代古玩三十三件（一說是兩宋蘇東坡、黃山谷、米南宮、董源、巨然、李唐等書畫名家真跡三十三種），名其居曰「三十三宋齋」。沈鵬年認為這些國寶級的珍藏，不能不令朱樸為之咋舌。因此朱樸在《古今》創刊時，就約得梁鴻志的文章〈爰居閣脞談〉並將其排在首篇，足見其是別有用心的。

後來朱樸更因此得識了梁鴻志的長女，沈鵬年說：「一九四二年四月的一天，朱樸要周黎庵陪伴同去鑑賞。至梁宅適主人外出，由其女梁文若招待。這就是朱樸致文若第一封『情書』中所說『兩年多以前曾經多少友好的熱心介紹，始終未能謀面，而這一次竟於無意之間一見傾心』的這一次。朱樸致文若信中寫道：『我因精神無所寄託遂創辦《古今》以強自排遣，卻不料無形中竟因此獲得了你的重視和青睞。』『在茫茫塵海之中能夠獲得你，可說不虛此生了。』從一九四二年四月至一九四四年三月，整整兩年的苦心追求，文若小姐下嫁朱樸，朱樸成為梁鴻志的『乘龍快婿』。『三十三宋齋』的『肥水』也能分得『一杯羹』。他創辦《古今》的目的初步得逞。」

一九四四年三月三日下午三時，朱樸與梁文若結婚，證婚人原定周佛海，後來因周佛海有事不克前來，改為梅思平主持。據參與盛會的文載道說，新郎著藍袍玄褂，新娘則僅御紅色旗袍，不冠紗也不穿高跟鞋，有許多人頗讚美這種儀式之儉樸而莊嚴。因為梁鴻志與朱樸交友廣闊，因此賀客盈門，有冒鶴亭、趙時棡（叔孺）、譚澤闓、吳湖帆、龔心釗（懷西）、林灝深（朗谿）、夏敬觀、劉翰怡、廖恩燾、顏惠慶、張一鵬、鄭洪年、朱履龢、聞蘭亭、諸青來、李拔可、嚴家熾等名人。另文化界來的有：趙正平、樊仲雲、周化人；新聞界有：金雄白、陳彬龢、袁殊、鄭鴻彥、許力求；銀行界有：馮耿光、周作民、李思浩、葉扶霄、錢大櫆、盧澗泉、張慰如、吳蘊齋；軍警界有：唐蟒、蕭叔宣、張國元、唐生明、臧卓、熊劍東、蘇成德、林之江等；女賓到的有周佛海夫人楊淑慧，陳公博夫人李勵莊，前「標準美人」現唐生明夫人徐來，以及繆斌、任援道、梅思平、丁默邨的夫人等。還有兩位是朱履龢、李祖虞夫人，都是崑曲的名手。更難得的是京劇大師梅蘭芳也來了。文載道說：「聽說這次爰居閣主（案：梁鴻志）贈與樸園（案：朱樸）的覿禮，也不是世俗的金錢飾物，而是最合樸園愛好的金石古玩。計有宋哥孳水盂全座，漢玉一枚，乾隆仿宋玉兔朝元硯一方，精品雞血章成對。」

朱樸在〈樸園日記——甲申銷夏鱗爪錄〉文中說：「（一九四四年）八月十五日，下午到《古今》社，鶴老送贈《梁節庵遺詩》一冊，盛意可感。《古今》第五十三期出版，封面刊登孫邦瑞君所貽鄭蘇戡之『含毫不意驚風雨，論世真能鑒古代』一聯，頗為大方。……八月二十三日，上午赴中行，與震老閒談時事，感慨良多。下午與文若赴爰居閣，邀外舅（案：梁鴻志）同往孫邦瑞處觀畫。今日所觀者有沈石田畫二卷，董香光畫軸及冊頁各一件，王煙客冊頁九幀，惲南田畫一卷，皆精品。石谷二卷俱係中華時代之力作，頗為外舅所讚美。……邦瑞富收藏，今日因時間匆促，不克飽鑒為憾，異日當約湖帆再往訪之。」孫邦瑞是民國著名書畫收藏家，他與吳湖帆交誼甚篤，且結通家之好，所收藏名跡多經吳湖帆鑑定並題跋。沈鵬年說：「據說孫邦瑞家藏的精品經梁、朱『鑒賞』以後，梁、朱用『金條』為誘餌，反覆談判，威嚇利誘，被掠奪而去……類此者何止孫氏一家？這就是朱樸之用《古今》為幌子，先瞄上梁家『三十三宋齋』，然後再網羅海上著名收藏家的珍品，這就是他辦《古今》最終的真正目的。……朱樸通過《古今》人財兩得，名利雙收。把《古今》停刊以後，集中精力，找到退路，最後去『香港買賣書畫』。」

一九四四年十月《古今》在出版第五十七期後停刊，朱樸離開滬寧的政治圈，他以平民身份幽居北平，以賞玩字畫為樂事。他在〈憶知堂老人〉文中說：「一九四四年《古今》休刊後我舉家遷居北京，到後即往拜訪。」又在〈多難祇成雙鬢改〉文中說：「甲申之冬，余北遊燕都，知堂老人邀讌苦茶庵，陪座者僅張東蓀、王古魯。席間，余出紙索書，主人酒餘揮毫，為集陸放翁句『多難祇成雙鬢改，浮名不作一錢看』十四字相貽，感慨遙深，實獲我心。聯旁並附小跋曰：『樸園先生屬書小聯，余未曾學書，平日寫字東倒西歪，俗語所謂如蟹爬者是也。此只可塗抹村塾敗壁，豈能寫在朱絲欄上耶？惟重雅意，集吾鄉放翁句勉寫此十四字，殊不成樣子，樸園先生幸無見笑也。民國甲申除夕周作人』虛懷若谷，讀之愧然。」

朱樸在一九四七年到了香港，有論者說他在抗戰勝利前就到香港是不確的。除了他自己在〈人生幾何〉文中說：「我由北京來港是一九四七年，並非一九四八年。」外，香港《大人》、《大成》雜誌創辦人沈葦窗也說：「一九四七年，省齋將來香港，湖帆曾有意同行，於是時常晤面，磋商行止。湖帆有煙霞癖，因此舉棋不定，省齋先於四七年冬來港，我到港後和他時時飲茶，談次總要提起湖帆，認為南張北溥，先後到了海外，若湖帆到港，便成三國鼎峙之局，海外畫壇那就更加熱鬧了！」。

名作家董橋在《故事》一書中說：「朱省齋名樸，字樸之，無錫人，我一九七〇年年尾在香港報上讀到他去世的消息。他早歲浮沉政海，中年後來香港買賣書畫，與張大千、吳湖帆友善，《星島日報》社長林靄民請過他編《人物週刊》。省齋與張大千五十年代在香港過從甚密，也許還不斷有過書畫上的買賣。」張大千「《歸牧圖》題識提到的蘇東坡《石恪維摩贊》，大千竟然又是靠朱省齋奔走買進來的。此《贊》曾經由省齋的外舅梁鴻志收藏，四十年代末期忽然在香港為省齋發現，立即轉告大千，大千願意傾囊以迎，懇求省齋力為介說；幾經磋商，卒為所得。」一九五〇年朱樸和譚敬「同寓香港思豪酒店。一天，譚敬忽遭覆車之禍，身涉訴訟，急於用錢，打算出讓全部藏品。那時張大千正在印度大吉嶺避暑，省齋馳書通報，大千立刻回電說：『山谷伏波神祠詩卷，弟寤寐求之者已二十餘年，務懇代為竭力設法，以償所願！』省齋接電話後幾經周折，終於成事。」

沈葦窗在〈朱省齋傷心超覽樓〉文中說：「我草創《大人》雜誌，省齋每期為我寫稿，更提供許多書畫資料。那時，省齋在王寬誠的寫字樓供職，薪水甚少，但有一間寫字間卻很大，他每天下午到那裡去轉一轉，看看西報，主要的工作是為王寬誠鑑定書畫。因此，他於一九五七、一九六〇都回過上海，又到北京，而在最後一次他回香港經過深圳之時，卻遇見一件驚心動魄的事情，從此，他就不敢再北上了。原來省齋到北京，遇見瞿兌之，瞿家有一件齊白石的山水畫長卷，是他家的一段故事，名為《超覽樓褉集圖》……兌之晚年，境遇不佳，省齋卻對此卷念念不忘，因之和兌之磋商，以人民幣四百元讓到手上，……省齋得此畫後，十分得意，已在畫右下角，鈐上陳巨來為他刻的『朱省齋書畫記』印章，並在北京覓人攝影。不料在返港之際，在深圳遇見虎而冠者，從行李中搜出此物，認為盜竊國寶，罪無可綰，幾欲繩之於法。幸得長袖善舞最近在港逝世之某君為之緩頰，方保無事。省齋告我，當時心膽俱裂，確實有此情景，畫件當然沒收，後來再沒有下落了！省齋當年曾說，此件到港可值萬金以上，如今看來，十百倍都不止，而省齋從此得怔忡之疾，一九七〇年十二月九日歿於九龍寓邸，享年六十有九。」

朱省齋十幾年來先後出版《省齋讀畫記》、《書畫隨筆》、《海外所見名畫錄》、《畫人畫事》、《藝苑談往》五本專談書畫的書籍。他在一九五四年出版的《省齋讀畫記》〈弁言〉中說：「作者並不能畫，惟嗜此則甚於一切。十餘年前在滬常與吳湖帆先生相往還，初得其趣；近年在港，隨張大千先生遊，朝夕過從，獲益更多。竊謂本書之作，雖未敢媲美《江村銷夏錄》、《庚子銷夏記》等名著，但對於同好之士，或能勉供參考之一助也。」他在《藝苑談往》〈引言〉中又說：「雖然文不足取，但是所謂敝帚自珍，覺得也還有其出版之價值。尤其書中如〈石濤繁川春遠圖始末記〉、〈董北苑瀟湘圖始末記〉、〈關於顧閎中韓熙載夜宴圖的故事〉、〈黃山谷伏波神祠詩畫卷始末記〉諸篇，其中所述，雖不敢自詡謂鄙人『獨得之秘』，但因都曾經身預其事，知之較切，自非如一般途聽道說，摭人唾餘者之可比。」

與朱樸有數十年友誼的金雄白說：「在香港二十餘年中，他已成為中國古代文物的鑑賞專家。以他的天賦聰明，兼得他丈人長樂梁眾異氏之指點，又因先後與吳湖帆、張大千交遊，耳濡目染之餘，又寖饋於此，乃卓然有成。近來他的著作中，也十九屬於談論古今的書畫人物，遠至美國，每遇珍品，輒先央其作最後的鑑定，以為取捨之標準。」而對於書畫之鑑定，朱樸寫有一長文〈論書畫賞鑑之不易〉，他認為賞鑑者，乃是一種極專門又極深奧的學問，普通一般的書畫家不一定也是賞鑑家，而所謂收藏家者，更不一定就是賞鑑家。余恩鑅在其《藏拙軒珍賞目》序文說：「近來市肆家變幻百出，遇名畫與題跋分裂為二，每有畫真跋假，以畫掩字；畫假跋真，以字掩畫。又有前朝無名氏畫，妄填姓名；或因收藏家以印章題跋為證據，依樣雕刻，照本描摹。直幅則列滿邊額，橫卷則排綴首尾，類皆前朝印璽名人款識，施之贋本。而俗眼不察，至以燕石為瓊瑤，下駟為駿骨，冀得厚資而質之。」因此朱樸最後總結說：「賞鑑是一件難事，而書畫的賞鑑則尤是難事之難事，應該是萬古不磨之論。董其昌有言曰：『宋元名畫，一幅百金；鑑定稍訛，輒收贋本。翰墨之事，談何容易！』真是一點也不錯。」

古今文史半月刊第二十五期至第三十期

目次

第二十九期　民國三十二年八月十六日

第三十期　民國三十二年九月一日

古今文史半月刊第三十一期至第三十六期

目次

第三十一期 民國三十二年九月十六日

第三十二期 民國三十二年十月一日

第三十三期 民國三十二年十月十六日

第三十四期 民國三十二年十一月一日

第三十五期 民國三十二年十一月十六日

第三十六期 民國三十二年十二月一日

古今

鵲山東北接郊墟
郭影嵐光畫不如
九十日春朝莫雨
兩三間屋古今書
庭花紅礙經行處
園竹青回翦伐餘
滿地蒼苔愁踏破
年來深喜故人疎
——小毛塘小藁

散文半月刊

第二十五期

胡佑宸　阮元吉
楊靜人　馮熙儀
杜蘅漪　周夢苕　柳亞子
載遨　范韞　周瘦鵑
清粲　陳壽生
國瑩然　趙丼雅

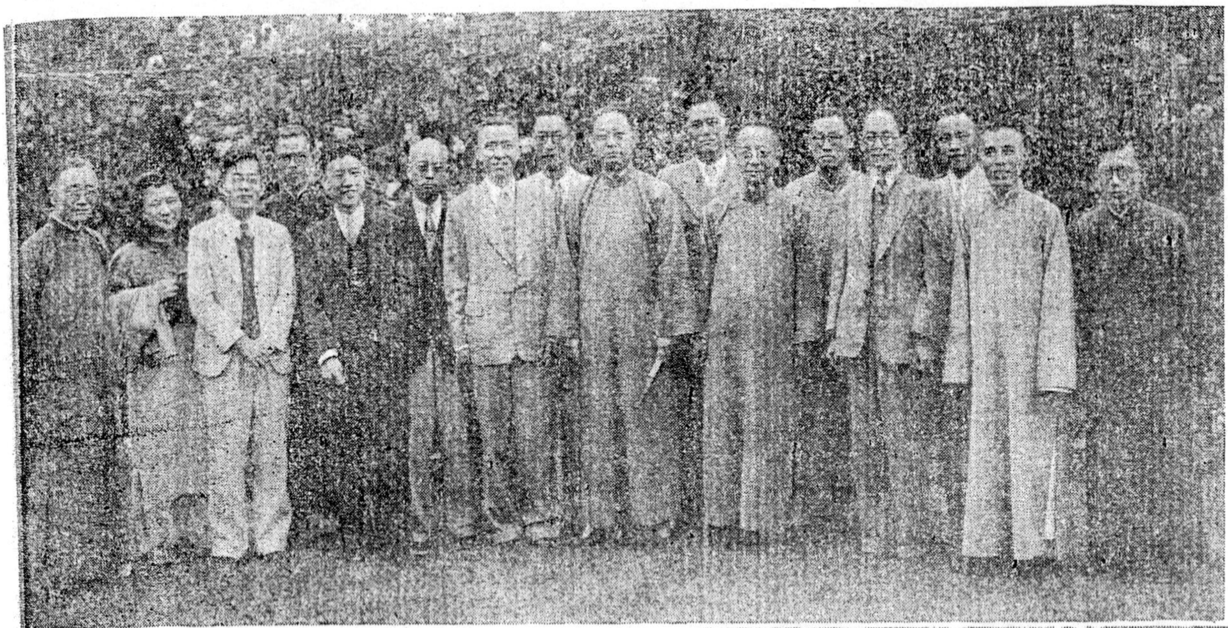

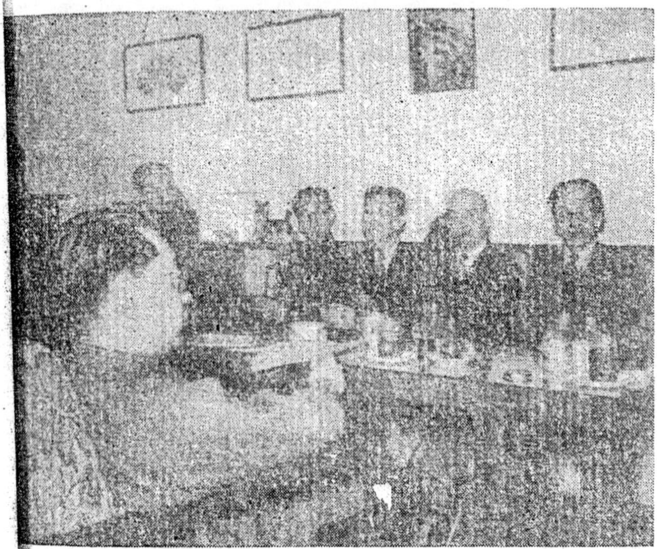

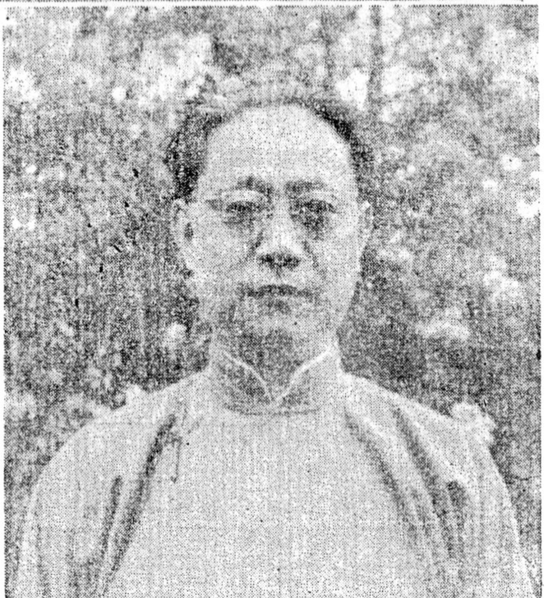

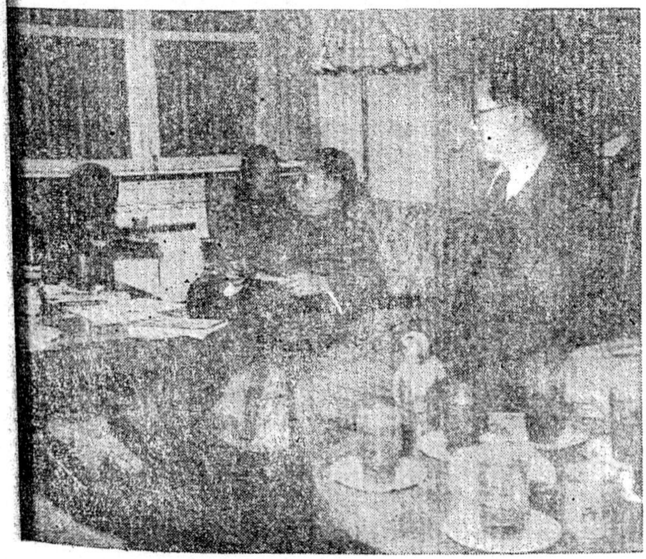

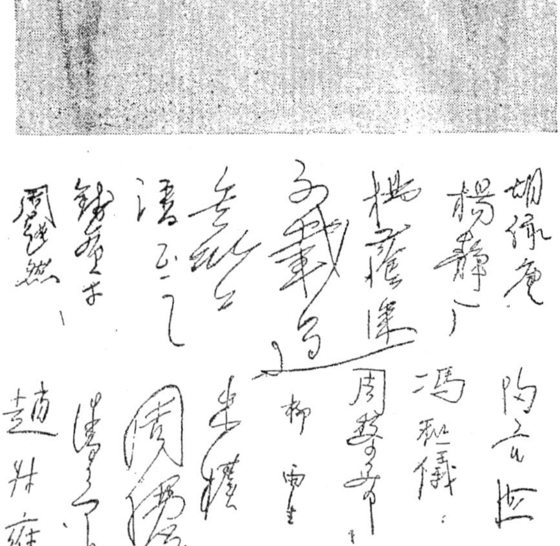

古今半月刊第二十五期目次

中華民國三十二年六月十六日出版

社長 朱樸

主編 周黎庵

發行者 古今出版社 上海亞爾培路二號

發行所 古今出版社 上海亞爾培路二號 電話：七三七八八號

印刷者 國民新聞圖書印刷公司 上海靜安寺路一九二六號

經售處 各大書坊報販

零售每冊中儲券六元（聯銀券一元二角）

國民政府宣傳部登記證滬誌字第七六號

公共租界警務處登記證C字第一〇一二號

法租界政治處登記證（在申請中）

四遊北平雜感

周佛海

北平，我一共到了四次。但是每次多則只勾留兩星期，少則只有六七天，所以對於北平的觀察和認識，實在談不上。這篇所記的，不過是每次北遊所生的一些雜感罷了。

第一次到北平，是在民國十七年北伐告成的時候，我在「盛衰閱盡話滄桑」一文中，已經說過了。當時意氣之盛，興致之豪，希望之大，眞是不可一世。在碧雲寺祭靈，報告北伐完成之後，便在外交大樓開了一次極盛大的晚餐會。四個集團的主要幹部，全都出席，四位總司令都很高興的致詞，這個盛況，猶歷歷在目。三年前第三次，和今年第四次赴北平的時候，華北政務委員會的朋友，也都在外交大樓款宴我，閉目瞑想，恍如置身當年盛會之中。但是物換星移，人事全非，眞令人發生萬分淒涼酸辛的滋味！

我們初到的時候，住在碧雲寺傍的離宮。我和力子、布雷、立夫四人同住一房。我們都是愛玩的，到了晚上便偷偷摸摸的進城去開旅館，自然有當地的朋友爲我們佈置一切。力子、布雷、有牌癮，叫幾個條子在旅館打牌，便可滿足。我和立夫，既不會打牌，而又年青好動，所以便挨家挨戶的去打遊擊式的茶園。到了天明，四人又偷偷摸摸出城回到碧雲寺。後來蔣先生也搬進了城，我們越發方便了，因爲那時我們都是幕僚，稍有浪漫行爲，不怕別人指摘，別人也不會指摘。北平的茶園打夠了，便和立夫

癸未春日著者伉儷在北平西山碧雲寺總理衣冠塚前留影

兩人，請了兩天假到天津。因爲怕當地黨部的人知道，請去講演，所以祕密。下了旅館之後，兩人便出去，叫了兩部人力車，說要去打茶圍。人力車夫把我們拉到極下等的地方，臭氣逼人，叫我們啼笑皆非。好容易找到了路數，又被省黨部的同志知道了，結果仍被拉去講演一次。黨部同志，要送我們上車，我便和立夫密議，讓他們送我們到第二個車站下車，仍乘北平來的火車，再去天津。但是因爲假期已滿，終未實行。不過當時興致之高，可以想見。「英雄老去霸圖空」，當年豪興，現在已消失殆盡。因此，也覺得生氣暫減了。

第一次到北京，當然要遊故宮。那一次同遊的人太多，除我們四人外，李宗仁、白崇禧、張治中、劉鎮華等等都在一起。雜在大隊人馬中，不能由個人的希望，細細的觀覽，不過走馬看花而已。

到了三大殿，沒有人不認爲偉大莊嚴的。我當時便覺得這是古代統治人民的一個方法。一個人統治許多人，一定要把這個人弄得富有神秘的意味和色彩，換句話說，要弄得神化。因爲大家都是人，爲甚麼一個人下命令，許多人要服從，有些人可管人，有些人要被管。在近代法律觀念發達之前，一定要把這些統治關係，弄得很神祕。而要神祕，却要靠環境的佈置。而且無論如何偉大的人物，在常常和他接近的人看起來，一定不覺得甚麼偉大。秦始皇也好，成吉思汗也好，拿破崙也好，任何偉大人物，他們的近侍，尤其是他們的太太，對於他們的敬佩，遠不及和他們不接近的人們對於他們的崇拜。所以如果不把他們的環境，佈置得莊嚴而神祕，使一般人覺得他們偉大，覺得他們神聖不可侵犯，統治的關係，就要發生動搖。從午門進去，要你走得氣喘，纔到正殿，就是先要你發生帝王如在天上之感，使你覺得對他俯首聽命是應該的。這不僅當時的朝廷，就是一個知縣衙門，從大門到大堂，也是這樣相當的距離。這些道理，當時都經過許多研究的。可惜入民國以後，這些神祕的辦法，一掃無遺。我說這話，一定有人罵我是官僚心理，是封建思想，其實不然，無論如何民主，體制和儀式，總是不可缺的。美國可算是民主國了，但是他們的大總統出去，一定前後簇擁着發出怪聲的警車。沒有到過美國的人，在電影新聞中也一定看過。這和中國以前的鳴鑼開道有甚麼不同？這和我們以前官吏出門，前面打着「肅靜」「迴避」的高脚牌有甚麼兩樣？至於斯達林居處和行動的嚴肅神祕，更不必說。所以把統治者弄得神祕一點，把他的起居坐臥之處弄得莊嚴一點，在政治上，恐怕不是完全沒有必要。看着莊嚴偉大的殿闕，不由自主的這樣暗想。我當時又覺得沒有早生幾十年，沒有試過「上朝」的味道，認爲遺憾。我開筆學作文章的那年，便廢了科擧，我沒有嘗過科擧的滋味，常認爲遺憾，當時看了廊廟之盛，又加了一個遺憾，但是如果恢復帝制，叫我到正大光明殿去上朝，是不是可以過癮？這也不行。因爲神秘的外衣，曾經一度脫去，再來穿上，已經不是原狀了。紙老虎已經戳穿，再糊上還有甚麽味道？這便是當年遊各殿時所發生的無聊的雜感。

遊到宮中，又是一種感想了。我立卽想到當年妃嬪之盛，宮娥之美。所以對於妃嬪的遺蹟和傳說，特別感覺興趣。想着過去風流旖旎的事，不禁神往。李後主辭廟的時候，不揮淚對列祖列宗，而揮淚對宮娥。我遊到宮中，便立卽想到當年宮娥的往事，我想：假使我是封建時代的帝王，無人管束，不怕攻擊，好點說，一定是個風流天子，壞點說，恐怕也是一個亡國之君！

第一次遊數百年的政治中心，其他歷史上、政治上的各種感想，當然還很多，乾燥無味，在這裏沒有寫出來的必要。

第二次便是民國十九年。這次便沒有第一次那樣興致了。因爲這時已經過了武漢討桂之役，和豫西討馮之役。第一集團軍和第二第四兩集團軍火併過了。第三集團軍領袖閻錫山，以退爲進，聲言陪馮出洋。我們此次到北平，便是要留閻。在這種情形之下，還有甚麽興致？這對政治情形且不去說，此次力子和立夫沒有隨行，只有布雷和我兩人。布雷是好靜的。我一個人要玩，那裏玩得起來？所以這次雖也到過韓家潭、百順胡同之類的地方，但是都不過是應酬交際而已。酒綠燈紅之餘，歌闌人散之後，深覺世事日非，滿途荊棘。

這次到平的一個感想，就是覺得官僚勢力的偉大，所謂官僚，是指事務官而言。第一次來平時，舊政府所遺留下的官僚很多，且都徬徨無所之。這次來平，這些先生們在北平的却非常減少，都到南京參加國民政府，而且有許多很得意了。當時南京有句話，說是「軍事北伐，政治南征」。意思說，國民革命軍雖然奠定了幽燕，而北平官僚，却帶着腐敗的空氣，南征到新都。我想這是必然的，因爲事務官乃是一個政府構成的基本要素，任憑你有怎樣賢明的政治領袖，任憑你有怎樣適合時代需要的政策政綱，沒有很好的事務官去執行，一切都是空想，都是具文。革命黨，老實說，是草澤英雄多。中間雖然也有許多留學生，但是大概都是只能談理論，而沒有行政技術的經驗和訓練，能夠做很好的政務官的同志，倒也不少，而能做很好的事務官的，確實不多。在這種情形之下，舊政府遺留下的事務官，當然要得意起來。當時國民黨許多青年同志，對於這個現象，非常牢騷，以爲自己拚着命打出來的天下，却讓這些先生們來享現成福。其實不然，蘇俄共產革命之後，帝俄時代的技術家、專門家，不僅仍被任用，而且較為優待。這是事實必然的。誰叫我們革命黨同志，只知好高騖遠，空談理論，而不切實的去受行政技術的訓練呢？

第二次赴平的主要目的，聯閻、排馮沒有達到，不到一週，便即返京。閻接着發出禮讓為國的通電，邀蔣出洋。中原大戰，於是爆發。

第三次到北平，是民國二十九年，國民政府還都以後不久的時候。這時城廓依舊，人事全非。關於時代的感想，怎樣深刻，怎樣沉痛，不必去說，現在只說一說關於我個人的雜感罷。

下了飛機以後，由西直門進城，便覺得路絕行人。經過電車的交點，看見十餘輛電車，像着長蛇一般停着不動。心中大覺奇怪，詢問歡迎的人，纔知道照預定時間起斷絕交通，而我的專機慢了半小時，所以街市上已斷絕了許久交通，以致電車停下這樣多。為我一個人，使北平市民，感覺這樣的不方便，當時又是慚愧，又是抱歉，又是不安。以後每次出門，所經路線，還是斷絕交通。商懇再四，好容易第三天纔停止了。但是車前車後，不單是兩部電氣騾子，前呼後擁，而且跟着一大卡車的武裝衛士。地方當局，因為責任關係，無論如何商求，這些決不肯解除。前面曾經說過，一個負責的人，要使他神祕，纔能使人敬畏，這是就一般而論的。如把這樣的辦法，加諸我的身上，那眞要我的命。多跟幾個衛士，已使我坐立不安，何況其他。但是在三十多年以前，就是王公大臣出門，也不見得完全斷絕交通。我以一個窮學生，竟在數百年帝王之都，出入斷絕交通起來，下意識也不禁引以自豪。然而不是在三十多年以前這樣，不是在中國統一的時候這樣，實覺美中不足。

這次住在中南海內的勤政殿，對面就是德宗被幽禁的瀛台。晚上睡在殿中，想起戊戌政變，想起兩宮失和，想起德宗在瀛台過的悲慘生活，想起宮廷中的許多祕密情形，思潮起伏，輾轉不能入夢。忽然奇想如果在三十多年以前，我能夠在這個地方起居坐臥，不知道是怎樣的情形。這個地方，現在雖然也不是普通人所能隨便住的，但終覺得如在三十多年以前來住，味道要好得多。

第四次遊北平，便是今年的四月。因為老早拜託華北政務委員會的朋友，不要隆重招待，所以沒有斷絕交通，但是車子前後的兩匹電氣騾子，還是前呼後擁着，住的地方，仍是勤政殿。好在汪翊唐為我在六國飯店開了幾個房間，白天在勤政殿見客，晚上便到六國飯店睡覺。我是歡喜旅館生活的，住在這裏，比住在空空洞洞，大而無當的勤政殿要舒適得多。

六國飯店在東交民巷，我還是第一次住。住在這裏，立即就想起拳匪圍攻這裏的情形，就想起八國聯軍入京的情形。當年的首都，雖然曾經英法聯軍占領過一次，致文宗不能不蒙塵熱河，然而中國的元氣，究竟還沒有大傷。庚子之役，竟使中國一蹶不能復振了。到了這個傷心的地方，想起傷心的往事，倍覺傷心。但是一想到青天白日滿地紅的國旗，現在竟能飛揚於這個區域，立即便轉悲為喜，深覺事在人為，流一滴汗，必可收一滴汗的效果而增強我奮鬥的決心。

偕淑慧赴碧雲寺，拜謁 總理的衣冠塚，又遊了玉泉山、頤和園，正值百花盛開的時候，很助我們的遊興。這些地方，都是舊地重遊，沒有甚麼特別感想。忽然想起來平數次，沒有到過景山。這個歷史上的傷心之地，一定要去，尤其是思宗殉國之處，要去憑弔一番。

站在景山的最高處，可以看見宮殿的全貌，可以看見北海和中南海，甚至於可以看見全城。我非常歡喜這個地方，盤桓了很久，纔慢慢下山，經過明思宗殉國處，撫摩古樹，不禁愴然。思宗雖是個亡國之君，然而能夠殉國，不願意作青衣侑酒的醜態，數百年後，猶令人起敬。「朕非亡國之君，諸臣乃亡國之臣」。在這句沉痛而簡單的言詞中，可見得他也是一個想有所作為的帝王，可惜輔弼無人，弄得這樣悲慘的結果！憑弔古人，盱衡現勢，眞令人不寒而慄！

華北的糧食問題，非常嚴重。聽說北平每日有百多人餓死，聞之悽惻，言之痛心。我常想自己沒有甚麼特別享受，不過是日食三餐，夜眠一榻。現在想起來，已經是得天獨厚了。日有三餐可食，用不着去吃草根樹葉；夜有一榻可眠，用不着去睡水門汀。這不是特別享受是甚麼？在特別享受之中，萬萬不可忘記民間疾苦！固然，環境有困難，能力有限制，究竟實際上能為人民解除多少痛苦，謀得多少福利，乃是一個問題，但是心總不能不盡。盡了心，而力不能逮，還不至於內疚神明，外慚民衆。如果連想都不想，那眞是全無靈魂，全無心肝。我以此自警，以此自勉！

到北平四次，每次的時局都不同。第一次在北伐告成的時候，最為高興。第二次在內戰開始的時候，興致索然。第三次在國民政府還都以後，又悲又喜。第四次在對英美宣戰以後，對前途懷着無限的期待。每次有不同的時代背景，每次有不同的悲歡情緒。我希望第五次到北平的時候，內則完成統一，外則奠定和平， 總理遺囑中所求的中國之自由平等，也完全實現，我們到碧雲寺 總理衣冠塚前，再舉行一次盛大的祭靈式！

題朱述删先生東廬讀畫圖

精衞

一卷臨風坐，鬑眉凜若神；誰知讀畫者，原是畫中人。

十九年五月為樸之兄題

其尊人述删先生東廬讀畫圖

汪兆銘

題朱述删先生東廬讀畫圖

衆異

小隱東廬日閉門，霜縑相對澹忘言；豈惟摹寫成圖畫，著錄還應繼櫟園。

★ ★ ★

兵後江關漲綠蕪，殘山一角影模糊；羨君生值承平世，眼見祥苻九域圖。

述删先生遺照

哲嗣樸之社長屬題

辛巳五月 梁鴻志

臨流偶感

公博

大廈阽危一木微，聊將心事訴斜暉；茫茫天地滔滔水，佇望江流不忍歸。

病起弁簡千里

公博

豪興猶濃酒興闌，自驕雙鬢未曾斑；少年狂態依然在，醉折櫻桃側帽看。

樸園雅集記

文載道

三旬已過黃梅雨，萬里初來舶趠風。
幾處縈回度山曲，一時清駛滿江東。
驚飄簌簌先秋葉，喚醒昏昏嗜睡翁。
欲作蘭臺快哉賦，卻嫌分別問雌雄。

一年容易，又近芝綠湔香的重五令節了。

由於中國開化的較早，各種的神話及傳說也相當的多，而特別是時令節日之中，最富於神話或史料的穿插。例如舊歷的端午，著名的有就鍾進士斬鬼，屈大夫投江的故事。在一般小民呢，也趁此一日之閑作種種遊戲娛樂，以遣此有涯之生，詩云：民亦勞止，汔可小休，此之謂也。

本月六日下午三時，古今社朱社長及主編黎庵兄，曾於樸園舉行一次茶敘。本來是豫定在端節的，但因周佛海先生有廣州之行，所以便提早了一天，事後又命我作此小記，以志其盛。

記得在夏歷立夏前一日，朱周兩公也曾在樸園約了幾位朋友，作了一次非常風趣而幽默的宴會，我並有小記刊於報端，而相隔不久之後，又有了第二次的茶敘。這次人數比前多出二倍，並且還攝了幾張照片，所以更覺有點紀念性，而時間則正是端節前一日也。

近來時令剛進入梅雨霏微之際，但這一天卻一早就開晴了，不過彷彿猶略有悽清之感，這或者如古人所說的，因爲受着「舶趠風」的影響吧。在西區K路的樸園中，幾株垂楊正在迎風婆娑起舞，鶺鴒則從樹梢頭忙碌的穿梭着，碧茵茵的草地上展開一方新綠。一切顯得葱蘢而恬靜。當我驅車前往時，已有周越然，金雄白，錢希平先生等在座了。他們正在談着目前教育問題，及師道之不尊等等。因爲這次被邀的都是古今上海方面的作者，故接續來的有楊蔭深，楊靜盦，胡詠唐，馮和儀，陶亢德，柳雨生，潘予且諸先生，以及最後來的「人往風微錄」著者趙叔雍先生，共十有六人，並特請攝影專家潘正之先生攝影留念。其中年齒最尊的要推周越然先生，而最少的恐是雨生和區區了，那末，雖不能稱爲羣賢畢至，但也總是少長咸集吧。至於晤言一室之中，放浪形骸之外，庶幾也做到一點了。本來，還請了陳公博先生，不料臨時因要事不及來，聽說陳先生的談鋒十分雄健幽默，我記得他曾自稱爲「禮拜七派文人」，因為他寫文章多是在星期日的。從這一點就可看出陳先生談吐之如何機智了，所以在座的人都覺得很遺憾。其次，據樸園主人表示，目前能徵得北方作家的稿件的似以古今為最多，如知堂老人，凌霄閣徐氏昆仲，謝剛主，謝興堯，瞿兌之諸先生，以及南京的梁衆異，樊仲雲，紀果庵，龍沐勛，鄭秉珊，朱建新諸先生，眞可謂薈兩京之菁英，集南北之大觀了。他們不但為古今盡了許多力，即在文苑中的聲望學力也都是一時之選，如能請他們「躬與其盛」，興趣就格外的要增添不少。而且其中大部分的籍貫原在南方。去年我曾接到徐一士先生的來信，說是家本江南，南遊久有此心云云。——至於欲一親一士先生的丰采謦欬的，恐也不在少數。當時我曾竭力向徐先生促駕，並希望「一士隨筆」之能早日的印成單行本，對於研究有清一代的史料及掌故者有很大的裨益。可惜皆因交通的梗阻而不克實現，惟有期之於四海昇平的他日了。

不過我覺得就是集這幾位作者於濟濟一堂，已經甚為難得，例如周佛海先生之撥冗蒞臨，便是一端。據周先生自己在「苦學記」中所說，非必要時一不作寫作，二不廣播，三不赴宴，那末這一次茶敘的特具價值，也無待我的詞費了。

周先生對上海的文化界非常關心，曾經問起幾種期刊的近況，並覺得像古今那樣的半月刊，的確很需要，希望能在目前曲高和寡的環境中，始終保持其一貫的風格。最近周先生曾有一文刊於本期古今，是記述者番北遊的印象。文中對於過去寓平時私生活的一部分，也坦白而老實的寫了出來，不像一般偽道學者心口不應的虛偽尖酸。這一點，正是周先生率眞的地方。我想起了知堂老人曾經解釋過「灑脫」兩字的眞義，即「沒有從淫佚發生出來的假正經」，這似乎也可以像率眞一樣的來說明周先生的性格，而和樸之先生有共通的地方，使大家在晤對之間，毫無形式上的拘束隔閡，不論「宇宙之大，蒼蠅之微」，皆可暢快地互相傾談，較之某些貌似冠冕堂皇，實則語言無味，動不動就要講攬轡澄清一類「宏論」，實則愉快得多了。

這樣，談話又轉到了陳獨秀先生和魯迅先生，以為這些人物在中國都不可多得，而對文化及思想方面有極大的影響。作者在這里復想起一位友人的話，說是蔡孑民先生易簀以後，獨秀先生曾特地從蜀中乘飛機趕到香港一弔蔡先生之靈，以答五四以來蔡先生知遇之誼，猶如知堂先生此次南下專誠拜謁俞章二公的故居一般，令人感到前輩風義自有不可及處，不料不旋踵而獨秀先生也已歸道山了。因此，亢德深以「實庵自傳」之沒有完成為可惜。於是作者曾趁此向周先生建議，如多寫點「苦學記」，「盛衰閱盡話滄桑」一類文字，將來再整理一下，就可以成為一部自傳，而周先生似亦有意於此。

在談話告一段落時，便由黎庵提議，在樸園的草地上去攝景。周先生看到一叢繁豔的月季花，就揀它作了背景。先由照相館攝了二張十寸的，再由潘正之先生攝了三張，又在室內坐談時也攝了二張。這許多作者中只有一位馮和儀君是女的。攝景完畢，周先生因尚有他事便告辭了，大家遂重復入座，這時忽聞鳥聲起自窗外，而天色也漸漸的陰沈下來，才知道將近薄暮了。於是主人即命傭人端出四大盆糭子來，因為明天是端午，所以也可算是應時的妙品。風土相傳，謂糉子迺屈大夫之姊所創作，後人取而投諸水以祭靈均。這里我忽然想起了顧祿的清嘉錄曾有記述糉子的掌故云：

「案杜臺卿玉燭寶典云，五月五日以菰葉裹黏米者以象陰陽相包裹米未散也。宋祝穆事文類聚，端午糉子名目甚多，形製不一，有角糉、錐糉、茭糉、筩糉、稱鎚糉、九子糉等名。劉敬叔異苑，謂糉子屈原姊始作，吾鄉以之祀先，蓋本吳均續齊諧記，五日以竹筒貯米，投水祭屈原之意。而吳曼雲江鄉節物詞小序云，杭俗端午尙角黍，亦有依古作筩糉者，詩云，裹就連筩米宿舂，周遭綵縷繫重重，靑菰褪盡雪膚白，笑說廚孃藕覆鬆。」

觀此可知粽子蓋亦「古已有之」，雅稱之曰角黍。燕京歲時記亦謂：「每屆端陽以前，府第朱門，皆以粽子相餽貽，並附以櫻桃，桑椹，荸薺，桃，杏及五毒餅玫瑰餅等物。其供佛祀先者，仍以粽子，櫻桃，桑椹爲正供，亦薦其時食之義。」則在北方也向有此種風習了。只是這一天的粽子並不十分「理想」，未免有點市氣，但食時的情調和食者的姿勢則大妙，就是那麼老老實實的團立一堂，用竹筷夾著舉手往嘴裏送！令人想到遊記筆下的「野餐」風味，不廿分鐘而杯盤狼藉矣。這樣的「雅集」正是所謂可遇而不可求，於灑脫放浪之中依然不損其嚴肅，而雅字也恠用在此等處爲最愜當平正。其實別的一些聚會也可倣效一下，可使賓主之間不會形成拘謹枯燥的空氣。昔者五柳先生於酒後對客人云，我醉欲眠卿且去，始信陶公是千古解人。蓋不爲世俗見地的禮法所囿，在我們總感到多了一重親切之味也。

放下竹筷，又到客廳中舉起茶盞，開起話匣，中間曾說到扶乩問題。我覺得近來上海灘上木道人之流的猖獗，眞令人「心所謂危」。當卽向趙叔雍先生進言，市政當局對這種現象似有取締的必要。但趙先生以爲如以不公開，不宣傳的形式，讓「文人雅士」們偶一爲之原是不妨，這是趙先生寬大審愼的地方。然而事實上，據作者所知道的，有許多完全是巧立名目作變相的牟利，甚至仙水醫病，佛法救國，於民智的消長總不能謂毫無關係。鄙人雖不敢高攀爲唯物論者，自信却是徹底的神滅論的信徒，對於扶乩卜課星相之類——，一切形而上的虛玄古怪的把戲，向來認爲隔敎。雖然像亢德所說的，這些不過是小焉者，不値得大動肝火。可是我感到我們目前所能做，所應做的似乎還是揀那些卑之無甚高的題目，比較喫力少而討好多，若徒然唱唱氣呑山河，怒髮衝冠一類高調，竊意於公於私終是兩不德便者也。

然而這裏還是少說煞風景的話吧，那末，應該又要却說一番了。却說這樣海闊天空的漫談了半天，看光景也到只是近黃昏了，而大家更有點意興闌珊的樣子，於是步行的步行，驅車的驅車，在恭送如儀之餘，還留下亢德、詠唐、黎庵和我。小坐須臾，我們又提議到黎庵那邊去，因爲他所住的地方叫做「莊」，遂戲呼之曰「探莊」。於是旣遊了「園」，又探了「莊」，恰巧符合着所謂「莊園」的風味……。此之謂「雅」，略加文飾，則謂之雅集云。（編者命題）

（歲在癸未端午節之夜）

中國設置駐義使館的經過（上）

楊鴻烈

中國和義大利雖有千多年直接間接的國際關係，但要到前清咸豐十一年(一八六一年)義國的撒丁王陽瑪諾 Victor Emmaunel 才統一義大利，稱義大利王。同治五年（一八六六年）義政府就派遣使臣阿爾明雅 Uittorio Arminjon 來到北京，據「清史稿邦交志」說：『同治五年，秋八月，義國使臣阿爾明雅介駐京駐法國領事德微亞詣三口通商大臣兵部左侍郎崇厚，請立通商條約，許之。』「籌辦夷務始末」即有崇厚的奏摺和中義往來的照會。這次締結的條約，其內容，所規定與丹麥奧大利比利時等國所訂結的大致相同。同治八年四月，志剛孫家穀奉總理衙門命，恭齎國書，前往西洋有約各國辦理中外交涉事務就曾到過義大利，宜垕所纂的「初使泰西記」有說：『四月二十九日午後，至阿拉伯山下三米沙勒地方，……有意國委員來接，名伯雷牙。……至都蘭，住非呆勒客寓。……都蘭乃意舊都，本擬暫歇，惟據委員云：「現駐本地之介弟及君之次子皆欲一覲漢官之儀，又君之長子分駐米蘭舊宮，亦願意惠顧以博一面」。詢及其國外部舊規亦以爲向來常例，因事關情面，未便固執，遂有都蘭之住，又有米蘭之遊。五月初一日，在意大利國都蘭客寓。初三日，委員紹介往見君弟嘎林陽，又見君之次子道司得。初四日，乘火車往米蘭，見其儲君杭布勒。……初五日，歸寓。初六日，夜半起程。初七日，至夫婁蘭司都邑。……初九日，往拜其外部大臣費司公弟非諾司達。十一日，見意國君主委克都阿，親遞國書，是日司禮官帶宮車來接，至其宮中，晉見儀節與別國略同，面陳之詞與比國同。意君答云：「今見兩欽使，甚爲喜悅。承貴國皇帝特派欽使來遞國書，道達美意，即希在貴國皇帝前代爲致謝。兩欽差在我國可否服水土？」答云：「水土與中國相似」。問：「看我國地方好否？」答云：「一路天氣和平，景致清秀，人性聰明，待使臣等和美。」告云：「我國那不爾地方甚好，可以往遊。」答云：「容日前往。」告云：「惟願往來一路平安。」答云：「敬謝。」禮畢歸寓。……』光緒七年，據「中國遣使年月表」說清廷派「德使李鳳苞兼駐義使，是爲派兼義使之始。」錢德培「歐遊隨筆」有說：『星使（李鳳苞）在義大利國於光緒七年十月二十日謁見義王，遞送國書，迎以宮車，陳羽衛，設兵樂，禮貌獨優，竟以頭等例待之，於此益見聖敎之訖乎四海矣』。光緒十年，夏四月據「清史紀事本末」說清廷『命侍講許景澄出使法德義荷奧等國，未到任以前，以李鳳苞兼署。』光緒十一年義國政府邀請清廷派遣代表出席養生公會，許使在五月十七日有「咨呈總署義設養生公會遵飭派員赴會」文說：『光緒十一年三月二十日承准貴衙門電開：「義國羅使來署言，彼都定於西歷五月十五日開設養生會，請中國派員赴會，已允其請，允即派參贊一員，帶能通法語者前往爲要」等因，當經派定署參贊官陳季同前往聽議，電復在案。續接義外部來函知照彼都開會日期及所請與會各國，並將該外部通知伊國各公使轉請各國入會函稿暨公會告白附送前來，經本大臣遵照貴衙門電飭酌量函復亦在案。查西國疫病傳染，爲害最重，迭經法士奧美各國集商防治之策，迄無成議。每遇疫病，各國禁令不一，商民交累，此次義外部請諸國派員赴會，自爲愛民恤商起見。查其公會告白第三條，會員係分兩途：一爲推勘病原，講求方劑，則醫學之員議之；一爲核校章程，通行各國，則出使之員議之。中國治病之術，方書藥品，與西法鍊水熏氣，迥不相同；至査禁行船，集貲設局等事，苟爲政體所關，中外尤多隔閡，惟所送告白，已聲明各國能否照行，聽其自行酌奪一層，將來操縱在我，尚無窒礙，本大臣已將不能另派醫員於復義外部函中聲敍緣由，一面委派署參贊官陳季同於四月初三日前往羅馬，隨衆赴會，援仿慶常赴法國海底電線會例，令其但採聽衆論，不必插議，期於聯絡之中，寓持愼之意。該署參贊陳季同通曉法文法語，無庸另帶人員，以節經費。再本月二十七日續接義國駐德公使來函知照，該國養生會，改於西五月二十日開議，合併聲明。……」

許使在光緒十一年六月致總理衙門總辦函陳述他對於參加養生會的感想說：『義國養生會一案，……查會議諸條，其最不經者，莫如六十四條剖屍勘驗之說，餘如二十九條，三十三條船上遇有病人，全船搭客皆須扣留，亦多牽累滋弊；若公約實行，中國官民前往歐洲，亦須一律如約，似應摘擇尤窒礙者數條與之辨駁，庶輶軒商旅，得便往來；至中國海口去歐洲絕遠，居民偶患疫病，亦不如西國之甚，應與告明，由中國自酌防治之法，另行辦理，管見所及，統候堂憲酌奪。惟西國集議此事，屢不能成，現在所擬章程，各國醫員互有可否，英員以會中疑疫症傳自印度，不肯任受，持駁尤多，弟度冬間再集，恐仍爲築室之謀，或屆時但由弟致函義外部，以中國道路隔遠，尚未奉有鈞署覆件，不便派員來會，請俟各國公約議定，將約本寄交，即行呈報，權以宕筆了之，亦是一法。……』許使雖爲外交能手，但從這封公函看來，他多年辦理「洋務」，對於「科學的醫科知識」，是完全缺乏的，「解剖」爲明瞭人類生理組織與疾病的關係是必須要有的一種手段，在中國古書裏，如「靈樞經」已有「解剖」這個名詞，史記殷本紀赤水玄珠何一陽世傳漢書王莽傳賓退錄郡齋讀書志三因方醫說醫林改錯等書也都有「解剖屍體」的記載，所以許使指斥此事爲「最不經者」，其實不過是一般婦孺的「俗見」而已。又海港檢疫一事，中國在同治十二年（一八七三年）因當時暹羅及馬來羣島諸地，流行霍亂，上海廈門兩地都被傳染，並且疫勢很熾，當局爲防止蔓延計，對於進口的船隻，就曾施行過檢驗，嗣後因爲專門人才和經費的過少，海港檢疫的工作，才改由海關附帶辦理。許使對於這些事都不知道，又怕中國官民將因公約規定而引起旅行的麻煩，所以想「裝聾裝啞」，不表示意見，使大清國的「輶軒商旅，得便往來」，其實在國際慣例就如謝希傅「皇華擥要」所說：『外洋公司輪船，夏秋之間，來往各口，稅關稽查最嚴，必遣醫官赴船，按房逐一查驗，遇有患病之人，同船諸客均不准登岸，恐致傳染，議停一禮拜，或一旬不定，以爲此通國生命所關，泰西通例皆然，雖公使在船，亦無如之何，祇得聽之而已。』又說：『按光緒十六年，美國駐祕公使由紐約經巴拿馬，行抵祕魯，爲疫所累，泊加理約口外十日；二十三年四月，我國特派頭等張大臣（按即張蔭桓，派賀維多利亞即位六十年之慶）赴英致賀，由東洋繞經英屬之文可法，舟抵外口域多利島（原註——距文可法八點鐘），爲疫所累，停留一禮拜；是年六月，駐祕代辦李經敍行抵加理約（原註——先一日船中病死一客），議留十日，李君屬希傅與外部融商，乃援美使爲詞，又謂期限由醫官公議，雖總統亦屬無權，此事登利馬新報』。至於許使所說：『中國海口去歐洲絕遠，居民偶患疫病，亦不如西國之甚』，這更是『欺人自欺』的話！時代較古一點的如施復亮氏所譯日本上田茂樹原氏所著的「世界社會史」說：『在東漢的末代，中國有十一年間，繼續流行凶猛的疫病。這種疫病，經過中部及西部亞細亞，流傳到了歐洲，在紀元第二世紀中，竟波及於羅馬全土。在那醫術還不曾發達的古代世界中，這種疫病竟猖獗到了什麼程度，很難於想像。因爲出了無數的死者，所以人口就非常稀薄，國民的氣勢，也十分消沉，許多耕地，因勞動力的窮乏而廢棄，財政也陷於困難之境了。那羅馬帝國從此更走入衰運，以致失了蠻族侵入的防衛。中國受了這個大打擊，其影響也不下於羅馬，由此秩序大亂，漢朝滅亡，再來了長期分裂鬥爭的時代。』這樣看來，許使說的「中國海口去歐洲絕遠」，但「傳染病」的勢力却是「無遠弗屆」的，尤其有趣的事便是中國東漢的「疫病」，竟覆滅了爲近世義大利前身的羅馬帝國，眞是死得「不明不白」呵。再如離現在不算很遠的清高宗乾隆五十七，八年間（一七九二——一七九三）雲南趙州發生鼠疫，師道南有「鼠死行」以記其事說：『東死鼠，西死鼠，人見死鼠如見虎！鼠死不幾日，人死如圻堵。晝死人，莫問數，日色慘淡愁雲護。三人行未十步多，忽死兩人橫截路。夜死人，不敢哭，疫鬼吐氣燈搖綠。須臾風起燈忽滅，人鬼尸棺暗同屋。烏啼不斷，犬泣時聞。人含鬼色，鬼奪人神。白日逢人多是鬼，黃昏遇鬼反疑人。人死滿地人煙倒，人骨漸被風吹老。田禾無人收，官租向誰攷？……』俞樾「曲園隨筆」也有說：『同治之初，滇中大亂，……時則又有大疫，……疫起鄉間，延及城市，一家有病者，則其左右十數家即遷移避之，踣於道者無算，然卒不能免也。甚至闔門同盡，比戶皆空，小村聚中，絕無人跡。……』這種慘狀，許使還好意思向洋人說「居民偶患疫病，亦不如西國之甚」嗎？況且就以「鼠疫」一項而論，從光緒二十年發現於香港之後，就流行於全世界。宣統二年，東三省忽然鼠疫盛行，死亡六萬餘人，經濟上損失達一萬萬餘元，而因恐防疫不力，致釀成國際交涉，所以清廷方特設奉天萬國鼠疫研究會，邀請本國及英美俄德法奧義和日印各地醫生參加，這種思想比之許使以「敷衍」或「退出」義國政府所召集的養生公會，其進步當然很爲特別顯著，不過我國一般人民衛生的知識，大多數仍然幼稚不堪，某氏所作「蓴鄉漫錄」，形容得頗爲「淋漓盡致」！如說：『吾國人有終身不沐者，有終身不漱齒者，有終身不洗脚者，某西人曾遊西北各省歸，所著筆記中，有一則言華人身上之微生物，當不可以數計，一指爪中當有數千頭，一齒縫中當有數萬頭，一脚縫中當有數十萬頭，至於全身之數，當無從計算云。語雖過謔，然亦實情也。余親見某某文士輩，頭頸以下及手臂等處，皆垢積如小阜，其色黝黑如膏，奇臭不可耐，……其齒際積膏脂，黃厚如臘者，與人對語，則口沫如濺珠，臭味撲人，而不自覺，此等人實所在皆是。某公使者，於外交頗有名望，一日赴盛宴，攜其夫人同往，凌波纖步，珊珊其來，席間夫人束韈之脚帶忽微褪，遂即於座間更改而重紮之，於是座客羣起而逃避，公使與夫人皆大窘，次日各報亦即登載其事，窮形盡相，以描寫此盈握之香鈎，或謂其中微生物有若干數，若干種，或謂其穢氣當達若干遠，或謂儻避之不速者，恐或得傳染病云云，雖由欺侮吾國人過甚，然吾國人之不好潔，實亦無從以諱也。……』不知這文所指的「公使」是誰？就算是一位「烏有先生」也罷，但一國公共衛生的情形如何也常和「國際地位」有關係，這是「外交官」所不可不知，尤其是在「國際貿易」上，因外人常喧傳吾民族的「不潔」，所以許多出口貨物（以食用品爲甚），常遭逢很苛刻的檢查挑剔，結果在海外市場上的勢力大有「岌岌不可終日之概」，這種影響更爲鉅大，負有「衛生行政」的責任的官員們實應大加以注意。

許兪使任內，餘姚洪勳在光緒十三年到羅馬謁見義王，他的「遊歷意大利聞見錄」記『丁亥歲除至羅馬，甫卸裝，寄居逆旅，意宮設跳舞會，前三日宮中典禮之官折簡速客，衣以元色，領袖皆白，必一律，書於簡，至期往。……舞畢樂止，妃入內廳，典禮官引見，妃以程途遠，跋涉勞瘁，慰問數語。……漏將四下，王出立舞廳中央，官又爲引見，王謂：「與先生相見，孤之幸也，願永敦和好，商務繁興，國之福也。」立談片刻，褒繙譯語言精到，王如樂作舞如前，遂辭歸。』光緒十四年，據「中國遣使年月表」說清廷派『劉瑞芬兪使法義比』。洪勳「遊歷意大利聞見錄」說：『戊子（十四年）孟夏，意王閱兵，先朝兵部咨會各國使臣暨隨從武弁，例得往觀，咸衣戎衣，勳等亦與焉。……』這時義國政府將那波利城的中國修道院沒爲官產，劉使以其牽涉「教士」，就未便「措辭」，據前書所記：『中國修院在那波利城中山坡上，康熙間意人利瑪竇自中國回，願引華人入彼教，設修院於其國，以專教華人，請於那波利之主許可，遂建是院，嗣後華人輒有往者，大率湖北人，今遊院中，見學徒弱冠者六七人，髡髮合掌出而相迎，爲之惻然，叩其籍貫，皆楚產也，越日其師郭姓者率諸徒來訪於逆旅，且言意人將改修院爲公所，已涉訟年餘而未決，恐不得直，則無依矣，旋聞當事者有不使失所之語。……昨觀羅馬教王宮衙奇會有壽文二篇，置樓上玻璃匣內，皆華文小楷，一係某教堂公具，一署尾曰：「弟子湖北省某府縣廩生某上教王壽表字樣，僭越稱謂，奇異。……此修院中舊有資產甚厚，近多充公，惟院猶在，今者又將改作。……』光緒十五年，據「清史紀事本末」說：『春二月，命江蘇按察使陳欽銘出使英法義比四國，尋欽銘以病免，以大理寺卿薛福成代之』。薛使在光緒十七年才到義大利遞國書，他的「出使英法義比四國日記」說：

『光緒十七年二月乙未朔記，前奉出使英法義比四國之命，英法比三國國書已早遞，惟義國羅馬都城夏秋多瘴，其國王及外部尙書皆避在外，必俟八月以後，陸續回國，而余去年馳赴英比，已在春夏之交，迨九月間，與英交涉，頗多緊要事件，急切不能歇手；臘月初旬始抵巴黎，既到法館，不能不摒擋館事，且與法之官紳酬酢，稍示停留；入春以後，余感冒寒氣，咳嗽頗劇，不可以風；今外感雖去，而咳嗽未已，赴義之役，不能再緩矣。義國即意大利亞國，「瀛環志略」及中外譯音多作意大利，而中國案牘及條約，往往作義大利，故今從之。余率英文兼法文參贊馬格里清臣，三等繙譯官吳宗濂挹靑，學生陳星庚鈞侯，武弁王鐸並一隨丁，於夜八點十五分鐘乘馬車行半點鐘至里昂車站，登火輪車。……

『初二日記　黎明……九點四十二分鐘至馬達思（原註屬法國），穿法義界之阿爾魄士山；下午一點五十八分鐘至丟來（屬義國），阿爾魄士山勢盤礡，劃分義法兩國之界，東起奧地利亞，橫亙瑞士，南境袤延三千餘里，鐵路蜿蜒於山谷中，捲簾四望，皆高峯環繞，積雪彌漫，一白無際，盡日穿行山洞，頃刻即過者約數十處，最後穿一洞，長十七啓羅邁當（約中國三十三里），行二十五分鐘，始豁然開朗。……既出南口，氣候溫和，岡巒回互，絕澗鳴湍，頗饒佳景。……

『初三日記　晨七點鐘至羅馬，義國都城也。寓大客棧，名基里那耳，以義國王宮之名名之也，臨納徐亞那耳街，街形宏整。……下午遣馬淸臣等赴外部，灑照會，詢以何日可會晤。……

『初六日記　拜會首相兼外部尙書侯爵呂提宜，與言五六百年以來，常有貴國深通學問之人在中國仕至高官，焯著名望者，是中義兩國交情實在泰西諸國之先，呂提宜謂此足徵中國之善於用人，實係敝國榮幸之事，至今猶覺增光也。復寒暄片時而別。又拜會外部侍郎伯爵特爾谷，其人雅嫺酬應，亦頗諳各國交涉事，談論稍久，又拜總辦麥爾佛拿未晤。……

『十三日記　己丑（光緖十五年）之冬，余在上海行館，或云義國拿波里城，有中華書院（按即中國修道院），昔年聖祖仁皇帝遣華人往習西學，特籌鉅款，爲置產業，以供負笈者之用費，近年義王奪敎王權利，幷將書院公產入官，此事應與義國外部理論，余深以爲然，及抵使館查閱接管案件，劉前大臣任內，中華書院學長郭棟臣等數人禀稱：「康熙年間義國敎士馬國賢以善繪油畫馳名，居中國京都十有三年，供奉內廷，頒賜大緞馬匹等物，並發路引，許攜華生五名航海西歸，雍正二年抵拿波里城，捐貲構造中華書院，後得敎門善士捐輸，院業漸豐，定例可留中國生徒二十二名，士耳其希臘共十二名。近二十年來，義國朝廷派學政二員會同敎士二人經理書院，漸欲侵蝕院產，本院敎士控之上下各衙門，經刑司秉公判斷，該學官延抗不遵，自繕新例五條，謂中華書院宜改名亞洲學館，或改爲東方學館，作爲義人學習東土方言並有益通商之事，因議政院意見不同，尙未了結，擬請據情照會義國外務大臣轉咨議政院首先查照和約，悉遵舊章辦理等語。余詢法館參贊等，劉前大臣何未核辦？據云：「以其牽涉敎士，未便措辭也」。此次行抵羅馬，余卽遣馬淸臣赴敎王之外部詳詢顚末，始知書院擴充經久，實由敎門佽助鉅款所致，而其所招中國學生，專以習天主敎爲本業，其於格致星算之學，不過兼涉，昨聞議院已定議，將院產入官，不能再改。今日郭棟臣由拿波里來謁，則其髮種種，已改西洋敎士服矣。據稱馬國賢初造書院，時僅集貲三萬佛郎（原註——約合銀五千兩），大抵在中國所積存者，厥後自敎王以下迭有所輸，院產之本，至值二百萬佛郎，每年入款約十二萬佛郎，用款約五萬佛郎；每一華生在院肄業，歲給千二百佛郎，皆由敎主所屬官員致書各省主敎招致資送。余詢棟臣蹤迹，據稱湖北潛江縣人，先在此肄業，十二年回華，傳敎十三年，今再來爲學長，又四年矣。余問中國人入天主敎者共有幾何？據稱共有五十萬人，江蘇四川兩省最多，各有十萬左右，湖北一省約有二萬三千人，蓋自雍正年間驅禁以後，咸豐十年與各國立約，復許傳敎，迄今僅三十年，所以止有此數也。余籌思再四，書院之產實係敎門之產，既非中國所籌。欲與理論，較無把柄，且義國之封奪敎產，通行既久，實爲彼大局所關繫，計議早定，豈能驟致？卽能保護此書院，亦祇爲中國歲增敎民數人，無裨實政，然既有華人在此，環求保護，不可無以稍慰其心，遂爲繕牘照會外部，允爲設法淸理焉。

光緒中葉之北京玩樂

五知

北京戲園與角色，實大盛於同光間，今則遍於全國。當滿清時，凡考試及引見之觀光上國者，莫不以此爲娛樂，好事文人並出花榜以湊熱鬧。昔人記之者衆矣，然或言之不詳，或附會錯誤。據江寧李圭「入都日記」述光緒十三年丁亥北京戲園情形云：『八月十五日己亥晴，午後子賡約至三慶園觀四喜班演劇，酉正一刻回寓。廂樓聽戲（京城不曰看戲而曰聽戲），一座分三層，靠前闌置條凳一，凳後半桌一，各坐二人。又後靠壁高凳坐二人，計京錢八千。因値過節，另賞四百，戲單賞二百。去車二輛，路約二里，各七百。回車半塗喚各四百。臺之前南首曰「正座」，京中曰「池子」，俱坐工匠輩，兩廂樓乃上客坐處。臺左首廂樓，曰下場樓者，座資最昂。今日中秋節，在寓早點爲月餅，僕輩循俗購奉者，其名山查月餅，以餡有山查也。每斤京錢一千二百八十，不若南省所製。』又『十八日壬寅晴，午飯後，偕子賡至大柵闌慶樂園觀嵩祝成班，鱸儂演監酒令一齣。余性不喜看戲，以子賡故不欲却也。』又：『二十一日乙己晴，偕子賡至廣德樓看四喜班，先往福興居定坐。京城便酌之館稱「居」，如福興、萬福之類是也。全席之館稱「堂」，亦可便酌，如福隆、慶豐之類是也。京城風氣，凡在館請客，主客均以叫相公陪侍爲敬，雖顯官有時亦難免俗，相公，優伶之謂也。於是子賡叫鱸儂，慈生叫秋菱，余無可叫，子賡强慈生薦，因薦韓家潭韻秀家之二奎。兩客各點二菜，余點二菜，三優亦各點一菜。鱸儂固老角色，飲酒喫菜，落落大方。秋菱年十五，二奎僅十二，吐屬舉止，並皆佳妙，惟嘗果飲酒而不喫菜，彼中規矩也。相公住所曰「下處」，出局曰「應條子」，應條子者，客寫條子至下處傳喚也。應條子者俱著靴，不應者著履，鱸儂早不應條子，以與子賡當年最相稔，誼不可却，故著履至也。三優來約一小時先後去。酒菜京錢三十一千，代購阿芙蓉京錢二千，叫相公者，相公至先給京錢票一紙計二千，曰「車錢」，臨去給票一紙，計八千，曰「局錢」。初叫局錢現給，以後則總計。』又：九月初八日壬戌晴，飯後子賡邀入慶和園聽四喜班，有戲曰桑園寄子者，孫處（卽孫菊仙）扮老生，小福（卽時老板）扮正旦，蕙林（卽小狗兒）桂林扮二子，摹擬逼眞，能令人墮淚。京師之劇，歎觀止矣。』『十一日乙丑晴，約子賡同樂軒看四喜班，晚在福隆堂便飯，同坐徐花農太史琪，及淩君初平紱曾。亥正，子賡約往猪毛胡同綺春小福處小飲，小福已進城，其弟子順仙侍。京師內城戌刻閉，丑刻啓，凡住內城者，前三門外有酬應當晚不得入，則俟門啓，曰「倒提城」。』『十二日丙寅晴，約誠齋，棣齋，守恆，子賡慶和園看三慶班，先託誠齋於下場樓定上等座二，京錢十六千。晚福隆堂便飯，一主四客八侍者，菜飯等京錢六十四千有奇。亥刻誠齋又約至猪毛胡同春馥秦雲處喫酒。』按光緒丁亥，距今不過六十年，而社會情形，經濟狀況，演變之劇，相去雲泥，良以當時，正同治中興之後，庚子甲午以前，海宇清平，民康物阜，且士大夫之生活旣優，北京之繁榮尤盛，故凡來京與居京官員，莫不徵歌逐舞，選色選聲，但政治沓泄，國家危機，亦伏於此。書中所述當時京師之政治社會，均極詳實，足與所著「金陵兵事彙略」「思痛記」二書媲美。圭字小池，以寗波洋務委員，保獎知州，曾以外交官周遊寰球（著有環遊地球新錄），固當時之外交家，以引見來京也。日記中所稱子賡，名楊儀成，江西德興人，前桂撫慶伯中丞長君，捐四川知府，亦赴都引見者。又書中另記鹽儂云：『子賡拉往韓家潭訪嘉穎主人名鹽儂者（今號硯農稱李老板），戊辰（同治七年）花榜第一，今年三十七，已子女成行，且抱孫矣。舉動吐屬誠不俗，屋舍器物咸精潔，京中飲多濁泉，此則苦茾一甌，清洌無似，主人乃子賡十七年前在京舊識，敍半時歸。』所云小福姓時，乃光緒末名旦，卽今老伶時慧寶父也。今之韓家潭猪毛胡同，皆南北娼寮叢聚之所，總稱曰「八大胡同」，昔則皆相公下處也。其記旅館（昔曰棧房）生活云：『先是子賡進城往住虎坊橋聚魁店，曾約同住。至聚魁店，子賡住後院，其西南有屋一所，亦一小院，南向上房一間，會客房一間，對面又一間，皆明爽，因止焉。點齊行李，每車另賞酒資京錢三千，核當十錢一百五十箇。每客每日房飯水三項，需京錢一千二百，葷素菜、點心、茶葉、油燭，咸自備。』店房而有會客室，與今日僅住一間者，亦覺方便舒適，而其代價祇千二百文。當時銀價，據記云：『京中不用洋錢，每兩易京錢十三千四百（價有低昂），計六百七十千，取現錢票六百千（每票二千至二十千不等），餘七十千取現錢，核當十錢三千五百箇（以上指京平松江銀）。京城銀一兩，向止易票錢十千有奇，其票隨處可取現錢。』是每日房飯水之費，不過合銀一二錢，今之古玩舊貨鋪，猶時見昔日之銀票，有如今之鈔票，惟所出者，皆山西人私家錢莊。如東四牌彼時有所謂「四大恆」，均錢莊中最著信譽者，余嘗收購廢票多種，以見當時之社會經濟。又昔日有一種生意而今日無者，卽「驗票攤」是，因錢莊之家數至多，銀票之種類遂雜，眞僞難辨，用者苦之。於是精於此道者，設小桌於各大商號門前，凡找換銀票，命彼辨識，略出手續費小許，彼卽蓋印於票上，以示負責，此亦街頭職業之一。又觀當日酒食用費之廉，揆之今日，不禁神往。而洋錢一事，乾隆間已盛行於東南沿海，直至光緒，京中猶不通用，又可見社會習俗其保守性爲何如也。至咸豐大錢，因洪楊軍興，銅運不至（雲南銅），乃改鑄大錢且有鐵質，由五十一百至五百一千不等，然不能通行，卽京師附近，亦不行使，後乃只當十錢尙可流通，黠者以之爲「出份子」送禮之用。故當時有謎語云：「云不可使得罪於天子，亦云可使怨及朋友」之讖。又京師竹枝詞謂：「天樂看罷看慶樂，惠豐吃罷吃同豐。」亦正此極盛時代之寫照。甲午以後，朝野議論沸騰，社會惶惑不安，無此太平景象矣。迨至庚子大亂，縉紳逃避，闤市彫殘，長安繁華，一燬再燬。今日則書中所紀舊跡，雖可尋求，猶多健在，而其面目則逈異矣。

更正

本刊上期陳公博先生『我所詩』一文中，第七面第三首『駐馬危崖獨惆悵』，第九面第四首『不堪惆悵黃昏後』，『惆悵』皆應作『惆悵』。又第八面第五首『半壁山河又照殘』，『又』乃『夕』字之誤。茲承作者來函指出，特爲更正，並向作者讀者致歉。

春明瑣憶

吳詠

去年秋曾擬爲北平之遊，因事不果，輒爲悵然。有朋友自北方來，說我的不能往遊，實在可惜，他說他日歸去，恐將非復舊時繁華矣。其實北平久已不是舊物了，近得北平圖書館刊中有庚子時的正陽門像，與今日所見者大異，還是刼後的情狀。街上以轎車爲最多，東洋車蓋猶是稀見之品。人物則峨冠大辮，長衫背心，看了不禁感慨係之。不佞居打磨廠旅館中，寒冬早晨至前門外橋側的杏仁茶担上吃油炸燴，杏仁茶，加白糖青紅絲的情景猶恍然在目，靑石塊拼成的路上，推了「三把手」式的水車，水落石上，即凝爲冰澾，行路偶不小心，極易跌倒。此種風味，在南方是不能見到的。

我覺得北平人情的可愛，實在與那種天氣有關係。知堂老人說北平人有一種寬大的精神，十分可愛，這種精神在南方極難得見。試想在冬天的太陽下面，一個北平的老頭兒談着閒話的那種情景，眞使人嚮往。女子的性情，南北更是不同，北平俗曲中有「連理枝」云：

「燕地佳人性子多，一團冷秀隱雙蛾，嘗嫌粉黛功夫兒碎，要把胭脂模樣兒脫。一心既作聰明孔，遍體全成伶俐窩。天然一種撩人處，骨格兒風流逐處兒活。」

用北平話描寫，十分活現。不禁使人聯想起「兒女英雄傳」裏的何玉鳳。那位退職家居的安學海先生，西山養靜，心裏邊幻化出來的一個「朔北佳人」。至今此典型猶爲燕京士庶所欽羨，隨便在街頭巷尾的說書先生口頭都可聽到。至於南方則不然，小報上大抵專談風月，武俠之類已不多見，在天津則還珠樓主白羽諸君還是最受歡迎的作家也。

北方雖有俗語云：「京油子，衛嘴子，保定府的狗腿子。」言北方的棍徒也。此三種人中，不佞只欣賞過頭兩種，至於保定，只在車站上遙望一番，並嚐老槐茂之「蓮花白」而已。京油子可於京戲中之「開口跳」得其意蘊，唯近來此種人材益少，葉盛章更不足數，但可在他的流氓作派中瞻知一二遺風而已。京都竹枝詞市井門有云：

「老土茅包撥勒賀（棍徒京師曰老土，又曰茅包，近又名曰土撥勒賀），立街頭上講狼人（騙人酒食，惡語謂之狼人，謂其如狼之狠也，爲戲言），口中調（去聲）侃誇奇巧（若輩所說，令人不解，謂之調侃兒），可惜今無嘴把陳（昔東城指揮陳公善治惡棍，每聞此輩，則拘來掌嘴，人因呼爲「嘴把陳」）。」

竹枝詞中頗可見俗語之一般，老土已不聞於今日，茅包則有「俞茅包」，謂俞振庭也。亦已是光宣時事矣，今人多不知其意。「調侃」「土撥勒賀」之類，曩日亦多嘴角熟言，但不知如何寫，見此如遇故人，眞可喜也。

郝蘭皐「晒書堂筆錄」中有一則云：「余以乾隆嘉慶間入都，見人家案頭必有一本紅樓夢，今二十餘年來，此本亦無矣。」

這是紅夢樓時代考訂的重要材料。這時的本子，想皆爲「程甲本」「程乙本」或手抄本，如能傳至今日，當視若至寶矣。

乾嘉之頃爲有清一代最盛時，承平日久，士

大夫風流逸豫之態，令人懸想不置，至光緒中，流風未泯。「覺花寮雜記」記云：

「光緒中葉，京朝官風氣淵雅，猶有承平餘習，所居皆在宣武城南，衡宇相望，曹務多暇，互相過從，流連觴詠，斟酌圖史，或僧寺看花，或旂亭賭酒，薄笨可以代步，魚菽可以留賓，俸入無多，專恃印結費（外官赴部銓選，皆須京官出結），月得數十金，即充然有餘。士以科目而進，官以資格而升，故人人無徼倖之心，愛名節而羞勢利。辛丑以後，舉行新政，外務，民政，農工商郵傳各部，次第增設，升轉既速，祿糈亦優，於是，貴介之子，憑藉門蔭，新學之士，遊揚聲譽，一經調部，無異登仙，鑽營之竇既開，結納之風日盛，苞苴狼藉，裘馬輕肥，流品雜而吏道汚，京朝風氣乃一變矣。」

這一變變得不好，從李慈銘變到議員之流，無疑的是就下了。這情形一直接續不斷，直至北政府的壽終。那種士大夫悠閒地流連於花酒，上館子，聽戲的情形，也眞別具風味，有異於海上的咖啡館也。竹枝詞云：

「公會筵開白晝間，嗷嘈絲管動歡顏，新排一曲桃花扇，到處鬨傳四喜班。」

優伶之勢，盛極一時，妓女也要較之遜色，蓋是一種變態也。嘉慶間曾禁挾優入酒樓，未幾復故。六品以上的官兒，每入茶園，先藏其頂，大似暫時革去頂帶，描寫士大夫與優伶的醜狀者，有「金臺殘淚記」，「燕臺集」諸書，前者用四六文句寫成，有「精彩」之言曰：

「是故轉喉車子，傅粉何郎，眉語雙通，目成一顧，聊復爾爾，輒喚奈何，對此茫茫，佳難再得。……何况率彼曠野，招我遨遊，亭共陶然，芳眞小有，楊花柳絮，迹飄蕩以顚狂；蓮子藕絲，恩斷續而心苦。此時香羅小扇，紅紗中單，一水闌干，盈盈護玉，采風鶯燕，雙雙向人。則有低唱入懷，淺斟消渴。擁鄴下之櫻桃，石虎堪爲情死；得江東之鱸鱠，季鷹那更感秋歸耶？」

眞極肉麻之致矣。

梁紹壬「燕臺小樂府」「梨花伶」，詠這些男優曰：

「軟紅十丈春塵酣，不重美女重美男，宛囀歌喉裊金縷，美男妝成如美女。株臺十二醉春風，過午花梢日影紅，此際香車來巷陌，此時脆管出簾櫳。……」

關於這些與優人交朋友的，還有一個笑話可說。倘××在四大名旦中，算是比較莊重的一個。不佞有老師兼爲名票，學楊小樓，以在長板坡中之「閉眼養神」最得神似，此公與小雲有一段因緣，後來因事不能永好。會「津變」起，此公奔波於難民叢中，苦無依托，遠遠見一汽車來，開門拉之上，送到安全區，蓋倘××偕公安局長某所乘車也。觀乎此，則衝冠一怒爲「紅顏」，豈不大大値得乎？固無怪朋輩之稱之以「風塵三俠」也。

不佞曾得光緒間石印小冊，「北上備覽」，蓋當日都門導遊之類書籍也。其中對吃館子加以指導。如「糟瘟」爲翁文恭公潘文勤公常去之所；安兒胡同有烤肉館，雖僅一間門面，而達官貴人，摩登伽女，多就案前長板凳，蹺一腿立於凳上食之。門外排隊而候之者，如長蛇陣。冬晨雪霽，此一幅「吃肉圖」，亦大可觀。此風迄今不少變，但門前轎車行易爲汽車陣耳。

「吃肉」在北京，蓋爲一特殊名詞，非若普通人想像之吃肉也。「宮門抄」中常見「明日×刻皇上升座吃肉畢……」之類的話，而大官們亦多以得賜吃肉爲榮。北方老倌，固無所謂，然南方的中堂們的吃肉，則大可哀已。蓋此種肉多係白煮，爛輭如豆腐，不置鹽料，內官捧之上，大官們各出所佩「小刀子」，割而食之，須頃刻立盡，否則認爲失儀，當罰俸也。南人多荏弱，於此種「初民式」的吃肉，無法勝任 ，乃視爲苦事。「洛陽伽藍記」中記北人不慣茗飲，視爲「水厄」；今南人不慣食肉，或可稱爲「肉難」乎？然亦有法，當時之化學家卽發明一種「油紙」，蓋浸於醬油精中所成，每割肉畢，取出以拭「小刀子」，紙得肉氣一噓，醬汁立出，汁乃成湯。如此妙法如果失傳，實可惜之至矣。

吃肉之期，除婚喪事外，年年有一度在六月二十四日，蓋關壯繆生朝也。上起官廳，下迄民家皆食之。此一種白煮肉之技術，俗稱「白活」，並不避忌。肉之白馥馥，與關羽面部之紅灩灩相映成趣，而白肉則更置於大紅硃漆的肉槽中，乃更爲生色矣。

俞平伯氏曾作「古槐夢遇」，不佞甚賞其意，念之奇麗。中有一則云：

「某日，大理寺發下犯官二口，細作猪羊，盛以朱紅漆桶，縢以雪白的麻繩。」

懸想此犯官當必亦面團團如董太師（卓），如此風味，信是絕妙。俞公此夢，蓋亦有得於北京吃肉之意者乎？

白肉當佐酸菜以食之。酸菜用白菜漬之，使變酸，味絕美，然南方朋友多不愛吃。白肉更可以製成「木樨棗」，「密餞海棠」，「密餞紅菓」之類的食品。品類繁複，非專家不能盡道其名。至今北平西四磚瓦市有沙鍋居，以製白肉馳名。其煮肉之湯，相傳尙係前明遺製，迄今未涸焉。其門市只賣上午，過午不候，而不省生意如何好，每日所賣以一豬爲度。凡此皆不能使海上人仕所了解者也。

倡優侑酒，宣南雜俎有詩咏之云：

「搴簾省識主和賓，徧酌當筵酒一巡；斟到郎行杯更滿，兒情濃似玉壺春。」

「側帽餘譚」更云：

「一笑搴簾，卽宜徧敬座客酒，次及主人及所識，去亦如之；今皆不拘行迹，入座時只以手提壺曰，『斟酒斟酒』座客卽羣止之，及其去也，惟舉碟示意而已。『觚不觚』，聖人所以歎也。」

這位「藝蘭生」也不免過于忠厚，想在筵前維護聖道，今日看之，眞笑柄矣。

「懷芳記」云：

「都中歌者之侍飲，稚子如驕子之戲於前，長者如姬妾共談衷曲，可以娛情而適意。」

「側帽餘譚」所記「飛座」云：

「三五同人，雅座淸飲，卽爲他座所招，不能不入室周旋，謂之飛座。坐次窺主人意旨，如主人別有所屬，故爾屏棄者，則冷語侵肌，酸風撲鼻；主人情難割捨，出車飯貲慰藉之，名曰留條。果無他好，如主人之色不餒，若輩有以覘察，而亦徑去。然仍須留條以安其心，否則謂之挑眼。挑眼，京諺，猶言吹毛求疵也。倘請尊客而以若輩爲嫌者，一聞履聲橐橐，亟招其僕而告之故，則亦絕跡不來。」

招妓宥酒之餘，則聽歌尙矣。聽歌則以堂會爲最能洽意，蓋能集名伶於一堂也。堂會非得請柬不能入，曏日不佞曾得一柬，聽梅博士戲，凌晨懷糧而往，則已擁擠不堪，蓋戲於中午開也，在候五六小時，聽了兩齣小戲，卒以體力不支告退，博士豐采無由得覘。後來究竟在天津中國大戲院了其心願，不佞開始配眼鏡，卽爲該次聽浣華也。

袁世凱二公子寒雲，最喜票戲。記得拿手傑作爲湯勤薦幹，一日堂會，在天津明星大戲院，不佞從門口過，雖無請柬，但坦腹而入，竟遂所願，是堂會戲之珍貴者。年前北平有盛大堂會，張伯駒君唱四郎探母，楊小樓去馬謖，余叔岩去王平，詫爲勝事。此種佳劇，如盡錄之，恐當未有艾，堂會戲之靈魂，則「戲提調」也。牛應之「雨窗消夜錄」記云：

「京師梨園最盛，公宴慶祝，別有演劇之所，名曰戲莊。將有事，擇能肆應者一人司其事，或作戲提調歌云：衆賓皆散我不散，來手（班中管事之目）未到我已到。巍然獨據下場門，赫赫新銜戲提調。定席要便宜，點戲誇精妙。怒目看官人（是日必向司坊中借一二三執鞭者在門前彈壓，名曰官人，又曰小馬），軟語讓車轎（老師並各堂官車轎夫飯錢最難開銷，且易得罪，故須磨以軟語。（編索年前舊戲單，爛熟胸中新堂號（京師旦角曰相公，所居之寓曰某堂，知其堂，知其人，知其人住某堂，始能點其戲）。大臘新試三枝頭（曰受熱，曰坐臘者，皆京師俗呼爲難者之別名，此語有雙關之意），靴頁偶裝几千弔（京官多窮，故曰偶裝。亦見是所費不菲矣）。小香到，提調笑；喜祿病，提調跳；鎖得長庚跟兎，暫向櫃前存，待到半夜三更，自己轉灣仍放掉。吁嗟乎！三更曲罷尤可憐，昏花二目飢腸穿，左有牙笏右掌櫃，小馬紛來滿堂前。堂前燈火全不見，陰森疑到閻羅殿。此時提調錦囊定，只餘三字明天算。」

描摩可謂入木三分。民初北京軍閥堂會，提調多委其幕府中人，梨園子弟中或有互爭面子，則爭往賂之，逸聞更不勝記。

冶遊之事，不佞愧未能言。然亦頗喜看板橋雜記之類書。明蔣一葵著長安客話（八千卷樓藏本），記一曲，頗可發噱，但或者不是近時所有事：

「金陵陳大聲嘲北地巷曲中人，半亦近謔，不盡然也。曰：門前一陣騾車過，灰揚，那里有踏花歸去馬蹄香？綿襖綿裙綿袴子，膀脹，那里有佳人夜試薄羅裳？生葱生蒜生韮菜，醃臢，那裏有夜深私語口脂香？開口便唱寃家的，歪腔，那裏有春風一曲杜韋娘？開筵空吃燒刀子，難當，那裏有蘭陵美酒鬱金香？頭上鬏髻高尺二，蠻娘，那裏有高髻雲鬟宮樣粧？行雲行雨在何方？土炕，那裏有鴛鴦夜宿銷金帳？五錢一兩等頭昂，便忘，那裏有嫁得劉郎勝阮郎？」

這話看似挖苦，實際北地臙脂，也的確不佳。昔年不佞車過邯鄲，以爲此地必多美人，下車一望，黃土飛揚中往來者盡是孫二娘之流，因知「燕趙多佳人」之言，殊未盡然也。

海上旅館中可以招女人共宿，數百年前之北京亦有之。觚賸記云：

「近日桐城方爾止有京師竹枝詞云：『清晨旅舍降嬋娟，便脫紅裙上坑眠。傍晚起來無個事，一回小曲一筒煙。』亦可笑也。」

這裏有點可笑。又可異者清晨招妓，白日酣眠，亦與海上之傍晚始上市者異也。

京師的另一種特產則是優童。這種人材本來自古已有，唯職業化則當在明末。而至近年則已不多見。燕京新記有云：

「京師優童，甲於天下，一部中多者近百，少者亦數十，其色藝甚絕者，名噪一時，歲入十萬，王公大人，至有御李之喜，優童大半是蘇揚小民，從糧艘至天津，老優買之，教歌舞以媚入者也。妖態艷妝，逾於秦樓楚館，初入都者，鮮不魂耍神奪，挾貲營幹，至有罄其囊而不得旋歸者。」

他們的來源，多自揚州江北一帶。梅浣華則正是泰縣人也。作九種曲的蔣心餘，也詠「戲旦」云：

「朝爲俳優暮狎客，行酒釘筵逞顏色；士夫嗜好誠未知，風氣妖邪此爲極。古之孌幸今主賓，風流相尚如情親；人前狎暱千萬狀，一客自持衆客嗔。酒閑客散壺籤促，笑伴官人花底宿；誰家稱貸買珠衫，幾家迷留戧金屋。蛣蜣轉丸含異香，燕鶯蜂蝶爭輕狂；金夫作俑媿形穢，儒雅效尤慙色莊，靦然相對生歡喜，江河日下將奚止？不道衣冠樂貴遊，官妓居然是男子。」

京都竹枝詞亦云：

「徽班老板鬻龍陽，傅粉薰香座客傍。多少寃家寃到底，爲伊爭得一身瘡。」

曝簷雜記亦云：

「京師梨園中有色藝者，士大夫往往與狎。」

這些士大夫可以請李慈銘作代表，在他的日記中常可以找到聽戲的材料。綜計在他的日記中出現過的伶人有以下幾位：

十三旦　侯紉珊　侯拾珊

一陣風　金紫雲　儷　秋

梅蕙仙　朱蓮芬　想九霄

他所最賞鑑的是紉珊，五年三月十六日條云：

「雲門來，邀至中和園，偕彥清醍庵竹篔觀劇，侯紉珊演盜仙草，甚佳。」

光緒八年十一月七日記云：

「是日四喜部頭梅蕙仙出殯廣慧寺，聞送者甚盛。下午偕兩君（鬻初敦夫）出大街，至其門首觀之，則已出矣。遂雇車歸。蕙仙，名巧玲，揚州人，以藝名，喜親士大夫。」

梅巧玲蓋是梅蘭芳之祖父，又云：

「自孝貞國卹，班中百餘人失業，皆得蕙仙舉火。前月十七日驟病心痛死。其曹號慟奔走，士大夫皆歎息之。蕙仙喜購漢碑，工八分書，遠在其鄉人董尚書之上。卒時年四十一，蕙仙後更名芳，字雪芬。」

李君日記中更記「清票子弟」事，蓋票友下海，習爲旦角，而又冶蕩者也：

「晚偕介唐詣才盛館，觀同春班夜戲。許久不聽樂矣！近有理藩院吏越人韓某之子韓六，及兵部書吏魏四陳某等。習唱爲優，名清票子弟。魏陳皆旦角，以蕩艷名，一時堂會公宴，非此不觀，余未曾寓目，今夕見之，亦中人常技耳。都中士夫流品溷淆，風俗卑汚埽地至此，而當國鉅公，巍科先達，以此爲經濟，亦歆後浪子之罪人矣。是夕演張綉反宛城一齣，頗可觀，三更歸，尚未晚食也。」

爲什麽這些人會甘心下海唱戲呢，却也頗有道理，因爲優伶們一向錦衣玉食得慣了，實在闊氣得很。「燕京雜記」記優伶的居處云：

「優童之居，擬於豪門貴宅，其廳事陳設，光耀奪目，錦幕紗廚，瓊筵玉几，周彝漢鼎，衣鏡壁鐘，半是豪富所未有者。至寢室一區，結翠凝珠，如臨春閣，如結綺樓，神仙至此，當亦迷矣。」

韓家潭是此種人物集中地，「側帽餘譚」云：

「優僮稱其居曰下處，一如南人之稱考寓。向萃集韓家潭，今漸擴廣，宣南一帶皆是。門外掛小牌，鏤金爲家，曰某某堂，或署姓其下，門內懸大門燈籠一，金烏西墜，絳臘高然，燈用明角，以別妓館。過其門者，無須問訊，望而則爲姝子之廬矣。」

稱此輩爲姝子，則殊少見，或是兎子之訛乎？清稗類鈔亦有此等記載：

「伶人所居曰下處，其萃集之地，爲韓家潭，櫻桃斜街亦有之，懸牌於門曰某某堂，並懸一燈，客入其門，門房之僕，起而侍立，有所問，垂手低聲，厥狀至謹。俄而導客入，庭中之花木池石，室中之鼎彝書畫，皆陳列井井，及出，則湘簾一桁，瀹茗清談，門外僕從，環立靜肅，無耳語聲，無欬聲，至此者俗念爲之一淸。」

如此的洞仙福地，再加上那些歌伶，如懷芳記所說：

「都中歌伶之教子弟，雅步媚行，綽有矩度，掉頭擲眼，各具精神，雖雅俗不同，而一顰一笑，皆非苟作」，無怪一般大人先生，趨之若鶩了。

科班中的辦法，不大明瞭，不過看他們里邊出來的人材，大多漂亮，可知其必有法：

「相君之面，雖不能盡似六郎，然白晳翩翩，鮮見黧黑，孟如秋言，凡新進一伶，靜閉祕室，令恆飢，旋以粗糲和草頭相餉，不設油鹽，格難下咽，如是半月，黧黑漸退，轉而黃，旋用鷺油香胰，勤加洗擦，又如是月餘，面項轉白，且加潤焉。此法梨園子弟都以之。」

至於他們行徑之處，更是粉郎一至，正如荀奉倩薰衣入座，滿室皆香了。

至於他們之所以如此，也正是由於勤於修飾，爲悅己者容，對於此點，就不得不注意了：

「蓋麗質出於天生者少，不得不從事容飾，芳澤勤施，久而久之，則肌膚自香。更佩以麝蘭，薰以沈速，宜無之而不香也。買香之肆，其施之膏沐者，則推桂林餘質；以佩帶者，則數花漢冲；用以薰香者，則有合香樓；皆著名老店也。」

他們穿着的正是小蠻靴：

「窄窄蠻鞾，小步花磚面上，亦殊可觀。小史例着烏靴，正可以昭其敬，蓋羔裘退食，吉莫常拖，彼童也，納履而登，轉鄰於褻，此例不革，良有由也。惟出師後，則挖雲鞋子，任其曳躡。」

如此容顏的姣童，得以左擁右抱，其樂無蓺，不亦宜乎？

故都之秋

白水

雖然大地的南北，秋色同樣的光顧，然而，因爲氣候的不同，南國之秋便與北國之秋也就有了顯著的不同。我在南方的海南島上度過秋天，賞過海濱的秋色，椰子林中的秋月；也在北方的故都度過秋天，看過碧天的秋月，陶然亭畔的蘆花。但是，兩兩比較下來，終覺得故都的秋色，給我的印象比較要深刻，所以回味起來比較的有味。

南方的秋天和北方的秋天有些什麽不同呢？南方，天氣比較要溫煖些，所以草木的凋零也比較要慢一些。比方在江浙一帶，已經秋風颼颼，上海的里弄間已在高聲叫喊「燙手——熱白菓」了，但在海南島上，好像還是初秋時候，草木的綠色，不過是蒼老，還不曾顯示出凋零的景色，而在北平，已是晴天一碧，萬里無雲。所以江南的秋色，草木凋零得緩慢，空氣比較的潮潤，天氣也就比較的顯得淡了。江南如是，南國自然更不同了。我在海南島上，冬天不曾見到衰草黃葉，但在春天的新綠下面，却又被新綠襯出了不少的黃葉衰草，所以在近熱帶的地方，冬天和秋天，除了人們在身體上有了氣候的細微的感覺外，眼睛中的感覺，並不使人有着顯著的刺激。在北國的故都就不然了，一到秋天，天氣就特別的來得清，來得靜，來得悲涼。雖然魯迅先生說過，在北平只覺得冬和夏，長長的冬天，一瞬眼就是夏天，好像春天沒有幾天，長長的夏天，一瞬眼又是冬天，好像秋天沒有幾天。是的，故都的秋天，爲時雖然僅僅只有短短的一個時期，然而給予人們的感覺，却比了江南，比了南國，要深刻而濃厚了許多。我是江南人，住在江南的時間較久，在上海的里弄間，聽不到秋蟲的樂曲，看不到秋山的紅葉，就是坐在天井裏仰望天空，也只是「坐井觀天」的看了天空的一方，自己認識的幾個星座，却也不易找到。所以除了「燙手——熱白菓」的喊聲告訴了人們「秋天已到」之外，人們在身體上的感覺，只覺得一點點的清涼，對於秋之味，秋之色，秋之意境與姿態，總是不能看一個飽，嘗一個透，玩賞一個十足。但是，一到故都，雖然故都的秋天爲時很短，然而在這短短的幾天裏，可以使你對於秋之味，秋之色，秋之意境和姿態看一個飽，嘗一個透，玩賞一個十足了。

故都的秋天，有着怎樣的好？我不必去談那玉泉的夜月，西山的蟲吟，陶然亭的蘆花，釣魚臺的柳影，潭柘寺的鐘聲，西郊的紅葉，東來順的羊肉……只要你在人烟稠密的皇城之中，花上幾元的錢，租住幾間破屋，你在這破屋之中，就可以飽嘗不少的秋味了。北平的住宅，即使是一個平民窟，一個住了不少人家的雜合院，但你走進門口，在院子裏的牆陰屋角，終可以見到幾株被詩人所瞧不起而稱爲「菊婢」的鳳仙花。比較人家少些，或是院子大一些的，那麽，院子中有着巨大的槐樹，石榴，棗樹，下面再種有不少草本的花卉。單單這一些植物，牠們已經能够告訴你秋意，你也可以欣賞到不少的秋味了。

秋天景色的欣賞，在一般人以爲只有在晚上。是的，這是一般人的見解；因爲晚上的景色，比較易於給人以刺激；其實，在白天，也未嘗不可以領受秋的況味。我們在北平，早晨起來，搬一張椅子放在院子裏，泡一壺茶，燃一支紙烟，晴碧的天空，時時有一羣打着圈子飛翔的馴鴿，那種清脆悅耳的鈴聲，已經足够使你神往。你抬起頭來，可以看到並不強烈得令人討厭的日光，從槐樹的葉底，一絲絲的漏上屋脊，那好似兵士早操的馴鴿，雪白或是銀灰的羽毛上，也有着日光的反射，在你頭上，去而又來，襯出了一個秋晨的美麗。

夏天的蟬，拉長了聲唱，聒噪得令人耳中有些難過，我住在北平，每當夏日蟬噪院中，便感到討厭而到樹下去把牠驅逐。我不能像頑童一般的爬樹，只好在樹下來一下喊聲，想把蟬嚇走。然而蟬老是瞧不起我，睬都不睬的依舊長聲吟唱。我對之也無可奈何。後來有科學家告訴我，說蟬是聾子，即使你在樹下放一響大砲，牠的驚走，並不是爲那巨大的聲音，還是由於振盪的空氣。可是，到了秋天，蟬的吟唱，聲音並不聒噪得令人討厭，那種衰弱的殘聲，正像是淒涼的曲調，可以使人的心境靜下來，可以使人放棄了趨向熱鬧場中爭奪名利的心思。這種秋蟬的吟唱，如果在上海，只有到郊外去才能聽到，但在北平就不然了。因爲北平隨處長着樹木，一個大一些的院子裏，總有着三株兩株的槐樹或是棗樹，即使自己的院中沒有，那麽，北平的屋子，大一半是平房，鄰居院子裏的枝條，也會展到了你的屋檐上來，所以不論在什麽地方，都可以聽到牠們殘弱的嘶唱。這秋蟬就像老鼠一樣，成了家家戶戶都養在家裏的秋蟲了。

雨也是組成秋景的一種要素。在故都的秋雨

，好像比南方要有味，不會令人感到討厭。南方的秋雨，有時候檐頭滴滴，接連了好幾天，從早晨下到深夜，再從深夜下到早晨，不但平淡得乏味，而且空氣潮溼，街頭泥水，竟然令人感到了討厭。可是故都的秋雨便不然了，在灰沈沈的天空，忽然來了一陣涼風，便就悉悉索索地下起雨來了。雨並不下得很大，而且也不長久，一陣雨過，雲漸漸地向西捲去，於是天又成了晴空，太陽又露出笑臉來了。北方的天氣比較乾燥，而且又多灰塵，這一陣悉索的秋雨，不但不使人感到討厭，反而令人感到了不少的潤澤，但是，天氣也因這秋雨而更涼了一些。

秋天是收穫的季節，在南方的農家，場地上堆滿了黃金似的穀粒，白銀似的棉花，農夫農婦，一面忙得喘不過氣來，一面在醬油色的臉上，顯出了不少快樂情緒。我們不是農人，而且又不是住在鄉間，對此情況，自然是不易接觸和領會。但在故都便不然。故都雖然不出產穀粒和棉花，然而菓樹也就成了點綴秋天的一種奇景。假使我們走進了北國的鄉村，農夫農婦們一個個忙着棉花和菓實的收穫，老牛驢子，拉着一輛輛破而笨的車子，上面載滿了黃金似的苞米，小米，白銀似的棉花，還有古銅色的或是青灰色的柿子，玫瑰紫的或是水晶色的葡萄，淡綠而略帶微黃的棗子和梨頭，青而又紅的美麗的蘋果，往農村裏不斷的送進去，他們醬油色的臉上，顯示出來的樂意，決不會比了南國的農夫低減一些，就是拉着破車的長臉老驢，牠的臉上似乎也顯示了不少高興。這些，在故都的城裏，當然也不會看見，然而故都城裏的棗樹很多，不論是院子裏，屋檐後，茅房邊，灶屋門口，棗樹都會一株一株的長大起來，那玲瓏小巧的菓實，像橄欖又像鴿蛋，你在院子裏儘摘着向口中一顆顆送，不須花錢，清香而有甜味，使你感到一種在南國都市裏萬萬不會享受得到的樂趣。這棗實微黃而成熟的時候，正告訴你，這是故都秋色最佳的時候；這短短的最佳的時候一瞬眼就要過去的，棗樹的葉落去，棗實完全紅透，西北風起了，故都便成爲風沙世界了。

在南方，一到秋天，文人雅士來了秋興，持螯賞菊，別有一種風味。但在故都，菊花也有，螯蟹也可買到，可是人們對於持螯賞菊的風味不大愛領受，大家都愛吃涮羊肉。所以，一到秋天，東安市場的東來順，涮羊肉的生意忙得無虛座，就是西單的西來順，以及別家不大有名的清眞館，涮羊肉的生意也特別興隆。故都的秋天，是一個吃羊肉的季節，據說北平的羊肉，大都是張家口來的，所以稱之爲口羊。這種羊肉，不但肥嫩，而且沒有羶味，所以吃羊肉的佳賓，不但館子裏滿坑滿谷，去遲了找不到坐位，就是人家家裏，也都準備着接姑奶奶接外孫嘗羊肉美味。羊肉的吃法很多，還有一種烤羊肉，當你走進館子去，你得自已站在燒着樹柴烈火的旁邊，自已用一塊塊的羊肉送到火上去烤，然後再塗上醬和蒜泥，吃起來不但味美，而且還可以使你想到長城外面遊牧的風味，所以我以爲比了南方的吃蟹，更來得有味。

「春天不是讀書天，夏日炎炎正好眠」，當然，秋天是讀書天了。當你走進文津街的國立北平圖書館，你可以發現到勤讀的青年，比了春夏冬三季要特別的多。他們大都埋着頭，忙着讀，忙着抄，忙着譯，忙着寫，忙得兩眼不旁視。他們這些勤讀的青年，倒也不是完全穿着破大褂的窮學生，也有不少穿着漂亮西裝以及塗脂抹粉的摩登女士，你看到了這一種情景，不由的使你心裏生出了一種情感，想學一下他們苦讀的好工夫。這種在圖書館裏的秋的況味，只有號稱文化城的故都才能得到，別地方是不易見到的。

一談到秋色，最令人注意的是月亮和吟蟲，在故都的秋天，月亮並不比南國差一些，吟蟲也並不完全啞了口，然而，我所以不將故都的月色和吟蟲來加以寫述，這因爲在故都要把秋色看一個飽，嘗一個透，玩賞一個十足，正不必一定要在月亮和吟蟲方面。

如果你要深切的領受秋的情味，而且這秋味是完全屬於中國化的，我覺到非在故都是決不能玩賞深切的。

懷黃膺白先生

莘薇

頃獲讀黃膺白先生親舊所編感憶錄，回憶二十五年冬，先生之喪將歸浙西，京滬親舊千數百人，舉行追悼大會於上海市商會，余時躬在會次，感事懷人，百端交集，頗欲就生平所知，誌其梗概，荏苒未果，突經世變，轉徙流離，幸見此錄！其中執筆者，類多故交，今亦睽隔，不復聞問，蓋令人於邑不能自已。

溯余與先生遇合之始，尙在民國十年，余時方讀書紐約，而先生伉儷翩然涖美，余舊讀先生所撰「歐戰之教訓」一書，固久已心儀先生之爲人，至是乃因袁君守和之介，得納交於先生，先生爲闡明東西文化交流之旨，剖難析疑，反覆千數百言。蓋先生之啓迪後學，諄諄不倦，有如此者，會余因卒業歸國，不及常從先生游也。

後六年，余與先生再見於上海，時先生方膺黨國重寄，規設市府；幕中羣彥，胥極一時之選。先生不以余庸拙，委司調查統計之任，每於案牘餘暇，親臨指導，舉凡調查員之如何訓練，調查方法之如何改進，與夫統計材料之如何整理；行之一市，推諸全國，皆有極精密之計畫，惜未及二月；而先生因政變去職，余遂再與先生別矣。

民國十八年後，先生息影名山；一意以建設農村，振興鄉村教育爲務，時則大局硊䯧，人心浮動，先生不忍國本之終危，慨然約集同袍，共議興復，此則新中國建設學會之所由設也。余在會隸政制組，遂得復侍先生謦欬，先生常謂吾國政制；省之上宜設方面，縣之上宜添區長，因追論歷屆憲草之得失，囑余取民國以來之國憲省憲，以及公私著錄，彙爲一編，題曰「中華民國憲法史料」，付之剞劂，以供學會同人參考。旣而先生一出，遂解平津之厄，南歸後，尙時道折衝之艱難也。

余於二十四年春，再事北遊，謁先生於政整會，先生款以茗點，慇懃勸食，自謂胃病新愈，飲饌無多，旋即暢論時事，慨然曰：「我到此二年，全憑口舌支撐危局，如再無切實辦法，不知如何善後，言次愀然不樂！蓋先生之所慮深矣。」次年夏，余在京突聞先生赴滬就醫之訊，急馳書候問，先生尙手書酬答；謂病已有轉機云云。嗚呼！孰知此爲先生最後之一札耶？先生學兼文武，韜略非常，每遇危難，決大計於俄頃，安國家如磐石。求之古今；蓋謝建昌于忠肅之流亞也。昊天不弔，人之云亡，命耶數耶，爲之太息！

女人頌

僉忍

（五）惟女人為能得風氣之先

我常常想動物中有一種候鳥，據辭源上的解釋，則是「鳥之隨節候往來者，謂之候鳥。蓋欲得寒暖度之平均也。如燕夏來溫帶，冬歸南方；雁冬來溫帶，夏歸北方等是。」又有一種候蟲，則是應季節而產生，如夏天的知了，秋天的蟋蟀。若要求之於我們這輩萬物之靈呢，我想，其一便是先知先覺的聖人，其一則是識時務的俊傑。而兩者似乎均尚不及「能得風氣之先」的女人。何以言之。

先舉幾個淺近的例來說吧。你不見寒冬乍過，春氣方生，一陣暖洋洋的和風剛剛吹倒，她們一條條的臂膀都露出來了。雖不必如魯迅翁所說有什麼敏捷的聯想，為中國人所獨有；但她們之能得風氣之先，是無疑的。等到百花謝了，春神正要向我們告別的時候，又早見她們一雙雙「六寸圓膚」，套著雪白的夏裝，漫步輕盈，在地面上晃映了。可是秋風一起，桐葉初飛，偶然有幾點疎雨，帶來了微微涼意，却又早見她們在準備怎樣禦寒，誰家的大氅新式，那一種質料華貴。

總之，在我們泥做的蠢物，還縮手縮脚，恨不得躲在火爐旁邊，再過他一月兩月的時候，她們早覺得非把寒衣卸去，以適應這時令不可，因為她們已電感似的知道春天到了，春給予她們身上的溫暖，同時更給予她們心頭的溫暖。她們一年之中，倒有九個月是在春天的。——也許還不止一些。所以春天一過，就是冬天，普通溫帶裏面四季的分法，其實是不需要的。因此，有的時候，我們還是滿頭大汗，扇不停揮；而她們有的是已經狐裘蒙茸，披上身了。這樣的先知先覺，試問聖人能及得上嗎？

一種風氣的造成，全在乎先知先覺者的啟示或提倡。譬如春天到了，我們還漠然罔覺，經不得她們的啟示，我們然後也覺得有一些春意了。於是天下皆春，萬物同春，她們就無異於春的使者，播春思，洒春意，撥春心，……使我們興奮，使我們振作，使我們「努力」於各人的「本位」，使我們為人類「社會」謀「福利」，使我們……。飲水思源，莫不是出於她們的啟示或提倡。

至於趨變適時，那尤其是她們的特長，也可以說是天性。她們既然是先知先覺，便都知道這時代常常要變。但是無論這時代怎樣的變，她們總是能適合的。所以滄海可以揚塵，神州也不妨陸沈，她們是不管的，他們是只有「今天」。今天該怎樣打扮呢？今天該吃一些什麼新鮮的東西呢？今天該買進一批什麼呢？今天該怎樣享樂一下呢？今天該怎樣的把它消磨呢？……今天很容易的過去了。一覺醒來，却仍然是「今天」。假如有所謂「昨天」的話，那便請你把昨天找回來看看。昨天畢竟找不回來，於是她們便只有今天。她們永遠是抓住今天，猶之乎她們一年中只有春天。她們需要享受，需要佚樂，享受佚樂有偶不如意的時候，她們又得變了。她們是時代的產兒，是今日的生物，你想是「聖之時者也」的孔子所趕得上嗎？識時務的俊傑所能比擬嗎？

以上是比較淺近的例子。以下再說一些比較深刻而且嚴重一些的事實。

「國家將興，必有禎祥；國家將亡，必有妖孽」。這是中國五千年來歷試不爽的經驗之談，只要把各史「五行志」打開一看，一切便明白了。然則這禎祥妖孽，從何處發現呢？據各史五行志的說法，固然其道多端，譬如春秋魯莊公十七年冬，國內忽然「多麋」了，那便是因爲「麋之爲言迷也，蓋牝獸之淫者也」。是時莊公將娶齊之淫女，所以其象先見。天戒若曰：「勿取齊女，淫而迷國」。可是莊公不悟，把齊女娶了過來，結果淫於二叔，終皆誅死，連國家都幾乎亡了。其他如大水、火災、地震、日蝕和各種的物異變怪，莫不是有著靈異的應驗。——但我以爲總不如從「能得風氣之先」的她們身上來看，更加有效。「觀微知著」，本來是咱們易經的大道理，「履霜堅冰至，以其漸也」，就是這個意思。現在也舉一個例吧：

桓帝元嘉中，京都婦女，作愁眉，啼粧，墮馬髻，折要步，齲齒笑。所謂愁眉者，細而曲折；啼粧者，薄拭目下若啼處；墮馬髻者，作一邊；（梁冀別傳曰：冀婦女又有「不聊生髻」。）折要步者，足不在體下；齲齒笑者，若齒痛，樂不欣欣。始自大將軍梁冀家所爲，京都歙然，諸夏皆放效，此近服妖也。

那末這種服妖的應驗怎樣呢？

梁冀二世上將，婚媾王室，大作威福，將危社稷。天戒若曰：兵馬將往收捕，婦女憂愁，踧眉啼泣，吏卒掣頓，折其要脊，令髻傾邪，雖强語笑，無復氣味也。到延熹二年，舉宗誅夷。

以上的話，是見於後漢書五行志。這種記載，我想未必盡屬迷信或附會。唐白樂天的五十首新樂府之中，有一首「時世妝」，自注曰：「警將變也」，也可以一讀：

時世妝，時世妝，出自城中傳四方。時世流行無遠近，顋不施朱面無粉。烏膏注脣脣似泥，雙眉畫作八字低。妍蚩黑白失本態，妝成盡似含悲啼。圓鬟無鬢椎髻樣，斜紅不暈赭面狀。昔聞被髮伊川中，辛有見之知有戎。元和妝梳君記取，髻椎面赭非華風。

按「被髮伊川」的故事，見於左傳：「辛有過伊川，見被髮而祭於野者，曰：不及百年，此其戎乎！其禮先亡矣。」元和是唐憲宗的年號，此後藩鎮宦官，交相作亂，「不及百年」，唐朝也就亡了。白樂天引用辛有的一句預言，總算也應驗了。然則從她們的身上可以推知休咎；而她們的本身，常能得風氣之先，誰還可以否認呢？

(六)女人是昇官發財安內攘外的津梁

嘗讀黃梨洲「明夷待訪錄」，他把君、臣、法、相、學校、取士、建都、方鎭、田、兵、財計的制度，都很詳細的論及；甚至胥吏、奄宦，也各有專篇；而獨無后妃、外戚，總不免覺得遺憾。史記說：「自古受命帝王，及繼體守文之君，非獨內德茂也，蓋亦有外戚之助焉。夏之興也以塗山（禹娶塗山氏之女憍），而桀之放也以末喜（有施氏之女）；殷之興也以有娀，（有娀，國名；其女簡狄，吞燕卵而生契），而紂之殺也嬖妲己；周之興也以姜原及大任，（姜原，帝嚳之妃；大任，文王之母）。而幽王之禽也，淫於褒姒。」后妃外戚的關係於國之興亡，如此重大，怎麼可以不爲他立論？而況「妃匹之愛，君不能得之於臣，父不能得之於子」，天下最親近的，還有過於自己的配偶嗎？所以歷代以來，在政府中操大權的，總是外戚居多，最貴幸的，也是外戚居多。因此，便無形中造成一種作風，凡是一個男人要想爲自己打開一條出路，最好得有漂亮的姊姊妹妹，或是女兒養女，一旦機會臨頭，便從此可以飛黃騰達，位極人臣。隨便舉一個著名的例子吧：漢武帝時，李延年以知音善歌侍上，一日歌曰：「北方有佳人，絕世而獨立，一顧傾人城，再顧傾人國。寗不知傾城與傾國，佳人難再得！」武帝聽罷，嘆息曰：「善，世豈有此人乎！」平陽公主因而把延年的女弟介紹給他，由是得幸，就是寵冠後宮的李夫人；而她本來是一個倡而已矣。其後夫人兄李廣利爲貳師將軍，封海西侯；延年爲協律都尉。又在李夫人先，有衛皇后子夫，初亦微賤，本是平陽公主家裏的一個歌女，被武帝看中了，送入宮去，非常尊寵。遂召其兄衛長君，及弟青爲侍中。後衛長君死了。青爲將軍，擊匈奴有功，封長平侯。青三子在襁褓中，皆爲列侯。又皇后姊子霍去病，亦以軍功爲冠軍侯，至大司馬驃騎將軍。青爲大司馬大將軍。衛氏支屬侯者五人。青還尙平陽公主。由此看來，長恨歌所云：「弟兄姊妹皆列士，可憐光彩生門戶。遂令天下父母心，不重生男重生女。」實在也不足爲奇了。於是歷代相沿，此風不改；而且變本加厲，推廣及於一切的豪門貴族，只要有女人可以奉獻，不管是自己的姊妹也好，妻女也好，只要能夠進去，則枕席夕薦，朝命朝頒！從古至今，滔滔皆是，女人是眞的成了昇官發財的津梁了。我曾想寫一篇「歷朝政府裙帶關係考」；可是搜羅史料，已歷十年，至今還一字無成，實在因爲盈天地間，自古至今，滿目都是這一類的材料，反而覺得無從下手了。

唐虞邈矣，要像堯舜這麼的把天下推來讓去，畢竟是希有的盛事。自從「人心不古，世風日下」以後，人總免不了有些私意，小至一縣，大而一國，一旦落到我的手上，豈肯再把他輕易放棄，在官一日，總得想盡方法，把持一日。那便是一則如何「安內」，再則如何「攘外」，（怕別人的搶奪），於是又得借重他們了。「安內」，是消極的，希望他不出亂子，當然最好得全用自己親信的人。什麼人是最親信呢？上面已經說過，「君不能得之於臣，父不能得之於子」，除了配偶，還有誰呢？葭莩蔦蘿，只要牽扯得上，不管是母黨妻黨，張三李四，都可以「一網打盡，」（這四字不要誤解），拿到衙門裏來。這樣用心，「內」還會有不「安」的嗎？安內已畢，可以攘外了。「人之好色，誰不如我？」「起死回生，端在於此。」所以還得運用裙帶的力量。至於怎樣的運用？則戲法人人會變，各有巧妙不同，在下尙未得實地試驗，恕不先行披露。總之，這是一條千妥萬當的妙計，想來慧心人一定早已見到，其實也無需乎我來嚕囌的。

以上不過從個人的利祿說說而已，還是功之小者，然而已經可以「如響斯應」，「藥到病除」了。至於列國紛爭，折衝尊俎，或以兵戎相見的時候，則挽狂瀾於既倒，扶大廈之將傾，救危亡於纍卵，奠國本於磐石，尤其非借重他們不可。以漢高祖的聲威，被匈奴困於白登，弄得一籌莫展，忽然福至心靈，「乃使使間厚遺閼氏」，（漢書，師古曰：求間隙而私遺之。）這條門路居然給他走通，「閼氏乃謂冒頓曰：『兩主不相困；今得漢地，單于終非能居之。且漢主有神，單于察之』！……乃開圍一角」。高祖逃了出來以後，遂「使劉敬結和親之約，「奉宗室女翁主爲單于閼氏」。高祖白登的脫險，全是靠著閼氏的力量；誰知化干戈而爲玉帛，全是靠她們以爲津梁的。呂后枋國的時候，却發生了一件趣事，眞可謂「禮尙往來」了。原來冒頓寫給她一封信，簡直想和她談談戀愛，由此而「薦食上國」。那封信寫得頗好，現在把他抄錄如下：「孤僨之君，（如淳曰：猶言不能自立也）。生於沮澤之中，長於平野牛馬之域，數至邊境，願遊中國。

陛下獨立，孤僨獨居，兩主不樂，無以自虞。（師古曰：虞與娛同。）願以所有易其所無。」呂后雖然「大怒」，但終於仍舊卑辭厚禮，令大謁者張澤報以書曰：「單于不忘弊邑，賜之以書，弊邑恐懼。退而自圖：年老氣衰，髮齒墮落，行步失度；單于過聽，不足以自汙。弊邑無罪，宜在見赦。竊有御車二乘，馬二駟，以奉常駕。」此書措辭之沙，眞是匪夷所思。其後終漢之世，總是採用和親政策。見於記錄的：文帝卽位，「復脩和親」；冒頓死，子稽粥立，文帝復遣宗人女翁主爲單于閼氏。景帝立，「復與匈奴和親」，「遣翁主如故約」。武帝卽位，「明和親約束」。後來雖然經過幾次大戰，結果還是歸於和親。而且運用外交手腕，又「以翁主妻烏孫王，以分匈奴西方之援國。」……從此魏晉隋唐，也全是採用這種政策以對付外族。近世之事，有如賽金花之於瓦德西，北京人至今猶食其賜，其功豈不甚偉！至於本族之中，那尤其是普遍的事，如春秋時代列國諸侯之互通婚媾，大抵都有政治的作用。三國時候，孫權要結納劉備，就得「進妹固好」，這是誰都知道的事。然則女人之被用爲政治的工具，由來蓋已久矣。

由此看來，無論是昇官、發財、安內、攘外，都非得以她們爲津梁不可。而她們確也能施展沙腕，顯出神通，而達到她們所負荷的使命，不致辜負她們主人的一番苦心。這就是她們的偉大之點，而值得歌頌的了。（然則「明夷待訪錄」之不爲她們特立專篇，豈不是「未免遺憾」嗎？鄙人「女人頌」或庶幾可補梨洲先生之不足乎？）

雪窗閒話賽金花

周夢莊

丁丑正月舊歷初三日辛未，余詣東園老人處，酒邊清話，時朔風隕籜，積雪滿庭，相與縱談時事，因以賽金花悉爲美談，老人於是歷舉文卿家事，及狀元娘子往事相告，當時曾筆記之，茲加整理錄後。

洪鈞字文卿，我（東園老人自稱下仿此）徽縣東鄉桂林人，桂林洪氏乃洪皓之裔，共氏祠堂有匾額一百六十方，代有名人，歙右族也。

文卿之母，乃我北岸吳氏之姑子，北岸在歙縣南三十五里，桂林在歙縣東十數里，北岸距桂林四十里，中隔小阜嶺，嶺之西北則桂林，嶺之東南，則北岸，山明水秀，惟北岸不通皖浙往來之孔道，徽州府去杭州府三百六十里。

洪文卿因紅巾之亂屢遷，迨清室同治中興，曾文正督兩江，坐鎮秣稜，歲甲子舉行科舉，清科舉春日禮闈，例在三月，秋闈例八月，因秣陵初克復，秋試展期十月，是科文卿鄉薦，與吳大澂，吳大衡，吳文桂，陳名珍，爲同年，甲子解元乃揚州江璧，頭場四書題首爲葉公問政兩章，中庸及孟子題忘之，試帖五言八韻，題乃桂樹冬榮，得風字，以詩題出文選曹子建朔風詩，越三年歲在戊辰，洪文卿與吳大澂兄弟等四人，公車北上，路出揚州仙女廟，時其族人洪壽臣權關稅，餞之於孔家涵，是年文卿捷南宮，又與吳大澂等同登進士，廷試文卿臚唱一甲一名，授職修撰，吳大澂等亦得入翰林，歲己巳，文卿乞假南旋，回鄉掃墓，適北岸吳氏祠堂重修落成，舉行典禮，文卿乃吳甥，禮合助祭，遂請其題紅，吾族乃具賀儀五百兩關紋，迨回京銷假，迂道江蘇揚州屬之東臺，以東臺寓有同族洪分司，（分司美其名曰分轉言其爲都轉分座也鹽運使稱之曰都轉），分轉之子一爲芷軒，一爲蘭軒，與文卿爲堂兄弟，芷軒因籌足資斧，以壯行色。

文卿之堂叔洪千里，先父曾延之司理吳德隆布店，文卿過伍祐，書聯贈句曰：「蓮葉東南臨水檻」，「柳條西北看山樓」，江北無山，蓋指余里中之故園也，文卿入都後，朝考臚選，放江西學憲，有江右典試錄行於世，淸季懸牌小試，卽自文卿始，越三年陛見，加兵部侍郎銜，出使俄羅斯，著有元史輯補，是書擇精語詳，元元本本，見所未見，聞所未聞，贈余一部，同里宋祖畬茂才愛之，遂移贈焉。

文卿自俄國回里銷差，復使德意志，賽金花卽相隨赴柏林，其事知者稔矣，姑不贅言。

惟舊所聞洪狀元娘子者雖未詳，然亦稍知一二，歲乙未正月二日，蘇州洪狀元府電至，因文卿子兆東（洛）捐館後絕嗣，家務糾紛，桂林故鄉族人麕集至，議似續未決，電其族長洪小芝參酌，小芝時在上海蜚英書局任經理（蜚英書局乃李木齋創辦），余亦主筆政三年矣，小芝得電後，中道徘徊，不欲往，余曉以宗祧大禮，不能不去，於是小芝赴蘇州，乃議定以洪濤續兆東後，濤字春藻，光緒戊子正科舉人，戊子秋，春藻始與余締交，其族人洪昭則名恩寀，亦文卿之族長，春藻之受業師也，以文虎著名，亦與余友善，故洪家歷史能述之。

乙未秋，狀元娘子不願守樓，乃分以巨資，另居滬上，狎客但呼之曰狀元夫人，事聞於小芝，小芝惡之，無可奈何，舉以告余，余訝之，以爲不確，一日余走三馬路天主堂租界，東南隔路有洋房數間，乃英人之別業也，樓下乃捷徑，赴四馬路者，老上海之熟路，余既在上海久，出入皆由此，惟夜間閉塞，淸曉開通，洋樓上有一麗人憑欄，友人指樓上謂余曰，此狀元夫人也，余應之曰，眼花障霧，看山能明，遂去烟巾紫玉，海上靑琴，交臂失之，友人嘲余無眼福，余惟有目笑存之。

方洪姬之賃居上海也，狀元府多道學先生，不達世情，近於迂闊，承祧之子春藻乃寒士，與余友徐丹甫善，徐丹甫乃難蔭，淸代科舉章程，凡難蔭所在地方，皆得預考，丹甫名受庚，其兄受慶，以難蔭順天府鄉試臚薦，遂捷南宮入翰林，丹甫工詩，性豪放，春藻祇能文，性拘謹。

說者謂文卿父子皆優待洪姬，父子相繼而逝，洪姬爲羣雌粥粥所嫉，憂讒畏譏，不遑寧處，故願離析，得二萬金下堂求去。

余乙未秋抄游靜安寺，啜茗蝦蟇聽經處，時女藝員演劇，友人見招李彩虹袖聚於戲場，友人謂余曰，汝欲觀狀元娘子，某座衣服麗都者卽時人所謂狀元夫人，余遠視之，光搖銀海眩生花，但聞人稱其美而已，旣而往鬥蟋蟀於中園，黃標紫標，盈千盈萬，賭興皆豪，雖曠達者不能效髯蘇之高見，勝固欣然，敗亦可喜，時洪姬亦參觀在其側，與余座近，茶博士送茗椀來，適小芝至，余恐其饒舌，令人難受，故詭小芝談要公而出，自此而後不復見矣，或云洪姬北嚮，往來京津，行縱不定，後爲聯軍解北京上而公卿下而民衆之厄，夫人面溫如玉，舌妙如環，一言九鼎，賽金花亦賢矣哉。

淸同治戊辰至光緒乙未，二十有八年，文卿主眷獨隆，宦途利達，屢掌文衡，叠爲星使，何其榮也，不圖壽命不永，尋子洛亦殂，嗚呼富貴浮雲，功名朝露，言念及此，感慨繫之。

或謂賽金花卽李藹如之後身云，按藹如江蘇

銅山人，係敏達公後裔，有傾城色，負豪俠氣，知詩書，精劍術，好飲酒，愛古玩，咸豐朝遭寇亂，隨母避居山左，墮入青樓，轉徙烟台，自視頗高，遇大腹賈蔑如也，貌莊寡言笑，雖豔如桃李，而冷若冰霜，蘇州洪文卿者，其父賣酒爲業，遭髮逆之亂，亦偕母避居山左，適同鄉潘葦如觀察登萊青，延文卿爲記室，至烟台，文卿愛狹邪遊，遇藹如彼此一見傾心，各訴流離顛沛，聲淚俱下，藹如母女憐其才，解囊資助其母者屢矣，未幾文卿舉於鄉，明年藹如屢促其應禮部試，文卿每以無資對，藹如湊集四百金，囑文卿之友轉交，蓋其母未悉也，數日後藹如與文卿遇諸途，藹如面責其非，試期已迫，逗留不去，是何居心，答助重金未曾收到，已爲友人乾沒遠遁，於是藹如憤甚，將衣服首飾，質銀二百，促其就道，在藹如始終成全者，欲其努力一發，臨行時立盟刺臂，對天祝告曰，生我者父母，成我者藹如也，斷不作負心人，去後，藹如覓屋另居，杜門謝客，靜盼佳音，忽聞捷報傳來，藹如母女，喜形於色，復接文卿來函，稱藹如賢妹夫人粧次，稱其母曰岳母，益堅信其對天祝告之不誣也，藹如赴各廟許愿，果能大魁天下，敬謹祀謝，以答神庥，後文卿居然大魁，報至烟台，文武各員，咸來道賀，藹如寓處，車馬擁塞，驚訝四隣，藹如又赴各廟酬神演戲，諸色人等，均以狀元夫人呼之，較之畢秋帆尚書之李桂官，更有甚焉，素與藹如母女善者，莫不咄咄豔羨，或不善者，忌嫉之心生焉，豈料文卿二月之久，音信杳然，藹如疑信參半，不寐者累夕，特遣蒼頭赴都，並將平日文卿所心愛玉器古玩，聊以相贈，文卿置之不覆，蒼頭回訴各情，藹如同母入京，直抵江蘇會館，由值年吳君引至懶眠胡同水月禪林下榻，訪文卿，始終匿不見面，藹如赴都察院控告，亦礙難判斷，婉言相勸，派人調處，時藹如族兄名芬字香谷者，科第起家，曾任浙江知縣，赴部引見，適逢其事，當路囑其排解，文卿已有悔心，而藹如匪石難轉，毅然不允，曰，其情可惡，其理難容，豺狼心性，烏能載福，昔李桂官非婦人身，畢尚書之鍾情，至老不衰，傳爲佳話，當日見其焚香告天時，斷不作負心人，今竟作負心人，尚何言哉，文卿贈以川資，藹如揮之於地，隨母旋烟台，平日之不善者，冷語譏刺，一日母女皆閉閣投繯而死，悲夫！悲夫！

昔霍小玉事情，與此頗相類，然無情而有情，黃衫俠客，因小玉病篤，挾李益至，猶能一面，其瀕危時云，君是丈夫，負心若此，我原女子，薄命如斯，小玉逝後，李益爲之營葬，其意拳拳，較之文卿薄倖，不啻天淵，余昔有哀李藹如詩云：

錯認青帘賣酒家。天生麗色豔於花。始離終合成佳話，汧國夫人是李娃。

鑄史鎔金紅線俠。凝歌漫舞綠珠才。山盟海誓成虛哄。那有金泥捷報來。

好因緣變惡因緣。媧后難爲石補天。誰使姑恩歌一曲。傷心彈斷合歡絃。

鼠牙雀角情難見。螓首蛾眉怨已深。精衛石知塡恨海。可憐倒挂兩冤禽。

古今半月刊訂閱辦法

自三十二年六月一日起，前此本刊之訂閱辦法，概予廢止，除未到期者續予按期寄發外，此後定閱，半年預繳六十元，全年一百二十元，按期扣除，照定價八折計算，以示優待。蓋當此物價靡定之日，不得不採取此種權宜辦法，想爲讀者所洞鑒也。

周佛海先生散文集

往矣集

增訂三版業已出書

往矣集自一月中發售以來，兩月之內，銷罄兩版。玆經作者手自校正誤字，並加添新材料，完全改排，業已發售。在售罄期中，諸勞承購者函電交詢，敝社無以應命，多多不安，特此致歉。並希即日賜顧為荷。

每冊實價中儲券拾元

古今出版社發行

古今出版社啓事

玆因紙張奇缺，兼以印刷昂貴，敝社不得已將『東西月刊』暫行停刊，俾得專力於『古今』。並將『古今』半月刊之售價（見板權頁），及訂閱辦法，酌予調整，幸請讀者注意爲荷。此希

公鑒

古今出版社啓

古今合訂本第四冊

本刊合訂本，以內容豐富，裝訂精美，銷路不脛而走。玆値出滿二十四期，特將自第十九期起迄二十四期，合訂爲合訂本第四冊，實價每冊伍拾元，訂數不多，欲購者祈捷足先得爲要。

上海郵政管理局暫准登記證第四〇〇號

每冊實價陸元

古今

逸人生長在林泉
心築亭臯名意存
明月清風共一家
常以山川爲眼界
鳥度雲行閱古今
溪瀨木末聽竽籟
老夫平生行樂處
只今許公分一派
——黃山谷

散文半月刊

第二十六期

古今半月刊第二十六期目次

下期特稿預告

重游廣州雜感……周佛海

中華民國三十二年七月一日出版

社長 朱樸

主編 周黎庵

發行者 古今出版社 上海亞爾培路二號

發行所 古今出版社 上海亞爾培路二號 電話：七三七八八號

印刷者 國民新聞圖書印刷公司 上海靜安寺路一九二六號

經售處 各大書坊報販

零售每冊中儲券六元（聯銀券一元二角）

國民政府宣傳部 登記證滬誌字第七六號

公共租界警務處 登記證C字第一〇一二號

法租界政治處 登記證（在申請中）

偏見

陳公博

人總是有多少偏見的，如果一個人沒有偏見，或者就够不上喚做人。

小而至於一種無關重要的嗜好，也是一種偏見，大而至於一種政治主張，也是一種偏見。我從來沒有見過沒有嗜好的人——自然我所謂嗜好，不是壞的解釋——最老實的人也有他的嗜好。同時我從來也沒有見過沒有主張的人——自然我所謂主張，不是專指了不起的主張——最愚笨的人也有他的主張。因此我的結論，如果一個人沒有偏見，或者够不上喚做人，就是這個道理。

偏見的養成，至爲複雜。有些是由於職業養成的，例如中醫絕不相信西醫的科學方法。有些由於習慣養成的，例如看慣直寫的文字，你若把文章橫寫，任你寫得最好，他不願而且不屑去看。有些是由於經驗養成的，例如一個初到上海的人，被黃包車夫敲過竹槓，他便永遠認定上海黃包車夫都是壞人，甚而上海所有的人也是壞人。有些是由於自私養成的，例如天下人都以爲自已文章寫得最好，就是沒有人欣賞贊嘆，他還是非常珍惜，預備藏之名山，傳諸其人。此外養成偏見的原因，還有許多，因於性格，因於年齡，因於地位，因於環境，因於其他數不清的關係，都可以養成一種偏見。

可是偏見之爲物，其怪不可思議，有時自已可以解釋，有時自已也莫名其妙，無論其爲可以解釋，或者其爲莫名其妙，總是不容易改變。眞可謂『自知其短，末如之何』。並且有時偏見之養成，以不能解釋爲其最圓滿的解釋。我時時見一般青年男女在初戀時期，一方最普遍的發問是：『你眞愛我嗎？』另一方天然而且不容猶疑的答覆當然是：『我眞愛你。』『你愛我那一點？』『我也不知道。』『你既然不知道，爲什麽愛我？』『如果我能够說出，那也不算眞愛了。』這樣以不解釋和難於解釋爲最圓滿和最高的解釋，初戀的男女青年們認爲最理想、最寶貴，會心而微笑，得意而不再言。偏見的實質和內容，總帶些這類糊糊塗塗的典範。

同時偏見之爲物，其害亦不可思議。我歡喜一個人，他什麽都是好的，我憎惡一個人，他什麽都是壞的。婆婆討厭起童養媳，家裏死了一隻鷄，是她的罪惡。隔壁失了一隻貓，也是她的罪惡。天上不下雨，而致成爲旱災，也是她的罪惡。乃至世界大戰，而致物資缺乏，都是她的罪惡。總以爲這位少奶奶進了門，天下之水火刀兵皆從而生焉。

然而我想偏見總是一種短處罷，因此我常常自己檢討，所謂有則改之，無則加勉。有而可以自己說明理由，並且自己認爲無害的，且自由它。有而自己不能說明理由，並且自己認爲有害的，不得不試行修正。我檢討的結果，我的偏見實在比一般人爲多，自然有許多可以說出一番大道理來掩其不善，然而有許多無論怎樣自辯，也無法可以解嘲。我且先說一段沒有道理的偏見，然後再說許多自以爲是的偏見。

我不懂什麼理由，我那雙脚專製造我的偏見。從前我絕對不肯穿絲襪，以爲絲是一種奢侈品，脚是走路的，襪是容易破的，如何可以浪費來用絲織物？因此皮鞋倒願意出高價去買，襪則決不用絲。至到美國留學時，差不多美國學生沒有一個穿紗線襪，我還維持我的主張。在美國無處可買紗線襪，我寫信回到中國，從郵局寄來，要花郵費，要納關稅，我還是堅持這種偏見。不幸這種偏見終於民國十七年被打破了，當時我在上海辦革命評論，上海織紗線襪的工廠都改了織絲襪，要買紗線襪，祇好買洋貨。然而洋貨的紗線襪要比國貨的絲襪貴到兩三倍，所以當時祇好問廉不廉，而不問絲不絲，但是這個決心，還經過許多朋友的說明，又經過許久時間的考慮，方才毅然決然的改變。

奇怪的很，二十多年不穿絲襪的偏見剛剛打破，而不穿羊毛襪的偏見又來。在冬天時候，一直到現在，我都不肯穿毛織襪。我的見解，以爲一個人的身體是要鍛練的，艱難的日子還遠遠在後頭。說不定我將來要到更冷的地方，也說不定將來還要過更苦的日子。倘若把身體養得太嬌貴，將來怎樣捱苦？羊毛襪似乎有兩雙，不知是朋友送的，還是家裏買的，我已記不淸。但是每逢冬天，總是我的脚在外邊冷，而羊毛襪則在箱子裏冷，各冷其冷，了不相關。現在我還在鍛練我的脚，至於羊毛襪是否在箱內自行鍛練，那我祇好知之爲知之，不知爲不知。

其實我的偏見太奇怪了，如果絲襪是浪費的話，由中國用包裹將紗線襪寄到美國，郵費便已可觀，而況美國的稅率又奇重，自己還要花車費親身到郵政總局去拿。把種種費用加上去，其價值實在比在美國買絲襪還要倍徙。我爲什麼還是這樣硬幹，自己也不知所以然。冬天不穿羊毛襪，鍛練身體的理由似乎正大堂皇，可是每逢冬天，我都容易傷風，證以寒由脚起的醫理，醫藥之費，恐怕還較買兩三雙毛襪爲大。並且我到冷不可當之時，在鞋上加上一雙呢套，呢套可加而毛襪不可穿，到底是什麼理由，我自己實在不能解答，可是到現在的冬天，好似宣誓過，仍然不穿毛襪。

人的偏見眞是怪不可解的，已經說過一段沒有道理的偏見，現在且說說自以爲是——即是以爲很有道理的偏見。

（一）我有一種偏見，自己的思想和行動專以男子作出發點——假使我是女子的話，也許不會有這種偏見——換一句話，就是拿自己作出發點。我拿男子作出發點，自己相信並沒有自大的態度，也並沒有自驕的心理，總以爲我旣是男子，應當冒人家——連男女都在內——所不願冒的險，應當吃人家所不能吃的苦。

我構成這種偏見，遠在兒童八九歲時候，現在已經忘記在那一本小說上見過一句話：『不要辱沒了男子漢大丈夫。』以後這句話便深深印在腦裏。總以爲我是男子，應當要比女子更爭氣，男子而又自待是大丈夫，應當要比別的男子更爭氣。自然這種思想充滿了中國英雄和歐洲騎士的氣息，對與不對又是別一個問題，但這種偏見的構成已經四十多年，自己也不想去改正。

我絕不作欺人之談，說我一生不知有危險，不知有困難，其實我的膽子並不大，而性格又最怕麻煩，所以不怕危險不怕困難，原因都基於『我是男子』一個觀念。有了這個觀念久而久之遂把危險和困難另外變成一種特別興趣。我以爲天下最危險的終局不過是死，如果一個人冒着險，跳得過去，固然是一種興趣，倘若跳不過去，最大不了也不過是死。好好一個人，無緣無故，無疾無病，而突然會死，天下有比這樣更興趣的事麼！至於困難，我總覺得天下事沒有什麼困難。我雖然沒有像拿破崙那樣，說法國字典無『難』字。可是我有一個原則，以爲無論什麼事，把自己的利害得失擱進去，最簡單的問題也變了複雜。把自己的利害得失剔出來，最複雜的問題也變了簡單。我已經盡了我的力，解決了一個困難問題固然趣味無窮，不能解決，我的責任已盡，對於良心也沒有愧怍。因此人家當爲危險困難的，我都覺得沒有什麼特別。

（二）我有一種偏見，除了文章上以用字和行文的便利，偶然談談『犧牲』，我在心上實在沒有什麼叫犧牲。我總覺得一件事只有應該做不應該做，並沒有犧牲不犧牲。如果那件事應該做的，就是性命吃了虧，也不能叫做犧牲。如果那件事不應該做的，性命吃了虧，根本上也不能叫做犧牲。退一步不談一件事應做和不應做罷，你既是願意做，吃了虧，也是所謂『求仁而得仁，又何怨』，也談不到犧牲。換一句粗獷的說話：『身得身當，命得命抵。』實在不必事後抱怨。

我總覺得一談犧牲，便隱然心內等着要代價。以前的革命運動，我沒有要求過代價，今日的和平運動，我也沒有要求過代價，我爲什麼不要求代價，因爲我對於事祇有應該做不應該做的觀念，沒有犧牲一個觀念。我既不談犧牲，遂構成一種偏見，最討厭人家說犧牲，一聽人家說：『我爲這事犧牲很大。』心裏自然而然的起了一個反感，那個反感就是立刻懷疑這位談犧牲的朋友，不是故意瞎吹，就是希望代價，最少也是以義始而以利終。我這個思想，不是高調，而是最低的想法。

（三）我有一種偏見，我平生絕不信倖運，祇有信本領。什麼是本領，精幹固是一種本領，老實也是一種本領，有許多人瞧不起人。常說『你看某人，笨到那樣，也會得意，他眞是倖運。』殊不知『笨』就是一種本領，他因爲笨，所以不會欺負人，他因爲笨，所以不會誆騙人。笨到出名，人便相信。小事託了他，老實幹去，大事託了他，也老實幹去，這樣事業便成功了。

我們要知道，社會是人組織的，事業是多數人成就的，一個人沒有多數人的信任，他的事業絕不會成功，經過數十年的經驗，我更養成一種偏見，最愚笨的人能够抓得起，他必定有一種本領，最聰明的人一下跌下去，他必定有一種毛病，我們不知道以爲有幸有不幸，祇是我們沒有發現他的本領或毛病罷了。

（三）我有一種偏見，對公家絕對的節儉，對自己非常的浪費。但我聲明，我這種行爲是由少年流浪生活所養成，絕對不可以爲訓，然而旣有這種偏見，不能因爲它不好而不自白。我對於公家眞可以說不浪費一文，可是我對於自己，那就大謬不然。我根本沒有儲蓄性，抱着半通不通的理解，『天生我才必有用，黃金散盡還復來。』不過因爲沒有儲蓄性，反一方面也有好處，同時也沒有投機性，我一生固然沒有靠過政治來投機，也鼓不起興趣來囤積。無論聽見那一位朋友碰着機會撈了幾十萬或幾百萬，我心裏絕沒有半點搖動，自己想來一下嘗試。

我這種偏見，大概也有點遺傳，我父親就是一個揮金如土的人，我總覺得沒有錢時是人用錢，有了錢時就變了錢用人，有了錢總得要替錢想辦法，把它存在銀行哪，把它用在生產哪，這樣打算盤，用心計，可以使你失眠，可以使你大病，一個人心裏一面要從事政治，一面要安頓金錢，我自問確是能力不够，時間不許，倒索性不去想它，比較舒服。

至於私人的浪費，自己就覺得太過。我的脾氣，無論什麼，總有些奇書古畫不論價，到店裏買東西，價錢是不講究的，貨物是不選擇的，祇求心愛，不論價錢。不過話又說回來，我的浪費，只以我分內的能力爲限，我從未求分外的金錢，求自己的享樂。這個偏見總是不好的，如果國民個個都像我沒有儲蓄性，國家一樣會窮乏的。

（四）我有一種偏見，我一生心內沒有私人的敵人。我以爲要成爲我的敵人，必定要是我的對手，例如下圍棋罷，必得兩方工力悉敵，亦是對手；又例如角力罷，必得兩方旗鼓相當，才算是對手。或者在政治或者在其他方面，人家自認是我之敵，我決不承認他是我之敵，這種偏見或者是阿Q的心理，然而成了一種偏見，我沒有方法可以改正。

我以爲認定對方是一個敵人，至少要分量相稱，譬如拳鬥，也要分開體重和體輕的對手。我也曾碰過造謠言中傷我的，也曾碰過用陰謀來誣陷我的，我不獨不認爲敵，並且很覺得無聊，我以爲要做我的敵人，先要指出我的理論不當，或者我的行爲不對，然後以堂堂之陣正正之旗來攻擊。那才配得上一個敵人。如果用謠言，用陰謀，那不過是暗算，實在算不得好漢，他旣非好漢矣，而我硬認他是敵人，這不是辱沒了自己麼？

（五）我有一種偏見，以爲我自己的個人和自己的事業是分離的，我時時發出一種奇感，坐在辦公室的我和出了辦公室的我是兩個人，這種奇感，也有一種好處，也有一種壞處。所謂好處就是公私分明，就是對於僚屬罷，我除了萬不得已的事，不曾命令僚屬過了辦公時間才退班，更不曾命令僚屬辦我私人無涉於公家的事件。所謂壞處就是充滿了浪漫氣息，我從來不注意我自己的風度，也不注意我自己的威儀。以前我會一個人去看電影，會一個人一去食小館子，會一個人在馬路上散步，會一個人駛汽車。在實業部每逢下班時候，把辦公室的門順手一掩，心便想：『部長陳公博先生且請在裏面，我自己的陳公博先生是出去了，再會罷！』

幾十年來，每當我退食自公，我待遇自己還是當我是一個窮學生，我從來沒有想過要食好的東西，要住好的房子，要穿好的衣服。深切的朋友都替我着急，尤其替我身體着急，而我呢，倒行若無事，處之泰然。這種偏見，我想對於國家似乎有點害處，但成了偏見，無從補救。

（六）我有一種偏見……以下要涉到政治問題了……我絕不相信天下間有被人包圍的事。我固然不相信會有人可以包圍我，我也不相信有人可以包圍人。我時時聽到不少人對於政治上的批評，說某某人受了某某人的包圍，并且也時時聽見我受了某某人的包圍，我都一笑置之。據我的經驗和觀察，天下最愚笨的人也有他的主張，如果一個人會受他人的包圍，實在并非他受了他人的包圍，而是他受了自己的包圍。古書有句話：『同聲相應，同氣相求。』眞是一個顚撲不破的道理。如果一個人受了他人的包圍，必定那個人和所謂他人性格相同，思想相同，或者是利害相同，乃至等而下之嗜好相同，這個人才可以受他人的包圍，否則絕不會一個人會受別人的包圍。我們且不必談政治，也不必談成人，且說家庭中的小孩子罷，家庭的環境是單純的，小孩子是沒有意見的，父母是絕對有權威的，然而小孩子也有時不聽父母的教訓，如果說一個人可以包圍一個人的話，小孩子絕對不會有主張了。小孩子也不會受包圍，而我們偏說一件政治大事而可受包圍，豈非天下之奇談！而且包圍兩個字的意義，最少不是一件事，而且絕不是短時期，一個人一切的事，而且是長期中受人包圍，我可以判斷那就是他的一種主張而不是受包圍，我們整天替所謂被包圍的人就心，眞是滑天下之大稽。

（七）我有一種偏見，我以爲天下沒有蠢人，如果你以爲天下有蠢人，那你就是最蠢的一個。我唯其不相信天下有蠢人，我也不願意做蠢人，因此我絕不肯拿說話或行爲去騙人。我們且不談政治，說說做賣買罷，如果一個人眞是貨眞價實，不管他生意壞到怎樣，自然而然的會發展，倘若他偷工減料，縱使他的買賣得意，遠則一年，近則半載，也祇有關門。

人祇會給你騙一時，不會給你騙永遠，做買賣是這樣，政治更是不待言。政治是國家的事，不是私人的事，從事政治尤其是大多數人的事，不是一個人的事。一個人任你有天大本領，倘若你的主張不對，國人不會擁護。倘若你的言行不符，就是所謂自己人也會破裂和分離。每個人對於本身利害都是聰明的，對於國家利害也是聰明的，如果你以爲可以騙人，首先便騙了自己。因此我的偏見，對於政治最重要是誠實，我們不要計個人的成敗，最要緊是不要對人家作欺騙。

（八）我有一個偏見，但我未曾表示之前，先敬向婦女們三鞠躬致敬，我的偏見就是以爲婦女實在不宜於政治。我幷不是說婦女們的見解不及男子，她們有縝密的頭腦，見解有時超越於男子。我也不是說婦女們的知識不及男子，她們有同等的教育，知識有時超越於男子。我不贊成婦女參預政治，實在有幾個重大的理由。第一、政治有時很高潔，有時眞是很骯髒，就拿每天來見你的人說罷，有幾個人眞是說老實話。有些人要你動聽，有些人要搖惑你的觀聽，有些人更要轉移你的觀聽。以我們每天接見無慮十數人乃至數十人，以我們經驗少至十數年乃至數十年，還有時上當，幷且時時上當，何況婦女們在家時多，在外時少，安能一一去判別？第二、政治上最不能用感情，婦女們最大的長處就是感情，假使婦女沒有感情，家庭便不能維持，兒女也不能撫育，人類也不能繼續。然而婦女天然之所長，就是政治之所短。我也有一種毛病就是太富於感情，因此我常常慨嘆我『入錯了行』。婦女們因爲富於感情，於是接近的都是好人，不接近的雖不全是壞人，也不見得是好人，於是很容易變了與我好者爲好人，與我惡者爲惡人。政治一偏感情，結局必成惡果。第三、婦女們是純潔的，而政治有時眞是齷齪的，拿上海市長來說，上而至於政治和經濟固然要知道，下而至到所謂娛樂場的賭窟，和所謂風化區站在街頭可憐人的情況，也得要知道。婦女們爲什麼把這些不堪的事混在頭腦呢，又誰願意把這些不堪的事告訴婦女呢？第四、政治上的輿論不全在報紙的批評，有時街談巷議還比報紙爲重要。婦女們終爲環境所限，難於週知。耳目偶有所蔽，行動必少顧忌。政治上固然顧忌太多，不能有作爲，然而顧忌毫無，也必至無所不爲。

還有政治上的問題，常常影響家庭的生活，家庭是什麼？我承認至少是一個人的避難所。一個從事政治的人，每天在外受盡了無窮冤氣，聽了許多不入耳之言，心裏總想回到家裏可以休息，更希望暫時忘記了一切，來恢復他的精神和健康。然而回到家裏反而因爲政治見解的異同，或爭論行政上用人的當否，兩夫婦有時辯論到大家鼓起腮兒不食飯，甚至于半夜三更在床上吵起來，正襟危坐以待天明，這眞是難乎其爲家庭，更難乎其爲政治了。

我一氣寫了我許多偏見，還有不願寫的許多無關宏旨的偏見。我開頭不是說過：『人總是有多少偏見的。如果一個人沒有偏見，或者就够不上喚做人？』不過我的偏見太多了，有這麼多不成理由和偏於成見的偏見，或者也够不上喚做一個好人和完人罷。偏見偏見，自知其短，末如之何！

於戲！叔岩

凌霄漢閣

一個苦修苦鍊的伶工，

值得一篇分析的評述。

余叔岩之逝，各方面囑寫紀念文者甚多，均未之應，只因我自己立場不同，不能不再三審慎，生平宗旨，戲劇爲主，伶技爲賓，昔年勉副朋好之要求，偶撰記伶之文字，仍處處抱定戲爲本位之觀念，蓋劇場上的一切，是整個的，伶人在台上，只是表演之一份子，與歌舞明星武術雜伎之僅係於個人者，迥乎不同，抛戲而評伶，則伶藝之優劣，亦無準確之估價，此在識者自能理解，而積習相沿，本末倒置，解人何在，正自難言。如余叔岩者一世辛勤，蓋棺論定，專篇評述，理亦宜之，「古今」爲學術之刊物，主者多明通之哲人，相屬既殷，亦樂於執筆，不作「起居注」語，不作「鄰貓產子」語，不作「家譜」，不開「帳單」，卽師友淵源，除有關劇藝酌量採入外，概不多敍，以客觀的態度，作綜核之評判，所紀者余氏而譚鑫培與其他譚余系諸伶之異同得失，亦灼然可見；所指者個人而全般的戲界情形之相互關係，亦藉以明焉。伶不離戲，絃外有音，躡此微忱，期於知者。

數十年來，生角一行爲譚鑫培所範罩，自劉鴻升去世，余叔岩勃興，譚余系之優勢，更見膨脹，然老派別派對於譚氏之議論殊不一致，卽所謂譚派者又有眞譚假譚新譚之紛爭，如不劃清時代，抛撇主觀，確認基本原則，枝節偏陂，治絲益棼，徒然費詞。夫伶人學藝，自有淵源，但有「善學」，有「苦學」，有「笨學」，有「淺學」，有「掛號」，如叔岩之學譚，雖不足云善學，却够上苦學，其超越一般的笨學，淺學，掛號者之上，可値特別紀錄者，在此。今分述之：

學習前輩約分四等

㈠何謂善學？一曰爲戲而學人，二曰體察自己，運用衆長，老譚上學前輩，旁及同輩庶幾近之，試聽其「坐宮」以「好不傷感人也」叫板，其全段唱工，無不具有「傷感」之神味。其捉放宿店以「好悔也」叫板，以下三段唱工又無不含有「悔」意。其碰碑之「遍體颼颼」，兩疊字緊連，就字音作頓斷，再出餘音，恍如瑟縮畏寒，情景逼眞，其唱時，心目中已有塞外荒涼之環境在，故曰，音由心生，情與景合，諸如此類，皆以將身入戲爲前提，非如機械伶人之只摩腔調板式者比。且譚氏少年時，在京東一帶，搭土班草台戲，卽在京時，與老梆子角合手，於其技術，無不留心，卽淨旦大鼓小調亦儘量融化，見多識廣，取精用宏，是以昔年拙作輓詞有「楚些秦鳴都入化：權奇詼詭世無儔」之句，而陳彥衡之說譚，亦於其學二奎三勝九齡孫六等處有所指實。譚氏又云：演天雷報，須先將老年無子之慘情體貼周至，又曰，不過五十歲不可動失街亭，皆忠於戲中人，善用已長之表見。故譚之戲齣及唱法不必與前輩相同，而其成功之途徑，依據之原則，則與前輩一致。且如劉鴻升如賈洪林，雖採擷有廣狹，造詣有深淺，而「爲戲而戲」「善運已長」，則大致無殊，因彼時，不以「角」爲劇藝之中心，故皆不失爲善學。斯爲甲等。㊁何爲笨學？枝枝節節，不識本原，專研技式，而無心靈控制，如言菊朋者；確曾下過工夫，竭力揣摩，一腔一板一字一句，必刻畫而步趨之，是猶學書者取前人碑帖而鈎描也，知鈎描之不足以成書家，則知言等之不足以云名角矣。菊朋之指摘叔岩，亦惟其某字不合，某腔不符，斤斤計較，而於運用之法及精神控制之道，完全門外，祇可供談料，而不適於劇人。㊂何爲淺學？如王又宸是矣。又宸嗓頗清爽，氣度亦寬，然腔調飄浮，不知何者爲交代，臉上無戲，在台上總是一副乘興消遣的神氣，於其老岳之「身上」「嘴裏」工夫根本不曾用心學習，與菊朋之常下琢磨者不同，而其無內心，無精氣神，不入戲，不具備上台演劇之原則，只好算是自已娛樂，則殊途而同歸，皆無法與叔岩並論，却不在甚麼傳投甚麼祕密，蓋如二人再請幾位名師，再用二百年工夫，把老譚的唱做念打，一一摩得滴水不漏，亦與鈎摹古帖之機械摹仿者相等，無靈魂故也。㊃最下者爲「掛號」，只有譚派的字號，於鑫培之基本工夫固屬茫然，於其成品技術亦未嘗親炙，未嘗直接摩擬，祇是道聽塗說，或者從余叔岩襲取一二，如造名人字畫者，只摹上下款蓋假圖章，絲毫不曾用工，較之笨學淺學又下一等。不足論矣。

苦學之分析

若余叔岩則苦學也，㊀工料之苦，老譚旁搜博採，取精用宏，以成績言，可比「讀萬卷書，行萬里路」，以劇業言，可比「一條桿棒，打得四百軍州都姓趙」。叔岩則承其祖及父之餘蔭，長養於都市之中，以比鑫培，只好算是紈袴，左右前後所觀摩請益者，不過幾位京朝前輩。然亦有相當之苦心調度，雖以譚腔譚戲爲事，而「嘴裏」之清楚，則有吳連奎爲之打底子，唱工之「撐」字訣，乾緊味，又從賈洪林得許多暗示，其他如姚增祿錢金福皆有所請益，卽就此憑籍，苦心孤詣，完成小果，已與餘子之學譚鑫培，便只依傍一譚鑫培者大不相同，此工料之苦也。㊁嗓音之苦，卽伶界所謂「本錢小」是也。叔岩嗓敗後始終未有天然的好嗓，只是一種「工夫嗓」，苦修苦鍊，於亮音嬌音老音，都有些成就。惟有三種音，無法鍊出，一曰「炸音」，如定軍山「管敎他」之「他」，譚鑫培能用炸音「衝」（去聲）唱。叔岩只能用平嘎「亢」唱。二曰「貫堂音」，由喉際下貫胸際，老譚渾灝流轉，如捉放宿店「陳宮心中亂如麻」之「麻」，如賣馬「擺一擺手兒牽去了罷」之「罷」，其行腔皆甚厚而圓之中音，叔岩無此中音實力，然氣韻烘托，口法老當，亦能落穩擺圓，此是「以氣補力」「輸力不輸氣」，苦心孤詣，亦非工深不能也。今之余派或譚而余者，只學其「邊音」，無其勁氣，故多浮濫，好像口中含着甚麼東西一樣，可笑甚矣。三曰「開口音」，尤其是麻沙轍的字，如搜孤「我與那公孫杵臼把計定」之「把」，只能用邊音托足，南天門「辭別小姐走了罷」之「

罷」，只能轉出「呀」字用窄音拔起，不能以本音噴足，皆苦對付也。緣叔岩之喉嚨，根本不寬，不厚，不潤，因將發音之本營移上一步，在上膠與鼻之門，成一小結構，寬窄粗細高低，均於此中施展騰挪，或用氣厚托，或用口法輕攏，或用別音替代，使聽者不致有偏缺之感，煞費調停，百般苦鍊，其不及老譚者在此，其勝於譚派餘子，亦在此！㊂音節之苦，譚鑫培以悲劇見長，寄子之悲酸，賣馬之悲涼，烏盆記之悲楚，無限低徊，尤其是他的酸鼻音，無處不用，成爲悽音苦節，叔岩無譚之水音，嗓不腴潤，却從賈洪林學來一種苦撑之法，乾緊蒼樸的味兒，以此唱譚腔而悽苦又有甚焉。試以其唱片於月白風清之夜，荒村曠野之間，沉默聽之，眞是秋墳鬼唱一片嗚咽之音，戲苦，音苦，嗓苦，腔苦，淒上加淒，苦上加苦，古語云：「歎愴多妙，歡愉難工。」此之謂也，於是「余迷」多矣。㊃戲齣之苦，撇開一切「正宗」「歪派」之門面語，就事論事，鑫培之不工王帽，不能如程張汪許之宏實堂皇，而別尋途徑以自展，則爲共見共聞之事實，須知劇中人原非一格，只要忠於表演，善用已長，便是好伶工，不必當作偶像護持壟斷，亦不可以一偏之見，遽加非薄，不過，個人發展，亦須先把公共原則，認識清楚，以爲依據，方不致游騎無歸。即如探母之四郎，昔以奎派爲正宗，然奎派宏實有餘，細敏不足，譚於腔調頗極悠揚，而腦海自有一奎派之影子在。故圓而能厚，巧不落纖，彥衡之譚譜及愚之敍文，所見頗相符合，叔岩於此仍用「輸力不輸氣」之法，音雖不厚，氣韻不薄，而去奎派則遠隔一層矣。又如老譚是武行出身，故靠把戲最爲擅長，然靠把戲亦自有等差，如戰太平武功架子身步甩髮，均見工力。唱工則嘎調多，倒板多，其餘唱句亦須沉烈堅强，老譚特別珍視，非比定軍山之以「耍板」取悅。珠簾寨之以數來寶腔，大鼓花腔號召也，鑫培固深知甘苦，自有灼見，即叔岩亦有相當知識，能分別輕重，不至於一塌胡塗，而無端起鬨，明明是外行而反自以爲顧曲大家之舉，以爲唱多而好聽，即是老譚之神祕奧妙，精華所萃。叔岩乃以一「山」一「寨」迎合心理，連貼連演，大紅大紫，尤其珠簾寨在「張大帥」之堂會中得厚賞，「帥系」之官僚財閥武弁盲從附和，挾惡勢以宣傳，無識之評劇家及票友等亦人人「三大賢」處處「嘩拉拉」而大哼大唱焉，語云「商人重利」，戲業亦營業之一端，如能多賺錢，誰不趁風頭，於是珠簾寨加價矣！伊等雖標榜譚氏祕傳如何神聖，然譚鑫培做夢亦想不到有此怪事，叔岩本心亦並不以爲然，但此等把戲並非名角所能自主，而完全是園主人前台業務的「生意經」，叔岩爲戲份豐收計，爲面子計，礙難明說，於是苦工之外又添一苦悶，叔岩是識甘苦之人，知靠把戲爲譚派特徵而戰太平若不妥，則其他靠把戲亦無可標榜，故下以十二分苦工；手眼身步，交代清楚，「散板不散，亂鎚不亂」八字都已做到，音調亦相當酣足，如第一倒板之「齊眉蓋頂」之嘎調雖未能「衝」（去聲讀）却不失爲「亢」，而且層層上緊，一氣呵成，挺而且妥，叔岩雖缺開口音，而於此劇之開口音，則拚命唱足，如「接過夫人酒一樽」末字就尾音複放出「哪」音大開口，又「但願此去掃蕩烟塵」之「蕩」又大開口，均以特等苦工鍊足，足見其個性之堅强。「戰太平」爲其餘譚派余派諸子所不及處，曰「神完氣足」，無一處不是苦出來的也。

愚於各報屢作棒喝，將「戰太平」一再提示，不要儘鬧珠簾寨，標榜「三大賢」，一般盲人聞而大譁，叔岩則大爲感動，語其友若徒曰，還是淩霄漢閣說話有準頭，知甘苦，於其後輩某某門徒某某一一耳提面命之曰「戰太平要緊哪」，於是學戰太平！貼戰太平！呼聲遍於大江南北，無不掩抑「三大賢」而大忙其「頭戴著紫金盔」矣，他們成績如何，尚難置論，而經此提倡，老譚在九泉之下，亦可稍慰乎。

轅門斬子二次出題

「戰太平」一案已告一段落，「轅門斬子」還須棒喝一聲！譚鑫培以武把子出身而入生行，能戲極多，其冷戲且不必談，只常演者而論，「斬子」亦普通要素之一，(一)唱工特別繁重多小生調(亦曰娃娃腔)，(二)劉鴻升以此叫座，譚鑫培不服氣，與劉對台較量，故爲譚派唱工有無實力之試金石！至於譚劉優劣，今且不談，而既稱譚派傳人，則不能不貼斬子，此事叔岩亦有了解，燈前窗下，不知盤算多少囘，於老譚唱法，能說能詳，而不能行，因此劇無一處不「趕羅」，沒有閒隔緩力之餘地，音帶第一須潤朗，叔岩嗓緊，本錢固不足，而「輸力不輸氣」，人工補天資種種辦法，用之於此劇完全失效，能事雖多，此大缺憾，竟無法彌補。近年忽收一女徒，吾於播音中偶聽其街亭搜孤等，覺蒼勁去其師甚遠，而寬潤則爲叔岩所不能，於「斬子」一齣頗可嘗試，曾於報上略爲提及，謂可彌補其師之恨事，叔岩見之曰，凌霄漢閣又出題目，眞所見略同也，乃亟亟以命其徒。且爲之講說，期其出台，乃所事未畢，病已垂危，以後此女徒能否出演，所學至何程度，則非吾所欲談，鄙意乃指出學譚或余，不可只迷其偶像，而不辨輕重。「戰太平」者靠把之見斤量者也，叔岩對得起鑫培，有貢獻於觀衆矣，「轅門斬子」者，唱工之見斤量者也，叔岩實在動不了，然能知之，能說之，人力已盡，其不能行，天也。名工之苦心苦工有時於缺憾之苦悶而益見者，此類是也。

鑫培叔岩最大的分別，舒促之異卽壽天之徵

鑫培與叔岩還有個最大的分別，卽氣脈問題，鑫培安和舒暢，在任何方面都能看長，叔岩則緊張辛苦，處處顯著短命相。㈠以戲齣言，鑫培與其同輩競爭，慣於以「多」勝「少」，如汪大頭之昭關，調高亢腔凝鍊，字字咬出漿汁，聲聲石破天驚，譚固相形見絀，但汪一齣既終，立感疲乏，譚則樊城長亭昭關，一連數齣，出以圓活悠揚，殊有餘裕。聽者不代著急，且感到舒適，議論譚氏滑頭者雖多，但確有「連戰三百合，面不紅氣不喘」之雅度，如買商品所謂「給的多」者，亦其受歡迎之一原因，卽論氣脈，亦非容易。叔岩則演戲一齣爲限，短者如盜宗卷碰碑，長者如失街亭珠簾寨止矣。一齣之內，聚精會神，而無連台數本或雙齣之餘力。故若常川出台，必爲馬連良所敗，端居偶出則聲譽特高，其情形恰似清光緒末期之汪譚（此以比例言，非謂叔岩之同於大頭，連良等於鑫培也）。㈡以嗓音言，鑫培壽逾古稀，年愈老音愈强，往昔只唱六字調，其最後三年中竟够工字（其琴師徐蘭沅語予，爲老年人托絃，特別留神，上場仍先用六字，隨後相機提高，總得給他留些數餘），且嗓音比少壯時更見爽朗。

如礎碑原板之「盼嬌兒」及「搬兵求救」兩次「起稜子」皆堅而脆。（陳彥衡說譚云晚年聲出如金石，具見素養深純，藝也而近於道矣！）叔岩至中年便歇業，近年甫及中壽，病弱枯索，在事變以前，曾應堂會，羣英會之魯肅唱工極少，已左支右絀，蒲柳之姿，何其憊耶？㈢以生命言，老譚壽逾七十，其走紅運則在五十之年，即叔岩淹逝之齡也，鑫培至老年猶常出演，叔岩三四十歲便深居簡出，即汪大頭劉鴻升之拚命唱法，亦不至如此短促，何況「細水長流」以脈長運久爲特徵之譚鑫培！如說戲場情形劇變，不合時宜，只可高隱，固可算一理由，但假使一般環境皆如往昔，叔岩果能照常演唱乎，予有以知其不能也。身體虛弱，病骨支離，十餘年來，非皆僞飾，然亦不必待至今日，即在往日之苦工苦唱，與譚之舒適，已顯然異趣，即不曾見過譚余演戲者，可就現存之唱片，略加尋思，叔岩之唱片甚多，試爲聆察，人人應有兩種印象：㈠聽時頗覺挺拔堅峭，流轉自如，此是口勁與氣工作用，非丹田眞力，乃無源之水也。㈡聽完之後，作一回想，雖比時下譚派大有餘味，而緊窄支撑，仍有迹可尋，如魚腸劍「一事無成兩鬢斑」一大段，其前半段甚充足而挺峭（亦是以氣補力），入後轉快，至最末數句，則支絀不堪矣。其他各片總不出以上之兩種印象，而此「苦撑」的勁頭，即是汪大頭當初唱高調之勁頭，汪唱高調字字緊張，識者知其不能持久，叔岩唱譚腔，亦如此苦撑，故劇藝雖宗法鑫培，而舞台運命，乃同於汪。至於其餘譚派諸子澆薄空浮，並叔岩之口法勁氣而無之者，則自鄶以下無識焉。

欲解決「傳人」的問題，須先明白名派與模型派之根本區別

譚派之無傳人，不在甚麼祕訣祕授，某宗某派，且名派與模型派逈乎兩途，如王福壽包丹亭之授受，所謂敎一手兒，說一齣兒便算某一技傳某一齣會矣，此種機械式的授受，非所以論譚也，故譚終身不樂收徒，因彼自身並非「學來就算」者，技式可以敎練，心靈、氣韻、才力運用決非多烘敎法便可過電也。余叔岩之不願收徒，理由亦不外此。若曰不輕易收徒，而得列門牆者，便可誇榜，此又是「生意經」，有常識者皆有以知其不然也。

編輯後記

編者

多期未爲『編輯後記』，原因乃篇幅之無餘白，且爲政不尙多言，况在編輯末技？讀者亮之。

本刊名作如林，爲編者最足以自傲之一點，周佛海先生新返自百粤，又允特撰廣州紀行，大約可在下期發表。周作人沈啓无兩先生皆有大作見惠，即可刊出。

陳公博先生對本刊之熱忱，亦令人感激，本期『偏見』一文，歷述其性格生平，在中國名人著作中，殊不多覯。陳先生且允寫『我與中國共產黨』一文，屆時必可轟動一時。

一代宗匠余叔岩之逝，爲近年來戲劇界之一極重大損失，凡屬知音，莫不痛惜。凌霄漢閣徐氏爲評劇之權威，衆望所歸，南北一人。本刊本期徐氏之『於戲叔岩』一文，較之目前一般皮毛評劇家之文字相去何如，明眼人當能識之。名家手筆，自屬不凡。此等文字祗能在本刊方得見之，固不特本刊之榮，抑亦讀者之幸也。

說箋（二）

瞿兌之

六七年前北都有以礬宣紙印木板風俗畫於左上角者。以之供碧眼客作蟹行書用。一時浮薄少年亦靡然從之。然礬紙脆而有臭。不宜於書。刻畫不精。亦益其醜。與其以華紙製洋箋。遠不如以洋紙製華箋之為愈。唐人恆稱蠻箋。吾華固不妨取人所長以供吾用也。光緒中葉頗盛行西洋金花布紋箋。相傳郭曾諸公出使歐西。以彼邦無紅紙。故取而作書。以致故國親友。見者頗悅其色燦爛而質厚韌。物以罕見為貴。遂徧傳於各地矣。庚子前。雖有排洋之舉。然洋貨亦人所不廢。如洋紙信箋亦頗能得士大夫之歡心。有一種薄而光之紙。作家書雖累葉不佔函封地位。價亦至低。流行尤廣。至庚子以後則漸有摹拿破侖偉士麥之像於箋者。此亦新民叢報之影響也。內地人士偶用此箋。便可儕於識時務之俊傑。雖老成人心所不悅。亦不敢顯呵之矣。嗟乎。於微物觀世變。殆非明乎得失之迹之史家不能。

嘗見祁文端書札有一紙作時辰表者。題云一日思君十二時。道光間洋貨盛行。人既好此新奇之物。又樂其能適實用也。其時百官趨朝辨色而入。賴有時表。以不誤待漏之期。所謂對表雙鬟報丑初也。百年之中。為此一物而流出之金錢不知凡幾矣。然彼時畫表作箋不嫌其俗。今若畫一飛機汽車似不合體。何也。

昔有長八行者。以竹紙橫幅作三十六直行。一紙未盡。仍可更以一紙粘而續之。若中間訛誤須修改。亦可裁去另接。作家書最宜。起文稿亦便。外此皆窄箋六行或八行。無甚長大者。民國以後始尚大幅寬行。蓋昔人講究寫小楷而後人不慣故也。

梁節庵所用箋皆自製。雖質地幅度不同。大抵皆專署齋名。層出不窮。各具深意。其作書每事輒自為起訖。一事一箋。雋永之味即此已自不凡。近印人壽石工亦喜為此體。所用箋並自書齋號。逸趣盎然。

每年取一金石文之甲子字為箋。周而復始。嘗見太倉錢聽邠丈為之。遍以贈人。一時朋輩往來胥用此製。先輩韻事。流衍無窮。余近年亦每歲新製一種。計丙子仿覃谿鬵文。丁丑仿瑤華仙館。甲午製八行。戊寅仿唐人行卷十三行。己卯仿天保九如回文染色。庚辰摹新繁漢專。辛巳集漢石經字月儀簡。壬午補書堂圖。癸未摹平安館漢未字磚文。若此生能待河清。當可歲歲賡續爲之。余家尚藏有光緒丁亥先君所製五瑞圖箋原板。計由杭而湘而燕。六十年間轉載萬餘里。幸而無恙。豈非物之獨有天幸者邪。

補書堂圖者。仿俞曲園曲園圖箋爲之。曲園圖老筆紛披。不假雕琢。數寸之中具有邱壑曲折。驟視之似覺簡率。非有匠心者不能也。余既拙於繪事。近日雕手亦了無古法。波折纖瑣。似畫非畫。似刻非刻。遠不及前人矣。嘗謂觀古人之製當於其拙處悟其巧處。觀今人之製則當於其巧處覓得拙處。古畫之拙者莫如漢畫。近年所出南滿營城子之漢壁畫。筆意獰劣無倫。然細審其氣勢。必有一二處非常生動。但其生動處亦非以獰劣之筆寫出不能顯豁。此卽拙中見巧也。若今人之畫大都患其過於流利。但能於流利之中寓有纖微滯拙之迹。已屬上乘矣。此固不止於論畫。而余於鑒賞箋紙尤有斯感。

畫所居於箋紙。前人固恆爲之。余於甲子乙丑兩年寓居黃瓦門內織染局。此地稍偏。人之來訪者。苦不得其處。於是手繪一街巷圖以明之。製爲短箋。題曰宮垣一角。似尚有新意。

同光間蘇滬盛行任伯年張子祥之折枝花卉箋。意態生動。雅俗共賞。又確爲刻而非畫。此其所以爲佳也。古人名畫類多不入箋譜。誠以名畫有墨韻。木刻必不能傳神。刻箋另須一種畫手。猶之刻墨合鎮紙之屬皆須有別裁。筆意宜簡。布局宜疏。而疏簡之中又不令其單薄方佳。民國以來諸名手皆有刻箋流傳。刻者亦極意求精。濃淺陰陽。直如用筆渲染。惜其過於似畫而不似刻耳。

近人製箋更有一通病。吾實不敢苟同。則喜用宣紙也。前人皆用官堆川貢奏本。從無用宣紙者。江右閩浙所出紙皆以竹爲原料。半熟半生。墨易運化。羊豪兎穎。揮灑皆宜。以供書翰實爲愜當。宣紙生澀拒筆。惟巨幅書畫不得不用之。尋常作札。非惟暴殄。亦反失縱送之樂。至若玉版賚硾雲母諸箋尤爲惡道。但近年南中紙業大見退化。竟無可用者。每摩挲舊楮。徒增慨歎。

近人每尚潔白之紙色。殊不知古人不然。米元章有硾越竹短截作軸日學書作詩一首。詩云。越筠萬杵如金板。安用杭油與池繭。高壓巴郡烏絲闌。平欺澤國清華練。卽表章浙閩竹紙之證。

舊箋之所以可貴者。爲其脫盡火氣也。此非人力所能致。或以新紙懸風日中。兼令塵土熏蒸。可令其略有舊氣。然眞舊紙從四周起卽有一重漬痕。僞者平面無淺深之別。不能欺眞賞。余藏有乾隆綠格紙本。一望而知爲二百年物。又有道光奏本紙數十番。欲用作箋。尙未得刻手。不敢唐突也。近日刻工初非不精。但刻時人之書畫有餘。令其仿古刻之去盡圭角者。不能辨也。今人藝術無論如何進步。總隔一塵。卽在此。否則照像製鋅板固可維妙維肖矣。鋅板豈可製箋耶。

有人取書影意摹宋元精槧作箋。雖別有會心。非余所喜。余以爲他物本非鏤板印之於紙。故微存其意。使人悠然神往。若仿舊書而刻之。則此卽是書矣。以書爲箋紙。不亦太直截無餘味乎。近人摹仿成習。一人創之。千百人盲從之。不自知其可笑。卽如故都喜用吳清卿古玉圖爲請柬花樣。不知何人作俑。遂至觸目皆是。牢不可破。而不知此等狡獪只可偶一爲之。習見則反形其俗矣。

東洋矮箋長可盈丈。彼都人橫膝上書之。淋漓狂草。雅有古意。其紙有絲質。落筆可隨墨韻而呈濃淡燥溼之殊。民國初年頗有喜用之者。偶有印作柳燕蘆鳧各花樣者。然不如素紙之自然。若嫌其太素。則鈐引手押角章襯托之。絕妙。

論紅顏薄命

馮和儀

紅顏薄命，這四個字爲什麼常連在一起，其故蓋有二焉：第一，紅顏若不薄命，則其紅顏與否往往不爲人所知，故亦無談起之者；第二，薄命者若非紅顏，則其薄命事實也被認爲平常，沒有什麼可談的了，這就是紅顏薄命的由來。

天下美人多得很，就是在霞飛路電車上，我也常能發現整齊好看的姑娘。她們的眸子是烏黑的，回眸一笑，露出兩排又細又白的牙齒。我想，這眞是美麗極了，要是同車中有一個尊貴的王子，愛上了她，這位姑娘的美名馬上就可以傳遍整個的上海，整個的中國，甚至於整個的世界。可惜尊貴的王子決不會來與我們一同搭電車，就是勇敢的武士，豪富的官紳等輩也不會，她們成名的機會多難得呀，就是有，也祇在浪漫的詩人身上。

要知道一個好看的女人生長在一個平凡的家庭裏，一輩子過着平凡的生活，那麼她是永遠不會成名，永遠沒有人把黑字印在白紙上稱贊她一聲「紅顏」的。必定在一個偶然的機會裏，她給一個有地位的男人看中了，這個男人便把她擭取過來，形成自已生活的一部分，於是牡丹綠葉，相得益彰，她旣因他而一舉成名，他也因她而佳話流傳了。美人沒有帝王，將相，英雄，才子之類提拔，就說美到不可開交，也是沒有多少人能知道她的。

譬如說吧，西施生長在苧蘿村，天天浣紗，雖然有幾個牧童，樵夫，漁翁等輩吃吃她豆腐，她的美名可能傳揚開去到幾十里以外的村莊嗎？即使她有一天給挑水夫强姦了，經官動府起來，至多也不過一鎭的人知道，一城的人知道足矣，那裏會名滿公卿，流傳百世，惹得騷人墨客們吟咏不絕呢？這也是她機會湊巧，合該成名，有一天正在浣紗的時候，剛好給范大夫差來尋美女的人瞥見了，於是她便給人家一獻而至范大夫府上，再獻而至越王座前，三獻而進於夫差宮中。於是她的「紅顏」出名了，薄命也就不可避免。

的確，在從前的時候，王宮就是紅顏薄命的發祥之地。一個如花如玉的少女進了宮裏，不是沒有機會見男人守空房到老，便是機會來了給那個驕恣橫暴粗俗惡劣的所謂皇帝也者玩弄。那傢伙有的是權，有的是勢，有的是金錢，有的是爪牙，還有禮啦法啦這種種寶貝給他做護身符，一個美人到了他手裏，便再也別想受他的尊重及愛護，相反地，他祇知道蹂躪她，而她也祇好忍受着聽憑摧殘。他也許是年老龍鍾的，荒淫過度身體衰弱不堪的，有惡疾的，脾氣當然不好，文才武才都沒有，而貌也很難希望他生得端正漂亮，但是你都得忍受，還要感激他給你的皇家雨露之恩，不忍受不感激便是大逆不道呀！當我讀到長恨歌中「承歡侍宴無閒暇，春從春遊夜專夜」這兩句時，總覺玉環太苦，倒不如趁早長眠馬嵬坡下，得到永久的休息爲妙。皇帝是這樣，其手下的權貴們也就差不了多少，所以美人嫁給闊佬太概是很苦的，許多美人之沒有後裔，大概也是由於她們的男人荒淫過度失却了生殖能力之故，蓋當時未必有可靠的避孕法也。

婚姻不如意，便是頂薄命的事，理想婚姻是應該才貌相當的。所謂才貌相當，也不僅是男有才而女有貌，我的意思乃是說男之才與女之才相稱，男之貌與女之貌也相當之謂。男女雙方之才均稱則精神上愉快，男女雙方之貌得當則肉體上滿足，這是靈肉兼顧的頂完善辦法。而且話得聲明在前，這裏所謂才也貌也都是指廣義的而言，才乃包括一切思想學問志趣嗜好，不是專指吟詩作畫等一藝之長；貌亦包括年齡健康清潔衛生，並不是專論一隻面孔的呀。

此外尙有更重要者，則爲道德之講究。在婚姻關係中，若有一方不講道德，即令才貌相當，恐亦難致幸福。至若一般有地位的男子想藉其優越勢力以獵取女人的肉體，或一般長得好看的女人想利用其美貌以獵取男子的金錢，則其動機已經卑鄙，道德觀念全消失，那裏還談得到眞正的愛情幸福呢？

可惜許多女子都見不及此，這也是造成紅顏薄命的另一原因。蓋美貌常與年輕相連，年輕的女子常常缺乏經驗，缺乏學識，則也是事實。學識經驗既然缺乏，自然容易上鈎，受人之騙，後悔莫及。美貌與思慮常是成反比例的，不會思慮的人，吃吃睡睡，跑跑跳跳，便容易顯得年青好看。而一般男人又多讚美她的好看，而不提及她的無知，有時還說無知更能顯出嬌憨，逗人愛憐。其實這句話可不知害壞了多少女子，於是她們祇求嬌憨，不敢多動腦筋，結果果然紅顏了以後，薄命也就不可避免，這是美人不能思想之誤。

美人不能思想，不肯學習，心地便狹隘，胸襟便齷齪起來。自已不肯努力向上，祇希望有個現成的闊佬來提拔提拔她，於是見了君王眼紅，見了卿相眼紅，見了英雄眼紅，見了才子眼紅，彷彿祇要一做這些人的妾，便可身價百倍，驕舊日儕輩而有餘了，於是你也競爭，我也競爭，大家搶奪良人，一人得意，萬人傷心，紅顏薄命的故事更層出不窮了。這可眞眞便宜了男人，美中擇美，少裏挑少，此往彼來，一直快活到死。有時還可三妻四妾，兼收並蓄。現在雖說盛行一夫一妻制，但紅顏女子想嫁部長經理之類的還是太多，有財有勢的男子與年青美貌的女子結合，是最最普通的事，也是最危險的事。蓋有財有勢的男子太都老奸巨滑，而年青美貌的女子又多無學無識，其不上當，安可得乎？此紅顏所以更多薄命機會也。

至於薄命者若非紅顏，便無人說起或說起而無人同情一節，這頗使我憤憤不平。也許我就是這麽一個碌碌庸人吧，我祇知道敬佩無名英雄，也同情另一批不紅顏而薄命，而且比紅顏而薄命者更苦上萬分的女人。譬如說天寶遺事吧，楊貴妃死了，多少人同情她，爲她做詩，做戲曲，做文章，因爲她美得很哪。其實她生前旣淫樂驕奢，死後太上皇還一直惦記着她，遣方士覓取她的陰魂，也算够哀榮的了，比起長門鎮日無梳洗的梅妃來，不是已幸福得多嗎？不過梅妃也相當漂亮，驚鴻舞罷，光照四座，因此也有人爲她的失寵而灑一掬同情之淚，比起那倒霉的皇后以及白頭宮女輩來也不知多幸福幾許了，那些非紅顏的女人在平時旣無人憐愛，賜一斛珍珠慰她們寂寥，亂時又無人保護，死者死，剩下來的也祇有繼續度凄涼歲月到老死罷了，這還不是更薄命嗎？

老實說，歷史家常是最勢利的，批評女人的是非曲直總跟美貌而走。一個漂亮的女人做了人家小老婆，便覺得獨宿就該可憐，如馮小青般，雙棲便該祝福，若柳如是然，全不問這兩家大老婆的喜怒哀樂如何。但假如這家的大老婆生得美麗，而小老婆比不上她的話，則憐憫或祝福又該移到她們身上去了，難道不漂亮的女人薄命都活該，惟有紅顏薄命，才值得一說再說，大書特書嗎？

戲劇家看穿這層道理，因此悲劇的主角總揀美麗動人的女子來當，始能騙取觀衆的同情，賺得他們不少眼淚。譬如說，劇情是一個男人棄了太太，另找情人，太太自殺了，那個飾太太的演員便該比飾情人的演員漂亮得多。於是在她自殺之後，觀衆才會紛紛嘆息說：「多可憐哪！紅顏薄命。」若是飾太太的演員太難看了呢？則觀衆心理便要改變，輕嘴薄舌的人們也許會說：「這個黃臉婆若換了我，也是不要的，死了倒乾淨。」那時這齣戲便不是悲劇，而是悲喜劇了，主角是那個情人，她的戀愛幾經波折，終於除去障礙，與男主角有情人成爲眷屬了。

美的力量呀！無怪成千成萬的女子不惜冒薄命之萬險而唯求成紅顏之美名，及至紅顏老去，才又追悔不及了。男子也有美醜，但因其與禍福無大關係，故求美之心也就遠不如女子之切。女子爲了求美，不惜犧牲一切，到頭來總像水中撈月，分明在握，却又從手中流出去了。時間猶如流水，外形美猶如水中月影，不要說任何女人不能把它抓住捏牢，就是眞個掬水月在手，在手的也不過是一個空影呀！至於眞正的月亮，那好比一個人的人格美，內心美，若能使之皎潔，便當射出永久的光輝。紅顏女子不一定薄命，紅顏而無知，才像水中撈月，隨時有失足墮水，慘遭滅頂之虞呀。

吃茶頌

蕘公

茶這樣東西，雖然不如衣食之重要，但它總是人們生活上不可一日或缺之物，所以古來的媽媽經濟家，也把它列入開門七件事之一。而飲食兩字又聯成一個名詞，並且「飲」還在「食」之上。則其重要，實在不遜於衣食。詩人的「寒夜客來茶當酒」，的是名句，不特境界清幽，趣致亦高雅。又昔日文人詩文中，以詠酒記茶之篇最多，我想這是時代的不同，到後來便以烟代替了酒。我個人也是喜歡這兩樣，而不大喝酒的。尤其是好烟佳茗，無論是花晨月夕，也不管是春風秋雨，都可以慰人寂寥，沁人心脾。不過近來紙烟缺乏，不大好買，而我又是懶得成隨遇而安的人，有時候在「二者不可得兼」的環境下，於是茶更顯其重要。眞是「誰謂茶（荼改）苦，其甘如薺。」故平常每當一張（報）在手一枝（烟）在口的時候，這一杯好茶的需要，比任何事物還要迫切。這種嗜好，我想世人中總不在少數吧。

吃茶說雅一點便是品茗，雖然是件日常的普通事，但這裏面也有很多的講究，極專門的學問。所以關於「茶經」「茶典」，「茶史」等那一套，都暫且不想提他，只是談談我個人對於吃茶的興趣罷了。我覺得茶，它的好處，也可說是它的長處，便是無論在什麼場所，它都可以與思慮，情感溶化，決不隨主觀而有喜厭。譬如我在上海的時候，常常同朋友到永安茶室去吃茶。雖然那個地方是繁華中樞，那個所在是洋樓大廈，吃茶的時候，又只見一片人海，萬頭鑽動，且市聲嘈雜。但與二三知己，上下古今，高談闊論。鬧中取靜，以絢爛爲平淡。一杯清茗，反覺得悠閒舒適。古人說：「臣門如市，臣心似水。」頗可於此借用。所以在熱鬧的地方吃茶，也不失其清幽。至於久居北京，自然以公園之地最雅，茶最新，松柏參天，花葉滿地，樹下品茗，頓覺胸襟開朗，塵俗全消。而紅男綠女，雅士高人，土氣粉香，襲入眼鼻，身坐園林，特感幽趣。論其境界，一動一靜，雖不必說有高下之分，實在有老少之別。因爲在精神上，好像一個是摩登少年的，一個是澹靜老年的。

還有他的功用，就是調劑疲勞，除了吃茶以外，沒有再好的方法。所以常看見北平的車夫，每逢走到有名的茶葉店門前，總是進去買一包「高末」（好茶葉末兒），預備回頭休息的時候養養神。因此它能够普及的原因，便是同紙烟一樣，沒有階級性。不像雪茄烟，老是拿在富貴人的手中，平常的人拿着，與身分也不大調協。有點「鼻子大了壓倒嘴」的神氣。

關於論茶的文章，雖然很多，但大都偏於貴茶與茶具方面，明人言之尤詳，李漁的閒情偶寄「一家言」即其代表。而說得較深刻有趣致者，還是文震亨的「長物志」，其卷十二香茗云：「香茗之用，其利最溥。物外高隱，坐語道德，可以清心悅神。初陽薄暝，興味蕭騷，可以暢懷舒嘯。晴窗榻帖，揮麈閑吟，篝燈夜讀，可以遠辟睡魔。青衣紅袖，密語談私，可以助情熱意，坐雨閉牕，飯餘散步，可以遣寂除煩。醉筵醒客，夜語蓬窗，長嘯空樓，冰絃戛指，可以佐歡解渴。第焚煑有法，必貞夫韻士，乃能究心耳。』這段雖然以「香」與「茗」，同時描寫，而香究屬於氣味，虛無縹渺，故仍着重茶字，以香作陪襯耳。

至於講論吃茶，似以陳金詔「觀心室筆談」所述，最爲可取。他說：『茶色貴白，白亦不難，泉清瓶潔，旋烹旋啜，其色自白。若極嫩之碧蘿春，烹以雨水文火，貯壺長久，其色如玉。冬猶嫩綠，味甘香清，純是一種太和元氣，沁入心脾，使人之意也消。』又云：『茶壺以小爲貴，每一客一壺，任獨斟獨飲，方得茶趣。何也，壺小香不渙散，味不耽遲，不先不後，恰有一時，太早不足，稍緩已過，箇中之妙，以心受者自知。』又云：『茶必色香味三者俱全，而香清味鮮，更入精微。須眞賞深嗜者之性情，從心肺間一一淋漓而出。』以上各條，由平淡中深得妙諦，知作者於吃茶一事，可謂三折肱矣。陳氏又論茶云：『江南之茶，唐人首稱陽羨，宋人最重建州。近日所尙者，惟天目之龍井。蓋所產之地，朝光夕暉，雲滃霧浡，醞釀清純，其味迥別，疑即古之顧渚紫筍也。要不若洞庭之碧蘿春。韻致清遠，滋味甘香，全受風露清虛之氣，可稱仙品。』按陳氏爲清道咸間人，故他的高論，與我們的見聞，尙不相差太遠，也能作會心的領悟。不似明以前的文章，無論如何精闢，於時代上，總覺得隔一層似的。

又吃茶遺事，清乾嘉時破額山人「夜航船」記「絳囊三品」：『偶閱宋史天禧末年，天下茶皆禁止，主吏私以官茶貿易及一貫五百者死。自後定法，務從輕減。太平興國二年，主吏盜官茶販鬻錢三貫以上，黥面送闕下。歐陽文忠公上奏：往時官茶容民入雜，故茶多。今民自買賣，須要眞茶，眞茶不多，其價遂貴。予想今若此渴殺人矣。葉生在旁曰：我與君無礙，菖蒲汁橄欖湯，亂嚼梹榔木，儘可應酬涸舌。所苦者眉生耳。眉生者進士新淦令蕁卿公次子，酷嗜茗茶者也。生嘗曰：茗茶味苦，益人知慮不淺。座右書一聯云：「身健却緣餐飯少，詩清每爲飲茶多。」喜硯石；善清談，麈揮玉映，香屑霏霏，竟易厭。遇龍圖，雀舌，蒙頂，日鑄，則漱口汩汩，枯腸沃透，若清明後勿潤喉也，穀雨後勿沾唇也。每造友家，輒自帶茶，恐主人茶不佳也。主人豔其茶好，恆與索之。于是座客盡索之，生窘甚。歸家製絳紗囊三枚，上囊曰原，中囊曰法，下囊曰具，依陸鴻漸茶經三篇之名而名之。上繫領上，中繫肘後，下繫腰間。上貯絕妙佳品，非原原本本，殫見博聞，兼詩骨高超，功深養邃，有益於己者，不得丐其餘瀝。若胸無城府，語亦中聽，可以中囊之法字號與飲。然已不可多得。目前泛泛之交，下囊應酬而已。』眉生名士，雖然懂茶，未免把茶看得太珍惜一點，還是隨便些聽其自然，則更有逸趣。於上記可知「官茶」容民入雜。民自買賣，始得眞茶，但價亦貴。這與今天的配給相似，凡是所謂「官米」，「官麵」，「官烟」，「官糖」，總是有假。自由買賣的，價錢又貴。眞是自古已然，於今爲烈了。

還有一種吃茶的方式，於時間上地理上，都稱得起上乘，便是鄉間的「野茶館」。只可惜都會的人們，少有機會去享受。所謂野茶館，在北京大半都在城外，或依古寺，或近村莊，有臨時搭棚的，有於屋前藤蘿花架下，取自然環境的。座位不多，天然幽靜。尤其大清早晨，紅日未升，餘露猶濕，鳥語花香，氣新神爽。凡來「溜灣」吃茶的養鳥的人，將鳥籠掛於簷前，讓牠去「調嗓」，引吭高歌。自己一面啜茗，一面和同道或談些市井瑣事，或講些社會新聞。眞可說是世外桃源，羲皇上人。我以爲這種境界，與「楊柳岸曉風殘月」的圖畫實相彷彿。城裏雖然有什刹海，也可以臨水看荷，但終不是農田鄉下。越是久居城市的人，越感覺得這種地方悠閒無爲的可貴與可愛。

末了附帶的說到「茗具」，自明以來，便一致公認以砂壺爲最合適。李笠翁一家言，有茶具一篇，他說：『茶注莫妙於砂壺，砂壺之精者，又莫過於陽羨。又云：凡製茗壺，其嘴務直，一曲便可憂，再曲則稱弃物矣。……星星之葉，入水即成大片。啜茗快事，斟之不出，大覺悶人。』李氏所談，可謂快語。清中葉以後，砂壺之中，又重陳曼生（鴻壽）所製，名爲「曼壺」。確較一般精雅別緻。不過近來曼壺眞者，頗不易得，即有價亦昂貴。日前在隆福寺古玩攤上，見有小砂壺一具，質式均極精巧，一入眼即知其必係名作，壺底果有：「宣統元年匋齋自製」篆章，惜壺蓋略有殘缺，乃用漿糊粘合者。嫌其破損，太息而去。返家後於心耿耿，終不能釋。乃於第二日亟去尋購，據云余看後即出手矣。可見好東西自有識者。余所置雖有砂壺數件，而日用者仍爲磁壺。老實說還是沒有這種眞正的閒心逸情，所以雖然天天吃茶，而沒有一次品茗。所謂品的環境與機會，也確是很難得的。

小魯先生：

請示通訊地址，俾奉寫贄。

古今出版社啓

中國設置駐義使館之經過（下）

楊鴻烈

『二十一日記　未刻，禮官帶雙馬朝車來迎，余恭齎國書，率同參贊官馬格里繙譯官吳宗濂至宮門內下車，掌儀大臣導入內殿，義王出見，慰勞殷勤，立談兩刻之久，大旨謂義與中國，數百年來，交誼最先，我雖未至中國，意極企慕，聞貴大臣聲望甚好，幸蒙天皇帝派來本國，自此兩國當益親睦矣。又云：「我觀地圖，始知中國之大，義國之地，不及中國十分之一也」。因詢在歐洲幾何年矣，英法兩國事務繁簡如何，此間水土能否服習，中國鐵路已否造成，余一一答之。查舊例不用頌辭，鞠躬致遞國書，王免冠鞠躬接受，復與參贊敍談二十餘語，與繙譯寒暄十餘語，余乃鞠躬而退。自進至退，凡三鞠躬，王復握手不釋者久之，且曰：「又得一中國好朋友也」。茲恭錄國書如下：「大清國大皇帝問大義國大君主好，貴國與中國換約以來，夙稱和睦，茲特簡二品頂戴候補三品京堂薛福成爲欽差出使大臣前往貴國都城通問，並令親齎國書，以表眞心和好之據。朕稔知該大臣老成練達，公正和平，辦理交涉事件，必能悉臻妥協。朕恭膺天命，寅紹丕基，中外一家，罔有歧視，嗣後當與貴國益敦友誼長享昇平，朕有厚望焉。」

『二十二日記　西例謁見國王，致遞國書之後，尙須訂期謁見皇后。前接王宮來信，訂於今日未刻，余復率參贊繙譯入宮，禮官導見王后，后儀度端祥，辭令溫雅，酬應亦數十言，余進退各一鞠躬，后亦鞠躬迎送焉。』

光緒十九年冬十一月清廷『命道員龔照瑗出使英法義比四國』，中日戰爭以後，光緒二十二年冬十月，改命『四品京堂羅豐祿爲出使英法義比四國欽差大臣』，這時中國的國勢「孱弱已極」，「險象環生」，德國租借青島，俄國要求旅順大連，英國得到威海衛，法國也租借廣州灣，義大利這時也「見獵心喜」，欲在中國海面得到一個海軍根據地，在光緒二十四，五年間，義國外交大臣喀尼滑諾曾數次於國會演說，發揮他的政策的意義，旋即派遣軍艦向中國出發，宣稱不惜以武力要清廷租借浙江省的三門灣，北京的總理衙門却嚴加拒絕，退還義政府的要求書，並積極防邊，楊觀東「上劉景韓中丞言兵事書」劈頭就大動肝火的說：『頃聞三門灣事，意人彊索不遂，用兵迫脅，電旨決計於戰，以張國威』。扶桑遊客所著「兩浙海陸防勤紀略」也有說：『光緒二十四年，浙江巡撫劉公樹堂以浙江乏將才，會意大利有要索三門灣之請，檄調黎君天才往浙江籌防。三門灣山環水曲，爲絕勝軍港，我國方擬建築，爲海軍屯駐地，豈容外人窺伺？……』後來義政府接受英國的「希望勿用兵力」的勸告，就「大事化小事」的「以不了了之」。二十六年，八國聯軍攻擊北京，義國只派兵五十人參加戰役，但所得賠款却有二千六百六十一萬一千零五兩，又在天津獲得租界。二十七年外務部奏請在義比兩國各派參贊官一員駐劄，遇事直達外務部，羅豐祿兼使有「奏遴派義比兩館參贊並添設義館遴員駐劄摺」說：『…此次義比請派專使，經外務部商允各派參贊一員駐劄，代公使辦事，遇事可以直達外務部，是駐義駐比兩參贊責任較大，體制亦優，應請改設二等參贊官，以昭愼重。臣查有駐比三等參贊官分省補用知州林桂芳由英館參贊官調比兩年，代辦交涉，悉臻妥協，堪以調充駐義二等參贊官。……臣飭林桂芳交卸後，即行赴義設館，各事責成暨照會義國照章接待。所有該參贊等應用關防，並已循案由臣刊刻木質關防，文曰「大清欽差大臣參贊官代辦使務之關防」，分別劄發。……至義館常年經費以及繙譯隨員各額缺亦經呈商外務部覈准遵辦，現已設館，應即遴派隨同駐劄，以資辦公。查有駐比隨員候選縣丞盧學孟暢曉法文，熟悉交涉，堪以調充駐義法文三等繙譯官；又駐英四等繙譯官縣丞銜羅序和辦事勤能，奉公謹愼，堪以升補駐義隨員。……』同年十二月二十六日羅兼使即『接准義國外部文稱現由中國駐義參贊林桂芳交到貴大臣本年西正月初二日來文內開「中國政府現已遴派林桂芳充當參贊，代辦使務，駐劄羅馬，遇事可以逕達北京外務部等因，本大臣准此，不勝感謝，想該參贊林桂芳必能措置裕如，俾本大臣得以推誠相與也，爲此照復。……』按林代辦字琴孫，係福建省福州人，清監生。中國設置駐義專館，實自林代辦到任時起始。侯鴻鑑「寰球旅行記」有說：『余歷游各國，參觀中國使館，以駐美使館之陳設物品，最爲珍貴；駐英使館之房屋，最爲宏敞，而有孫中山之拘留室，爲中國革命史之紀念；駐法使館亦寬廣，駐德使館次之，而今來羅馬，參觀駐意使館，則又有記載之價値者特略志如左：

『使館之房屋，爲昔時一公爵之邸第。中國每年租金，六千二百里而，其地皮房屋之總價額，値一千萬元。館中房屋宏廣，中國式客廳一處，陳設各物皆中國物品；外國式客廳二，陳設各物，皆外國物品，開宴會時，可請客容二千人之座；跳舞場在樓之下層，三面玻璃大窗，故光線甚明；音樂場雕刻工細；其他休息室，吸烟室，談話室等，皆佈置精良。凡各處陳設品中，有甚珍貴者，則意皇石像，意后石像，皆雕刻精緻；意皇寶座爲古代舊屋，鍍金刻朱，寶貴之至；又有一古時石棺，雕刻人物故事；此外有中國名畫，意國古名人畫，以及各種石雕刻，名油畫，皆古色古香，瀏覽一周，如入古博物院中游也』。

這些都是歷任「使臣」和「公使」所添置購辦的成績。光緒二十八年，夏四月，據「清史紀事本末」說：『命五品京堂許珏出使義國』。「中國遣使年月表」也說：『義駐使許珏，光緒二十八年四月派，是爲改派專駐義使之始。馬其昶「清故出使義國大臣許公墓誌銘」說：『……公諱珏，字靜山，其先歙人，康熙時始著籍無錫。……光緒八年舉於鄉，大學士閻文介公深器之，嘗宴坐，相與喟歎時事敗壞，問：「今正士亦有善外交其人者乎」？文介曰：「焉有正士而屑爲此」？曰：「不然，惟無正士，故至此」。文介瞿然謝之。越二年薦隨張公蔭桓奉使美日祕國，曰：「今副子言，以成子之志」。差滿，薛公使英法義比，調充參贊。……甲午，更參贊楊公儒使美洲。……會拳禍作，……以道員發廣東，尋賞四品卿銜，出使義國大臣，加二品頂戴』。許使赴義的情形如「清史稿邦交志「所述：『光緒二十八年，義請派專使駐京，許之。政府亦以許珏爲出使義國專使，十一月呈遞國書，義主躬親接受，向例公使見義主無座，至是賜坐。逾月，又見義后及義太后，義主設讌宮中，請各國公使，義主義后均入座，席散，義后詳詢中華文字書籍。『二十九年三月，義國開農學會，請中國入會，珏派員往。四月，許珏送義國財政考於外務部，謂義國幅員廣袤不及中國十分之一，而歲入之款較中國多至五倍，歲出之款較中國亦多四倍有餘。十月，又譯送義國關卡稅則於外務部，謂徵稅章程二十條，應稅之物分十七類，共三百六十八種，又包皮稅及去包皮章程十六條，註冊費章程十一條，其中綜核至悉分析至精，較之中國通商稅則疏密懸殊，冀中國取則。是月許珏請商務派員赴義考察，商務謂義國在華商務無多，間有他國商人運華貨來義者，除蠶繭茶葉二宗外，他物絕尠，至華商從未到義國及其屬地貿易，應即派員考察云云。』實在的！光緒三十一年以後，中義貿易在海關冊上才有獨立的統計，可以考察其確實的數額，大概說來，在商品貿易方面，中國輸義的重要商品，計有豆類，芝蔴，花生，絲繭，牛皮，豆油等，豆類及豆油佔義國輸入總額百分之八九十；芝蔴與揑油佔義國輸入總額百分之八九十；芝蔴與揑油佔義國輸入總額百分之七十以上；絲類佔百分之五十以上。這幾種商品在義國的市場中佔了很重要的地位，是毫無疑義的，但一遇他國的競爭，即陷於衰落的狀態，許使請「派員考察」，眞是很有「先見之明」。前書又說：『光緒三十年，許珏又譯義權烟志及銀行章程。三十一年，許珏譯送義國國債冊律章程彙編及官售烟價表』。這樣可見許使確是一個「有心人」，而「事事留心」，頗有他的鄉先達薛福成的「遺風」。許使任內，康有爲先生在光緒三十年五月曾到義大利，他的「歐洲十一國遊記」有說：『……意久裂於封建，亂於兵燹，雖在歐洲，而北歐各國道路宮室田野之精美，乃逈不若，自爲風氣，舊邦殊甚。蓋自咸豐十一年立國……此四十年中，雖經賢君相勵意經營，而以貧小之國，支持海陸二軍，與各大國頡頏，已極勉强，工商業雖日加獎勵，而未能驟與諸大爭，則貧困者，舊國固有之情，如中土然，因不能一蹴幾也。……概而論之，北歐各國皆勝於我，意國與我國平等相類，特意人少茅屋而多一樓，近者田野亦治，葡萄盈望，桑果鋪菜，勝吾北方，而與吾江浙廣相彷彿者也，民之貧富亦相若；吾國求進化政治之序，亦可比擬意大利，採其變法之次序而酌行之，他國則新舊貧富皆不相類，驟難仿擬也。』這位君憲黨的大領袖想因「避嫌」的關係始終不會和那位熱心「國計民生」的許使在「海外異邦」交換過意見。

光緒三十一年八月，據「清史稿交聘年表」說：『黃誥自江蘇候補道賞四品卿銜爲出使義國大臣』。黃使到義即兼充義國密拉諾賽會的中國監督，「清史稿邦交志」說：『光緒三十二年（按係三十一年之誤），義國密拉諾賽會牒請中國派員入會，並送到章程各冊及會場總圖，許珏得牒當將總章全譯，分章九門，祇譯子目，因致外務部，謂此會原起，係爲慶賀意大利瑞士兩國交界地方所鑿新潑龍山洞鐵道告成而設，歐洲山洞鐵道向以法義交界之蒙斯尼山洞工程爲最鉅，計長一萬二千二百三十三邁當，實爲歐洲山洞第一深長鐵道，從前輪船商貨運往北歐者必由法國馬賽起岸陸運，今此路告成以後，可改由義境之折努阿起程陸運，此爲義國新得商利之大端，故會中章程以「陸運」，「海運」，「河運」三項居首，中國各省現議開鐵道，如派員前來考察，似於講求路政有裨，政府得電，許之』。據乙巳（光緒三十一年）的「外交報」的記事說：『出使義國大臣許星使珏咨外務部，謂義國密諾拉地方，因新潑龍山洞鐵路告成舉行賽會，聞於路政多所攷求，即運載漁業兩端亦可研究，宜由商部派員調查各省，飭商赴會云云，外務部當已如咨辦理；惟此次義國賽會，不派專使，而許星使珏受代在即，聞已奉旨，飭新簡出使義國之黃星使誥兼充監督』。三十二年，清廷所派出洋考察政治大臣抵義，戴鴻慈「出使九國日記」有說：

『光緒三十二年閏四月二十六日晴，是日覲見義大利國主，參贊均隨往；十一時，禮官以宮車三輛來，紅衣銀花，儀飾甚都，余與午帥（端方）黃使（誥）率參隨二十四人入王宮，王宮規模略與諸國同，其壁上所懸，皆巨幅織毯也。先入見，午帥致頌詞，余遞國書，禮畢咸坐，繙譯岳昭燏立傳譯，詢見使路程及歸國日期，並訂期後日歸宴，旋引見參隨諸員訖，國王入內，禮官帶領，往見王后，后能操英法德俄意諸國語，措詞嫻敏，復徧見參隨各員乃退，回寓，至使館午餐。……』

光緒三十四年，據「清史稿交聘年表」說：『黃誥回國，錢恂三月自出使和國大臣調任出使義國大臣』。按錢字念劬，浙江省吳興縣人，分省補用知府，曾充光緒二十四年湖廣總督張之洞所派遣的留日學生的監督與考察政治大臣的參贊官，出使和蘭大臣等職。他到任時，清廷卽派他出席義國農業公院大會，據「清史稿邦交志」說：『義又設農業會，意在聯絡地球諸國，崇本勸農，請中國入會，計此次入會者四十國，會員共一百十人，前後會議者十，分議者五，許珏僅於開會及簽押日一到而已』。按許珏或係黃誥之誤，試看光緒三十四年「農工商部外務部會奏義國農業公院特開大會請旨派員蒞視摺」說：『……竊臣部於本年八月二十一日接准出使義國大臣錢恂咨稱：「義國農業公院於本年西十月二十至三十日，卽中十月下旬至十一月初旬之間，特開大會，查此次大會，各國皆於常駐義員外，專派大員蒞會，我國旣鮮農業專門之學，又道遠勢難特派專員，可否在鄰近駐使中奏派一員來義赴會，旣示邦交之聯絡，又省派員之勞費，咨行核辦」等因到部。査義國羅馬都城設立萬國農業公院，前由該國使臣照請派員會議條款，並請入會畫押，業經外務部會同臣部於光緒三十二年閏四月間具奏請特派駐紮義國出使大臣黃誥入會畫押。（可見不是許珏）上年九月間，復將該會合同譯漢繕呈請用御寶，送交義政府存案，先後奉旨允准各在案，此次該公院於常會外，現復訂期特開大會，旣據出使義國大臣錢恂査明各國皆於常駐義員外，專派大員蒞會，邦交所係，自應援照各國通例辦理，擬請特派駐紮該國出使大臣錢恂屆期就近蒞會，旣可聯友邦之睦誼，而於各國農業情形亦可藉資考鏡，如蒙俞允，卽行電咨該大臣欽遵辦理。……』同年九月十四日奉旨：『著派出使大臣錢恂屆時蒞會，欽此』。農業公院議員翟靑松有「義大利農業公院開院情形」一文說：『義外部大臣會同財部農工商部大臣知照四月二十四日請觀公院落成禮，而葡萄牙公使先一日預約會議公院禮成答辭，因葡使爲院中議員，年最長，同人均以領袖尊之也。屆開會日五鐘一刻，隨同公使往公院。院設三門，閉其中門，以俟義后開鎖，崇禮節也。……各國有派專員來會者，亦有派公使人員兼攝者，中國派員與議大會，似宜預先簡定，並於十月中旬到義爲要。……中國素重農務，近設農工商部，以資提倡，外省間有設立農務學堂，農務會，農學報，合力講求，漸增美備。……將來自應特派專員，學貫中西者，悉心考查，常年繙譯，縷晰詳報，取外洋之善法，資中國之硏求，庶輸出鉅款，不爲糜費。……』但可歎從加入萬國農業公院，三十幾年以來，截止到最近，每年仍要向外國購買八千九百十六萬餘元的「米」，八千二百萬元的「小麥」，五千六百多萬元的「棉花」，還號稱「以農立國」，眞太不知「長進」了。

宣統元年，據「淸史稿交聘年表」說：『錢恂回國，吳宗濂六月甲辰自署外務部左參議爲出使義國大臣』，按吳字挹淸，江蘇省嘉定縣人，曾肄業上海江南兵工廠方言館，攻習法文，嗣入北京同文館，歷任駐英俄法使館的繙譯隨員及留學生監督，這年使義，直到民國成立，改任駐義代表。民國二年十月七日，義政府正式承認中華民國之後，歷任公使的有王廣圻戴陳霖唐在復朱兆莘郭泰祺（未到任）劉文島諸人。按王字劭亭，江蘇省南匯縣人，上海廣方言館卒業後，留學美國，歷任駐和使館隨員，第二次海牙和平會參贊兼署駐和使館二等書記官，民國元年，先充外交部祕書長，後改任駐比利時國特命全權公使，二年調充駐義公使。王使任內，中義有所謂「華工船案」的交涉發生，其經過大概如下：『民國九年，捷克政府租用中國華工船，（卽前奧船西勒西亞號 S lesia 在歐戰時被中國沒收者）裝載軍隊赴歐，行抵現屬義大利之脫利斯脫 Trieste 口岸，因被魯意公司 "Lloyd Triestino" 船公司出而起訴，於三月一日被扣，該公司此舉，係以自稱爲奧匈公司之承繼人名義，而由商航裁判所辦理』。原來脫利斯脫本爲奧國土地，歐戰後改隸義國版圖，『所有該地人民，均由奧籍改歸義籍，故彼以爲所有奧籍公司之產，今已變爲義產，中國前此捕獲各船，本不合法。』王使曾抗議多次，在三月三十日，又給義外部一「詞嚴文正」的照會說：『查該船前懸奧旗，隸屬奧匈魯意公司者，於中國對奧宣戰後，經民國海籌軍艦依照國際公法慣例在交戰國領海域內捕拏，視爲正當捕獲品，宣告沒收，當時奧匈魯意公司亦曾依法遣派代表出庭；此後北京高等捕獲審檢廳因該公司訴請，即照訴請人所具抗議之理由，詳加審察，後判決駁回該公司之抗議，而確認地方捕獲審檢廳之檢定，此項判詞，係於民國七年十一月六日當衆公佈，於是年十一月二十八日第一千三百號中國政府公報，因此該船所有權移歸中國國家，且此項移轉權復經奧約第一百十五條確定，並以上所列判案本有國際之作用，及決定之權力者，亦復經奧約二百四十九條丙款及其第一二三附則證定爲可有反對一切之權能，而不受其他無論何項之反對。……』結果，義政府讓步，欣然報告魯意公司向法庭取消訴訟，釋放華工船，中國政府亦聲明放棄賠償損失的要求。同年六月，王使又與波斯帝國特派駐義公使伊薩剛 Mon-sieur le général-Isaac khan mofa-khamed Dovleh 在羅馬締結「中華波斯通好條約」Traite D'amitieen'tre la Républiqul de Chine et l'gmpire de qerse七條。

王使回國繼任的有戴，唐，朱諸氏，按戴字雨農，浙江省海鹽縣人，上海廣方言館北京同文館畢業後，留學法國，曾任駐西葡法使館代辦，外交部參事，西班牙兼葡萄牙公使等職。唐字心畬，江蘇省上海縣人，卒業於上海廣方言館北京同文館後，留學法國，歷充駐法使館隨員繙譯官，代辦使務及外務部右參議，外交部參事，和蘭公使等職。朱字鼎青，廣東省化縣人，北京優級師範學堂畢業，留學美國，曾充北京大學教員，大總統府祕書，駐英使館參事銜一等祕書。劉氏在二十二年九月，被任爲駐義大利公使，十一月十八日，向義政府呈遞國書；劉氏未到任以前，原以二等祕書汪延熙暫代館務，未派公使。此時期中義邦交可稱「圓洽已極」，陸軍大學校長楊杰氏奉政府命，赴歐美各國考察軍事，就在這年的十二月九日，到達羅馬，他給中央軍校教育長張治中一信，自述『行裝未解，即由駐義公使劉文島及義國軍部代表引導，按照墨索里尼氏規定日程，開始考察。第一次即示弟以聞名全世界之空軍部，次與墨氏晤見，蓋用意在與弟以最深印象也。自九日起，至十一日在羅馬，十二日在特爾尼，十三日在利弗納，十四日在斯比齊亞，十五日在日那亞，十六日在都靈，十八十九日在米蘭，及佈勒西亞，前後在義凡十一日，所有海陸空黨軍，及兵工業等，悉行分門研究，所得材料，極爲豐富，十九日下午十二時出境。……義大利爲古羅馬帝國，黃金時代而後，奄奄一息者垂三千餘年，與吾華對比，可謂雙絕，迨一九二二年（民國十一年）墨索里尼氏秉政，積弱累病倒行逆施之義大利，居然一躍而爲五强之一，最近並具馬首是瞻之勢力，其原因實有不可忽視者。遠處東土，素聞墨氏對黨對國專制極端，處置萬機，惟其所欲，心以爲如斯壓到一切，必不免樹仇樹敵，積怨萬民，及抵義土，細察人心，始知無論男婦老幼，均奉墨氏爲神明，而不忍直呼其名，墨氏笑，義人皆認爲可喜，墨氏嗔，義人皆以爲可怒，舉國哀樂，繫之一人之身，蓋墨氏獻身黨國，大公無私，爲國圖强，故奮舉兵以奪政權；爲國求安，故不惜屈身於教主，從此可知苟臻於天下爲公之域，雖事事獨裁，亦將愛戴之不暇也。至於發展鄉村而不偏於都市，極力空軍建國，緊張青年訓練，均特具隻眼，攸關國本者。其於法西斯蒂黨也，則極端嚴格，黨軍非黨員不可，而黨員又僅限於自幼入黨，而不准中年參加，故法西斯蒂統治義國，已有十年，依然氣勢旺盛，毫無腐化狀態也。據一九三四年（民國二十三年）黨內紀載，法西斯蒂主義除蘇俄常在冰炭外，世界各國均有趨彼旗幟下之傾向云云。……』在楊氏等離義的次年——民國二十三年九月二十六日，義政府正式與國民政府交換「大使」，比英美德法諸國，還要能夠「捷足先登」。民國二十六年十一月六日，德義及日本三國在羅馬簽定防共協定，民國二十九年國民政府改組還都，三十年七月一日下午六時，義國外相齊亞諾致電國民政府汪主席聲述義國政府決定承認汪主席所領導的國民政府。同年九月十八日，國民政府任命吳凱聲氏爲駐義大使。

關於柳敬亭

方密

孟心史作顧橫波攷，引「板橋雜記」云：

「曲中狹客，有張卯官笛，張魁官簫，管五官管子，吳章甫絃索，盛仲文打十番鼓，丁繼之張燕筑沈元甫王公遠宋維章串戲，柳敬亭說書。或集於二李家，或集於眉樓。每集必費百金，亦銷金之窟也。」

李斗「揚州畫舫錄」亦加稱引，則稱之爲評話家，首舉柳敬亭，而以孔雲霄韓圭湖儷之。爲陳其年余談心杜茶村朱竹垞等所賞識。其爲人所重，非謹在其技也。方南明之際，馬瑤艸當國，阮髯用事，勢傾中外。而敬亭獨能以侯朝宗之揭帖，與諸門客不待曲終，拂衣散盡，百年之後，使人猶爲之稱快也。易代之際，名流爲之作傳者得吳梅村黃宗羲諸人。而孔尚任桃花扇渲染之功，尤不可沒耳。

其年少時事，余澹心板橋雜記亦記之云：

「柳敬亭泰州人，本姓曹，避仇流落江湖，休於樹下，乃姓柳。善說書，遊於金陵。吳橋范司馬，桐城何相國，引爲上客。常往來南曲，與張燕筑沈公憲俱。張沈以歌曲，敬亭以譚詞。酒酣以往，擊節悲吟，傾靡四座，蓋優孟東方曼倩之流也。後入左甯南幕府，出入兵間，甯南亡敗，又遊松江馬提督軍中。鬱鬱不得志，年已八十餘矣。間遇余僑寓宜睡軒，猶說秦叔寶見姑娘也。」

澹心板橋雜記，多記秦淮豔跡，文亦綺麗，而此則特有意趣。近北平鼓王劉寶全逝世。劉之技近時無兩，年前來滬，曾以甯武關一曲攝入影片，白髮歌人，高歌慷慨，其亦今之柳敬亭歟？劉有大西廂爲人所稱，然劉自云其佳處爲一脆字，大西廂固無與也。澹心記柳年八十餘猶說秦叔寶見姑娘，蓋亦有同慨也。

欲知柳之毅然絕阮，請觀桃花扇「聽稗」一折：

「（生）既是這等，到秦淮水榭，一訪佳麗，倒也有趣。（小生）依我說，不必遠去。兄可知道泰州柳敬亭說書最妙，曾見賞於吳橋范大司馬，桐城何老相國。聞他在此作寓，何不同往一聽，消遣春愁。（末）這也好。（生怒介）那柳麻子新做了奄兒阮鬍子的門客，這樣人說書，不聽也是了。（小生）兄還不知阮鬍子漏網餘生，不肯退藏，還在這里蓄養聲伎，結納朝紳，小弟做了一篇留都防亂的揭帖，公討其罪。那班門客才曉得他是崔魏逆黨，不待曲終，拂衣散盡，這柳麻子也在其內，豈不可敬。（生驚介）啊呀，竟不知此輩中也有豪傑，該去物色的。（同行介）」

東塘寫柳麻子之可敬，特用曲筆，搖曳有姿，余意柳蓋一絕大浪漫手筆乎？其平生行事，莫詳於吳梅村之柳敬亭傳：

「柳敬亭者，揚之泰州人，蓋曹姓。年十五，獷悍無賴，名已在捕中，走之盱眙。困甚，挾稗官一冊，非所習也。耳剽久，妄以其意抵掌盱眙市，則已傾其市人。好博，所得亦緣手盡。有人日爲醵百錢，從寄食。久之過江休大柳下，生攀條泫然，已撫其樹，顧同行數十人曰：嘻，吾今氏柳矣。」

此述柳早年事也。其人蓋亦少年豪橫，犯事當死，始流寓他鄉者。說書本非素習，特以性之所近，而又天賦聰明，乃克展其弘才也。其技蓋成之於自修，而雲間儒生莫後光之獎掖，亦有力焉。黃太沖之言曰：

「雲間有儒生莫後光，見之曰：此子機變，可使以其技鳴，於是謂之曰：說書雖小技，然必勾性情，習方俗，如優孟搖頭而歌，而後可以得志。敬亭退而凝神定氣，簡練揣摩，期月而詣莫生。生曰：子之說能使人歡咍噱矣。及期月，生曰：子之說能使人慷慨涕泣矣。又期月，生喟然曰：子言未發，而哀樂具乎其前，使人之性情不能自主，蓋進乎技矣。由是之揚，之杭，之金陵，名達於縉紳間。」

太沖之柳敬亭傳，蓋就吳傳加以改寫，欲使「後生知文章體式」，與梅村文對觀，信簡而有致矣。

柳生曾之揚州，杭，吳，居吳最久。最後乃至金陵。時方國變，避寇者衆，秦淮繁華，乃極其致。大司馬吳橋范公，以本兵開府，名好士，相國何文端，亦重柳生。當此世亂，南都猶慶偏安，然人心固未皆淡忘也。聞其說古來亂離事，乃無不感動，時會使然也。

「客有謂生者曰，方海內無事，生所談皆豪猾大俠草澤亡命，吾等聞之，笑謂必無是，乃公故喜誕耳，孰圖今日不幸竟親見之乎。生聞語慨然。」

柳之入甯南幕也，在良玉軍下武昌之際。左奉詔守楚，待發於皖城。守者杜將軍宏域也。杜欲結歡甯南，乃致敬亭於其幕府，杜於柳生蓋故人，欲使有以調和已與左之爭競也。「甯南以爲相見之晚，使參機密，軍中亦不敢以說書目敬亭。甯南不知書，所有文檄，幕下儒生，設意修辭，援古證今，極力爲之，甯南皆不悅。而敬亭耳剽口熟，從委巷話套中來者，無不與甯南意合。嘗奉命至金陵，是時朝中皆畏甯南，聞其使人來，莫不傾動加禮。宰執以下，供使之南面上坐，稱柳將軍，敬亭亦無所不安也，其市井小人，昔與敬亭爾汝者，從道旁私語，此故吾儕同說書者也。今富貴若此。」

南雷以敬亭爲瑣之不足道，故爲之傳亦多不屑之詞，然其文則遠勝梅村，質而有姿者也。

甯南死，「敬亭喪失其資略盡，貧困如故時，始復上街頭理其故業。敬亭既在軍中久，其豪猾大俠，殺人亡命，流離遇合，破家失國之事，無不身親見之，且五方土音，鄉俗好尚，習見習聞，每發一聲，使人聞之，或如刀劍鐵騎，颯然浮空，或如風號雨泣，鳥悲獸駭，亡國之恨頓生，檀板之聲無色，有非莫生之言可盡者矣。」

南雷雖不重敬亭之人，特其偏見如是也。於其藝術乃頗能理解之，而於實際經驗一層，所言尤確切不移。

敬亭嘗爲人排難解紛，於故籍中，得兩事焉。其一見諸吳梅村所撰傳中：

「左喪過龍江關，生祠哭已，有迎且拜，拜不肯起者，則其愛將陳秀也。秀嘗有急，生活之，具爲予言救秀狀。始左病恚怒，而秀所犯重，且必死。生莫得搘梧，乃說之以事曰，今日飲酒不樂，君侯有奇物玩好，請一觀可乎。左曰甚善，出所畫已像二，其一關隴破賊圖也。攬鏡自照，歎曰：良玉，天下健兒也，而今衰。指其次曰，吾破賊後將入山，此圖所以志也。見衲而杖者數童子從，其負瓢笠且近，則秀也。生佯不省，而徐睨爲誰，左語之且告其罪。生曰，若負恩當死，顧君侯以親信，卽入山且令相從，而殺之卽此圖爲不全矣。左頷之。」

其另一事則見諸元和宋宗元之「新智囊」中，

「國初泰興柳敬亭，以說平話擅名，與梅村

爲之立傳。馬進寶鎭海上，招致署中。一日侍飯，馬飯中有鼠矢，怒甚，取置案上，將候飯畢窮治饍夫。進寶殘忍酷虐，殺人如戲。柳憫之，乘間取鼠矢啖之曰，此黑米也。進寶旣失其矢，遂已其事。」

進寶蓋松江馬提督逢知也，曾仕明爲安慶副將，都督同知，降清，官至蘇松常鎭提督。朱成功之役，逢知坐擁兵不出伏誅。

敬亭與錢牧齋亦頗有淵源，曾往虞山說書，當係受牧翁之招也。牧翁有「爲柳敬亭募葬疏」中云：

「柳生敬亭，今之優孟也。長身疎髯，談笑風生，插齒牙，樹頤頰，奮袂以登王侯卿相之座。……今老且耄矣，猶然掉三寸舌糊口四方。負薪之子溘死逆旅，旅櫬蕭然，不能返葬。……」

觀此可知柳敬亭垂老喪子而無以爲葬也。會有吳門三山居士爲葬其子，牧齋乃爲疏爲敬亭營生壙焉。

牧齋又有「左寧南畫像歌爲柳敬亭作」詩：

「帳前接席柳麻子，海內說書妙無比；長揖能令漢祖驚，搖頭不道楚相死。每當按甲休兵日，更値椎牛饗士時。夜營不諠角聲止，高座張燈拂筵几。吹唇芒角生燭花，掉舌波瀾沸江水。寧南聞之鬚蝟張，傾飛櫪馬俱騰驤；誓翦心肝奉天子，拚灑毫毛布戰場。」

黃宗羲更於柳敬亭傳中記牧齋戲敬亭事：

「錢牧齋嘗謂人曰，柳敬亭何所優長，人曰說書，牧齋曰非也。其長在尺牘耳。蓋敬亭極喜寫書調文，別字滿紙，故牧齋以此謔之。」

宗羲終視敬亭爲優人，爲不足道，故慨然言之曰：

「嗟乎，寧南身爲大將，而以倡優爲腹心，其所投擲官，皆市井若己者，不亡何待乎？」

此乃畢竟道學氣重，南雷文定中文皆可讀，而氣象殊不雍穆，於柳傳可瞻之焉。

敬亭所述，蓋講史小說之屬，斜陽古柳趙家莊中，負鼓盲翁所演之類也，與今日蘇州調之彈詞開篇，專言兒女事者蓋不相侔。錢曾言其於左寧南幕中：

「每夕張燈高坐，談說隋唐間遺事。」

周容「春酒堂文集」中亦道其：

「癸巳値敬亭於虞山，聽其說數日，見漢壯繆，見唐李郭，見宋鄂蘄二王。劍戟刀槊，鉦鼓起伏，髑髏模糊，跳擲繞座，四壁陰風旋不已。予髮肅然指，几欲下拜，不見敬亭。」

其稱道敬亭，可謂至矣。

王猷定「聽柳敬亭說史」詩云：

「英雄頭肯向人低，長把河山當滑稽，一曲景陽岡上事，門前流水夕陽西。」

則武二事蹟也。張宗子陶庵夢憶有「柳敬亭說書」一則，亦道其演打虎也：

「南京柳麻子，黧黑，滿面疤瘤，悠悠忽忽，土木形骸，善說書。一日說書一回，定價一兩，十日前先送書帕下定，常不得空。南京一時有兩行情人，王月生柳麻子是也。余聽其說「景陽岡武松打虎」白文，與本傳大異。其描寫刻畫微入毫髮，然又找截乾淨並不嘮叨，哱夬聲如巨鐘，說至筋節處，叱咤叫喊，洶洶崩屋。武松到店沽酒，店內無人，暴地一吼，店中空缸空甓皆瓮瓮有聲，閒中着色，細微至此，主人必屏息靜坐傾耳聽之，彼方掉舌。稍見下人呫嗶耳語，聽者欠伸有倦色，輒不言，故不得強。每至丙夜，拭桌剪燈，素甆靜遞，款款言之，其疾徐輕重，吞吐抑揚，入情入理，入筋入骨，摘世上說書之耳而使之諦聽，不怕其齰舌死也，柳麻子貌奇醜，然其口角波俏眼目流利衣服恬靜，直與王月生同其

從李氏焚書談到李卓吾

何淑

在杭州的時候，曾買了一部上海雜誌公司出版的珍本文學叢書，中有李氏焚書下卷，見其風筆絕代，不可一世，而幽憤嫉俗之情，躍然紙上，這便引起我對作者李贄發生研究的興趣。

李贄，初名載贄，號卓吾，又號篤吾，別名非常多，有溫陵居士，百泉居士，龍湖叟，宏父，思齋，禿翁等稱號，他生於明嘉靖六年十月，萬歷三十年三月十五日自殺於獄中，他的遺著很多，有李氏藏書六十八卷，續藏書二十七卷，續焚書五卷，李卓吾遺書三十三卷，李氏文集十八卷，李氏六書六卷，枕中十書六卷，李溫陵集二十卷，都是明刻本，他對小說，戲曲的評點，也非常精湛，計有批評忠義水滸傳一百冊，批點西廂記眞本二卷，批評幽閨記二卷，批評浣紗記二卷，而枕中十書，世說新語補，姑妄編，都是筆記體。他那種才華洋溢，放誕不經的狂態，頗引起道學先生的反對與攻訐，可是李卓吾也最看不起這班僞道學者，所以他說：「於其死於假道學之手，寧死於婦人女子之手。」這句話連東林一派學者的顧憲成都佩服得五體投地，憲成柬高景逸書中曾說：「卓吾平日議論，往往能殺人，此語却能活人，吾不得以其人而廢之。」

李氏著作中，在文言中，常雜以語體，這也是當時正人君子攻擊的一點，像張師繹在集導辛中批評李卓吾淆亂文體，他說：「善乎能如之言，單刀直入，一棒打殺，不可入諸語言文字，如其入語言文字，旣作和尙，又竄詞宗，古之人當先爲之，嗟乎！今天下之辭家，不汨沒於李氏者，吾見亦罕矣，文敎陸沉，是王夷甫諸人之過也，吾有隱憂焉。」然而袁中道却很推崇李卓吾，認爲他是眞讀書人，在跋李氏遺書中，把李氏和蘇子瞻相比擬。

李卓吾入獄的時候，年事很高，已有七十六歲，可是他被害下獄的罪名，却是汚辱儒宗，搶奪財物，强姦婦女，我們只要看禮科給事中張問達的劾疏，攻擊得多麼沒有理由，他說：「李贄

婉孌，故其行情正等。」

其描繪敬亭說書，可謂神化。於是不能不佩服張宗子畢竟不凡，文心之細，細於牛毛也。說書非只求其聲調可聽已也，所謂「手眼身法步」，俱不可缺，嚮見劉寶全手執撞板，說李逵，說關某，若有風雲叱咤之勢，可異也。

揚州汪蛟門（蘢松）贈柳以賀新郎詞，視之爲憂國傷時之士，特大隱金門耳，余最喜之。

「何物吳陵叟，儘平生詼諧遊戲，英雄屠狗。寒夜瀟條聞謦欬，敗葉滿亭飛走。令四座欷歔良久。說到後庭商女曲，悵白門寂寂烏啼柳，天付與懸河口。可憐飄泊甯南後，記强侯接天檣櫓，橫江刁斗。亡國豈知逢叔寶，世事儘銷醇酒。滿目瀾羊僚友。心識懷光原未及，但恩仇將相誰知否？少年勃，黃金壽。」

噫，世亂如斯，三百年前，秦淮舊事，依稀如昨，安得有白髮歌人，以一曲吳謳，引同人千斛淚耶？

壯歲爲官，晚年削髮，近有刻藏書焚書卓吾大德等書，流行海內，惑亂人心……狂誕悖戾，不可不燬，尤可恨者，寄居麻城，肆行不簡，與無良輩游庵院，挾妓女，白晝同浴，勾引士人妻女，入庵講法，至有攜衾枕而宿者，一境如狂……至於明刼人財，强摟人婦，同於禽獸而不之恤。」關於李卓吾削髮的事，據他自已說，因爲家裏俗事麻煩他太多，便削髮以示決絕，而袁中道却說是：「一日，惡頭癢，倦於梳櫛，遂去其髮。」士大夫以一髮之微，去留與否，都是罪名之一，毋怪乎李卓吾的憤慨了。李氏居麻城時，是萬歷十六年，他已有六十二歲，據李氏答周二魯書中所說，放誕荒唐，未免有之，書中曾說：「到麻城，然後遊戲三昧，日入於花街柳市之間，姑能與衆同塵矣。」這是他寄悲憤於放浪的苦衷，而張問達却誣他「白晝同浴」，「明刼人財」，都是毫無根據的誣陷。

李卓吾的下獄以至於自殺，態度都是很泰然的，袁中道在李溫陵傳中曾記載其事，「公於獄舍中，作詩讀書自如，一日，呼侍者薙髮，侍者去，遂持刀自割其喉，氣不絕者兩日，侍者問和尙痛否？以指書其手曰：不痛。又問曰：和尙何自割？書曰：七十老翁何所求？」這種從容不迫的態度，包含着多少的悲痛，他入獄以後馬經綸曾述他的話，「衰病老朽，死得甚奇，眞得死所矣，如何不死？」其放誕不經，很有點和金聖嘆相同，後世人的批評，不過目他爲一狂士，這是認錯了李卓吾的個性，而且埋沒了他非常的抱負與不世的才華。

關於李卓吾的思想，歸納起來，可以說是哲學的社會主義，他揭破世人對聖賢的偶像崇拜，他在答耿定向書中說：「夫天生一人，自有一人之用，不待取給於孔子而後足也。」藏書紀傳目錄論更說得深刻：「咸以孔子之是非爲是非，故未嘗有是非。」他又是唯物論者，他說：「夫私者，人之心也，人必有私而後其心乃見，若無私則無心矣。……故官人如不私以祿，則雖召之，必不來矣，苟無高爵，則雖勸之，必不至矣，雖孔子之聖，苟無司寇之任，相事之攝，必不能一日安其身於魯也決矣，此自然之理，必至之符，非可以架空而臆說也。」他切重實際，不務空言，這是他論政的要點。

他主張男女平等，婚姻自由，這在明代道學者看來，眞是大逆不道，罪在不赦了，他說：「謂人有男女則可，謂見有男女可乎？謂見有長短則可，謂男子之見甚長，女人之見甚短，又豈可乎？」他極端贊成卓文君的私奔司馬相如，他在司馬相如傳中曾說：「斗筲之人，何足計事？徒失佳偶，空負良緣，不如早自抉擇，忍小恥而就大計。」他贊成孟子「社稷爲重君爲輕」的說法，所以推崇馮道，以爲他能救民，就是歷事五朝，那是沒有關係的，他在馮道傳中曾說：「而後馮道之責始盡，今觀五季相禪，潛移嘿奪，縱有兵革，不聞爭城，五十年間，雖經歷四姓，事一十二君，並耶律契丹等，而百姓卒免鋒鏑之苦者，道務安養之力也。」

他在文學上的見地，也和一般衛道的做君子不同，他大胆的稱讚水滸傳，而且對西廂記，琵琶記，特別推崇，他說：「拜月，西廂，化工也，琵琶，畫工也。」可是卓吾惟抱負有不世的才華，而俗子非但不贊成他，並且攻擊他使他不得不逃於禪，而逃禪的結果，却使他含寃入獄，以致他以七十多歲的高齡，悲憤自殺，這是多麼可悲的結局。

談跨刀

小魯

跨刀這句詞，本是梨園行中的術語，是指的掛二牌，專爲主角配戲的那一流人物。要是此君一向爲人配戲，行語中又習慣的稱之爲硬裏子，而不稱之爲跨刀。這跨刀的說法，又似乎是專指以前挑大梁唱壓軸的脚色，不知爲了什麼的，一下子栽了下來，而不得不降低了地位，去爲人家配戲，尤其是爲旦角配戲的正生之流，人家最歡喜叫他一聲跨刀。所以戲人們說出跨刀一詞的時候，有時含有幾分婉惜，有時却有點幸災樂禍。譬如說：「×五爺現在天津衛替×家的小妞兒跨刀。」這句話呀叫人聽了多麼不是味兒。

然而跨刀之苦，猶不止此。那些唱主角的，要是唱的程派靑衣，拉胡琴的，敢不擻緊了絃子，拉得又細又長，水音嗎？老板是這個調調兒，不這樣侍候還成？主角要是唱了麒派，拉胡琴的就得不管中聽不中聽，只好旋鬆了弦子，拉拉扒字調；跟着鑼鼓點子，多來幾個槍花；跟着老板的搖頭擺尾，竄跳蹦聳，胡亂的洒狗血，去博堂彩；只是您是主角，愛怎麼辦，全得依着您。跨刀的要是侍候程派，就得研究程派，侍候梅派，又得研究梅派，還要特別的研究大老板的脾氣，把大老板服侍得服服貼貼，那麼您的跨刀之運，不僅可以延長，而且還有一跨再跨的可能，要是您只知道自顧自的唱戲，忘了侍候主角，您馬上就得召上晦氣，人家不說您玩藝不錯，人家會說您賣弄些什麼！有時候跨刀的偶爾唱高了半個調門，讓主角跟不上來；或是偶爾博得了一個堂彩，讓主角吃了癟；這就是大逆不道。您看那時主角的嘴臉，對您不知有多難看，他會說：「這不是幫咱們來了，這是存心砸咱們來了。」您能吃得消？有時誠心誠意的供獻一點意見，人家也會說：「幹嗎自己不去挑一班？咱們可用着您亂出主意。」那才叫咱氣的啞口無言干瞪眼。

跨刀的和主角鬧別扭的，也不是沒有，聽說武松打老虎就曾經有過一隻儘打不肯裝死的老虎，弄得武松急汗直流，誠惶誠恐趕着老虎打招呼，願借紋銀十兩，老虎才十分勉强的向台上一躺。雖然這隻老虎，後來永不敘用，他的作風却是讓人瞧着够痛快的。痛快雖是痛快。輪到你自己走上跨刀之運，生活的擔子壓迫着您，就是想做一隻倔强的老虎，您也就有所顧忌而不敢了。其實這種走跨刀運的，天下滔滔皆是，不僅以掛二牌的爲限，所謂祕書長參謀長教務長襄協理以及要人們的淸客們，也還不是和跨刀的二牌一樣，碰到了同樣的可悲的命運。跨刀的遇到難服侍的主子，有時會叫您啼笑皆非。就說陪着主子下棋罷，您的棋術當然要比主子高明，才有陪着玩的資格。可是下棋的時候，您萬不能一門心思的只知道爭奇鬥勝，您要是左一將，右一將，將出了主子的眞火，他心裏就會說，這小子逼人太甚，心思如此的狠毒，這人還能共麼？也許這一下子，就把您種下恨的根，過一向也許就會借故叫您滾蛋。那麼跨刀就只有預備輸的分兒了，裝輸却也要裝得像。您也不能讓他贏得太容易，若是下圍棋，您有意輸一個滿盤，下象棋您有意送上一個大車，您以爲這顯著輸的多麼痛快，主子在感到無聊之餘，會說您：「裝的什麼蒜；你瞧不起大爺，不樂意陪着！」眞難！聽說有陪着某公下棋，就只能遠兜遠轉的，輸給他一兩個子兒，要是輸的次數多了，他老爺子會說：「下棋都學不好，還談什麽辦事！」這其間自然又不能不設法偶爾的贏他一子兩子，老爺子可又要發話了：「您啥不精，只會下棋。」您瞧瞧，這分的跨刀勁兒，在我們旁觀的人看看，已經有了相當的火候了，還免不了捱霉的分兒。聽說鬍帥有一次打牌，被部下扣了一張七索，沒有和下來。等到下家和了，那位不識相的部下，還得意忘形的，特地檢出那張七索給大家看，「您看！這張七索扣的有眼吧？不然老帥牌一攤，都得輸下一付滿貫；」老帥眼睛一瞪，沒說什麽，心樣可琢磨着啦：「這小子知道我要的牌，他都不肯打，多麽沒良心，沒良心還能用麽！」就把他的一個大旅長借故撤了差，您看寃不寃？

古往今來，自然也出現過不少跨刀的高手，高手最最與人不同的地方，就是他有知機其神手的本領，他又能够知難而退。縱然您本事大，侍候主子周到，如果功成您還不求自退，不亮您亮誰？當您和主子共患難畫奇策的時候，自然您以爲想得越周到越好，越刻毒越好，本來麽，斬草要除根，爲人謀又安得而不盡其愚忠。您知道，當您說出最刻毒的計畫的時候，也是主子記得您最清楚的時候。他心裏說：這傢伙眞有一手，我可得防防他。等到天下太平，打對手的人也沒有了。在這樣的寂寞心情之下，來調弄調弄這些功狗們罷！主子僅至於擺佈作弄的，憑良心說，還算是有良心的，痛快一點兒的，是豪爽的把您一脚踢開，我以爲這樣最利落。有些不識相的，還要在一旁丑表功，希望主子見憐，您不想遇到刻毒的把您毀了，您又能怎樣？把您僅僅是這們一脚，很干脆的踢開，還多麽仁至而又義盡呢！

跨刀的最僥倖的，我說要數范蠡。事情成功以後，馬上就用輕舸載着美人，逃得無影無蹤，叫人奈何他不得。留侯雖也聰明，却沒有范大夫實惠，此外有好結果的，就很少了，說到跨刀的悽慘的結局，多到數也數不清楚，就是約略的舉出一樁兩樁，也徒然的掃了正在跨得起勁的人們的興頭，還是不舉爲妙。最苦的是跨刀遇到阿斗，您爲他受盡辛苦，他還以爲天下本無事，先生何必自擾？您再要拚命的幹，他甚至會疑您幹嗎這樣起勁？爲什麽別人不忙，只有他忙？這不明明是別有作用？本來麽，天下是劉家的天下，寡人願意送掉，要您姓諸葛的，發的那一門子儍勁？嗚呼！裏外夾攻，又烏得而不隕於五丈原也。

跨刀的只顧服侍主子，我們以爲總會成功了吧？然而又不然也。挂二牌的下面，還有三牌四牌，以至戲抹布跑龍套之流。二牌仰着頭，看到頭牌的威風，顯著自已的地位，十分的尷尬，覺着十分的難過，但是您下面的人，仰着頭，看看您，却又是一人之下，萬萬人之上了。三牌的說：「擠了他吧，我好挂二牌。」四牌附和着說：「擠了他吧，大家動動位子。」好！從此發動攻勢，挑撥離間，借事生非，衆口可以鑠金，積毀可以銷骨，您又怎樣能够熬得起這謠言攻勢的環而攻之的火力？您縱然熬的了，我想也够瞧的了，上面服侍主子，下面服侍同仁，您還不準備鞠躬盡瘁麽？小聰明的主子，好人自已做，困難的命令，叫您去執行，行不通，他會和您打官話；您要稍爲體卹下情的變通了一下，他又要打官話；等到怨聲四起，或者羣衆們偶爾見到主子，陳訴了幾句，他又會假裝慈悲的同情他們，誰錯呢？往跨刀的身上一推吧，於是您準備着捱罵吧，「好小子，作威作福！」怨毒都集在您身上，向大家解說也是無效的，人家親耳聽到主子說的嗎。您要向主子去申訴，他會拍拍您的肩膀說：「

任勞任怨！任勞任怨！我知道！我知道！我知道！」果眞他知道，你捱罵倒也値得，最可恨的日子過的還不久，他倒向您打官腔了：「某某！怎樣弄的呢？怎麼大家都在說你不好呢？」怎樣弄的？弄的連他也不知道，倒要來向您請教了，您還有什麼興致，對他再說好聽的話？跨刀的飯，如此難混，宜乎人人避而遠之了，在另一方面看看，到底可以和頭兒接近接近，說上三句話，只要頭兒能聽上一句半句的，這風光就會漸漸的來了，您不必自己去自我宣傳，自然有那些鑽門子，他會打聽得清清楚楚，會來尋您打交道，這時節您自然也會來上這們一手，聰明人不用細說，總不外乎權與利那們一回子事。遇到昏而且庸的主子，那他忙了一輩子，就是替您做了一輩子的擋箭牌。您有良心的，還願意只想拾點小便宜，就這樣馬馬虎虎的混下去，野心一點的，舊戲就不妨唱逼宮，新戲就可以演倒戈，做主子的碰到這種跨刀，當然比遇到儘打不肯裝死的老虎，還要無趣，本來有天翻，就應該有地覆，要這樣反覆而循環的幹着，歷史才不嫌單調，所以跨刀又是不可爲而可爲也。

三十年前的官僚政治，就盛行過學幕的那麼一回子事。那些學業成就的紹興師爺們，雖是專備跨刀之選，老爺們又何嘗敢於輕易得罪他們，可見跨刀蓋亦有道。聽說當初一般想跨刀的小紹興，還巴巴的從紹興趕到北方去學幕。學幕並沒有專門學校，不過是像學徒弟的性質，只是跟着老紹興們抄抄寫寫，學些舞文弄墨，和挾制官長們的訣巧。當官的聽到紹興師爺，果然畏之如虎，但又少了他們不行。擋案經過他們保管的，別人無論如尋不出，他只要一轉手之間，就爲您找到了，您想您能少掉他麼？回掉他，這成千成萬的檔卷，您再來一次整理，您有這勇氣麼？多一事不如少一事，您能不馬馬虎虎麼？那些紹興師爺們，說起來可也眞壞，他爲您辦的公事，看起來是千妥萬妥的了，他總要用盡心機的替您留上一兩個漏洞，等到您和他翻了臉，他就要您的好看了。先來上一兩件不重要的翻案，向您示示威；再不理，好看的就接着上；一次緊一次，您又安敢置之而不理？自然您也會請一位王道士來和李道士鬥法的，這叫做賠錢受氣，還不是要等他們自己人，打好了交道才收兵。照學陰陽的朋友的說法，這也叫相生相尅，或者就是跨刀的朋友，受盡了骯髒窮氣之後，才憤而成立了幫頭，把他們的積世經驗，傳給那些想跨刀的後輩，讓他們少吃一些苦頭，兼爲跨刀同志揚眉吐氣，也說不定。我說始創紹興師爺幫頭的朋友，倒是一付菩薩心腸。

跨刀的是專門預備侍候人的，他又不知道將來要去侍候那一種人，所以他學的東西，一定要普遍，要廣泛。這也和學廚子的差不多，廚子不能因爲自己善於弄什麼，也叫人跟着他吃什麼。好的廚子要京廣川揚各幫的菜都會燒，德意大菜，日本料理也能辦，這樣才能有辦法。反正自己不拿主意，想要怎樣吃，我就怎樣辦，那還討不到您的歡喜麼？您愛錢，幫您弄錢；您愛名，幫您弄名；您愛錢而又愛名，說不得也要替您想一個主意；您要是名利都不愛，那更好辦，只要爲我自已想要的，打算打算，不要我兼籌並顧，不是更省事麼？

民國以來，紹興師爺，總算是看不到了，可是又出了什麼系，後來又改名什麼系的，也玩上這一套了。這所謂什麼系的，他們從立下幫頭以後，就沒有自已創過局面。（或者是想創而創不成功，那就不得而知了。）只是專門爲人跨刀。他們從做北洋軍閥的幫閒，又做到新軍閥的幫閒，好像中國的政治，非要他們不可的樣子。看得起他們的人，說他們是材料政治家。那意思是說，他們好比一座百貨商店，您要什麼都有。您就是要特別一點兒的，也只有您說出一個樣兒，他也能爲您專門定製，保險中意。當年的新生活，不就是什麼系的暢翁，迎合聖意，推陳出新的傑作麼？某某系的最特別之處，就是沒有什麼政黨政綱，而這一般系屬的分子，又專門以爲人跨刀爲能事。不管您是什麼黨，您要行什麼主義，他們都能湊合着，幫着您幹。您要讓他們中間的一個分子，鑽進了您的門子，要不了多久，他們就會呼朋引類，陸陸續續的，侵入了您的各個部門。他們這一點互相拉攏，互相標榜的義氣是有的，他們是行的「朋友政治」麼！他們做起局面來，表面上是比一般的政客們，有骨氣的多，其實這是採取大公報服侍老蔣的哲學，那叫「小偏强，大幫忙。」也像于髯的彈劾政策，不過是間或讓幾位沒有背景的小公務員，吃吃苦頭，大事他就裝做不知道了。所以說穿某某系的活動本領，也只是「舊瓶裝新酒」，不過把紹興師爺現代化了一下而已，其實沒有什麼特別。他們這種立了幫頭，專爲人家跨刀的精神，站在跨刀同志的立場看起來，是與紹興師爺同樣的值得稱許的。某某系的跨刀，從舊軍閥跨刀新軍閥，這種跟時代的發展，是叫人够歆羨的。我想信以後當權的，要麼不爲某某系轉動念頭，不然在遲早之間，他總能够取得您之腰刀，爲您一跨也。這原因就在他們太會服侍人，只要您給他一些接近的機會，新的舊的他都懂，腐幹惡幹他全會，憑您大爺所愛，憑您大爺所使，他能幫的您順心適意，到了這個時候，您還能不讓他跨上您的刀麼？

某某系的暢翁，朋友們說起來，都說他是近世跨刀的一傑，據說他的跨刀技術，運用得特別靈活。某一件事，要辦法的時候，他總是寫出好幾個辦法，讓人揀自已所喜的去寫，看起來定辦法的不是他，難道他就不會把這幾個辦法，都揀自已有利的寫嗎？暢翁後來總算做到炙手可熱，聲勢傾天下了，但是本事太大了，三牌四牌以至於什麼牌的，都感到和老板的隔膜的苦悶了，這位跨刀的都頭，終于離開了老板，還召來了最大的不幸，當然我說不上來這不幸究竟是不是「窩裏反」，叫我們旁邊人瞧着，總有點兒寒心似的。低能兒的跨刀，巴巴結結的服侍一個上，已經不容易了，更談不到怎樣去和下，不過惟庸人始有厚福，上也以爲您庸而不必妨，奴使之可也；下也以爲您尙不礙眼，不理可也；您在這樣情況之下，壽命倒也可以多延幾日。話又說回來啦，無論您如何會敷衍，三牌四牌的同志，要定您這一把交椅，談敷衍也是不行的。您要幹，就得一面向主子固寵，一面去拉隊伍，和他幹個明白。從此您就平添上一段煩惱，幹贏了也沒有什麼大不了，不過維持您的跨刀的地位，幹輸了僅僅滾蛋還是幸事，您看有什麼味兒。

跨刀的人，任勞任怨，是註定的事；想權想利，那就得看您的運氣；做到熱烘烘的時候，人們往往就會胡里胡塗的熱中起來，自然這也就是踏上了他的噩運。當然我們也不能全說跨刀的都會倒霉，也有比較寬厚的主子，也有好支使的三牌四牌，也有有出其不意的，拔出所跨的刀，上下兩揮，由跨刀一躍而登寶座的。可是中國的倫理是只許上幹下，不許下幹上的。您雖然是成功了，因爲您是由跨刀而成功的，那些幫閒的，因爲沒有自已的分兒，就瞧着別人不順眼，他們會用了罄其所有的惡毒名詞，來加在您的身上，這在舊的有「謀篡」「倒戈」，新的有「出賣」「背叛」等等。爲什麼只許上吃下，不許下吃上？爲什麼幫閒的還要不服氣幫閒的？這在跨刀的看起來，確是不無遺憾的。

古今出版社啓事

茲因古今半月刊與國民新聞圖書印刷公司承印契約期滿，本社另委中國科學印刷儀器公司繼續承印。在此交替中，爲免排印草率及脫期起見，特將七月十六日出版之廿七期及八月一日出版之廿八期，合併爲夏季特大號，事非得已，伏祈讀者鑒亮。至第二十九期，仍當於八月十六日準時出版，決不致悞。特此通告，幸希公鑒。

古今出版社啓

周佛海先生散文集

往矣集

增訂三版業已出書

往矣集自一月中發售以來，兩月之內，銷罄兩版。茲經作者手自校正誤字，並加添新材料，完全改排，業已發售。在售罄期中，諸勞承購者函電交詢，敝社無以應命，多多不安，特此致歉。並希即日賜購為荷。

每冊實價中儲券拾元

古今出版社發行

古今半月刊訂閱辦法

自三十二年六月一日起，前此本刊之訂閱辦法，概予廢止，除未到期者續予按期寄發外，此後定閱，半年預繳六十元，全年一百二十元，按期扣除，照定價八折計算，以示優待。蓋當此物價靡定之日，不得不採取此種權宜辦法，想為讀者所洞鑒也。

古今合訂本第四冊

本刊合訂本，以內容豐富，裝訂精美，銷路不脛而走。茲值出滿二十四期，特將自第十九期起迄二十四期，合訂為合訂本第四冊，實價每冊伍拾元，訂數不多，欲購者祈捷足先得為要。

上海郵政管理局暫准登記證第四〇〇號

本期每冊特價拾元

古今

散文半月刊

夏季特大號

本刊執筆人

汪精衛　周佛海　陳公博　梁鴻志　周作人
江康瓠　趙叔雍　樊仲雲　吳翼公　瞿兌之
謝剛主　謝興堯　徐凌霄　徐一士　沈啓无
紀果庵　周越然　龍沐勛　文載道　柳雨生
賞　殊　金　梁　金雄白　諸青來　陳乃乾
陳寥士　鄭秉珊　予　且　蘇　青　楊鴻烈
沈爾喬　何海鳴　胡詠唐　楊靜盦　朱劍心
邱艾簡　陳旭輪　錢希平　陳耿民　何　戡
周樂山　張素民　左　筆　楊蔭深　魯昔達
白　衛　病　叟　南　冠　陳亨德　李宣倜
童家祥　許季木　默　庵　靜　廬　許　斐
書　生　小　魯　方　密　何　淑　周幼海
余　牧　吳　詩　陶亢德　朱　樸　周黎庵

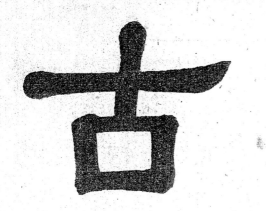

古今半月刊第二十七・八期目次

中華民國三十二年七月下旬出版

社長　朱樸
主編　周黎庵
發行者　古今出版社　上海亞爾培路二號
發行所　古今出版社　上海亞爾培路二號　電話：七三七八八號
印刷者　國民新聞圖書印刷公司　上海靜安寺路一九二六號
經售處　各大書坊報販

本期特大號零售每册中儲劵拾元聯銀劵二元

國民政府宣傳部　登記證滬誌字第七六號
公共租界警務處　登記證C字第一〇一二號
法租界政治處　登記證（在申請中）

重刊隨山館詩簡編後序

汪精衛

先叔父穀庵先生所著隨山館集，文集名叢稿，詩集名猥稿，言未加別擇也。姊壻朱棣垞先生學於先叔父，就猥稿選出若干首，名之曰簡編，絕審愼，凡數十易，始定本刊行。復年取一册，列圈點於行間，識評語於書眉，丹黃爛然。先兄叔歈學於棣垞先生，取其最後一本，手自迻錄，以資摩習。先兄沒，從子彥平愼藏之。前歲，彥平病，知不起，以此册見貽。嗚呼，前後幾五十年矣。今歲春日，陳君人鶴依原刊，影覆一版，跳行空格，皆不移易，以存舊觀，并以評語刻於書眉，則原刊所無者。李君霈秋實襄校之。友朋厚誼，不知所謝。人鶴藏書富，及書庫成，徵名於兆銘，曰，將以此爲吾親之紀念也，兆銘因取禮記父沒而不能讀父之書手澤存焉爾之語，爲名之曰澤存書庫。今者先叔父之遺編，得人鶴爲之刊布，此非詩所謂孝思不匱永錫爾類者耶。霈秋博極羣書，吶學精識，兆銘所心折，其孳孳襄校，固出幽賞，亦以世誼之故，爲之不倦如此。刊成，屬兆銘跋數語於後，其敢無一言乎。猶憶十一歲時，讀此編，至『凡學必有餘於此事之外，乃能足於此事之中，心術尤重，非獨詩然也』數語，爲之悚然久之。年漸長，漸深味此語，知德行與文學非二事，見之行事爲德行，見之文字語言爲文學焉爾，未有浮薄之士而可以爲文人者也。先叔父之於詩，其造詣非兆銘所敢妄論，而生平忠厚和平之德，凡親炙者，皆能道之。其發而爲詩，所謂仁者之人其言藹如者。棣垞先生制行嚴峻，善善惡惡，見於辭色，似與先叔父異矣。而心術之忠厚，則無幾微之異。讀棣垞集，令人有頑廉懦立之感。蓋其所以疾惡如仇者，無非爲保全善類計，惟其仁也，故不能不出之以嚴。自小人視之，爲夏日之日，自君子視之，則正爲冬日之日矣。外甥執信，實秉先德而發揮之，其志節皎然，人鶴所稔知也。兆銘不肖，不能如執信之酷似其親，今垂垂老矣，迴憶隅坐當時，既懷白首無成之懼，尤恐以不肖之故，不能信其親於人，一息尚存，萬感交集，未知人鶴霈秋將何以教之也。

中華民國三十二年歲次癸未夏日汪兆銘謹識

廣州之行

周佛海

今年四月到六月，三個月之中，北到哈爾濱，南到廣州，東到台北，西到武漢。因爲都是在天空中飛來飛去，不能說是僕僕風塵，只能說是僕僕風雲了。

我的旅行，不是一件很輕鬆，很悠閑的事；要應酬，要講演，要視察，要發表談話，要聽取報告，要指示方略。不過我是一個賤骨頭，也可以說是好事之徒，沒有福氣享受清閑和安逸，越忙精神越好，越緊張身體越頑强；不僅是一天沒有事做，便覺渾身不適，就是一小時空閑，也覺着坐立不安。因此，我很歡喜訪問友邦或視察各地，過急促而緊張的生活！廣州之行，引起了許多回憶，發生了許多感想，夜窗人靜，閑着無事，特爲之記。

本來可以由南京直飛廣州，因爲上海有事要料理，所以四號到上海，令飛機六號由南京開到上海等候，七號動身。七號，乃是舊曆端午節。淑慧和成友，都勸我過節再走。我說已經電告廣州，不便更改。湊巧那幾天天氣不佳，他們都希望七號天氣惡劣，不能飛行。果眞，七號那天，大風大雨，不是「滿城風雨近重陽」，乃是滿天風雨過端陽了。不單七號走不成，八日也是一樣，眞把我煩悶極了。第一，因爲要走，所以旣沒有故人晤談，也沒有洽事的計劃，硬閑着在家坐了兩天。第二，不知天氣幾時可以轉晴，要等到何時纔可以動身。九號早晨起來，飛機的機長來電話，說可以飛行。於是和被赦的囚徒一樣，歡天喜地的到機場。機長報告今天直飛廣州，不經台北。十時起飛，非常平穩，我不知不覺的睡着了。也不知經了多少的時間，覺得機身搖動得非常厲害，彷彿聽見隨員中有人說，「風雨眞厲害！」我張目向窗外一望，只見急雨打窗，漫天重霧，我懶得去管，不知不覺又睡着了。第二次醒來，看看表，是十二點十五分。機長報告下午一時可抵台北。我問隨員，先說直飛廣州，何以又要經台北？他們回答說，因爲路上遇着狂風暴雨，用的汽油太多，恐怕不够飛到廣州，所以到台北補充。到了台北着陸之後，飛機場的人說：「聽說你們直飛廣州，我們非常躭心，因爲香港附近有颶風正向北方前進。」他們把氣象報告圖給我看，一個很大的表示颶風的紅圈畫在上圖，眞把我駭了一跳。他們請我留住台北，並說：「不僅今天不能飛，就是明天上午也決不能飛，下午要看情形再定。」我只得在台北留下。這次眞是危險極了。因爲在上海動身的時候，不知道有颶風，所以決定直航。如果不是途中遇着風雨，因汽油不足而到台北補充，遇着了颶風，不是要葬身海底嗎？死生有命，不能說不是有一定的。

台灣總督府和台灣銀行都派人來照料，先送我們到鐵路飯店稍憩。上海動身的時候，天氣很涼，到台北熱極了，全身感覺不快。台北附近有高三千餘公尺的山，名叫草山，上面有很好的溫泉，是台北的避暑之所。他們送我們上山，同行的石渡最高顧問住台灣銀行的招待所，我和隨員住總督府的貴賓館。上山之後，大風大雨，便震天撼地的撲奔起來了。山上森林茂盛，遇着風雨，更覺山谷怒號，令人驚魂動魄。我們渺小的飛機，如在大洋的上空，遇着這樣萬馬奔馳的急風驟雨，焉得不與魚龍爲伍！過後思之，猶有餘悸！

我是極愛溫泉的，此地的溫泉是硫磺質。一到山上，硫磺的氣味，便撲鼻而來。晚飯前入浴一次，飯後又入一次，舒服極了。深山之中，深夜臥聽風雨之聲，眞有超塵出世之感。

十號早上，接得報告，上下午全都不能飛。於是和石渡顧問下山，拜訪總督府和台灣銀行謝其招待，並在台銀午飯。下午參觀博物館，農業實驗場，林業實驗場，和台北帝國大學。聽見農林業實驗場場長的報告，知道他們改良和發展台灣農林業的努力，眞令人又敬佩，又羡慕。到帝大的土俗館，看見了許多關於生番的生活，風俗和手工業的資料，覺得很有興趣，可惜無暇細細的研究。

十號晚上仍是雨絲風片，十一號風雨更大。閑着無事，煩悶欲死，一天入浴三次，以遣愁懷。晚上聽見簷前雨聲，樹上風聲，眞有伍子胥過昭關，「心中好似滾油煎」之感！

十二號早上，居然可以飛行了。下山到機場，十一時起飛。繞香港入珠江流域。經香港的時候，回想二十七年十二月與公博由河內飛到九龍，思平到機場去接的情形，猶歷歷在目。可惜只在高空中俯看，未能重遊舊地。三時到達廣州。闊別十六年的廣州，居然在我面前了。十六年間，廣州遭逢的喪亂，閱歷的興亡，不知幾許，好像白雲山也蒼老了許多，不復當年的風采了。

第一次到廣州，是民國十三年五月，是應戴季陶先生電約的。和譚平山同船到廣州，住在永漢路的一家旅館中。當時中央黨部在惠州會館，我便去那裏看季陶。他要我任宣傳部的祕書，因爲宣傳部新近接辦了香港的晨報，要我去香港暫任總主筆，我因爲這個原因，曾經歷一個多月的記者生涯。當時我以爲毫無辦報的經驗，堅不肯去。季陶對我估價過高，以爲我去一定有辦法，所以只好前去一試。當時以爲總主筆只要一天做一篇社論就行了，新聞如何取捨，如何排列等問題，全都不知，全都不管。不到一月就發生一個小問題。有條消息說季陶要做廣東政務廳長，我不知道登出來於他不好，所以登了出來。他便寫信埋怨我，說他是不做官的，難道我還不知道，別人要中傷他，造了這個謠言，我何以要登載。以後在社論裏面也發生了幾個問題。因爲我當時還是共產黨員，立論當然有受攻擊的地方，因此我便自請調回廣州。今天舊地重遊，便想到二十年前初到此地的一段香火因緣。

陳省長德昭送我到省府的招待所，路上經過東山，是我前寓居之所，我的住宅就在很大的哥而夫球場近傍，現在不單是房子無影無蹤，連球場也沒有看見了。經過了舊省議會，是當年粵軍總司令部，經過了東校場，是當年北伐誓師之所，現在都變了，完全變了。經過了文德路，永漢路以及許多不知名的馬路。到了一個地方，德昭告訴我這是西關。西關？現在和二十年前我們外江人認為神祕的西關完全不同了！當時西關內是沒有馬路的，還是大塊青石鋪成的舊式街道，和馬路接鄰的地方有木柵欄隔着。當時的商團，便以此為根據地。我們當時認為西關是買辦階級反對革命的根據地，認為是神祕的巢窟。現在馬路一通，神祕也就暴露了。而且事變以後，變成了繁盛的中心，非常熱鬧。最後到了招待所。我和德昭說當年由天字碼頭坐小船到荔枝灣去玩，記得風景很好，現在想再去一次。他說「這裏不就是荔枝灣嗎？」原來荔枝灣早已成住宅區了。眞是滄海桑田，我還在做夢呢！

到廣州第一件快活的事，便是到沙面去賞珠江的夜月。十二號晚上，承　汪夫人招宴，　汪夫人說沙面已經接收了，今夜月色甚佳，我們可以到沙面去賞月。於是便隨　汪夫人和德昭到沙面。沙面！到了此地，便想起十四年的沙基慘案。以前，這個彈丸之地，乃是英美在粵侵略的根據地。現在把他們驅逐出去了。青天白日旗飛揚在這個區域了。花旗銀行，也變成中央儲備銀行了。我們從西橋進去，從東橋出來。沿着珠江繞了一週。在月影波光之中，遙望白鷺潭，遙望對岸的河南，撫今思昔，不禁悠然神往。

在廣州視察許多工廠學校，檢閱了軍隊警察和青少年團，都有很蓬勃向上的氣象，其中令我感動的，是　汪夫人所主辦的工讀學校。這個學校，都是收容無父母的孤兒，大的不過十二三歲，少的只有兩三歲。他們的動作，都是軍事部勒。我看他們立正敬禮種種動作，都非常正確。我雖然不是軍人，但是因為担任軍隊政治訓練的關係，過了四五年軍隊生活，深覺我們的日常生活，一定要軍事化纔有規律，纔有精神。我常留心看一般人鞠躬行禮的時候，脚步是如何站的。大概都是兩脚分開的，但是分開的形式又不同。有些左脚在前，右脚在後，有些恰恰相反；有些左右併齊，而仍是分開，也有些雖然兩脚緊接，但是不是立正的姿勢，而是把兩隻脚像一雙筷一樣擺在一起。還有行禮時，眼睛一定要看着對方的人，所謂「注目」。但是許多人眼睛看着別的地方行禮，我不知他們對誰行禮。這雖然是小的地方，但是可以證明我們日常的行動，沒有訓練以致不整齊，無規律。現在看見這些男女小朋友，不單是天眞活潑，動作敏捷，而且每一個動作，都很正確。這當然是訓練認眞的成績。此外，關於勞作的練習，自治的組織，都很有可採之處，希望各地的兒童訓練，都以此為模範。

十五日上午赴黃花崗，恭謁七十二烈士的英靈。黃花崗，民國十三年偕淑慧參拜一次之後，至今年已二十年了。這二十年之中，國家遭遇了多少變化，個人經歷了多少憂患，現在的情形，國家仍舊河山破碎，七十二烈士之遺志，未能完全實現，個人則依然故我，百無一成，重臨聖地，家國之憂，身世之感，不禁油然而生。

人生的遇合，那裏能逆料呢？當時收埋七十二烈士的忠骨的，是嚴孟繁先生。他當時任廣州府知府，是一位幹員。那時我還是鄉村私塾的一個塾童。當時那裏會知道三十年之後，我會做財政部長，他會做次長，而有三年的同僚之雅呢？

由黃花崗到觀音山。當我還沒有重到廣州之前，很關心觀音山上的鎭海樓，俗名五層樓的，在兵火之餘，是否仍舊存在。到那裏一看，雖然遺跡尚存，已經是破壞不堪了。此樓在南越故宮舊址。明初所建。我們湖南先賢彭剛直公曾書一聯云：「萬千劫危樓尚存，問誰摘斗摩星，目空今古。」「五百年故侯安在？使我憑欄看劍，淚灑英雄！」這個對聯，因兵燹燬去，胡漢民先生重書之，復自作一聯云：「五嶺北來，珠海最宜明月夜。」「白雲晚望，故宮猶是漢時秋。」如今也都燬去，徒留下後人憑弔的遺跡而已。登紀念塔，遠望白雲山聳立於後，珠江橫繞於前，千萬人家，炊烟縷縷，不覺心曠神怡，豪氣縱橫，雖不敢有彭剛直公目空今古之概，却發生了淚灑英雄之感。

由紀念塔下山，經過山腰一地，有碑聳立，上書孫先生讀書治事處，就是當年陳炯明叛逆時炮擊的地方。我重臨此地，恰巧是　總理蒙難二十一週年紀念的先一天。回想當年總理脫險的情形，以一艘軍艦抵禦叛逆的大兵的情形，更增加景仰和崇拜的心思。

在廣州最後的一晚，因爲行事均已完畢，省府同志，約到海珠戲院去看粵戲。提起看戲，我是極感興趣的。我平生有三大憾事。最愛讀詩而不能作，最愛山水畫而不能畫，最愛聽京戲而不能唱。我很想能作詩，能畫畫，能唱戲，看見別的人能够，非常羨慕。但是我沒有這些事情的天才，恐怕這三大憾事，終身不能彌補了。

粵語我大約能聽，說白是懂的。唱詞，因爲　汪夫人叫人買了一本給我，一面對證古本去看，一面去聽，自然全部了解。那齣戲，叫「客途秋恨」，詞句很好，乃是廣東最有名的戲，描寫洪楊剛要起兵時的一段戀愛的事。因此，看起來，頗有兒女英雄之感，很感覺興趣。我覺得古人的戀愛，是文學的，今日青年男女的戀愛是科學的。因此，古人戀愛的事實，可以使人感動，今人的戀愛，則完全是機械的，而不能感動人。我覺得甚麼事都可以科學化，惟有戀愛不能科學化。科學化的戀愛，實在是乾燥無味。公博在上期本刊所載的「偏見」一文中說，男女初戀時雙方最普遍的問題，是「你眞愛我嗎？」「我眞愛你。」「你愛我那一點？」「我也不知道。」「你既然不知道，爲甚麼愛我？」「如果我能够說出，那也不算眞愛了。」確實一點也不會錯，這是戀愛初期的普遍問答。但是我還要補充兩句，就是「你能永久這樣愛我嗎？」「當然是永久的，一直愛你到我死的那一天。」「恐怕你對別人也是這樣罷。」「決不，我覺得世界上除你之外，沒有第二個値得愛的人。」這差不多是千篇一律的公式，和幾何代數的公式一樣的固定。這樣以幾何代數的公式來談的戀愛，就是科學化的戀愛。其實，無論何人，如果你問他是否眞愛你，他即使不是眞愛，那裏會不指天誓日的說是眞的？也許他同時有兩三個愛人，甚至五六個愛人，但是如果你問他是否對別人也是一樣，他一定說只愛你一個。科學化的戀愛，是靠不住的，是無味的，那裏能比得上脉脉含情，心心相印的富有文學意義的戀愛的滋味呢？離題太遠的話，就此截止了罷。

十六號的天氣甚好，我們一行，便一直由廣州飛回上海。雖然只有四天的勾留，但是十六年的闊別，却借此得到相當的慰藉。

舊書回想記

知堂

一 引言

近幾年來在家多閑，只翻看舊書，不說消遣，實在乃是過癮而已，有如抽紙烟的人，手嘴閑空，便似無聊，但在鄙人則是只圖遮眼也。舊書固然以線裝書爲大宗，外國書也並不是沒有，不過以金圓論價，如何買得起，假如我有買一冊現代叢書的錢，也就可以買一部藕香零拾來，一堆三十二本，足够好些日子的翻閱了，從前買的洋書，原來是出版不久的新本，安放在架上，有些看過早已忘了，有些還未細看，但總有點愛戀，不肯賣掉或是送人，看看一年年的過去，一算已是二三十年，自然就變成了舊書，正如人也變成老人一樣。這種在書架上放舊了的書，往往比買來的更會覺得有意思，因爲和他有一段歷史，所以成爲多少回想的資料。但是這也與書的內容有關係，如或有一部書看了特別佩服或歡喜，那麼歷史雖短，情分也可以很深，有時想到也想執筆記述幾行，以爲紀念，新舊中外都無一定，今統稱之曰舊書，止表示與新刊介紹不同云耳。回想是個人的事，這裏免不了有些主觀與偏見，不過有一句話可以說明，無論如何總不想越過常識，蓋假如沒有這個來做燈標，讀新舊書都要上當，何況作文說話，更將大錯而特錯，則吾豈敢。日前曾寫小文曰「書房一角」，已有做起講之意，而因循不果，今番似是另起爐灶，實則還是此意思，故重復話今亦不再說也。

二 瑪伽耳人的詩

提到洋文舊書，我第一想起來的總是那匈加利育珂摩耳的一本小說，名曰「髑髏所說」。這是我於一九零六年到東京後在本鄉眞砂町所買的第一本舊書，因此不但認識了相模屋舊書店，也就與匈加利文學發生了關係。只可惜英國不大喜歡翻譯小國的東西，除了賈洛耳特書局所出若干小說外不易蒐求，不比德文譯本那樣的多，可是賴希博士的匈加利文學論也於一八九八年在那書局出版，非常可喜，在我看來實在比一九零六年的利特耳教授著匈加利文學史還要覺得有意思。其第二十七章是講裴象飛的，當時曾譯出爲艱深的古文，題曰裴象飛詩論，送給河南雜誌社，後來登出上半，中途停刊，下半的譯稿也就不可考了。但是現在我所要說的不是這些，乃是今年春間買來的一本鮑林的「瑪伽耳人的詩」。此書出版於一八三零年，已是一百十年前了，爲英國介紹匈加利文學最早的一冊書，在參考書目中早聞其名，今於無意中忽然得到，眞是偶然之至。集中收詩人二十六，詩九十六，民謠六十四，而不見裴象飛，這也正是當然的，這位愛國詩人那時他才只有七歲呢；及一八六六年鮑林又刊裴象飛詩集約八十首，則已在詩人戰死十七年之後矣。余譯育珂小說，於光緒戊申成「匈奴奇士錄」，庚戌成「黃薔薇」，唯以未成密克薩德小說爲恨，中隔三十年，忽又得鮑林之書讀之，則與匈加利文學之緣分似又非偶然也。取育珂密克薩德舊作，拂拭塵土，披閱一遍，仍覺可喜，或者再動筆來譯「聖彼得的雨

「傘」乎？此正不可必也。

三　匈加利小說

民國前在東京所讀外國小說差不多全是英文重譯本，以斯拉夫及巴耳幹各民族爲主，這種情形大約直到民十還是如此。在這裏邊最不能忘記的是匈加利的小說。賈洛耳特書店出版的小說不知道爲什麼印的那樣講究，瓦忒曼似的洋紙，金頂，布裝，樸素優美而且結實，民國初年在浙東水鄉放了幾個年頭，有些都長過黴，書面彷彿是白雲風的樣子了，但是育珂摩耳的短篇集一冊，還有波蘭洛日徵支女士的小說「笨人」，總算倖而免，極是可喜的事。我對於匈加利小說有好感，這是理由之一。其次是當時我們承認匈加利人是黃種，雖然在照像上看來裴彖飛還有點像，育西加與育珂等人已顯然是亞利安面貌了。但他們的名字與歐人不同，寫起來都是先姓後名，如英譯稱爲摩理斯育珂，而其自署則曰育珂摩耳，這一節似乎比印度人還要更是東方的，在三十年前講民族主義的時代怎能不感到興趣，其影響便多留遺一點下來，到現今還未消滅。現在想來這匈加利的黃白問題頗是曖昧，也不值得怎麼注意，不過從前總有過這麼一回事，有如因腹瀉而抽了幾口雅片烟，腹疾早愈而烟槍也已放下，但記憶上這口烟味也還會少少存留的。至於小說有寫得好的，那也不會忘記，可是這並不限於那一民族，密克薩德的「聖彼得的雨傘」的確還想來翻譯，別國的也有，如波蘭顯克威支著「得勝的巴耳德克」，俄國庫普林著「阿勒薩」，日本坂本文泉子著「如夢記」，皆是，就只可惜無此工夫，其實或是無此決心耳。

四　童話

以前曾有一個時候，我頗留意找外國的童話，這也是三十多年前的事了。其實童話我到現在還是有興味，不過後來漸偏於民俗學的方面，而當初大抵是文學的，所以在從司各得叢書中得到哈忒蘭以及葉支所編英倫愛耳蘭童話集的那時候不免有點失望，雖然岩谷小波那樣複述的世界童話集也覺得不滿意。大約其時的意見只承認童話有兩大類，一是文藝的，如丹麥安徒生所作，一是自然的，如德國格林兄弟所集錄者是也。但是安徒生那樣的天才本是世間少有，而德國又不大新奇，因爲當時注意的也是西歐以外的文學，所以童話用了同樣的看法，最看重的東北歐方面的出品。這些在英譯本中當然不會多，恰巧在十九世紀末期出了一個怪人，名爲尼斯貝忒培因，他專翻譯許多奇怪國語的書，我買到他所譯匈加利芬蘭丹麥俄國的小說，童話集中最可喜的三種也正都是他的譯本。一是俄國，二是哥薩克，三是土耳其，根據匈加利文譯出，後附羅馬尼亞的一部分。他懂的方言眞不少，也肯不辭勞苦的多譯，想起來還覺得可以佩服感激。這三冊書各價六先令，本不算貴，當時省節學費買來，卻也著實不容易，雖然陀耳譯的俄國童話有複製著色的比利平插畫，定價美金二圓，要高出四分之一，也終於勉力買到，至今並爲我書架的鎭守。民國以後格林一類的書也要蒐集了，覺得哈忒蘭的分類編法很有意義，他的「童話之科學」與麥克洛支的「小說之童年」二書成爲童話的最好參考書，別方面的安徒生也另行蒐集，雖然童話全集英譯以克萊格夫婦本爲最完全，培因却亦有譯本，又據說英文安徒生傳也以培因所著爲最佳，可惜我未曾得到，雖有別的二三本，大率平平，或不及勃蘭特斯之長論更能得要領也。

五 歌謠

民國初年我蒐集外國歌謠的書，最初只注意於兒歌，又覺得這東西禁不起重譯，所以也只收原文著錄的，這就限於英文日文兩種了。英文本的兒歌蒐了沒有多少種，後來也不會引伸到民歌裏去，可是這裏有一冊書我是很歡喜，這是安特路朗所編的「兒歌之書」。此書出版於一八九七年，有勃路克的好些插畫，分類編排，共十四類，有序言及後記，很有意思，因爲朗氏是人類學派的神話學大師，又是有蘇格蘭特色的文人，我的佩服他這里或者有點偏向也未可知。日本方面最記得的是前田林外編的「日本民謠全集」，正續二冊，皆明治四十年（一九零七）刊，正集末附有「日本兒童的歌」一篇譯文，小泉八雲原著，見一九零一年美國出板的「日本雜記」中，我覺得這是極有意思的事，蓋以前不曾有過這種文章發表也。以後湯朝竹山人著書，「俚謠」等有十餘冊，藤井乙男藤田德太朗編各歌謠集，高野辰之編刊的日本歌謠集成十二大冊，陸續出板，寒齋亦大抵收置，近幾年來却沒有翻過一頁，現在想到，只找出故上田敏博士校注的一冊「小唄」來，把序文重讀了一遍，不禁感慨係之。此書於大正四年（一九一五）由阿蘭陀書房刊行，不久絕板，六年後再由阿耳斯重刊，這兩種本子我都蒐到，再板本的書品不知怎的總有點不如原本了。書中所收是兩種民謠小集，卽「山家鳥蟲歌」與「小歌總覽」各一卷，世間已有複刻，本非珍書，唯上田博士以西洋文學專家而校刊此書，序文中引古今西詩爲證，歌中有語不雅馴者虛其字，而於小注中加拉丁譯語，凡此皆足以見其人平日之風格，每一展覽，常不禁微笑者也。此等學人，今已不可再得，若竹山人用力雖勤，但是別一門路，總之不是文藝或學問中人也。

六 醫學史

漢文的醫書我所有的只是一部大板的本草綱目，有四十本之多，不過他的用處只等於羣芳譜或花鏡，說得高一點也就是毛詩蟲魚疏與爾雅翼之流罷了。外國文的比較稍多，但那是六法全書之類，實用備查的書，說不上翻讀，若平常放在案邊，有時拏出來看看的只有一種醫學史。英文的醫學史有康斯頓、勝家、陀生的三種，又勝家氏著「從法術到科學」，希臘生物學醫學諸書，德國瑪格奴思著「醫學上的迷信」，日本文的有山崎祐久著少年醫學史，富士川游著日本醫學史，日本醫學史綱。這中間我最喜歡的是勝家的醫學小史與富士川的日本醫學史綱，雖然「從法術到科學」中有古代英國的法術與醫學，古代本草諸文，也很可喜。醫療或是生物的本能，如猫犬之自舐其創是也，但其發展爲活人之術，無論是用法術或方劑，總之是人類文化之一特色，雖然與梃刃同是發明，而意義迥殊，中國稱蚩尤作五兵，而神農嘗藥辨性，爲人皇，可以見矣。醫學史上所記便多是這些仁人之用心，不過大小稍有不同，我翻閱二家小史，對於法國巴斯德與日本杉田玄白的事迹，常不禁感歎，我想假如人類要找一點足以自誇的文明證據，大約只可求之於這方面罷。此外特別有意義的便是中西醫學的對照，歐洲中古醫學上的水火地風四行說以及靈氣等說，都與中國講五行等相同，不過歐洲自十七世紀哈耳威的血液循環說出以後全以改革，中國則至今通行着罷了。我們誇稱一種技術或學問以爲世界無雙，及查文化史往往在別處也是古已有之，而且只是路程的一站，早已走過去了，沒有什麽可誇的。這是一服清涼劑，讀醫學史常容易感到。我還有一冊商務印書館的中國醫學史，混在外書房的亂書堆裏，一時不易找出，現在也就不談了。

人往風微錄（五）

趙叔雍

朱祖謀

朱祖謀。字古微。晚歲改名孝臧。別號漚尹上彊邨人。浙江歸安人。幼年隨宦豫中。其父以廉勤著稱。平反王樹汶案。卓有聲譽。祖謀文字樸茂。中傳臚即官京曹。與臨桂王鵬運游。鵬運爲名御史。風骨梗峻。以敢言稱於時。嘗奏白時政。觸上怒。回原衙門行走。以塡詞校詞刻詞自課。世所奉爲廣右大師半塘老人者是也。庚子之亂。召見六部九卿翰詹廷議。以定大計。祖謀拜謂圍攻敎堂。將召大變。臣期期以爲不可。音朗言簡。直達陛次。東朝固右拳匪。循聲問誰某置詞。唯唯無對者。而朱軀幹短小。蔽於前列。遂得倖免於難。爲三忠之續。果不旬月。大難以作。京師灰燼。則與鵬運等賦庚子秋詞以自遣。祖謀詞名振鑠。自謂實四十後。始隨鵬運爲之。維時同聲音磬。如臨桂況周頤長沙張祖珊館閣諸名輩。無不就事。而鵬運開風氣之先。其塡詞也。標重拙大之指。力戒輕纖之弊。圭臬吾鄉二張先生。以上承兩宋。舉凡明末國初。俳體蕪詞。一加刪芟。祖謀奉敎彌謹。師法夢窗。益致力於四聲。以返前失。其校詞也。取法前人校勘之學。不失毫黍。闕疑訂聲。程爲五例。而揭櫫其治校之法於夢窗四稿。四稿凡三校。至詳且盡。實有以助成之。其刻詞也。鳩工治事。親爲迻校。加朱著墨。不容少訛。偶不遂意。劈板覆刻。隨有所得。卽隨有所改。夢窗四稿。三校而三刻之。後之彊邨叢書。亦多類於此。鵬運合所刻爲半唐所刻詞。則繼之爲疆邨所刻詞。仁和吳昌綬。雅有詞癖。所聚至夥。又自大典本四庫本搜獲宋元人詞數百種。鈔校本如干種。將謀剞劂。而先刊影宋本爲雙照樓詞。其未完者。吾鄉陶氏。續楔爲涉園所刻詞。所有大典四庫諸本。未及觀成。則舉以付之祖謀。祖謀乃一一爬梳剔抉。以鋟之木。其精鈔異校單傳孤槧者。亦同歸類列。先後數十年。至老不廢。所刻凡三四百家。爲自有詞刻以來之大觀。逮燉煌環寶。散落人間。雲謠一集。流佚海外。猶命余物色以歸。其時吾鄉董大理康考察法政。適滯歐陸。表兄楊恩湛供職倫敦使館。因設法爲錄福本。時在民國十二年。彊邨叢書全集。斷手已久。其目錄特空一行。謂將俟補得雲謠集時重訂目次。只須剜刻。可省改板。卒如其言。逮雲謠鐫成。全書已遍傳海內。輒與補寄。不別索資。劉半農旋更得巴黎藏本。足資證訂。亦爲流傳。羅振玉亦得一本。排印於燉煌拾零。自加宏獎。發幽闡微。中國始復重其書。推爲聲苑之椎輪大輅。實祖謀有以啓之。既簡廣東學政。汪先生兆銘以廣州府試案首入學。祖謀讀其文。異之。評語有議論根據今古。能自力于文章云云。每試。輒擢第一。先生亦景仰祖謀學行。鼎革以後。祖謀隱遯。爲勝朝之遺老。先生爲新邦之元勳。懷人天末。同情異趣。民國七年。滯居海上時。文酒餘暑。嘗詢余不知古微先生尙願相見否。余以轉達。唯唯謂亦頗相念。余持覆先生。一日。遂欣然命駕共往。直趨東有恆路德裕里。深巷寂寥。車不能達。緩步扣門。祖謀握手道故。存問至殷。且出新刋叢書爲贈。先生更問及淸況。意殊拳摯。移晷始去。此後于役南北。于其病中尙有遺饋。師弟雅故。可爲末世中之珍聞。余嘗稟之先公。先公掀髯曰。壬子春間。嘗偕黃克强謁其業師梁星海於愛文義路寓中。湫促至無容身之地。歷述兩湖書院肄業情事。如在目前。經時始去。於以見兩君之篤學風誼。爲不可及。方今多鄙新人。非聖無法。觀此細行。知其無徵。爾輩當知所從違矣。祖謀自粵歸來。卜宅吳閶。置廡海上。雖拜禮部侍郎之命。亦不赴官。辛亥以還。自甘薇蕨。爲勝國之遺臣。其時言革新者。先去辮髮。好事者。或持利翦入叢中。乘隙爲人翦髮。守舊者不背淸制。以蓄髮爲忠愛。然亦不能無所忌憚。往往盤髻納之帽中。或作黃冠裝。祖謀獨置不顧。大辮垂垂。往來蘇滬道中。未嘗有所中懾。一日徐園蘭花會。遺老畢集。蓄髮者十餘人。咸推之爲魁首。亦用以自豪云。閒居校詞。投老勿輟。暇則鬻書。書法簡樸。臨高湛碑。鋒磔多參以魯公筆意。士流亘賈。重其高節。多輸金以致寸楮。常日校詞函札。蠅頭細字。一筆不苟。字體結搆微微斜攲。或笑之謂似胥吏造冊所書。聞之亦輒自噱噱。海上鉅室有喪事。多請點主。點主本非古制。積習久勿能改。（有謂古人多爲子孫書主。既則請名宦書之。明魏忠賢不能書。而媚者必欲求爲之。因預書就。僅使一點。流俗相沿。遂有顯宦點主之習。而以官禮部者爲尤重。）喪家具禮甚豐。所取亦不傷廉。月必數爲之。足資存活。既而江浙各地。有聞風恭迓點主者。往往過訪不値。閽人告客外出點主矣。同時李瑞淸鄭孝胥。鬻書歲入數千金。祖謀笑謂公等爲人作丈帛書。更數千百番紙。方得此數。吾朱墨兩點。動致千金。且勝古人之一字千金矣。又好竹戲。集友好以消永日。所勝負者固絕微。先公嘗以內經久坐傷骨。久視傷神之語規之。則曰。不坐傷心。先公爲之太息神往。況周頤爲賦竹馬子一詞。自謂古來迄無賦博簺者。存之集中。袁世凱柄國政。帝制自爲。比於篡竊。衙詆甚力。嘗謂吾當化虎。撲殺此獠。其姬人旁侍。不獲索解曰。若化虎。吾且奈何。周頤莞爾。亦爲賦詞。刋之餐櫻集。東海徐世昌與爲同年。以太保任民國大總統。舊時冠蓋。多所倚畀。屢約北上服官。一不之顧。雖私誼無妨於縞紵。而出處初不輕就。論者多以爲賢。嘯傲海隅。閒招儔侶。同年應舉者爲一元會。月必兩集。人輸一元。命酒賞花。比於洛陽耆英之雅集。又愛劇曲。傾倒梅蘭芳。余排日聽歌。少年意盛。多邀往顧誤。一日演彩樓配。與況周頤同坐。周頤漫吟俳體曰。恨不將身變叫花。卽縱聲曰。天蟾咫尺隔天涯。周頤再續可憐你我不如他。遂成浣溪沙半闋。二老詞名布海內。風節勵市朝。乃亦有滑稽遣興之詞。聞者咸爲絕倒。香南雅集。三舉於惜陰堂。周頤賦詞數十首。每督和之。則曰江郎彩筆盡矣。吾試爲十六字令。若賦戚氏可乎。周頤立成戚氏。遂賦十六字令三首。以梅蘭芳三字分詠爲鳳頭格。粵伶李雪芳來滬獻奏。粵人爲張宴甘氏非園。亦有觴詠。復與周頤相酬和。祖謀治詞。所推重者鄭文焯況周頤。文焯客死江南。惟周頤晨夕相見。見即談詞。選訂宋詞三百首。屬稿甫就。即持往探討。余適在坐。自曛及夜。啜粥一盂。淸吟神會。或有删補。相與論定。寒窗夜月。淸致可掬。蓋所永不能忘者。時海內拈聲訂譜者。無不奉之爲大師。郵筒寄詞呈教者。積案盈室。無不一一披覽。賞其佳者。獎掖備至。後輩中尤重海南陳洵。嘗作論詞望江南十八首。有曰。新拜海南爲上將。敢要臨桂角中原。即指陳況也。顧自謂得失寸心。不長解投。有請益者。輒介之周頤。余從周頤受詞學。亦所引掖也。萬載龍沐勛。從爲弟子。貽以名硯。因以受硯名齋。沐勛能蹤其盛。且續刻疆邨遺書。可爲傳人。病革賦忠孝何曾盡一分鷓鴣天一首爲絕筆。翌日遂謝賓客。祖謀軀短聲宏。丰裁整肅。而礪行砥德。風趣自足。讀其詞者。每厠之於宋賢之林。而其睠懷故國。亦實與草窗碧山。同其身世之感也。

未濟身焉終縹渺，百事翻從闕陷好；
吟到夕陽山外山，古今誰免餘情繞。

——龔定庵

讀「湯爾和先生」

瞿兌之

中國無傳記，這是近人常在口頭的一句話，但是始終沒有創成一種新的風氣，將膚廓的舊傳記體裁打破而有所成就，這也無怪其然，作某人的傳記，必須將其人整個人格了解一個透徹，人之所以爲人，是多方面的，其中又不能無矛盾錯綜之處，這些矛盾錯綜之處，也必須把握住而筆墨又足以達之，方才是一篇眞實的傳。自傳固然多半很好，但是自傳必然有所偏重，其偏處却也須讓人從言外體會得來爲妙，最親近的人作的傳，材料自然豐富而可信，但是容易記其細而遺其大，人的一生大關節是不可忽略的，但是大關節不宜記以官樣文章，而宜從瑣屑處襯脫而出。

中國的傳記資料雖然稀少，却也還夠利用，我深信承平以後，必能出些有史識而又善爲文者，將許多歷史上重要人物脫去世俗成見補成若干新傳記，這是不必憂慮的，所可憂慮者，是戰爭中之史料，必須加意保存，不使毀滅，中國的習慣，是近的史料比遠的史料先毀滅，民國以來無史亦無傳，甚至亦無檔案，即現在所視爲毫無價值的官樣文章，將來恐亦成爲罕物，現在的一切如不趕快寫出來，將來便不容易追溯，所以現時人物的事跡，如果忠實的記錄下來，必爲後人所欣賞。

杭縣湯公爾和沒後踰年，其次郎幼松搜集種種材料，總爲一書，即題曰「湯爾和先生」，按湯公一生行實，宜載國史，其手創諸事業亦皆各有紀載，此書於人所共知者去之，於他書所必載者略之，無一蒙頭蓋面之語，無絲毫官氣，所寫有至瑣屑可笑者，然其作用在以生龍活虎之筆，傳其神態，又不損其莊嚴，致失本人身分，於古蓋近晉書南史，而宋以後人所不敢爲，亦不屑爲也。

雖然事實上是子孫爲先人作傳，却是體裁上仍作爲旁人地位，所以語氣能率眞，而不爲俗例所拘束，而且事實上也是薈萃各種直接間接的史料編成，並無一字無來歷，其謹嚴甚合於史裁。

試觀其第一篇述湯公之先世及幼年，不從祖何人父何人說起而專以其祖母爲中心，描寫其家庭生活之艱苦。又不專從其祖母愛孫說起，而極力描寫其寄居鄉村之一切景物，就中最警策之一段云：

是一個暮春的早上，彷彿還有點冷，魏先生起床，吃過早飯，戴了一頂瓜皮小帽，長袍上罩一件黑色小背心，嘴裏刁一根旱烟袋，背着兩手，立在門口，竹籬邊溫和的朝曦，曬到他身上，他緩緩吐着烟，看小鷄在那裏啄食。

他偶然抬起頭來，看見河那邊，急急忙忙地推來兩輛輪車，越走越近，車上滿載行李箱籠，後面那輛車上端坐着一位老太太，抱着個孩子，須臾逼近岸邊，魏先生仔細一看，啊哈不是別人，原來是丈母娘來了。她們下船後，就雇了兩把車，一直到魏先生家來。

此種淒婉之情感，能從容蘊藉寫出，殆眞得風人之旨者。

湯公本姓爲沙而非湯，其以湯爲氏者，乃出嗣姑夫之故，而沙氏乃回教徒，此種珍奇之家族史料，本書第九章中以有意無意之筆調寫出：

叔母沙老太太是個將近五十歲的人，叔父子泉公早年故去，剩下她和一個男孩，名通，這就是湯先生的表弟，湯先生從小敎他讀書識字，後來到北京辦學校時，便帶他到北京，考入醫學校攻讀，畢業後幫助他結婚，現在南方業醫。

湯先生的父親，本姓沙，諱成亮，字良玉，號子明，承繼給姑夫小衡公，於是改姓湯，子泉公是子明公的表弟，流落湖南，歿於客中，那時候湯先王和沙通年紀還小，後來湯先生由淮城出來，曾單身尋訪子泉公的下落，長途跋涉，有一次渡河，脫襪子，捲褲脚，在淺水泥沙走了好幾里路，終於被他尋到，在一所破廟裏停着子泉公的靈，大約還是同鄉們幫的忙，因爲沒有旅費，所以不能運回，湯先生雇人將棺運到杭州，安葬畢，和表弟沙通道，此後祭掃一切，凡湯家的事，都由我負責，沙家的事由你負責。

凡善於寫人物者，必不專從本人着筆，而必兼寫他人，則襯托之下其人之精神更易顯出，例如寫浙江革命時兼寫巡撫增韞云：

撫台母親病了，來醫院就診，湯先生給他診察，問他撫台在那裏沒受委屈麼，缺少些甚麼，儘管說，老太太涕淚唏噓地說，撫台還沒有棉衣哩，湯先生想起自己從日本回來時，受撫台種種好處，不覺爲之憫然，立刻替他備辦一份棉衣棉褲，交給老太太帶回，並且親自去看望撫台，撫台住在一間小房裏，見了他，只有流淚相向，沒話可說，湯先生帶來幾百塊錢，給撫台零用，撫台無論如何不肯接受，湯先生沒法，只得嘆口氣，走出來了。

在第十二章裏面並寫周頌聲周威二君，看似閒筆，却都有用意，汪詒年君作汪穰卿先生傳記其例中有云：古今譜傳之作，義取謹嚴，故於本人事實外鮮或旁及他人，詒年則略爲變通，於先生之摯友其言論及行事有足信今而傳後者，輒爲隨宜列入，傳諸人亦所以傳先生也，其卓識相同。

本書封面卽采湯公平昔所用六松堂信箋，固有不少生趣，而底葉所繪之醫療器械書籍曲譜照像機筆硯盆花香爐，在在表出其平生好尙習慣，因而使人想像其風度，皆妙絕。（按此書現由本社代售購者請從速）

孽海花人物漫談

紀果庵

近閱民國十七年重編本孽海花，删去楔子，而多出法越戰爭兩面，有曾樸新序，頗不以胡適之所評「如儒林外史，割之則成片片」爲然。唯吾輩中年讀此書，所喜者不在其文筆之周密瑰奇，而在所寫人物皆有實事可指，興衰俯仰，味乎鹹酸之外，自與專注意賽金花之風流放誕，而爲之考索本事，有見仁見智之分也。

洪文卿因中俄交界圖失官，書生被紿，頗堪同情，胡瀚唐侍御國聞備乘卷二云：「伊犂之西，科布多之南，有地名帕米爾，扼西域四部要樞，中國棄爲甌脫，俄人謀英，思由此窺印度，乃詭爲一圖，悉圈我甌脫，闌入俄界，條列山川里道，五色燦然，甚精密可愛，是時京朝士大夫，多講西北輿地學，若徐松、張穆、祁韻士、李文田等，皆詳於考古，而略於知今，兵部侍郎洪鈞，方出使俄國，亦好談輿地，嘗注元史地理志未成，見俄圖大喜，出重金購之，譯以中文，自作跋語，名曰中俄交界圖，以爲海外祕本，可儆徐張諸老，獻之總署，且得褒獎也，俄人旣售其術，潛遣師襲據帕米爾，謀通南方，英人來詰總署，謂何故割地畀俄，總署愕然，以詢俄使，俄使檢鈞所譯新圖示之，指明兩國界限，堅不認咎，鈞方寢疾，聞邊事棘，始知受欺，且懼譴，疾益劇，遂卒。俄人旋割帕米爾南疆與英和，英俄旣訂約，中國不能與爭，遂喪地七百餘里，或云此案洪鈞爲張蔭桓所賣。」則曾氏所云，當是事實，洪氏淸史稿本傳云：「初喀什噶爾續勘西邊界約，中國圖學未精，乏善本，鈞蒞俄，以俄人所訂中俄界圖紅線均與界約符，私慮英先發，迺譯成漢字備不虞，十六年使成攜之歸，命値總理各國事務衙門，値帕米爾爭界事起，大理寺少卿延茂謂鈞所譯地圖，畫蘇滿諸卡置界外，致邊事日棘，迺痛劾其貽誤狀，事下總署察覆，總署同列諸君以鈞所譯圖本，以備考核，非以爲左，且非專爲中俄交涉而設，安得歸咎於此，事白而言者猶未息。」淸史列傳載洪氏辨白之原摺甚詳，滿人多不學，延茂所奏或卽張樵野所敎乎？蓋洪氏雖未因此立受處分，而受打擊頗大，以此致疾，則不爲妄談耳。

張蔭桓卽書中之莊小燕，本以簿尉捐納起家，分發山東，受閻敬銘知遇，洊任外交要職，後且出使歐美，著有三洲日記，爲治外交史者所珍。張氏少不讀書，通顯後始發憤爲詩文，駢體詩詞皆可觀，亦畸才矣。張又因當時士大夫多癖收藏，如翁文恭潘文勤吳愙齋，固已不能及，乃發憤專收王石谷眞迹，因自號書齋曰百石齋，書中十九回記其子竊取張古董長江萬里圖事，或非全無稽，而恰爲洪文卿所遇，遂結怨委，殆亦夙緣也矣。春冰室野乘記其戊戌變後，以附新黨被戍新疆，作詩奉答王廉生（懿榮）祭酒云：無限艱危一紙書，二千里外話京居，覆巢幾見能完卵，解網何曾竟漏魚，百石齋隨黃葉散，兩家春與綠楊虛，灞橋不爲尋詩去，每憶高情淚引裾！蓋廉生曾告以京居情況及其子墱消息也，墱不知即書中所云通關節粥肥缺之稚燕否？按曾虛白所作其父年譜，一八九五年曾氏應考總理各國事務衙門章京，主考爲張樵野，（曾誤稱莊幼樵蓋由孽海花中張多改爲莊又誤樵野爲幼樵），本擬加以羅致，後以曾氏出入翁同龢之門，翁張不洽，故特使落第云云，則曾氏於張固不無芥蒂矣。

古今第廿五期有記賽金花一文云，洪文卿有李十郎之憾，孽海花中亦頗措意於此，在第三回洪氏掄魁後回鄉冶遊遇褚愛林，乃龔孝珙之下堂妾，而曾在芝罘爲倡者，今摘下一段以見一斑：

「輦如（按即陸潤庠）笑道：雯兄（指文卿）你看主人的風度，比你烟台的舊相識何如？愛林嫣然笑道，陸老不要瞎說，拿我給金大人的新燕比，眞是天比鷄矢了，金大人，對不對？雯靑頓然臉上一紅，心裏勃的一跳，向愛林道，你不是傅珍珠嗎？怎麽會跑到蘇州叫起褚愛林來呢？愛林道：金大人好記性，事隔多年，我一見金大人，幾乎認不眞了，現在新燕姐大概是享福了，也不枉他一片苦心。雯卿忸怩道：他到過北京一次，我那時正忙，沒見他，後來他就回去，沒通過書信。愛林驚詫似的道：金大人高中了，沒討他嗎？雯卿變色道：我們別提煙台的事……」

此段必須與周夢莊君所記合看，才易了解，否則有見尾不見首之嘆。或曾氏捉筆時，尙在季清，不便過於暴露之故。樊樊山彩雲曲亦有「舊事煙台不可說」之句，想此公案，必斑斑在人口實，衡以中國說部動以報應因果爲訓之例，似孽海花之形容彩雲淫蕩又別有用意矣。（蔣瑞藻小說考證已著此說而語焉不詳，今有周文，可補斯憾。）

何珏齋指吳愙齋，甲午之役，吳氏必欲請纓出關，卒致兵敗名裂，斥回湘撫任，不久開缺，一蹶不振，殊爲愙翁得失大關鍵。關於吳氏請纓之動機，僉云由於得度遼將軍印，曾氏於二十五回鋪敘此事，言在湘撫任內，獻印者名余漢靑，頃閱顧起潛吳氏年譜，確有此事，唯得印在吳氏北上抵津時，而獻者則鼎鼎大名金石家吳昌碩也。年譜引錢基博所爲吳傳云，事急時翁同龢密電詢大澂意，大澂意動，自請督赴前敵，又引吳氏家書致兄云：「七月初一日上諭一道，中日戰事已成，…生民塗炭殊堪隱惻，水軍陸將，均未得利，弟素有攬轡澄淸之志，不免動聞鷄起舞之懷。」則此事終出己意。八月四日，到滬，初八日抵威海，十二日赴津，與李鴻章商一切，廿七日，得度遼將軍印於津門。與汪鳴鑾書云：吳俊（即昌碩初字倉石）投効，代購得將軍銅印。據此則出兵與得印殆巧合，而非動機。吳氏出關後，專意練習打靶，以爲有準頭便可制勝，又主七擒七縱之說，嘗生之態可掬，無怪致敗。按顧家相「五餘讀書廛隨筆」記此事原委最悉，多可與曾書相參，抄之如下：

「吳淸卿中丞…開府湖南，講求武備，嘗繫近視鏡演放洋槍，能命中於百步之外，由是沾沾自喜，親督弁兵打靶，頗有準頭，益復果於自信，中東事起，李文忠爲衆矢所集，聲望大減，中丞覬北洋一席，謂非立功不可，一夕夢見大鳥從空中飛來，以手擊之立斃，時日本使臣名大鳥圭介，中丞以爲已當勝之，遂請纓北上，比抵朝鮮界，大書免死牌曰，降者免死，及交鋒，新兵心驚胆顫，雖有準頭，已不能命中，全軍大潰，幸毅軍力守摩天嶺，東兵始未深入，時常熟當國，以鄉誼故，中丞未受嚴譴，仍回湖南本任。湘人作聯云：一去本無奇，多少頭顱拋塞北；再來眞不值，有何面目見江東！湘軍素有威名，是役無尺寸之功，而生還者殊少，宜湘人之怨也。夢兆事，余尙疑傳聞失實，王介艇方伯爲余言，中丞曾親向伊述及，殆所謂妖夢歟？」清代重文輕武，每以書生握兵柄，其成功者幸耳，故悉齋關外之失，勢所宜然，與張佩綸馬江之敗，可作一例觀。唯當時各軍腐敗情形亦有吾人難於逆料者，如年譜載稱，盛京將軍裕祿，提督唐仁廉，以奉天防務緊迫，竟請旨命吳氏撥給十二生脫大砲十二尊，十八生脫大砲二尊，總署電李鴻章轉知，並云吳軍新購德國大砲一百廿尊云云，李氏電云：「尊處未聞有新購大砲一百廿尊之事，唐元圃竟同夢囈，且十二生脫十八生脫大砲，皆海岸砲台所用，陸路土台搬運爲難，不但尊處所無，津局亦無存也。」如此守將，豈非自取覆亡乎？又俞曲園所爲悉齋墓志，對此事亦頗辨正，以爲戰敗之最大責任，在黑龍江將軍依克唐阿之潛師退守，致後路空虛，不能兼顧，讀者亦不妨參看也。黃遵憲人境廬詩有度遼將軍歌一首，頗致諷刺，對七擒七縱免死牌諸事，尤斤斤道之，固知曾氏所寫，未爲失實。又或云，度遼將軍印乃吳倉碩僞造者。

寶竹坡娶江山船女爲妾自劾去職事，爲晚淸有趣佚聞之一，蓋寶與張幼樵等夙有四諫之名，朝右側目，宜其一旦有失，樂予渲染也。曾氏特於第七回刻繪此事，頗淋漓盡致，案越縵堂光緒壬午日記云：「上諭，侍郞寶廷奏途中買妾自請從重懲責等語，寶廷奉命典試，宜如何束身自愛，乃竟于歸途買妾，任意妄爲，殊出情理之外，寶廷着交部嚴加議處，寶廷素喜狎遊，爲纖俗詩詞，以江湖才子自命，都中坊巷，日有蹤迹，且屢娶狹邪，別蓄居之，故貧甚，至絕炊，癸酉典浙試歸，買一船伎，吳人所謂花蒲鞋頭船娘也，入都時，別自水程至潞河，及寶廷由京城以事親迎之，則船人俱杳然矣，時傳以爲笑。今由錢唐江入閩，與江山船伎狎，遂娶之，鑑於前失，同行而北，道路指目，至袁浦，有縣令詰其僞，致留質之，寶廷大懼，且恐疆吏發其事，遂道中上疏，以條陳福建船政爲名，且舉荐落解閩士二人，謂其通算學，請轉召試，而附片自陳言錢唐江有九姓漁船，始自明代，典閩試歸，至衢州，坐江山船，舟人有女，年已十八，奴才已故兄弟五人，皆無嗣，奴才僅有二子，不敷分繼，遂買爲妾。明目張胆，自供娶妓，不學之弊，一至於此！聞其人面麻，年已二十六七，寶廷嘗以故工部尙書賀壽慈認市儈李春山妻爲義女，及賀復起爲副憲，因附會張佩綸黃體芳等上疏劾賀去官，故有人爲詩嘲之云：昔年浙水載空花，又見閩娘上使查，宗室八旗名士草，江山九姓美人麻，曾因義女彈烏柏，慣逐京倡吃白茶，爲報朝廷除屬籍，侍郎今已壻漁家。一時傳誦以爲口實云。」李氏向以刻薄著，遇此佳題，自不放鬆，且對四諫，似均乏好感，日記中屢見，張孝達號稱知遇，後亦屢有微詞。寶公在晚淸不失戇直，失官後隱居西山，困窮而死，終不奔走權門，亦可掩其風流之罪矣。王揖唐今傳是樓詩話，每不直李君月旦，卽汝南二周，爲李所痛恨者（日記所塗墨丁，皆此事），亦爲之辯護不已，對寶事尤有不平意，其言曰：「偶閱越縵堂日記，頗致微詞，越縵持論每苛，不足爲訓，實則君有江山船曲一首，自述頗詳，初不諱言其事也，傳者佚其全稿，僅記數句云：乘槎歸指浙東路，恰向個人船上住，鐵石心腸宋廣平，可憐手把梅花賦，枝頭梅子豈無媒，不語詼諧要主裁，已將多士收珊網，可惜中途下玉台。又云：那惜微名登白簡，故留韻事記紅裙，又云：本來鐘鼎若浮雲，未必裙釵皆禍水，均芊緜可誦，……人謂觀過知仁，則君之坦直可想矣。」余頗同感。賀壽慈事，當時頗激動朝野，蓋李春山確甚招搖也，事無關，不備及。鐘鼎浮雲之句，殊亦寫出一種眞理，深可喜悅。竹坡詩集曰一家草，故前詩云然。

張季直文名夙著，翁潘兩相國久欲得爲門下士，而屢於會試時誤認試卷，張孝若所爲其父傳記第三章科擧記之甚詳：「光緒十五年我父三十七歲的會試，總裁是潘公，他滿意要中我父，那曉得無端的誤中了無錫的孫叔和，當時懊喪得了不得。到了第二年光緒十六年的會試，房考是雲南高蔚光，曾將我父的卷子薦上去，場中又誤以陶世風的卷子當作我父的中了陶的會元，…到了光緒十八年四十歲的會試錯得越發曲折離奇了；當時場闈中的總裁房考，幾乎沒一個不尋覓我父的卷子，翁公在江蘇卷子上堂的時候，沒有一刻不告訴同考的人要細心校閱，先得到袁公爽秋所荐的施啓宇的卷子，袁公說：像是有點像，但是不一定拿得穩，等到看見內中有聲氣潛通於宮掖的句子，更游疑起來。後來四川人施某荐到可毅的卷子，翁公起初也很懷疑，但是旣不能確定我父的卷子是那一本，所以施某竭力說，這確是張季直的卷子，翁公也有點相信起來，而且看到策問第四篇中間，有「歷箕子之封」的句子，更證實了這是到過高麗的人的口氣，就立刻問袁公，袁公覺得文氣跳蕩，恐怕有點不對，塡榜之前，沈公子封要求看一看卷子，等到看到內中的制藝及詩秦字韻，就竭力說，决定不是。但是到了這時候，已竟來不及了，一到拆封時，在紅號內，才曉得是常州劉可毅的卷子，果然不是我父的，於是翁公，孫公家鼐，沈公，大家都四處找我父親的卷子，方才曉得在第三房馮金鑑那裏，第一房是朱桂卿，第二房是袁爽秋，當荐送江蘇卷子的時候，朱已因病撤任，袁公和馮金鑑住在隔房，常常叮囑他遇到江蘇的卷子，要格外觀摩，不要大意，那曉得馮吃雅片的時候多，我父的卷子，早因詞意寬泛，被他斥落了，翁公本想中我父，等到知道錯誤了，急得眼淚望下直滴，孫公和其他總裁考官，也都陪了嘆息…」翁文恭爲是科正考官，日記中有春闈記事以記之，于張季直事，俟出闈後，始露惋惜之辭，四月十三日云：「今日小磨勘，只籤一卷，始知張季直在馮心蘭手，未出房，黃季度在趙伯達手，亦未出房也。」潘伯寅於光緒十六年先卒，劉可毅事，與潘無關而孽海花以之繫潘，極力描寫潘憤恨之狀，不知故弄狡獪，抑誤記年月。唯曾氏本人，亦於是年會試，而與張同遭誤卷之事，或頗有所感而故將劉可毅丑角化邪？曾虛白君所撰其父年譜（宇宙風第二期）一八九一——一八九二一節有云：「這次闈試汪柳門侍郎（鳴鑾）本有大總裁之希望，因爲他跟孟樸先生有岳婿關係，特意請假讓避，結果大總裁放的是翁叔平尙書，在場中暗中摸索，致誤認黃謙齋先生二藝，用了六朝文體，當作先生，在拆彌縫的時候，翁尙書還自詡眼力，高喊：這完全是曾樸卷！那裏料到先生因試卷墨污被剔，登了藍榜了。」所云汪柳門因戚屬避嫌一事，原不可信，徐一士先生在國聞周報第十二卷四十期曾爲文辨之，蓋柳門官侍郎，而常熟爲尙書，例無柳門作正考官理也。吾人於此，感到往日考試之嚴格，即欲搜羅名士，亦有無從設法之嘆。劉可毅之下回分解，在燕谷老人續孽海花中已敘及（見中和四卷四期第五十八回），劉君以所中會元，有此一段公案，遂爲世俗側目，而諷其名曰劉可毅庚子之變，自京出走，果被戕於拳匪焉。劉君初不知因已之故，影響他人，予不禁爲之呼寃也。

文廷式芸閣，即書中聞韻高，甲午之役，文在翰林院，集同人於宣武門外松筠庵（祀楊椒山之祠），聯名彈李合肥誤國，并請恭親王出主大計，頗震鑠一時，故書中有與張季直飲酒茶樓商推摺稿一回目（第廿四回），當日局勢，合肥主和，常熟願戰，蓋合肥深知軍事外强中乾，常熟則書生結習，慷慨有餘。又或云，帝后爭權，李右后而翁佐帝，翁欲以此難題，減后羽翼，故陽主戰而陰爲掣肘，合肥請械餉則處處刁難（翁主戶部），是否果如是，要非我輩所敢知。盱眙王伯恭蜷廬隨筆李文忠條曰：「光緒中，合肥建議創辦海軍，因籌海軍經費無慮數千百萬，乃朝廷悉以之修頤和園，其撥歸海軍者僅百分之一耳！翁大司農後奏定十五年之內，不得添置一槍一砲，於是中國之武備可知矣。」可以代表此派說法。至主戰之策，一般人多云出之文張二氏，觀曾書所言，當亦主是說者，錢蕚孫先生文芸閣年譜，光緒二十年甲午云：「時翁尚書與李蘭孫尚書皆主戰，孫萊山（毓汶）尚書，徐筱雲(用儀)侍郎則主和，先生與季直皆翁尚書門下士，尚書主戰之論，二人實陰主之，翁尚書爲余（錢氏自稱）之舅祖，此事聞之庭訓。…七月二十六日，先生摺上參北洋大臣李鴻章，畏葸挾夷自重，…八月二十九日，翰林院諸人，集議於全浙會館，約聯名遞封事，起用恭親王，先生屬稿，列名者五十七人，…九月初八日，先生集同志李木齋葉鞠裳等於謝公祠松筠庵，議遞聯銜封奏，阻款議，…次晨遞摺，先生主稿，請聯英德以拒日，列名者三十八人…」其說由來有自，可爲信史，然張孝若所爲其父傳記，乃力辨此事，以爲考之翁文恭日記及其父日記，議論激昂則有之，主戰則未也，且所上彈合肥文，有不但阻戰，抑且阻和之語，蓋言不能戰斯不能和，其意似因戰敗責任關係，欲爲之洗刷，唯此事旣彰彰在人耳目，實大可不必做作耳。翰林院所上封事及芸閣彈李疏前錢君曾再三托覓全文，俗冗栗六，迄未如願，書之於此，以誌余憾。

芸閣文章品德重一時，相傳曾授珍瑾二妃課，故大考翰詹，光緒常特列一等第一，寖寖重用。唯各家亦頗有非之者，金息侯瓜圃叢談記其吃狗糞事，固人所習知，聞並非造謠而係實事。後廷式被逐，適有太監寇聯材上疏切諫太后被誅事，沃丘仲子(即黃行簡)慈禧傳信錄云：「帝屢聞珍瑾兩妃稱其師文廷式淹雅，甲午大考翰詹，閱卷大臣擬定廷式名第三，特拔爲一等第一，超擢侍讀學士，然亦詞臣所常有，而廷式素狂淺，無行檢，遽以自負，謂有內援，將入樞密，無識者競附之，日集京朝官松筠庵，論朝政得失，予以嘗赴其約，然所論多遷謫官吏事，罕及大計，予笑曰：此襲東林而加厲者，後謝不往。侍后奄寇聯材者夙知書，頗不慊其平輩所爲，欲有以自立，廷式知之，遂假瑞洵爲介，與訂交焉，其黨以明代王安擬之，廷式自擬爲繆昌期，嘗代聯材擬疏，乞后行新政，屏老臣，用才士，意在自荐也，聯材遽上之，后覽疏震怒，將遣之黑龍江，李蓮英力譖其通外洩宮內事，乃立正典刑，廷式亦爲台諫楊崇伊所劾，罷職，勒回籍。」蜷廬隨筆亦云：壬辰翰林大考，未及局試，內出手諭云：一等第一文廷式，上親筆也，廷式庚寅始入翰林，甫兩年遂爲侍讀學士，正四品，蓋珍瑾二妃爲其女弟子，上久知其才也。文廷式旣得聖眷，一時翰林之無恥者，爭爲趨附，是時上久親政，所以奉養太后者，無微不至，尤不惜財力，外人有傳說兩宮不相能者，廷式欲媚上見好，且得沽名市直，率同官同好數人，聯名奏訐太后奢侈之非，且隱肆醜詆，上見之大怒，以爲對子議母，目無君上，將予嚴譴，珍妃爲之涕泣求恩，長跪不起，乃降手諭，發貼軍機處值房云：文廷式周錫恩張謇費念慈等，均着永停差使，于是諸人紛紛出京，而廷式獨留，依然肆言無忌，又爲內廷所知，得旨革職，永不敍用。

」廷式大考第一，事在甲午，而蜷廬誤爲壬辰，其他所記，亦甚支離，文氏初無聯名訐奏太后事，可證其未實，然此種紀載，亦足以廣異聞，廷式所結內監，據梁濟感劬山房日記，原名聞闊亭，頗攬權納賄，五餘讀書廛隨筆作者顧家相服官江西甚久，於本省名人掌故紀載尤多，其江西鼎甲條記文氏事云：「芸閣…主眷日隆，名震中外，嘗指陳時事，擬成奏稿七篇，置枕箱中，其語頗有侵合肥者，道出上海，箱忽被竊，時黃愛棠觀察承暄方官上海令，爲之追還，原物纖細畢具，而奏稿竟不可復得，蓋早入合肥之手矣…或謂芸閣客廣東時，嘗入長將軍幕府，授女公子讀，後二女被選入宮，封爲珍妃瑾妃，仍與芸閣常通問訊，一日孝欽后臨幸二妃宮，忽欲櫛髮，宮人卽以妃之匳具進，匳具內有芸閣所擬奏稿，先呈妃閱者，爲孝欽所得，大恚，言官希旨參劾以交通太監，認作本家爲言，夫芸閣旣與宮掖通候，自不能不由內監經手，然太監實係聞姓，非文姓，蓋周納也。…方芸閣之被逐也，適有寇太監因上條陳正法，都人士作聯云：慷慨陳書，寇太監從容臨菜市，驅逐回籍，文學士何面返萍鄉。以籍對書，面對容可謂工切。近人有孽海花小說，其中所記聞運高事，卽暗指芸閣，如謂入試時與他人幷坐，卽能默誦其文，皆實事也。」可與上所引證者互參，顧已談及孽海花，要亦吾道先驅也。

豐潤張佩綸幼樵，於余爲鄉人，光緖初，直聲動朝野，在四諫中殆尤爲具聲勢者，曾氏所寫莊崙樵，卽此公。其質衣貰酒爲米肆所侮一回，頗繪出京朝官之窮相。然幼樵確以屢上彈章，廣騖聲氣而致騰踔者，與其謂爲敢諫，尙不如謂爲遭逢時會，故曾氏亦不無微詞焉。徐一士先生讀潤于日記云：「簣齋官翰林時，與詞曹同人張香濤黃漱蘭寶竹坡陳伯潛（寶琛）等，慷慨言事，謇諤無所詘，言論風采，傾向朝野，一時有翰林四諫之稱，又號曰清流黨，或曰南橫黨（以多寓南橫街一帶之故）。而佩綸尤爲儕輩中之翹楚，彈章屢上，百僚震恐…在日記中可見者，如戊寅十二月十二日云：安國爲友人招飲，密繕疏懷之，有客至，縱談近夜分始去，初不知余將待漏也。二更後驅車入朝，論大臣子弟不宜破格保荐。十三日云：上諭，翰林院侍講張佩綸奏大臣子弟不宜破格保荐一摺，據稱四川候補道寶森，係大學士寶鋆之弟，轉膺保荐，恐以虛譽邀恩，刑部郎中翁曾桂，係都察院左都御史翁同龢之兄子，並非正途出身，不由提調坐辦而京察列入一等，恐爲奔競夤緣口實等語，所陳絕無瞻顧，尙屬敢言，（下係查辦所彈各人等語）……欽此。十五日云：「孝達邀飯，以余疏太辣，亦頗稱其胆。」此簣齋一得意之筆，足以震聳朝右者，安圃（張人駿字）爲其姪，夙相親厚，而草疏時亦不令知之，蓋恐其以過於忤時而相勸阻歟？張香濤謂太辣而稱其胆，則簣齋之敢言，固以胆著，而其奏疏之特長，俾能動聽者，卽亦深得辣字訣也。按孽海花中之崙樵卽指簣齋，有一段云：「雯青一徑來拜崙樵，他們本是熟人，門上一直領進去，剛走至書房，見崙樵正在那裏寫一個好像摺子的樣子，見雯青來，就往抽屜裏一摔，含笑相迎。雯青作別回家，一宿無話，次日早上起來，家人送上京報，却載着翰林院侍講莊培佑遞封奏一件，雯青也沒很留心，又隔一日，見報上一道長上諭，却是有人參閩浙總督貴州巡撫的劣迹，還帶着合肥李公，旨意很爲嚴切，交兩江總督查辦，下面便是接着召見軍機莊培佑，雯青方悟到這參案就是崙樵幹的，怪不得前日見他寫個好像摺子一樣的。其所記雖虛虛實實，不可盡據爲典要，然所描寫之意態，正與簣齋自記密繕疏懷之有客至云云吻合，足見孽海花一書之深得演影繪聲之能也。」（華北編譯館館刊二之一。）又云：「蕢齋勇於言事，所陳多關朝局，……其後來之失敗，論者多咎其意氣太甚，志大而局量未足以副之，壬午癸未間，爲其鼎盛時期，氣矜之隆，朝列側目，曾孟樸孽海花形容備至，雖小說家言，難云信史，而關於此點，大體或不盡誣。」按此所云殆即指張弔黃潄蘭之喪一幕，其氣派實可招人譏忌，而爲張氏不取者也。越縵堂日記，對此輩沾名之輩，殊有不滿之辭，以張之好出風頭與李之擅長罵坐，其臭味不投，固亦應爾。至馬江一役，言人人殊，要之張氏以好言爲同儕所擠，乃有此覆，則各家咸無異辭。沃丘仲子近代名人小傳云：「出會辦福建軍務，時何璟督閩，張兆棟作撫，皆輭滑，佩綸至，氣淩其上，二人亦奉之若長官，及法師來侵，以承李鴻章旨，謂中朝主和，戰備盡弛，敵遂薄馬尾，船廠燼焉，佩綸披髮跣足，倉卒奔逃，至鄉村中暫避，而操北音，鄉人弗納，乃曰，我會辦大臣也，衆農曰：是卽害我閩之張佩綸矣，羣噪逐之。事聞，初僅付嚴議，未幾，閩京官潘炳年等，訴其撤防逃避，乃奉旨拏問，讞定遣戍，遇赦釋還，入鴻章幕，行贅李氏，佩綸初數彈鴻章，鴻章以五千金將意，且屬吳汝綸爲介，張李遂交驩，及閩事敗，實由於鴻章，至是乃以女妻之。甲午日戰作，合諫劾其把持軍報，令驅逐，遂卜居江甯，竟死秦淮。佩綸色而內荏，好言而無識，恆責人而已不忘華膴，雖多劾論權貴，君子終不取其人也。乙酉福州有兩何莫奈何，兩張無主張之諺，卽指佩綸如璟兆棟言。」語甚刻薄，而未爲無理。唯馬江敗衂，其責任絕不應全由張負之，陳寶琛墓銘，勞乃宣墓表，皆言中朝之意，不過令張巡視海疆，初無啓衂之圖，故和議旣裂，而靳不發兵，張氏唯帶陸軍三營，護造船廠，又調三營駐馬尾，籌集大小兵輪數艘及艇船商船，與敵船雜泊，以相牽掣，而彼此之勢，相去甚懸，張請先發，朝旨不許，而飭其自燬廠，相持逾月，法驟宣戰，戰書達省，而船廠未知，法艦乘潮入，攻我船，戰三時許，壞我七船，我亦破其三，而主將孤拔死之。船廠竟全。事後飛章自劾，初本只褫卿銜，後有朝臣鍜鍊周納，乃不免於戍矣。國聞備乘何小宋貽誤軍事條云：「馬江之敗，張佩綸爲衆惡所歸，辭有議及何璟者，法師擾閩時，璟任閩浙總督，佩綸銜命至，兵事悉以委之，安坐不出一策，但日叩鬼神問吉凶，敵人與地方交涉，但知有督撫，漫不省欽使爲何人，事旣決裂，法提督貽書督署，約日決戰，攻砲台，璟不曉西文，壓置勿啓者二日，洋務局提調某，聞有夷書，寂不見督轅動靜，因參衙請白事，索其書觀之，則哀的美敦書也，期已迫矣，彼此瞠目相視，議馳告欽使，欽使行轅距省城六十里，得警報大懼，遣繙譯官入法軍請緩期，法軍不納，起椗鳴砲，數輪前進，我師措手不及，遂大潰。」是何璟不啻葉名琛第二矣。清史稿本傳云：「佩綸至船廠，環十一艘自衛，各營管帶白非計，斥之，法艦集，戰書至，衆聞警謁佩綸，亟請備，仍叱出，比見法艦升火，始大怖，遣學生魏瀚往乞緩，未至而炮聲作，所部五營潰，其三營殲焉。佩綸遁鼓山麓，鄉人拒之，曰：我會辦大臣也，拒如初。翼日逃至彭田鄉，猶飾詞入告，朝旨發帑犒之，令兼船政，嗣聞馬尾敗，只奪卿銜，下吏議，閩人憤甚，於是編修潘炳年給事中萬培因等先後上其罪狀……論戍居邊。」與各家所記，略有出入，以成敗論人，中國史家之慣例，區區馬江一役，已參差如此，吾人不亦可悟治史之難耶？

春冰室野乘云：「甲申馬江之敗，世皆歸罪張幼樵學士，然諸將用命力戰死海，其忠藎實有不可沒者，且法人內犯，實仗孤拔一人，自孤拔斃於炮，法人已失所恃，遂不復能縱橫海上，功過亦差足相抵，較之大東溝劉公島諸役，其得失必有能辨之者」，此又一右張之說也。附此以備一格。

第三卷第五回回目所云「插架難遮素女圖」，寫張文襄家居恣縱不檢事，頗穢褻。文襄在晚淸以脫略著，國聞備乘張之洞驕蹇無禮條云：「直隸人聞之洞內用，皆欣欣有喜色，合八府三州京官張宴於湖廣館，徵集名優，衣冠濟濟，極一時之盛，之洞收柬已三日，屆時催者絡繹載道，卒託故不往，鹿傳霖徐世昌忍飢待至二更，皆掃興而散，聞其性情怪癖，或終夜不寐，或累月不薙髮，或夜半呼庖人具饌，稍不愜意，即呼行杖，或白晝坐內廳宣淫，或出門謝客，客肅衣冠出迎，偃臥輿中不起，其生平細行大節，鮮不乖謬者。」近代名人小傳亦云：「之洞雖有廉名，而任封疆時，易幕客爲掾曹，僕從爲材官，私用半取給公家，其數視曩有規費多且二十倍，其後督撫皆效之，及官京師，其邸第，從官，報生，侍弁，仍仰給鄂善後牙厘局，專橫若此！其歿也，遺疏自明其不樹黨，不殖產，即箴世凱等而言，顧之洞非無黨，特其黨皆浮薄文人之流耳。蓋素傲慢，幕僚起草，字書偶不檢，嚴斥不少貸，而已所書稿，則潦草不可復識，苟質所疑，益逢其怒，故正士恥及其門，起居無節，對客輒引几睡，錫良以湘藩司勤王過武昌，宴之八旂會館，酒三行，鼾聲遽作，久之弗醒，良自起過江去，湘漪先生曰：孝達佳人，惜熱中耳。」春冰野乘記其宴公車名士於陶然亭而忘備肴饌事尤趣，又云：文襄自云夙生乃一老猿，能十餘夕不交睫，若然則文襄亦世說任誕門中人物，豈唯不可厭，且有可愛者在焉。前生爲猿，雖無稽，而閭閻傳之甚盛。

書中寫李越縵文字不少，而均有諷意，狎優之事，尤見此老風流自命。余讀其日記，排日聽歌，所昵輒自命多情，而淸詞麗句，在人口實者，更不可數計，當時風氣如此，詎足怪異？況優伶中如路三寶，五九，梅巧玲，或廣濟同類，或收殮亡友，肝胆照人，須於此中求之，縉紳先生，反不無愧色。唯如品花寶鑑所記奚十一之徒，亦非夢囈，憶蒓客日記即有記此等事者（忘其月日，檢査唯難，大約記一客嬲一伶，褫袴而乓淫，眞可作惡也），西洋古代，亦有好男色之風，數年前叱吒風雲之希總統，辦理淸黨，且手斃其徒之有此癖者，古今中外一揆，更不足爲越縵罪矣。若酸丁腐儒，艱難一飯（日記補中記此種生活至夥，讀之皆可落淚），不免擷斤簸兩，計較毫厘，此又人之恆情，不可以不能放曠責之者也。然其記讀書心得，細針密縷，比較勾稽，我輩後學，唯有驚其緜栗，絕不敢議其瑣屑。吾見今之號爲名士者，徒以片紙隻楮，一詩一詞自鳴，記問旣醜，根柢毫無，以較同光，相去遠矣。李君平生所惡，如祥符周氏兄弟，及同鄉趙撝叔，實亦斐然儒者，不可厚非，龔定庵詩云：「乾隆朝士不相識，無故飛揚入夢多。」生當今日，乾隆二字，易爲同光，要無間言。近代名人小傳記越縵詆甚，今著於此，亦見名士之難爲也。「李慈銘……其行與學，則是已非人，務爲辨駁，不勝則濟以謾罵，頗類毛大可，而記問醜薄，尙亞於毛，復好財賄，假人資終身不償，有索逋者來則報以惡聲，其治經僅習訓詁，漢人家法絕無所知，治史徒能方人比事，不識源流體例，嘗觀所爲日記，動詆人俗學，不知已學亦非甚雅也。」蚍蜉撼樹，何損賢者萬一乎？聞李氏後人頗不振，幸其藏書得蔡元培先生等經紀，得出售於北平圖書館，日記及補編亦先後付印，先生之學，可以不朽矣。唯光緒十六年以迄易簀所記八册，云在樊樊山家中，樊歿後消息毫無，不勝令人惆悵，如有好事者，勾沉行世，俾吾輩於先賢刑儀，得窺全豹，想亦海內所拭目也。近見中華月報復刊號有陳乃乾君「補越縵堂日記之口」一文，余性卞急，夙對日記塗乙之處，心焉焦灼，今有是文，亟盼快覩，顧不知所補是否完全爲可念耳。孽海花人物，可談者當不止此，事務栗六，餘者姑俟異日。

六月廿三日匆匆完稿於語冰軒

上海書林夢憶錄（中）

陳乃乾

三十年來，大江以南言版本者，書肆以古書流通處爲第一，藏書售出者以抱經樓爲第一。古書流通處初開幕時，列架數十，無一爲道光以後之物，明刻名鈔，俯拾即是。入其肆者，目眩神迷，如墮萬寶山中。今之抱殘守闕自命爲收藏家者，曾不足當其一鱗片甲也。抱經樓藏書目錄，錢竹汀曾爲之作序，但僅記書名冊數，尙未刋傳。余擬據原書勘對，箋其板刻。但古書流通處主人以迫於償責，匆遽散售。其第一批售於某君者，不論鈔刻，任選一千冊，獲值一萬元。書皆原裝，每冊厚至二三百葉，且大半有曹倦圃朱竹垞諸人手跋。若在今日，每一冊加襯紙可改裝六冊，其價當百倍矣。李慈銘孟學齋日記記抱經樓藏書云：

> 淩子廉工部言，天一閣范氏書爲賊賣於鄞氓，盡碎爛之，更作爲紙，無孑遺者。抱經樓書多謝山全氏故物。賊據甯波時，或以洋錢六百枚購之，流轉上海，爲今蘇松道楊坊所得。坊亦鄞人，故不知書。甯郡士夫本謀鳩貲買之，俟事平，或畀盧氏購還，或公建藏書閣以借人讀，而爲楊半道纂去。

以上所記，似爲傳聞失實之言。天一閣書當時或散失一部分，若曰『無孑遺者』，則其書固至今猶爲范氏子孫保守也。至古書流通處所得抱經樓書，是否全璧，未敢確定。惟證以盧靑厓手定之目，則散失者當不逮十分之一。是楊坊纂去之說，亦非事實。然有可疑者，則綜觀抱經樓諸書，大半爲曹倦圃汪季靑舊物，而絕無全謝山藏印或題記。意者楊坊所纂去適爲全氏舊藏之一部分歟。

沈知方先生晚年亦好聚書，嘗編印粹芬閣藏書目錄一冊。在當時則專力於出版事業，故於抱經樓書不留片紙，惟尺牘大觀（中華書局出版）筆記小說大觀（文明書局出版）兩書，則取資於盧氏書爲多。

其時三馬路惠福里衖口有博古齋書肆（今藝苑眞賞社隔壁），與古書流通處僅隔數武地，新得莫友芝藏書，插架亦富。主人柳榮春，蘇州洞庭山人，外號人稱柳樹精。雖未嘗學問，但勤於研討，富於經驗，且獲交於江建霞章碩卿朱槐廬諸前輩，習聞緒論。遇舊本書，入手即知爲何時何地所刻，誰家裝璜，及某刻爲足本，某刻有脫誤，歷歷如數家珍。家本寒素，居積致小康。每得善本，輒深自珍祕，不急於脫售。有阿芙蓉癖。夜深人靜時，招二三知音，縱談藏書家故事。出新得書，欣賞傳觀。屋小於舟，一燈如豆。此情此景，至今猶縈迴腦際也。影印大部叢書之事，博古齋實開其端。所印有士禮居、守山閣、墨海金壺，拜經樓，百川學海，津逮祕書，六十家詞諸種，以一人之力而翻印舊書至數千冊，可謂豪矣。榮春歿後，其子元龍有神經病。初則廣置田產，欲退隱作富家翁。忽而變計為長齋繡佛，以圖超登彼岸。神仙富貴，莫衷一是。以致妻子下堂，伯道無兒，曾不數年，蕩其家業，惜哉！

江甯人錢長美者，亦有煙癖，不事生產，有古俠士風。金錢到手輒盡，家無隔宿之糧。然亦屢印巨帙，如佩文齋書畫譜、淵鑑類函、式古堂書畫彙攷諸書，皆成於其手。凡有力者所徘徊籌畫歷久而不能定計者，長美以旦夕成之，不稍猶豫。自清季以來三十年間，通都僻壤之以販售舊書為業者，無一不識長美，而達官富商之喜儲書者，亦無一不折節與長美交好。聲氣之廣，一時無兩，亦書林之怪傑已。

古書流通處自惠福里遷麥家圈仁濟醫院隔壁，再遷廣西路小花園，前後九年。規模闊大，儼然為同業巨擘。凡藏家之大批售出者，悉為其網羅，如百川之朝宗於海焉。其中最著者為繆筱珊之藝風堂及嘉定廖穀似（壽豐）兩家之藏。筱珊退隱滬上，宦囊不豐。既與張劉兩家聯絡，亦時藉舊書買賣以補修脯之不足。其藝風堂藏書記正續編中最精之宋本，若魏鶴山渠陽詩注，竇氏聯珠集等，生前已轉歸他人。死後，其子僧保祿保以遺書悉數售於古書流通處。當時依據藏書記點交，雖僅缺二十餘種，然所存者，大抵為後印模糊或殘缺鈔配之本，鈔本書亦什九新鈔，幾無一完善精品，殊無以副其藏書之盛名。所幸購書者以耳為目，只須有藝風堂雲輪閣藏印而為藏書記著錄者，即聲價十倍。其鈔胥傳錄之新本，而筱珊以朱筆校改誤字者，則視為藝風手校本，聲價更高。其時購書者之無識，眞堪發笑。繆氏點交之藏書記上，每種有筱珊手批定價，約比時價高出二三倍，蓋其臨終時已預為其子售書計矣。昔人以鬻書為不孝，今筱珊之貽謀乃如此，亦可見寒士之苦心矣。嘉定廖氏書無特殊高貴之品，惟百數十箱皆完整初印之書。其書箱尤精美絕倫，今為餘姚謝氏所得。

在民國十年前後，上海藏書家最著者，為劉氏嘉業堂蔣氏傳書堂張氏適園。三家皆浙江南潯鎮人，其搜羅之方法及性質互異。適園所購以鈔校本為多，為刻適園叢書計也。嘉業堂主人劉君翰怡宅心仁厚，凡書賈挾書往者，不願令其失望，凡已所未備之書，不論新舊皆購之，幾有海涵萬象之勢。其時風氣，明清兩朝詩文集幾於無人問鼎，苟有得者，悉趨於劉氏，積之久，遂蔚成大觀。非他藏書家所可及。至其所藏明朝實錄永樂大典殘本，則海內孤帙也。傳書堂主人蔣君孟蘋，精力過人，除經營其輪船墾牧諸實業外，餘事購書，旁及書畫。皆親自鑒斷，不假手他人。海上學人若沈子培朱古微張孟劬王靜菴諸人每晚集其家縱論古今，主人以口酬客，以手鈔書。其所影鈔宋板魏鶴山集六十四巨冊，首尾工整，無一率筆。可謂眞知篤好之士矣。張劉兩家皆延繆筱珊編藏書目錄，孟蘋獨以此事屬之靜菴，亦具卓識。

靜菴為傳書堂編藏書目錄，甫成經史子三部及集部迄元末，忽奉宣統南書房之召，遂棄而北行。後孟蘋商業失敗，以書質於××銀行，即據靜菴所編之目錄移交，故明人集部獨留。其經史子三部中之最精宋本數種，亦為蔣氏截留。當時××銀行點收之人非知書者，且以此為暫時抵押性質，故不注意及此。迨抵押期滿，書為涵芬樓收購，亦即由銀行移交。時傳書堂善本書雖全部歸於涵芬樓，而宋刻草窗韵語新定嚴州續志吳郡圖經續記館閣錄朱氏集驗方諸書獨歸他姓，而明人集部六百八十餘種則別售於北平圖書館。

同時尙有南海潘君明訓專購宋元刻本。廬江劉君晦之亦廣羅宋元善本，並欲以各種原刻本及鈔本配成四庫全書。武進陶君蘭泉則致力於開花紙書及叢書，遇有缺葉缺字及缺封面者，皆命工摹刻配全。是皆於藏書中別具風格，尋常收藏家雖折軸喘牛而終望塵莫及者也。今潘陶二君已逝世，陶氏書且易主久矣。

筱珊晚年以代人編藏書目錄爲生財之道，人亦以專家目之，造成一時風氣，如今之翰林先生爲喪家點主題旌然。已刊行之丁氏善本書室藏書志適園藏書記，自撰之藝風堂藏書記，及未刊之積學齋藏書記嘉業堂藏書志皆出其手。然筱珊對於此事，實未經心，僅規定一種格式，屬子姪輩依樣塡寫而已。余爲擬其格式於下，世有藏書家欲編纂式藏書記者，請依式而爲之，不煩另請專家也。

××××幾卷

××藏書家（撰人上有籍貫或官銜須照原書卷首鈔寫）××刊本（何時刊本須略具鑒別力）每半葉×行，行××字，白（或黑）口，單（或雙）邊，中縫魚尾下有×××幾字，卷尾題××××（此記校刻人姓名或牌子）前有××幾年×××序，××幾年×××重刻序，後有××幾年×××跋。××字××，××人，××幾年進士，官至××××（撰人小傳可檢本書序跋或四庫提要節鈔），書爲門人××所編集（或子姪所編或自編），初刻於××幾年，此則××據××刻本重刻者。×氏××齋舊藏，有××印。

編書目，尙有一最重要之先決問題，即何者爲善本可收入目錄，何者非善本不可收入目錄是也。在昔藏書家皆自編書目，各有旨趣，取舍之間，亦各有用意，不必求合於人也。今編目既成爲職業化，於是筱珊先生應運而起，製定善本與非善本之界限。其說如下：

（一）刻於明末以前者爲善本，清朝及民國刻本皆非善本。

（二）鈔本不論新舊皆爲善本。

（三）批校本或有題跋者皆爲善本。

（四）日本及高麗重刻中國古書，不論新舊，皆爲善本。

自繆氏發明此項條規後，一時奉爲金科玉律，其影響於藏書家及書店者甚大。蓋藏書家必循此條規以購書，方可編成目錄，以享藏書家之名。而書店售書者尤不得不準此以迎合藏書家之意。於是鈔本書不論內容如何，盡成善本。若加蓋數方藏印或寫幾行題跋，更可要索善價。其康雍乾嘉諸刻本，不論校刻若何精善，傳本若何難得，皆不足當藏書家之一顧。嘗見寗波沈某家中僱用鈔胥十餘人，取粵雅堂知不足齋等普通易得之叢書，悉用佳紙工楷傳鈔，每冊襯紙精裝，冊首鈐藏印數方，已鈔成數十箱，惜精力不繼，不克編成目錄以儕於藏書家之列。後來一併售去，曾未得鈔費之什一。若沈君者，可謂誤信繆說附庸風雅者矣。

京海篇（上）

文載道

——南北的人文與風土

古今周年紀念專號中，黎庵兄「一年來的編輯雜記」中有云，「說到北方，我覺得編一個雜誌能不與人同，是最好辦法。古今的作者，固然南方的佔大多數，但他們的文字，什麼刋物，都可以求得。物以鮮爲貴，我乃轉移目標向北方。」於是先後拉得的有徐一士，謝五知，謝剛主，周知堂，瞿兌之，沈啓无和凌霄漢閣等諸先生，而古今之在北方，其銷數也相當可觀。所以，如果我們眞的想推行一下「南北文化溝通或交流」的話，則古今的功績該是首屈一指了。其次，這次樸園主人招待茶會，也表示過古今得以有今日的水準和歷史，北方幾個作者的號召力，自不可忽視，只是因交通的梗阻，不能聚南北作者於一堂，確是一樁遺憾。故區區在『樸園雅集記』中卽特別的提到一筆。這里趁着雨窗無憀，姑且將這段意思作開端，對於南北的人文和風土來漫談一通。

中國的舊劇，有所謂京派與海派之分。在京派輕蔑海派的油滑過火，投機取巧，海派則譏笑京派之頑固落伍，莫氣深沈，而尤以前者（京）的歧視後者爲甚。因此在文壇上，也就染上了這種風氣。一般的說來，京海之間，自然互有短長得失。論謹嚴切實醇厚，海似不及京，但說到潑剌進取熱烈，一切能得風氣之先者則京似有遜於海。不過，單是以地域觀念來劃分作者的性格作風，實在並不愜當。因爲在京派裏面，一樣有投機胡鬧的把戲，而在海派中也具有京派的優點的人。最好的例子便是魯迅先生：照習慣的說法他應該屬於海派，但從他的行動與事業而論，似可謂集京海之菁萃了。這是說，他能夠摒棄海派的缺點而保持京派的長處。例如他治學之精湛嚴肅深刻，以及對時代的推動，對青年的提絜之熱烈誠摰，就是一個明證。又如筆者最近看了兩次舊劇紡棉花戲迷小姐之類，主角雖都是所謂「京朝名角」，然劇情的輕薄色情，唱做的媽虎胡鬧，恐怕連上進的海派坤伶都不屑爲，不忍爲，而卻出諸堂堂京角兒之手，就覺得以地域而分派別，還是一種皮相罷了！

但不管怎樣，京海之間的傾軋爭執，在戰前確是十分的普遍流行，時時見於彼此的紙墨間。這里敢不避多事之嫌，且找點材料出來，以供列官的談助。其一便是以「反差不多」引起文海波瀾的沈從文先生，在戰前大公報文藝副刊三十二期中，有形容海派文人的醜態道：

『名士才情』與『商業競賣』相結合，便成立了吾人今日對於海派這個名詞的概念。……試爲引申之，『投機取巧』，『見風轉舵』，……這就是所謂海派；邀集若干新斯文人，相聚一堂，或遠談希臘羅馬，或近談文士女人……從官方拿到了點錢，則吆吆喝喝，辦什麼文藝會，招納弟子，哄騙讀者，……也就是所謂海派。

感情主義的左傾，勇如獅子，一看情形不對時，即刻自首投降，且指認害友人，邀功作利，也就是所謂海派。因渴慕出名，在作品以外去利用種種方法招搖，……也就是所謂海派。

然後結論曰，這種風氣足以「妨害新文學健康處，使文學本身軟弱無力，使社會上一般人對於文學失去他必需的認識，且常歪曲文學的意義，又使若干正擬從事於文學的青年，不知務實努力，以爲名士可慕，不努力寫作卻先去做作家，便皆爲這種海派的風氣作祟」。這些攻擊這些唾罵，固然有其夸張之處，但平心靜氣說來，究也抓着了海派文人的瘡疤。於是引起了曹聚仁先生的反擊，以子之矛，攻子之盾，其所舉京派文人的劣性也同樣持之有故。曹先生說：

試就京派之現狀申論之：胡適博士，京派之佼佼者也，也講哲學史，也談文學革命，也辦『獨立評論』，也奔波保定路上，有以異於沈從文先生所謂投機取巧乎？曰無以異也。海派冒充風雅，……而京派則獨攬風雅，或替擺倫出百週紀念千週紀念，或調寄『秋興』十首百首律詩，關在玻璃房裏，和現實隔絕；彼此有以異乎？曰無以異也。海派文人從官方拿到了點錢……京派文人，則從什麽文化基金會拿到了點錢，遊遊海外，談談文化，彼此有以異乎？曰無以異也。『一成爲文人，便無足觀』。天下烏鴉一般黑，固無問乎『京派』與『海派』也。（見筆端一八四頁）

曹先生自號曰烏鴉主義，也即虛無主義，故以爲海派固有其「醜態」，京派也何嘗有好面目？天下烏鴉一般黑，「應當英勇地掃蕩了海派，也掃蕩了京派，方能開闢新文藝的路來！」

次有徐懋庸先生對沈從文先生的立論提出糾正，以爲「文壇上倘眞有『海派』與『京派』之別，那末我以爲商業競賣是前者的特徵，名士才情卻是後者的特徵。」用這兩句話，來區別二者的特徵，大致是不錯的。而二者又都有它們各自的社會背景。海派的背景是近代都市文明最高峯的「洋場」，所以經濟條件也發達，發達至於過剩，「商業競賣」便自然充斥了。京派的背景是幾千年歷史文化重鎭的「舊都」，他們在長久的閒適與瀟洒空氣薰陶之下，比較的少變動，愛保守，所以就看不慣海派的圓滑取巧，跳跳蹦蹦了。換一種說法，京派的性格有點接近地主，故愛恬淡的莊園生活和山林趣味，海派的性格彷彿「高等華人」的買辦故。喜立體型的摩登建設和一切新鮮玩意。而海派中又有所謂鴛鴦胡蝶派者，對於色情文字宣揚之力，對於卿卿我我式作品的搖筆即來，也可謂傲睨一世矣。如魯迅先生所說，他們往往自以爲「惟才子能憐這些風塵淪落的佳人，惟佳人能識坎坷不遇的才子」。但事實上並不如此：「佳人祇爲的是錢」。於是又想出了種種制伏婊子的妙法，不但不上當，還佔了「佳人」的便宜。魯迅先生對這些脚色曾下了一個公式：起初是才子十（加）獃子，後來進步了，變成才子十流氓。而這在他令弟知堂翁的筆下，則名曰「上海氣」。在談龍集的一五七頁上說：

上海灘本來是一片洋人的殖民地；那里的（姑且說）文化是買辦流氓與妓女的文化，壓根兒沒有一點理性與風致。這個上海精神便成爲一種上海氣，流布到各處去，造出許多可厭的上海氣的東西，文章也是其一。上海氣之可厭，在關於性的問題上最明瞭地可以看出。他的毛病不在猥褻而在其嚴正。我們可以相信性的關係實占據人生活動與思想的最大部分，講些猥褻話，不但是可以容許，而且覺得也有意思，只要講得好，這有幾個條件：一有藝術的趣味，二有科學的了解，三有道德的節制。同是說一件性的事物，這人如有了根本的性知識，又會用了藝術的選擇手段，把所要說的東西安排起來，那就是很有文學趣味，不，還可以說有道德價值的文字。否則只是令人生厭的下作話。上海文化以財色爲中心，而一般社會上又充滿著飽滿頹廢的空氣，看不出什麽飢渴熱烈的追求。結果自然是一個滿足了慾望的犬儒之玩世的態度。所以由上海氣的人們看來，女人是娛樂的器具，而女根是醜惡不祥的東西，而性交又是男子的享樂的權利，而在女人則又成爲汚辱的供獻。關於性的迷信及其所謂道德都是傳統的，所以一切新的性知識道德以至新的女性無不是他們嘲笑之的，說到女學生更是什麽都錯……。

這話是民國十五年二月說的。但在今天，這種惡濁醜劣的現象，下流低級的趣味，豈非依然的「精神不死」嗎？同時，也正是所以被京派輕視冷嘲的地方，雖然京派裏面，並非沒有這一類的作品與作者。

這里，我又想起從前辦「魯迅風」時候，第十六期中，有一篇「海派與京派產生的背景」，作者署名魏京伯，其實就是考古學家衛聚賢先生。他看到「近有人作文，專捧京派大罵海派」之後，因而頗覺不平，舉出京派學者教授的許多缺陷，其結論爲「京派與海派，非地域之不同而形成，實因經濟條件之差異而產生。孰功孰罪，亦不能定，京派中的第一等學者，文章可作參考。而海派中一至四等作家，所編的教科書，也可裨益教育。」這說得很公允平和。因經濟條件之差異而影響於作品的消長，洵爲不刊之論。戰前北方的生活費用比較低，生活過得舒服，而且又有固定的收入；因此就無須迎合時機，媚悅流俗，可以安心的致力於自己的目標。像許多學術工作，考古工作，非五年十年不能完成，如果學者的生活沒有固定的保障，便無法獲得最後的結果，而在京派就具備了這些條件。再加那邊圖書館的林立，地點的靜謐，空氣的雍穆，古物的多，歷史的久，所謂人傑地靈，宜乎有點成績可以驕傲於海派之前。衛先生曾經在北平某大學等擔任過課，故對於京派文人的生活也知之彌詳，在此文中曾說：「北京的大學教授，接到聘書，即爲終身職務，自己離開了北京，可以請人代課若干年，學校當局不能解聘的」。他並將北京的學者分作四等，而將每一等學者的生活予以很扼要的記述。今將第一等鈔在後面：

京派中的頭等學者，在一個學校代課九點鐘，爲一教授，月薪三百元。房租二十元，可以獨佔一座八九間的院子，十餘元可坐包車，每月生活費不能超過八十元，與上海的第四等生活費相等，他有餘錢可以購書，而且北京有大的圖書館可供參考。書教三年後，講義編成了，也記熟了；年年排的重複課，用不着預備，在教室如開留聲機片的重唱一回。他有時間看書，故作些考證的文章，尚可過得去，可爲上海作家作參考，但此在京派中爲鳳毛麟角，一二人而已。

這樣安閑優裕的生活，自然非海派文人可望項背，無怪當華北局面緊張聲中，有幾位學者教授要提出建議，將北平改爲文化城，使她永遠不遭兵燹之厄。然而眞是所謂好景不常吧，文化城也終於在鼙鼓聲中，換上別一番色澤了！

自此以後，北京的文苑跟南中睽隔甚久，尤其是這些古物，古籍，古蹟等的下落，一直爲我們所關心着。而京海文壇之間，也已不聞有什麽爭論廝殺。這也可說是一則以喜，一則以懼。其間雖然有零星的北方刊物，寄到上海來，但也不及過去之飽滿結實。尤其是學術刊物，像燕京學報、文學年報、國聞周報之類，今天都已成「重價徵求」的珍籍一般。（這里可以附帶報告的，本埠忠厚書店近覓得全部國學季刊，約二十本左右，售價儲鈔六百元。如有錢而喜收藏者似大可一買。）後來總算有了一部中和月刊（二十九年一月一日出版），聞爲瞿兌之先生主編，不論質量皆還結實豐富，使我們稍稍明白北京的文壇動態，而且不時的有知堂先生，一士先生等作品。到了去年，古今半月刊又在朱周二公主持之下出版，漸漸看到幾位暌違良久的北方作者文字，這是古今値得誇耀的特色之一。而且，這些作者多數的原籍還在南方。其中先後南下的如知堂老人，瞿（兌之）沈（啓无）諸先生等，無論在京或海方面，早已給讀者有很深的印象，自無待區區煩言了。不過，我很希望前面說的南北文化之交流溝通，能自古今做起，這題目或者未免覺得太時髦一點，因而也就太嚴肅一點。但縱使單是爲雜誌的本身着想，讓京海的作者和讀者，有精神上的流通融洽，已經覺得功德無量了。同時，我更希望北平的文士們，不要再存狹隘的「非我京派，其心必異」的成見。僅僅的在形式上觀察人，或硬把人與人之間分爲派系，實在是無聊而輕薄的事。海派或京派裏面有什麼劣點，在彼此也只能存哀矜勿喜之心，因爲說到最後，被洩氣的還是黃面孔低鼻子的中國人！因地理民俗的差異，或者能使作者的文字造成釅釅風土之氣，使作者的品性風格有某種特色，但不會分出深遠的道德上的善惡之距離。——其實，任何偉大的文藝作品，美術作品，不管在形式上用的是怎樣色彩：歐化也好，土化也好，但在內容上卻不能不受大之民族的個性，小之鄉土的風格的限制和影響，反之，就是架空而無生命。然而這決不是那種俗物厭厭的國粹主義者所能理會。國粹主義者覺得凡是中國的東西——舊東西，都可以原封不動的拏來保存，「發揚光大」，結果便是無批判的，無選擇的患着民族之自大狂，在另一方面，也即盲目的排斥外來的一切。所以，要使文藝作品中間表顯分明的民族的靈魂，同時還得對國粹論者有所警戒，不要給他們引爲同調才是。

新文學運動以來，魯迅先生的作品裏面，怕是最多的反映民族作風與鄉土情緒了。但他一面又不斷的吸收歐洲與日本文學的長處，再加以自己的整理調排，「神而明之」地貫徹着他全般作品，故能卓然的成其一代宗匠。其次，老舍先生的小說中，也同樣可以看到淳厚的泥土氣息，特別是他的對話，彷彿一位北方友人在你面前談天一般，使你沒有法子扔下書本。這都是多數舊文學作者所難於勝任的。

歷史的進展縱有快慢之分，卻不會憑空的從天而降。換言之，今天的一切畢竟還是昨天的繼續和衍化和蛻變，這樣方才有明天可說！然則文學的事業，又那里能够絕對撇棄它歷史的淵源呢？因此，我們雖希望京派與海派從此別再存無謂的芥蒂，惡意的歧視，可是卻渴盼他們之於作品，皆各刻劃其風土之淳樸，人情之忠切。例如沈從文先生的作品，倒的確能够做到上面這兩句話，使人發生流連光景的愛，這只要讀一讀他代表作「邊城」，就立刻會沈醉於他文字的美麗，情調的親切。

這裏話談回來。要想概括而簡明的分別一下南北人文之不同，實在大不容易。有時候，似乎還是外國人對我們的觀察來得精到仔細。剛巧前夜讀了美國耶魯大學講師亨丁頓氏的「種族的品性」，有論北中國和南中國民風不同之處，爲潘光旦先生所迻譯，其中有一段意思很可以作參考：

中國人自己很早就看出南方和北方的不同。他們自己說，南方人喜歡遠遊，容易采取新的見解，求智識的慾望很深切，容易受人勸導，風俗習慣富有流動性，做事很有火氣，他們的政治思想，和政治手腕傾向急進的一方面。北方人的品格恰好相反，他們愛家，情願困守田園，不容易采取新的見解，很有決心和毅力，主意一經打定，誰都動搖他不得，風俗習慣富有固定性，做事很慢，但很有耐心，他們的政治思想和手腕傾向保守一方面。和中國人不大有好感的人便說，南方人很聰明，但是易於感情用事，不穩健，靠不住，甚或利令智昏，忘其所以，北方人卻是蠢到一個不可名狀的地步，但是比較誠實可靠。

他並說，用西方的標準來看，南方中國人的保守性未嘗不亞，但比起北方已大不相同了。他的結論是：「南方人比較富裕，比較奢華，比較好逸惡勞，比較喜歡聲色貨利，比較慷慨，也比較不修邊幅；北方人比較窮苦，比較省儉，比較嚴謹，不放肆，比較吝嗇，行檢也比較整飭。但這許多字眼，都要根據了中國文化的背景來體會，不能用西方文化的背景來胡亂估量。」

這段文字，對我開頭分析的京海兩方的「長短闊狹」，自覺尙爲吻合。自然，這是相對而非絕對的觀察。恕我重複的說，不拘海也京也，南也北也，正如春花秋月，各極其致。我不同意曹聚仁先生之說，將京派海派一律「掃蕩」；卻希望不抹煞各人的優點特色，互相尊重，互相督促，進而摒除傳統的缺點。否則，你今天說我這一點輕薄，我明天說你這一點頑固，如此相生相剋無有盡期，將何以慰讀者拳拳之望？「文人相輕，自古已然，於今爲烈」，在古人已經慨乎言之，在今人何心再蹈覆轍乎？況且，單是拏彼此或一現象來作切齒的口實，尤其不公平之至。因此，我的這篇小文，從起先看彷彿在挑撥某一派，然而最後的結論，則深信海派或京派一詞，只能表示地理上的區別，而沒有內容上的善惡褒貶的成見。（下期續談風土）

（六月十九日夜三鼓）

編輯後記

編者

汪先生勳業文章，彪炳一世，尤篤於故舊，故發爲韻語散體，無不拳拳風義，蓋『德行與文學非兩事，見之行事爲德行，見之文字語言爲文學』，誠非虛語。先生此序，特先付本刊發表，光榮曷有其極。

周佛海先生爲國宣勞，『僕僕風雲』，半載之內，足跡遍南北，於老成謀國之餘，復出餘緒，爲記行小品，自非庸手所能企及。『廣州之行』與前所發表之『四游北平雜感』爲姊妹篇，希望周先生更能爲漢口之行有所記述，當更令讀者企望也。

六松老人爲人非編者所深知，然其哲嗣幼松君『湯爾和先生』一書，實開傳記之新例，與道貌岸然空泛無味之傳記不可同日而語。瞿兌之先生特撰專文介紹，足見對此書重視之一斑。

孽海花一書之傳，世俗多以賽金花一人重，實則墮溷一花，決非曾君全書骨幹，紀果庵先生首得我心，拈出『同光朝士』四字。嗚呼！今日之視同光，亦猶同光之視乾嘉也，而餘風流沫，邈不可復得矣。果庵此文，洋洋萬言，然猶病其未盡，暇當爲狗尾之續焉。

陳乃乾先生『上海書林夢憶錄』中篇早已寄惠，本期方能刊出，殊勞讀者渴望，特向作者讀者致歉。

本期特刊譯文兩篇，白衛先生爲研究西班牙文學——尤其是阿左林——專家，辜湯生向爲讀者有興趣人物，故一併刊載，似爲古今出版以來之例外。

周幼海君爲周佛海先生之公子，少年好學，雅善爲文，比在日本雜志發表之文甚夥，『我與日本』，爲其留東之觀察所得，亦可代表一般留東學生之見解，甚可珍視。此文寄到，適與『廣州之行』合刊，父子同文，亦可視爲文壇佳話也。

本刊因更換印刷所，不得已將廿七廿八兩期合併，改作特大號，量雖稍減，質則加富，讀者當能明鑒。廿九期准八月十六日出版不誤。

予且隨筆

再說衣服

予且

我在本刊已經寫過一段關於「衣服」的話，日前偶閱「東光」，看見了裏面有一篇極有趣味的文章，叫「現代服飾」，是早大理工學部教授今和次郎寫的。他說日本是海洋上島國的關係，夏天潮濕性的悶熱，確是相當惱人的，甚至躲在樹下，藏在房中，依然是同樣悶熱，汗珠留在皮膚上不見蒸發。因此衣服就要肥大寬鬆，以便清風吹入肌膚之予人以爽快的感覺。同時，日常起居的方式，也是在地板上鋪上厚厚的草蓆，因爲直接跪坐的關係，衣服就不能不寬大。倘使穿上洋服，裙子就會起皺，襪子也會在膝蓋上澎漲起來，弄得非常難看。

這是很精到的話，他告訴了我們衣服與氣候以及日常生活習慣的關係。因爲寬大，所以他們在裁剪上並不要費什麼心思，和西洋衣服中國衣服費上許多工夫完全不同。他又說：

「衣服的本身……對於人體是毫無干涉的，高大的人也好，肥胖的人也好……差不多總是一件衣服誰都可以穿……因爲日本婦人的服裝是具有如此特質，所以在日本纔有所謂『分配遺品』的獨特風習存在，例如祖母逝世之後，祖母在生前所穿的衣服，親戚們便可以彼此分開來着用……即不加以任何的改造，也可以照樣着用下去。這種在形式上，在大小上，俱已是固定了的衣服，以後可以傳留好幾個世代而不已，這期間彼此的親愛感情，有的便越發濃厚的交錯起來了。」

看了這一番話，眞令我們覺得是經濟而具合理辦法。回觀我們的婦女，製衣爲求美觀適體，麻煩眞是太多了。原先我們的衣服也是寬大的，後來因爲求其美觀和適體，腰身，袖子，領頭的長短大小寬窄，也就變換起來。尤其是女人衣服，差不多年年都要改換一種樣式，年年有購料的花費和縫工的花費，這就是不經濟。一旦做來了不合身，和裁縫去交涉，豈不麻煩？此外，還有改不好，因痛惜衣料而傷心的，更有裁縫被逼賠償衣料而呼寃不止的。豈不麻煩？再說那些不合時式又未穿壞的衣服，眞有「穿之不雅，棄之可惜」之感。豈不麻煩？

平心而論，衣服穿在身上，固然要舒服。適體美觀也很要緊，這有關於我們外表的儀容，又怎能忽略它，衣服都是同樣的剪裁，自然可以免去麻煩，但是穿在大小肥瘦不同的人身上，都是美觀適體，那也是一件不可能的事。這一篇文章又告訴我們：

「實際上日本的婦人們在着用衣服的時候，還需要使用三根或四根紐帶，才能調節好下身的長短，整頓好腰圍的神氣，束緊領襟使之合攏，所以爲要使衣服與自己身體完全相合，她們眞不知在費着怎樣的苦心了。因爲她們每天就心此事，對於她們，這是一種樂趣，又是一種苦心的結晶，所以在她們着用衣服的技巧之內，恰可以說是有一種類乎藝術家的苦心存在的。所以，日本婦人涵養的深淺，僅由她衣服的穿法如何，便可一目了然的。」

既是苦心的結晶，當然也免不了麻煩。不過這種麻煩，有時眞有樂趣藏在其間。因爲自己把自己裝飾的美觀，自然有樂趣。要是和裁縫辦交涉，還不知道改好了能用不能用，又那兒來的樂趣呢？記得以前讀過一冊法學論文集，中間有一段記載一位西洋小姐和一位西洋裁縫爲衣服打官司的。因爲那衣服穿起來有點像是駝背。法官就叫這位小姐來一套新裝表現，讓大家來評評看。如此，庭上的人，當然很有趣味，那穿衣的小姐，却未免有些難堪了。

總結上面的話，我們很容易得着一個結論：

「日本婦人的衣服，穿在身上美不美，是自己的問題，中國和西洋人的衣服穿在身上美不美，是裁縫的問題。」這結論究竟對不對？乍聽却是對的，苟一觀察事實，還是不對。西洋如何，我不知道。就中國說，婦女衣服之合身與不合身，還是自己的問題，不是裁縫的問題，一般裁縫，在做衣之前，總先要向着衣人討個尺寸單。如果着衣人是個不識字的，裁縫也會問：「那件衣服穿的最合身。」然後就拿那件衣服做標準。甚至棉衣最合身，做夾的時候，可以照尺寸扣減。做單的時候，也可照夾的扣減。一個考究服裝的太太，每每要自己監督裁衣的。即使家裏沒有裁衣的場所，也必很仔細開了尺寸單交給裁縫，照單裁製，製成復量，當然也要費相當的苦心，所以今和次郎先生所說：

「爲要使衣服與自己身體完全相合，她們眞不知費着怎樣苦心。」

日本中國竟是一樣。不過所不同者，是中國婦女「愼之於前」，日本婦女是「愼之於後」。這種「反求諸己」的精神是完全一樣的。日本婦女是重「獨特創造」，中國婦女是重「指揮裁縫」。這與西洋婦女不同。西洋是以裁縫爲主動人，日本和中國是以着衣人爲主動人。就理論上說，着衣人自應居首要地位。所以就裁衣方面說，東方婦女實較西方爲更合理了。

倘使我們再把那爲了衣服打官司的想一想，就覺得裏面有許多地方很難過。即使不打官司，做來就合身入時，結論也不過是「樂取諸人」，決不是「反求諸己」！

從製衣這件小事上，我玄想着，也就看出東西思想之不同。東方是看重「生」字的，西方專門看重「取」。中國婦女要製一件合式的衣服，必經多次的揣摩，修改，第二件比第一件好，第三件比第二件好，經過一次一次的改進，然後成爲美觀適體的衣服。這是「生」的表現，慢慢長成起來的。日本衣服雖然在裁剪上沒有什麼煩難。我想她們第二次着，定比第一次着來得合式美觀，第三次也定比第二次合式美觀。今和次郎先生所用的字，類如「苦心」「就心」「涵養」等等，都足以看出「生」的表現，是慢慢長成起來的。西洋則不然，衣服之大小寬窄，則製衣者「取」自着衣者之身。着衣者之衣，又「取」自製衣時所用模特兒之身。說來說去，還是一個「取」字。

「取」是沒有伸縮的，所以只有取不取的問題，充其極，可以打官司。「生」是有伸縮的，無所謂不生，只有個程度問題在內。中國的太太們，據我的觀察，對於尺寸有伸縮力的觀念，却相當的濃厚。譬如買布，足尺之外，還喜歡「加一加二加三」。加三之外，還喜歡再放一點。免得做衣服不够。但我們却絕不能想着布店要蝕本。因爲他們還能在「加三」之外，掛牌大減價。減價之外，還可以有贈品。再平心而論，我們並且以爲「加三」「減價」「贈品」都是很對的。太太們也是以爲很對的。那末裁縫做來的衣服有點不合式，也就不能說怎樣的不對了。因此，太太和裁縫的交涉，麻煩儘管麻煩，吵鬧儘管吵鬧，決不會十分嚴重，更不會打官司。

準確

由「加二，加三」的問題，令我想到「準確」的問題。日前看了「稱心如意」，第二幕開始就有一位西洋留過學的先生向他外甥女兒說，中國人的壞處，就是說話不準確。

不準確的事，我們確是有的，這並不奇妙，世界上那一個國家，沒有說話做事不準確的人？奇妙的乃是在我們明知不準確，却不以爲不準確。或者明知不準確，却以爲倒是不準確的好。譬如雜誌明寫着月底出版的，我們在二十四號就希望看，也許二十五號就會看得見，編者既不以爲日期不準確，讀者亦復如是，大家都覺得很好，也許還稱道一聲編者能幹。稿費也是一般，明寫着每千字若干元，有時作者會多得，有時編者竟不給。在作者心中，並無不準確的意念，有時還覺得很好，倘使編者眞的數字給稿費，反使作者對他有過於吝嗇或呆板的印象。數字計値當然是準確的，但並不一定受歡迎！

太太們拿秤到小菜場，有許多在秤過之後，還要在菜藍中抓一把，菜販雖然拒絕，但並不嚴重。並且有時自已也會抓一把送給買菜的人。可見他們心中都覺得準確不是最好的方法了。

有一個賣栗子的，是我的熟人，我每天買他的栗子，他就從來沒有秤過，可是別人買，他總過秤，我每次看他過秤就想笑，因爲他從來就沒有稱準過，他在顧客走過之後，他也向我笑。這好像是一個公開的祕密。但是買栗子的在他過秤之後，總要拿他一兩個栗子，賣栗子的每次都要說「已經多給了」，在賣栗子的心中，對於我對於其他賣栗子的，都要算「公平交易」。

朋友有和某女士愛情已經成熟，只要說一句求婚的話，婚姻是準可以成功的。他說了，結果是得了一句不準確的回答。朋友就爲了這句不準確的回答，煩悶了好些天。我問某女士，爲什麼回答不準確？她說：

「準確就沒有趣味了。」

然而不準確當然不是爲了趣味而存在。

有一天，我到一個國藥舖中去，這國藥舖的主人是我自幼熟識的。在說話閒歇的當中，看那些店友們每人手中有一把戥子，我想到那賣栗子的用秤的光景來，準確感便在我心中燃燒着。我說：

「他們每天做這種準確精細工作，眞是太苦了。」主人不覺一驚，他說：

「你怎會注意到這上面？」

「這是有關病人生死的工作呀！」

他不覺突然笑起來道：

「你把他們的責任看得太重大了。你知道從害病到服藥，中間要經過六個階段。由望聞切問審知病狀，一也。由病狀而審用藥，二也。由藥的性質而審適當之配合，三也。按方給藥，四也。得藥之後如何熬煎，五也。煎好之藥，何時服用最宜，六也。最要之關鍵，不在藥舖，乃是醫生之識症和開方，你相信他們都是十分準確嗎？」

我不敢回答他的話，只冥想着這「不準確」三個字，不僅因「趣味」而存在。在「嚴重」的事上，亦可以存在。

小城中的偉人

白銜

西班牙・阿左林著

你什麼時候認識他的？你在什麼地方第一次看見他。我在別的地方已經說過了。那就是在這種夏天的日子，在一個萊房特省的小鎮上。『一個性格，』愛麥遜曾經說過，『是需要空間的；我們不宜當他是被許多人圍繞着的時候，或是在交涉的拘束間，或是從偶然瞥見的一時的影像中，去判斷他。』這位偉人住在那邊有六個月或是八個月。每天，在六點鐘的時候，他已經起身了。這個時候那小城開始覺醒過來。那些泉水還有着和夜間同樣的潺潺聲；燕子飛快地在濃青色的天上穿過，愉快地呢喃着；也許，在一條摩爾風的曲折的巷裏，遙遙地顯出兩三個手裏拿着小跪凳的信女的黑影子。接着，在早晨的安靜中，一口鐘便清朗疏稀地敲着了……

一切東西在白天都有一個放射牠們的眞正的氣質的短短的時刻，因而在別的不同的時間去參觀牠們，瞻覽牠們，是沒有用的；那些花園，那些博物館，那些古宮，那些教堂，那些店舖，那些街路，那些工廠，那些作坊，便都是這樣的。在這些準確的時間，美的一切的細部，一切的原素——光線，色彩，空氣，聲音，線條——都形成了一種無上的綜合，有點好像是一種難以言傳的，不為人所知的和諧，牠在某一點上達到了牠的極度，然後漸漸地消散下去，溶和到其餘時間的庸常的氛圍氣中去，使得古舊的牆的固有的色彩，和荒廢的房屋的陰暗，和籠罩着池畔的柳樹叢的黃昏的光，和那在午夜從一扇明燈的窗口傳出來的一架鋼琴的奇特的音，全都消隱下去……那位著名的人所住的山鎮的生動，愉快的時間，是最初的曙色的時間。那建築物座落在一座小山的斜坡上。這小山昇上去終於成為一座很大的，尖銳的，為世紀所染紅，冠着一個摩爾小堡寨的石山；一條小河圍繞着這座山；幽蔭的菜園的廣大的區域在河畔映掩着。而那些隱伏在嶙峋的巨石和樹林之間，背向着那些菜園的房屋，向綠草地展開牠們的有素樸的木欄干的長陽臺，或是隔着樹木叢顯示着牠們的神祕的窗戶的黑色的方形。

而這位名人的書房，便是通向着這種陽台之一的。他每天晨在六點鐘的時候出來一會兒，眺望那條河的盆地的綠色的柔和的遠景。也許在這個時間，在他對面，在那些菜園的另一邊，沿着那深深的河道，在那邊山上面，一個尖銳的汽笛聲突然撕破了空氣，接着一道黑色的東西帶着一種沉着的騷音飛快地經過，而消失在遠處，同時，那道鮮明的靛藍色化成暗黑的一塊而淡下去。接着一切歸於沉靜：一隻燕子很快地呢喃着；池中的青蛙閣閣地鳴着；鐘繼續清朗地敲着，敲着。於是這位偉人，從他的窗口，獨自在大自然前面，也許感到我們這些城市中人在鄉野中望着一輛火車經過時所感到的，那種厄突而不可言說的苦痛的壓迫。

於是這位名人回進他的書房裏去，而坐在那堆滿着書籍，校樣，文稿，信件和電報的桌子前面。那間房是小小的：這就是那好像是發響的盒子似的，用實心石塊建造的那些萊房特省的房屋中的小廳。牆壁是白色，石灰刷過，光亮的；用小小的花磚鋪的地，被抹地布抹之又抹，便像鏡子一樣地光亮明耀了；那擦得光光亮亮的朱檀木的樓梯扶手，在那從高高的氣窗間墜下來的光下面閃耀着，而繞着樓梯級形成了一條蜿蜒的光。在早上八九點鐘，當掃除已完結了的時候，門和窗都半開半掩着；一片柔和的陰影在整所房屋中伸展着，而在沉靜和半暗之中，當外面太陽眩目而猛烈地照下來的時候，那些房間——廳堂，臥室，走廊——都色彩層次分明起來，於是一個呼聲，一個響聲，一片笑聲，大聲地應響着，於是一隻雀兒的轉弄帶着一種未知的音色作着回聲，於是一架鋼琴的不期的旋律有力地，顫動地唱着，又用浪漫的荒誕把你奪了去。爲我們的生命的祕密的宿命所帶着，你懂得一位著名的汎神論者，怎樣除了在這萬物得其綜合的萊房特的土地｜近代的希臘——以外，不能够過度他的生活的最後的安靜的日子嗎？

可是這位偉人是已經坐在他的桌子前面了。在書房的四壁上，掛着希思貝爾特·伊·泊拉第拉的幾張油刷石印畫，一幅用麻布繡的長毛小狗，一個在白色之中閃耀着黑色的日期的大日曆。在一隻角隅的一張桌子上，可以看見那些帶來備參考之用的書籍堆積着，翻開着，脫了封面；那些書全是關于法國革命或關於革命前期的：戴納的現代法蘭西之原始；龔果爾兄弟的論文；白朗，拉馬丁，和米式萊的著作；篤克維爾的舊體制；都沙爾拉福思的編年史……這位偉人從六點鐘工作到十二點鐘；在他前面，一個祕書迅速地把他的話寫下來。我現在也看見厚厚的一束字跡猶新的稿紙，而在那些紙旁邊｜我記得清清楚楚｜是一冊名媛傳記叢書中的聖處女的傳記，被摩娑過，摺角過，而且某幾節還用墨水劃着粗線。

這位年老，疲倦，生病的偉人，現在所供諸世人的獨創的作品已經很少，而他爲歐洲和美洲所寫的評論和通訊，總是同一篇通訊或同一篇評論，祇把句法改換一下，或僅僅是舊著的註解和發揮而已……

在正午，當十二時的最初的沉重報時聲墜下來的時候，這位偉人帶着一種疲倦的姿勢舉起手來，於是工作便懸擱下來了。接着午餐的時候已到了。可是這位偉人簡直不大吃東西。在他前面，下省廚中的那些主要的滋補的佳餚一道一道地端過去；他是那麼地愛着這些佳餚的，他帶着病人們用以望着那爲他們供給了歡快又爲他們安排下苦痛的東西的，這種混和着不悅和憂慮的神氣望着牠們……午睡的時間也已經到來了；可是這位偉人也並不入睡。這種悠長的，酷熱的時間，他是在那邊園子裏，在一個溫柔的昏沉沉在打盹中過去，或是聽人單調地唸着報紙過去的。在林木的枝葉間，在花園的最隱密和最幽蔭的地方，有一座鋪着牽牛花和玉蕊花的涼亭。這位偉人就坐在這裏。那難馴的太陽的燈火泛濫在田野上；綠草地的色澤和程次已消隱了；平蕪是一片青灰色的大斑點。一切都緘默着；一個流泉的噴湧潺潺地作聲，而那些知了又帶着牠們的聒噪的鳴聲唱着。

而當時間漸漸地過去的時候，那些陰影便漸漸地長起來了。一陣陣地涼風間歇地吹過來，而那些蕎草，林木，玉蜀黍田和葡萄田的暗綠色，或鮮綠色，就浮現了出來而結聚成一片浩漫而悅目的鑲嵌細工。那時這位偉人和他的朋友們從園子裏走出來。這位偉人衣裳穿得很簡單；他裹着一件輕鬆的黑呢外衣；他的頭上帶着一頂簡單的小帽，而襯衫的領和胸襟的潔白之色，又在衣服的暗淡之色間映顯了出來。這位偉人慢慢地走着，在他的動作之中微微帶着一點不安，扶着一柄高高的陽傘。他的臉兒從前是圓圓的，豐滿的，現在却是瘦長了，寬癟了；他的大眼睛掠過萬象而瞭望着遠處，目光中含着苦痛和恐懼，而他的精緻，潔白，纖細的手，時時不知不覺地撫摩着那從嘴角頹然垂下去的長長的銀鬚。這位偉人和他的朋友們走出園子去，而在走盡了一條蜿蜒於菜畦的輝耀而濡濕的綠色間的狹徑之後，他們便走到了那蔭蔽着一所古屋的大門的一個極大的葡萄架下面。在附近，人們可以聽到一片小瀑布的喧譁聲；裏面，一個磨板轉着，轉着，帶着牠的永恆的「的答」，「的答」聲……那些母鷄又飛起來而在一個蘆葦的籬笆中喔喔地叫着，一羣鴿子飛降下來在地上啄食着，接着又飛起來而消隱於遠處。

就是在這個時辰，這位名人，坐在那寬大的葡萄架下，納涼於那進來的黃昏的淸風之中；就是在這個時辰，他全部地生活着這正在擺脫他而去的生活。他的靈魂和全部大自然的靈魂融和在一起；一片微笑浮現在他的脣邊，而從他的澄明的大眼睛中，那守住牠們的稚氣的恐懼消隱了。我將說這樣的話嗎：大自然不能够在我們生涯的一切時代都被感受到，也不能我們要感受就隨時感受，即使我們有着合宜於牠的心靈的時候，一位新的詩人或一位新的畫家能够把事物的一種濃厚的感覺給與我們；但是你們不能够感覺到那種和宇宙的精力的完全無以名狀的融和，祇除非當你漫游過世界，并且飽滿了世界所給你的滿意的時候，或是當一個麻煩的精神上的災患落在你的心靈上，而淨除了你心靈的虛榮的或私慾的願望的時候，或是也許當你生過了一場把那永恆的虛空呈示到你的眼前來的飄搖不定的長病的時候……這位偉人曾經經過這一切的緊要關頭；而現在他的眼睛是怎樣貪切地凝望着那些綠色的樹木，和那迢遙的靑山，和那在寬闊的河溝中帶着響亮的潺湲聲流着的水，和那些拍着翼翅急急地飛過的雀兒。一羣前來看看他的小城中的朋友以及景仰者都圍繞着他。而他呢，他說着，說着，說着，而在這個時候，磨坊的磨板帶着牠的無盡的敲擊聲答答地響着，而在天上，那些最初的星開始閃爍着了。於是晚禱鐘已響了；那一羣人就回到小城中去了……

而在晚餐之後，這位偉人就走到那有一架鋼琴映顯着的小廳中去。一羣漂亮的少女剛走了進來：昂芭麗呢，蘿拉，歐蕾麗亞，珈爾曼，阿松雄，蕾美婀絲，昂高斯諦亞思，格拉麗姐……這一切的少女都微笑着對你說，她們是無足掛齒的，因爲她們是住在一個小城中，接着她們一邊拍着手，一邊懇求你對她們講，你在瑪德里相識的女子和女朋友是怎樣的人。那偉人並不對她們講這樣的事：他的豐饒的幻想向她們談着那些悠古的纖小的埃及女子，希臘女子和羅馬女子的笑和裝飾，或是向她們描摹瑞士的風景，或「東方的宴樂的威尼市」的夜，或在拿破崙三世治下的巴黎的窮奢極侈。不時地，鋼琴奏着悲多汶的一支奏鳴曲，蕭班的一支夜曲，羅西尼的一支交響曲，或是那些少女中的一個，在一點兒羞澀之後，唱着多斯諦的一個曲子。而在十一點鐘的時候，那客廳中闃無一人了，於是那位偉人，便踏着他的不穩的遲緩的步子，回到他的臥房去了。

這便是在他的一生的遲暮中的情景。在幾個月之後，他逝世了。那位十足的偉人——愛米留•加思代拉爾——在一個萊房特的小鎮中，在那些不足掛齒的可愛的下省的人們——胡昂爺，費囊陀爺，貝普姐，瑪麗亞夫人，洛麗姐，伊沙珮兒夫人，斐南多爺——之間所過的這些愉快的日子，我是記得淸淸楚楚的。

辜鴻銘先生訪問記

南山

辜鴻銘先生，爲中國近代名儒。一八五七年生於福建，一九二九年歿於北平，歷任南洋大學，北京大學等校教授。除中英文外，精通數國語言，曾將中國古書多種，譯成英文，爲祖國宣揚文化。原著者摩姆氏，係英國現代第一流作家，曾來華遊歷，關於中國之著作甚夥。本篇原名「哲學家」，並未明言被訪問者爲誰，但讀者不難意會爲辜鴻銘先生也。篇中雄辯滔滔，談驚四座，爰譯之以餉閱者。南山譯識。

這是一個奇蹟，在這樣遼遠偏僻的地方，能夠發現到如此壯麗的一座城池。（意指成都——譯者）。每當夕陽西下，從那雉堞如牙的城頭上看去，你可以看到那西藏境內，積雪長在的峯巒。城內人烟稠密，熙來攘往，祇有在城頭上，才可以安步當車；不過那座城是相當的大，雖卽是捷足者，也需要三小時才能環繞一週。在附近一千英里之內，沒有鐵道，所有的河流，也是狹小異常，祇有載重甚輕的帆船，才能安全地航行，如果搭乘民船，溯江而上，就需要五天的路程，你會百思不得其解地問你自已，輪船火車，對於人們的日常生活，是否如我們想像中那樣不可以須臾離的；因爲有百萬以上的人們，在這兒婚嫁死亡，繁榮滋長，有百萬以人的人們，在這兒爲着商業，藝術，思想而終日地忙個不休。

並且在這兒，還住着一位負有盛譽的哲學家，識荆的願望，是我這次長途跋踄的動機之一。他是中國研究孔子的最高權威，英語，德語，都很嫻熟，他曾任慈禧太后時代一位總督的幕僚（意指張之洞—譯者）多年；可是現在是退隱了。然而他雖設而常關的蓬門，也曾爲着尋求學問，談論孔子遺教的人們而啓開。他有幾個門徒，人數不多，學生們多喜愛他那幽靜的住所，和那嚴格的教誨。他並不贊成外國大學校富麗堂皇的校舍，和野蠻民族所謂有用的科學。關於這一點，他聲稱祇有擱置一旁，棄而不學。根據於我所聽到關於他的話，我斷定他是一個有德性的人。

當我表示意思，要想會見這位高貴人物的時候，他馬上便提議約定會見的日期；可是一天一天地過去，消息毫無，我一再探詢，我的主人却聳着他的肩頭。

「我寄給他一封短函，叫他就來。」他說。「我不懂他爲什麼還不來，他是一個難弄的傢伙。」

我以爲以這樣傲慢不羈的方式，去會見一位哲學家，不是正當的禮貌；同時我並不驚異他已經把這樣的約會，置諸腦後了。於是我便再寫一封措辭謙遜的信去，向他是否允許我去拜訪他。幸運得很，在兩小時以內，我便接到他的回信，約我在第二天早晨十點鐘去會他。

我是坐着轎子去的，路途似乎是愈跑愈遠，我穿過擁擠的鬧市，和人跡罕至的市街，最後走到一個幽靜冷僻，闃無一人的陋巷裏，轎夫就在那一抹白牆當中的小門那兒止了步。一個轎夫，走向前去敲門，很久時間以後，門上的小洞才啓開，露出一雙烏黑的眼睛，經過一段簡單的對話以後，才開門讓我進去。那是一個年靑的人，面色蒼白，形容枯萎，衣衫襤褸，他以手示意，叫我跟着他跑，我不知道他是這位大人先生的僕人還是學生。我穿過一個破落的庭院，被領到一間狹長低矮的房間裏去，裏面是設備簡陋，祇有一張美國式圓頂的寫字檯，兩張烏木椅子，兩張中國式的小桌，靠近牆那兒，放着許多書架，架上滿堆着書籍，當然以中國書爲最多，可是英．法．德文的哲學科學書也不少；還有幾百本活葉的讀書劄記，沒有擺書的地方，便掛着許多卷軸，書法秀麗，我想上面都是寫着孔子的格言。地板上沒有地毯，是一個冷靜而毫無點綴，極不舒適的房間。陰沈的色調裏，祇點綴着一朵黃色的菊花，在桌子的一旁，孤零零地立在一隻長頸項的花瓶裏。

我等了一會，那個引我進來的靑年，捧進一隻茶壺，兩隻茶杯，一聽香烟。當他走出去的時候，那位哲學家進來了。我急忙站起身來，表示我的謝意，他揮手示意，叫我坐在一張椅子上，並且倒茶給我吃。

「承蒙閣下光臨，不勝榮幸之至」。他開口說。「貴國人民，祇和敝國的販夫走卒，買辦商人往來，他們以爲每個中國人，必是其中的一個。」

我極力想提出異議，可是我不能抓着他的見解和論點。他坐在椅子上向後斜倚着，帶着譏刺輕慢的表情看着我。

「他們以爲祇要點點頭，招招手，我們一定唯命是聽地走到他們面前去了。」

當時我覺察到我那位崇高的友人，不幸的誤解，仍舊在腦海中作祟。我的確不知道如何回答是好，祇嘰咕了幾句恭維的話。

他是一位年老的人，身材很高，拖着一條細小灰白色的辮子，目炯炯有光，兩眼下面的皺皮，成囊狀，牙齒是壞了，也變了顏色，身體瘦弱異常，兩手纖細枯萎，像鳥類的爪子，我聽說他是吸食雅片的，絲毫不修邊幅，穿着一件黑色長衫，戴着一頂黑色小帽，已是襤褸不堪了。深灰色的長袴，還紮着脚子。他目不轉睛地注視着我，毫不覺到他是個什麼樣子。他像一個防衛的士兵，擺出準備攻擊的姿態。當然哪，這位哲學家，在哲學家羣裏，是個第一流的人物，我國（指英國）也有一位哲學權威第斯拉里（Disreali）先生。對於高貴的人物，總該禮遇有加，多多地恭維才好。我着實恭維他一翻，看看他的舉止動作，已經沒有先前那樣緊張了。他像一個等待攝影的人，正襟危坐，端正嚴肅地坐在那兒。可是當他聽到百葉窗哳嗒價響的時候，便信步走向前走，恢復他本來自然而閒散的面目，把那架上的書籍，指着給我看。

「我在柏林得着哲學博士學位，這是你所知道的。」他說。「以後我便在牛津攻讀了一些時，可是請你允許我大胆的批評，英國人對於哲學，是沒有多大的胃口。」

雖則他措詞謙遜，帶着道歉的口吻，可是顯而易見地可以看出，他說出令人悅耳的話，是毫無顧忌的。

「我們英國，也有不少的哲學家，在思想界中，並不是一點影響也沒有的。」我這樣地提示着。

「何姆（Hume）和巴克萊（Berkeley）嗎？當我在牛津研究的時候，這兩位哲學家，是極力地避免和他研究神學的同事們發生抵觸；甚至他們倆在哲學上的研究，不能獲得合乎邏輯的結論；否則便會影響到他們在牛津大學的地位。」

「您可曾研究美國哲學界，最近發展的情形嗎？」我問。

「你是說的實用主義嗎？這是一種滑稽，那些人們，偏要相信不可相信和不可思議的事物。老實說，美國石油對於我的用處，要比美國的哲學大得多了。」

他的論斷是尖刻的。我們又坐下來吃了一杯茶，他開始高談闊論了。他的英語，文雅而自然，修辭適當，喜用習語，不時地參雜着德語，幫助他表達意思。像他那樣剛愎固執的人，已經充份地受着德國的影響和感化了。德國人的方法和勤勉，曾給予他深刻的印像。德國人哲學的穎悟，對於他也有獨見之處。有一位好學不倦的教授，在一種研究學術的雜誌上，曾經發表了一篇文章，專門討論他的著作。

「我曾經著了二十本書」。他說。「那是我在歐洲出版界惟一値得紀念的事情。」

可是他對於西洋哲學的研究，結果祇是使他相信智慧這樣東西，追根究底地說起來，實不出孔子的範圍。他深信不疑地接受孔子的哲學。我對於孔子的哲學，也饒有興趣；因爲他的哲學，證實了我的主張，那就是說，哲學這門功課，與其說是邏輯問題，不如說是「心」「性」問題，哲學家的相信，不是根據於證明，而是根據於他自己的氣質；同時他的思考所認爲合理的，就是他的本能所認爲確實的。假使孔子哲學，是緊緊地把握着中國人的思想，那就是因爲孔子向他們所解釋的，所陳述的，是其他任何思想體系所不如的原故。

我的主人，點了一枝香煙。起始時，他的聲音是低微而沒精打采；可是當他說話有興趣時，他的聲音便洪亮異常，談話也激昂慷慨，滔滔不絕了。他絲毫不像那位大聖人的溫文爾雅，他是一位雄辯家，是一位論戰能手。他深惡而痛恨近代個人主義的喊叫，他相信社會是一個單位，家庭是社會的基礎。他讚美古代的中國，古代的思想，君主政治以及孔子的遺書，當他談到剛從外國大學裏回國的學生，帶着褻瀆聖物的雙手，毀滅了世界上最古的文化時，他不禁義憤塡膺，咬牙切齒地痛罵一陣。

「可是你——你可知道你們是怎麼樣的？」他高聲說。「你們有什麼理由，要自尊自貴，自認爲高人一籌，是我們的先進？在藝術上，在文學上，你們是超過了我們嗎？難道中國的思想家，趕不上你們的淵博嗎？難道我們的文化，不如你們的精緻，不如你們的複雜，不如你們的優美嗎？當你們穴居衣皮的時候，我們已是開化的民族。你可知道我們中國所試行的政治哲學，是世界歷史上絕無僅有的。我們統治這樣大的國家，不用武力，而用智慧，幾百年來，總是成功的。那末爲什麼白種人要輕視黃種人呢？我告訴你好吧？因爲白種人發明了機關槍，那就是你們高人一籌的地方。我們是無抵抗的羣衆，不堪你們的一擊，你們已經毀滅了我們先哲的理想；他們以爲世界是可以用法律和秩序的力量去統治的。現在你們以你們的秘訣，教導中國的青年，你們已經逼迫我們接受你們那些可憎可惡的發明？難道你不知道我們中國人也具有機械的天才嗎？難道你不知道中國有四萬萬世界上最切實，最勤勞的人民嗎？你以爲我們需要長時間去學習嗎？當黃種人能够製造機槍，同你們一樣的精良，描準發放，同你們一樣的準確的時候，你們將還有什麼優越的地方？你們一切皆訴之於機關槍，並且憑着機關槍來作一切論斷的根據。」

可是在那個當兒，我們的話頭被打斷了。一個小女孩子，輕輕地走進來，緊緊地伏在這位老先生的身上。她帶好奇的眼光注視我。他告訴我，她是他的最小的女兒，他摟着她，低聲細語地撫慰她，親蜜溺愛地吻着她。她穿着一身黑色衣服，褲子長不及踝，背後拖着一條長辮子，她是生養在革命成功，清帝遜位的那一天。

「我想，她是一個新時代欣欣向榮的先驅。」他說，「她是中國衰落時的最後一朵鮮花。」

從那張圓頂寫字檯的抽屜裏，他拿了幾個小錢給她，把她打發走了。

「你看，我是拖着辮子。」他說着，把辮子捏在手裏。「這是一個符號，我是舊中國最後的代表。」

他現在和我談話，比較先前文雅些了。他告訴我，中國古代的先哲，怎樣率領着他們的門徒，周遊歷國，教化羣倫，帝王常把他們召入宮庭，請他們做官，管理百姓，他們的學問是淵博的，他的流利的辭句，描繪中國歷史上的史實，倍覺有聲有色，我不禁想到他是一位動人情感的人物。他自己覺得具有經國之才，可是沒有皇帝給他以高官厚爵。他有一肚皮的學問，很想傳授給大批的學生，這是他渴望而寤寐求之的一件事，可是來受教的，祇是幾個卑賤可鄙，面黃飢瘦，愚笨遲鈍，土頭土腦的學生。

他一次兩次地輕慢的動作，暗示着我該告辭了；可是他又不肯讓我走。最後我不得不走了，便站起身來，他拉着我的手。

「我很想給你一樣東西，做你訪問中國最後一位哲學家的紀念，可是我是兩袖清風，我不知道我該送你什麼，才值得你的接受」。

我回答他說，我這次的訪問，本身就是一件無價的禮物，他微笑着。

「在這個江河日下的時代，所有的紀念，祇是短時期的，我很願意給你一個比較實在的東西，我想把我的書送一本給你，可是你不懂中文。」

他看着我，帶着一種友愛的，疑難的神情，我受了感動。

「把您的墨寶，賜一幅給我吧！」我說。

「你喜歡嗎？」他微笑着。「我在少年時候，便練習書法，人們就批評我毫無匠意。」

他坐下來了，坐在寫字檯的旁邊，拿着一張品質很好的紙放在面前，倒了幾滴水在硯台上，磨着烏墨，拿着大筆，腕底生風似地開始書寫了。我注視着，我還記得，我當時是興趣盎然，關於他個人的私生活，沒有別的事，再能這樣地耐人尋味了。聽他的口氣，這位老先生似乎是一錢如命，然而他在北里花叢中，却又揮金如土了。他描繪這些青樓中的人物，措辭是相當的風雅。他的長子，在成都是一位有地位的人物，聽到人們物議他令尊的行爲不檢的是非常之憤怒，感覺到恥辱，可是他的一片孝心，對於父親的放蕩淫佚，又不便作過份的求全責備。我敢說，像這樣的放蕩淫佚，會毀滅了子孫事業的前途，然而在講究人倫天性的人們看起來，倒又處之泰然了。哲學家往往在他們的書齋裏，專心致力於理論的探討，對於人生觀的結論，多是道聽途說之言，我以爲假使他們能致意於一般民衆所遭遇的盛衰窮通的命運，他們的著作，會格外地具有意義。我對於這位老先生的私德，將以寬大仁厚的眼光視之，也許他是在尋求嘗試人生神秘生活的滋味。

他把字寫好了，又灑了一些灰燼在紙上，印乾墨漬，然後就站起身來交給我。

「你寫的什麼」？我問。

從他眼睛裏，我看出他帶有存心作惡的眼光。

「我大胆地抄錄了我的兩首小詩送給你」。

「我不知道你還是一位詩人。」

「當中國還在草昧未開的時候，」他帶着譏刺的口吻反詰着。「所有受過教育的中國人都能寫一兩行相當雅緻的詩句」

我捧着那張紙頭，看着中國字，祇見紙面上呈現着一幅優美的圖樣。

「您願意給我翻譯出來嗎？」

「翻譯！——欺騙！」（意指不忠實的翻譯，會欺騙讀者。——譯者）。他回答說。「你不能叫我自欺欺人，你去請教你的一位英國朋友去。那些自以爲最了解中國的人，實際上是一無所知；不過你至少可以找到一位能够替你翻譯幾行粗淺而簡單的詩句。」

我向他告辭了，他很客氣地送我到上橋。後來我得有一個機會，把這首詩給我的一位精通中文的朋友看，下面就是他的翻譯，我不說謊，無疑的，這也是毫無理由的，當我誦讀那首詩時，我驚愕不置，倒退了幾步。

你並不愛我：但你的聲音是動人的；
你是明眸含笑，玉手纖纖。
你愛我了：但你的聲音是悲慘的；
你是酸淚盈眶，魔手殘酷。
那是一件最傷心的事，
「愛」使你不可愛了。
我所求歲月像流水般地逝去。
你會失去——
明眸裏的秋波，桃色的冰肌，
以及你殘酷的青春美貌。
那時候，唯有我會仍舊愛你，
你最後才能體會到我的眞情。
我所妒忌的年華，白駒似地過去了。
你已經失去——
明眸秋水，桃色冰肌，
以及你迷人的青春美貌。
呵呀！我不愛你了，
我也不管你是否愛我。

（譯者按：辜氏原詩，想必是文言韻體，一時實無法查攷，爰就翻譯後之英文詩句，再譯成中文，謬以千里，自知不免，乞讀者諒之）。

記吳北山先生

拙鳩

廬江詩人吳北山，曾官刑部，旋即棄去，其高風逸韻，有足多者，摭其一二佚事，以資談助。

客有遺鸜鵒者，蓄之有年，馴擾而慧，既而鸜鵒忽死，北山傷之，闢地以瘞，撰有瘞鸜鵒銘云：「鸜之鵒之，能言善辭，誰剔其舌，而戕其機，春庭秋宇，是因是依，輒有好語，浴初饗時，云胡化去，雨絕烟濉，聰明不祥，既詒余知，寂寂文檻，冥冥軒墀，我仿瘞鶴，銘以寓思。」

北山納一姬曰王威子，妙慧知書，生一兒曰之虎，別有一姬曰許君男，初北山與友戲曰，北人好旂裝，異日買妾，命名當曰君男，及納妾，詢其名曰金蘭，即諧聲以君男呼之，早卒，北山一再以詩悼之，葬於北山樓側。

北山幼時，嘗讀書北山樓，北山樓者，曾滌生開府江南時，為其尊人小軒公所築，蓋即其先祖京卿公所嘗講學近思軒舊址也。壁間有何蝯叟題額一幅，並跋尾，北山稍加修葺，蓄書四萬餘卷，吟歎其間以為樂。

白下有地名曰周河廳者，相傳為明李香君媚香樓故址，北山隨侍其父賃居其間，因有掃眉故事憐才子，載酒方春泊畫船之句。

臨桂龍積之宰蜀某縣，戊戌以黨禍罷官，潦倒滬上，既而龍女逝，貧無以斂，馳書乞助於北山，北山慨然解所御狐裘付質以濟之。

旅京津時，喜購古錢以自娛，拓有瘦盧藏泉四卷，如王莽金錯刀，及小錢，宋廢帝景和錢，遼天贊錢，明建文錢，皆世所希有，後歸江都方地山。北山又於京師買昌化雞血圖章十二方，吳昌碩為之鐫治，載於缶廬印譜。北山既寓滬，貧甚，以三百金質於合肥龔心銘，約期二年贖，越數載，居津積金欲贖取，龔持不可，泗州楊文敬公慨贈千金，為居間，乃得珠還，北山歿，此印章歸張薔公。

北山著作有師友緒餘，東行記，北山樓詩文集二卷，厥後又自改已刊詩一卷，津滬詩一卷，自書小楷以示其友，友忌其勝己，攜去不歸。

詩之可喜者，如云：「每因避俗恆遭罵，翻怪偷閒懶作詩」，又云：「短櫂空橫秋水闊，夕陽還抱遠山來」，又云：「且著閒情看落葉，難得幽恨託微波」，又云：「冷官未嫌身作僕，窮居聊借屋為禪」，又云：「神州多故交遊盡，滄海橫流國事非」，又云：「螃蟪光陰閒裏過，屠沽風味客中嘗」。

北山夫人合肥黃裳，亦擅詩，著有紫蓬山房詩鈔，其嗣君仲穆，有仲穆賸稿，長女弱男，適章行嚴，北山死，行嚴請康南海為銘其墓，墓在上海靜安寺湧泉側。

北山與章太炎、夏敬觀、狄平子、梁新會、汪穰卿、楊士驤、冒鶴亭、朱古微、李拔可、范當世、宋伯魯、蔣智由、文廷式、袁蔚廷、沈子培諸子相友善，尤與義寧陳伯嚴、瀏陽譚復生、豐順丁叔雅，過從極密，世有四公子之目。

北山師事寶竹坡，謹敬有禮，竹坡死，詩以哭之。陳鶴柴詞人則師事北山，北山死，鶴柴輯其遺作，刊以行世，並附手跡，石印留真。

北山書法得褚河南神髓，然不輕為人書，楹聯尤絕少，鶴柴有一四言隸聯：「心孝君父，志在聖賢」，瓌寶視之。茲鶴柴歸道山，此聯不知流落何處矣。

北山諱保初，字彥復，號君遂，晚號瘦公，自讀哀詔志慟，改號悲盦。

北山偶亦作詞，但寥寥祇數闋，集中有木蘭花慢、長相思、祝英臺近，綠意。

北山有妹，遇不淑，慘死，作哀妹文，不啻袁隨園之祭妹，而沉痛尤過之。

北山天性過人，其父小軒，以提督駐兵金州，病甚危殆，北山年十六，渡海刲股捄之，朝旨褒孝，小軒卽世稱吳武壯者是。

刋北山樓集，北山有自序，略謂：「性耽吟詠，又不皇暇求之古人，偶有所作，隨手拋擲，無復省錄，竊以詩之為技，卽能偶臻極詣，亦等之飛埃野馬，飄滅於天地之中，況詩又本不足存耶。惟自念生平，賦性迂戇，哀樂特過於人，然則是區區者，又保初諗癡之符，哀時之淚也，雖欲盡棄，若未能忍矣。」措詞不卑不亢，最為得體。

北山足跡遍天下，曾一度遊扶桑，如玄海灘、馬關、富士山等名勝，皆詠之以詩。

章受之、章俊之，皆北山外孫也。亦能詩，蓋北山薰陶之力為多。

狄平子平等閣詩話有云：「北山樓主人，一字瘦公，貧居滬瀆有年，昨歲有北里彭嫣者，耽其風概，委身事之，旋相從北去。今夏義寧公子過津門，戲題二絕云：酸儒不值一文錢，來訪瘦公漲海邊，執袪擎杯無雜語，喜心和淚說彭嫣。又彭嫣不獨憐才耳，誰識彭嫣萬刼心，吾友堂堂終負汝，彌天四海為沉吟。雖戲語其意彌深，錄之以存佳話。」吳辟疆撰有彭嫣小傳，陳劍潭更有彭嫣別傳，尤為詳盡，撮其要云：「彭嫣，字香雲，常州人，幼為伶吳越間，年十五，輒誦南北曲數百闋，而尤精劍術，稍長遊滬讀書，旋著聲北里，當時所傳金菊仙者是也。菊仙名既高，獲金養其親，久之脫身獨處層樓上，出則驅駿馬，擁幰車，攬轡絕街衢，廬江吳保初者，字彥復，故廣東提督謚武壯公仲子也，性肫摯，工文章，精篆刻，一時名流爭與之交，乙巳夏五月，大讌諸名士於海上，閧菊仙名招之，座客爭索曲，菊仙哀歌激楚，至咯血，彥復止焉，翌日菊仙病大作，門巷蕭寥，而彥復獨至，見厥狀憫之，奔走求醫，病乃愈。菊仙憬然悟，鍵戶謝客，獨約彥復為清談，一日，屏人白其志，彥復歎曰，吾妻悍，不克歸，旅居懼弗給，子其能處此耶！菊仙嫣然不復道，是年六月六日，竟與彥復同車歸，置客所逋數千金於不顧，院中大駭，而又弗敢沮，彥復自為天眖姻緣記紀其事。定情之夕，索為詞，遂譜滿庭芳為寵賫，菊仙大喜，浙中朱祖謀，江西陳三立，亦爭為詩詞稱之。嫣既歸彥復，名重公卿間，而彥復貧益甚，嫣且夕歌笑慰解之，居三年，貌轉澤，彥復嘗歎曰，吾得嫣，始知天壤間有生人之樂，彥復病，嫣刲臂和藥以進。」風流名士，得美人青睞有如此，聞有沈南埜其人者，為譜北山樓傳奇以張之。

古與今

黃胄

莊子在「胠篋」篇中說過：「子獨不知至德之世乎？昔者容成氏、大庭氏、伯皇氏、中央氏、栗陸氏、驪畜氏、軒轅氏、赫胥氏、尊盧氏、祝融氏、伏羲氏、神農氏、當是時也，民結繩而用之，甘其食，美其服，樂其俗，安其居，鄰國相望，雞狗之音相聞，民至老死而不相往來：若此之時，則至治已！」這是道家筆下的古代世界，比儒家說得更風流，所以常引起人們的景美。

就是不看莊子以及其他道家的描寫，人們細想到「古」，心裏總是景美個不止，不知爲了什麼緣故？難道人眞的生活在過去中的嗎？對於「古」，我們簡直有點執戀！

記得梅特林克說過這樣的話：「不獨物質的過去——那邊有些破敗處我們或者能把它補救——常供我們的眷念，而且我們對於那些斷絕了補救的癡念的過去也還是時時在心上的，尤其是那些被我們認爲最無可挽救的過去，我們更撇不開它。」是呀，越是絕望的事，雖然消逝已久，越是爲我們執戀！母親活着的時候，不知道她的恩慈；但倘若過世了，久遠得連夢也托不着了，連她老人家的屍骨也都化成黃土了，每逢寒冷清秋夜，心底湧上一股憶念，誰不切切下淚？眞想慈母再來摸摸我們的髮啊！委實要瘋了！又如少年時代的愛人吧：造化弄人，你跟她在一片柔情後突然分離了，桃色的霧散了，她也許變成幾個孩子的母親，也許額上都是皺紋了，你在海角天涯偶爾找出一封她的情書，你一定要感喟，空自惦念，像被一根無形的繩子拉着回到當初花下的喁談那樣，痛苦與惆悵的鐵圈把你箍住，兒的時候，竟使你無意再在現世活一分鐘。——古代世界離我們這樣遠，沒有方法去追回這失去的時間，怎不叫我們分外景羨，撇不開？

只要你會閉起眼睛來冥想，你準有幅古代世界的畫圖浮現出來，當然是使你愉快的——說句傻話，不愉快，也不會給你想像出來。

秋收完畢，農人是空閑了，東鄰西舍團坐在屋前，每人手裏一根旱烟管，打開嘴巴聊天了。一個說明天兒子娶親，一個說後天女兒出嫁，一個說大後天上鎭去買幾雙襪子，七張八嘴，說到話窮，一個年紀老的人突然說了：

「現在東西眞貴呀，一包洋火就要一塊多錢！」

「就是呀，穀糶得好，洋錢越不值錢，從前有皇帝，就兩樣了！」一個接口，把烟灰敲落在地上。

「皇帝眞好！」那個年老的人得意着說，「有皇帝的時候，一隻牛五兩銀子，新年裏買雙鞋子也只要六七角洋錢，完起糧來便宜得就像不要錢的。」

「我的爸也說皇帝怎樣怎樣好，」另一個年靑小夥子說，「現在民國了，什麼都不掙氣。不曉得皇帝什麼時候出來？」

那個敲烟灰的傢伙又說了：「什麼皇帝，是眞命天子！城裏出來的人說，眞命天子已經五歲，頭上生着兩隻角的。」

「頭上生角！」小夥子楞着眼問。

「自然，兩隻龍角！眞命天子，嚇，你就沒有看見過！穿的龍衣，帶的龍帽，睡的龍床，坐的龍椅，龍天龍地都是龍——老伯，對嗎？」

老伯給難住了，說：「大概是的，田東老爺也這樣說的，他在京裏做官的啦，我們老百姓那裏有這大福氣見萬歲？從前……」

說下去，說下去，不過是皇帝的世界；說的人天花亂飛，聽的人目瞪口呆，一言以蔽之，他們的懷古還是皇帝世界。什麼皇帝他們可不管，縱橫是古代世界得了。

讀書人——就是所謂「士」這一種人物——也愛懷古。古有王，王有明昏之別：讀書人想念古之明王。他們想古之明王，不是爲了物價便宜，像頭腦簡單的農人那樣，而是可以做官。大學裏幾個不得志的同學常常說：「大學畢業有什麼用？以前十年窗下就可以上京趕考，現在十六年窗下連考秀才也沒有份兒了！」說這話沒有見識，科舉時代很少有明王的，因爲明王年年微服出行，看見有才的人立刻給以提拔，不叫他寫八股文來「科舉」一番的。「舜發於畎畝之中，傅說舉於版築之間，膠鬲舉於魚鹽之中，管夷吾舉於士，孫叔敖舉於海，百里奚舉於市」，孟子說的就是事實。膠鬲賣鹹帶魚，遇見文王就執朝板，豈不大快人心？舜誅鋤草茆以力耕，堯怎樣待他？孟子說得好：「堯之於舜也，使其子九男事之，二女女焉，百官牛羊倉廩備，以養舜於畎畝之中，後舉而加諸上位，故曰，王公之尊賢者也。」不錯，「尊賢者」，那個士子不想？恐怕孟子如此形容堯的優遇舜，自已也想做舜吧？他說過「所謂故國者，非謂有喬木之謂也，有世臣之謂也。……國君進賢如不得已，將使卑踰尊，疏踰戚，可不愼與？……如此，然後可以爲民父母。」孟子有浩然之氣，做不了大官還可以自慰，像韓愈這樣求進心急的人，布衣在身，眼望侯門如海，怎能不夢古？退之的信十分之九是牢騷，最好的莫過於「後廿九日復上宰相書」那封，且聽他說：「愈聞周公之爲輔相，其急於見賢也，方一食三吐其哺，方一沐三握其髮。當是時，天下之賢才皆已舉用……其所求進見之士，豈復有賢於周公者哉？……然而周公求之如此其急，惟恐耳目有所不聞見，思慮有所未及，以負成王託周公之意，不得於天下之心。……非聖人之才，而無叔父之親，則將不暇食與沐矣，豈特吐哺握髮爲勤而止哉？維其如是，故於今頌成王之德，而稱周公之功不衰。」一句話，士人所戀的古代世界要有一個明王，最高的代表當然是周公了。

哲學家——即不大想做官的讀書人，可美名之爲「儒」——有他的古代世界。這裏，儒比士把時間推得更遠：士推到周公，儒通常遠及唐虞了。儒家說唐堯虞舜是聖人，聖人之治自然美不勝收，儒家大宗師孔子說：「大哉堯之爲君者！唯天爲大，唯堯則之。蕩蕩乎民無能名焉，巍巍乎其成功也，煥乎其有文章也！」孔子的稱贊只用些「蕩蕩乎」，「巍巍乎」的字，因爲太美了，反而不能縷舉了——不過有一點可以注意，孔子筆下的大堯並不指示出可以「學而優則仕」的局面，所以孔子的「氣派」到底比韓愈大。孔子又說：「不獨親其親，不獨子其子，使老有所終，壯有所用，幼有所長，鰥寡孤獨者皆有所養；男有分，女有歸；貨惡其棄於地也，不必藏於已；力惡其不出於身也，不必爲已。」這樣的說法，據前進批評家說，是孔子的烏托之邦，屬原始共產主義，與動物世界——譬如說一條蟲——無異。

歷史家想像古代世界是拿手傑作之一，其時間更在唐虞之前了，實在是個動物世界。所謂古史專家的記述，事涉專門，不必多談，還是拿「禮運篇」來看：「昔者先王未有宮室，冬則居營窟，夏則居橧巢。未有火化，食草木之實，鳥獸之肉，飲其血，茹其毛。未有絲麻，衣其羽皮。」這樣原始，那裏含有文物制度？這局勢至多維持到神農，以後便不對勁了。「商君書畫策篇」上說：「神農之世，男耕而食，婦織而衣；刑政不用而治，甲兵不起而王。神農旣沒，以强勝弱，以衆暴寡。黃帝作爲君臣上下之義，父子兄弟之禮，夫婦妃匹之合；內行刀鋸，外用甲兵。」如此說來，被中國的老莊，外國的盧梭所夢想的自然世界，到神農爲止——神農離我們已這樣遠，還談得上先神農時期？神農之後就產生文物制度，一直傳到今天，有什麼價值呢？也許只供我們寫寫打油文章而已。

藝術家的心中，古代世界盤旋得够久的。他們說什麼「快樂的黃金日子」，想念着荒古的神話，崇拜希臘，彷彿近代世界孕育不出他們藝術的靈性似的。且以Baudelaire一首詩爲例：

我愛這裸體時代的記憶，
因爲那時日神喜歡把那些彫像裝金。
男人與女人活潑地，
享樂，不撒謊，不躭憂，
讓可愛的天撫着他們的背，
而鍛鍊出他們身材的健康。
高雅，雄壯，强大的男人，
應驕傲於使他爲王的美；
損害中的純潔之果，損汚中的處女，
光滑强健的肉正好叮咬！
今日的詩人，雖然希望懂得
這本來的偉大，但看不到
男人與女人的赤裸，
便覺得一陣黑色的寒冷裹住他的靈魂，
在這充滿着恐怖的黑色的畫前。
啊他們可惡而可哀的衣服！
啊可笑的軀體！戴着假面具的身子！
啊可憐的彎曲，瘦弱，臃腫，衰疲的身體
給實用的神，如比可恨而沉重地，
夥伴們呀，用銅的裸包住了呀！

各色人等的古代世界再也挽不回來了，它已像輕烟似地逝去了；但是，不逝去，它便變成現代，能被熱烈地執戀着嗎？

同「古」一比，「今」顯然是個棄婦了。不知在那個劇本裏有這樣一句話：「我們是生活在過去的思念與未來的夢想中。」就沒有「現在」這一份，你想可憐不可憐？人是一種複雜的動物，愛捉摸不到的時間，而恨身歷目覩的時間；要把這原因分析一下吧，却是複雜得無從下手。

不論熱心腸的人怎樣鼓勵着，對於「今」，誰都沒有好感。

「今」同「古」是兩個相對的概念：現代人心目中的「古」，在當初也是「今」；所以被現代人愛着的「古」，在當初就沒有人愛。春秋戰國的時代，我們現在說來，是「古」，是多麼可羨慕；可是，那時代的人就恨它，隨便說，拿墨子的話來看：「今有大國卽攻小國，有大家卽伐小家，强刼弱，衆暴寡，詐欺愚，貴傲賤，寇亂盜賊並起，不可禁止也。」不是被攻擊得體無完膚嗎？

也許在一致憎恨「今」的運動下，世界因改革而向前進了。

對於「今」恨得最厲害的，不僅是他所生存的時間，卽使他所寄托的天地也是可恨的。「從我們看來：皎潔的明月是天上天亡的屍體；燦爛的太陽是十萬里高的太空中的飛騰而可怕的猛火團；花卉的嬌姸是植物暴露勃起性器官的醜態；鳥啼虫叫是它們爲生存競爭而作的悲慘呼聲。春夏秋冬的輪轉是爲寒時寒極，熱時熱極，終於免不了生老病死的我們而設的。獸不是爲人去獵而存在的，魚不是爲人去釣而生活的，山川不是爲人去看而成畫圖似的，動植物不是爲人去吃而生長的。人比獸，魚，山川和動植物，是出生最遲的幼子，是庶子。蚊虫說：『人血味道眞好！』傷寒菌說：『人體眞是樂土！』……我沒有囑託父母生我，也沒有約定生出後把我弄死；生死間的苦樂得失直如行雲流水。我們不知道生之可喜，也不知道死之可悲：一切是無意味，無趣味。」（狩野謙吾所著「神經衰弱自療法」上的例子）你可說這是神經病，不過世上的確有着這種人。

「這是悲觀主義」，有人可以這樣說。那末就來談悲觀主義。哲學上談起來，這是個大題目；簡單地，這批叔本華的門徒是從絕端痛恨「今」這心理上產生的。他的世界，他的時代，甚至他的自身，一概被他目爲毫無愛戀，當然給他所恨。你可說他帶了一副灰色的眼鏡。這裏有首刊在一本舊雜誌上的詩，摘錄幾行在下：

總之，是太早了，當幸福還只是酸果，
便被摘下，而今日只剩有人生的枯梢了。
智慧的繁星已隕碎，沉淪於無底的陰冥，
情感也是噴吐了的溶岩，浸透了
宇宙的森冷而凝成了石塊，墮下來……
是的，童年的純潔的小火星自已熄滅，
而不久前的掙扎的姿態與暴風雨的挺進，
也成爲不能信任的淡影，顯示着陌生。
猶有尾音的過去已滑入了無限深的古代，
歡快都結成了化石，埋沒在歷史的地層。
在這嚴寒的世紀，希望的活流都已經
凍成了冰，深潛着鬱憤而安息了……
無事忙的歲月過去了，依舊是預言的徘徊
可是地球的輪轉却絞曳着無機的年代，
壓縮了生命，而淪落於衰老的悲哀呵……

——番草：「自畫像」

多沉重的悲觀主義！比語無倫次的神經病更能動人。瞧：詩人不停地呪咀着他的「今」，對於「古」却盡量地歌頌着。

悲觀主義在情感上憎恨現實的世界，如果理智强，一定有代替呪咀的諷刺出來。諷刺家認爲呪咀像女兒態那樣沒用，就是拉直了喉嚨把現實呪咀一千次，現實還沒有一分一厘的改變——把冷諷熱嘲箭似地打在現實的身上叫它感到痛，難受，到後來或能收着幾分實際的效用。所以諷刺家並不躲避現實，他挺身向現實迎去，爲了放他的箭。這種場合中，魯迅是最好的標幟。在外國，當然要算到蕭伯訥。假使你以前念過蕭的「人與超人」的話，下面一段諷刺「今」的話你準沒有忘記：「你的朋友都是些最無聊的狗。他們不美麗，而是裝飾出來的；他們不清潔，而是穿得時髦；他們不尊嚴，而是混混大學的；他們不虔信，而是到教堂裏去坐坐；他們不道德，而是守舊；他們不守身，而是怯懦；他們不作惡，而是意志薄弱；他們不藝術，而是好色；他們不發達，而是暴富；他們不忠心，而是靦覥；不負責，而是受人指揮；不愛公，而是黨私；不勇敢，而是好鬥嘴；不決毅，而是固執；不領導，而是壓制；不自制，而是蠢鈍；不自尊，而是虛榮；不和愛，而是感情用事；不大方，而是與世浮沉；不誠摯，而是僞禮；不聰明，而是發怪論；不進步，而是好亂；不公正，而是報復；不慷慨，而是從中漁利；不守規則，而是被恐嚇，最後不誠實——他們每個都是撒謊者，深入骨髓的撒謊者」。刻毒的挖苦，刺骨的譏嘲，蕭伯訥對於「今」竟如此沒有好感！

我們不相信現實主義者愛他的現實。佛洛貝爾與杜司妥益夫斯基是十足的現實主義者，可是除了「暴露」外又有些什麼東西？這裏所謂「暴露」，係專指現實的黑暗面而言：盡情揭破現實的敗壞處，對於「今」，同樣地沒有好感。

佛杜二氏是舊的現實主義者，那末所謂新的現實主義者又是什麼？他們是眞的贊美愛護現實嗎？與其說他們愛「現在」，不如說他們愛「未來」——或者說在現實中寄托着一個興奮的理想。

只有未來眞正值得我們的愛。人而沒有理想還像什麼人？把眼光放得遠點，透過汚濁，前程是清澈的一片。

讓死了的過去死了吧！回頭看的人請問怎生前進？

沒有人愛現在，也好，因爲只有做投機生意的人愛現在。愛它也好，但希望你能站在它上面瞻望着那末來。

我與日本

周幼海

父親是日本留學生，父親與母親詩意的戀愛後，兩人一起來到日本，在日本過了婚後的生活，這樣我便生在日本。父親現在有着極多的日本朋友，我現在在日本讀書，也認識很多日本朋友。所以，我與日本的關係是很深的。

假使當初父親母親不要我了，不在我八個月時帶我回青島外祖父處，而將我丟在日本，永遠不要我；更假使有一位日本老太太，像牧田老太太（關於這老太太的事，看過父親「扶桑笈影溯當年」一文的人，總不是生疏的吧。）看見一個小娃娃，很可憐而撫養成人，在東京或京都或神戶長到二十二歲的話，那這個我，也許不姓周了。也許叫什麼大郎二郎了。也許這個我，叫喚傭人時，一樣會拍幾下手以代之了。也許這個我，到那裏一坐下來，不管是什麼公衆場所，就會脫脫自己鞋子了。也許這個我，更喜歡喝酒，而喝了酒後，在非醉裝醉時，一樣會拍着手高聲唱歌了。但是，父親母親並沒有這樣不要我，我乃是不幸（這是消極的看法），或是，幸運的（這是積極的看法），生長在中國，受了中國的教育，愛好中國像發狂一樣，所以，上面說的幾件事，我沒有一樣會做。就是一定要我做的話，也極其勉強。

反過來說，假使我現在要入日本籍，我想，不一定會受歡迎，因爲我不能像吳清源那樣下得一手好圍棋。所以，不管我怎樣不滿意中國的現狀，不管我怎樣以爲中國現在是亂七八糟，我生爲中國人，死爲中國鬼。這並不只是在封建時代才能說的話。如果有誰不讓我做中國人，我寧可立刻去死。

但是我對日本是極有興趣的，除了中國外，我想，我也應該最愛日本了，我愛中國是與愛日本不同的，愛中國，假使中國不愛我，我仍一樣愛中國，愛日本，假使日本不愛中國，就算日本非常愛我，我也不會愛日本的。這是我永不會相信宗教及與托爾斯泰思想不合的最大的原因。

當然，在我年紀更小一點時，除了據說自己是生在日本的以外，對日本並不知道什麼。頂多也不過聽說日本人是矮子（這點絕對不正確）和日本人就吃生的食物之類。而那一年，南京日本大使館的一位館員，忽然無所事事人不知鬼不覺的跑到紫金山上去住了幾天，驚動整個南京城的事，更使在當時是一個小孩子的我，覺得日本人有點莫名其妙。到現在，我是知道得比較清楚了。

所謂對日本有興趣，並不單指好奇心。我下決心願意正確的認識日本，而更希望自己能使日本人正確的了解中國，尤其是中國的青年。但是，我這個決心，歷史也非常淺，不過短短的四年。比起中國的知日家，以及日本的「支那通」來，是小巫見大巫。可是，依青年的急進的說法，他們都是落伍者，一一將被時代淘汰。

我正式認識日本人，是民國二十八年的夏天，從港到滬去看父親，商量來日本的事。談不到商量，我曾說我等三人（梅孝增兄我及羅伯偉弟）之來日本，實在所說是神使鬼差，說來就來了。在虹口，我第一次看見犬養健先生，很給我一個驚奇，想不到日本也有這麼文質彬彬的紳士，知道他會是一個小說家後，立刻就愛好上他，因爲那時自己正迷醉於小說，讀與寫作，第二位認識的是西園寺公一先生，他說的英文使我們很驚奇，在東京常和他在一起，曾和他去滑雪一次。第三位是影佐禎昭中將，在我所有認識及知道的日本人中，我最佩服他，理由將來再說。第四位是伊藤芳男先生，他是我所見過的日本人中，最不性急的一位。他陪我們三人從上海坐船到長崎，再到東京。我永遠忘不了，到日本的第一晚，在下關及廣島間的一個名叫富海的小站上下來，三人簡直像木頭人一樣的跟着他，那晚有很好的月亮，照着在靜靜的海濱，如今想起來，就等於是一個古老的夢！

這是我最初認識的四位日本人，給我們的印象都非常好。至於還有很多其他友人，以後，如果一點熱情還在的話，我將陸續的寫下來。

現在，先說日本的衣，就是和服。當然，要一個中國人去穿禮服，除非他非常習慣，是一定感覺不舒服及不方便的。尤其是將脚分開來穿襪子（足袋），是一件令我們痛苦的事。但是從審美的觀點說，我認爲，假使一位很漂亮的日本上流小姐，穿了一件很漂亮的和服，的確是很漂亮的，譬如冬天裏，馬路上，假使能看見上述的這樣一位小姐，因爲太冷，圍着圍巾，縮着兩手用以遮住臉龐的下部份，而以小脚步，很快的走着時，就可以欣賞一幅所謂有着「日本趣味」的圖畫。

至於食，我最愛「刺身」（或是生魚片）。有很多中國人愛吃「牛鍋」，我覺得與其吃「牛鍋」，那烤肉及?肉的味道好多了。「天婦羅」的味道是不及中國的炸蝦的，而鰻魚不膩了，絕比不上我家裏的熱烘烘的一碗又辣又香的鱔魚片。惟有「刺身」才是日本特有的，淡淡的，因爲作料有一點辣。吃「刺身」，有讀一首短短的俳句的味道，但是這些東西現在沒有一樣可以吃得到了。至於日本酒，我不怎樣愛，第一因爲沒有漂亮的顏色，雖有點像香檳，但沒有那可愛的泡沫，第二進口太容易，沒有餘味。第三似乎太不兇。

中國人或是西洋人，對日本的房屋，大槪都感覺不方便，坐久了，腿會酸得不能再站起來。一位日本太太和我說，假使她住到完全是地板椅床的屋子裏去，一定會不便之至。這句話對我們也許很奇怪，對他們却的確是這樣，日本的家庭及庭園之佈置，是極有「日本趣味」的，我很愛好。但與中國的趣味比較起來，我當然愛好自己國家的趣味。還有一件可說的事，就是日本的洗澡，立刻就使人想起男女同浴，男女同浴現在是絕對禁止了。但是我曾遇見過這樣一件事，有一個冬天，和伊藤芳男先生及伯偉去滑雪，去的地方是水上溫泉。到了的第一天，我們去洗澡，我和伯偉先去，進去後，看見裏面已經有一個女人，嚇得我們連忙跑出來，以爲跑錯了地方。結果在外面看了半天，知道洗澡的地方只有這一個。只好等伊藤先生來，三人一起進去。

關於行，能說的有兩點，第一是日本人走路的姿勢既與西洋人不同，也與中國人不同。常常在東京能看見一位尙是可人的日本小姐，卻有着極其奇怪的走路姿勢。這是坐蓆子的關係。第二是日本交通之便利，及旅行事業之發達。以前我常常去山上或海濱住一兩天，但是現在不行了，外國人離開東京要有旅行許可證。

日本的風景是秀麗的，人人都這樣說，我似乎也只好這樣說。但是，每當我到一個什麼山上去時，我往往想到去過的泰山。每當我到一個什麼湖濱時，我往往想到去過的西湖。我更想到國內的多多少少名山勝地。我去旅行時，總說是去休息休息，但每次回來，只是更感覺寂寞。在寂寞中才能思索，才能研究人以及自己！

關於日本近七八十年以來的進步，我絕對佩服。明治維新來，採取了西洋的學識，更保有其本來的一切（關於這本來的一切，常常引起中國人和日本人的爭執。）以成功了一種他們所謂日本的特殊的文化。而現在更從以自由主義爲基本的資本主義國家，一躍而爲全體主義的國家。我卻以爲日本是世界上最適宜實行全體主義的國家，也可以說日本的全體主義，具有一種特殊性。這些，都是我們應該加以深切注意的地方。

而我們並沒有什麼可誇的，漢唐時的偉大，也僅只是歷史而已。雖然我們絕對應該愛好自已的歷史，但常常將一千多年至四千年的歷史以爲誇耀，是一件可恥的事。雅典與斯巴達，現在也不過僅供後人憑吊而已，我們現在是不及人家的，我們應該從近百年回想起，爲什麼我們會喪失香港、安南、緬甸以及其他其他，爲什麼我們會有很多喪權辱國的不平等條約。日本古時的文化，是從我們學去的。但是我倒要深深記着這點，我們現在不能與世界一等强國正正式式作戰，而他們能。

我說過日本有很多「支那通」的，我非常佩服他們在各方面能形而上學的研究中國。他們能解釋上海或北平的洋車夫爲什麼要討價還價，比洋車夫本身還來得清楚。他們能說出中國人爲什麼不「快快的」而一定要「慢慢的」！他們更能指摘中國之糟糕，全在「要面子」，「馬馬虎虎」，與「沒有法子」。在他們眼睛裏看見的中國，與中國人眼睛裏看見的中國是不同的。但我仍然不能不佩服他們研究中國之頭頭是道。可是，我並不希望自已能研究日本像他們研究中國那樣！對於日本人之拍手喊傭人，我的解釋是他們認爲這樣較用口來喊爲有禮貌。對愛脫鞋子，不過是讓自已的脚舒服舒服，而被認爲在公衆場所是可以這樣做的。至於喝了酒拍着手唱歌，那不過是興致來了。我並不依自已高興去亂加以解釋。我絕不會，也永不會說日本人之氣量小，是因爲他們每天跑到對我們燙得不得了的洗澡桶裏，而臉上卻有着「非常舒服」的表情（這四字還不够形容），哼着「氣持かいい」——就是很舒服的意思。

現在東京留學生非常多，過去，當然也非常多。但是，我曾聽見過這樣的說法，「中國到日本的留學生，回國以後，對中國是成功的，對日本卻不成功。中國到英美的留學生，回國以後，對中國是不成功的，而對英美卻是成功。」這說法，除了我不知道爲什麼沒有提到中國到德國及法國及其他國家的留學生外，僅在表面上看來，是予以同意的。原因是這樣，中國到日本來的留學生，很容易養成愛國心，結果回國以後，就成爲抗日家。而英美的留學生，在英美，享受了物質生活，跳舞，及西洋式的交際，回國以後，處處駡自己國家不好，而形成了所謂「英美依存」。關於這問題不是簡單就能討論的，但是我的意思有三點，第一凡是留日學生的抗日，都是說受日本刺激而成的。第二，現在日本所希望於留學生的，絕不應該是英美會經得到的成功。第三，英美之是否成功，還是一個很大的問題。總之，這種情形是不幸的，應該反省。最初我覺得應該反省的，是日本人及在英美的中國留學生。後來我覺得這想法，是站在中國人的立場，似乎太自私一點。換在日本人的立場，應該是在日本的中國留學生及英美人反省。但是，我再想想，這仍是不對的，聖人只求自己反省，不求人家反省。自私及不講理的人，是只求人反省，自己絕不反省。可是我再想想，在這種世界上，都是因爲要人家反省，才說自己在反省。我雖不願做一個聖人，但卻願常常反省！我的反省，也不過因爲自己有一個志願，我的志願是永遠愛好光明與純潔，以一顆誓爲全中國謀幸福的心，與阻礙中國進展的黑暗的勢力相鬥爭！

關於日本，我僅只說了我要說的千萬分之一。我仍在，而且永遠以客觀及正確的態度去觀察，研究與思索，我希望自己能有一個好的結果。假使我對自己不失約的話，假使那時我仍有一晚不睡覺來寫作的熱情的話，我將有一個具體的寫作計劃，我將很熱忱的貢獻自己研究的結果給我們的青年，使他們能清楚的知道日本，這是每一個中國的新青年所必需知道的事。這以後，每一個中國人，老的少的，都與日本有極深的關係，在這種情形下，假使我們不能正確知道日本的話，對於我們自己是沒有好處的。

我現在在東京讀書，每天和日本人在一起，他們關心我，我非常感謝。我想，也許我下次回國去，會　先一個「我的理想」（這是不可能的），我與她戀愛再結婚（如果上面是可能的話，這當然可能。）也許我倆像父親母親一樣的到日本來（就算上面兩個都可能，在現在，這也是不可能的。）過着婚後生活。更也許我倆有了一個小孩子，而並不將他丟掉，當他八個月或九個月時，帶他回國去的話，等他長大了，我希望他呼吸了中國的空氣，受了中國的教育後，願意上日本來，（我絕不強迫他來）像他的父親與他的祖父一樣。而我料想他，一定對日本也有着極大的興趣，更超過他的父親與他的祖父。但，我更希望的是，他，以及他的孩子，以及他的孩子的孩子，永遠要記着這句話，「如果有誰不讓我做中國人，我寧可立刻死！」

古今文摘

六書中有所謂轉注假借者，即等於今日之寫別字及讀別字。如流漣之通留聯，絡繹之通駱驛，差池之通柴池，逡巡之通俊尋，慨慷之通凱康，而強字本爲虫，今通作強弱之強，黨字本限鄉黨，今亦通朋黨政黨（強應作彊黨應作攩）。其故或因先民文字組織，尙在草創，遇有音無字，或有字無音時，不得不出諸別讀別寫矣。以今例言之，前者譬如沙發瓦斯等，究竟如何方爲正寫即無法肯定。後者如劉半農氏發明之「她」字，今亦未有確定之讀音。此在古人，即謂之轉注假借矣。且如別字一詞，或云應作鼻字，或有寫作白字，似亦莫衷一是。故嚴格言之，無論何人，無有不寫（或讀）別字之可能及機會。何況古人可別寫別讀，今人自未嘗不可。當代大學者如故魯迅及陳望道曹聚仁諸氏，對別字問題都有精到之論斷。開且引起筆戰。作者非敢於此提倡寫別字讀別字，祇以爲偶有別寫別讀，究不同於寫訛字錯字，實在毋須大驚小怪也。（撞）

古今出版社啓事

茲因古今半月刊與國民新聞圖書印刷公司承印契約期滿，本社另委中國科學印刷儀器公司繼續承印。在此交替中，爲免排印草率及脫期起見，特將七月十六日出版之廿七期及八月一日出版之廿八期，合併爲夏季特大號，事非得已，伏祈讀者鑒亮。至第二十九期，仍當於八月十六日準時出版，決不致悞。特此通告，幸希公鑒。

古今出版社啓

周佛海先生散文集

往矣集

增訂三版業已出書

往矣集自一月中發售以來，兩月之內，銷罄兩版。茲經作者手自校正誤字，並加添新材料，完全改排，業已發售。在售罄期中，諸勞承購者函電交詢，敝社無以應命，多多不安，特此致歉。並希即日賜購為荷。

每冊實價中儲券拾元

古今出版社發行

古今半月刊訂閱辦法

自三十二年六月一日起，前此本刊之訂閱辦法，概予廢止，除未到期者續予按期寄發外，此後定閱，半年預繳六十元，全年一百二十元，按期扣除，照定價八折計算，以示優待。蓋當此物價靡定之日，不得不採取此種權宜辦法，想為讀者所洞鑒也。

古今合訂本第四冊

本刊合訂本，以內容豐富，裝訂精美，銷路不脛而走。茲值出滿二十四期，特將自第十九期起迄二十四期，合訂為合訂本第四冊，實價每冊伍拾元，訂數不多，欲購者祈捷足先得為要。

上海郵政管理局暫准登記證第四〇〇〇號

本期每冊特價拾元

古今

原書
原樣

古今出版社印行

古今半月刊第二十九期目次

中華民國三十二年八月十六日出版

社長　朱　樸

主編　周黎庵

發行者　古今出版社　上海亞爾培路二號

發行所　古今出版社　上海亞爾培路二號　電話：七三七八八號

印刷者　中國科學印刷公司

經售處　各大書坊報販

零售每冊中儲券八元（聯銀券一元五角）

國民政府宣傳部　登記證滬誌字第七六號

預定	
款項先繳	照價八折
半年　一百元	全年　二百元

樸園隨譚（一）

朱樸

引言

這一篇文字預告已久，所以遲遲至今方克刊出者，則以本刊名作如林，實在輪不到不佞自獻其醜也。民國二十九年四月十五日，我從上海某名收藏家處購得文徵明亘幅眞蹟一件，得意之餘，就在卷面上書「民國二十九年四月十五日樸園主人購於上海」十九個字，這是我自稱樸園主人之始。

我在本刊創刊號的「四十自述」一文裏，曾經說過我是生長在無錫縣景雲鄉全旺鎭上的，所以十十足足是一個鄉下人。全旺鎭在錫城之東北，距元處士倪雲林先生的墓址芙蓉山約有五里之遙，全鎭有一百餘家，姓朱的占百分之九十九，蓋都是徽國文公的後裔。居民大都是以耕農爲生，其次則是小商人，至於讀書的，則不過寥寥一二家而已。

不佞就是這一二家中的所謂書香子弟。全旺鎭以我們家裏的房子爲最大，從大門到後花園，共有十幾進房子，論間數當以百計，共住叔伯從弟兄等四房，男女老幼總計有數十人，整個的是一個典型的大家庭制。大廳上設了一所家塾，除了當時我們本宅的五六個小孩參加讀書外，鎭上其他各家的孩子們也都有來附讀的，總數在三四十人左右，頗爲熱鬧。課餘之暇，我最喜歡的消遣是釣魚。全旺鎭的東西兩端都是河浜，外通蕩河，著名的「放馬灘」即在東西兩浜的浜口，沿浜滿植柳樹，兩岸都是桑田，當一葉扁舟從蕩河中划進浜口的時候，頗有令人生如入桃源的感想。唐李紳有詩詠之云：

丹樹村邊煙水微，碧波深處雁紛飛；
蕭條落葉垂楊岸，隔水寥寥聞搗衣。

描寫眞切，有如圖畫。在一年四季中，我最愛的是夏天。每當晨光熹微或夕陽西下的時候，我總是一根釣竿，坐在東浜垂柳旁的一個石級的碼頭上，目注游魚，耳聽蟬鳴，當時雖還年幼，不懂得什麼叫做詩意，但心靈上感覺到悠閒與舒適，則是不可否認的事實。

十歲後我離鄉赴城中讀書，每逢春秋佳節（淸明與重陽之翌日），例隨先公赴惠山掃墓，有一處祖塋在五里湖左右，我特別賞識其地景物之幽美。因爲五里湖中沿湖幾幾乎都是魚塘，漁歌烟樹，有如仙境。華淑五里湖賦中曾以比諸武林西湖，謂：

西湖之勝以豔，以秀，以嫩，以園，以堤，以橋，以亭，以祠墓，以雉堞，以桃柳，以歌舞，如美人焉。五里湖以曠，以老，以逸，以奔蕩，以蒼涼。俠乎仙乎？而於雪，於月，於烟雨，於長風淡靄，則目各爲快，神各爲爽焉。

這個比較，十分確當。我最最喜歡五里湖的是湖水澄清，無與倫比，各魚塘中遍植荷葉與菱芰之類，極清逸瀟灑之致。這個印象，始終不忘。我於十六七歲時到上海讀書後，二十多年來離鄉背井，奔波四方，人事滄桑，飽經憂患，當年抱負，百無一償，自維秉性愚戇，與世不合，久思披髮入山，以耕讀自終。尤其是前年最鍾愛的榮兒夭折後，精神更失寄託，因是益興返鄉之念，重溫童年釣游之夢。竊願戰事結束天下太平後，決計到五里湖畔購地兩畝，築屋三間，閉戶讀書，以了此生。那三間茅屋和附近的空地我擬名之曰「樸園」，自己即毫不客氣的以「樸園主人」自居，這就是我目前——也可以說是畢生唯一的理想。

這個理想雖小，可是何時方能實現，實在難說。恰巧最近我在滬西找到一所房子，地處冷僻，稍具花木，略有一二分理想中樸園的意味，因即自題爲樸園。嗚呼！望梅止渴，聊以自娛，此情此景，不亦大可憫乎？

樸園主人雖年事尚輕，但涉世則已不能謂之不深。閒居無聊，不甘沉默，頗願以其本人之經歷及感想隨時發之於文章藉以洩其胸中之積鬱。興到即寫，興止即停，談古說今，指東話西，既無系統，又無倫次，見仁見智，是在讀者。

恒廬主人之言

恒廬主人在上期古今的「廣州之行」一文裏，曾說他平生有三大憾事：就是（一）最愛讀詩而不能作，（二）最愛山水畫而不能畫，（三）最愛聽京戲而不能唱。眞奇怪，這完全全不啻爲不佞寫照，可謂實獲我心了。我幼時從家塾進東林高等小學（即東林書院舊址），再進中學及大學，雖然以國文一門最稱擅長，大考時沒有一次不名列前茅，可是不曉得爲什麼緣故，竟沒有研究音韻之學。到後來要想補習，已覺力有未逮，每念及此，輒引爲生平第一憾事！自維我的性格和天資，與詩極爲相近，果能自小研究，則大概不致會沒有什麼成就的。少壯不努力，老大徒傷悲，現在追悔，有什麼用呢？

我覺得不會做詩等於啞子，胸中雖有千言萬語而無法足以表達一樣。尤其是當身經極大激刺的時候，如不能將心中的感傷寄之於詩而發洩出來，則眞有如啞子吃黃連有苦說不出之感。前年榮兒夭折之後，一直到現在，我無時無刻不在愴傷欲絕之中。可憐我既不能文，尤不能詩，無法足以抒寫胸中之隱痛，不得已祇有天天默誦曹子建的慰子賦以申同感而已。曹氏之賦曰：

彼凡人之相親。小離別而懷戀。況中殤之愛子。乃千秋而不見。入空室而獨倚。對孤幃而切嘆。痛人亡而物在。心何忍而復觀。日晼晚而旣沒。月代照而舒光。仰列星以至晨。衣霑露而含霜。惟逝者之日遠。愴傷心而絕腸。

這種傷感到如何程度的詞句，若非同病相憐之人，是決不會體味得到的。所以我雖不會作詩，却最愛讀詩，尤其喜歡讀一切傷感之詩。年來閒居無聊書空咄咄之餘，我的唯一消遣與慰藉，祇有讀詩而已。

其次，講到山水畫，則我的愛好，實不亞於讀詩。我在古今創刊號的「四十自述」一文裏，曾經提及先公是無錫著名畫家之一，我幼時耳濡目染，無非是畫。先公最初是本來希望我能傳其衣鉢的，後來因爲看見我臨習芥子園畫譜一塌糊塗，認爲不堪造就，所以遂放棄他的初衷。我對於繪畫實在一點沒有天才，可是我愛好繪畫——尤其是山水畫——則好像出自天性。十歲以前，我已經知道什麼「宋元」「四王」等名辭了，雖然莫明其妙，但可以說是略識之無。我記得先公最愛的是一幅祖傳的秦炳文的丈二山水大中堂，那一幅畫平常時候是不輕易懸掛的，除非遇着家裏有喜慶之事才高高的懸在大廳的正中間。那一幅畫極丘壑雲煙之勝，絕非一般凡筆所能企及。按秦炳文是敝同鄉無錫人，初名燡，字硯雲，號誼亭，別號古華山樵，清嘉慶癸亥生，同治癸酉卒。生平寄情詩酒，愛古如命。畫擅山水，師西廬老人，而臻其勝境。他的姪子祖永（字逸芬，號鄰煙，別號楞煙外史），山水也宗西廬，筆墨超脫，氣味深厚，鎔鑄關荊董巨倪黃吳王諸大家於一爐，臨撫之作，幾可亂眞，與乃叔爲晚淸吾邑名聞遐邇的二大畫家。祖永的眞蹟我不曾寓目，但是見過珂羅版印的他的臨撫卞潤甫的「姑蘇十景」，頗爲贊賞。十景之中，我尤愛「鄧尉梅花」，「天平疊翠」，「光福秋靄」，「靈巖積雪」四幅，筆意蒼老之中而不減秀逸之氣，允稱雋品。祖永又善書工詩，著有「桐陰論畫」，「畫學心印」，「畫訣」等書，論述精湛，足爲後學津梁。

去年我買了一本日本出版的「支那名畫寶鑑」，閒居無事，常常翻覽以自遣。裏面我所最喜歡的山水畫是：

宋：郭　熙·溪山行旅圖
江　參·廬山圖
馬　遠·對月圖
元：趙　雍·溪山漁隱圖
高克恭·春雲曉靄圖
陳仲仁·仿巨然山水圖
李　倜·淸風高節圖
柯九思·溪亭山色圖
朱德潤·春江柳塢圖
唐　棣·浮嵐暖翠圖
王　蒙·秋山草堂圖
倪　瓚·西林禪室圖
吳　鎭·晴光送爽圖
楊維楨·歲寒圖
盛　懋·秋林高士圖
明：沈　周·策杖圖
文徵明·茂松淸泉圖
唐　寅·西洲話舊圖
文伯仁·四萬圖（萬壑松風·萬竿烟雨·萬頃晴波·萬山飛雪·）
張　靈·漁樂圖
仇　英·送別圖
錢　穀·惠山煮泉圖
關九思·白雲紅樹圖
王建章·廬山觀瀑圖
清：吳　歷·聽松圖
釋道濟·溪山釣艇圖
王　翬·夏麓晴雲圖
王　槩·聽泉圖
黃　鼎·武夷九曲圖
華　嵒·白雲松舍圖
錢維城·江閣遠帆圖

今年我又買了一部「支那南畫大成」，我最喜歡的是裏面的長卷，如：黃公望的「富春山居圖卷」；倪瓚的「九龍山居圖卷」；吳鎭的「漁父圖卷」；汪肇的「竹林淸話圖卷」；沈周的「秋江圖卷」，「吳中奇境卷」，「虎邱餞別圖卷」；周用的「寒山蕭寺卷」；藍瑛的「仿梅道人山水卷」；髡殘的「溪山無盡圖卷」；程正揆的「江山臥遊圖卷」；黃鼎的「漁父圖册」；王翬的「江山縱覽圖卷」，「石亭圖卷」，「載竹圖卷」，「溪山無盡圖卷」；惲壽平的「松風澗泉圖卷」等。以上各圖，可稱已集中國山水畫之大成，眞是洋洋大觀，令我百看不厭。

最後，講到京戲，我也可以自詡有相當程度的了。民國十三年至十五年我第一次到北京的期間，唯一的嗜好就是聽戲。我在北京最初捧李萬春，是人人所知道的。那時候，李萬春還是一個小孩子，在大柵欄廣德樓唱戲，他文武都唱，以與藍月春（同樣大的一個小孩子）合演的「兩將軍」爲最出名。廣德樓我是風雨無阻天天必到的，此外三慶，中和，華樂，吉祥，開明，新明等戲院，如遇名伶出演，我也是幾乎無處不到的。那時候北京的名伶如龔雲甫，陳德霖，王瑤卿，楊小樓，余叔岩，王長林，梅蘭芳，程艷秋，王鳳卿，錢金福，尙和玉，郝壽臣，侯喜瑞，程繼先，蕭長華……等等都時常出演，可謂盛極一時。以上諸名伶中，我最喜歡看楊小樓和余叔岩二人的戲，當在新明戲院楊余合作以對抗梅蘭芳的時期（那時梅在開明戲院演唱），我每場必到，從未脫過一次。我每次定的座位都是在第五排中左的第一二兩隻椅子：一隻我自己坐，還有一隻是給李萬春藍月春兩個小孩坐的。我的前面（第四排）是一位姓楊的老先生，他也是每場必到，並且每次也帶了兩個小孩子，那時我並不知道這位楊老先生是什麼人，祇知道他是捧余叔岩的，直到今春楊琪山（毓珣）兄來滬，有一次偶然談及此事，才曉得那位老先生原來就是琪山的尊人楊芷青（士驄）先生，而那兩個小孩子又就是琪山的兩位令姪啊！

小樓之戲，唱，做，道白，扮相等等，無一不臻神化，尤其是他的「氣度」，絕非任何人所能企及，簡直堪稱前無古人，後無來者。他的戲我差不多都看過的，比較的說，如連環套，長坂坡，寧武關，林冲夜奔，霸王別姬（與梅蘭芳配）等戲，我認爲可稱絕唱。叔岩雖爲天賦所限，受「本錢小」之苦，但其「苦學」之結果，譚鑫培以後，一人而已。我記得楊余合作時期他第一天的戲碼是坐樓殺媳，（配旦角的是荀慧生。）中國的戲院子大都是聽客不守秩序，人聲嘈雜不堪，可是那天當他跑出來的時候台下立刻肅靜無聲，全院聽客，無不全神貫注的點首欣賞，那個印象，眞給我太深刻了！叔岩的戲我也是大概都看過的，我所永遠不會忘記的是有一次在金魚胡同那桐花園裏的堂會，那晚他唱大軸，戲碼是全本捉放曹，當他前面兩齣戲——一齣是楊小樓的一齣是梅蘭芳的唱完之後，時已清晨三時，看客大半散走（尤其是女客一個也不留），總計台上台下的聽客不過百餘人左右，因是我得高踞頭排，飽聆他的蒼勁纖巧的韻調。那晚全部聽客對於他的一句一唱無不贊嘆擊節，皆大滿意。（按叔岩平常在戲院中唱戲其纖巧之腔調，往往坐在五六排後之聽客多已不能飽聆，要碰到完全能過癮之機會，眞是十分難得也。）

民國十九年夏，我第二次到北京，那時叔岩已因病輟唱。某晚，我與陳公博先生一同應邀到他的家裏便餐，我深自慶幸，這次當可以飽聆一番了，不料他飯後吊嗓，竟絲毫不能成聲。此後除了常常聽聽他的留聲機片外，就沒有再看過他一次的戲。最近他卒以久病不治而歿，在目前——尤其是上海——像周信芳之流以傖俗不堪好像爛脚乞丐叫街的聲調而居然博得「鬚生正宗」的所謂「輿論」，則此後像余叔岩那樣曲高和寡的伶工，恐怕將永遠不會再見了吧！

話又說回來了，唱戲實在不是一件容易的事。我第一次在北京的時候，曾請了一位教師學戲，學了三個月，勉强會哼一段烏盆計，一段四郎探母，一段打棍出箱，一段游龍戲鳳，——結果卒因嗓子不够愈唱愈不成聲而無法再學下去。言之匪艱，行之唯艱，天下事固無一不如是歟。

以上拉拉扯扯的信筆寫來，不覺已是數頁，詞句粗獷，未加修飾，讀者諸公，諒之諒之！

讀稗小記

得勝頭迴與楔子

沈啓无

郎瑛七修類稿卷二十二有云，「小說起宋仁宗，蓋時太平盛久，國家閑暇，日欲進一奇怪之事以娛之，故小說得勝頭迴之後，即云話說趙宋某年。」這裏所云「得勝頭迴」，有兩種解釋，魯迅中國小說史略第十二篇宋話本云：

大抵詩詞之外，亦用故實，或取相類，或取不同，而多爲時事。取不同者由反入正，取相類者較有淺深，忽而相牽，轉入本事，故敍述方始而主意已明，耐得翁之所謂「提破」，吳自牧之所謂「捏合」，殆指此矣。凡其上半，謂之「得勝頭迴」，頭迴猶云前回，聽說話者多軍民，故冠以吉語曰得勝，非因進講宮中因有此名也。

胡適在宋人話本八種（泰東書局印行）序裏，認爲魯迅先生講引子的作用最明白，唯解「得勝頭迴」還有可討論之處。他說：

得勝令乃是曲調之名，本來說書人開講之前，聽衆未到齊，必須打鼓開場，得勝令當是常用的鼓調。得勝令又名得勝迴頭，轉爲得勝頭迴。後來說書人開講時，往往因聽衆未齊，須慢慢地說到正文，故或用詩詞，或用故事，也「權做個得勝頭迴」。碾玉觀音用詩詞做引子，西山一窟鬼連用十五首詞作引子，但錯斬崔寧便用魏進士的故事做引子，馮玉梅便用徐信夫妻團圓的故事做引子，這都是開場的「得勝頭迴」。

這兩種的說法，誰是誰非，很難確定，究竟得勝頭迴是不是由得勝令轉變來的，那時說書的是否必須打鼓開場，打鼓的是否又常打得勝令的調子，此皆無明文可以考證。鄙意以爲胡先生的說法或者正得其反，得勝頭迴未必是由得勝令來的，倒是得勝令這個調子恐怕是由得勝頭迴轉變來的居多。夢粱錄卷十九瓦舍條有云，「城內外捌立民舍，招集伎樂，以爲軍卒暇日娛戲之地。」魯迅先生解得勝頭迴謂「聽說話者多軍民，故冠以吉語曰得勝。」似乎較近事實。其實這得勝二字，如果把牠看做普通的廣義的吉利話，更有意思，本來平話小說是起自民間社會的，有些名詞自然愈合於通俗的趣味愈好，他們大約用不着要拿什麼書本上的名稱來做根據的罷。在宋遺民的著作如東京夢華錄，夢粱錄，武林舊事，都城紀勝一類書裏，關於當時說話的情形有得說起，可惜略而不詳，年代久遠，有些地方因爲生活改變，和書本記載的銜接不上，也就無法得到正確的意義了。魯迅先生又解「頭迴猶云前回」，是極其眞切的。蓋頭迴一作頭回，即頭一回前一回的意思，說話的說到這裏，就將前面所說的一回故事交代明白，以下轉入正文，此即七修類稿所謂「小說得勝頭迴之後即云話說趙宋某年」是也。

話本開頭以一故事做引子，也有不叫做得勝頭迴的，如清平山堂話本刎頸鴛鴦會，先說一步非烟故事，末云，娥眉本是嬋娟刃，殺盡風流世上人，權做個「笑耍頭回」。

胡先生把小說開場的引子，或用詩詞或用故事，全當牠是得勝頭迴看，魯迅先生又把「捏合」「提破」與「得勝頭迴」混爲一談，這些地方覺得還待商考。鄙意凡是以詩詞做引子的，却不能叫做得勝頭迴。通觀宋人話本，凡開篇用一個短的故事作爲引子，再引入所要說的故事的，在此等情形之下纔會有「權做個得勝頭迴」的說法。（有的雖不明說亦暗含這種性質）這在短篇小說如今古奇觀，拍案驚奇等都還保存這個形式。章回體長篇小說裏也什九有這樣一個引子，唯不叫做得勝頭迴，却另名之曰「楔子」，其作用是完全相同，也是先敍說一個故事，由此再引入本文，如平妖傳之前先敍燈花婆婆的故事，水滸傳之前先敍洪太尉誤走妖魔的故事，儒林外史第一回末云，「這不過是個楔子，下面還有正文」，此與「也權做個得勝頭迴」正是一樣的辦法，我們於是肯定說楔子就是得勝頭迴的遺形，或者沒有疑義罷。然而在這裏却得到一個反證，就是章回小說從來沒有以講說好多首詩詞作爲楔子的，楔子也必得是一回故事，所以我認爲話本裏的得勝頭迴是專指的故事而言，並不是所有引用的詩詞之類一概都能叫做得勝頭迴的。

捏合，提破是說話人的獨有手法，這手法特別在得勝頭迴或以詩詞做引子的裏面才用得着。夢粱錄「小說者能講一朝一代故事，頃刻間捏合。」都城紀勝也是同樣的說法，唯捏合則改爲提破。此二者雖極類似而亦有分別，魯迅先生說「忽而相牽，轉入本事」，這便見出捏合的手法，「敍述方始而主意已明」，這便是提破的作用了。實際「捏合」單是把引子要過到正文其間的關係捏合成一片的，「提破」則就所說的引子具體而微的暗示正文故事的內容與結局，先行提破讓聽衆得知一個大概。大約捏合與提破常混在一起，鬧不清楚，總之，捏合是捏合，提破是提破，捏合不就是提破，而提破捏合又更不是得勝頭迴，此三者不應混爲一談也。

從話本裏的得勝頭迴演變爲後來章回小說裏的楔子，很可以看出白話小說發展的痕跡。但是爲什麼不能保持原有得勝頭迴這個名稱，却另換一個名詞叫做楔子呢？我想這與雜劇不無關係。案宋人小說本是出於雜劇的說話，雜劇中有所謂楔子的，分兩種，一是放在中間的，雜劇普通大抵四折，其有餘情難入四折者，則另以楔子足之。一是放在前面的，相當於引子，所謂借他事以引起本事也。都城紀勝「雜劇中先做熟事一段，曰豔段，次做正雜劇，通名爲兩段。」豔者，在音樂上指的是前曲，那末這裏應該是前段的意思了。小說裏面的楔子也就是從這種地方胎息下來的罷。水滸傳開頭一楔子，金聖歎批云，「此一回古本題曰楔子，楔子者以物出物之謂也。以瘟疫爲楔，楔出祈禳，以祈禳爲楔，楔出天師，以天師爲楔，楔出洪信，以洪信爲楔，楔出游山，以游山爲楔，楔出開碣，以開碣爲楔，楔出三十六天罡七十二地煞……」他這樣解說章回小說楔子的作用眞是非常透切，而亦是非常之有風趣的了。

高步人寰避俗知，古今俛仰若爲師；
登山靈運劬游屐，示疾維摩感鬢絲。

——李慈銘

人往風微錄（六）

趙叔雍

屠寄

屠寄字敬山。江蘇陽湖人。父業儒。困於貲。至代人書繕以自給。嘗在縣署前。值鄉人爲勃谿請斷離異者。初爲書呈牘。旋悔之。即招其人返。謂所書有誤字。且重繕。鄉人還牘。遂撕去曰。吾不欲爲人離室家之好。以重苦其子女。一時廛市。傳爲美德。越數十年。寄倖致薄產。即購置縣署前地。亦即曩日設硯席所。知者以爲食報於後人。亦即今花樹卿牙醫室所在。父老趨鬧市。輒顧而目之。以訓迪後輩者也。寄幼時。慧悟篤學。詩文一宗陽湖家法。出語驚其長老。年甫十八。即謂存詩已數千首。惟中年痛加刪乙。視爲少作。不欲更寘之卷中。先伯父家塾同學。因多賡和。且與先公爲總角之交。輒見狂生困學之結習。蓋維時書館清困。虀粥供炊。所持爲資生者。不過書院之膏火。一時與劉樹森可毅張鶴齡壽齡昆季均爲高材生。書院月考。每作數篇。易名應試。輒列前茅。篇得數千百文。則於領欵後。鳩衆治酒食。健啖狂飲。所費無多。人各耗百錢爲已足。月必一敍。鄉邦俚語。謂爲油肚皮。名雖不典。風趣自足。又新歲鄉俗有燈船盛會。每於一年前。已爲豪家所定備。艷倡畢集。肴裁[illegible]陳。運河文成壩一帶。花艇斷流。酒香沸霧。笙歌竹肉。永夕爲歡。墜履遺珥。不可勝數。寄等則賃一破艇子。以白紙籠三數爲鐙。懸之篙頭。上黏質券（當票）。復以虎子行酒。鉅盆盛饌。繚繞羣芳間。高歌狂呼。揣枚肆唱。旁顧若無一人。而鐙船顯客。莫不驚視失色。屛息以俟。游女亦羣相指點。以爲笑樂。豪情逸韻。脫略凡俗。見者胥以狂生稱之。固不知狂生驚才絕艷。別有懷抱。特以憤世之心。用爲玩世之戲。迨天曙賦歸。書院山長。則召而詰之。詢昨宵之游樂乎。於是同游者咸慚沮。山長蓋嫉其放佚於名教之外。而又深愛少年之才氣。不欲遽加重譴也。諸生文材。寄爲稱最。所賦火輪船。胎息兩都。可奪漢人之席。舉凡機械藝事。方技所施。於古無徵。難期爾雅者。乃一一曲爲運用。典贍朗麗。絕非晚近駢家所能窺見。略掇其警策之句。眎之同文。

——原其述思慮。圖縹湘。弛鑭幣。峙芻糧。釆澤銑。僝摶桑。程式傀儡。刀鋸錯鉅。鳩工於大人之國。居肆於沈墨之鄉。佃斎木之偪側。度閎規之旁唐。諶斅鍵之攸賴。夫何督務之足量。迺軼想於眉昊。還沈惄於重原。遂馳思於八表。窮回穴而無端。於是絕雰霱。反劼毖。憮惘悆。慮蹻謠。聊慮固護。惟精惟一。氣清明而感物。神嘽嘐而入微。靈彷彿而詹告。若將導以先幾。忽緜摎而有還。聿潛衷以幽討。含大鈞於寸慮。遡化工之在手。爾乃貣五財以並飭。薈衆巧而作勤。廢班爾之繩墨。役神鬼之斧斤。鞹觲舡之具體。呀艪舡之廣舷。腹廉鍁以切浪。背穹篷以負天。修壇曼以昧莫。覗艪棑而迤延。遠而望之。若方蓬回帶乎雲煙。進而眡之。若鰸鼇燊屭乎海濆。其爲巨也。其爲怪也。制器以來。未之前聞也。爾乃疏欞窈窕。層艦透迤。複疊桁梧。嫙娟流離。鱗屬鱗集。胥附節枇。腋以甬道。憑以軒梯。棍駢田之窅窊。激波景而爊微。翳常客之爰處。越諸司之所棲。飛櫓辮華。上賓攸廬。聯榻偕西。方廣尋餘。錦茵翠被。曼暖雲舖。帷以藻繡。搆以流蘇。叛采色之纖縟。綴鏤會於綺疏。眇澂景於玉鑑。爛燭夕以金渠。域不夜而煌扈。陵廣寒之瑩虛。

上述海船部署之瑰麗。尚有若干言。不及備載。而其制器之妙。機運之精。更非大乎筆莫辦者。

……其輪則埢垣象天。直指鍇輻。脫彼周牙。固之重轂。局飛蟉而騰轃。互雌霓而偃軸。然猶輪囷。未能自轉也。固已扉牛規而翼舟腹。於是煽洪鑪。楷鉅鈁。熾石炭。燀沸湯。芒熛昆上。烟熅鬬章。含陰陽之變化。發靈機以滥行。喉雙筦之狎獵。振歘吸而呀呷。氛撕鶱而頫注。力排奡以靡攝。乃承筩以拗怒。漏滴瀝而淋滲。蓋磅礚以翕闢。氣鬱勃而浸淫。噴重瑄而旁迸。射潛扃以激宕。蟠螭迂譎而奔赴。鋸齒捷業而互齗。則有端衡磔錘。千鈞崛嵬。激勢軒輊。嶽拔山頹。即烏獲與賁育。猶未勝其挽推。別有銅龍垂裉。渴飲大壑。唅呀戽勺。時磴沸鑊。湁潗炎煬。不瀿不涸。又有衆竅濆瀑管之鏐。玉凊英升而回挹瑤液。灑以淋漉。食飲漱沐。於是乎取足。歕黰煙以顯氣。擢雙立之金莖。屹參差而崛崉。霞標建於赤城。伊衆巧之若斯。是用遍環瀛於指顧。蹈天塹如戶庭。雖不風而亦駛。靡有流而弗征也。……

指陳蒸汽發機之情事。歷歷如繪。驅使文字。尤極瞻偉。詞章之學。晚近嘗嘆爲觀止。方先公十九歲。離家去鄂。送之舟次。待潮未發。即就微燈下。掣草紙爲送別詩如干首。才情敏捷。比於大家。亦不存稿。逮北上應試。散館任職會典館。分修黑龍江志。因親往邊徼。循崖泛江。或馳驟草地郊原間。考其遺跡。補山經水注之不及。嘗在內蒙古。收一義子。蒙古人尊禮天朝。上其牧場爲壽。凡數百頃。維時京師學人。多治元史。李文田洪鈞沈曾植並以西北輿地之學。見重當世。洪鈞更得西洋人多桑所著。足資增訂者。爲元史譯文證補。於是名益噪。而開西藉治元史之風氣。寄以遍歷東北及內外蒙旗。有志於此。晚出更精。即以畢生之力。專治元史。特命其子習法文。迻譯西藉。所得視洪爲多。更以漢人作元史。僅就蒙古統治中國而言。初不詳其功烈所屆。視并包漢族。大至倍蓰以上。蒙古原盛極於太祖。而元朝之名。遠在太祖之後。亦且在太宗定宗憲宗之後。世祖牢籠漢族。以御漢宇。始建號中統。漸改至元。至元八年。始立國號曰元。而元朝之名。初不必行於蒙古本部。太祖駐蹕和林。四出征討。和林亦不名爲都會。僅置四斡兒朶。而斡兒朶之設。且遠及歐亞兩洲。元代雖已爲明所亡。而印度則甫入於蒙古。小王子又中興於蒙古本部。幅員之大。世莫與京。故若以漢人治元史。僅就明代以前元人統治中國之歷史而言。則所見者爲甚小。不僅抑蒙古之聲績。抑亦誣元代之本根。因之立意別撰蒙兀兒史。以綜全蒙之史實。元史但只就中之一部。絕不足以概蒙古之史材。先後數十年。凡成本紀十八卷。列傳一百二十九卷。表十二卷。志一卷。所有中外各家著述。均爲搜纂。即洪鈞所譯多桑原書。刪乙過甚。譯義不同者。亦爲補正。且並實以美國學者乞米亞司亞丁博士所撰之蒙史。實則洪譯詳於旭烈兀後王。略於拙赤後王。而察阿歹後王則各家多從簡略。惟乞米所著爲特詳。而成吉思汗之先裔。元秘史固屬詳備。惟與西域人辣司特而哀丁及撒難薛禪所撰。互有出入。亦爲參考異同。定爲一說。在洪氏證補有目無書者。列傳九篇。蒙兀部族者一篇。亦爲次第補成。計先印成者八冊。繼印者六冊。全書則其四子孝宦重編補正。爲之開板於天寧寺。凡二十四冊。蓋寄初以絕學投之三子。三子早故。季弟乃以一手一足之烈。克底於成。以視並時流輩之治元史者。誠不可同日而語。東西學者。莫不引重。頗憶其客惜陰堂時。劇談至深夜。猶就先公索楮墨。翌晨則已書紙十餘番。蠅頭細字。莫非蒙史。先公謂譯名訂事。行篋無書。乃能成此。則笑指胸間曰。史料在此。春宵苦短。恨不及一一筆之於書。仍當期以歲年耳。寄能飲。每飯必置杯酌。諸子量亦宏。家人常於夏夜。就院落逭暑。扛巨甕至。置桌底。則以漱杯酌酒傳杯。且談學問。論家常。皓魄中天。甕酷已罄。家人父子之樂。猶復未央。旋設糟坊於邑中。知者以為庶可供自飲矣。寄工詩。亦重法度。古文尤所名家。余髫齡時。嘗為親講陳涉信陵君兩列傳。聲容音節。聞之鼓舞。於虛字婉轉。筆法倒敍。前後映帶之處。隨為指授。余初秉筆學文。得其理解。遂通神悟。以視虛騖陰陽之說者。為益良多。數十年來。粗諳義例。實有以啓牖之。寄特賞余求學之殷。列為寄子。余乃謂與蒙古少年同其輩行。宋元誠世讎。今乃置之勿論耶。每有新作。輒以見寄。且於眉間提識脈落用字。纖悉勿遺。以為先導。寄旋任京師大學堂史地教習。所編地理教本。盛行一時。與桃源張相文之教科書。同行海內。論政之作不多。而極右革命。武昌事起。以鄉老振導里中。謂差復九世之仇。江南底定。出仕常州民政長。勤勞民事。河渠溝瀆。親往勘測。北塘河之疏濬。利於城鄉者甚鉅。則盛暑戴笠督工。鄉人望見。以父母官至。致力益篤。兼程竣事。至今利賴勿替。以不愛官事。經年遂解組夫。仍治所學。詞章蒙史。日不去手。又選常州駢體文鈔。為世傳誦。寄性和易。而家門肅然。責諸子之學於長君。以次督教。昆季無不凜然式遵者。亦多風趣。閨房勃谿。嘗語其閣中曰。宇宙以天為至尊無上。夫字則視天為高。自較天為益崇。應知所敬事無違。聖人造字。其意蓋若此。聞者無不為之絕倒。晚年好禪誦。天寧寺僧冶開。識其慧業。喻以淨土。皈依至篤。暇日輒往談經。時獲開悟。僧臘七十時。為作駢文壽序以張之。長子孝寬。留日教育高材生。歸辦常州中學。為江蘇之冠。三子孝實習法文。文學哲學。佐理譯事。均早不祿。次子孝□化學技師。四子孝宧。留日紡染技師。繩繩振振。不廢家學。所辦屠氏家學。造就特多。綜寄平生。困學不倦。詞章瑰美。以視鄉邦乾嘉諸老。誠無遜色。常州固人文薈萃之鄉。得寄足以殿晚清學者之席矣。

人往風微錄拾遺

叔雍

前期朱祖謀傳中及王鵬運給諫，謂因奏事觸上怒，回原衙門行走。頃得吳興劉翰怡社長書：稱王公之疏，雖幾遭嚴譴，而以太后意解，未曾飭回原衙門行走；王則請假開缺。又祖謀拜禮部侍郎之命，在督粵學之前一年，宣統間屏居吳下，特詔徵召，次年授弼德院顧問大臣，皆不赴。凡此均愚涉筆時之疏陋，得荷知好為之糾謬，感泐無已，亟為訂正。

舊書回想記

知堂

七　書譜

兒童大抵都喜歡花書，這有兩種，一是綉像，一是畫譜。最先看見的自然是小說中的綉像，如三國演義上的，但是這些多畫的不好，木刻又差，一頁上站着一個人，不是向左便是向右看，覺得沒有多大意思，我還記得貂蟬的眼睛大而且方，深感覺呂布之入迷殊不可解。金射堂的無雙譜四十圖要算畫得頂好的了，却也沒有什麼好看，百美圖詠小時候也常見，更覺得是單調，大概這方面還要推任阜長所作爲最，如於越先賢像，劍俠高士，列仙酒牌皆是。畫譜中最有名的是芥子園與十竹齋，從前都曾翻過，却已是四十年前的事，不大記得清楚，總之木板的山水畫很不容易刻得好，所以看了覺得可喜的還只是花鳥與草蟲而已。說也奇怪，這裏我所記得的提起來乃是兩部外國書。岡元鳳的毛詩品物圖考出版於天明四年即乾隆四十九年，比徐鼎的毛詩名物圖說要好的多，但他實是說經的書，不過我們拏來當作畫看也並不錯。喜多川歌麿呂的「畫本蟲撰」乃是近來新得的，原本刊於天明八年，極爲難得，我所有的只是複製限定版，雖然用珂羅版印，也頗精美，可惜原來的彩色不能再見了。全書凡十五圖，每圖二蟲，配以花草，上記狂歌，以蟲爲題，凡三十首，作者宿屋飯盛等皆當時有名狂歌師也。歌麿呂亦有名浮世繪師，以美女畫著名，而或者乃獨稱賞此册，其技工與趣味蓋均不可及。永井荷風在「日和下駄」第八篇空地中有云，我對喜多川所作畫本蟲撰喜愛不已之理由，蓋即因此，浮世繪師擇取南宗與四條派之畫家所決不畫的極卑俗的草花與昆蟲而爲之寫生也。蟲撰序言係追踪木下長嘯子的「蟲之歌合」，其實狂歌競咏雖是一轍，若論圖畫則相去甚遠，蟲撰中第八秋蟬蜘蛛與玉蜀黍，第十三絡緯蟬與錦荔枝，第十五青蛙金蟲與荷葉，皆極可喜，歌合所畫乃似出兒童手，如或古拙堪取，却是別一路也。

八　妖術史

我對於妖術感到興趣，其原因亦未可詳考，大概一半由於民俗學，大半却由於宗教審判的歷史罷。從文化史上看來，符咒法術即是原始的科學，他所根據者一樣的是自然律，不過科學的可以每試皆驗，而法術的則不一定驗罷了，這其間的轉變是很有意思的事。別一方面從法術發生了宗教，而宗教一邊敵視科學，同時也敵視法術，結果是於許多妖巫之外也燒死了勃魯諾等人，總稱之曰非聖無法，這也很有意思，雖然是很可怕的事。中國歷史上有過許多文字思想的寃獄，罪名大抵是大逆不道，即是對於主權者的不敬，若非聖無法的例案到不大多，如孔融嵇康李贄等是，在西歐宗教審判則全是此一類，此正大足供識者之考察者也。我耽讀這一類書已是十年以前事，除一般說及法術者外，我所喜歡的有吉忒勒其教授的「新舊英倫（案即英美）的妖術」，茂來女士的「西歐的巫教」，二者皆是學術的著作，湯姆生的「魔鬼史」與斯本思的「不列顛之密敎」均謂所云妖術乃是古代土著宗教之殘留，論旨與茂來女士相似，當可信用。但是最特別的總要算是散茂士的著書了。我所有的只是四種，照出版年代排列，即是妖術史，妖術地理，僵尸，人狼，在一九二六年至三三年中所刊行，共計六十三先令半，時價當在二百五十元之上了。我在這裏計較價錢多少，便因為覺得買了有點冤枉，雖然那時的兌換率還沒有這樣的高。散茂士相信妖術確是撒旦派宗教，目的在於破壞耶和華的天國，於人心世道大有干係，非澈底肅清不可，無論用了什麼手段與多大犧牲。花錢買書，却聽了這些議論，豈不大寃，但在另一方面也並不是全無用處，除許多怪意見外也有許多難得的資料，關於妖巫審判的，所以我至今還寶重他，至於僵尸與人狼二冊尤可珍重，其中奇事怪畫頗多，如不怕噩夢，大可供枕上讀書之用也。

九　小說

提到小說，可供回想的事情應當不少吧。其實却不盡然。我讀小說的歷史開始得很遲，大約在十一二歲時，最初所讀的記得是鏡花緣，以後大概是西遊記，封神傳，水滸，儒林外史，三國演義，紅樓夢，七俠五義，品花寶鑑，兒女英雄傳，所舉都是代表的，其類似摸擬者不再列記。這些小說當時讀了很有興趣，後來想起來覺得也得到過好些益處，有如小時候亂吃的糖與水果以及雜拌兒，雖然曾經吃壞了胃或牙齒，但其營養分子也總是不可完全抹殺的。我對於上記各項小說覺得都有可取，但是回想起來時却也不能說出那一部特別有意思，特別有什麼地方可以懷念。說也奇怪，我現今提起小說來，自已尋問記得的部分是什麼，這大抵不是小說本身而是小說的有些批註。古人云，買櫝還珠，這頗有點兒相像，豈不是笑林裏的資料麼。我是想說實話，所以這也是無法。小說的批第一自然要推金聖歎，可是三國演義與紅樓夢也不壞，大約還可以考列一等之內。我讀水滸傳本文與批語同樣的用心，如吃白木耳和湯同嚥才好，西廂亦然，王斵山出來時尤其有相聲之妙，往往令人絕倒。多少年前上海刊行新標點書，亞東本的水滸校訂周密，學問上甚有價值，但我覺得平常翻看則仍以唱經堂本為佳，蓋批註圈點不獨增加興趣，亦足為初學指導，養成了解鑑賞之力，與明師指點無異。不過話須得說回來，這裏的條件第一是要批註有趣味的見識，并不是凡批皆佳，第二是限於章回體舊作，他本來是說書人口吻，旁邊有人再插嘴幾句，不致攪亂原來的空氣，若是新小說，則上文所云自不能適用也。此外還讀過不少的違礙小說，回想比較的容易找，但此等書既有違碍，這裏也就不便再談了。

十　七巧圖

小時候玩弄過的書本裏頭，最不能忘記的要算七巧圖了。回想起來，當時所見者只是一冊極普通的七巧八分圖，實在並沒有什麼好，就是一種坊本而已，但是有些圖如蓮葉百合游魚，簡潔渾厚，有古典之趣，此所以不可忘也。聽月山房七巧書譜自序中云，曾得一齋主人真本，乃呂青先生所序，凡有一式，必引古人詩句以合其意。此書惜未得見，意必有佳趣，求之書肆亦久不能獲。七巧八分圖十六卷，補遺一卷，此為繁本，仁和女士錢芸吉撰輯，同治甲戌年刊，去今才六十八年，似亦已不易得，商務印書館有石印本。寒齋有原刻一部，乃從東京得來，朱墨二色套印，頗為精緻，而圖樣平凡，唯全部有千七百餘圖，數量甚可觀耳。近日得信手拈來一卷，光緒辛丑年刊，自序署桐鄉馮汝琪，云個齋遭庚子之亂，自恨所學非所用，為世詬病，每思覆醬瓿物一無可傳，唯信手拈來一冊，乃廣七巧圖之作，推陳出新，自謂有突過前人處。書才六十葉，共計百二十圖，頗多佳作，每幅題一二成語，雅雋可喜，序中自詡之語蓋非過誇也。圖中如鄭家詩婢，北地胭脂，釆蓮宮女分花了笑把蘭篙學刺船，一心兕笱莫成竹等，均有詩味畫趣，大旨其構圖妙處近於夏紫笙之曲成圖譜，題句則似童松君之益智圖，此二書亦自佳勝，但所用圖板太多，易於見巧，不及七巧之簡單而大方。一齋主人眞本不知何如，得見侗齋本，中多可喜，亦已足矣，唯此係成人之書，若爲兒童計則或仍以小時候所見純樸之七巧圖爲合宜耳。

十一　淞隱漫錄

數日前上海寄到幾部舊書，其中有王韜的淞隱漫錄十二卷，我看了最感興趣。天南遯叟的著述在清末的文化界上頗有關係，其在甲申前後之意義與庚子前後的梁任公差可相比，雖或價値高下未能盡同，總之也是新學前驅之一支，我曾略爲蒐集，以備考檢，這回買淞隱漫錄的原因即是爲此，但是感到興趣則又是別的緣故。我初次看見此書時在戊戌春日，那時寄住杭州，日記上記著，正月廿八日陰，下午工人章慶自家來，收到書四部，內有淞隱漫錄四本，閱微草堂筆記六本，其時我正十四歲，這些小說却也看得懂了，這兩部書差不多都反覆的讀過，所以至今遇見仍覺得很有點情分。當時所見的乃是小書四本，現在的則是大本十二卷，每卷一冊各二十葉。據弢園著述總目云，「是書亦說部之流，聊作一時之消遣，而藉以抒平日之牢騷鬱結者也。其筆墨則將無同，其事實則莫須有，如目爲劉四罵人，未免深文周內矣。初散編於畫報中，頗膾炙於人口，後點石齋主人別印單行本行世，而坊友旋即翻板，易名曰後聊齋志異圖說，圖畫較原刻爲工。」此十二冊本在篇末常有紅綠色痕跡，蓋是從畫報中拆出訂成者，可以說是初印，比小冊便覽多矣，唯披閱一二卷，華璘姑何蕙仙等雖極是面善，而已無當年丰采，此正與重讀盛氏本閱微草堂筆記相似，今昔之感固亦寂寞，但眼經磨鍊，猶之閱歷有得，不可謂非是進益也。弢園此類著作，尙有遯窟讕言與淞濱閒話各十二卷，平日見之亦不甚珍重，今之特別

提出漫錄，實以有花牌樓之背景在耳，而轉眼已是四十五年，書味亦已變易，他更不足論矣。

十二　西廂記酒令

巾箱小品四冊，我看見他也在四十多年以前，其面目亦已屢有變更了。最初所見是日本翻刻本，刻工頗佳，不過字的左邊有和訓句讀，可以知道，其次是一部中國刊本，大約就是所謂華韵軒本吧，可是現在都已不存，前者不知何時遺失，後者則於十年前送給別人了。第三次所得，現今還在手邊的，又是日本翻本，首葉印有文云知足齋書畫記，不知原係何人之物。此書所收共十三種，第一冊爲冬心先生畫記五種，最爲世所知，歷來重刻冬心題記者差不多都於此取材，此外則冬心齋研銘與板橋題畫也是可喜的小品文章，至今翻看還覺得很有趣味。但是我在這裏所想要說的，却是別一種東西，即西廂記酒令是也。本來唐詩酒籌亦自不惡，如第一條云玉顏不及寒鴉色，面黑者飲，每見輒令人絕倒，唯唐詩範圍太廣，稍嫌凌雜，不及西廂記之同出一書較爲勻整。此令凡百二十條，不著撰人名字，兪敦培編酒令叢鈔，收入卷四籌令中，後又有自著藝雲軒西廂新令，計一百條。閒情小錄中有集西廂酒籌一卷，一百六條，汪兆麒撰，若最多者則爲東山居士之西廂酒令，有三百條，嘉慶丙子年刊，遠在兪汪之前，但似不多見，故叢鈔中未說及。酒令本是一種勸酒的方便，最簡單的如猜拳拍七之類，迨至用成語作籌，便與燈謎相近，很有文字游戲的意味了。叢鈔中有四書貫西廂令，其一云，行乎富貴，金蓮蹴損牡丹芽，這原是一個謎語，不過現在底面顚倒罷了。文學上的雕虫小技，非壯夫所爲，唯漢字性質上有此游戲之可能，學人亦不可忽視，則此類酒令與燈謎詩鐘對聯等同是很好的資料也。

談評劇

凌霄漢閣

三十年來流行著「評劇」之名詞，其實大多數是「評伶」，究竟評劇與評伶有何關係，所評的是非得失暫置不談。第一要問的還是，批評的原則是否認識眞切。批評者的立場是否打掃清楚？今即以評伶而言，當如科學家之研究物象，以客觀之態度，作深透而系統的審察，然後有正確的結論。故凡舊時常見之教訓式，吹求式，敬註式，頌聖式，文料式，便談式之寫法說法，皆無所用之。

眼鏡上塗了紅黃黑綠，而欲分辨對方的皂白，是不可能的，故批評者有三忌（一）忌作用，「捧角」者之爲世詬病，以其不論是非，只求有利於角也。於是稱述京角老角者，遂以懂劇正宗居之不疑矣。結果便不期而然的有利於自己地位，雖非「捧角」却像是「角捧」，對於余紫雲譚鑫培而作聖諭廣訓的敬註式，與依傍時伶、女伶而作捧場文者，身分並無高下，因爲都是自我觀念而發言，沒有準確之是非。（二）忌盲從，自無眞知灼見，以他人之標榜，名角之牌號爲依趨，以耳代目，附庸風雅，輕率雌黃，自陷迷惘，且易爲「捧角」或「角捧」者所利用。（三）忌客氣用事，某人太紅，我必抑之，某人太弱，我必扶之，無自我之作用，具義俠之心情，以較前者，雖爲此善於彼，然是非爲感情所左右，則皂白不分，依然詞費。其無當於批評，一也。

三忌皆空，目光已淨矣，然對象並不都像白紙黑字那樣容易分明。尤其是伶人與歌郎舞星不同，場上是整個的組織，伶人只是機體動作之一份子。唱做之優劣，輒與配角或場面相關連，詞句之通不通，或關係實際的唱念技術，正所謂牽一髮而動全身，但憑直覺，難以中肯，伶人之天賦，優於此者每絀於彼，演戲之成績，宜於甲者未必適於乙，膠柱之見，無以服人。故三忌之外，又有三要，（一）要具備場上各方面相互的關係之常識（二）要了解一般的伶藝之分類（三）要體察伶人之所處時代環境，各自的才質工力與其所歷之甘苦，庶不致掛一漏萬，似是而非。

如余叔岩氏知名於世，垂三十年，有成績，有苦工，一生所受之指摘甚多，而合於批評之正義者甚少。舉其著者而言之，如陳彥衡爲甚老之譚學家，且是譚鑫培互相研究的朋友，曾爲譚操絃，又能爲譚腔製譜，其說譚前半部於伶藝學識，相當充足，叔岩曾向之請益，以之批評叔岩，當爲比較的最有資格之一人。昔叔岩在大柵欄各園出演時，彥衡常常在座，吾每與之相値，親聆其對於台上之南陽關南天門狀元譜珠簾寨等時議論，吾曾摘要記之於京報劇話，其所指者有憑有據，自與耳食者不同，亦常有中肯語，惜乎其態度只是老前輩之瞧不起後生。故其言有貶而無褒，有片斷而無系統，主觀太重，眼鏡著色矣！其理由則老譚如此如此，叔岩不應如彼如彼也，不知伶人學藝非只一途，有科班教師與學徒之授受，重程式而無精神，有依從而無運用，此如舊時私塾之教蒙童，責以亦步亦趨誠無不可。然老譚與叔岩並非此類，此一誤也。有模型派老伶工，與專學技式之徒弟之授受，如姚增祿如張淇林等所知甚富（梨園謂之「肚裏寬」者），能事亦多（所謂「樣樣拿得起」，又曰「不擋」），規矩嚴整，亦無靈魂，能教能說而上台無戲容，不能充正角，此輩如印刷術之楷書字模，雖較勝於普通鉛字，然俊整而無變化，有公式而無個性，授受相沿，千宗一貫，如是者亦可責以照本全抄，而老譚與叔岩又非此類也，此又一誤也。

之外如言菊朋亦譚派票友中之老資格，亦下過不少的工夫，近年於叔岩時有指摘之言論發表；其語調亦是舉譚以抑余，而又標榜「新譚派」與「舊譚派」之奇衙，以資營業上之號召。蓋叔岩名譽既隆，唱法亦實有擅勝之處，雖不出台而唱片流行，已吸致多數人之專一的信仰，使菊朋之叫座力大受影響，每次出台，台下人寥若晨星，於是一面排新戲造奇腔，一面誇舊譚而非薄余氏，兩者已自背道而馳，動機不在藝的比賽而在業的虧損，是曰牢騷，與彥衡之態度，又有不同。其情可憫，其言則去批評愈遠矣。

然則舉譚以責余之法，竟斷乎不可乎？曰有何不可，但須合於前述之六原則更於譚之整個及余之整個各作具體之審察，然後扼要以致詞，作善意的指導。蓋叔岩之學譚，雖勝於菊朋輩全無性靈之刻畫摩仿，而亦有些機械式之盲從，譚於「劇值」自有親切之見地，故能以沉摯之音調，唱悲涼之賣馬與打魚殺家，以油滑之唱法唱珠簾寨及盜魂鈴，叔岩之戲皆就譚之成品而琢磨，如畫必依譜書必臨帖，俗語說「離不了娘家」是也。不問有意義的或滑稽的，只要是譚劇，一概用苦工，此已近乎模型派，不過比較有戲味耳。然批評者先須撤除自已的「老譚偶像」之成見，方能說得明白，若彥衡之譚譜於譚之一切皆頌揚菊朋之於老譚先已走上「八股家做四書題」之途徑，（孔孟便談一言半句，都得看做微言大義，敬註敬頌。）則又何從作正確之責備乎？故彥衡斥叔岩大膽敢貼南陽關，叔岩不能心服，吾說叔岩不應標榜珠簾寨，可以提倡戰太平，叔岩不能不遵。並非徐凌霄之譚學或資格高於陳彥衡，只是信任主觀與客觀，體察之分別耳。又如「南天門」劇，彥衡謂末場二六之末句，老譚並不帶哭頭，（即「我的小姑娘啊！」）然老譚之腔，獨非將前輩之成法推陳出新乎。謂凡學前輩不應立異，是老譚先應責備矣。吾在京報館與陳德霖談及南天門「辭別小姐走了罷」，老譚之「罷」字就原音噴足，確是正當唱法，而叔岩則以拖音複放「呀啊」而後止拔。所幸勁頭尚足，而實力則差矣。德霖云叔岩根本缺少開口音，只可對付，此言已極具體，然彼此談話，只是一種說明。並不加以苛摘，不是舉老譚以非笑叔岩，却不能不舉老譚之唱法以證其得失，旣獎勵叔岩善於彌補天然之缺憾，更防後來偶像叔岩者之盲從自誤。如此則伶人不敢把聽者當作外行任意取巧嚎事，亦不致把批評者認爲苛刻。總之拋除「自我」觀念，周察對方，持以寬恕，威而不猛，斯爲正確的發言之道。

現代法院有「推事」，明代大理寺有「評事」，外府有「推官」。凡評判必本於推鞫，故爲法官者，（一）必先有律例以爲評判之依據。（二）每案傳集當事人聽其申訴辯論，更調查研詢，然後以各個之實情與公律相參核而判決。（三）判決書分「主文」「事實」「理由」三要項，而誰是誰非乃得決定。評伶雖不必具備有以上繁重之程式而不可不明瞭如此之層序。然自有評劇評伶以來根本無可據之法典，以致指老伶以斥時伶，而不知老之上更有老也，挾甲派以非乙派，而每派又各有其是非，矛盾模糊，徒滋口舌，至於伶人一面，無論評者如何議論是贊美是指摘，概不發言，而背地未嘗不竊竊私議或者說話中的，或者情形隔膜，既不直接表示，於是評劇家之間，自爲紛紜，伶人對於指摘者固未必同情，即對於贊頌者亦不皆認爲知己。即如昔年上海晶報爲慶頂珠蕭恩之穿靴穿鞋，或以老譚如何如何，王又宸及譚派諸子亦必須如何如何，或又以爲謂老譚本人亦未一定如何如何，並致函遍向北京梨園界老伶們打聽老譚當日之到底如何如何。北京之伶人多爲驚詫，蓋伶人上台各顧各工，對於同台之人最注意者是其場上之「交代」（因有相互的技術關係），此外誰亦不肯爲誰「恭記起居」，即使他的跟包人伺候衣裝上下，亦未必樣樣記錄，況戲裝一切有公式有變例，譚氏本人亦有見到處見不到處，如此紛紛，結果只證明了常識之飢荒，而參加者固皆所謂評劇名流也。其他類此之事尚多，不便而亦不須一一列舉之矣。吾非欲指摘他人，而不能不痛哭流涕以道之。

談做官

蘇青

官，我是向來不大留意它的，近來因爲接觸較多，也就覺得有興趣起來了，茲姑就見聞所及，約略談談吧。

做官究竟開心不開心？我不知道。不過照目下這許多人都想謀着做這點看來，應該總是很有味兒的吧。但這味兒究竟在什麼地方？我可又不知道了。照我看來，愈是做大官的人，便愈應該感到寂寞。早晨他的汽車到了，肅靜迴避，寬闊的道上除了幾個武裝衞兵之外，什麼人影兒也不見，情景該是怪悽涼的。進了辦公室，又是孤零零的坐下，與他作伴的祇有案頭堆積如山的文件，一張張，一本本，都得批閱下去。有時候看公文看得眼也花了，簽字簽得手也酸了，沒有人給他一點安慰，也沒有人進來聽他一聲訴苦。他的客人雖然很多，但決沒有一個客人是他的朋友——即使從前是朋友，現在也就不成其爲朋友了——能够了解他的內心的寂寞的。這些客人也許是因公來見的，也許是爲私來見的，也許是借公話私來見他的，各人心中都有一個或一個以上的目標，都是爲自己或自己的事情成功着想，決沒有一個人是爲着他，爲着他的事情而着想的。

多寂寞呀，高高在上的做大官的人！

也許有人說，那是限於辦公室內，公事完畢以後，他的私生活開始了，總該有些調劑吧。我以爲凡是一個做大官的人，即使出了辦公室，還是沒有眞朋友的。眞正的朋友應該彼此志趣相投，絲毫不存利用的心理，現在兩人的階級不同了，欲自忘其階級也很難，因此一個上司若想同下屬講友誼，便很容易給下屬利用而造成那人倖進的機會，一個下屬若想同上司講友誼，也很容易給上司誤會而認作奉承拍馬的表示，這又是多麼痛心的事哪！即使你們兩個都能够互相了解，但是別人却不會了解你們，由羨慕而嫉妬而挑撥離間起來，友誼也會給中傷的。目前離人類眞正自由平等的時期還很遠，就是同在一張牌桌旁，心裏仍不免有上下尊卑之分，玩得不盡興，講得不放肆，說不定還想靠一張七索或八萬之力，做升官謀差使的捷徑呢。

一個做大官的人，不惟沒有朋友，而且沒有愛人。一個眞正想講愛情的女子決不會把做官的人看作對象，他的事情這樣忙，行動這樣不自由，都是戀愛過程中的致命傷。春天裏胡蝶兒蹁躚了，他在忙着接見賓客；秋夜月光如水般瀉下來，他已疲倦得沉沉入睡了，你還能同他講些什麼呢？況且一個人等因奉此看得多了，寫情書就不免難於下筆；同局長處長們天天會談，敷衍的笑容也就慣掛在嘴角上，這時候要表現他眞正的心與愛情，恐怕不是件容易的事吧。所以我相信世界上決沒有多少女子會眞的愛上一個做大官的人，說是愛，愛的定是他的金錢與權勢。除了金錢與權勢之外，她若眞的會愛上他，那麼她定是世界上最癡心的人，因爲她將因此而犧牲自己的全部青春與快樂。由此看來，一個做大官的人不惟很難得到眞正的愛人，就是已有的愛人，也恐怕因爲官做得大了之後，很有失去她的心的可能呢。

沒有朋友，沒有愛人，那麼他總該有個家庭可以給他安慰吧，然而也不。蓋一個做官的人總是太忙，而同時他的太太却嫌太閒。太閒了不是生事，便是生病，有時候兩者還互爲因果，因多事而致病，病了以後就更加多事。至於官少爺官小姐呢，他們是正事太少而閒事太多，外面有的是趨奉的人，嫌爺娘絮聒，反而不樂與之親近了。所以顯貴人家反而容易骨肉生疏，甚至反目成仇，大家烏眼雞似的，你容不下我，我容不下你。而且感情破裂以後，對外還得顧全體面，大家虛情假意的裝出一種模範家庭的樣子來，藉以瞞人耳目，其實心中直如啞子吃黃蓮，有說不出之苦。

一個做大官的人眞像獨夫一般，那末，祇有自尋其樂了，然而也不可能。第一他是根本缺少空閒工夫，第二恐怕出來遭遇意外，第三給人瞧見了可是要惹罵的。跳舞場，咖啡館不敢去也罷了，電影話劇乃高尚娛樂，但是闊人一到，衆目睽睽，坐在包廂裏也就難過得很。其他如游泳啦，逛公園啦，看跑狗啦，在霞飛路蹓躂蹓躂啦，都不是做大官的人們能夢想到的。前面汽車一動，後面就是一大車衛兵跟着而來，說是保護，其實保護的功效尙少，而監視的難過倒是難過得很。這種難過，也許做慣了大官的人不會覺得吧——是他的事情太忙無暇思及呢？還是靈魂已上了毒苔，竟思不及此了？

「嫦娥應悔偷靈藥，碧海青天夜夜心」，一個人若是做了大官，便得忍受難堪的寂寞呀！

然而小官却不然了。一室之內，五六張寫字台子，面對面，背對背，回過頭來四處可以談話。林主任今天換了一條領帶，大家可以取笑；張科長髭子忽然剃掉了，也是同事間背後談論的資料。尤其是這地方有個把漂亮的女職員，芳蹤到處，滿室生春，科長主任等尊嚴全失，上下也就打成一片了。

在我做事的機關中，有許多女同事都是很漂亮的。而且美人又愛濃粧，臂上金釧，胸前金鎖片，手指頭上鑽戒哩，寶戒哩，白金戒哩，戴得纍纍都是。當我第一天驟睹之下，我還認爲她們是吃過喜酒剛回來的，後來天天如此，而且飾物還在掉換，這才使我不得不驚奇她們的闊綽。我想，她們在這裏的收入應該很好吧，不料經打聽的結果，月薪連津貼統共不過才五六百元，除來回車資及午膳費外，所餘大概僅够供她們燙頭髮修指甲之用了。於是我猜想她們大概是小姐太太之類，爲了對「事業」有興趣，才到這裏來「服務」的，這可更使我敬佩不置。

還有一點値得談起的，便是女人很少熱中於升官發財。她們在這裏大概都是科員書記接線生之類，但是她們很少做着主任、科長或什麼長之夢的。她們的工作都很輕便，但是她們也很少想着同人家爭什麼權利。她們平日大概祇有一個念頭，便是在衣服飾物方面能與別人爭一短長。雖然在做官的人的心中，上司下屬之界限極嚴，但他們對於女職員，却決不會因委任薦任而有所分別。即使有分別，其標準還在於年齡面貌衣服飾物之間，與官職官俸是絕無關係的。我相信在任何女職員的心中，決不會感到上司之尊嚴而想起自己對之稱「職」的屈辱，相反地，若是人家對她稱「職」的人多了，她的機會便要減少。

女子不能自忘其爲女子，對於做官便不發生興趣，祇有對於做官太太才發生興趣呢。因此一個女職員常愛打聽長官私事，有時候覺得直接問人不好意思，祇好繞個大彎子來探得情報。她們所最注意的對象，大概屬於科長階級，因爲再以上的「長」，便自有其獨人辦公室，不肯輕易過來與衆共處，女職員大抵都是小職員，對於這類以上的長可以說是入宮不見君王面。即使偶然邂逅着了，你認識他，他不認識你也無可奈何，因此不敢有涉遐想。惟有科長却是日處一室中的，見他待人嚴而待已特寬，感恩懷德，自然容易傾心的了。不過在這裏也常有誤會存在，因爲待女子客氣原是一種普通禮貌，而身受者若竟認爲別有用意，於是鬧出笑話來，那可不是玩的。

男女的事談得太多，現在仍舊談做官吧。官的種類可分爲二：一是做文的官，一是做事的官，做事的官大抵有權，有權常有利，他們因此就很得意，不過我們却也眼熱不來，糧食，稅捐，財政，經濟，公用，衛生，教育，土地……那一件內行，那一件辦得來乎？因此我們若要做官，還是祇能選擇前者，那就是說做做公文的官。

說起公文，那眞是一個謎。起初我以爲很困難，學了不久，便覺得容易了；後來又感到並不容易，現在却敢說眞是容易得很了。起初我以爲困難，是因爲不懂公文程式；看看之後，等因奉此便明白了，那好比塡表，有格式的當然要比沒有格式的便當得多，所以便覺得容易了。但是後來怎麼又感到並不容易了呢？那是內容問題。譬如說，我的職務是核簽工作報告，他們送來的工作報告大抵總是做得很詳細，很有條理的，如七月份收到公文幾件哩，發出公文幾件哩，都有統計；委任幾人哩，免職幾人哩，都有理由；承上命而做的事若干哩，吩咐所屬機關所做的事若干哩，自動發起去做的事若干哩，都有說明並註出已未辦竣，看來很清楚，但仔細一想却不容易明白：因爲報告是他們「寫」的，是否如此「做」，却不得而知。報告書上寫着收到公文若干件，我未寓目；發出公文若干件，也未附有回單之類；其數目確否已是無從查攷的了；至於委免理由是否誠如所說，所做工作究竟效果如何，更是他們自說自話，叫我如何相信得來？那時我就感到並不容易了。況且有許多處署所做的事情我根本不知道，是應做，是不應做，是多做，是少做，是做得好，是做得不好，我完全不懂。核過一遍，做簽呈無從下筆，心想這該是退位讓賢的時候了，但是午飯時間一到，肚裏咕嚕咕嚕起來，才知道工作可以讓賢，飯碗却是萬萬不能讓賢的，還是勉强思索思索吧。不料經過若干時思索之後，我便恍然大悟起來了，我的天，世上還有比這個更容易的事嗎？那便是：

我上面已經說過，做官有二種，一種是做文的官，一種是做事的官，我是做文的官，責任在於紙張之上，文字之間，與事絕對不相關的。我的責任是看報告，祇要它的紙張完整，文字無訛便算完了，其與事實是否相符，却又干我屁事？我要干也無從干起哪！於是我便高高興興的做了八字簽呈，說是「核尙詳盡，擬准備案」，果然上面批下來是「如擬」兩字，一件公事便算完了。以後我看這類報告，簽呈總是用此八字，上面總也一定如擬的。八對二了結一件公事，在我雖不免多寫幾字，但想起那個做報告書的朋友，洋洋數千言，寫得汗流浹背，那可比我要辛苦得多了，一樣都是做文的官哪，我覺得比上不足，比下有餘，心中也就處之泰然了。

公文對於政治上的弊害，第一便是養成籠統觀念。上面所用的「尙」字「擬」字，都是官樣文章，其實像這樣詳盡的報告書——就其本身而言——當然應該說是甚詳而准其備案的，又何必含糊其辭曰「尙」？又何必不負責任的姑「擬」一下？

至於第二個弊害，便是養成階級的尊卑觀念了。一件甚麼大的事，本來祇要向上司問一聲就可算的，偏要一呈一批，東核稿，西蓋印，忙得不亦樂乎。如此一來，官之尊嚴雖因而維持，但事情之辦不好與辦不速，也往往由此而起。況且所謂核稿諸君，常愛偏重文字着想，因辭害意，細故挑剔，做文之官之賣弄權力處在此，做事之官之頭痛處亦在此。照我看來，最好公文先能改革一下，把做文之官統統革掉，讓做事的官自已來起草公文，寫得明白，寫得確實，敬語不必太多，廢話直須省掉，於是另一個做事的官（上司）便可閱來簡便，批答詳盡，做官祇須做事而不必做文，事情便要好辦得多了。至於它的損失，無非是長官少些威風，「鈞鑒」，「鈞核」，什麼事情都要簽請鈞示，他的權力看似高極大極了，但一個人高高在上忍受無邊的內心寂寞，恐也不見得十分好受吧。更何況底下這許多稱職的人都覺得「大丈夫不當如此耶」！而想「取而代之」起來，也就不是幾個衛兵之力所能保護得了的。

官場如戰場，我希望將來能夠提倡女子做官，一定要比較清淨得多。

讀陳公博先生「我的詩」

龍沐勛

我素來對於各色各行的朋友們，不拘文的武的，只要他是個有性情，有抱負的人，常是歡喜引誘他們讀詩詞，並且鼓勵他們從事寫作，而我自己却怕人家把那「詩人」或「詞家」的榮冕，加在我的頭上。這和魯迅先生在廈門大學教書時，自己關起門來，精心刻意的研究六朝文，却敎青年們少讀綫裝書，防他中毒，用意似乎有些相像。看去似乎矛盾，其實是相反相成的。

許多朋友們，總是說他自己對於詩詞，感着興趣，只是工力太淺，怕寫出來見笑大方。我便鼓勵他們：你只要認淸詩這東西，原來是自己的，那你就可以放膽作去，無所拘束，習慣成自然，那會有做不好的道理。我這並不是甘言誘惑，裝作「英雄欺人之語」，而是有學理上的根據的。大家總讀過虞書和毛詩吧？虞書上說：「詩言志」，詩大序上說：「詩者，志之所之也，在心爲志，發言爲詩」。人類是有感情的動物，感情衝動，把牠組織成有節奏的語言，唱出口來，這便是詩。感情和語言，都是上帝賦予人類的。人人有作詩的本能和權利，爲什麼不自己來發揮和享受？那未免太可惜了！反之，一個人如果沒有高尚純潔的思想，眞摯熱烈的感情，磊落光明的抱負，儘管他讀爛了一部全唐詩，寫出東西來，詞藻如何美麗，聲調如何鏗鏘，把牠解剖開來，結果只是「仄仄平平仄，平平仄仄平」，這麼一套公式，恰恰造成一個「文字匠」的地位而已。我的意見，始終認爲詩是出於「人情之所不能已」，並不是由某一種人來包辦，而可以把牠當作商品出賣的。我八年前曾在詞學季刊上發表過一篇「今日學詞應取之途徑」，說了這樣幾句話：「學詞者將取前人名製，爲吾揣摩硏練之資，陶鑄銷融，以發我胸中之情趣，使作者個性，充分表現於繁絃促柱間，藉以引起讀者之同情，而無背於詩人興觀羣怨之旨，中貴有我，而義在感人」。我現在對於寫作詩詞的見解，還是抱定「中貴有我，義在感人」這八個字，作爲我的「金科玉律」。我們是爲了感情衝動而作詩，不是爲了要想作「詩人」而作詩。我對於詩的評價，是主張內容與形式並重，而形式之美，只要聲調辭釆，恰恰和所表的情感相稱，那便是最有價值的作品。如果我們只管在聲調詞藻上面兜圈子，而忽略了這是「我的詩」，那我敢武斷的說一句話，這種人是絕對沒有出息的。

最近在古今半月刊第二十四期上，讀到陳公博先生著的「我的詩」，中間提到區區，說我是「詩人」，我眞覺得「受寵若驚」，引起了我脫略形跡來和公博先生談詩的興趣。我立刻寫了一封很長的信，加快寄給他，大致說他在無意中，替我做了一回宣傳工作，我應該替他在詩壇上，做個辯護律師，並且要求得着他的同意，把原信補充若干材料，交給「古今」發表。不到三日，公博先生就在上海回了我一封快信，他說：「來函奬掖，眞使弟勇氣加倍」，又說：「先生爲弟辯護，至感，望早爲之，俾弟得以解嘲」。我爲了忙於鈔校「同聲」稿件，和評閱中央大學的學期考試成績，把這事延擱下來，辜負了公博先生的奬勵和熱望，心頭常是耿耿不安。現在抽暇來寫這篇文字，仍是抱着我個人素來的主張，來替公博先生補充幾句話，我想不會有人說我過於狂放吧？

公博先生在「我的詩」內，說到他不多作詩的理由，第一是自謙「對於詩並沒有下過苦工」，第二是「不能拿詩當隨身法寶」，第三是「詠景和詠物詩」，差不多「前人都說過了」，犯不着「這樣白費工夫」，第四是「作詩有時太自苦」，往往爲了「一個字而至心懸十年」，第五是怕「若在酷暑時候讀了我的詩，有拖累朋友中暑之虞」，第六是「怕翻典故」，第七是「怕做詩人」，末了是很熱誠的希望有人來「重編今詩韻」。這幾層待我來作個詳細的解答，希望能够增加公博先生作詩的勇氣，來替詩壇做個「異軍特起」的怪傑；他的詩集子，也從一百首左右，驟增至一千首，乃至如陸放翁的「六十年中萬首詩」，那破壞規矩的罪名，我這義務律師，是情願挺身而出，毫不踟躕來擔當的。我並希望我這篇小文，能够帶些「誘惑性」，好教「天下英雄悉入吾彀中」，那區區也就算得不枉生一世了！

關於第一層，在原文裏已經有了「好事的朋友」，替公博先生引證詩經，和李杜的作品來解答，我只要再舉嚴羽滄浪詩話：「詩有別裁，非關學也」，這兩句話，就可以堅定作者的自信心，用不着別的嚕囌了。

第二層談到詩韻，却是一個重大問題。我在各大學裏，敎了十五年的詩詞，一般學生對於韻本上的「一東」、「二冬」、「三江」、「四支」，就有些莫名其妙。我便拿學生的程度和年級來做個譬喻。音韻的分部，是因了時間和空間的關係，而不斷發生變化的，絕對沒有「天不變，地不變，韻亦不變」的道理。不過牠的變化，是要經過若干時日，纔可看出顯然的差別。到那時自會有人來替牠歸納比較，作成一種較爲合理的標準韻書。這好比一個學校裏的學生，從各地招來，經過了一番考試，依照他們的程度，分作若干班級，又從某一年級裏面，選出一位來做班長，我們牢記着這位班長的姓名，那程度相等的同班學生，就不難「按圖索驥」了。譬如「一東」、「二冬」，「東」「冬」二字等於甲乙兩級的班長，代表這一級的程度，而「一」「二」等數目字，就彷彿編學號似的。同一年級的學生，經過了一學期或一學年的訓練，如果加以嚴格的考試，就會因了天才和學力的關係，而發現程度上的參差，也就不能不重新編級或分組，原來在甲級的，有時會編入乙組，在乙組的，也可以升入甲組，或者更在甲乙兩組之外，重行分配，添設一個丙組，或者原來是三組或四組，也可以合併做一組或兩組，那學號的數字，也就跟着轉移。現在沿用的平水韻，就是金代平水王文郁，把廣韻的二百六部，合併做一百七部，南宋劉淵得着他那個本子，替牠重刋，換上一個「壬子禮部韻略」的名稱，專作「科試」之用。廣韻的分部，是「一東」、「二冬」、「三鍾」、「四江」、「五支」、「六脂」、「七之」、「八微」，平水韻便把牠合併做「一東」、「二冬」、「三江」、「四支」、「五微」，這個消息，我們就可以參透音韻決無一成不變的道理。相傳宋眞宗時重修的廣韻，實原於孫愐的唐韻，唐韻又本於隋朝陸法言的切韻。這二百六部，在唐人的近體詩裏面，就有許多是合用的，和平水韻相差不遠。到了平水韻行世，那距音韻的自然變化，業已過了相當長遠的時間。我們只要把詞韻打開來一看，「一東」、「二冬」通用，「三江」、「七陽」通用，「四支」、「五微」、「八齊」通用，「六魚」、「七虞」通用，「十一眞」、「十二文」「十三元」通用，「十四寒」、「十五刪」、「一先」通用，「二蕭」、「三肴」、「四豪」通用，「九佳」的一半和「六麻」通用，「八庚」、「九靑」、「十蒸」通用，這就表明宋代的標準國語，牠的自然分部，就和唐代變化的多了。然而作近體律詩或絕句的人，爲什麼一直到現在，還要死守着這在宋朝已經不很合理的平水韻呢？這理由也相當複雜，而最重要的兩點：第一是中國幅員太廣，方音過多，如果大家各用各的方音來做詩，就不免要發生扞格難通的弊病。第二是因爲唐宋以來，都用詩賦取士，就不能不加以人爲的限制，應試的士子，如果不合官韻，便有落第的危險，養成了習慣，便少有這麼大膽的英雄好漢，把這不合理的撈什子一脚踢翻。塡詞是不受功令束縛的，所以牠能順着語言的自然變化，把許多已經融洽的韻部通用起來。現在不會再有用詩賦取士的時期，我想這第二點的解放，是絕對不成問題的。可是第一點應當怎樣去重定標準，編訂新詩韻，這卻要集合多數的專門學者，從長討論，不能够草率了事的。譬如我們江西人，對於陰平，陽平，就不容易辨別，而北音無入，把入聲配入其他三聲，在我們南方人讀起來，也覺着不大順口。到是「七陽」和「十四寒」，粵音讀混，惟獨我們萬載的土音，有些相仿，就一般的標準國音來讀，到現在還是不能通用的。所以我對於這個新詩韻的產生，雖然一樣地在熱烈期待着，可是個人絕不敢輕率從事。新詩韻不是沒有，據我所知道的，趙元任先生的新詩韻，在商務印書館出版了十多年，亡友蕭友梅先生，也曾在國立音樂院的刊物上，發表過一種。這兩種新詩韻，似乎都是參考詞韻，曲韻，和標準國音編成的，適宜於創作新體詩，是不是也適宜於舊體詩，倒也又是一個值得討論的問題。這個問題，暫且擱開不談。在這新詩韻還沒有絕對標準的過渡時期，我們做近體律絕詩，似不妨把詞韻來暫時應用。因爲近體詩是在唐代纔正式成立的，而宋代的讀音，和現在的普通音，還相差不遠，我在前面論詞韻裏已經說過。只要我們所用的韻，在宋人詩集裏，有了根據，就不妨大膽的通用起來。譬如公博先生那首詩：「徹夜鼙聲薄古城，萬家燈暗賸繁星。洛陽宮觀淪榛莽，風雨淒其憶秣陵」。就平水韻的分部，城字屬「八庚」，星字屬「九青」，陵字屬「十蒸」，果然如公博先生所說：「就是全出了韻」。可是在詞韻上面，這三部原來是通用的，這可證明宋代的標準音通音，早就把這三部讀混了。既然到了相同的程度，有什麼理由，硬要禁止牠合併成一組？南宋四大詩人之一的楊萬里，就是一個了解音韻變化，而不肯死守不合理的舊詩韻的人，所以在他的誠齋詩集裏，所用的韻，就和當時通用的詞韻差不多。待我隨手舉出例子來看：

庚青同用的，有：「草藉輪蹄翠織成，花圍巷陌錦幃屏。早來指點游人處，今在游人行處行」。——三月三日上忠襄墳因之行散得句

又：「女唱兒歌去踏青，阿婆笑語伴渠行。只虧郎罷優輕殺，攜子雙擔挈酒缾」。——同上

支微同用的，有：「長干橋外有烏衣，合着屠沽賣菜兒。晉殿吳宮猶碧草，王亭謝館儘黃鸝」。——同上

又：「朝來出峽悶船遲，也有欣然出峽時。山色亦如人送客，送行倦了自應歸」。——出峽

支齊同用的，有：「桑椹垂紅似荔枝，荻芽如臂與人齊。夜來水落知深淺，看取芭蕉五尺泥」。——水落

東冬同用的，有：「下瀧小舫載尖篷，未論千峯與萬峯。只是舟人頭上笠，也堪收入畫圖中」。——過皷鳴林小雨

江陽同用的，有：「晨炊只煮野蔬湯，更揀鮮魚買一雙。病眼未能禁曉日，西窗莫閉閉東窗」。——初離常州夜宿小井淸曉放船

佳麻同用的，有：「船離洪澤岸頭沙，人到淮河意不佳。何必桑乾方是遠，中流以北即天涯」。——初過淮河

魚虞同用的，有：「月晚無烟起御厨，野人豆飯未嫌麤。要知魚子炊香日，正是梨花帶雨初」。——讀天寶遺事

眞元同用的，有：「南康名酒有殘樽，急喊荷杯作好春。紫幕能排北風冷，夕陽偏借半船溫」。——舟過黃田謁龍母護應廟

文元同用的，有：「只愛孤峯惹寸雲，忽驚頭上雨翻盆。北來南去緣何事，路上君看屐子痕」。——小谿至新曲

元先同用的，有：「峽中盡日沒人烟，船泊鵶磯也有村。已被子規酸骨死，今宵第一莫啼猿」。——夜泊鵶磯

寒先同用的，有：「破曉篙師報放船，今朝不似昨朝寒。夢中草草披衣起，愛看輕舟下急灘」。——明發階口岸下

刪先同用的，有：「山行行得軟如綿，急上籃輿睡霎間。夢裏只聞人喝道，不知過盡數重山」。——晨炊黃宙鋪飯後山行

庚蒸同用的，有：「櫂郎大似半邊蠅，摘蕙爲船折草撐。今夜不知何處泊，浪頭正與嶺頭平」——。戲題水墨山水屏

又：「隔窗偶見負暄蠅，雙脚挼挲弄曉晴。日影欲移先會得，忽然飛落別窗聲」。——凍蠅

庚眞同用的，有：「除却鍾山與石城，六朝遺跡問難眞。里名只道新名好，不道新名誤後人」。——三月三日上忠襄墳因之行散得句

蕭豪同用的，有：「陽林日暖雪全銷，陰徑瓊瑤尙寸高。半匹斜鋪白花錦，倩誰裁作水霜袍」。——郡圃雪銷已盡惟餘城陰一街雪

我們隨手翻翻誠齋詩集，便得着韻部通用的例證，是這麼的多。難道誠齋老子做了一世的詩人，他的作品數量之豐，和陸放翁不相上下，豈有不熟韻書的道理？他對作詩下過很深的研鍊功夫，在他的荊溪集自序裏面說：「予之詩始學江西諸君子，既又學後山五字律，既又學半山老人七字絕句，晚乃學絕句於唐人，學之愈力，作之愈寡」。又說：「忽若有悟，於是辭謝唐人及王陳江西諸君子，皆不敢學，而後欣如也。試令兒輩操筆，予口占數首，則瀏瀏焉無復前日之軋軋矣。自此每過午，吏散庭空，即攜一便面，步後園，登古城，採擷杞菊，攀翻花竹，萬象畢來，獻予詩材，蓋麾之不去，前者未讎而後者已迫，渙然未覺作詩之難也」。這一段話，很可看出誠齋的詩學，是經過長時間的鍛鍊，而後深造自得，以成其爲「我的詩」。他的作風，和用韻不受功令的束縛，雖然同時的詩人，附和他的不見得是怎樣的多，甚至有人批評他「打油」，可是他那「戛戛獨造，以自成一家」（趙翼重刻楊誠齋詩集序）的眞精神，是沒有人能够否認的。他的押韻，我們拿來和宋詞比較，恰恰看出這是宋代的標準國音，並不是隨手湊成，只圖自已一時的便利。話又說得離題漸遠了，我因看到公博先生的原文，說起「一東和二冬，六魚和七虞，固然分不清，就是七陽和十四寒，八庚九青和十蒸，也極容易混而爲一」。所以我引證了上面的一大段話，來補充解釋，這韻部的分合，確是時時刻刻在變化着，而且這些韻部的混合，是「其來已久」，我們原來可以不再受平水韻的拘束的。

統觀公博先生在這次所發表的律絕詩，並沒有什麼聲韻不諧協的。只有登燕子磯一首：「燕子磯頭葉半霜，危城夕照兩蒼茫。大江無語向東去，如此江山未忍看」。把七陽和十四寒同用，雖然他自已說明廣東音是陽寒易混的，可是我們拿現在的普通話讀起來，總有些不順口。所以我最初是希望公博先生把這個看字韻修改修改，免得辯護時發生漏洞，說作者的詩是用方音寫成的。可是後來偶在花草粹編的宋人詞裏，也發現了七陽和十四寒同用的例子，現在列舉如下：

「與君別後愁無限，永遠團圞，間阻多方，水遠山遙寸斷腸。終朝等候郎音耗，捱過春光，烟水茫茫，梅子青青又待黃」。——胡夫人採桑子

這首詞裏所押的「方」、「腸」、「光」、「茫」、「黃」，都屬陽韻，只有「圞」字屬寒韻。作者胡夫人，究是何時何地的人物，我們沒有功夫去詳考。花草粹編把她排在花蕋夫人之下，李易安之上，可見她大約還是北宋時人，已把陽寒讀混。有了這個證據，也就可以說明陽寒同用，不只限於現代的廣東音了。

我對於標準新詩韻的編成，也和公博先生一樣地正在熱烈期待着。可是這部工作，非得深通古今音韻，並曾深切研究過西洋語音學、言語學，和中國歷朝詩歌詞曲的人，共同商討不可。我希望全面和平實現之後，我的老友羅常培先生，和趙元任先生，共同來研究這個問題，或者能把牠早日解決，叫作詩的人得着很多的便利。可是在這標準新詩韻尚未出現之前，仍然只好暫以平水韻爲標準，也不妨參用宋人詞韻。我近來看到不少的日本雜誌——都是用同聲月刊交換來的，談到漢詩或做作漢詩的，就有六七種。——他們爲了語言的關係，對那調平仄和翻韻本，一定比我們困難的多，那種苦幹的精神，也是值得欽佩的。我常說做詩的人，如果要時時刻刻，把韻本當作隨身法寶，不但沒有這樣多餘的時間，而且把天機都窒塞了，一經掃興，那裏還做得好詩出來。可是詩終究是要聲情相稱的，聲韻問題，總得講究。除了上面所說不妨參用詞韻，把某某等部合用起來，另外的方法，還是希望對於詩有興趣的朋友們，在公餘之暇，多讀些唐宋人的絕句詩。這四句之中，例用三個韻，記得首數多了，那韻部也自然會熟的。

關於第三層，公博先生說是寫景詠物的詩，好處都被前人說盡，所以「因此我決心每逢游山玩水之時，先買一本關於那個地方的游記或詩集，如此可以舒舒服服的游目騁懷，不至於辛辛苦苦的攢眉苦臉」。這態度我是十二分贊同的。詩這東西，本來只是要來陶冶性靈的。只要有別人的佳作，可供玩賞，何苦再來那麼一套，白費功夫？不過同是一般的事物，或一樣的風景，而在各個不同心境的人看起來，是可以發生種種不同的感應的。不但宇宙間萬象森羅，時時刻刻都在變幻，都在推陳出新，就是日常生活，也覺着同中有異。趙甌北先生說：「詩文隨氣韻日趨於新，新者未有不故。故詞藻之艷，日久而塵羹塗飯矣，聲調之美，世遠而籫桴土鼓矣。惟就人人所共見共聞，習焉不察者，慧眼靜觀，一經指出，不覺出人意外，而其實仍在人意中，此則新者常新，可歷久不敝」。（誠齋詩集序）這話說得很有道理。我覺得寫景詠物的詩，雖然儘有許多尚待開闢的園地，可是如果沒有特殊的感想，的確是可以不必多作的。何況現在的攝影術，和圖畫都有長足的進展，僅僅是寫景狀物，根本用不着語言文字。古人作詩，只是「觸物起興」，原來不必專做「模山範水」一類的作品，少了這類的作品，是無礙於做一個偉大詩人的。

第四層，公博先生認爲「不多作詩，不祗是躲嬾，而且是避苦」。他舉了「吟安一個字，撚斷數莖鬚」爲例。並且說他自己作的一首絕句詩，在二十八個字裏，用了兩個「重」字，弄得「十年之中，心還不大自在」。我想這是因爲公博先生把詩看得太認眞了。認眞的精神，是事業的根本，值得極端佩服的。可是詩的好壞，最重要的，在意格而不在有無重複的文字。我最愛元好問批評東坡詞的那句話：「因病爲妍」，這好比西施的「捧心而顰」，只要她生來骨相是美的，反而會因着偶然生了毛病，而益增其美。至於重字的詩詞，在名家集子裏，眞個是「指不勝屈」。譬如李商隱的夜雨寄北：「君問歸期未有期，巴山夜雨漲秋池。何當共翦西窗燭，却話巴山夜雨時」。蘇軾的潤州作代人寄遠：「去年相送，餘杭門外，飛雪似楊花。今年春盡，楊花似雪，猶不見還家」。（調用少年游）在這短短的篇幅裏，用了許多重字，顚來倒去，是何等的婉轉纏綿！三年前，公博先生寫出那首用了兩個「重」字的詩，很虛心的要我替他商酌，我並不是因爲他是我的主管長官，有所避而不敢，實在是根據我素來的主張，認爲這是不足爲病的。一般的專家詩人，常常把自己的詩改得過火，反而弄得沒有生氣，那是「眞徒自苦耳」。公博先生既然「最怕做詩人」，那更何必把這一個字常常放在心裏呢？

第五層，公博先生說：「詩句最好是淡，最壞是火」，而自己覺得火氣太重。詩貴平澹，這是大致不錯的。汪先生在最近發表的讀陶隨筆——同聲月刊第三卷第四號——說起「陶公之平澹，由志節來也」。接着又舉了陶詩：「志意多所恥，遂盡介然分」，說這「所謂所欲有甚於生，所惡有甚於死者」，而以淵明「憂道之誠，固窮之節」，爲「粹然儒者之言行」。大抵眞正的好詩，是眞火內蘊的。眞火便是熱情，一個人沒有熱情，那只能比作枯木死灰，那裏配得上說平澹？我國文人，好發牢騷，自己不爭氣，只管怨天尤人，這個配不上說火氣。只有激於悲天憫人的宏願，而沒有一毫利己的私念攙雜其間，那種迫切眞摯的感情，不能自已，因而發爲激壯悲憤的詩歌，倒是值得贊揚的。我們看到王陽明先生，是何等有修養的儒者，他還會唱出：「亂紛紛鴉鳴鵲噪，惡很很豺狼當道，冗費竭民膏，怎忍見人離散，舉疾首蹙額相告，簪笏滿朝，干戈載道，等閒把山河動搖」，（歸隱套曲中之一段）那麼冒火的歌曲來。我們正需要着富有熱情的作品，來「增點暖氣」。至於那種啾啾唧唧，秋蟲啼候般的，叫人讀了氣短的苦調，雖然做得怎樣的好，我認爲這好比午從烈日當中，走進裝有冷氣的屋子裏，感着毛骨竦然，究竟是於身體有害無益的。

第六層，公博先生說：「作詩好走偏鋒，那就是專做七絕」。他的理由，是作七古和五古，沒有時間，五律和七律，又「怕翻典故，難排比」。我以爲作詩只要把自己的性情抱負寫得出，原來不拘應用何種體裁。單從形式上講來，我也覺得七言絕句，是最好不過的。因爲他的聲調，有律詩鏗鏘之美，而沒有牠那對偶方整的笨相，抒情也比較自由得多。如果一首寫不完，可以接二連三的來個好多首，好比詩經的分章似的，不似長篇古體詩，要使盡氣力，硬幹下去。所以這種體裁，在盛唐的大詩家，如王昌齡、李太白，就以此擅場，號稱聖手，上自詞人墨客，下及里巷歌謠，在中國幾於上下千餘年，縱橫數萬里，乃至日本高麗，也都沾染這個風氣。這差不多成了一種最普遍的形式，當然是具有牠的特殊優點。至於五律和七律，就遠不及七絕的自由。可是律詩的困難，並不一定在搬典故和拘對偶。我們讀過王維孟浩然的五律，很多是用散行句法，和做短篇五古差不多，不過聲調比較諧協吧了。七律中間四句，是絕對要講究對仗工整的，但也儘可不用典故。唐宋大家，不特白居易、陸游，歡喜用白描來寫七律，就是老杜，人家說他沒一字沒來歷，究竟他的佳作，還是不用典故的居多。例如「慣看賓客兒童喜，得食階除鳥雀馴。秋水纔添四五尺，野航恰受兩三人」。「花徑不曾緣客掃，蓬門今始爲君開。盤餐市遠無兼味，樽酒家貧只舊醅」。何嘗不是明白如話，那有絲毫做作？所以我對於公博先生的愛作七絕，極表同情，而因爲怕翻典故，少作律詩，那就有些過慮了。鍾嶸詩品說得好：『至乎吟詠情性，亦何貴乎用事？「思君如流水」，既是即目，「高臺多悲風」，亦惟所見，「淸晨登隴首」，羌無故實，「明月照積雪」，詎出經史？觀古今勝語，多非補假，皆由直尋』。這可證明不論何種詩體，對於搬弄典故，都是不必要的。我的偏見，詩自然是需要相當學力的，我們只應把古人運用的巧妙，和技術的研鍊，加一番體驗的功夫，而又有豐富的詞彙，恰好表得出作者的襟抱，那就是詩家的上乘，正不必斤斤於排比典實，纔能在詩壇上佔個地位呢！

第七層，公博先生「最怕做詩人」，這更是我絕端贊同的。本來我國古代的詩人，是情不自已而形於歌詠，絕對不像後世的詩人，是要把詩來當做「譁衆取寵」的工具的。詩經三百篇，有幾篇是可以考出作者姓名的？這就可以恍然於這裏面的道理了。我們作詩，是寫我們自己的情志，只要我自己的情感是高尚熱烈的，再加以鏗鏘悅耳的聲調，和淸新悅目的詞藻，自然會發生感人的力量，而引起共鳴。（下接第廿七面）

京海篇（下）

文載道

這是我繼述上期的談南北人文風土之續稿。也是我讀了張次溪君編纂的北平歲時記，與清代顧祿的淸嘉錄後一點瑣碎感想。然前期所說的多側重於人文掌故，這期則以風物節日爲中心。不過上期以京海兩字名題，尙還符合實際；但本期所根據的淸嘉錄，其實都是講過去吳郡的時令風俗，與「海」字並不侔合，所以嚴格的稱呼還不如作南北篇來得愜當，只是這裏來不及再更換罷了。

魯迅先生在花邊文學的「北人與南人」篇中說：

> 二陸入晉，北方人士在歡欣之中，分明帶着輕薄，舉證太煩，姑且不談罷。容易看的是，楊衒之的「洛陽伽藍記」中，就常詆南人，並不視爲同類。至於元，則人民截然分爲四等，一蒙古人，二色目人，三漢人即北人，第四等才是南人，因爲他是最後投降的一夥。最後投降，從這邊說，是矢盡援絕，這才罷戰的南方之強，從那邊說，卻是不識順逆，久梗王師的賊。孑遺自然還是投降的，然而奴隸的資格因此就最淺，因爲淺，所以班次就最下，誰都不妨加以卑視了。到淸朝，又重理了這一篇賬，至今還衍流着餘波；如果此後的歷史是不再回旋的，那眞不獨是南人的如天之福。

這一段論斷，確乎非常精到而又痛切。宋明滅亡以後，最末留下來的義師孑遺的根據地，固然是在南方；而且朱元璋和革命黨的崛起，也還是在南方。這對於北方人或者眞要「誰都不妨加以卑視了」，然在南人這一邊，可又光榮得很。不過這究竟都是一二千年前的事情，如果說到文化的久遠方面，則北方人又要振振有辭了。單只「北京人」一事，就使北人大有得色。尤其是在他們眼中的南蠻子，正如京派之視海派一樣。後來由於衛聚賢先生的努力，在杭州金山衛等處發掘了許多古物，從考古學上證明吳越的文化並不怎樣落後，雖然事情的虛實到現在還不能有什麼結論，但總算也向墳墓或泥土裏把南人的歷史拉長了，雖然衛先生卻還是北方人。

然而要探索南方或北方的人文風俗，自然還得根據親自的經歷，否則就不免失之隔靴。但這又談何容易。以區區而論，北京向是寤寐求之的一個名勝，然交通梗阻，人地生疏，川資昂貴，無一而非裹足的原因。即使是南方，也何嘗能够很如意的揚帆上下，屐痕處處呢？就說蘇州吧，十年中曾經去了兩次，但勾留的時日不多，所得的印象自淺，遂使吳宮花草，轉眼忽忽，難免起蘇遊如夢之感。況且四郊多壘，人事日非，對着石馬銅駝，也徒然生着無名的感喟而已。但作爲我們這些渺小生物的悲哀便在這裏：愈是這樣，就愈不容易忘却，愈要像生命似的執着它！「爲了忘却的紀念」，我於是更其體驗了人在某一種環境下面負創的心！因此，剩下來的無聊的日腳中，便翻翻幾本舊書，話話幾件舊事，想想幾個舊人，魯迅先生詩云，「有病不求藥，無聊且讀書」，也眞是無可奈何的生涯，鄙人豈敢妄濆先驅，然信手拈來，乃不禁有實獲我心之槪耳。

唐代的李商隱作文，曾被人目爲獺祭，而我近來所寫的東西正可用這兩字來說明。如前面所說，我旣無福環遊南北，勢惟有求諸紙上的煙雲。昔讀晉書至張翰傳，見秋風起而思及吳中菰菜蓴羹鱸魚膾之美，曰，人生貴得適志，何能羈宦數千里以要名爵乎。遂命駕而歸。旣爲之低頭唱喏，益復嘆吳中風物畢竟可人也。蓋春秋多佳日，最易令人流連光景。而秋天的衰颯蕭條之感，尤可謂得天獨厚；雖然看來近乎佳人遲暮，但會心處也正在此時耳。幼時束髮受書，放學歸來讀秋聲賦起首云，「歐陽子方夜讀書，忽聞聲自西南來者，曰，異哉，此何聲也，胡爲乎來哉。」非惟高聲朗誦，且必欲描摹塾師據案搖擺之狀，既畢，遂彷彿置身於颼颼之一境矣。清嘉錄卷七「看天河」云：

七夕後，看天河顯晦，卜米價之低昂，謂晦則米貴，顯則米賤，予有七夕看天河詩云，未弦月色映前谿，靜夜銀彎一望低，欲卜秋來新米價，天孫遠嫁在河西。

案崐新合志云，七夕天河去，以河來日久，速卜米價貴賤，大約十日則一兩。郭頻伽樗園消夏錄載，戴石屏舟中夜坐詩云，獨坐觀星計，一襟秋思長，天河司米價，太乙照時康。謂此語流傳已久。

看了這一段記載，使我想起幼時在故鄉的夏末秋初，晚飯已後，沐浴既畢，合家人坐後天井的閒話來。所謂天井，大約就是庭子，吾鄉則曰「稻地」。但跟上海的豆腐干似的比起來，眞有小巫大巫之別了。這也就是一切神話、兒歌與傳說最易聽到散播的時間。頭上星月皎然，碧天如洗，而那盈盈一水橫亙於宇宙一角的，大約便是天河了。我們像受着她的摩娑一般，都軟靡靡的躺在榻上或櫈上，爲那瑰麗的，玄秘的，甚至恐懼的故事的吸引，正如天方夜譚中的國王，被許多光怪迷離的口舌所陶醉。這中間，便有着魯迅先生筆下長媽媽一流的人物，她們的胸中，最多就是那些故事了。我們笑那「呆大女婿」的愚昧，却又爲「老虎外婆」的凶殘所驚嚇。天方夜譚中所講的多是阿剌伯及波斯的故事，而這些故事也惟有熱帶國家才最易發生流佈。他們屈服於杲杲烈日之下，有時只得以玄思或冥想來調劑疲困。因此，在受着白晝暑熱威迫的我們，一到了晚上，自然想以故事神話來調劑疲勞的情緒了。間或從母親的口中唱出一闋兒歌，於是我們就在這柔蜜的歌聲中蘧蘧入夢了。這些兒歌如在今天寫出來，不免類乎老萊子的「那個」，不過如今居然可以唱給另外一代聽了，則不但童年天眞，無可復得，而寸草春暉，也言之恧然。

照清嘉錄所記，南中有看天河顯晦而卜米價之低昂者，在北方有七月七日，婦女以針投水，視水底針影而卜前途晦明之俗。如北平歲時志轉錄帝京景物略云：

七月七日之午，丟巧針；婦女盎水日中，頃之，水膜生面，繡鍼投之則浮，則看水底針影，有成雲物花卉鳥獸影者，有成鞋及剪刀水茄影者，謂乞得巧；其影粗如槌，細如絲，直如軸蠟，此拙徵矣。婦或嘆，女有泣者。

此事在清嘉錄「磬巧」中也云：

七日前夕，以杯盛鴛鴦水，掬和露中庭，天明日出同曬之，徐俟水膜生面，各拈小鍼，投之使浮，因視水底針影之所似，以驗智魯，謂之磬巧。

似與前述稍有出入。然吳曼雲江鄉節物詞小序，謂即古穿針俗。而磬音鴿，落石也。吳語謂棄擲曰磬云。

從這兩則記載望過去，實在可以看到整個中國人的定命觀念。無論望天河而卜豐嗇，見針影而感悲喜，總之都相信爲冥冥之中的一種力量所主宰左右。魯迅翁說得好：「眞實的革命者，自有獨到的見解，例如烏略諾夫先生，他是將『風俗』和『習慣』，都包括在『文化』之內的，並且以爲改革這些，很爲困難。我想，但倘不將這些改革，則這革命即等於無成，如沙上建塔，傾刻倒壞」。我覺得中國的文化裏面，或者確有許多良風美俗，但那應該是壯健，率眞和淳樸，和我們那些掉弄筆墨，以及附庸風雅者皆不相干。這原因很簡單：無論那些風俗如與人民本身不生利害關係，就必難保存流傳。中國以農立國，一年四季物令節日之中，也惟與農民的動靜最有關係，占他們生活趣味的大部分。我們有無端的輕賤他們，迫害他們的人，也有將他們當作用具似的喝道排衙，至於「眞實的革命者」

，却難得之於碧落黃泉。一個農科畢業的學生，日夕盼望的也許還是交易所的消息，政治界的秘聞，其他即可想見。然則求米價高低於天河之中，似乎正毋須我們的大驚小怪也。

北平歲時志又引北京指南第二編中元節云：

十五日爲中元節，俗稱鬼節，上冢者多，一如清明，僧寺設盂蘭會，拯救孤魂，糊紙爲舟，長數丈或丈餘，以鬼王鬼判鬼官鬼兵鬼役乘之，寺僧相對諷經，至夜焚之，謂之燒法船。小兒則於是夕各執長柄荷葉，及紙製蓮花，燃燭其上，亦有密縛香火於蒿稞之上，而擧之者，繞街而走，羣歌曰：『蓮花燈，今日點了明日扔』。蓋以留之爲不祥也。東便門外二閘，亦于中元設盂蘭會，扮演秧歌，獅子諸雜技，入暮，洞河燃燈，謂之放河燈。

這種風俗，大約在別地亦多保存。「夫秋，刑官也」。凄淸，肅殺，寥廓，到處感到一種衰退滅亡的滋味！古人處決獄犯，也多揀這個時季。稱之曰鬼節，倒很得體。從前在瑜珈燄口上，聽到和尙們於察哈一串搖鈴之後，口中念着「無告孤魂來受甘露味」的幾聲經偈，蒼涼激越，如遭棒喝一般。接着，便是鐘鼓齊作，紙箔飛揚，使漆黑的夜空燒成猩紅的一片！等到道塲散了，和尙們拂着寬大的袈裟遠去，而門前依然月光如水，寂然無聲，那佝着背的老僕，却還在從容的掃着錠屑，心裏好比飄飄蕩蕩的，覺得萬分空虛。我想，人生終是一塲大悲劇，生不幸而形單影隻者，死去還須作無告的孤魂！孤獨的人，縱使是在陰司，也一樣要受那利剪似的寂寞之支割吧。「蝴蝶夢中家萬里，杜鵑枝上月三更」，這是我在喪家看見的一對白蠟燭上面題詞，如其世間果有所謂幽明之隔，那末，我感到這十四個字，是最能恰切的寫出逝者落漠的境遇了。後來出故鄉的北郭，過孤魂麕集之地的「義塚攤」，心中時時要浮起這兩句詩來。「義塚攤」是一切貧病交迫，而孓孑然一身的人長眠之地。和上面相記的一樣，每年七月一

日，由鄉人醵資迎城隍出巡，俗即呼爲「七月半」。出巡時由帶紅黑帽的皂隸喝道，並有鼓吹、執事。鄉童則背肅靜迴避牌，俗曰硬脚牌。吾鄉詈人之下賤潦倒者，即曰「背硬脚牌的」。輿夫自六人至八人不等，抬時例有吆喝之聲，我們生在民國的人，如欲見前淸官吏出巡時的儀仗者庶幾近之。出這「七月半」的意義，用成語說來，大約是懇求城隍去「撫輯流亡」吧。否則，這些孤魂野鬼，不免要乘機作祟了。所以揀在七月半者，是因這時正是疫癘猖獗之秋，而人民之樂於輸資，也較時疫醫院的捐欵爲踴躍，這是「破除迷信」者一個迎頭的釘子！故出會時大戶人家的家長，多不准兒童出外，和其他的賽會不同。待至薄暮，將城隍抬至北郭的義塚祠，由皂隸等代城隍審問，「被告」即爲假想的野鬼。回來時往往傳說紛紜，云今年的鬼和去年，前年的如何不同。然此種鬼使神差，亦斷非常人所能應付，換言之，亦斷非無賴不克當此大任也。傳云，「怪，力，亂，神，子不語」，又云，「未知生，焉知死」。我愛孔丘就在這等地方，以其處處能爲我輩凡夫着想耳。

淸嘉錄於七月半也云：

中元俗稱七月半，官府亦祭郡厲壇，遊人集山塘看無祀會，一如淸明，人無貧富，皆祭其先。新亡者之家，或倩釋氏羽流誦經超度，至親亦往拜靈座，謂之新七月半。

苦雨翁讀淸嘉錄，謂「這裏記的原是吳俗而在我讀了簡直覺得即是故鄉的事情了」。我也頗有此感，如上引七月半一則，即與吾鄉小異大同。蓋如例言所云，「吳越本屬一家，而風土大略相同，故書中雜引浙俗爲最繁」，已明言之矣。又如「染紅指甲」一則云：

搗鳳仙花汁，染無名指尖及小指尖謂之紅指甲，相傳留護至明春元旦，老年人閱之，令目不昏。

案周密癸辛雜誌，鳳仙花紅者搗碎，入明礬少許染指甲，用片帛纏定過夜，如此三四次，則其色深紅，洗滌不去，日久漸退同，人多喜之。（下略）

這種習俗，即在目前也仍然保留，不過看罷確也免不了要有會心的微笑。想不到我們目前自炫爲「摩登」的，在古人已經數見不鮮了。在高唱節約消費的此刻，這方法倒未妨仿效一下，只是摩登與節約不相融洽；且口中說節約最起勁者，太太或小姐也許便是蔻丹之推銷者呢！

這裏因限於篇幅，不克逐一枚舉。其中南北的風土人情，有兩地不相差別的，有限於某一地的，其最先却無不是以各地人民的利害與休咎爲根據，有其實際的內容，到今天才流爲「點綴昇平」的供具——烏乎，眼前眞有什麼昇平可以點綴麼？如其我們的官能已不能幫助我們去思索，想像，那自然可以悉聽尊便也。

（卅二年七月二十一日之夜，三鼓。）

（上接第廿三面）

如果一味想作詩人，先就自己加上一重桎梏，元好問所譏的「詩囚」，實在有些難受！何況戴上了這「詩人」的頭銜，就免不了種種無聊的酬和，「言不由衷」，那詩也就等於放屁了。有詩友是不妨的，結詩社如果是爲的研究詩學，倒也未必有何害處。假如是含有其他作用，或者爲着面子，要勉强叫一聲好，那就眞是自尋煩惱呢！

我因讀了公博先生的這篇文章，引起了不少的感想，信筆寫了這許多的廢話，作爲「我的詩」的補充材料，這對於「古今」的讀者，和愛好弄詩歌的朋友們，是不是可以引起同情心，而達到我個人預期的願望，還是沒有把握，這是首先要向公博先生請求原諒的？

最後，我讀了公博先生發表的許多作品，雖然覺得在修辭方面，不能說絕對沒有可議的地方，而全體的好處，有的是清婉纏綿，有的是沈雄激壯，我想這是讀者們有目共賞的，也無待乎區區的仰贊了！

編輯後記

黎庵

★樸園主人之文，向以感情見勝。本期『樸園隨譚』一文，雖信筆拈來，而眞情流露，溢於行間，里閭瑣事，都成妙諦，洵稱佳構。本篇僅全文之序端，此後將按期刊登續稿。

★沈啓无先生惜墨如金，南中望其片楮隻字，如望雲霓，此次慨蒙賜文，編者讀者，歡喜無量。

★凌霄漢閣主徐彬彬先生爲北派評劇大家，負盛名數十年，上期『於戲！叔岩』一文，已爲本刊生色不少；本期又得其『談評劇』一文，原題作『怎樣批評余叔岩或任何人』，編者擅爲改今題，徐先生當可首肯。

★趙叔雍先生述其里人屠寄軼聞，奇人奇事，益以生花妙筆，亦爲本期之一力作。

★蘇青女士近方服務本市某機關，以女子現宰官身，必多所擘劃，以福我市民，本期蒙以『談做官』一文見貺，現身說法，殊多妙諦，讀者幸勿泛泛讀過。

★龍沐勛先生詞學宗匠，吳瞿安先生之逝，獨步江南，其論公博先生之詩，深有獨到之處。

★ 汪先生讀陶隨筆一文，轉載自龍榆生教授主編之『同聲月刊』。本刊於『古今文選』一欄不多刊，刊必古今大手筆，始足稱此。『同聲』爲專門性刊物，流佈或不廣，故樂爲轉載。

★比來不幸物價又告飛漲，本刊不得已改售八元，然猶虧累甚鉅。事非得已，讀者亮之。

關於筆記（上）

葉雲君

近人對於筆記最感興味的，大約要算知堂老人吧，不但讀得多，文章的材料也大抵取之於筆記；自夜讀抄，苦茶隨筆以下至藥味集七種散文集，每冊中論筆記的文章，要佔全部三分之一，可見他對於筆記嗜好之深。秉燭談有談筆記一文，敍述他讀筆記的的取捨標準云：

『要在文詞可觀之外，再加上思想寬大，見識明達，趣味淵雅，懂得人情物理，對於人生與自然能鉅細都談，蟲魚之微小，謠俗之瑣屑，與生死大事同樣的看待，却又當作家常話的說給大家聽，庶乎其可矣。人心不足蛇吞象，野心與理想都難實現，我只希望能具體而微，或只得其一部分，也已可以滿足了。』筆記雖多，能够合於這標準的却少，經過知堂老人多年的選擇，也祇能舉出劉獻庭廣陽雜記，王侃江州筆談等六七種而已。蓋因專紀典章制度文物掌故的和專以文詞見長兩種筆記，均爲老人所不取，而通常所見的筆記，又大抵以此兩派爲多。和知堂老人相反的是周黎庵先生，『吳鈎集』『談淸人筆記』有云：

『我要說起的是另一種的隨筆偶記，這種筆記是現實的，其內容同前文所說「翔羅一代故實，名人軼事，國家弊政，人物臧否」，但並不枯澀，裏面往往有幽默，有笑料，並不道學，並不嚴肅，淸人在扳起面孔做的所謂正統著述外，在這裏還可見到他們嘻笑怒罵的眞面目，令人讀得下去，不會半途而廢。而讀者的好處，却在「開卷有益，掩卷有味。」』文章裏特別推荐的，便是昭褳嘯亭雜錄，陳康祺郎潛紀聞，戴璐藤陰雜記三四部正統筆記，剛和知堂老人的意見成對比。其實，兩人不同的見地是從兩個不同的立足點出發：知堂老人是把筆記當作文章看待，除文詞以外兼及其思想和見解，故不取正統派的筆記，因其中的見解正和他們的正統著作無所軒輕。而黎庵先生所注意的是歷史，以爲研究歷史事件，野史的翔實性要超過矯揉的正史，所舉的幾部正是淸代野史的代表作。簡單的說，便是一則偏重文章和內容，一則偏重於事實。

我對於筆記的看法，和上面兩家都不同。雖然我也喜歡文詞可觀趣味盎然的筆記，然而這類筆記却不可多得，見解正確的則更寥寥；而我讀筆記的目的也並不完全在此，實則是另有所在。至於專紀國家大事，典章制度的正統筆記，如嘯亭雜錄，庸庵筆記等，除掉尋找所需要的材料偶爾翻閱以外，也沒有什麼好感，這或許是由於對政治史之類沒有興趣所致。我所喜讀筆記的理由是在於牠的「雜」，因爲「雜」纔可無所不包，從「宇宙之大」以至蟲鳥之微，風謠之瑣碎，小說戲文之考据等等。而讀者也唯有在這「雜」的裏，纔能各自尋到他們所需要的材料。即使是專攻古生物學者，或天文學者，假如願意常常翻閱筆記，也未必毫無所得，雖然筆記中這類材料不多。我所尋找的材料，最初是偏重在風謠習俗的一類，那時對民俗學感到極大興趣，故於搜羅現存的資料外，也兼及書本上的骨董，可惜的是搜羅所得已於數年前全部失掉。近幾年來的興趣又轉移到小說、戲曲、散曲、俗曲以及其他俗文學的資料的搜集，其範圍較之以往更爲廣大，而所獲也較多。總之，說得冠冕一點，便是所謂學術上的事，這在別人看來或許以爲有些學究氣也未可知。

筆記的內容，不論是子部的雜家或是小說家，也不論是雜事或異聞，祇要其中有可取的材料我無不翻閱。其中有正統派的池北偶談，廊鸋偶筆，有文采派的西靑散記，扶風傳信錄，也有下筆如有葛藤的見聞隨筆，更有傳奇志異的聊齋、閱微乃至下流到專講因果的里乘，池上草堂筆記之流。其時代從宋人的歸田錄，仇池筆記起，直至晚淸的三借廬筆談瀟湘館筆記止；而大體是以明淸兩代爲主，蓋因其中包含資料較多也。這樣毫無選擇盲目地濫讀，自然不是正宗的讀法，而且把流派不同的拉在一起來談，眞是使韓非與老子同傳了。這如上面所說，讀筆記的目的是在於取材，主旨所在只是牠的文獻價值而已，故不論其本身價值和流派若何。這與其說是「一視同仁」的看待，反不如說隨意瀏覽，較爲確當。

近人論筆記的文章，大抵專取雜記一類，異聞都略去不談。這原因，一是此類筆記，家傳戶誦，無庸推荐；其次是作者距離兒時已遠，故事已非所重，而其中若干超自然份子距實際生活又頗遼遠，也不易重感興趣；其末流又與感應篇之類融爲混合物，爲近人所不取。這理由是無可非難，而我還津津樂道的，原因是別有所在。第一，從小說史上說看來，這類異聞雖是六朝志異與唐人傳奇混合而生的末流，然而也是小說的一個支派，治小說史者不可置而不論。明淸兩代這類筆記多到不可計算，而諸家小說史既以通俗小說爲主，又以爲是晉唐小說的支流，均少敍及。魯迅先生中國小說史略搜羅最爲完備，而論明人傳奇文，僅在淸之擬晉唐小說章開首略及剪燈二種，其他均未敍及。再就淸代說，這類筆記究有多少，其中有幾個流派，從來無人論及，更無專門論文可供參考，甚至連一個簡明書目像中國通俗小說書目那樣的淸代傳奇書目也沒有，偶然需要參考，只有翻閱小說史略。据史略所載也僅有二十五種；其他小說史都轉引此書，更無出牠範圍以外的。其實淸代的異聞集，並不止此，單就我的統計，從康熙時東軒主人述異記起，至宣統時西花草堂主人新聊齋止，已有五十種左右，都是全部敍述異聞的，（部份敍述異聞的如池北偶談，小豆棚等尚不在內），實際的數目，當還要增加若干。蒲松齡聊齋志異，前人雖多指出題材的來源，然迄至現在也還沒有一篇專論此書的來源和影響；平時瀏覽所及，雖也考出若干則，然而只是全書（四三一則）的八分之一而已，全部的考證，尚有待於他日。這些本是專家的工作，但在專門的論文未刋出以前，爲了必需的參考，便逼得外行人自己動手，因而也就需要隨時翻閱。其次是這類筆記中偶然也可獲得可用的資料（詳後），亦如其他雜記，瑣言之類。爲了這兩項原因，我是把異聞和雜記同等看待的，雖然有時要勉强去讀末流的惡濫故事和卑劣的見解。上面所說，只是一己的偏嗜，毫無勸導別人也讀異聞筆記的意思存於其中也。

如前面所說，尋找筆記中的材料，大抵以關於小說、戲曲、散曲、俗曲、民謠等爲主。這裏便先從小說說起。

注意和輯錄筆記中有關小說的本事或作者史料的，早經有人着手，且已有幾冊專籍。其中最早的一部是蔣瑞藻小說考證（刋於民國四年），後來又陸續輯成續編，拾遺和小說枝譚。其用力雖劬，而內容則頗蕪雜，且徵引書籍也不甚可靠；或刪略原文，或非直接引自原書。魯迅小說舊聞鈔，便是爲彌補蔣書缺點，重新輯錄，後來又有中國小說史料（据說這書是出於戴望舒先生之手而讓予孔君）一書，乃彙集考證及舊聞鈔二書而成。其最有成就的，要算是戴望舒先生續輯的一冊二十萬字小說史料續編，其取材均出於三書之外，且有若干不經見的新資料；可惜這書一直擱在中華書局沒有刋出，只在俗文學上刋載關於李禎及剪燈餘話的史料，而其中已有不少可供考證的文獻。我所搜集的資料，大抵是關於小說本事的一項，其未經他人指出的，如宋元話本紫羅蓋頭（已佚）的本事見於明錢希言獪園（卷十二）二郎廟條，李達道（見醉翁談錄）本事見宋李獻民雲齋廣錄（卷四）西蜀異遇，簡帖和尙則本夷堅志（丙集）王武功妻條。又如明人平話集石點頭卷三「王本立天涯尋親」出李卓吾續藏書，卷六「乞丐婦重配鸞儔」見夷堅志（丁集）鹽城周氏女條。清人平話娛目醒心編卷四封氏女事，出徐芳懸榻編奇女子傳（虞初新志引）及吳陳琰曠園雜志（卷上）奇女巧脫條 。今古奇聞卷二十二「林蕊香行權計全節」傳奇文選自王弢遯窟讕言寧蕊香條。（上列諸條，筆記原文均冗長，故不徵引。）此外如「三言」「二拍」的來源，近人雖有專文論及，而其中可以增補的，也陸續輯得若干則，又如友人旭初兄作施公案考證，其考竇爾墩所据之文獻，乃轉引小說考證所錄近人之闕名筆記，在史料價值殊爲薄弱，當時曾据道咸間寄泉居士蝶階外史（有咸豐四年序）補錄竇除凶僧的一則，以爲這要算是較早的記錄，及至後來檢到紀昀的筆記，知道還有更早的文獻存在。紀氏灤陽續錄（作於嘉慶三年）卷四有云：『昔竇二東之行刦，必留其禦寒之衣衾，還鄉之資斧，自以爲德。』這與蝶階外史劇盜之說合，而人物的眞實性据此亦可證明。天底下沒有新奇的事，祇要細心搜羅，像這類發現，是會絡繹而來的。這或不免人們的瑣碎之譏，然而那只是自已袖手不幹又嫉妬別人去做的懶漢意見而已。

戲曲文獻的搜集，其時代較之小說則更早，嘉慶間焦循所撰劇說六卷，其所錄即以筆記中的材料爲主。其次是小說考證及續編，其中所錄五百則，而戲曲一類已佔三百零一則。最後是數年前任二北輯的曲海揚波（新曲苑本），其首三卷亦完全輯自雜記等書。我在這方面的所得，較之小說方面的收穫爲多，其中以冷僻的曲目及作者史料爲多，其次是關於戲曲本事及諸瑣事的。曲目一項輯有：明無名氏四喜雜劇（見五雜俎卷四），小鬼跌金剛（見虞山妖亂志卷上），明張岱及無名氏的二本冰山記（見陶菴夢憶卷七），清盛于斯悲紅記，雙丸記（見休菴影語紀遺），清吳震生詩仙會（見西青散記卷一），荆凌雲花鳥緣（同書卷四），沈起鳳泥金帶，黃金屋（均見諧鐸），黃鈞宰夢呼么（見金壺七墨卷八），朱海燕園釵（見池上草堂筆記傳奇創祿條）以及無名氏風流誤（見小豆棚），金釧緣（見夜雨秋燈續錄卷四），再生緣（見子不語卷十五）等七八十則，都是曲錄，今樂考證，曲海總目提要所未著錄。這裏姑略舉一二。袁小修遊居柿錄卷十一云：

『晚赴李開府約于魏戚畹園，封公在焉；招名優演珊瑚記』。此珊瑚記一目，既不見著錄於清代曲海目諸書，而明呂天成曲品亦未列入，以王國維曲錄著錄廣陽雜記所載之玉連環例，此目亦應補入曲目中。又昭槤嘯亭雜錄（卷十）稗史云：

『近有盛世鴻圖雜劇，演曹彬下江南故事。謂南唐有妖道某，能使藥迷宋將，自相殘殺。語雖怪誕不經，按北史：魏冀州沙門法慶，以妖詞惑衆，與李歸僞作亂，自號大乘王；又合狂藥令人服之，父子兄弟，不復相識，以殺害爲事。後爲刺史元遙所破。然亦有所託也。』此於敍述戲劇本事外兼有考證，雖然所考未必便是作劇者所据。盛世鴻圖一劇亦爲曲目諸書所未收，疑爲清中葉官庭承應戲劇。

明清戲劇作者的事蹟，大抵隱晦的居多，遠不及小說作者易於爲人所知。如崑曲劇本的創始者梁辰魚，其事跡在若明若暗之間；明末清初的李玉、朱㿥等，其所作戲曲每人多至三十餘本，其生平今竟無可考。這使得戲曲史的作者於敍述作家生平時，常有無從下筆之感。年來對於戲曲作者史料的搜集頗感興趣，雖搜羅的範圍並不以筆記爲限，而在筆記中也略有所得，限於短文的篇幅，這裏也只能引一二最隱晦的作家爲例。呂天成曲品卷下「下下品」著錄汪宗姬丹管記一種，汪氏生平据同書卷上所載僅知字師文，徽州人，而評語亦只有「汪爲新安素封之嗣，游太學而契結公卿」二語。

× × ×

古今文選

讀陶隨筆

汪精衛

天地之道。博也。厚也。高也。明也。悠也。久也。古今詩人。有此氣象者。唯陶公一人。『涼風起將夕。夜景湛虛明。昭昭天宇闊。皛皛川上平。』令人悠然有天地清明之感。王摩詰詩。『秋空自明迥。況復遠人間。暢以沙際鶴。兼之雲外山。澄波澹將夕。新月皓方閒。此際縱孤棹。夷猶殊未還。』非不清且麗也。以陶公此四句視之。其氣象不侔矣。『孟夏草木長。繞屋樹扶疏。衆鳥欣有託。吾亦愛吾廬』。令人悠然有天地萬物皆吾一體之感。陸放翁詩。『雨後郊原已徧犂。陰陰簾幕燕分泥。閒眠不作華胥計。說與春鳩自在啼。』非不舒且適也。以陶公此四句視之。其氣象亦不侔矣。蘇東坡謂『淵明詩質而實綺。癯而實腴』。蓋此類也。

古今聖賢。懷抱未必盡同。而有無乎不同者。一己之所取。惟恐其不約。爲天下國家計。惟恐其不精且詳。蓋不約則患得患失之心中之。將成爲鄙夫。非澹泊明志之人。必不足與言鞠躬盡瘁也。陶公之詩曰。『營己良有極。過足非所欽』。守己之約也。『桑麻日已長。我土日已廣。常恐霜霰至。零落同草莽』。謀國之忠也。兼此二義。然後可以讀陶詩。

朱子曰。『晉宋人物。雖曰尚清高。然個個要官職。這邊一面清談。那邊一面招權納賄。陶淵明眞個能不要。此所以高於晉宋人物』。此可謂知陶公矣。然陶公有其不要者在。亦有其要者在。『脂我名車。策我名驥。千里雖遙。孰敢不至』。此陶公之所要也。陶公之所要者何耶。綜觀全集。陶公所要者。人心良而風俗淳也。嗚呼。雖曰『總角聞道。白首無成』。而後之人。誦其詩。爲之興起。此所謂百世之師也。

顧亭林曰。『有亡國。有亡天下。易姓改號。謂之亡國。仁義充塞。至於率獸食人。謂之亡天下。國家興亡。其君與臣肉食者謀之。天下興亡。匹夫之賤。與有責焉爾矣』。此非今之言。古之君子。固已言之矣。由今言之。則亭林所謂亡國者。謂之易朝。而所謂亡天下者。則爲亡國焉耳。述酒一篇。痛零陵之被酖。韓子蒼發其微。湯東磵暢其指。誠可謂異代知音。然腐者踵之。則陶公之詩。篇篇皆述酒也。然則陶公所耿耿者。惟在易朝而已。天下國家。非所關懷。其亦淺之乎測陶公矣乎。又況附會穿鑿。其究竟必墮入惡道。錢謙益注杜詩。『遙憐小兒女。未解憶長安』。謂譏刺肅宗張后之不念太上皇也。子美有知。必唾其面。

遊斜川詩序。『若夫曾城。傍無依接。獨秀中皋。遙想靈山。有愛嘉名』。詩。『迴澤散遊目。緬然睇曾邱』。湯注引天問。『崑崙縣圃。其尻安在。增城九重。其高幾里』。淮南子。『崑崙中有增城九重』云云。然以斜川距崑崙之遠。縱可遙想。何能睇及。此不可解者也。故駱庭芝斜川辨曰。『曾城者。落星寺也。殆是晉所稱者。』曾國藩十八家詩鈔陶詩注中駁之曰。『獨秀中皋。則是指山。非指寺矣。當是斜川有山名曾城。故愛其嘉名。與崑崙同耳』。斯言得之。然未能舉其證也。溫汝能陶詩彙評。『名勝志。層城山。即烏石山。在星子縣西五里。有落星寺。據此。則層城是山名。非寺名。蓋是山有落星寺耳』。則豁然矣。讀陶詩。不惟欲得善本。且欲博采諸家之注。溫注在諸家注中。非上乘。而此條則足祛千古之惑。

『形夭無千歲』。曾紘據山海經。定爲『刑天舞干戚』之訛。朱子等皆然之。然周必大已有異議。其後何義門等。亦皆以爲宜仍形夭無千歲之舊。不可妄改。陶澍注。『微論原作刑天。字義難通。即依康節書作形夭。既云夭矣。何又云無千歲。夭與千歲。相去何啻彭殤。恐古人無此屬文法也』。其言辨矣。惟山海經古本。『刑天』有作『形天』者。亦有作『形夭』者。溫汝能引唐等慈寺碑。正作『形夭』。依義。夭長于天。是則形夭無千歲之句。其形夭二字無訛。惟無千歲當作舞干戚耳。近人有欲仍原文者。其持論之故。非愚所知矣。

有人謂陶公思想不出當時淸談以外。此言非也。清談源於老莊。而陶公則篤守儒術。集中憂道之誠。固窮之節。皆粹然儒者之言行也。『既耕亦已種。時還讀我書』。與老子『虛其心實其腹』異。桃花源記。『有良田美池桑竹之屬。阡陌交通。鷄犬相聞。』與老子『民至老死不相往來』亦異。讀桃花源記者。不可忽略『黃髮垂髫並怡然自樂』一語。此陶公所夢想之社會也。天下古今。何處有此社會者。然夢想中却不能不有。有此。然後仁民愛物之懷抱。得所寄託。而一晝夜間。悲天憫人之所爲。亦稍稍得以安慰。此猶宗教家之有所謂天國也。言之可悲。然寧信其有勿信其無耳。

古今評陶公詩者。皆曰平澹。是固然矣。然何以能平澹乎。心慕富貴。求之不得。則鄙夷之。此伊索寓言所謂猴子欲偷食葡萄不得則斥爲酸不可食耳。非平澹也。富貴縱可得。然不能久。慕之何爲。充此念也。必慕方士求神仙而後已。非平澹也。自華屋到田間。領略天然趣味。於耕作之勞苦。則若耳無聞目無見者。形爲歌詩。翛然自得。此紅樓夢所謂吃膩了鷄鴨欲換口味耳。非平澹也。古今所謂平澹者。汗牛充棟。不出此三類。質言之。令人欲嘔而已。陶公之平澹。由志節來也。『耕織稱其用。過此奚所須』。知衣食之不易得。亦不更爲多求。集中如此語甚多。舉一例以明之耳。然則有苦乎。曰。有之。既申之曰。『田家豈不苦。弗獲辭此難』。又申之曰。『不言春作苦。常恐負所懷』。苦中有甘在也。然以自力謀衣食。亦往往不可得。於是有『飢來驅我去不知竟何之』之作。有『弱年逢家乏老至更長飢』之作。然則何以忍此苦乎。『志意多所恥。遂盡介然分』。所謂所欲有甚於生所惡有甚於死者也。於是『歷覽千載書。時時見遺烈。高操非所攀。深得固窮節』。聊以此開其懷抱焉。集中於固窮二字。數數用之。皆以此也。嗟夫。不能固窮。何從得平澹哉。

然則平澹有樂乎。有之。能做到以上不言苦。不辭難。又能做到固窮。則一片心地。打掃得乾乾淨淨。可以無往而不樂矣。讀山海經首章。最能道之。其所以『俯仰終宇宙不樂復何如』者。『孟夏草木長。繞屋樹扶疏。衆鳥欣有託。吾亦愛吾廬』。此樂之得於天地萬物者也。『既耕亦已種。時還讀我書』。此樂之得於已者也。『窮巷隔深轍。頗迴故人車』。此樂之得於人者也。大抵以生事言。無往而非苦。以心境言。則無往而非樂。人生不可無此受用。蘇東坡頗得此意。故於惠州之貶。儋耳之謫。襟懷灑然。所謂『平生學道眞實意』者。實與陶公有契合處。故和陶之作。多於此時爲之。劉後村乃謂『雖惓惓於陶淵明。未知淵明果恁可否』。此眞所謂夏蟲不足以語冰者。

然則陶公之嗜酒。亦可法乎。愚以爲其時尚無安眠藥。故陶公以酒代之耳。觀於我醉欲眠卿且去。可以知之。不以辭害意可也。

讀陶詩

汪精衛

陶淵明詩。高出今古。讀其詩者慕其人。因之於其出處。亦加詳焉。愚觀贈羊長史詩。知淵明於劉裕之收復關河。不能無拳拳。然終於廢然意沮者。以裕之所爲。不過自創子孫帝王之業。陶公胸次。有伯夷之淸。孟子所謂行一不義。殺一不辜。而得天下不爲者。其攢眉而去。亦固其所。史但稱自以曾祖晉室宰輔云云。未足以盡陶公。而諸家評注紛紛。惟知著眼於此。可爲一歎。裕之手翦燕秦。固快人意。而充其患得患失之心。亦開齊梁篡奪相尋之局。使南朝爲之不振。是則全謝山之推崇宋武。亦有所偏也。因作此詩。

寄奴人中龍。崛起自布衣。伯仲視劉季。功更在攘夷。嗟哉大道隱。天下遂爲私。坐令耿介士。棄之忽如遺。錢溪始自勵。彭澤終言歸。豈爲恥折腰。恥與素心違。世無管夷吾。左衽誠可悲。若無魯仲連。何以張國維。

中央儲備銀行

原書原樣

上海郵政管理局暫准登記證第四〇〇號

每冊實價捌元

古今

散文半月刊

第三〇期

淺淺水長長流來無盡去無休蹤跡徧狂風吹白浪接天尾闊吹不收即如我儂住人世何榮何辱何樂何憂有時節觀夢一枕有時華胥酒一甌古今興亡付詩篇勝負得失付松濤清風明月用不竭高山流水情相投幾度白鶴朝隨前白鶴棲我今頭會亦復歸發來還要今時像還不見東家豪富千頭牛又不見西家豪貴萬戶侯堪嘆英雄掀九州有如洪濤海濤世界欲動大將浮沉然一日風打舟斷強絕標無少留桑田變海海變洲昔時聲勢空嘯啾嗚呼何如淺淺水長長流——六如居士集

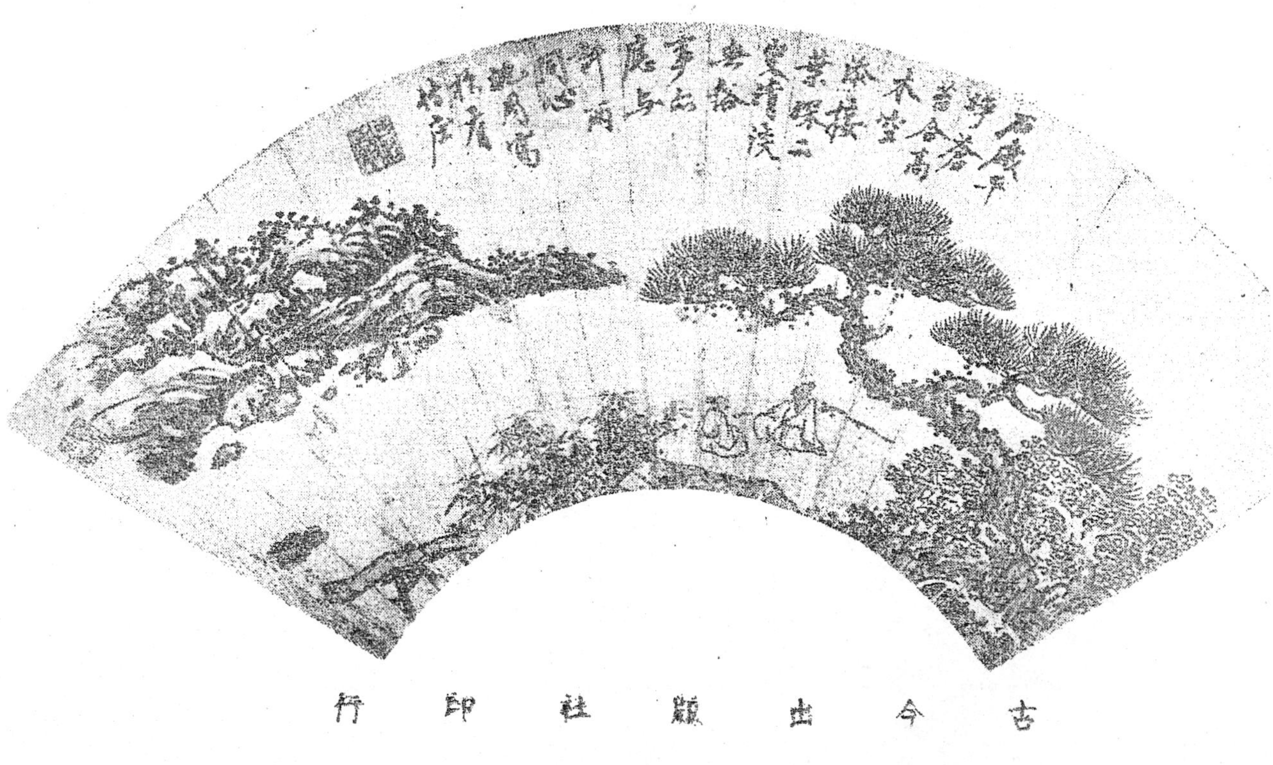

古今出版社印行

古今半月刊第三〇期目次

中華民國三十二年九月一日出版

社長　朱樸

主編　周黎庵

發行者　古今出版社　上海亞爾培路二號

發行所　古今出版社　上海亞爾培路二號　電話：七三七八八號

印刷者　中國科學印刷公司

經售處　各大書坊報販

零售每册中儲券八元

國民政府宣傳部登記證滬誌字第七六號

預定	
欵項先繳 照價八折	半年 一百元　全年 二百元

樸園隨譚（二）

朱樸

記筆墨生涯

我的筆墨生涯（非正式的）開始於二十多年以前，那時候我正以苦學生的資格在吳淞中國公學讀書，除了學膳費免給，書籍費由劉南陔先生楊端六先生等私人資助外，其餘零用等費，則不能不靠自己去籌措。當時我讀的是商科，尤孜孜於經濟理論之學，最初寫了一兩篇關於經濟的文章向時事新報去投稿，居然獲得每千字一元二角稿費的報酬。嗣後校中成立了一個「中國經濟問題研究會」，公推我為主筆，在時事新報上闢得「經濟旬刊」的一角園地，年少氣盛，每期寫了些關於經濟問題的「洋洋大文」，自命不凡。（我與周佛海先生為了辯論某一個經濟問題而大開筆戰，就在此時。那時周先生正在日本留學，他的文章時時在民國日報的副刊「覺悟」上發表；按那個時候的時事新報與民國日報，雖同為學術界思想界所看重的所謂「新文化報紙」，但言論主張無不相左，針鋒相對，幾有不共戴天之勢！焉）

後來，因為聽說商務印書館所出版的諸大雜誌稿費比較豐厚，所以我就開始向東方雜誌投稿。我記得最初兩篇是譯王爾德及泰戈爾的小說，居然獲得每千字一元五角到二元的酬報，「名利雙收」，眞是喜出望外。

民國十一年我在中國公學第一屆商科畢業，因力謀赴美留學不成，遂由楊端六先生介紹進東方雜誌社做編輯，這就是我此生正式從事筆墨生涯之開始。

那時候的東方雜誌社共有四位編輯：錢經宇、胡愈之、黃幼雄、張梓生。經宇是總編輯；愈之專事譯文兼寫關於國際的時事述評（他用的筆名是「化魯」）；幼雄襄助愈之做同一性質的工作；梓生專寫關於國內的時事述評。我進去了之後，經宇派我每期主編「評論之評論」欄，兼寫關於經濟財政金融一類的時事述評。當時我的月薪是三十五元，分兩次發給，每次我的所得是十七元五角，這是指絕對不請假而言。因為當時商務印書館編譯所的所長是王雲五氏，此公十分精明，一切措施，全是「科學化」。譬如說罷，我們晨進晚退的時候，都必須在門口一隻掛鐘下面所按置的各人的名片用手抽一下，於是機器一動，就有萬分準確的進退時間紀錄在上面，會計處每半個月審查一下，某人不到多少天，遲到幾點幾分，早退幾點幾分，薪水照扣，絲毫不差，眞是神妙之至！

那時候的東方雜誌社還是在寶山路商務印書館的所謂「老房子」裏，我記得好像社址是在二樓的一間大房間裏吧，與教育雜誌社，小說月報社，婦女雜誌社，民鐸雜誌社同一房間。那時候的教育雜誌社有李石岑（兼民鐸雜誌）和周予同；小說月報社有鄭振鐸；婦女雜誌社有章錫琛和周建人；此外還有各雜誌的校對等共有一二十人之多；濟濟蹌蹌，十分熱鬧。上述諸人各有其特賦的風趣，我至今尚能依稀的記憶。舉例說吧：石岑表面道貌岸然而開口却好談性經；錫琛喉嚨尖小好像雌鷄之聲；愈之與梓生每天早晨到社後必娓娓不倦的大談二房東和水電捐等；經宇弱不禁風而打麻雀則通宵達旦視爲家常便飯；建人恂恂君子常受振鐸輩的愚弄及嘲笑；諸如此類，不勝記述。

在我進了東方雜誌社幾個月之後，樊仲雲也進來了；翌年我因事辭了東方雜誌的職務，接我位置的，是吳頌皋。

我手頭所藏關於那個時期的東方雜誌，早已一本不存。前天偶爾清理舊篋，忽然翻得民國十二年九月十日初版發行的第二十卷第十七號的東方雜誌一冊，眞是如獲珍寶。那一期的東方雜誌是紀念經濟學鼻祖斯密亞丹二百年專號，第一篇是我寫的「斯密亞丹二百年紀念」，其次則有葉元龍李權時等的專文，最後復有我的「斯密亞丹以前之經濟思想」一文。此外，還有我寫的一篇時事述評，題爲「張弧登臺後籌欵之成績」，頗帶冷嘲熱諷的態度。卷首印有斯密亞丹一張照片。關於此事，我現在腦筋中尚未忘記一件頗爲幽默的趣事，就是當那一期東方雜誌出版後，大約有一個星期，社中忽然接到一位讀者的來函，他說本期東方雜誌裏卷首所印的那位斯密亞丹，並非經濟學鼻祖英國人斯密亞丹，而是另外一個風馬牛不相關的美國人斯密亞丹云云。經宇接得此函，以示愈之（那張照片是愈之不知從那裏剪下來的），大窘，隨即於次期更正誌歉。我以此事頗趣，因於此地順便述及，深望他日愈之不要誤會我故意揭他之短，幸甚幸甚！

此外，還有一段韻事也可以略爲提及的，就是當時在我們那一間大編輯室裏，以我的年紀爲最輕，頗有翩翩少年的丰采。鄭振鐸那時也還不失天眞，好像一個大孩子，時時和我談笑。他和他的夫人高女士在一品香結婚的那天，請嚴既澄與我二人爲男儐相，我記得那天大家在一起所攝的一張照片，好像現在還保存在我無錫鄉間的老家裏呢。

我離了東方雜誌社後半年有餘就赴北京，在北京兩年有餘又回上海，到十七年由上海前赴歐洲，始償出國之願。在上述幾年的時期中，我絕未寫過半篇文字。到了歐洲後，我記得祇曾爲東方雜誌寫了一篇「國際合作運動」，登載在十八年十月十日出版的第二十六卷第十九號該誌上面。這時候其實我已追隨　汪先生由巴黎返抵香港，開始我的政治生涯了。

不幸那一次的政治運動和軍事行動未能成功，最後　汪先生指派林柏生陳克文和我三人創辦南華日報，於是我又恢復了我的筆墨生涯。當時我與柏生克文互相規定每人每星期各寫社論兩篇並值夜兩天，工作相當辛勞。所幸編輯部內人才濟濟，得力不少，如馮節、趙慕儒、許力求等，現在俱已嶄露頭角，有聲於時。

那時候汪先生也在香港，有時也有文字在南華日報上發表，所以這一個時期南華日報的社論，博得讀者熱烈的歡迎。還有副刊也頗爲精采，尤其是署名「曼昭」的「南社詩話」一文，陸續登載，最獲一般讀者的佳評與讚賞。

十九年夏我離港北上，旋復南返，二十年十月又離港赴滬，二十三年六月作第二次出國之遊，年底即返，以後一直到二十六年春復奉命兼襄上海中華日報筆政（時編輯部中幹部人員有郭秀峯、梁秀予等），秋間又重往香港主持南華日報。嗣後又與林柏生、梅思平、樊仲雲等在港組織國際編譯社及開設蔚藍書店，詳情已具載我在本刊第十三期內所寫的「記蔚藍書店」一文，茲不贅述。

二十八年我由香港重返上海，主辦「時代文選」。同年八月至九月間，接辦上海國際晚報。十月一日，又創辦時代晚報（二十九年九月一日遷京出版），在經濟物資極度艱困的情形之下，現在居然還能夠苟延殘喘地存在着。

去年三月，我以完完全全私人的資格與動機創辦這本「古今」，並且自己盡其所能竭其所有的來灌溉這個刊物，正正式式的重新恢復我的筆墨生涯。回憶過去二十年的生活，一一如在目前。自維孤介性成，不合潮流，既不會拍馬吹牛卑躬屈節所以就做不了官；又不會囤積居奇操縱市面所以就發不了財；所能夠勉强對付者，仍不過是拿一枝禿筆發發無聊之牢騷而已。嗚呼！「百無一用是書生」，其樸園主人之謂歟。

近人廬山詩鈔

周樂山

從政潯陽，案牘旁午，匡廬在望，未能一展游屐，風簾官燭之夜，綴鈔近代名家廬山詩數首，以博樸公社長一粲。

金輪鐵塔　康有爲

千年鐵塔抗金輪，雲氣光明護化城，風雷萬刼不動轉，烟霄百丈矗飛鸞，墨池獨在風流遠，栗里爲鄰基址平，只有鸞溪清淨水，卅年又復聽泉聲

雲霧茶　易順鼎

匡山雲霧窟沈沈，聞有六朝僧未死，窟中產作雲霧茶，灝氣清英復無比，托根高接南斗傍，坐令澗壑流芬芳，三十六梯不可到，天風細細吹旗槍，幽香似酒忘年歲，僊蝶飛來心已醉，清閟直教虎豹守，窈冥若見龍蛇避，鴻荒闢後留根荄，却是匡君手自栽，高空日月增精髓，邃古冰霜成異胎，斡旋元氣仙人掌，斟酌靈漿衆帝臺，蒙頂上清足相埒，宜供大祀陳天階，辛苦山僧摘盈甕，手皸足繭人間送，葉葉都含瀑水溼，枝枝盡帶嵐霞重，種少應知造物慳，摘多莫使山靈痛，螺春龍井徒芳腴，倘書道此清涼殊，中洽精鑒贊皇李，雙井佳題玉局蘇，袖裏攜將雲霧去，欲傾江漢試跳珠

牯嶺　譚延闓

蘇黃朱陸不到處，涌現樓台忽此山，無數峯尖雲海裏，豈知培塿在人間。

裸體山　前人

居在絮中行釜上，匡廬面目有無間，雲蒸霧合黃龍寺，誰見洪荒裸體山。

登五老峯絕頂　陳三立

帝溥孱魂閉雪中，初踰南嶺拂青紅，遮抑斷澗驚吟落，蹴踏層霄鳥道窮，波蹙湖江浮日氣，石攢刀劍斫天風，須臾霧合身如豹，埋夢來添一禿翁。

聞廬山輿夫歎息聲　于右任

上山不易下山難，勞苦輿夫莫怨天，如問人間最廉者，一升汗值幾文錢。

石梁謠　黃侃

廬山石梁果有無，游者記者皆言殊，或云可至惟樵蘇，未諳記載焉能圖，我身嗜奇忘微軀，欲往尋之無肯俱，裴回澗上至日餔，稽留不顧我友須，默無一語遵還途，此疑今日不可析，窮谷年年苔蘚積，正有虩虎匪人跡，搜神志怪到幽僻，信人信書總無益，世間可信在親歷。

瞿忠宣公家書

樊仲雲

今年癸未，明歲甲申，是明崇禎殉國之年，適爲明亡三百年紀念。明之覆滅，最爲悲慘，桂王逼逃到了緬甸，仍不免爲吳三桂追捕，而父子駢戮於雲南。桂王之被擁立，瞿忠宣公式耜之力爲多。偶從忠宣公集得讀其家書，深感當時形勢之困難，及其處境之苦痛，眞有令人爲之痛哭流涕唏噓而不能自已者。

忠宣字起田，常熟人，萬曆進士，崇禎殉國時，適以廢員家居，未及於難。迨福王立於南京，任廣西巡撫，甫抵梧州，而南京淪陷。於是魯王以海監國於紹興，唐王聿鍵稱帝於福州。靖江王亨嘉世封桂林亦起兵謀僭號，召式耜，不往，被執送桂林。初，瞿意議立桂王長子常瀛，及唐王立，瞿以爲倫序不當，不奉表勸進，至是爲靖江所囚，乃遣使賀，因乞援。而靖江爲兩廣總督丁魁楚所攻，勢窘，乃釋瞿。瞿因與中軍官焦璉，召陳邦傅共執靖江，械送福州，廢爲庶人，殺之。唐王擢瞿爲兵部右侍郎，協理戎政，以晏日曙代之，瞿不入閩，退居廣東。其後，浙閩相繼淪亡，唐王被執於汀州，於是瞿與魁初等立桂王次子由榔監國於肇慶。同時，蘇觀生等立唐王聿鐭於廣州，與肇慶相拒。聿鐭之立也，倉猝舉事，治宮室服御鹵簿，通國奔走，夜中如晝，不旬日，除官數千，冠服皆假之優伶云。桂王既立，以明年爲永曆元年，敕諭唐王以天潢倫序及監國先後，不當居位，語甚切至，蘇觀生怒，殘使臣，並治兵相攻，桂王遣兵禦之，反爲所敗。然而不久，淸兵破廣州，唐王被執，肇慶繼陷，桂王乃由梧州去桂林。淸兵襲平樂，分兵趨桂林，王走全州，式耜極陳桂林形勢，略言留粵則粵在，去粵則粵危，我進一步，人亦能進一步，我去速一日，人來亦能速一日，去而不守，則拱手送人矣。不從，自請留守，許之，進文淵閣大學士，兼吏兵二部尚書，賜劍便宜從事。我們從這裏可以看出當時形勢的危急。忠宣在其家書中說：

『今皇上以丙戌十月嗣統，今已兩週，初在肇慶，繼移桂林，由桂而全而武岡，武岡之變，又移柳州，復自柳而還桂，不兩月又移南寧，南寗移潯州，從潯復至肇，兩年中播遷之苦，從古未有，不知何年月日，得重謁孝陵，成中興之事業也。』

當此之時，朝廷草創，其所轄境，不過西南一角，淸兵從湖南廣東兩路進犯，形勢急迫，甚於累卵，然一般獵官主義者，仍猛虎在門視若無覩，門戶水火，日鬨朝堂，睚眥恩怨之事，沸於蜩螗，朝廷之中，有所謂吳楚之黨，相爭不已，王知羣臣水火甚，令盟於太廟，然黨益固不能解，有『五虎』者，攀權殖貨，聲勢張甚。當時的一般情形是怎樣呢？忠宣在家書中說：

『其見在朝廷者，幹濟則平常，爭官則犀銳，部曹則想科道，科道則想督撫，畢智盡能，朝營暮度，無非爲一身功名之計。其意蓋謂世界不過此一刻，一刻錯過，便不可復得矣。彼其胸中，何嘗想世界尙有淸寧之日，中原尙有恢復之期也哉？』

又說：『人見我兩年內自給諫而府丞，而巡撫，而侍郎，而拜相，似乎官運利極矣，以我觀之，分明戲場上捉住某爲元帥，某爲都督，亦一時要裝成局面，無可奈何而逼迫成事者也。其實自祟禎而後，成甚朝廷？成何天下？以一隅之正統，而亦位置多官，其宰相不過抵一庶僚，其部堂不過抵一雜職耳。所謂存禮之餼羊也。爭得世界轉，則此官雖小亦尊，爭不轉時，官越大，罪越重。拚一死以酬國恩，以報祖宗在天之靈，餘何計焉。』

外患如此，內爭如此，而驕將悍卒，義兵流寇，尤難制馭。張獻忠的餘黨孫可望、李定國，李自成的餘黨李赤心、郝永忠等，俱受招撫，自四川兩湖退入黔桂雲南，到處刼掠，大爲民患。當時情形，正如全集序言中所論：『當桂林播蕩，危於幕燕，臣主一心，以禦外侮，尙恐不支，而吳楚內訌，孫李外張，小人之禍人國至於此乎？……況當時藉以死灰復燃者，十三鎭之降將耳，彼皆犬豕豺狼之不如，勝則奮臂攘功，敗則回面內寇，名爲勛鎭，甚於盜賊。』故忠宣家書中云：

『吾留守桂林兩年於茲，吃盡苦，費盡心，亦只保得地方不淪胡虜耳。寇賊之淫擄殺戮，烏能禁之。以天子之尊，而不敢觸其兇威，脅之東則東，脅之西則西，彼時時以甲申燕京之事，橫在胸中目中，且無共主，又何有於大僚！今年二月廿二之奇刼奇慘，眞古來史書中所不經見者。』

又云：『吾留守桂林，兩年於茲，幸西陲片土，不至淪於胡虜，然捍禦筋力已殫，支撐心血已枯。闖將郝永忠，混名郝搖旗，何督師在楚收降，延禍遂至於粵，其惡燄毒鋒，總之無復人理。粵西刼運到來，應遭其毒，故自楚流入，而吾之刼運難逃，周旋數月，究竟討一搶刼之報。』

又云：『家中光景，想今年反覺太平，此間亦有傳來，謂南方甚熟，米價甚賤，人民反相安，只未知三百年受太祖高皇帝之隆恩，何以甘心薙髮？難道人心盡死？至於起義之師，據聞多行刼掠，其惡更甚於虜，不知皇上於義師何等尊重，吳日生近以覃恩，且封爲忠義伯，其何以酬此非常之遇耶？』

又云：『只是目前局面，凡勳鎭之强梁跋扈者，則奉之唯恐不及，而留守閣臣，與地方撫按，直視爲可有可無。我死拚得來之地方，徒以供他人之享用，且反欲奪其事權，直舉朝皆病狂喪心之徒矣。』

當時處境的困難，眞可說觸處皆是荆棘，所以瞿氏在桂，無時不想擺脫而歸故鄉，感懷詩中所謂餘生惟願乞歸田是也。家書中云：

『吾自遭患難以來，宦興久已索然，兼之家鄉遼隔數千餘里，汝兄弟俱不在前，而汝母又病中思念汝等，鎭日夜眼淚不乾，亦冀得俞請告，便可脫身回到家鄉。故每每上疏，輒以病請，病固眞，而欲歸之心尤急也。其奈北信日惡一日，江西一路，經自斷絕往來，即欲遣一人寄一信歸，插翅能飛乎！』

又云：『吾生平不愛官爵，且受過幾許風波患難，豈到老年，反作貪位慕祿行徑，亦是天心嘿庇，使我到粵西地方，脫離刼難。然本念惟早弛重担，一有代者，即圖告歸。而北信日凶，江西浙江俱已隔斷。從粵歸家，能脫此兩層門限乎？吾主意不入閩中者，正爲告歸之心迫切，一入閩則此身絆住，亦豈料閩中又遭變如此。此還是天佑善人，巧留我於粵地也。』

因爲欲歸不得，而種種困難又不克擺脫，所以他的心中甚是消極，家書中云：

『新主意必欲入楚，羣臣無不勸之入楚，吾却不能相隨，若住桂林一日，則相隨一日，若入楚，則願乞老臣骸骨，決不能追隨，即上怒而處之，亦弗顧矣。吾意必欲仍從江西一路取道還家，只未知何時可以打通，何日是我一家骨肉重見之時耳。此時世界，只是苟全性命，何必復計功名，然讀書做人四字，不問治亂，總宜猛省。』

又云：『吾身爲留守督師，不能擴土恢疆，早奏中興之績，而終年終月，日惟調停主客，俛仰勳鎭，究竟地方不得免於傷殘，吾亦何顏復住此局。只爲全州是桂林門戶，留守粵西而使門戶不完，終放不得手。故只得忍氣吞聲，挨得到恢復全州，便圖剃髮披緇，作雲遊和尙，不復問人間世事矣。三四十年甲科，吃盡艱苦，所以報朝廷者不爲不盡，即如此結局，或亦千秋青史中所不鄙夷而譏刺者乎？』

但是結果，種種都成空想，於是只好死守桂林，以身殉城，明史的記載是這樣：

『清兵破全州，開國公趙印選居桂林，衞國公胡一青守榕江，與寧遠伯王永祚皆憚不出兵，清兵遂入嚴關。十月，一青永祚入桂林分餉，榕江無戍兵，清兵益深入。十一月五日，式耜檄印選出，不肯行，再趣之，則盡室逃。一青及諸將亦逃去。永祚迎降。城中無一兵。式耜端坐府中，家人亦散。部將戚良勛請式耜上馬速走。式耜堅不聽，叱退之，俄總督張同敞至，見式耜，式耜曰：我爲留守，當死此，子無城守責，盍去諸。同敞正色曰：昔人恥獨爲君子，公顧不許同敞共死乎？乃相對飲酒，一老兵侍。式耜召中軍徐高，付以敕印，屬馳送王。是夕兩人秉燭危坐，黎明，數騎至。式耜曰，吾兩人待死久矣。遂與偕行。至則踞坐於地，諭之降不聽，幽於民舍，兩人日賦詩倡和得百餘首，至閏十一月十有七日將就刑，天大雷電，空中震擊者三，遠近稱異，遂與同敞俱死。』

瞿張唱和詩，名『浩氣吟』，其絕命詩云：

『從容待死與城亡，千古忠臣自主張。三百年來恩澤久，頭絲猶帶滿天香。』

——瞿忠宣式耜

『一月悲歌待此時，成仁取義有天知。衣冠不改生前制，名姓空留死後詩。破碎山河休葬骨，顚連君父未舒眉。魂兮懶指歸鄉路，直往諸陵拜舊碑。』

——張忠烈同敞

瞿殉國後，其孫負骸歸葬，相傳骸骨歸里時，有二鶴翔止其家（瞿夫人從瞿病卒於桂林住所），後人因摭其遺事，演爲傳奇『鶴歸來』。忠宣生而爲英，死而爲靈，化鶴歸來，理固宜然。清乾隆時贈謚『忠宣』。

舊書回想記

知堂

十三　左盦詩

劉申叔遺書近已上市，因購得一部，鉛印白紙共七十四冊，價頗不廉，聞且有上漲之趨勢，至其原因則未詳也。申叔卒於民國八年，閱十五年後甯武南氏乃爲編刊遺稿，乃錢玄同君加入，參與編訂，常來談及，始知其事，蓋已在民國二十四五年頃矣。當申叔避難居東時，余亦在東京，曾數爲天義報投稿，唯終未相見，後來同在北京大學教書，除在校遇見外亦無往來，對於申叔絕學不能了知，故亦無悔，但於編遺書時余亦得有一二貢獻，殊出望外，如鮑生學術發微，是亦寒齋之光榮也。買到遺書之後，無意中却又得到幾種申叔著作的刻本。其一是周書補正六卷，後附周書略說一卷，板心下端刻左盦叢書四字，題葉爲秦樹聲署，未記刻書年月。案遺書中所收周書補正據總目註明係用抄本，在後記中亦未說及曾經刊刻，但取兩本比校，別無大異，後與趙斐雲君談及，則所云抄本即是趙君手筆，昔年在南京據刻本移寫者，乃知此刻本實是祖本，其無異同宜也。其有偶異處，或恐是遺書校字者之誤耳。其二是左盦詩一卷，題葉書辛未八月，李植署，背面云華陽林氏淸寂堂刊。前有林進思校刻左盦詩序，時爲辛未，目錄後又有癸酉題記，蓋初刻於民國二十年，至廿二年補刻十九首，別有自序，乃無年月。遺書中詩錄四卷，爲玄同所編定，卷二即名左盦詩，係據劉氏家藏抄本編入，後記云，匪風集與左盦詩似皆有刻本，但從未見過。後記作於廿五年五月，刻本早已出版，卷首有朱印曰成都茹古書局印行，可知亦是發客者，不審其時何以不至北京，不充供編集之參考，而余乃於無意中得之，奇矣。刻本係根據申叔自定本，與詩錄相較，除續刻十九首外，全本相同，唯詩錄有闕字，從軍行之二第三四聯原文云，爲惜卿憂惕，愆我瑤華遺，鴻鳦遞南北，且舒刀環思。今缺爲惜至鴻鳦十二字，藉刻本得以補正，亦是可喜事也。玄同爲申叔編詩文集，備極辛勤，而未及見此二刻本，念之悵惘，今乃歸於余，得無有明珠投暗之歎邪。

十四　消寒新詠

我不喜看戲，却常收集些梨園史料，此殆如足跡不入狹斜者之讀板橋雜記南浦秋波錄乎。近日得消寒新詠四冊，乾隆乙卯年刊，題三益山房外編，以時代論，僅後於燕蘭小譜十年，亦是極好資料，數年前張次溪君編刊燕都梨園史料續編，所收只是目錄，似其書不多見。全書四卷，卷一二爲正編，選優伶十八人，以花鳴比其聲色，分題合詠，爲消寒之計，故名。卷三爲紀實，就諸伶擅長之戲，加以詩評，所舉以正編十八人爲限，此外復選京中諸大班旦色，爲卷四曰雜載。每人每篇先有短序，往往比詩更有意思，令人有買櫝還珠之感。作者三人，曰鐵橋山人，姓李，案即李澐，山陰人，曰石坪居士，姓劉，曰問津漁者，姓陳，又有訥道人等十一人時賢佳作，彙爲集詠一卷，附刻於後。這裏邊最有興味的，我覺得是第三卷的紀實，因爲如正編雜載那種寫法，許多同性質的書大抵如此，若是詠劇的詩似乎還不多見。本來觀劇詩古已有之，金檜門的三十絕句最有名，王朱皮易葉諸家和作共有二百餘，見於雙梅影盦叢書，宜瘦梅三十六聲粉鐸圖詠爲申報館異書四種之一，棠梨館主何青耜有戲寄一卷，詩一百首。但是這些只是以劇名爲詩題而已，其注重伶人技術者，恐只此新詠一卷，此外則日下梨園百詠吧。百詠一冊，光緒辛卯天津石印書屋印，錢江醉薇居士著，目錄上每一戲題均註明戲角姓字，又或繫以堂名小字，雖品評不詳備，但亦有史料的價值，與普通觀劇絕句有異。此詩又有一特色，即是百首皆是五言八韵的試帖詩，亦是僅見。不佞曾蒐羅清代試律，昔得銘岳所著詠物全韵抄本，分詠北京兒戲玩具共三十首，陳其泰編宮閨百詠，詑爲試帖中珍品，今得此冊，乃鼎足而三，更可喜矣。

十五　河渭間集選

河渭間集選十卷，錢价人撰，魏耕序。此書一見似亦尋常，偶然於北京市上得之，却甚可珍，亦可喜也。案楊鳳苞秋室集卷一，錢瞻百河渭間集選序云，嘉慶甲戌戴比部金溪得之吳山書肆，不知瞻百出處，介許武部周生以問余，爲據舊聞疏其大略以復之。錢瞻百爲允武族人，與魏雪竇爲友，及康熙辛丑允武爲孔孟文首告，瞻百亦爲吳之榮所搆，謂其連絡山海，妄思吹燼，爲之主謀，至壬寅二月三人遂同及於難。集中紀年至己亥止，是刻成未幾而被禍，故流傳絕少。楊君在百二十年前已如此說，余今乃得見，不可謂非眼福矣。魏雪竇遺文除此集序外恐已無有，集選詩題常及魏氏，卷二有春暮擬陶和雪竇，惜原詩不可得見。竹垞文類卷三有梅市逢魏子詩，曝書亭集卷六亦載，列在上章困敦即康熙庚子年，題改作梅市逢魏璧，案海東逸史卷十四忠義一，魏耕原名璧，字楚白，甲申後改名，一死一生，交情未變，朱十亦是君子也。前淸康熙乾隆兩朝禁書，不知總有若干。文字獄古已有之，閱烏臺詩案，其情形亦頗相似，唯乾隆中因修四庫書，搜查禁燬，其數乃尤多，思進齋雖有重刊書目數卷，尙不完備，安得有篤學之士，仿安陽謝氏晚明史籍考之例，肯以數年辛苦，蒐編爲淸代禁書考，其有功於學問當非淺鮮。唯此等書籍不堪爲賈人所利用，若憑此以爲居奇之證據，則吾輩書生反將大受其害，寒齋所有河渭間集選，即以坊刊禁書目中不曾列名，故尙能以平價買得，如同時所得之蔣玉淵編淸詩初集，便不能如此矣。

十六　圭盦詩錄

近代寫刻書籍中，林吉人之三部作與沈芥舟之三跋最有名，幾已盡人皆知矣。錢泰吉曝書雜記卷一明文在條小註云：秀水朱梓廬先生小木子詩三刻，梓廬舊稿爲同邑辜啓文書，仿柳誠懸體，壼山自吟稿嘉興陳寘新蒶書，用文衡山體，侯寧居偶詠爲先生兄子聲希吉雨書，體兼顏趙，亦吾鄉一佳刻也。又徐兆豐風月談餘錄卷三云：心嚮往齋和陶詩二卷，曲阜孔宥涵先生繼鑅所作，吳讓之先生爲手錄付梓，可稱雙璧，余曾得初印本，亂後失之，今所傳者皆翻刻本矣。此二書寒齋幸皆得到，雨窗兀坐，時一展覽，亦殊可喜。但此外一二小冊，雖不是有名的書，亦可算作一類，覺得頗有意思。其一是葉石農先生自編年譜，本文自稱則曰跛奚年譜，咸豐五年刊，高均儒書。葉君著作我只有一冊跛奚詩法淺說百篇，乃是試帖詩的入門書，上有朱批圈點，書賈云是梁鼎芬筆，亦未能詳。年譜半葉八行，行十六字，共二十八葉半，讀之頃刻即盡，唯字甚肥大悅目，高君手跡亦可重也。其二是圭盦詩錄一卷，題葉背面云，光緒五年己卯正月，萓齋校刊戣盦寫本。圭盦本名吳觀禮，仁和人，我不知其生平，詩又所不懂，此一冊書七十二葉，有詩二百七十首，翻開看時實在只是看陳伯潛寫的字而已，此實在與說茶熱得好無異，但是沒有別的法子，蓋假如我不是爲的看所刻的字，則此詩集就也未必買也。後來又見秦樹聲自筆寫刻的乖盦文錄，體雜行草，頗覺別致，但是筆畫似乎太細，不甚好看，所以未曾收存。

十七　詩經新註

數年前買得日本古典叢書本萬葉集品物圖繪二冊，是毛詩名物圖說一流書，第二冊卷首解題追記中說及此外還有山本溪愚的萬葉古今動植正名，就萬葉集古今和歌集中所有名物加以考訂，也是很有價值的書。我便留意蒐求，不久也收得一冊，乃是著者死後二十三年紀念出板，全書不分卷，但分列草竹木鳥獸魚蟲等十部，共計二百五十二品，附繪圖二十九幅。山本溪愚世爲儒醫，精通本草學，善繪畫，所圖動植凡千四百幅三千餘種，皆極精美，又能詩文，著有對竹齋詩集及七經解，俞曲園先生見之，曾貽書稱其能詮明古學，眞有志之士也云。動植圖惜未得見，唯寒齋有蠕蠕集二冊，一爲百蟲詩五十五首，山本鴻堂著，即溪愚之猶子，二爲百蟲畫，自蠶至蚯蚓凡六十六圖，係竹川氏模寫溪愚原畫，木板著色，其他各種雖云將續刻，似未實現，故遍覓不可得。經解只有詩經新註一種三卷，鉛印三冊，明治癸卯出板，著者是時年七十七，即以是年卒。眞下氏跋言先生兼精於本草，鳥獸蟲魚草木之名無所不識，辨識名物誠爲新註之一特色，其說詩亦時有新意，如緒言末條云，蓋嘗論之，詩之三體，頌不及雅，雅不及風，以其益文而遠於質也。卷端有擬小序，以野有死麕，靜女，桑中，采葛，大車，丘中有麻，山有扶蘇，褰裳，丰，東門之墠，溱洧，東門之枌，東門之楊爲淫詩，云孔子所嘗刪去，再入選中者，蓋淫哇之詩常存於口碑，如玉樹後庭花在盛唐猶存是也。於靜女註中又云，此蓋秦火散佚之餘，學者欲存三百篇之數，所謬混入也。雖孔子刪詩之說現已知不可信，唯其解說亦復新雋可喜，自言三世遵奉朱子之學，然及註經，其所可疑者不敢回避，（原文）此種學者態度甚可佩服。余雖非經生，唯四書五經曾經讀過，其中對於詩經與論語一知半解，時常翻閱，得山本氏新註，亦頗有用處。前日偶從東京得眞下氏著溪愚山本章夫先生小傳，見所載犬櫻黃鶲二圖及著作目錄，因記寒齋所有諸書，由動植正名而歸結到詩經新註，亦是奇緣也。

十八　爾雅義疏

郝氏爾雅義疏余最初所得爲同治丁卯郝氏家刻本，末有刊誤一紙，可知是早印者也。次得咸豐丙辰聊城楊氏刻，即同治本所從出，此二者皆是足本。後讀殷禮在斯堂叢書中爾雅郝注刊誤，見羅振玉序盛稱王念孫刪本之善，因再求得道光庚戌沔陽陸氏刻本藏之，即木犀香館本，已有石印本未見。葉德輝郋園讀書志卷二，有陸刻本爾雅義疏二十卷，云五本之中楊胡本希見，次則陸刻，此即陸本也。葉氏記此時爲民國己未，今又過十餘年，寒齋却能全都得到，亦正可喜。至於刪本與足本二者孰優，此問題未易一口斷定。據陸本陳奐跋，刪節出王氏手當無疑義，服膺王氏之學及主張謹嚴者推重固是當然，但或以爲新說假設不妨多有，又或著者元意多宜保存，亦均合理，若如家刻本郝聯蓀跋中所云，先大母臨終猶諄諄以亟覓原本爲誡，則婉佺夫人亦未滿意於節本也。但以形式論，鄙意以爲陸刻本最佳，清疎悅目，爲各本所不及，陳氏跋敘著者自道其治經之難，云漏下四鼓者四十年，常與老妻焚香對坐，參徵異同得失，論不合，輒反目不止，語甚有風致，此亦世說中之好資料也。邵氏爾雅正義昔曾有之，唯見釋蟲果蠃蒲盧注下仍主化生之說，私意甚不滿，亦備品而已。去年又得一部，白紙早印，清潔疎朗，爲望江倪氏舊藏，有大雷經鋤堂藏書及倪模諸印，卷中釋宮以下朱批甚多，大抵有所糾正，此亦不愧爲二雲之諍友也。

十九　山海經釋義

小時候在書房裏讀的書，雖然背得很熟，後來大抵不感到什麼興趣，但是自已隨便看的却時常想起，即使是極平凡的書也覺得特別有意思。山海經便是其一。那時最初見到的山海經不知道是什麼刻本，總之是極粗糙的坊刻，中本黃紙印刷，每半葉一圖，彫刻拙劣，但心甚喜愛，其中龍首馬蹄的彊良圖像至今還淸楚的記得。以後又見過彷彿是廣百宋齋的一種石印本，圖用紅綠套印，亦是中本而半頁有四圖，殊不明晰，故記憶不淸，此兩書均早已失去，不復可踪跡矣。經過了三十年之後，重新再買山海經來看，却是別一路的東西了，如畢秋帆的新校正，郝蘭皋的箋疏，都是純正的學術書，沒有圖像，吳志伊的廣注雖說有圖五卷，現在却也不見，汪雙池的山海經存石印本有圖，但是重描得不好，覺得還不如坊刻粗本倘有古拙之趣。最近所得有王德徵的山海經釋義，明萬曆丁酉年刊，在今三百四十餘年前，有圖七十五葉。據四庫總目卷一百四十四小說家類存目二云，是書全載郭璞註，崇慶間有論說，詞皆膚淺，其圖亦書肆俗工所作，不爲典據。案山海經多記怪物，畢氏書序雖力說未嘗言怪，亦只是唯理的解說，未足憑信，因此圖多怪相正是當然，即使根據唐宋人畫本，也未必便足爲典據，所可重者只是古耳，今釋義本在我所見已是最古之圖，雖出自俗工亦無妨礙也。鄭堂讀書記補逸卷十六云，是編就郭景純注本，於每節後各爲之釋義，詞多膚淺，於經注無甚發明，間有駁及經文，尤爲乖謬。此評語蓋本於四庫存目，別無新意，唯特別提出駁及經文，是已能知釋義之要點，但特與畢郝諸氏之書相較，則明淸學風不同，自難以並論矣。釋義郭璞序後蔣一葵識語中有云，景純語怪專信物，德徵語常專信理。此語極得要領，蓋釋義非箋疏而是批評，往往反駁經語以爲不可信，其實此唯理主張與畢氏本無二致，但與經生家法不合，爲鄭堂所不喜正是難怪也。我頗喜釋義的話，但也更愛那些俗工的畫，海內經云南方有神曰延維，人首紋身衣紫衣，大爲王君所笑，而其圖觀之亦復有趣，（惜未畫紫衣）蓋論事理應疾虛妄，若作小說看時，姑妄言之姑聽之，正亦不惡也。

辛丑回鑾瑣誌

徐一士

庚子之役。清孝欽后（西太后）釀成巨變。迨聯軍至京。倉皇挈德宗（光緒帝）奔避至陝。和約之締。創深痛鉅。國殆不國。而事定回京。輿高采烈。臣下逢迎。沿途辦差。多所糜費。閹人隨從。亦極恣橫。地方官以辦差不力獲咎者。有臨潼知縣夏良材。其事頗可述。

關於此案。辛丑八月二十六日上諭云。『升允奏首站要差。辦理不善請將該地方官懲處一摺。據稱。本月二十四日。臨潼首站。於應備供應全未辦理。次日新豐中伙及零口住站俱極草率。侍從官員甚或枵腹。該縣輒稱連日有冒稱王公僕從結黨攫食。藉口並不設法。實屬疲玩無能。請將該署臨潼縣知縣夏良材即行革職。並自請議處等語。此次回鑾。迭經諭令沿途地方官於一切供應務從儉約。並先期行知定數。內監人等及扈從各官。亦均三令五申。不准稍有擾累情事。朝廷體恤地方之意。已無微不至。乃該署縣夏良材。應備供應漫不經心。藉口搪塞。多未備辦。所有隨扈官員人等不免枵腹竟日。殊屬不成事體。以誤差情節而論。予以革職。實屬咎有應得。朕仰承慈訓。曲予優容。着加恩改爲交部議處。升允自請議處。着寬從免議。該撫仍當督飭經過各地方。懍遵前旨。妥爲備辦。如有冒名攫食之人。即令派出各營立時查拿。嚴行究辦。』就此諭而觀。夏良材固有應得之咎也。（升允時以陝西巡撫督辦前路糧臺。）

胡延「長安宮詞」詠此有云。『繡嶺雲開駐綵旃。行廚日午斷炊煙。去時飢渴來時飽。信是溫涼兩樣泉。』自注。『回鑾前一月，東路五州縣各發帑金萬數千有差。行宮蹕路及隨扈王公大臣供張悉取給於公。不以累縣官。臨潼一尖兩宿。領帑較多。去年聖駕經此。知縣舒紹祥倉卒供應。極爲整齊。從官亦皆果腹。本年八月二十四日聖駕還駐華清宮。翌日駐蹕零口。署知縣夏良材竟不爲從官設食。王公以下莫不枵腹。以至人人怨怒。巡撫升允劾之。兩聖不欲以供張之故重譴州縣。加恩交吏部議處。良材藉口於兵丁攫食。其實署內僅設一廚。即無攫奪之事。亦斷不足供千人之食也。驪山溫泉。別有一源極寒。浴之已疾。』又甓園居士（劉焜）「庚子西狩叢談」（記述吳永所談）卷四（上）云。『八月二十四日辰刻。兩宮聖駕自西安行宮啓蹕。……冠裳蹌濟。異常熱鬧。……較來時光景。當然大不相同。駐蹕臨潼縣驪山行宮。二十五日由驪山行宮啓鑾。至臨口鎭駐蹕。自驪山至此四十里。均臨潼縣境。臨潼令夏良材。絕無預備。乃避匿不出。王公大臣。多至枵腹。內膳及大他坦均不得飽食。（按「大他坦」者。謂閹人所居。因亦以指衆閹也。胡延「長安宮詞」注言西安行宮事有云。『內監惟御前供奉者在宮中。餘俱在宮門外東街箭道。謂之大坦坦。』坦坦即他坦。由滿語音譯。無固定之字也。）大他坦且無烟火。夜間殿上竟不具燈燭。上賞內監銀二百兩。令自覓食。此亦絕異之事。上年予在懷來時。拳匪圍城。潰兵四竄。正性命呼吸之際。而兩宮倉猝駕至。予尚能勉力供應。不至匱乏。此次則半年以前已有行知。有人可派。有欵可領。何以草率至此。聞夏令實已領欵二萬七千金。捺不肯發。所以諸事不備。該令籍隸湖北。爲陝藩李公之同鄉。臨時委署此缺。本期藉皇差以得津潤。既貪而庸。欲牟利而無其才。故至於如此荒謬。然兩宮竟未有嗔責。此亦更歷患難。心氣和平。所以務從寬大也。予恐前站有誤。即馳……

至渭南縣。……行宮即在縣署。頗宏整。較臨潼殆天淵矣。二十六日……申刻駕到渭南行宮駐蹕。……督辦前路糧臺升允。奏參臨潼縣知縣夏良材辦事不當貽誤要差。並自請議處。奉旨。夏良材加恩改爲交部議處。其自請議處之處從寬免議。蓋兩宮以大駕方始發軔。不欲以供應之故重罪有司。致沿途官吏多增疑懼。用意故甚深厚也。……九月初一日……初四日。均駐潼關。四日……奉上諭。前因有冒充王公僕從於各州縣供給恃強攫食。曾經降旨嚴禁。現在將入豫境。著松壽認眞查禁。如有此等情事。著即嚴拿懲辦。勿稍瞻徇。因前在臨潼。夏令曾以先日預備供應均被掠食爲詞。故有是命也。』如胡吳二氏所記。夏氏亦誠屬辦差異常草率。宜升允之參劾。（吳胡二氏。均以辦差勤謹蒙孝欽特賞而獲優擢監司者。胡簡江安糧儲道。吳簡廣東雷瓊遺缺道。）

惟又據知夏良材方面情事者所談。則夏實以迕閹人而爲所陷。蓋當供張既具。閹人來示意。索銀三千兩。夏未應。迨前站諸閹至。即將行宮所備諸物砸毀。並水缸亦擊破之。且尋毆縣令。夏駭而逃。避於鄉村中。兩宮到後。閹訴於孝欽曰。『此間辦差。一物未備。知縣亦未在此伺候。請老佛爺示下。』后似微知其故。特於閹人婪索。實陰縱之。不欲深究。即曰。『應用之物。任我這裏拿幾個錢去買罷。』遂有賞銀之事。升允隨扈。聞而亟將夏氏召至。帶往宮門請罪。並具疏劾之。后召見升允。諭以事可從寬。帝亦言。回鑾之始。不宜以辦差罪有司。夏乃得免即行革職之處分。惟仍是罷去也。余所聞如此。意者夏氏辦差容有草率之處。若完全無過。升允頗以剛正見稱。似不應不爲申理。遽加參劾。升摺原文未見。其見於上諭者。惟云「王公僕從結黨攫食」（且加以「冒充」字樣）。爲閹

人開脫。則所謂面子問題耳。當時情形。蓋閹人倡率滋事。王公僕從暨兵丁輩隨而攫掠也。

升允頗以剛正不畏強禦見稱於時。其事有可附述者。后帝在西安時。有一閹人寓所失竊。告長安令某爲緝之。越數日。遇令於宮門。詢已破案否。令答尙未。怒而批其頰。令當衆受辱。不能堪。申訴於升允。升允大怒。即往晤總管李蓮英。語其事。並問曰。『此事總管奏。還是我奏。』升允性素強果。李閹知不能回護。乃曰。『此輩胡鬧。必須嚴辦。即請大人奏聞。一面並由某面奏。』事旣上聞。孝欽批交咸寧縣（長安咸寧二縣均爲西安府附郭首邑。民國廢府。裁併咸寗入長安）監禁。德宗更於監禁」上加「永遠」二字。（時帝稍得發舒。回京後乃又如前。不得有所主張矣。）處置頗爲嚴厲。升允風骨亦可於玆略見。（惟回鑾啓程時。此閹仍得釋出。隨同回京。蓋仍由李閹輩爲乞恩於孝欽耳。）至回鑾隨扈時。「庚子西狩叢談」卷四（上）云。『九月……初五日。自潼關啓鑾。至閿鄉縣駐蹕。……昨日喀爾喀親王那彥圖之親隨。在潼關搶取鋪墊等物。委員候補巡檢李贊元向前阻止。該親隨竟縛而撻之於市。經升中丞據實奏參。奉旨。那彥圖著交理藩院照例議處。其滋事親隨。著升允嚴訊懲辦。此事頗快人意。吉帥之風骨凜然。不避親貴。殊可敬也。……二十日。仍駐蹕河南府。召見升允松壽。先是自西安啓鑾。以秦撫升允爲前路糧台。負弩前驅。洎至潼關。豫撫松壽越境迎迓。上即命升回任辦賑。升奏謂陝中賑事藩司自能料理。臣願從至開封。故入豫後輦路事宜。皆兩撫同任照料。

……二十九日。仍駐蹕鄭州。……先是駕至汜水。升中丞迎駕後即乘馬先行。忽有大車並軌奔馳。直衝前道。當令拿住。訊姓名。堅不肯說。即責

以四十鞭。那王以前慫乃奏參升允擅行鞭責宗室侍衛。蓋此人固宗室侍衛。名海鳴。升亦奏辯。上派禮王查覆。本日奉諭。侍衛海鳴不應乘車奔馳。又不聲明宗職。咎有應得。那彥圖並未查明實情。率行具奏。迹近報復。該撫尙未查訊明白。即事鞭責。亦有未合。升允著交部察議。此後如有官弁太監人等恃强滋事。仍著升允松壽隨時據實參辦。不得因此案稍涉瞻徇。云云。此案當時各報紙紛紛議論。大都右升而惡那。謂不應加升以處分。但那已被議在先。海又被責受虧在前。亦藉此以平之也。』升允固淸季疆臣中之矯卓者。惟以限於地位。對孝欽方面。亦難多所匡救耳。

豫省河南府（治洛陽縣。民國裁府留縣）知府文悌辦差竭力鋪張。所以迎合后意也。吳永談其事。而與臨潼令夏良材事作一比較。「庚子西狩叢談」卷四（上）云。『九月……十五日……酉刻始抵新安縣駐蹕。予與（兪）夢丹先行……至河南府……道路坦平。沿途烽候堆房皆一律新修。煥然耀目。次日往瞻行宮。則局勢宏麗陳設皆備極精好。謂文守慘淡經營。已逾數月。殊不免有人勞鬼勞之感想。啓鑾前迭諭沿途供應。不得逾侈。以節民力。而文守仍復鋪張如此。殊失將順之義矣。文悌先爲御史。戊戌政變極力迎合。奏參新政人物。頗爲輿論所不滿。此次聞向豫省請領八萬金。預備在洛供應。延方伯給以三萬。怏怏而回。仍就地羅掘以供所需。故一切部署。無不力從豐贍。又以重賂深結李蓮英。終日在李室。手持水菸袋。當戶而立。與出入官員招呼點首。以示得意。豫中同官。皆心鄙之。松撫每告所屬。謂我們河南現在已出了一個紅員。蓋即指文而言。臨潼之草率。此間之繁靡。可謂過猶不及。蓋兩人各有目的。一圖現在之利。一覬將來之名。用意不同。出手因而各異。但論損上損下之區別。則猶覺彼善於此矣。申刻鴐入洛城駐蹕。……先是此地預備寢宮。擬請皇太后皇上同居一處。適侍郎桂春在汴。力言無此體制。諸多不便。乃臨時拓地改造。故皇上寢宮甚爲逼窄。大阿哥住處尤窄。太后寢宮獨宏敞。後窗外有極大地坑。上安木門。可以燃炭。從地道通入室內。蓋預備在此過冬取煖也。行宮工程。原估二千四百串。現用至三萬餘兩云。十七日。仍駐蹕河南府。奉旨須留駐五天。……十九日。仍駐蹕河南府。……歷覽三龜湧珠泉賓陽洞諸勝蹟。房廊戶牖。並加丹雘。與予夏間經此。已煥然改觀矣。……二十四日早。自河南府啓鑾。』衡量文夏二人。於文尤深致不滿焉。至謂文悌「殊失將順之義」。實則正是工於將順孝欽之意指。至謂旨之申儉約戒鋪張。不過表面說法。所謂官樣文章耳。若果出眞意。對於文悌之耗民力以事華侈。何未聞加以譴責。且未幾擢官貴州貴西道乎。後入直隸（今河北）境。直督袁世凱窮極奢麗以辦差。深博后寵。倚畀日隆。尤可見矣。（其對夏良材示寬容。乃於「務從儉約」一類話頭敷衍題面也。）后帝寢宮。相形懸絕。則王小航（照。晩以字行）「方家園雜詠」所謂「蔑主惟知太后尊」也。「雜詠」云。『炎涼世態不堪論。蔑主惟知太后尊。丙夜垂裳恭侍立。膝前嗚咽老黃門。』「紀事」。『……保定行宮。太后寢宮。鋪陳華美。供給周備。李蓮英室次之。皇上寢宮極冷落。宮監及內務府諸人趨奉太后事畢。各散去飲博或休息。李蓮英伺太后已睡。潛至皇上寢宮。小閹無一在者。上一人對燈兀坐。蓮英跪安畢。問曰。「主子爲何這時還不睡。」上曰。「你看看這屋裏。教我怎麼睡。」蓮英環視之。時正隆冬。宮中除硬胎之坐褥椅墊靠枕外無他物。蓮英跪抱皇上之腿。痛哭曰。「奴才們罪該萬死也。」（下接十六面）

上海書林夢憶錄（下）

陳乃乾

前二篇夢憶錄刊布後，有友馳書以兩事質疑，謂過誇古書流通處而苛責藝風也，茲請分別言之：

以版本及鈔校本言，則海上三十年來殆無一書店足與古書流通處抗衡者，惟近代化之善本若傳奇若明刻繪圖本若彩色套印書則流通處似始終未嘗經售及之，此則時代限之也。流通處所印書目，世當有保存之者，惜至佳之本每在編目前爲人購去，今無從稽考矣。余時任進步書局編輯事，月入甚微，無力購書，但性之所好，時或勉致一二。其得自流通處者，有宋書棚本王建詩半卷萬歷本清朝聖政萬歷疏鈔等，每種之值，均不出百元，流通處末年以存書悉數售於中國書店，作價萬元，其中善本尙不少。其最不能忘者，有明人碑傳集四十巨冊，不著編者名氏，其書以各種明板文集割集而成，不啻一部明板留眞譜也。書既售完，主人將束裝回杭州，余往話別，復從亂紙堆中檢得宋刻北礀文集三卷。凡此瑣屑，胥爲當時流通處所不甚重視者，若在今日遇之，則無一非希世之秘帙矣。

藝風德高望重，其事業文章，自有定評，非後生所願妄談，且亦不在本文範圍以內。惟對於書林，則功過參半。其引起上海富商興趣，使分其一部分財力以從事藏書，而造成一時風氣，則藝風之功不可沒。至其制定機械式的編目法及規定善本與非善本之界限，在當時或自有其不得不如此應付之苦衷，而曾不數年，流弊至此，殆非藝風始料所及矣。

中國書店之初創也，余實主其事。余性木訥，不善貿易，更不善與人論價，故舊書買賣與余個性極不相宜。其所以毅然任此者，蓋抱兩種改革希望欲藉此以自試也。當時買書者與賣書者皆注意善本書，開卷之前，必先問棉紙乎抑竹紙乎！黑口乎抑白口乎？藏印爲誰？題跋爲誰？至其書之內容何若，異同何若，悉可不問。但得棉紙印者必是佳書，黑口者當然更佳，有名人藏印及題跋者自必格外可貴。而清代之精校精刊，以及極有價值之經師著作，反束之高閣，棄若敝屣。學者苟欲求一參考書，詢之舊書店率瞠目不能對，即鄭重託其搜訪，而書賈以不能獲重價不爲措意。迨中國書店開幕後，力矯此弊。凡清儒著述之有用者，極力提高其價值，有較時價高至十倍者，而遇普通舊本書，則極力貶抑之，一時同業咸爲驚異。富商購藏善本書，例須由書肆先將樣本送閱，數日後再行選擇議價，惟至中國書店購書者，必照章付價取書，絕不寬假，亦無登門送閱之事。若南北學者苟需用某類參考書，則盡力爲之搜求，即一時無力償值者，或賒或借，各如其願。此種做法，似非商業正軌，然業書者自當爲學者服務，此爲余決心改革之一端，而上海各舊書店之注意近代刻本自此始。

以前業舊書者以爲舊書買賣必須親見其書，方可談交易。蓋同一書名同一刻本同一紙張而尙有印本先後紙張寬狹諸分別，價值即隨之差異，故僅能與本地人交易，而決無與外埠通信成交之理。如北京人欲購上海某店之書，非託上海友人代購不可。各地書店，亦閉關自守，各自爲政。在蘇州開店者不知上海市價，故上海書賈往蘇杭各地遊歷者，挾書以歸，無不獲利。自中國書店目錄標明定價後，力求與外埠主雇通信交易。嗣後來青閣抱經堂等繼起仿效，漸次造成通信交易之習慣。而各地同業亦消息靈通，不如以前之隔閡矣。近年各書店營業較中國書店未開以前增至數十倍，而外埠交易常占十之七八。此亦余改革之一端也。

此兩事在今日視之，已覺平庸無奇。然中國書店未開以前，其情形絕不如此也。余主中國書店僅一年，以不任酬應繁劇而退，然此兩種改革，當爲日後談舊書掌故者所不廢也。

購書者之好尙，常因時變易。光復以前之藏書家，大抵以四庫簡明目錄及書目答問爲主，入手先購經史要籍唐宋大家詩文集，行有餘力，再求舊刊善本。其意以爲書目答問所載爲必備之書，四庫簡明目錄所載爲應備之書，此兩目所不載者等之自鄶以下，可有可無，若傳奇小說之類，則不登大雅，宜屏而不觀者也。民國初年，受國粹學報之影響，爭購禁燬之書，然正統觀念未盡澌滅，故所珍視者亦僅錢注杜詩牧翁未刻詩文及呂留良屈翁山數家而已。民國十年以後，思想逐漸解放，購書者志願益宏。於是一反成規，以爲四庫所已收者無足驚奇，惟存目所載及四庫所未收者，當爲搜集，而收禁書者幾欲依違礙書目而盡得之。其別樹一幟者，或專收繪圖本，或專收詞曲，或專收殿版，因各地消息之靈通，通信交易之利便，故其收羅之富，直使前輩藏書家聞之舌撟不下也。

昔之購書者，必循資漸進，未有閱肆未久，經驗不深，而敢輕斥千金以市宋版書者。今之藏書者異於是，不購則已，著手即不惜重價以購珍奇秘帙。往往入其室，觀其所藏，無一非希世善本，然詢其最普通常用之書若十三經廿四史爲學人所必不可無者，則一無所有。此種情形，固二十年前藏書家所未有也。

凡經營商業者，必精於其事，始能獲利。惟業舊書者則未必然。以余所見江浙兩省因舊書而致小康者，除柳蓉春外無一知書者也。光緒末年，杭州文元堂主人楊耀松以六十元從塘栖購得舊書兩大篋，啓篋檢視，但見每冊皆有蠅頭小字批註滿幅，而無一棉紙書，大爲失望，以爲無利可獲矣。他日試以數冊示京估，每冊索十元，京估欣然受之。嗣後北京人相繼追蹤而來，索購有蠅頭小字之書。傅沅叔先生亦派專人來杭，所獲較多。兩月之間，銷售一空。獲利兩萬餘金，楊氏以此起家。事後，始有人告耀松曰，爾所售去蠅頭小字書，皆勞季言批校本也。若持至京滬，每冊當值百元以上。耀松大爲悔恨，因僞刻勞氏藏印，苟得刻本稍舊而有批校者皆鈐之。如是數年，鈐僞印者皆得善價。

古書流通處亦嘗僞刻抱經樓等藏印，且雇鈔胥三人，每日以舊棉紙桃花紙等傳鈔各書，鈐印其上，悉售善價。其所影印毛鈔本宋人小集，後另附八種所謂知不足齋鈔本者，即鈔胥從讀畫齋刻本傳鈔之贋本也。其底本亦爲某藏書家購去，緣督廬日記嘗言及其書，而未能辨白，亦可見作僞手段之高妙矣。

各書店之嘗造僞鈔本及攙有僞藏印者甚多，余不願發其覆。所以記此二事者，以見書之能銷與否，及業書者之能獲利與否，皆不可以常理測也。

書價之低昂，常隨物價之升降而變遷，然自有其獨特性。若以地域言，則蘇杭寧揚各地之價，不如上海，上海之價，不如北京。惟近三年來，上海以商業特別繁盛之故，經濟寬裕者興奮逾常，故書價高於北京。往年北京各書店常派人來滬購書，南方舊書販運北移者，不可數計。近年則反見北書南運之象矣。李蒓客葉鞠裳二人同光間在北京購書之價，載於日記。試取與九一八前上海市價相校，相差無幾。若在當時，則南方市價當不逮此。依此約略推測，則南方與北方書價之比，及同光間與六十年後書價之比，當爲二倍或三倍。惟舊本及難得之書，則其價之高漲，不可以道里計。如葉鞠裳記光緒十一年購萬歷會計錄殘本一冊，價三十文，十七年購陳仁錫無夢園集，價四元，二十年購談經苑，價三元，二十七年董綬經購法梧門鈔宋元人小集八十冊，價八元，此等書若在九一八前數年，其價當百倍以上，今日遇之，且千倍矣。

民國初年，除宋元本外所謂善本書者，每冊一二元而已。民國十一年潘明訓以重價購世綵堂柳文，震動一時，其價亦僅四千五百元。數年前傅沅叔在北京以萬元購周易單疏，僉謂空前巨價。至於今日，因物價之高漲，有力者以舊書爲蓄貨，其價遂高至無標準可言。前月某報有廣告謂有四部備要出售，實價八萬元，讀之幾疑身在夢中矣。

自富晉書社購測海樓藏書後，即設分店於上海，爲北方勢力南漸之先聲。近年來薰閣亦南下設肆，修文堂主人亦賃屋長住上海。此後上海舊書業，當成南北兩派並峙之勢矣。此兩派做法不同，習尙各異。北方人秉性勤儉，開支較省。每得一書，不急於求售。旣估定售價若干，雖累年不能銷，亦不輕於減削。對待主雇，殷勤恭順，奔走侍候，不以爲勞。南方人則較爲高傲，視主雇之去來，任其自然，不甘奔走侍候。購進之書，志在急售，不顧擱置。故北方之多年老店，常有善本書存儲，南方則絕無僅有而已。

（上接十三面）

蓮英出。旋抱衾枕至。曰。今夜已深。不能再傳他們。這是他們爲奴才所設被褥。請主子將就用之。奴才罪上加罪。已無法也。」……』蓋李閹對帝猶知顧念。亦以將來事未可知。帝或有重握政權之一日耳。閧行宮諸室之陳設。李閹室之奢麗。幾與孝欽室相埒。僅不用黃緞。爲其差異。若德宗室。乃較之遠遜。此大怪事。袁世凱輩殆已料定德宗難逃孝欽掌握終無再起之望歟。若大哥溥儁。雖曾蒙后眷。欲以代帝。而因其父端王載漪已以開罪外人奪爵充發。勢將廢黜。（十月二十日。在開封降懿旨。『溥儁著撤去大阿哥名號。立即出宮。加恩賞給入八分公銜俸。毋庸當差。』聞此人今尙存居北京。）故已被目爲贅疣矣。

又聞駐蹕河南府時。值天寒。傳命備木炭。供爐火用。洛陽令某亟選購進年。閹人斥曰。『此何等物。可供上用耶。』令曰。『此即爲本處最上等之木炭。無更佳於此者。』閹曰。『宮中用炭。例有一定尺寸形式。須完全一律。其速更易送來。勿誤要差。』令無奈。挽人疏通。並致賂。始獲原物收進云。

四十年來師友感懷錄

趙正平

孔子謂『我十有五而志於學』，回憶我自己動念，自己努力，離開父親爲我選定的業師，踏進國家設立的教育機關恰恰十五足歲。從此以後，得天獨厚，遇到不少名師益友，或開濬我智識，或陶冶我人格，或庇護我安全，或促成我活動，一直到今，已四十餘年，對鏡自窺，童顏漸老，而學業未精，德功未立，又躬逢此世界大轉變之非常時期，渺渺此身，竟不知何以自効於人類，五中悚惕，莫可言宣。獨居深念，此四十餘年中所得師友之助，不獨理論上可以佐證社會之進化是由於互助（互助論著者克魯泡特金氏周佛海先生約二十年前已有譯本），實際上且可指出若干立己立人的典型人物，供後來師法，資國史採取，因乘暑期餘暇，揮汗成此，藉償夙願。

充滿同志愛的儒將林之夏

距今三十七年，即前清光緒三十二年，亦即同盟會成立於東京之翌年，予以同盟會江蘇分會之公決，派赴南京，担任通訊聯絡事宜。當時革命同志間內心，殆有一種普遍而且深刻的愛，這種愛的內容，決不是金錢，決不是異性，更不是政權，可是要比金錢異性政權等等的追求，要熱烈得多，現在要描寫這種愛，我一枝笨重的筆桿下，實愧無法形容。而且在金錢哪，異性哪，政權哪等等觀念旺盛的時代，聽了也不會相信。可是眞正的事實是如此，要寫回憶不能不從這裏做開篇，老實說來，當時幾乎每一個同志，他的心坎裏，第一個念頭，就是『誰是同志』。遇到一個新朋友，講不到幾句話，只要有點佩服的地方，就自己問自己，他是同志麼？踏進了一個新地方，倘使遇到一個同志，第一個發問，就是這裏有同志麼？一聽到了有新同志，雖然沒有機會見面，心裏可已經牢牢的記念他，等到了一有機會見面，立時會發生一種熱烈的愛，好似初見了一個多情的妙齡少女一樣。等到一聽到一個同志，有些困難，不管自己的力量怎樣，必然要盡力的幫他。萬一某一個同志，有什麼小災小難，也立時的奔走相商，怎樣可以救他？這種內心，實在形容不出，若是要用莊重的文字來說明，孔老夫子賢賢易色四字可以當之，現在姑且用同志愛三字來代表他。

我踏進南京城的時候，正是二十二歲血氣旺盛的青春期，又是加入了同盟會，不過一年多工夫，所以這種同志愛，也充滿了我的心頭，可巧當時的南京，可以說是辛亥革命實際行動的搖籃地。這個緣故，詳細說來，必需費很多筆墨，這裏只能簡單的敘述作爲本篇的註解。

辛亥革命行動的成功，最大的力量，就是清廷所練新軍的發動和響應，這種發動和響應，固然有不少志士在各方面努力的結果，可是開山老祖，不能不說是南京，轟轟烈烈的安慶新軍發難主其事的熊成基薛哲等，他們革命訓練的根據是南京，又一轟轟烈烈的黃花崗前一幕的廣州新軍發難主其事的倪映典等，他們革命訓練根據也是南京，就是黃花崗一幕的不少幹部，以及主角，也大部是出身於南京的革命訓練的大本營。還有許多未發難而成爲辛亥革命的一支一脈的，也就是南京訓練或影響出來的，那末這個南京革命訓練的大本營是什麼所在呢？就是中國革命史上應當大書特書的江南第九鎭三十三標，標是現在的一團，日本所謂一聯隊，這個三十三標的標統，就是黃花崗兩大主角之一（黃克強先生爲黃花崗主角是盡人皆知的）趙伯先先生（名聲鎭江人現鎭江有伯先公園與銅像），當時三十三標營舍是在城北三牌樓現在遺址尙歷歷可考，可惜我抵南京城的時候，這位軍事革命導師趙將軍已因當時兩江總督端方之忌而離去（當時端未加害不能不說是政風醇厚），僅於半年後接到由某一同志轉來的鼓勵信，附有一詩，詩中有兩句：『紅桃綠柳江南道，一片春陰好護持』。至今牢記不忘，蓋當時趙雖去而其結合之同志，尙遍佈南京城內，所謂紅桃綠柳，即指這羣同志而言。其實我一進南京城，就有原爲浙江陸軍同學兼同志時已爲三十三標營長（當時名管帶）之伍壽卿君密告，此間已有團營長中級將校若干人爲立有密約之同志，尙有不少下級將校與士兵，則爲防止洩漏彼此個別相約，我聞此佳訊，不禁手舞足蹈，恨不能立刻見到這羣苦心孤詣的武裝同志，一一表示敬意，不料惺惺惜惺惺，當時聲應氣求之所謂同志愛之時代精神，竟不約而同，已先我而來，大有「春色滿園關不住，一枝紅杏出牆來』之景象，蓋我表面任職地點，爲其時兩江優級師範學校，校之西鄰爲講武堂。某日淸晨，門者賫屛條四幅至，言自講武堂專人送來者，我急展讀之，爲新詩三絕，下欵所署則赫然心坎中已久仰之同志林之夏將軍也，林號涼生，閩人，其時林任軍隊敎練官兼講武堂敎官和我尙未謀面，而忽然手書親撰之新詩以相遺，如果不解同志愛之時代精神，殆有無從得其個中眞價者，我向不善詩，友好間絕少倡和之作，縱有贈我詩文者，大率皆過目即忘，然獨於此詩則隨時吟誦，至今尙憶全詩云：

蘭芷飄零楚水濱，九歌憔悴屈靈均；高丘今日應無女，薄采靡蕪贈美人。

此第一絕借詠屈靈均以自見遺民愛國之孤忠。次云：

仙娥聽說貌傾城，窈窕應堪百輛迎；我尙未婚君莫嫁，秦樓他日共吹笙。

此首意義最深遠，所謂仙娥，係指孫中山先生，所謂百輛迎，當然是言整率三軍以歡迎孫先生，所謂君莫嫁共吹笙，即警告我萬勿單獨妄動，以待中原共同創義，蓋其時我年事尙少或者慮我輕舉妄動也。末云：

天際眞人未可期，春風紅豆更相思；他年檢點縹緗客，淚墨迷離十幅詩。

這首是表明立志貞篤，生死以之，雖或失敗，有詩可證也。我得此意義深遠用心孤苦之詩，感喜交集，不知何以爲報，祇有自勉自重而已。無何蘇州有南社同人之雅集，南社者當時一部分懷抱革命復國思想之文人學子，以詩文明志之集團也。我約林君赴會，林慨然偕行，抵蘇之日，和我共宿一小旅社，縱酒開襟，暢論天下事，集會之日，彼此歡若生平。林雖好詩酒，然寄身軍籍，志在實行，嘗私對我說：社中學子雖多，然於眞實力行可共大任之人物，尙須勤求，由今思之，此語亦深中肯綮，盛會不常，其時兩江淸督端方雖雅好文物提倡新學，然於防止革命黨人一事，亦較週密，林不久赴贛督練新軍，我也南行赴桂，僅聞林於一年後離贛時有告別諸將詩數絕，沉雄悲壯，中有『費盡心肝嘔盡血，大羅天上看神州』兩語可以想見其經過。辛亥革命成功，林返閩，其行動不詳。然於此次中日事變前一年，聞仍在閩編纂軍書，我曾投書探之，得復有『世間尙知有孔北海其人耶』一語，則在辛亥革命以後二十餘年中，已淡然與世相忘矣。予嘗謂辛亥以前之革命同志，其心境恍如歷史美談中之貞婦育兒，忠僕救主，一切艱危痛苦，俱所覺悟，祇要義務完成，他非所問，所謂同志愛，純出自然，所謂無所爲而爲，林將軍僅其一例耳。

趙之謙與李慈銘

鄭秉珊

李慈銘越縵堂日記補甲寅五月有一則云：

「上午詣孫子九，晤談久之，復至寄凡處，還詩詞集。寄凡爲予焚龍腦香試鶴嶺茶，以有惡客至，不久留。」

李氏在書眉上自批云：「惡客者，趙之謙也。今與周星譽往還甚密，將爲都下之患，安得一賢京兆一頓杖殺之。」按甲寅年，他倆還在本鄉會稽，已經不相投機，眉批時則在北京，竟欲殛殺趙氏而後快，還不是「文人相輕」一念的作祟。

越縵堂日記又一則云：

「王闓運所作鄒叔績傳，意求奇崛，而事蹟全不分明，支離蕪僿，且多費解。此人盛竊時譽，妄肆激揚，好持長短，雖較趙之謙稍知讀書，詩文亦較通順，而大言詭行，輕險自炫，亦近人海傖客一輩中物也。」

王氏的鄒叔績傳，大概是模仿史記伯夷列傳，模擬太顯跡象，並不是王氏上乘之作，至於說是費解，却亦未必。但由批評王氏，而又涉及趙之謙，可知當時在他的心目中，念念不忘的勁敵是趙氏，所以雖然是同鄉同年（年齡相同），却是一對死寃家。

說起他們兩人，倒有許多相通點，大家歡喜玩相公，又都是志高氣傲的人物，而一生境遇又十分坎坷。李氏會十一上春官不第，趙氏也始終未中進士，最後方得一江西僻縣職。所以牢騷抑鬱，都喜歡罵人了。

平景孫爲李蓴客傳云：「君性簡略，胸無城府，然矜尙名節。意所不可，輒面折人過，議論臧否，不輕假借徇同，雖忤樞輔不之顧，以是人多媢之。」平氏是蓴客的總角交，平日欽敬李氏，所以在傳後又附記云：「吾嘗言文非予所長，悉伯最可知已。自聞噩耗，雪涕沾衿，即思爲誄文及哀詞，以抑其四十五年同案之悲。」交情可謂深厚了。但李蓴客對於平氏，却頗有極不滿意語。越縵堂日記卷九十五云：

「江小帆赴江西，乞書往干景蓀。予近與景蓀，僅去絕交一間耳！生今之世，勢利以外，無可恃者。」

可是，在光緖三年的日記，又有這樣的紀載：「楊寗齋觀察自越來，得平景孫去臘里中書，並以朱提四兩爲壽。四千里外，三十年故交，尙記錄生辰，遠將饋問。深可感也。」其前倨後恭之態，令人失笑。

李蓴客最深恨的人，除趙之謙外，是周季貺昆季。在最早的越縵堂日記補十三册中，其間塗抹處極多，便是記載與周季貺等徵逐之跡。丙辰三月二十七日日記書眉上批云：

「此處塗抹之字，乃某人姓名也。此人十年來爲予執友，常以道義性命之交自命，而含沙下石，極力擠予，致予流離困苦，屢瀕於死，又向老母紿實田金三百以去。嗚呼，古來交道之不終者有矣，或勢利相軋，或意見乖舛，若予於此人，骨肉倚之，惟命是聽，而計陷之若是，眞禽獸不食其肉者矣。予見其姓名，輒痛憤欲絕，而年來蹤跡甚密，日記中無一二葉不見其名者，不能盡去，隨見隨抹而已。嗚呼！以予之深於友朋，惟恐傷交道者，而至於如此，天下後世，可以想見其人矣。李生而終貧賤則已，如其否也，以直報怨，豈無其時乎，特識於此。」

讀上段文章，我們很替周氏担心。幸虧李氏不過官至御史，否則周氏一頓杖殺是不免的。孟學齋日記甲集之首自記云：「平生頗喜鶩聲氣，遂陷匪類而不自知，至於累牘連篇，魑魅屢現，每一展閱，羞憤入地。」也是指着周氏說的。李氏所謂匪類及魑魅的周季貺，究竟是怎樣的一個人物呢？蔣香生致葉鞠裳書札中有云：「季貺佳士，弟之益友，深服其才與學識之高，立品之佳，誠仕途中不可多得者。彼與（魏）稼孫，眞才可欽，一則博，一則精，一則開展，一則拘迂。然弟來閩後，心折者惟貺博稼精，二人而已。」周氏精版本之學，藏書美富，官閩中觀察，又工詩，越縵堂日記中，尙有周詩未盡塗去者。魏稼孫仁和人，即趙之謙之摯友，好金石，好刻書，曾集趙氏及吳讓之印爲譜者。

李蓴客對於自己的造詣，是很自負的。嘗說：「於經史子集以及稗官梵夾，詩餘傳奇，無不涉獵而撫倣之，而所致力者莫如史。所爲散文駢體文，考據筆記，詩歌詞曲，積稿數尺，而所得意者莫如詩。」其桃花聖解盦日記自序云：「先生秉生於冬，冬氣寒，故性冷。得氣於秋，秋令肅，故性傲。惟冷惟傲，故所值多阻而命窮，窮則思通。冬者春之孕也。先生生冬之末，春氣融結，胚於靈根，故其才肆，其情深；其發爲文章，華葉布濩，爛然若春。」又其六十一歲小像自贊云：

「是翁也，無團團之貌，乏姁姁之容。形骸落落兮，謹畏踽踽，須眉怊悵兮，天懷暢通。故其貌谿刻兮，而心猶五尺之童。其言謇吶兮，而辯爲一世之雄。不知者以爲法官之裔，如削瓜而少和氣兮；其知者以爲柱下之胄，能守雌而以無欲爲宗。嗚呼！儒林邪？文苑邪？聽後世之我同。獨行邪？隱佚邪？止足邪？是三者，吾能信之於我躬。雨瀟風晦，霜落葉紅。悠然獨笑，形行景從。待觀河之將皺兮，附桑海而曲終。故俗人疾之，要人扼之，而杖履所至，常有千載之風。」

他又很有自知之明的。所謂「其情深」，「故其貌谿刻兮，而心猶五尺之童」。今日我們讀他的詩詞日記，彷彿有一個淸雋秀弱多愁善感的影子，時和我們相晉接，無怪淸史稿把他列入文苑傳，而他素所輕視的王闓運，却因有許多說經的著作，得高據儒林一席，分道揚鑣，各有千秋了。

越縵堂日記最後數冊，存其弟子樊樊山處，因爲有罵樊氏的地方，不肯借出影印，使日記未成完璧。樊氏全集中，有一冊師弟合刻詞，裏面大捧老師，實則就是自捧。曾見黃侃手批本，凡關於肉麻處，用朱筆摘出，並有批詒。樊氏中山狼的行逕，未免對不起師門吧！

蔡孑民先生序魯迅三十年集，說：「近代舊文學的殿軍，是李越縵先生，新文學的開山是魯迅先生。」關於魯迅翁，是人無間言的。說到舊文學殿軍，蔡先生未免有稍阿同鄉之私，不如章太炎氏所推「王闓運爲能盡其雅」的愜當了。

如果說李蓴客是文人，則趙之謙可稱爲豪士。他兒子所作傳狀云：「身體魁梧，飲饌兼人，雖嚴冬不戴帽，頭上蒸氣如流汗。」看他的四十二歲小像，果然面團團，腹槃槃，這也許就是李蓴客稱他惡客的原故吧。

他在三十二歲時，因洪楊及疫厲，弄得家破妻亡，萬念俱灰，因自號悲盦。三十六歲時，又更號曰无悶。葉葉舟序趙氏二金蝶堂印譜云：「晚年孤憤，好嬉笑怒罵，詩文皆務爲新奇，以訾議當代作者爲能事，坐是與世不諧。」張鳴珂寒松閣談藝瑣錄則云：「人言撝叔盛氣難近，其實遇名賓相副者，亦虛懷相接。」實則其脾氣之壞，亦可由自作文字見之。有一手札云：「來此日對案牘，不曾開書箱，兼以終日忿恨。然有一好事，遇事不操切。前日一起賊案，若胆壯肯操切，黑夜前往，必無漏網，因其寓主乃婦人也。昨日天明始往，賊不及半矣。在鄱陽責人萬板，亦不介意，今則數百板即須察看矣。」此是宰奉新縣時書札，自謂較宰鄱陽縣時，性子已大減，然責人還是動輒數百板。又一手札云：

「弟初十日接印，憤恨兼以怨苦，實無心戀此，現惟照常處置，俟廿七日颳風後到任。排場已了，再看下面。……然弟之現成謠傳尙可防乎，故至今日仍靜候撤任而已。若在中秋節後，則官虧可得千金。私虧有興隆票作主，官虧則不可，并不能行。擬先斥賣衣服器具，不足，而後以募化完之，拂衣歸去，作一品百姓何如。兒子若親生，則今日已殺之矣，此時只能待案了而後遣去。杏林得高安，樓上重樓，弟水底加以水底，有子而遭橫禍，不如無子而發大財也。署中朋友，皆面面相覷，此場笑話，以弟成之，眞千古妙文，豈所謂前生注定耶。」

這是記初到奉新，在接印之前一晚，其嗣子與僕婦大吵鬧，僕婦自縊身死，險累得知縣做不成。還有其他書札，都是記述爲官的種種苦況，人家造他的謠言，可見他無往而不碰壁，欲无悶而不可得。

吾以爲撝叔之狂，很似明代的徐文長，而受龔定盦的影響，大概是極深的。他在京寓日，曾集定盦詩爲聯句揭之門云：「別有狂言謝時望，但開風氣不爲師。」又作記鼻烟的小文，篇名「勇盧閒詰」，其中一段云：

「其氣靜爲上，動爲下，無盡爲上，有盡爲下。靜與無盡，綿綿若存，上之上矣。淸爲上，濁爲下，厚爲上，薄爲下。淸而厚爲上，淸而薄爲下。淸而薄，愈於濁而薄。濁且厚，則下之下矣。」

「凡品目四等，曰蘳，曰酸，曰煤，曰豆。蘳盡神，酸知意，煤呲於氣，豆麗於質。故蘳爲上，豆爲下。可名象，不可迹求爲上，可迹求爲下。」

此種文體，時人譽爲：「敍釋淹雅，若詁經，若擬子，非尋常譜錄家言。」而且用蘳字煤字，賣弄說文的伎倆，其實，不宛然如出之定公手筆嗎？

趙氏歡喜校書刻書，他所刻的書，名叫「仰視千七百二十九鶴齋叢書。」與勇盧閒詰，等是晦澀不易解。據云：嘗夢見天空大羣白鶴迴翔飛舞，仔細一看，却都是鶂鸖，意思便是說他的同儕，不過是鶂鸖之類，而一一高高飛并，祇有他獨鶴，還屈居下位，其嫉邪憤世之態可掬。又他自題四十二歲小像云：

「羣毀之，未毀我也，我不報也。或譽之，非譽我也，我不好也。不如畫我者，能似我貌也。有疑我者，謂我側耳聽，開口笑也。」

「羣毀之」是當時的實情，「未毀我也」是他有所自信，側耳聽，開口笑，是他處世態度。假使此讚給李蓴客看見了，一定又要謾罵一回了。

李趙王三人，治學的宗趣，各有特色，趙撝叔是以金石書畫著名的。他在同治二年到北京，與沈均初，魏稼孫，胡荄甫等，日夜以賞析金石爲樂，翌年成「補寰宇訪碑錄」五卷。他早年書法顏魯公，後來便用鄧石如包世臣之法，研習北碑，四十歲左右，書法成，著有「六朝別字記」。沈均初是吳大澂妹壻，著名的收藏家，有鄭道昭摩崖全拓，北朝造像數百種，趙氏因得心摹手追。胡荄甫名澍，其書法取逕，一同撝叔，現在尙有「績溪胡甘伯會稽趙撝叔校經之墨」傳世，足見交誼之篤。趙氏天才獨高，體魄奇偉，所以其魏碑書體，在鄧石如外，另有新境界，當時推爲巨擘。

賞識李蓴客的潘祖蔭，同時也是撝叔的賞識者，潘氏與吳大澂手札云：「閣下大篆，在荄甫益甫之上，而趙吳又在李少溫之上，若農則在少溫之次矣。」這倒並不是阿諛之談；因爲趙胡篆書的結體，取法於漢碑額，越出唐李陽冰的範圍，而吳氏篆書的結體，又以鐘鼎籀書爲法，當然又超出其上。不過以魄力論，吳氏是比不上撝叔的。蔣香生致葉鞠裳手札云：「弟於近人書法中，生平服膺四人，蓋（楊）見山（俞）蔭甫，與虞山楊沂孫，紹郡趙撝叔耳。要之書畫非走萬里路，讀萬卷書，總少胸中逸氣也。四君子者，皆一時老名士也，所見所學，畢竟超出人上，至書法實在俱佳，名世必矣。」這是當時一般的評論。

對於趙氏的北魏書體，加以非議的是康有爲，所著廣藝舟雙楫道：「趙撝叔學北碑，亦自成家，但氣體靡弱。今天下多言北碑，而盡爲靡靡之音，則趙撝叔之罪也。」趙氏把北魏方折勁健的字體，用羊毫絕不做作的寫出，而且得意作逆入平出，用筆潔淨，結體瑰麗，氣魄飛動，實是一種不容易的本領。但是應酬太多，而且他是玩世不恭的人，不免有率易處，所以便來康氏的譏彈了。

吾以爲趙氏的書法，還不如畫好。他的畫，花卉最多，形態的寫實，與色彩的富麗，是他的兩大特色。原來中國的花卉畫，自明陳白陽徐青藤以後，都是用枯淡之筆觸，作水墨的寫意畫。趙氏則不然，一面採取前人的遺法，一面重視寫生。如他所寫之異魚圖，便是在閩中對實物的寫生，奇形異狀，一一像眞，這種創作態度，是他人不敢措手的。又如所畫牡丹石榴等花卉，其用色極濃厚複雜，很注意於光線的明暗，所以他的花卉，實可謂爲中國印象派的花卉畫，在國畫花卉畫的發展上，貢獻很大。

還有，他自認爲工力兼至，而別人也最推崇的，乃是他的篆刻。他早先受鄉先輩丁黃浙派的薰陶，後來又師巴予籍鄧石如皖派的作風，且多閱金石碑版的拓片，所以治印能融合浙皖，自成一體。他論印以丁黃巴鄧並稱，近人中則推重儀徵吳讓之，以爲得完白山人的具體，手指皆實。其序吳讓之印存，除說明印學浙皖兩派的原委甘苦外，對於自己個性的批判，也極爲眞實，茲錄於下：

「摹印家兩宗，曰徽曰浙。浙宗自家攴閑後，流爲習尙，雖極醜惡，猶得衆好。徽宗無新奇可喜狀，似易而實難。……浙宗巧入者，徽宗拙入者也。今讓之所刻，一豎一畫，必求展勢，是猒拙之入而願巧之出也。徽宗見巧，莫如攴閑，曼生巧七而拙三，龍泓忘拙忘巧，秋盦巧拙均，山堂則九拙而孕一巧，讓之稱攴閑由此。讓之論予印，以近漢官印者爲然，而他皆非，且指以爲學鄧氏，是矣而未盡然。……少日師赤茶沈先生，同學者有何自芸，力學詩，始學明七子，既而宋元，既而唐，進而晉，又進而漢魏。其言以三百篇爲準，窮年累月，爲之不已，得句自珍重，遇人必長吟。余時不喜爲詩，數年不一作，偶有作，信手塗抹，成數十百言，若莊若諧，若儒若佛，若典重，若里鄙，若古經，若小兒語。自芸大惡之，目爲顚癎，余亦侮自芸爲蠢愚。爭不下，質之師。師告自芸；汝詩譬窶人子，勤儉操作，銖積寸絫，以事生產，初獲十百，久而千萬，歷知艱難，深自護惜，不自暇逸。彼詩譬膏粱子弟，生長豪華，日用飲食，宮室妻妾，奴婢狗馬，惟所欲爲，縱恣狠藉。朝慕游俠，夕逐蕩子，兹歌未終，叱咤數起，幸貨財多，非年齒與盡，酣豢揮霍，無慮中落，然其樂也，人憂之矣。自芸猶欲爭，而余駴汗竟日。……余生平所爲，豈惟印與詩？皆此類也。」

讀上文，那種豪士的氣槪，撝叔自己也是承認的。

古人說：「無癖的人，不能深交」；其實，無癖的文人，也不會有大造就。因爲能有特殊的癖好，才有傻勁，能自信堅，才能有獨到之處。這種人在生前是到處吃虧的，等到身後恩怨兩忘，其不朽的工作，始得受後人的欽佩。李氏批校書籍，俱存北平圖書館，有王重民等在那裏整理。而趙氏的書畫篆刻，在國內的情形不必說，又大受日本人的欽敬。由目前的毀譽論，李蓴客較之惡客的趙撝叔，似乎有些相形見絀吧！

海上紀行

紀果庵

我是鄉下人，而且是十足的渤海灣中之胡人，對於柳暗花明的江南，夢中也未曾到過，即以我的個性論，也還是「驚沙撲面」的景物更適合些，但我終於跑到魚米之鄉來了，所與交接，尤爲江南人中之深具江南氣質者，與此「北人北相」，不知何緣拍湊，有時想來，也算此生一樁妙事。

對於大都會我是怕的，剛剛從鄉下來的人，不知道抽水馬桶怎末用法，不知道汽車如何閃避，不知黃包車夫應如何對付，不知見了面同人家講些什麽，這個，那個，不知道的太多了，而都市又專門對這樣人嘲笑，欺騙，使之在精神和物質上都吃虧，因此我怕了，何况都市只是有錢及有勢人的世界，於只會說說老實話賺點老實錢養養老婆的人，尤不相宜。所以，我寄居北京二十年，作事地點却十有九年在鄉間，這鄉間也往往鄰近一個二等以下的小都市，我就永遠不去會見他，有時同事和朋友慫恿動一動，終是不能搖撼我的信念。不意上帝於此懶散人，偏給他播遷的運命，自北京到南京三千餘里，我居然一肩行李，在軋票軋上車下車的環境中，飄然而至，且一住三年，在廣大的人海中，寄此一漚，自宇宙看來，當然微末不堪，在我個人感覺，亦未嘗不是一大波瀾。可是到京以後，三年不出城闕，連雨花台莫愁湖也未嘗瞻仰過，動中取靜，恐沒有更甚於不佞者了。乃最近却大動塵心，而有十里洋場之行。

南京乃都市中之鄉下，上海則爲都市中之都市，不要說觀光，只一提起什麽大馬路四大公司以及古裏古怪的道路名字就够使我頭痛，但到底鼓足勇氣，帶了兩件單衫，上了京滬快車，雖是有很熟稔上海的F公招呼指引，究竟一路啾啾咕咕，好似鄉下人進城，不知見了警察老爺作何禮貌似的。我自北來南，一路所見，皆北方景色，即徐州以南，仍是麥田，高粱田，王蜀黍田，無怪火野葦平說這是「麥之海」。過蚌埠後，除偶有騎在水牛背上的牧童略可與幼時所見的風景畫印證外，鐵路兩旁，黔垣赭廬，只有供人憑弔的分兒，那裏還談得到欣賞呢。這回在京滬車上，才算看見眞正江南烟景，棲霞以東，到處有小河，有垂柳，有在水田中戽水的人，有片片遠帆，有醜陋得諧和的茅舍，陶詩云：「平疇交遠風，良苗日懷新」，大約即此景象，假定不是有野心家在強迫人們用飛機大砲互相應付，這該是什麽世界呢？我想就是一肚子功名富貴的人，也必有「久在樊籠裏，復得返自然」之想的。因與F公說：我輩原無大志，不過希望有幾畝田，四五間茅舍，長作太平的莊稼人罷了，然而這正是可望而不可即的事，且身爲農夫者，亦正未必能享任何幸福，而在忍耐着種種熬煎，古代不知怎末樣，或者會比較好些，但一丁亂世，如陶公之愛自然者，亦有「似爲飢所驅」之嘆，且不得已而創造一個桃花源以寄託其夢想了。

在土山上建塔，可算南中特色，鎮江之金山，蘇州之虎邱，均如此，在北方固無足觀者。若是可以移人情感，還是夾在小河兩旁的蘇州古式市街，實爲北人所喜悅。F公云：蘇州代表封建社會，無錫代表農業資本社會，上海則商業資本社會也，數語可云要言不煩。蘇州一過忽見太湖一角，洞庭山青青在望，不勝令人遐想「江上數峯青」之句。不久，北岸又湧現洋澄湖，萬頃無際，少見北人，必詫爲海矣。原來北京之所謂三海什刹海等正是小得可憐的一泓水泊，而誇稱爲海，不亦如南人之邱上建塔乎？這時東北天際，忽黑雲湧起，與水氣連而爲一；薄暮時分，殊爲奇觀，若再有風雷疾雨，火車以全速率迅駛其中，恰似萬馬千軍金鐵爭鳴，想來大有可觀也。崐山以東，暮色漸沉，兩旁居民，絕無一點燈火，F公云：油價之貴，可以使世界黑暗，我因而想到今日各國正在拚全力作油的鬥爭，戰爭未起時，大家是油過剩，現在則爲了一加侖油的得失而流血千里，如我國之不買油，不燒油，亦是根本辦法。

到北站正九點廿分，這是我第一次和上海的接觸呀。早有光政兄在站相候，與F公同車至滬西，經過靜安寺路，只覺得房子特別高，人特別擠，倒也沒什麼希奇。靜安寺外Bubbling Well的故事，也知道了，想到數月前有主持互爭廟產的事，自然，像這樣可以賺錢的產業，誰也不願放棄的。滬西之熱鬧，並不減於租界，伊文泰夜花園華燈初上，F公告我，此處非至十二時後不營業的，上海人白相就要這樣，隨時隨地都有辦法，不似在南京一到午夜連一輛黃包車都雇不着。這時我已知道預先託朋友找的旅館沒有開到房間，在來滬前一日我會到某書賈，他便警告我說，上海房子是不易找的，黑市相當利害，到稍爲像樣一點地方去開房間，起碼得找到熟人先將兩張百元鈔票塞給帳房先生，然後分潤一盒大前門，或者不至碰丁子，蓋旅店房金，並未瘋漲至數十百倍之多，若恃房金，侍者將無以爲生，而小帳數目，遂往往駕正費數倍，但仍不如空出屋子，給五洋闊戶紗市老虎們打牌叫嚮導，小費輒一擲數千，商人勢力之瀰漫，竟使遠人無宿可止，亦不能不爲之痛恨也。下車後第一個迎着我的便是亢德兄，他以皮黃戲的步子出現於弄堂中，使我立時浮起一種風趣、親切、爽快之感。我們雖僅僅在春間聚首一日，却像二十年開外的友人，剛剛坐定，柳雨生兄也來了，這也是我前幾天寫了信通知過他們的緣故，當下他們又電知黎庵，不到二十分鐘，黎庵也穿着灰綢衫昂然而入，頎長、瀟洒，無怪朱劍心兄說是邪氣漂亮。他見了我先注視數分時，然後道：「他這個人，原來是這個樣子！」這一句話與我到柳雨生兄家中時，他幼弟所說：「阿哥，這個人怎末這樣大呀！」同是印象最深的。

只好在F公處泊止一宿，承他讓給我自己的臥房，眞覺不安，我生平最怕出門作客，第一宵一定睡不穩的，而這一天竟很早睡去，直到第二天六點才醒。因爲到南市有事接洽，就與黎庵亢德雨生三兄約定晚間相會，十時出發穿行法租界至南市，走馬看花，莫明南北，只知一到界外，一片荒涼。惜我不會作詩，不然大可哼他幾首。事情洽妥後，中午L先生宴於Cathay，在十一樓，這才由樓窗中看到上海之所以爲大，四層樓的屋子，不過像積木一般，寸人豆馬，似乎人生也因之太渺小了。國際飯店有二十餘層，其觀感自當更甚於此，但我實在怕了，還是「樓高莫近危欄倚」吧。我寧愛蘇州的古屋水市，而不敢過此危樓極目的生涯也。

下午五點鐘我自己乘三輪車跑回來，經過霞飛路等處，覺得兩旁屋宇太高，街路過狹，使人不免窒息，但等到後來去過大馬路後，轉覺此處尙屬寬闊，若北平之東西長安街，南京之上海路莫愁路的空廓蕭寥，綠蔭滿地在上海簡直不易遇見的。亢德本說今晚約我吃夜飯，四點鐘時，因詢我不着，遂作罷，而由黎庵作東，我七點到黎兄處，這時才能脫下長衫，喘一口氣打開我的話匣子，大說而特說，由南京近聞說到上海觀感，由過去說及將來，更說及我們這半年來所適逢的厄難，所惜此時此地尚不許可我完全記出，只好先宕去一筆，俟將來剪燭再談。謝謝黎庵夫人，為我備了很多菜肴而我卻吃得不多，使他頗疑心這北國的大漢是在作客，實在呢，我是根本吃不了許多的。黎兄告我，明天中午朱樸之先生特別約了許多同文在私邸聚會，區區如予不免有些惶愧，可是一想可以見到許多想識荊的人，亦所夙願，而且樸園也是久想觀光一回的，又不覺暗暗心喜了。

快談不覺移晷，時已午夜十二時，我只得披了長衫起身，因無旅舍，F公處又不忍再去打擾，決心到南市友人學校借宿，但黎庵之意，深夜如何可去南市，我是初生犢兒不畏虎，除南市街道湫隘齷齪外，原也感不出若何可畏，若說有賭場，我又是連骰子都不識得的，還有什麼關係呢？而黎庵及陶柳兩兄到底陪了我走到百樂門去開房間，吾輩既無閒錢應付帳房，又非大亨之流兜得轉的人物，其碰釘子是當然的了，於是仍舊按原定計劃，雇了三輪車，跑向遼遠而可担心的南市去，臨上車時，亢德身穿短打，神氣十足的向我關照：

「有啥事體打電話到滬西警察局找我好了！」

我心中浮起一點微笑，也含胡的答：「好的，好的。」車子走得飛快，轉瞬已出法租界，筆直走入民國路，闃焉無人，路燈暗淡，商店是早已打烊了，我不免想起上海所謂剝豬玀之類的那一套，倘如車夫真打上我的主意，老實說，我只有不抵抗了。友人學校在露香園路，這是新名字，老名字叫「九畝地」，車夫怎麼也覓不到，我們倆互相抱怨，後來還是一位賣西瓜的老太太指示給我，應當退回來從寧波路走，我看到閃爍的霓虹燈賭場廣告時，才恍然憶起路徑，又經過兩次探詢，才走到那黑洞洞的學校門前，看看錶已是十二時半，付了車夫廿五元，並無若干爭執的走了，但我忽發現學校的鐵門業已鎖斷，好似人們早入夢鄉，只有門外兩個叫花子被我驚醒了，他們同聲說：「這樣晚叫門也難得叫開了，你先生為何不早來！」我心中真的沒有主張了，左右既一個燈火也看不見，設有人對我不客氣的抄靶子，豈不糟乎？於是我元氣淋漓的叫喊起來，一面叫一面心裏盤算如何解決這個難題，幸好喊了幾聲之後，居然有人出來開門，友人C君亦從睡中驚起，老同學總是不客氣的，解衣盤礴，暢所欲譚，在隔壁賭窟木炭汽車的沙沙聲中，我遣過海上第二個良宵。

次日上午我先到黎庵兄處會齊，往樸園，老樹濃蔭，蟬聲搖曳，殊為人海中不易覓到的靜區。樸園主人前在京時曾見過一面，但未接談，這番重見到他清癯的面容，與具有隱士嘯傲之感的風格，不覺未言已使我心折。我常想晉宋之交，有栗里詩人，與遠公點綴了美麗的廬山，五斗米雖不能使他折腰，而我輩卻呻吟於六斗之下（公務員配給米以六斗為限），古今世變，還是相去有間的，然如樸園之集，固亦大不易得，並非我輩「羣賢畢至」，良以濁世可以談談的機會與心情太不容吾人日日如此耳。亢德已至，因有他約，先去。隨後來的有矍鑠的周越然先生，推了光頂風趣盎可掬人的予且先生，丰度翩翩的文載道柳雨生二兄，和我最喜讀其文字的蘇青小姐，樊仲雲先生則最後至，於是談話馬上熱鬧起來，予且先生在抄寫樸園主人的八字預備一展君平手段，越翁則談到方九霞劫案，載道大說其罷索公辭職的新聞，聲宏而氣昂，蘇青小姐只有在一邊微笑，用小型扇子不住的扇着。我這北方大漢，插在裏邊，殊有不調和之感，只好聽着似懂不懂的上海話，一面欣賞吳湖帆送給樸園主人的對聯，（聯曰：顧視清高氣深穩，文章彪炳光陸離。）和書架上的書籍，大部是清代筆記掌故和精印的畫帖之屬，主人脾胃，可覩一斑，其與吾輩相近，亦頗顯然也。時主人持出「扇面萃珍」一冊，與黎庵討論「古今」封面材料，此集乃廉南湖小萬柳堂所藏，均明淸珍品。主人因談到吳芝瑛女士的字，據云乃是捉刀，余亦久有所聞，而不如主人所知之證據確鑿。飯已擺好，我竟僭越的被推首席，可惜自已不能飲酒，白白辜負主人及黎庵的相勸之意。老饕旣飽，本該「遠颺」，（昔人喩流寇云，「飢則來歸，飽則遠颺。」）奈外面紛傳，馬路將要戒嚴，「下雨天留客」，適有餽主人以西瓜者，不免益使老饕堅其不去之心。西瓜吃畢，蘇青女士的文章來了，她掏出小巧精緻的紀念冊，定要樊公題字，樊公未有以應，叫我先寫幾句，我只得馬馬虎虎，塗鴉一番，大意好像是發揮定公詩：「避席畏聞……著書都爲……」數語的意思，未免平凡得很。主人堅執請樊公執筆，樊公索詞於我，我忽然說：「您寫纔成白雪桑重綠，割盡黃雲稻正青罷。」樊公未作可否，我已竟感到荆公此語，太露鋒芒，豈唯對樊公不適，即給人題字，亦復欠佳，乃亟轉語鋒曰：隨便寫個「文章千古事，得失寸心知」好了，不是蘇青小姐的文章大可「千古」嗎？樊公乃提筆一揮而就。三點了，不好意思再坐下去，於是告辭了雅潔的樸園，我和雨生乃自極斯非爾路步往靜安寺路延年坊，路上書攤不少，無可觀者，仍於報攤上買最近古今一冊，蓋昨晚黎兄賜我一本，忘記攜去也。我的「孽海花人物漫談」，適刊此期，亢德原以我的勸告，才重閱此說部，但近日很不贊成其書，余與黎庵，則是晚淸人物癖好者，原不在欣賞小說的技巧，故持論相異。雨生在靜安寺寓已逾十五年，我很幸運的看到知止老人，談到舊京風光，頗致依戀，並告我上海俗不可耐，常終年足不出戶，我十分替這暮年的老人寂寞，若在北京，想必也有許多同年歲的朋友，在公園吃茶或茶館下棋，絕不致如此沉悶耳。雨生又欵以西瓜點心，和赤豆湯，殷殷之意，使我難忘，本想順路去膠州路亢德住宅，因爲五點與同學C君有約，遂不往，但雨生還是帶我看了「外國坟山」與「天下第六泉」。

與老友C君及馬近仁君共飲三馬路會賓樓，這又是一種風味，馬君文章作得很好，但不輕執筆。他頗豪於飲，好像一共吃了三四斤老酒，話也說得更多更慷慨了，我因之想起許多李白的詩句。後來我們又蕩到四馬路所謂風化區，看來也無甚稀奇，原想到三馬路幾家書店走走，如忠厚書莊，來靑閣，來薰閣之類，但晚上早已停市，只索罷休。最後走到大馬路，又到某歌場聽一回歌，靡靡之風，亦略有感受矣，歸校已夜深。

我是打算第三天下午的快車回京的，中午在亢德處吃飯，亢德夫人生長北方，說官話極好，可算我們的同鄉了。菜做得精而多，亢德與黎庵至少吃了有三斤老酒，其痛快淋漓，爲三日來所未有，酒酣耳熱，大家不免俯仰世事，感喟萬狀，亢兄已決定東去，我很佩服其決斷與識力，較我的依違無所可要強得多了。吃完飯不想我竟被周陶二兄圈禁，我有個學生，在滬服務，我和他約定午後在陶宅相會同去買票的，等他到了，我已失去自由，陳遵投轄，又見於今日，我心中雖則焦灼，但很感激朋友的熱誠。普通朋友，中年以後，多出之互相利用，像此種文字交誼，越乎利害之上，獨能洞見肺肝，實比若干年的互相利用之朋友親切得多，此次海上之行，這要算我頂珍貴的收穫了。行既不得，遂偕黎庵等至古今社，此地之勝頗與樸園有二難并之概，我雖初次來滬，已感到第一區之擁擠喧囂，遠不如八區之靜肅，亞爾培路殆是其一。而古今社豈又其最幽靜者乎？在這樣的環境裏，有幾位說得來的朋友，幾杯淡茶，一枝香煙，聽外面蟬鳴，遠處市聲，暢談個人的偏見，不妨彼此辨論，或即大家沉默亦佳，非即「萬人如海一身藏」之境歟？法國的文藝沙龍，或尚無此放逸之趣罷？忽黎庵命我書扇爲念，亢德遂指壁上知堂老人五十自壽及諸和章曰：「我給你找一首作材料」，他登在櫈子上，一下子就看中了沈尹默的一首，妙極了：

莫怪人家怪自家，烏紗羡了羨袈裟，似曾相識攔門犬，無可奈何當地蛇；鼻好厭聞名士臭，眼明喜見美人麻，北來一事有勝理，享受知堂泡好茶。

亢德一面笑着一面解釋道，今天你可謂遇見了攔門犬當地蛇，欲走不能啊！而我心中則揣摩首二句，若我的自尋麻煩，亦是只怪自家，而袈裟與烏紗舉棋不定，尤不妙也。寫完有餘紙，乃作一跋云：「癸未夏日，始遊申江，得識黎庵眞面，亦了一夙願，乃臨行之際，竟被投轄，旣來古今社，亢德命寫此詩，大有關合，不知異日視之，以爲何如也。」不久樸園主人來了，狀極忙碌，匆匆而去，雨生載道亦先後至，又有馬三先生（黎庵知友，豪爽人也）等，大談嗢噱，我並索得汪穰卿年譜遺文一部，不勝揩油之至。馬三爲定妥旅舍一間，今晚下榻有地，爲之放心，八時許，與黎庵等在梅龍鎮晚飯，此處乃與弘毅中學大夏大學并爲一樓，北人視之，大可怪異，然則海上，恐是司空慣事。載道兄堅邀過邸一談，乃得飽看其藏書，此公所收五四以來新文藝書不少，日記掌故之類亦多，頗使我艷羡，同時亦自慚所藏之寒儉可笑。載道文章作得多而好，介於知堂三閒之間，今見其收藏之富，始知取精用宏，不是率爾操觚可比。所惜時間匆匆，不能遍覽爲憾悵耳。

周陶馬三兄又送余至旅舍，狂談至夜分，才戀戀作別。馬三代爲料理一切，更不知如何感激。

早七時半起，與學生某君同赴北站，聞火車票亦有黑市，其軋擠可想，到站後，才知其場面之偉大非常，買票人早軋出站外半里之遙，若不用非常手段，或者再等兩天也買不到車票，某君覷得機會，一躍再躍，不久竟已軋到車站大門，時有少數「地頭蛇」式人物，專門兜攬代人軋票，有一位長衫朋友，亦不按順序而軋至大門前，警察令其排在後面，忽一人奔至，大呼：「講好了的，講好了的。」警察聽了大怒，「什麼講好了的」，木棒在此公臀部大舞，抱頭鼠竄而去。我費了九牛二虎之力，買到一張二等票子，又費了九牛二虎之力，才軋到車中，原來早已「滿員」，只得暫時作自警團，固守崗位，打聽明白座位上兩個靑年人是到蘇州的，就決心接防了，不意兩個走私的婆娘，車還未到蘇州，竟已一屁股蹓了下去，把座位搶了，我那時恨不得打她們幾記耳光，才出得這口鳥氣！說到這裏，眞不知政府有無決心，制止此輩，不然，豈唯行路更難，即天下銅鈿，亦將爲彼等賺光，我不禁爲普天下正當旅客及公務員們呼寃也。

好容易在後面一輛車覓得座位，車過無錫，走私老爺們均已出淸，我在半酣睡中又回到南京。

自上海回來，唯一的感想，就是上海以外的地方，未免太荒涼了，即南京亦無例外。

讓我借此機會，感謝海上諸知友的招待與熱忱。

關於筆記（下）

葉雲君

按謝肇淛五雜組（卷四）云：

『余友人汪宗姬家巨萬，與人爭數尺地，捐金萬；娶一狹邪如之；鮮車怒馬，不避監司前驅，監司捕之，立捐數萬金；不十年間蕭然矣。』這所記雖然仍是瑣事而不及其生平，然較之許多作者連瑣事也無從知道的，已算是幸運的了。

又如清齊學裘見聞隨筆卷五有記湯雨生王彥卿的兩則。按：湯雨生名貽芬，武進人，襲職武官，咸豐初殉難死。其所作之戲曲有劍人緣，今樂考證著錄；又有逍遙巾雜劇，收入盧刻飲虹簃三種中，頗爲世人所知。湯氏事蹟除此書所載外，又見於蔣寶齡墨林今話及李元度先正事略（卷四十二），今不具引。王彥卿著有驢禪雜劇，亦見今樂考證。据齊氏所記，王氏名復，吳人，少習醫，後爲糧道辦書啓；爲齊氏之詩弟子，驢禪一折，即爲齊氏而作；後餓斃於杭州。像這書記之流的人物，其生平萬不會見於高文典冊，也無傳記墓誌之類，只有在筆記中偶爾可以涉及。至於戲曲本事一類的材料，大都是附會或無稽的傳說，這樣暫且不說。

元明散曲作家，多有專集，其無專集或已佚者，尙有選集可查，頗便讀者。而淸人散曲單行別集既少，又無選集可備查考，未讀之前，先要費一番搜羅功夫。搜集淸人散曲可於兩方面求之：一是詩、文、詞集，据任訥散曲概論書錄及盧冀野散曲書目所載，淸人散曲共有三十餘種，除一二種有單刋本，其餘均附錄於詩、文、詞集之後；此類雖爲清散曲之主要部份，惟彙集殊非易事，且每種數量也非常之少，多則十餘套，少僅二三套而已。另一便是雜記中所錄。前者不在本文範圍之內，暫不去說。後者據我所輯，計有兩項：一是僅見於筆記中者，如關隴輿中偶憶編（不分卷）所載洪昇題陳迦陵鎭詞圖啄木鸝，李松雲同題之寄生草；兩般秋雨菴隨筆卷二梁紹壬之題西泠十子詩卷新水令套：金壺浪墨黃鈞宰眉子硯新水令套，金壺遯墨吳逸香題疏香閣遺稿南步步嬌套，又謝某之教官曲南北合套；見聞隨筆卷二十五秦膚雨送別南黑蟒序套；淞濱瑣話卷六秦膚雨題明鏡圖南懶畫眉套等二十餘套（失告之作在外）。一是與他書或其他筆記互見者，如吳𦬊鳳東齋脞語及諸鐸均有沈起鳳泥張湘人作贊新水令套；藤陰雜記卷二與燈窗叢錄，文章遊戲，雨村曲話，曲海揚波均錄有韓朝衡司嘲司慰南北合套二套，而諸本文字又詳略各不相同，可供校勘之用。又任訥散曲概論作者一項所引自撰之曲家姓氏小典，其所錄清代作者，亦大抵以筆記爲根据，而曲海揚波中又據筆記輯錄清散曲頗多。如以趙萬里校輯宋金元人詞爲例，從筆記中輯錄清人散曲爲專書，也並非難事。

筆記中涉及俗曲者，大抵關於俗曲史料的居多，蓋諸書所記均爲當時所流行的曲調，而現在看來正是絕好的資料。其中如野獲編（卷二十五），在園雜志（卷三），揚州畫舫錄（卷十一）幾條，屢被近人徵引，已成爲論俗曲文中必不可少的資料。搜集這類文獻最多的，當以李家瑞北平俗曲略爲首。下面所舉以未見俗曲略所引者爲限。如明葉紹袁自撰年譜云：

『小童陳琰年十四五，彈邊關胡調，琤琤如戞，曲聲清婉動人。』與劉廷璣『其調悲壯，本涼州伊州之意』說雖不相符，但爲劉說此調始於明代作個有力證明。又珠泉居士續板橋雜記云：

『若寄生草，剪錠花淫靡之音，乃倚門獻笑者歌之，名姬不屑也』。此二調屢見於霓裳續譜，蓋亦乾嘉間流行的曲調。至黃式權淞南夢影錄所云『近日曲中競尚小調，如劈破玉，九連環，十送郎，四季相思，七十二心之類，』則爲同治光緒間流行之曲，其中且有今人尚能歌唱者，此外所輯還有：高士奇金鼇退食筆記(卷下)所記明嘉靖時四景玉娥郎，五雜俎(卷八)記南北小唱，陶菴夢憶（卷四）記劈破玉，夢厂雜著（卷十）記滿江紅，京塵雜錄記馬頭調，闕隴輿中偶憶編記嶺調，竹西花事小錄記哭孤孀，淞濱瑣話（卷七）記滿江紅等。至直接錄有俗曲雖不多見，但偶然也可遇到，如吳藹扶風傳信錄有掛枝兒二首（所錄均馮夢龍之作），聊齋志異卷二鳳陽士人條有『黃昏卸得殘妝罷』一首（與白雪遺音選末頁之附有工尺譜者，文字悉同）。其所錄未見於他書者，有小豆棚郝驟條的一則：

『一灣月兒天邊掛，悶倚紗窗對着他，無端的鈎起俺心中事，鈎起俺愁中話。月兒呀！你爲甚不常圓？待圓來，又恐怕那人兒罵！』此爲乾隆時的俗曲，與霓裳續譜時代約略相同。雖然雜記中所錄俗曲不多，但倘若把搜集的範圍擴大到戲曲，彈詞，通俗小說中去，則其所獲，當不僅一二小冊子而已。

民謠一項，據近人所引及我所輯錄，有廣東新語，菽園雜記，徐氏筆精，公餘日錄，水東日記，黃孀餘話，堅瓠集，竹間十日話等。我前作清代歌謠採集一文，所据除專書外，僅引南越筆記，池北偶談，兩般秋雨菴隨筆三五種，實有增補修訂的必要。這類大都輾轉鈔錄，直接採自口頭爲數頗少，但如小豆棚阿嬌條及吳震方嶺南雜記所記粵歌，則爲第一手的原料貨，茲舉後者爲例，因其於歌詞之外兼記歌唱時的情況。吳文云

『潮州燈節，有魚龍之戲。又每夕各坊市□唱秧歌，與京師無異；而采茶歌尤妙麗，飾姣童爲采茶女，每□十二人或八人，手挈花籃，迭進而歌，俯仰抑揚，備極妖妍。又□少長者二人爲隊長，擎綵燈，綴以扶桑茉莉諸花；采女進退□止，皆視隊首。至各衙門或巨室唱歌，賚以銀錢酒果，自十三□至十八夕而止。余錄其歌三首，有曰：「二日采茶茶發芽，姊妹雙雙去采茶：大姊采多妹采少，不論多少早還家。」「三月采茶是清明，娘在房中綉手巾，兩頭綉出茶花朶，中間綉出采茶人。」「四月采茶茶葉黃，三角田裏使牛忙；手挈花籃尋嫩采，采□茶來苗葉香。」頗有前溪，子夜之遺。』吳氏是康熙時人適當吳冉渠輯粵風續九之時，此歌或受其影響而記錄歟？又關於風俗一類的記載，我雖沒有輯錄，但看着兩厚冊北平風俗類徵的例，則筆記中此類資料也不會十分稀少吧。

筆記中的若干資料可供我們應用和參考，然而也常常會使我們迷惘，這乃是一般筆記的特質使然。其特質之一是輾轉鈔錄。如李調元南越筆記所記粵歌乃錄自屈大均廣東新語，而梁紹壬兩般秋雨菴隨筆則又節錄南越筆記諸書；王世貞藝苑巵言論琵琶記本事的一則也屢被後來的少室山房筆叢，誠齋雜記，堅瓠集，浪跡續談，小浮梅閒話諸書直接或間接徵引。前人徵引書籍，非如今人一字一句都忠實於原書，大抵删略或節引居多，而節略處又不註明；甚至爲泯滅抄襲的痕跡，故意改易或綜錯原文。更有徵引書籍不說明來源，以他人之說攘爲己有，此例觸處都是；即以治學謹嚴的經學大師焦循來說，其劇說中便有不少，他人的筆記更可想而知。又有以他人所删略的第二手貨視爲原典，而遺誤別人，如小說考證

卷六西樓記引書隱叢說，卷七後琵琶引在園雜志的二則，初以為蔣氏所引當為原書，及至比勘之後纔發覺與原文出入頗多，其所引乃是以荼香室叢鈔的節文視為原文。其直接鈔錄原文，尚不失為第二手貨，至間接或一再轉引的，便流入三四等的稗販之列，而文字也因輾轉鈔錄，與原文愈驅愈遠，其文獻價值也隨之低落。這樣，筆記便成了鈔襲的別名，而為人所輕視。筆記既有如此現象，我們應用時也就不得不審慎；而於材料覓得之後，又要判別是否直接的原典或間接的二三手貨。如上舉南越筆記，書隱叢說兩例，可從筆記的作者，成書年代以及文字的刪節諸點，易於得到解決。至下述一例，便非輕易可以判斷的。清勞大與甌江佚志（說鈴本，不分卷）云：

『今世俗所傳判釵記，因梅溪劾史浩八罪，孫汝權實慫恿之，史氏切齒，遂令門客作此傳以蟣之。蓋玉蓮乃梅溪之女，孫乃梅溪同榜進士也：史客故謬其說耳。』又高士奇天祿識餘云：

『玉蓮，王梅溪先生十朋之女；孫汝權，宋進士，與梅溪為友，敦尚風誼，先生劾史浩八罪，汝權實慫恿之，史氏所最切齒，遂妄作判釵傳奇，故謬其事以蟣之。』這兩條內容相同僅文字先後稍有更變，天祿識餘一書雖多鈔綴，但此則却非本甌江佚志，而另有所据，其來源今不可考。又王崇簡冬夜箋記，褚人獲堅瓠集引聽雨筆記，施潤章矩齋雜記引竹懶新書亦有同一之記載，其文字與上二則亦約略相同。可信的這五書所記均非原典，而是轉錄，其所据之書是聽雨筆記或竹懶新書，此二書關係如何？未見原書，無從推測。又諸書的作者都是清初人，時代相同，也不易斷定其先後。至於文字，則又或詳或略前後次序也互有異同，雖經比勘，但也得不到結果。總之這類輾轉抄綴的材料，時常是不可究詰的。

筆記的另一特質是所記多附會和無稽。這類以關於戲曲小說的本事或作者為多，如諸書所載關於金瓶梅，紅樓夢，琵琶記，牡丹亭的種種傳說，其有關的諸雜記已屢為近人所徵引，不贅述。這類僅舉堅瓠續集所載關於西樓記一事為例：

『袁韞玉西樓記初成，往就於馮猶龍，馮覽畢置案頭，不測所以而別。時馮方絕糧，家人以告，馮曰：「無憂！袁大令夕餽我百金矣。」乃戒閽人勿閉門，袁相公餽銀來必以更餘，逕引至書室可也。家人皆以為誕。袁躊躇至夜，忽呼燈持百金就馮，及至，見門尙洞開，問其故。曰：「主人方秉燭在書室相待。」驚趨而入。馮曰：「吾固料子必至也。詞曲俱佳，尙少一齣，今已增入矣，乃錯夢也。」袁不勝折服，是記盛行，而錯夢所以尤膾炙者也。』這雖說得非常活現，然而祇是一則傳說，經過事實證明後，精緻漂亮的萬花筒立刻就會粉碎。這傳說的起因，當由於馮曾改袁之西樓記為楚江情而生。劇說辯此說最為翔實，便附會的傳說一掃而光。其說云：

『相傳西樓記初成，就正馮猶龍，馮不置可否，袁即席餽百金，為入錯夢一折。乃西樓為馮所改之本名楚江情，刻墨憨齋諸劇中，凡改處皆自標於闌上，如胥長公之妾輕鴻改為妓女鴻寶兒，本識池生，遂歸於池；又趙不將聞于叔夜登第，即至文處為之作伐，娶素徽為室，以贖前愆；皆勝籜菴原作。至錯夢一齣，極口贊其神化不可思議，未嘗有改易之說，則錯夢正出袁手，不可誣也。』其實，在筆記中像這類關於小說戲曲的無稽傳說，隨處都有，事實上不能也不必如焦循這樣一一去辯明；祇要當作傳說看待，便不致為其所誤。如以凡是筆記中的資料都可供應用，那就將被無稽傳說引入迷途，蓋食物雖富有滋養，濫吃亦足以致病也。

談故宮

堪隱

余每由東城至西城授課，中經御河天安門，穿行故宮，見昔日東西朝房，或爲小販之排列，或爲游人所憩息。提籠架鳥，叫囂紛紜。因思此地爲中國數百年來政令中樞，亦元明清累代之宮禁重地。在昔所稱九重宮闕有尺寸的地方者，今日則爲各色人等所麕集，從歷史意義言，不禁生銅駝荊棘之感也。按故宮之改建博物院，至今可分爲四期。自民國十三年馮玉祥鹿鍾麟等逼宮，宣統遜帝遷出，清室善後委員會成立，開始點查文物。至十四年十月故宮博物院組成，其匾額爲李石曾書，直至二十二年四月，爲開放期。天家文物，每周易陳，可謂鼎盛時期。自二十二年五月，第一批古物開始南運，北京市民挽留無效，至二十六年六月，爲古物精華蒙塵播遷時期。自二十六年七月事變起，因無專人負責，經費不足，一般中下職員，致有上午上班，下午另謀生活之傳說。於是以所印新書廉價出售，而古物，文獻，圖書三館之電話停線，煤火不繼，則尤其小焉者。至館長委員顧問等之相去無蹤，更其小焉者也。至去歲暑期，爲其衰廢期。至去年秋起，政府重增經費，另派院長（原院長馬衡不在北京），並加監督整理，此國寶重地，乃得復蘇，以至今日，可謂故宮之維持期。

又按故宮之開放雖始於民國十四年，然第一次正式瞻仰宮廷者，則遠在四十二年前，即光緒二十六年八月初二日，正庚子拳亂後，聯軍入京。使臣葛羅幹函致留京王公大臣，請於初四日晨刻，各國統兵大員，及公使等入內瞻仰，俾資保護。並請通知宮內人等，屆時毋得驚惶。當由內府大臣世續、文廉於初三日進內，曉諭值班人員。初四日晨由世等帶領使臣等，自大清門入，經三大殿，入內左門，轉御花園出神武門。招待外賓，軍樂悠揚，儼如遊園盛會者。事後由崐岡等奏報西安行在。此後洋兵每日送米送肉，數量亦如平時，蓋當時民間食糧頗缺也。今日社會相傳，謂光緒二十六年洋人搜宮之事，即指此也。

故宮內容除三殿及帝后所居各宮外，有軍機處，南書房等，誠如「打嚴嵩」劇中，嚴俠對鄒應龍云：「這是有尺寸的地方。」如文武官員之行道，及欽賞紫禁城騎馬，賞坐肩輿，無處不表徵階級森嚴而見其「有尺寸」也。吾鄉高澍「金鑾瑣記」云：「癸卯張南皮（之洞）以鄂督入覲，慶王奕劻請張到軍機處議經濟特科事，張公不上台階。因雍正御筆有『軍機重地，不准擅入』等語。各軍機大臣乃到階下與張面議。」又清初順治時，撤攝政王多爾袞配享，謂其府第建築有如宮廷。而嘉慶帝親政，賜權相和珅死，亦謂珅曾騎馬入宮至壽山口，皆爲大罪之一，亦以其僭越尺寸。不料數百十年後，張文襄所不敢入者，凡賣羅花生小販亦可隨便進出矣。此眞令人引起歷史的興趣者也。

又有關故宮掌故，而爲世人所鮮知者，如前皇帝寶座，早已隨古物搬走。然今日故宮，於原處仍陳列一寶座，遠不如原座之偉大精美，觀者不察，猶以爲即皇帝登極之物。余以爲運走可也，何必以他物冒充魚目混珠以欺中外耶。又東華門城樓上原有一箭射入瓦泥中，相傳爲嘉慶時林清之亂，圍攻宮城時所遺者。殆後箭桿腐落，箭鏃猶存。去年翻修東華門樓，此箭鏃亦被拔去，於是歷史上之寶物，無復痕跡，是眞至可惜者。

臨榆（山海關）通訊

李耕青

編者按：本刊問世以來，荷蒙讀者愛護，匝月之中，時有獎飾鼓勵之文翰見惠。本刊同人，於既感且勉之餘，自當益求精進。惟恐有涉標榜之嫌，致所有藻飾，俱未刊載。茲又有遠處山海關（臨榆）讀者李耕青君致書本刊，縷述古今對其影響及感奮之深。本刊以山海關與滬上相去千里，而南北迢遙，有此聲氣之通，似亦足以代表古今年來努力之所得，用特破例披露於後。

編者先生：

我以一種不可抑止的感激之情來寫這封信，當它陌生的寄到您手裏時，我對您却早已像桃李之對春風一樣熟悉了！

古今是我最最喜愛的讀物，內容的充實，作品的精鍊，及冲淡雋永而獨有的風格，使我聯想到編者的學問為人，不禁生出萬分景慕之心；而熟讀了經您編輯的每一篇文章，從中得到許多益處，因之增強生活的意趣，這就是感激您的原因。

愛讀古今的人，稱頌古今的文章，已經很多了，但只偏重於郁郁乎文化之城。您也許料不到，在這偏僻的邊關之地，古今是怎樣受讀者的崇敬，甚至很有力量的支配了我們思想。

但是，古今上的文章似乎都是輕描淡寫，低吟淺唱，為甚麼竟能那樣動人呢？一位同事（我們同在一個學校裏教書），看完了龍先生寫的「苜蓿生涯過廿年」，一夜不曾睡覺。第二天老早跑來告訴我說：「就龍先生的文章看，他不但是教育鉅子，還是青年模範，又誠實，又熱心，又肯幹，他的成功，完全是由自己創造出來的。但我反復的想了一夜，無論自己怎樣努力，還需要良師的指示，如果沒有機會掛在名家的門下，前途還是很黯淡。」又說：「龍先生是個熱心教育的人，不知道肯不肯收一個景慕他的學生！」

我們背誦龍先生的話：「身體單弱而意志堅強，怯於酬應而勇於任事。」一常使潛隱着的力量，得到啓示而堅毅的奔向前程！

古今每一篇東西我都仔細讀了，受感動最深的要算周先生的苦學記和扶桑笈影溯當年，像「一個青年要有理想有抱負有野心——又要刻苦，鍛鍊和努力」這幾句話，我更嚴格的檢討着自己，起了崇高的理想，奠定了苦幹的決心。

我脫離學生生活只有一年，但學校裏那麼多教授的言談，竟沒有一次像古今上的文章一樣的影響我。當夜深更闌，展卷於燈下的時候，周先生那凝靜中充滿了活力的句子，沉着而奔放的情緒，使我有莫名的感觸。說句冒昧的話，我好像很了解周先生的心情，而使熱淚在不知不覺中一滴滴的淌下。

我不願多耽擱您的時間，不及將古今之美點及從中得的益處一一細說。讀者給編者的通信，也許太多餘，但您曉得了數千里外也有渴待教益的人，則編輯工作雖疲乏也欣慰了。

我崇敬這些老前輩，可惜關山迢遞，不能登堂親炙。便是文字上的指導，也不敢希冀。所以希望古今強健而悠久的活在人間，讓我在名人忠實的記述裏，古往今來的經歷中，自已去體會其中的意義。

請您轉致朱社長！他因為失了一個愛子而辦古今，却培栽了無數的青年。在遼遠的山城裏，每天都有人稱頌他的名字，他的哀痛空虛的心也許有以慰藉了罷？

我以青年人特有的稚氣來寫這封信，更對古今懷着無限的希望與祝禱。雖然山河迢迢，也能由古今中得到您的照拂了。敬祝

筆健

李耕青七月廿七日

上海郵政管理局暫准登記證第四〇〇號

本期每册實價別元

古今

原書原樣

古今出版社印行

古今半月刊第三十一期目次

中華民國三十二年九月十六日出版

社長 朱樸
主編 周黎庵
發行者 古今出版社 上海亞爾培路二號
發行所 古今出版社 上海亞爾培路二號 電話：七三七八八號
印刷者 中國科學印刷公司
經售處 各大書坊報販

零售每册中儲券拾元

國民政府宣傳部登記證滬誌字第七六號

預定	
款項先繳	照價八折
半年 一百元	全年 二百元

武漢追憶鱗爪

周佛海

本年六月，到武漢視察一次，也和到別處一樣，引起了許多新的感想和舊的回憶，秋夜雨窗，追懷往事，特就記憶所及，寫出來留作後日的紀念。

謀事在人，成事在天，就是一件小小的事，也不能照如意算盤去實現。我的計劃，是先視察武漢，再去廣州的，所以打算五月二十七日飛漢。那知道那天天氣異常惡劣，不能飛行。到了二十八日，南京天氣，覺得稍好，以為可以動身，那知氣象報告說沿途氣候不佳，萬不可行，只得又延到二十九日。那曉得那天天氣更壞，我因為二十日以後，南京已有預定的事要做，不能離京，所以武漢之行，暫時祇好作罷。一直等到廣州回來之後，六月二十八日纔達到視察武漢的目的。本來想先到武漢，後到廣州，天却安排我先到廣州，再到武漢。世間的事，那裏能由人算呢！

二十八那天，氣壓很低，也不是飛行的好天氣。我因為不能再展期，主張冒險起飛。沿途因濃霧的關係，飛得很低。田舍雞犬，都歷歷看的很清楚，因此長江的形勢，和大別山脈的雄奇，都能夠細細的觀覽，「十萬大軍齊鼓掌，彭郎奪得小姑回」的小姑山，「山高月小，水落石出」的赤壁，都從天空中遠遠的遊矚，因此，想起長江一帶古往今來的種種史蹟，不禁發生「滾滾長江東逝水，浪花淘盡英雄，是非成敗轉頭空」之感。這樣弔古傷今，不知不覺之間，兩小時半的航程，很快的就到了。

下了飛機，中日各長官，都來歡迎，少不得一番應酬和忙碌，於是便驅車到怡和村的省府招待所。

我除南京和上海之外，曾經工作過的地方，便是武漢和廣州，而武漢來來往往的次數更多，所以對於武漢的印象更深，而值得回憶的事亦不少。

民國十五年，北伐軍到達武漢以後的情形，我在「盛衰閱盡話滄桑」一文中，已經說過。十六年離開武漢以後，到了十七年北伐軍到達北京，七月間隨節北上的時候，又重臨武漢。我們由南京坐軍艦到漢口，由漢口坐平漢車到北京。當時的武漢，是桂系的勢力。晚上李德鄰（宗仁）在銀行公會歡宴我們。當時有兩點使我感觸最深。第一是我們在樓下冠蓋滿堂，盛大宴會的時候，程頌雲（潛）却被軟禁在三層樓的一個小房間裏面。原來李德鄰把唐孟瀟趕走之後，便組織了武漢政治分會，推程爲主席，以對抗南京。後來忽又把他軟禁起來，而湊巧歡迎我們又在軟禁他的地方的樓下。南京的人爲座上客，而用以對抗南京的程頌雲，却變成房裏囚。政治的升沈，人情的冷暖，怎麼不叫人感慨！我當時想程頌雲孤坐斗室中，聽見樓下軍樂悠揚，歡聲嘈雜，不知如何酸辛和感喟！第二是在宴會中，忽有人要大家題字，我當時坐在蔣先生的右首，心裏暗想，看他題幾個甚麼字，他拿着筆沉吟一會，便寫出「人定勝天」四個字。因爲當時蔣桂之間，已有很深的裂痕，我們知道遲早總要兵戎相見，他寫這幾個字，是有深意的。果然第二年，我又隨着西征軍重到武漢。

這次西征，我和楊暢卿（永泰）兩人，都是以個人資格，隨軍幫忙的，沒有甚麼名義和具體任務，所以到了漢口之後，便和暢卿住在廣東商人所組織的俱樂部適安總會。有事召見，便到總司令部走走，其餘都是自由的時間，很覺逍遙自在。我覺得這樣半幕僚、半淸客的地位，不單很輕鬆，而且可上可下，甚麼人都見得着，甚麼人也都可接見，不受身分和地位的束縛，言行都有自由。雖然沒有具體的責任和權力，却到處都被人尊重。每日和親朋故舊來往談天，在戎馬倥傯之中，却能享受淸閑之福。那知道不到半月，便奉令做總司令部政治部主任。當時的主任是方子樵（覺慧），因爲他調湖北民政廳長，我便被臨時拉夫去應急。當時一無助手，二無準備，眞弄得手忙脚亂。那時湊巧現任司法部長羅君強同志，也隨某師部到漢，便請他做主任秘書，七拉八湊的組織了幹部去接收。總政治部駐在當時南洋兄弟烟草公司。十五年北伐軍初到漢口的時候，總政治部也設在這裏。好像漢口的南洋兄弟烟草公司，和總政治部有着不解之緣一樣。就職之後，忙碌了一場。剛剛佈置就緒，就奉令班師回朝。因此我和武漢，又多了一次淵緣。

以後也到了武漢兩三次，例如第一次對馮之役，湘鄂贛勦匪之役，都曾到過，不過都只有三四天，沒有可以敘述的。

二十六年，政府西遷後，在武漢工作了差不多一年。在這個時期，却有許多不能忘記的經歷。

政府西遷，照理我應退往江北，而運命却註定我退往武漢。

原來二十年以後，我任江蘇省政府委員兼教育廳長。二十五年春，公博辭去中央民衆訓練委員會主任委員，改組爲民衆訓練部，我被選爲部長，仍兼江蘇的職務，每週往來於南京鎮江之間。二十六年春，奉命把民衆訓練部讓回與公博，專任江蘇職務。所以我本應該隨江蘇省政府，退往揚州的。那知事變發生後，　成立了大本營，其中的第二部，主管政略，熊天翼（式輝）做部長，我被任爲副部長。後來不久，因爲侍從室事忙，陳布雷任主任，感覺不夠應付，我又被命兼侍從室副主任。後來江蘇省政府改組，顧墨三繼陳果夫爲主席，各廳都易了人，滑稽得很，祗有我仍蟬聯。當政府西撤的時候，我覺得江蘇局面雖小，我究竟是主管長官，中央的事情雖然重要，我乃是副手，所以自己的意見，打算隨江蘇省政府，移往江北。那知請示之後，却要我隨軍事委員會西遷。於是我又到了武漢。

離京西上的情形，也可借這個機會說一說。南京非常緊張，最後的一隻船，幾天內就要開出，我已被指定坐這隻船動身。忽然漢口來了一個長途電話，却是淑慧打來的。原來她由長沙到了漢口，第二天就要坐船來南京。她在事變發生之初，就送小孩回湖南。當時我總覺得事變不會擴大。因爲根據當時中日雙方的形勢來判斷，決定到了相當時期，就會結束。後來會見許多當時當局的日本朋友，他們也說日本當局，當時確沒有預定計劃要擴大。所以我當時的觀察並沒有錯。那曉得竟陰錯陽差的擴大而且延長到現在，這不是很悲慘的運命麼？這些政治論，這裏不便多談。我當時因爲斷定不會擴大，所以雖然看見許多人搬家，我却不贊成。但是淑慧却獨斷獨行，大規模的準備回湘。原來我和淑慧，是分疆而治的。我外面政治上的事，她從不過問，至於家庭以內的事，我則向不干預。所以她要送小孩回湘，我也不能阻止。不過肚皮裏暗中好笑，笑她忙着搬回湖南，不久就要忙着搬回南京，眞是吃飯閑着不舒服，要庸人自擾的忙去忙來。那知道以後局勢竟這樣演變！如果不是她「一意孤行」先搬回湘，還不知會有甚麼慘劇發生。現在想起來，眞是多謝她的果斷。

當時接得她的電話，眞令人進退維谷。讓她來，如果她未到而我已先撤退，怎樣辦呢？不讓她來，她已於萬難之中，得到船位，明晨就要開船。最後決定聽天由命，只好讓她來罷。她到南京祗三天，我便奉令撤退。淑慧和吳世庭女士同來，要替她們弄船位，在當時混亂擁擠的情形下，是極不容易的事。正在一籌莫展，圍爐商量的時候，大約是下午六七時，熊天翼忽然來說，弄到一個艙位，但是今晚就要上船。於是便在淒風苦雨的深宵，送她們上船了。我這纔把心放下。第二天下午，我也上船了。何敬之等，都在這個船上。當時張文白新任湖南主席，我便和他住一個房間。因爲過於疲倦，入夜便睡。眞是「夢裏不知身是客」，一覺醒來，見不是家中常住的臥房，頗爲驚異，再一細想，乃知已離京了，已離家了！返京何日，歸家無期，不禁愴然涕下。

到了漢口，便找到了淑慧。在漢口住了四五天，雜沓紛亂，莫可名狀。在兵荒馬亂之中，也沒有工作可作，湊巧文白赴湘就職，約我回長沙一遊，我便乘這個機會，與淑慧、君强、世庭乘着文白的專車到了十年不見的長沙。

忙亂一陣之後，便抽閒去遊岳麓山。自從民國二年遊岳麓之後，已經二十四年了。現在重臨舊地，好像天涯遊子，浪跡歸來一樣。回想二十四年的光陰，眞如白駒過隙。常讀筆記，說榮華富貴，不過黃粱一夢。這個味道，到了這個時候，纔眞正的體驗出來。二十四年中，不知道經過了多少憂患艱難，滄桑變幻。過後一想，都還不是一夢！現在遊山的我，和二十四年前遊山的我，有甚麼區別？不是像二十四年前遊山的時候，忽然睡着，一直睡到現在纔醒一樣？當時這樣想來想去，眞有看破紅塵，立卽披髮入山之感！

在長沙住了一星期，正是陶德曼調停和平的時候，接得漢口的電召，忽然又凡心大動，重行跳入十萬紅塵之中，離妻別子，再到了武漢。

到漢口住范紹陔（熙績）家中。紹陔，以後在重慶一別，不久卽作古人。如今墓木已拱，回憶故人，不禁黯然！當時陶德曼調解，雖然沒有成功，但是各部機構，各方人員，均已漸漸集齊，於是開始工作。臨時全國代表大會開會之後，接着開中央全體會議。顧孟餘被推爲宣傳部長，我被推爲宣傳部副部長。當時顧在香港，明知他是不會來的，所以就叫我代理部長。此後一切的思想、言論和活動，因爲都是與政治有關係的事，和本刊（古今）的性質不合，所以等待別的機會再說。

不久，淑慧也帶着兩個小孩來了，大家都住在紹陔家中。我們覺得小孩子不能跟着我們流浪，要找個固定的地方讀書。商量好久，沒有妥當的地方。我忽然想起在南京時，大家紛紛搬家，城南的搬到城北，而城北的却搬到城南，究竟不知那裏安全。有天，布雷騃頭騃腦的忽問蔣先生道：「搬家搬到那裏頂安全？」他回答道：「香港。」想不到香港以後，也要受炮擊，也要被轟炸，也要搬家逃難。國際關係的風雲變化，那裏能夠預料。當時我想起這句話，便主張香港。淑慧起初不贊成，以後也同意了。動身那天，我送他們母子三人過江，到武昌的南湖飛機場。離別，是苦事，在亂離的時候離別，後會無期，尤其是苦事。當時父母子女，依依惜別之情，豈僅是黯然魂銷四個字所能形容。看着他們飛機去遠，纔忽忽若有所失的過江返漢。那時香港沒有可靠的友人，淑慧能攜兒挈女，遠適人地生疎的地方，我至今又是感激，又是敬佩。湊巧胡筆江在港，極力照料，並接在他家中居住。好友感情，至今不忘。不幸筆江乘機失事，也作古人了。追懷舊雨，曷勝欷歔！

當時精神上非常煩悶，晚上不是到唐壽民處談天，便到劉少岩家消遣。當時在武漢的要人，如何雪竹、陳雪暄、葉孛孛、楊揆一、范紹陔等，幾乎每夜都到少岩家，從盤古開天地談到現在，從北極談到南極，把一天的疲勞和心裏的煩悶，排洩於亂談之中。最後，大吃一頓豐富的宵夜，大家各自歸家。當時聚會的人，現在只有兩三個常常見面，此外，生離的生離，死別的死別，「盛會不常，盛筵不再。」平時如此，何況戰時！現在朝夕祈禱生離的朋友，不久舊雨重逢，再作盛會。

我因久住紹陔家，不大方便，打算另覓房屋。此時淑慧在香港佈置就緒，由湖南把楊老太太和吳世庭女士接到香港，將小孩交給他們照料，又飛到漢口來了。此時紹陔忽賦悼亡，於是我們便在法租界租了一棟獨立的房子，搬出居住。當時侍從室在武昌，宣傳部本在武昌，後遷漢口，每日渡江往來於武昌漢口之間，日子也很容易的混過去。以後消息一天一天的緊張起來，淑慧不能再住漢口了，於是又送她飛去香港。當時因為消息不佳，所以握別的時候，較先一次尤為腸斷。因為雖是生離，在當時戎馬倉皇之中，保不定就是死別。淑慧走後，壽民也去香港，少岩家常聚的人，也漸漸寥落起來，只有雪竹等三四人了。景況蕭條，令人生孤城落日之感！不久，我也隨宣傳部的西移，飛往重慶去了。

到渝不滿一月，又奉召到漢，先住雪竹家，後遷兩儀街交通銀行宿舍，原來壽民住的地方。這個時候，少岩也舉家遷港，我們的夜會，已移到交通宿舍，而聚會的人更少了，只有雪竹是常務委員，每夜必到。我在漢口又住了三週。那時侍從室已隨節遷到漢口，所以不必渡江，每日只在漢口工作。三個星期中，形勢一天險惡一天，消息一天緊急一天。街上連黃包車都看不見了，天色一黑，家家都關門閉戶，整個武漢三鎮，都變成三座死城，淒慘、嚴肅、蕭森的戰時景象，眞令人觸目驚心。漢口陷落的前一晚，我奉命飛往重慶，布雷則奉命隨節飛往衡山。黃昏時候，到布雷處去辭行，當時一別，至今未能晤面。朋儕中我與布雷性情最投，交誼最篤。如今天南地北，會晤難期。暮雲春樹，我勞如何。言之不勝心酸。深夜十二時，與雪竹握別後，逕赴飛機場，於昏夜之中，又與武漢告別，飛向成都去了。（因爲當時重慶還沒有夜航設備。）

這次到武漢，把一切前塵影事，一幕一幕的重映於腦海，使人悵惘，使人辛酸。由飛機場到怡和村，本可不經江邊，因爲警戒的關係，繞江邊馬路而行，因此經過老中央銀行，想起二十七年每週來此出席最高國防會議的情形，經過　汪先生的舊居，想起當時常出入此間，請示並談論時局的情形。進了舊法租界，經福煦路見紹陔舊宅，房屋依舊，而紹陔夫婦，都已與世長辭，人世靡常，倍深感慨。再經少岩舊宅，想起昔日聚會的朋友，風流雲散，天各一方，又不覺生寂寥之感。總而言之，觸景生情的地方，實在太多了，那能一一的描寫出來？

視察武漢財政特派員公署，中儲漢支行和漢口特別市政府，均分別簡單訓話。這些地方，也都是以前常到過的。比如現在的市政府，就是二十七年　汪先生辦公的地方，當時也常見我的踪跡的。

第二日渡江過武昌。漢口，在還都那一年，還來過一次，至於武昌，乃是事變後的第一次了。二十七年在武漢的時候，每日差不多都要到武昌，雖然奔波爲勞，我却非常歡喜過江。因爲我們坐的是專船，沒有甚麼嘈雜和擁擠，賞玩着烟波浩渺，落日遠帆的景色，眞令人心曠神怡。尤其是乘風順流而下的時候，立在船頭，大有乘長風破萬里浪的氣概。這次渡江，覺風景依稀，乘風破浪的豪情壯志，似尙不減當年。到省政府視察，並召集行營，省黨部黨政軍各幹部略爲訓話。楊省長揆一，約赴珞珈山。經閱馬場時，十六年北伐在這裏開民衆大會的情形，猶歷歷在目。但是現在「場」早沒有，變爲簡單的公園了。到了武漢大學，看見巍峨的建築，沒有破壞，心爲之安。可惜絃歌之聲早絕，不復聞於今日了。二十六年春的臨時全國代表大會，就在此地開的。當時因爲避免空襲，都在晚上開會，而且路上絕無燈光。我和布雷共坐一車，暗中摸索前往，鬧出許多笑話。此情此景，宛如昨日。

由珞珈山進城，登蛇山，步行到黃鶴樓。樓臺傾圮，滿目荒涼，不復有當時之盛。漢陽的樹，鸚鵡洲的芳草，早已不可復見了。不過長江雄偉的形勢，猶千古如一日，登高遠望，令人精神爲之一振。

天氣奇熱，晚上是張市長范卿的公宴，我正愁着怕熱，他妙想天開，席設在中山公園。我聽見非常高興。中山公園，面積比上海的兆豐公園還大，事變以前，就佈置得非常之好。我以前於工作疲勞的時候，也常來此嘯傲。事變後經市政府擴大和充實，比以前更加林木幽盛。散步其間，俗塵爲之一滌。不過煞風景的，就是我們所到之處，游人絕跡。因爲大批武裝警察，前呼後擁，不待警察號令，游人早已避開。我想：我們像這樣離開民衆，與社會隔離，不單是政治上不是一個辦法，而且還有甚麼人生樂趣呢？不過地方當局，有警戒的責任，也是莫可奈何。

我最關心的，是水災，所以約張市長陪着視察張公堤一周。沿途風景很好，不過張公堤如果不是平常有準備，等到臨時水大要「搶險」，却是不容易。因爲在水大的時候，堤的內外都是水。一線土堤，在水的中央，怎樣能抵巨風大浪！而且搶險要土，一線長堤，那裏有土可掘。好在市政府工務當局，在沿堤均築有土台，預備了許多土以便臨時應用。自從還都以後，我每年都躭心水災和旱災。因爲在兵荒馬亂之餘，如果再來一個水旱之災，人民眞會沒有噍類。前年夏天，許久未雨，我每日早起晚睡的時候必定看看天氣。如果是晴天萬里，就要躭心，假使是陰雲四合，就覺得愉快。有天晚上送影佐中將到門前，他向我敬禮告辭，我却望着天空沒有看見。他問我看甚麼，我告訴他看看今晚有沒有下雨的希望，他恭維我一句道：「這纔眞正是政治家。」其實一個人的心理或觀念，是隨着地位和責任而異的。我若沒有負財政的責任，對於水旱，固然不能說完全漠不關心，但是無論如何，沒有這樣關切。因此，又想起一句成語，就是「到甚麼地步說甚麼話，做一日和尚撞一日鐘。」有人說這兩句話，表示中國人只知得過且過，沒有永久遠大的計劃。我却不以爲然。如果個個人都能實行這兩句話，那就好了。因爲第一句話是表示要適應地位，就是到了做教員的地步，就要說做教員的話，到了做官的地步，就要說做官的話。第二句是表示要負責。我們現在只怕到甚麼地步不說甚麼話，當教員的去談做生意，做官的專去逢迎。我們也怕做和尚的不去撞鐘。所以一個人要知道自己地位，要明瞭自己的責任，而去完成站在自己地位所應負的責任！

一號上午，分別接見了各方面的人，詢問武漢的近狀。武漢，本來東西有長江，南北有平漢、粵漢的交通，站在四通八達的樞紐，而爲各方貨物集散之地。現在情形完全不同了。在這樣情形之下，那裏能怪物資缺乏，民生憔悴呢？這種情形，我們萬萬不能令他長此下去！

下午一時，於天朗氣清之中，飛離武漢了。比較二十七年十月，昏夜飛離武漢時，自是另一心境。

樸園隨譚（三）

朱樸

談命運

孔子曰：『吾十有五而志乎學，三十而立，四十而不惑，五十而知天命……。』

樸園主人曰：『吾十有五而志乎學，三十而知天命，四十而益知天命，五十而將更知天命……。』

我是一個十十足足命運論的迷信者，這差不多已是親友皆知的了。

其實，在二十歲以前，我非特不是一個命運論的迷信者，並且還是一個最最反對迷信命運的人物。當我讀到古文中有「嗚呼，其命也夫！」或者「嗟乎，非命也耶！」一類的句子，我總深恨這批作者的沒有出息，認爲這種人自己不肯努力奮鬥，而動輒諉之天命，眞正可謂自暴自棄之尤！

二十一歲我自中國公學畢業後力謀赴美留學不成，不得已進東方雜誌社做了一年多的編輯。有一天忽然看見報紙上登載招商局「華甲」輪船招考技術人員的巨幅廣告，說考取了後可以「週遊世界」，我爲其「週遊世界」四個大字所惑，遂往應試，居然獲取，乃辭了東方雜誌社的職務而欣然登輪，不料進去了後發覺這原來是一個極大的騙局！曉得上了大當，費了九牛二虎之力方才謀得脫身，幾幾乎把一條性命都送掉。懊喪之餘，不得已祇能返無錫老家坐吃，長日慨嘆，深感無聊。承一位朋友的厚情，代我寫了一封快信寄到北京去向一個與我素不相識的朋友懇託謀事，信去之後，兩個星期毫無回音，我感覺到這當然是絕無希望之事。有一天先公帶我到城中公園裏去散步，道經一個名「萬旭明」的算命瞎子門口，先公同我進去爲我算命，我起先表示反對，以爲這種「問道於盲」的舉動太無意識，後來經先公說明這不過是姑妄聽之而已，遂勉强從命。那個萬瞎子第一句就說本命甚好，可惜運氣太差，最近將有意外機會，不久即當遠行云云。我聽了之後就覺十分奇怪，詢以何時可以實現，他答「不出三天」！那天回家之後，我半信半疑，一夜不能安睡。第二天毫無動靜，我認定這個瞎子完全是瞎說瞎話，絕不介意。不料到第三天的早晨，果然命我立即北上的北京回信來了！

我經過了這次的怪事之後，向來反對迷信命運的成見開始動搖了。

此後我就到處訪問看相的和算命的，二十年來，總計北京、南京、上海、杭州、香港，以及其他各地凡是稍有一點名聲的所謂命相家，我一一都曾去登門領教過——甚至某一個看相的或算命的我竟先後去了數次之多。二十年來的經驗告訴了我：命運之說不是沒有，可是市面上的所謂命相家，差不多可說百分之九十九是「江湖」。比較的說，算命的我最爲佩服者是袁樹珊氏。十年以前（民國二十二年），我三十二歲，那時袁氏正在鎭江賣卜，我在上海寫信給我一個在江蘇省政府做事的姪子託他代我到袁氏處去爲我算命，一星期後，他寄了一本「詳批」給我，這一本册子我至今尙保存在家裏。那一本命書中講我三十二歲以前之事非常準確，這固不足爲奇，所奇怪的是到現在翻開一看，從三十二歲到現在（四十二歲）的種種，竟也無一不驗。最奇怪者，前年我妻兒兩亡之事，亦很明顯的寫在上面。原文曰：

『三十九歲庚辰，四十歲辛巳，家庭刑尅，不無傷感！』

這不是靈而又靈之事嗎？還有，講我的性情脾氣，眞可謂如見肺腑。其文曰：

『門第淸高，學富品端，人雖聰明，性嫌剛直，萬一薰蕕共處，能無邪正相攻？』

講到我最近幾年來的情形，也神乎其神。其文曰：

『得君子之贊襄，遭小人之傾軋，忽而高坐堂皇，忽而偃旗息鼓，有得有失，徒喚奈何。』

最後他勸我放棄從事政治，其文曰：

『若論收梢變計，還當崇樸棄華。或倡導文化，或興建實業，始雖殫精竭慮，繼必利濟羣倫，以視政海升沉，戎行變幻，趙孟所貴之趙孟能賤者，其安危順逆，豈可以道里計耶？』

這也說得有理，可謂不爲無見之論啊！

講到相面的呢，完全準確的我一個也不曾碰到過。但是我確信相面之學自有其眞理，因爲這差不多可稱是一種常識。以我個人的經驗來說，忠厚之人與陰險之人，善良之人與兇惡之人，都是一見面就可立刻分辨出來的，可說百不失一，絕對無誤。從前曾國藩用人都用「相面」之法，這是人人所知道的事實。他曾爲過一篇「相面訣」，我最佩服的是第一句，句曰：

『邪正看眼鼻。』

這眞是一針見血之論。大凡眼睛異樣或鼻子不正的人決不是好東西，這是十準萬確的。讀者如有不信的，讀了此文後請隨時留心好了，試看歪鼻子的有沒有好人？（眼睛之種類甚多，何者是善，何者是惡，恕我沒有研究不敢胡說。可是歪鼻子的決非善類，——準是邪類，可稱是天經地義的定論！）

總上所說，我認爲命相之學是確乎有些道理的。但是，我究竟是不是迷信命相家之言呢？不但不是，並且我還是根本反對命相家之立論的！大凡每一個命相家爲人算命或看相，總認富貴爲好，貧賤爲壞。其次，總認壽終正寢是好，死於非命是壞。古今中外，千篇一律。其實，我認爲這是最最荒謬的地方。孔子曰：『不義而富且貴，於我如浮雲。』可見富貴如以不義出之，則不如自甘貧賤之爲愈。我雖不敢高攀聖賢，但亦抱有同感。貪官汚吏一括幾千萬，命相家必定恭維他們是交好運！貧窮書生飯都吃不飽，命相家必定批評他們是交壞運！好運壞運的解釋如果是如此的，那麼至少區區寧願一生交的永遠是壞運！（註）再講到壽數，以我國婦孺皆知人人崇拜的關岳而言，他們二位都是死於非命的，但是炳彪千秋，萬世共欽，較之當時一般苟活偷生壽終正寢之徒究竟誰是交好運誰是交壞運？還有，鼎鼎大名的滕王閣序作者王勃，他少時曾自嘆「時運不齊，命途多舛」，到後來二十九歲墮水而卒，死於非命，如照命相家之言，誠可謂交了一生的壞運了，但是今日在我們看來，他究竟是不是算交了一生的壞運？

以上所說的例子，不勝枚舉。所以，愛交好運而不愛交壞運雖是人之常情，但以區區而論，雖也十分希望早日能交好運，但決不願如一般命相家嘴裏所說的「升官發財」那樣的好運。還有，所謂命運者，乃完全決之於天，是以謂之天命；夫天命既定，絕非人力所能挽救，當是極爲顯明之理。肓許多江湖命相家往往先以危詞聳聽的手段去恐嚇一般問卜者，繼則妄稱能用趨吉避凶的方法來欺騙一般問卜者，於是愚夫愚婦，一一入其網中而不自知，眞是可憐之至。

寫到此地，我記起最近的一段故事來了。著名命學家「人鑑」作者林庚白氏，他因算他自己恐怕要「死於非命」，前兩年特從轟炸中的重慶棄官而遠颺香港，不料前年十二月八日香港戰事發生，林氏卒中流彈而亡。由此可見既爲天命所定，決非人力所能挽救，固屬彰彰明甚者也。所以，講到命運（即天命），我是十分相信的。至於市面上一班所謂命相家的言論呢，我不但自己根本反對，並且還要奉勸讀者們不要輕信上當爲幸。

本文草草寫完，大胆爲之揭諦曰：

『命運命運，
似眞非眞；
不可不信，
不可盡信！』

（註）此種語氣，卽袁樹珊所批「人雖聰明性嫌剛直」之徵也。

人往風微錄（七）

趙叔雍

鄭孝胥 垂

鄭孝胥字蘇戡。別號海藏。福建閩縣人。生於蘇州胥門。故以孝胥名。父守廉。清宦吳中。以文詞著名。有考功詞一卷行世。鄭氏世重經學。閩人尤重讀經。方童子時。即能背誦九經。深通義解。總角即入庠。十八歲中解元。馳譽京國。爲部郎。雖京官薄仕。而意氣揚溢。治詩治古文。領袖騷壇。又好新政。主立憲。召見之際。頗蒙德宗知遇。嘗保薩鎮冰堪大用。德宗即擢鎮冰。卒爲名將。繼赴湖北。從張文襄公游。論詩論政。均相投分。有詩記與張公論夜色。四更霜月拖冰堂。足見其琴尊之樂。又三十不官寧有道。一身負氣恐全非兩語。爲世稱誦。文襄經緯區宇。致力事功。又以清流盟主。爲文章魁首。物擇英俊，探討古今。宜相沆瀣也。居武昌時。題所居爲盟鷗榭。作詩紀之。繼外簡神戶領事。折衝尊俎。頗盡其長。且於署園建懷人亭。孝胥以新學倡新政。遂任外交。在日時倘孜孜習英文。粗窺門徑。又與彼邦學者相還往。益通立憲之政要。任滿歸來。赴廣西爲邊防督辦。進言兵事。吾鄉孟森任記室。與共甘苦。解職時爲撰龍州邊防記一卷。孝胥才情豪溢。論兵忍事。輒自比於希文塞上之役。罷官歸來。遂客上海、與張謇湯壽潛及先公組預備立憲公會。鍾卜議憲政事。復與先公有結鄰之約。即營海藏樓。闢地植櫻花。購自東瀛。粉白黛綠。凡數十株。爲海上櫻林之冠。既而出任湖南布政使。嘗右盛宣懷國有鐵路之策。清代卒以鐵路國有。收回川漢。滋起事端。以釀成辛亥八月十九日之革命。則亦歸滬。爲遺臣。然辛亥冬間。馮國璋奉命攻武漢三鎮。且調海軍。將收夾擊之效。武漢且致糜爛。先公憂之。勸其馳電鎮冰。毋以政治種族關係。禍及人民。遂立發一電。手稿猶在。先公嘗笑謂世稱其爲復辟黨。背叛民國。吾乃知其効忠民國。有此一電。可資左證也。自此以還。杜門不出。商務印書館經理張元濟李宣龔。延主董事會。先後十餘年。改革館制。徵存文獻。孜孜不言勞苦。四部叢刊初編議定。更爲去取陳篇。俾於影本留眞之外。兼爲治學者之門徑。時與繆筱珊諸君相商権。袁世凱既柄國政。頗思所以羅致之者。屢徵均不應。告速駕者曰。吾決不干祿。當道信重我。或令伯平。往襄政務。伯平蓋金邦平。其女夫也。巴拿馬時有博覽會。張謇長農商部。擬聘其往主會務。漫游海外。亦勿肯承。孝胥無多資。自奉甚儉。出入乘三等電車。或步行二三十里。商務書館。但月奉二百元耳。則以鬻書爲生資。歲入逾萬金。爲一時行輩之冠。孝胥天才奔放。學書早年出入蘇黃之間。於寬博中具見堅秀之致。漸益瘦硬。自成一家。勁挺生澀。別具姿態。或如拗鐵爲枝。或如古梅著幹。更進臨北碑。融鄭文公張猛龍於一爐。謹嚴秀麗。特工結構。所書壽屏墓志銘。冠絕一代。又進作篆隸。或以己意行之。追流沙古簡。重見中土。則參以流沙。其訓人也。以爲作書當自古而今。篆隸流沙至於南北朝。始能有骨。再以神明通之。資以學力。而卒底於大成。以自名一家。其論書必視前人爲精到。暇則邀習戚黨少年爲習字會。余亦往與。命模史晨碑。先後經歲。無所進益。其許余學。

謂過不經意。不能筆筆俱到。敬拜其言。終勿能用。一時模其書法者遍海內。亦迄無成就。往往徒取貌似。以收名定價。天津張氏。嘗遍輯其書法之學爲專集。更進書章草。兼學聾松。虬枝巨幹。意氣不凡。亦不以之應市。偶爲知好塗抹。得者珍爲拱璧。又益事歌詩。本著詩名。重以學力。出入宋賢堂廡。而別新其面目。舉國尊爲大師。號海藏體。持法同光以來。風氣一變。孝胥預其流輩。崇比祭酒。所相探討者。海上往還陳衍夏敬觀李宣龔周達。尤相投分。陳衍序其詩集。持論最精。周達瓣香最篤。亦特重之。方周達移居。即以所構木屋。迻贈園中。爲親榜盟鷗榭。以紀襄迹。所作風華內斂。具見至情。論史論事。更復警策。苦語深詞。動人肝膈。而老謀奇計。亦一一見諸吟詠。以受德宗知遇。故輒多頌聖。而詆東朝。比諸金輪之列。又賦性特立獨行。故一不作和章。二少作壽詩題詠。其時樊增祥易順鼎輒以唱酬角遂。返復和至數十篇章。戒勿預也。日人重其文名清節。請爲東游。往返經月。備受推戴。識與不識。咸欲得片紙隻字以爲榮。名公鉅卿。爭相倒屣。暇又與諸遺老。約爲讀經之會。復手書焦氏孟子經解。付之影印。月必數會。言必尊王。附於經義。先後凡歷數年。亦愛聽歌。嗜尙獨異。世尊梅蘭芳爲香祖。雖與還往。初不之重。獨與王靈珠游。靈珠藝不過爾爾。而受薰陶者備至。因之周信芳號麒麟童。小子和號馮春航者。均預游宴。輒爲詩歌以張之。有天女姮娥意不禁。寄情何必遽離形。尋常哀樂移人處。獨許靈珠見性靈之作。抑揚甚深。小子和且從受書學。亦事鬻書。而老去頗不能自持。靈珠亦不能售其技。改業至哈爾濱設藥肆。終於客死。亦輒與朋儔爲觴宴。同年一元會。飲饌極少。且不食鷄鴨葱蒜之屬。而戒庖甚精。每年櫻花盛開時。排日張宴。先後旬日。曾不少輟。余屢與盛會。如在目前。又其園丁。工蒔菊花。年植數百盆。海上有賽菊會。必登上選。即其北居時。春秋勝日。必南歸旬留。用資勝賞。於北行授宣統讀書。與陳寶琛莊士敦同爲師傅。遂攜長子垂北居。昧爽趨值。講解通鑑。又爲規劃一切。主張延攬人才。別謀大舉。先設博物圖書館。整治慶豐司所管莊房業產。而舊人奄寺。以利將歸公。咸不之直。馮玉祥班師之役。親侍出宮。同車載至日本使館。又同去天津張家花園。因亦移家天津 居耀華里。日至園居。料量將侍。孤忠耿節。海內亦多曲諒其誠。東北事起。同去大連。先後數年。心力交瘁。一一見之於篇章。仍以詩文。自遣永晝。方北居時。即售海上故居。鳩地北京西直門大街。廣袤二十餘畝。別建海藏樓。手自規劃爲崇樓。四圍廊廡。庇以高柳。氣宇魁洪。顧迄未及觀成也。閒居數載。長子垂病歿。頗自抑鬱。既感腰疾。作書時忽不能支。病甫旬日。竟歸道山。孝胥軀幹高朗。神采奕奕。善自攝生。昧爽即起。飲饌至罕。每日徒步數十里。知友咸以爲壽徵。亦偶就游讌。海上時有名伶金月梅。色藝稱最。暱之特甚。時過所居爲宴集。一日將去漢。臨別觀其翠屏山劇。同過鈿閣。瀕有所贈。瀕梯投以一函。即引劇中賓白。告月梅曰。飯不能飽。酒不能醉。舉座爲之鬨然。風趣可見。終納之而不能終守之也。長子垂。留學日本。爲早稻田高材生。精偉幹練。並長游泳角力諸技。爲彼邦學子所愛敬。辛亥歸國。任杭州法政學堂教師。旋以教師改用命令。遂拂袖歸滬。家居奉親。臨池作文。饒有家法。擊球蹴踘。無一不精。暇則研討政治。砥礪學術。余總角時。即相投契。無日不見。如是者數載。既隨侍北行。同預內直。凡有尊俎折衝之事。舌人重譯之勞。一一任之。金梁保薦人才一摺。胡適劉承幹以次。亦及之。謂堪大用。自出宮而天津而大連而奉天。輒在左右。旋爲國務院秘書。以賦性鯁直。亦不爲時俗所喜。受排而去。得急病以歿。年四十七歲。孝胥深痛之。三子勝。初在青島。後入同濟大學。力學深思。亦不永年。存者次子禹五子何。爲能承世澤。繼家學者也。

四十年來師友感懷錄

趙正平

二　古道可風之淸道人

辛亥年革命軍入南京時，清廷之文武大員如總督張人駿，提督張勳等均已出走，負留守地方責者爲布政使護理巡撫之李瑞清。李贛人，工文學書畫，講新學，久辦學務，曾由總辦兩江優級師範(即今校長)而領提學使。(如今教育廳)平時以廉潔仁厚著，負衆望，革命軍中多敬其人。入城之日，曾派代表去請移交庫存，李不允，告代表曰，我負地方責，今値非常，公帑應交地方公正士紳，以見我李某清白，不能私相授受，革命軍卒從其請，約地方公正士紳前往受代庫存現金數十萬，並賬册均由士紳轉交革命軍當局。李交代既畢，隻身赴滬，散辮而留髮，自號清道人，以賣字度日。所以號清道人者，殆截取姓名中三字以明志。蓋李固主君主立憲而不贊成傾覆清廷之澈底革命，至是革命軍雖告成功，猶不肯隨波逐流以爲附和也。然李雖不主革命，對於革命黨人之具道德學問者，率敬愛器重，絕無黨同伐異之偏。此種風格由今思之，誠爲最可寶貴而又最難得之處。當其總辦兩江優級師範時，設史地專科，輾轉延聘地學專家姚明輝，國學專家劉師培分主其事。劉曾主持國粹學報，灌輸固有之民族文化不遺餘力，負有濃厚之革命黨人色彩者也。顧李以愛其學問，商得清督端方同意，遂決計聘之。到寧之日，介見於端氏，敬禮甚至，即此一事，可見李之胸襟風度。然尤其使人感念不忘者厥爲對予愛護之殷。予時年二十二，回想起來，眞講不到什麼學問，不過刻苦力學之習已成，雖服務該校，備位教職，月領俸銀三百餘金，而以一無嗜好故，每月所得，除接濟往來同志並充公用外，悉以購置圖書及化學器械及藥品，蓋化學爲予所好，居恆以此試驗自遣也。最可笑者，當時予所穿長袍，因沾染化學藥品而變色，亦漫不在意，照常服用，校中人多呼之爲化學袍，而因此引起清道人之注意。予曾提議全校應設一評議會，當時不贊成者不少，然李力排衆議，卒召集此會成爲定制。開會時予不計人微言輕，多所主張，李每曲護之，嗣後聞李曾向短予者解曰：「姑無論趙某思想如何，總一篤學力行的有志之士，你們不要再說他了」。在這種時代，自已行爲上稍有一些長處，就有人來獎掖，也可以見到時代的風氣了。可是李對予的愛護，尙有比較更重大者：同志陳陶遺氏，從東京法政大學畢業以後回國，回國任務，當然在對革命運動方面有所策劃。不料到滬不久，即爲清督端方偵悉，密拘至寧。其胞兄振飛，來寧探訪，終發見之於江寧縣監獄中，鐵索瑯璫，苦不堪言，來商於予，如何營救。予情急，逕商之李，且很稚氣的央求道：『陳某有什麼罪，請你老人家帶我去見端督，我願意保證他不是個壞人。』李微笑道：「你不去保證倒還好；你要是去保證，不但陳某的案情加重，且恐你自身也很不利。老實告你，端制台問我好幾次了，你學堂裏有一個趙某心術怎樣，幸虧我對他說趙某不過是一個血氣方剛的年輕人，心術沒有什麼不好，就使有些欠妥當的地方，我總想感化他，他聽到感化兩個字連連點頭道好。現在若使你自已出頭，豈不是坐實了你是陳的一黨麼？所以你萬萬不可露面。陳某的事情，你交託與我，我可以向知好的巡警說兩句話，請他想想法子，最好再請幾個松江的公正士紳，來個把電報』。我聽了這一套話，又感激，又吃驚。蓋平常我已聽到某巡官常常到學校裏來調査我行動。我的照相，已被他秘密搜去，這時聽了李的話，才知道這事千眞萬確。後來過了幾日，松江的公正士紳電報到了，陳也就由江寧縣監獄，移到巡警總署內，當做一個客人優待他。可是李祇告我：『陳某已到巡警總署，待遇尙好，可以放心』的話，至於他自己和巡警說些什麼話，我也不好問他了。在這樣一個賢明長官下面做事，論理可死心塌地。但是我到南京，初志是在對同志間聯絡，自從趙伯先將軍離開南京以後，他幹部若干人物，也先後紛紛離開，甚至陳陶遺氏被拘，形同永遠監禁，而同志冷遹氏又復被拘，南京地方，大有不可一日之勢。是時，鈕永建氏方銳意練新軍於廣西，由桂林赴東瀛，道出南京時，晚間相晤，在珍珠橋上，立談良久，予決定南行，遂狠心修了一封留別信，並推荐了一位後繼人，（數學物理專家顧珊臣氏）悄然離寧。臨行前請李書一聯以爲紀念。這副聯語，字旣雄渾，語尤閎遠，好像李已知道我要離開，故作此以勸勉然者，眞是奇怪。聯云：

臨事知難易　爲世定安危

上句明明是勸誡，下句明明是奬勉，當時得了這副墨寶，說不盡的高與，並且格外自重自勵。予自辛亥到現在，也經歷了不少艱難痛苦，然終不敢頹廢，也未始非這副聯語的影響。可惜這墨寶已經在辛亥那一年武昌首義以後遺失在潯州中學（時予爲潯州中學校長），不知去向了。李對予這樣熱忱，可惜予那時只顧向前邁進，在民國紀元初由桂林隨北伐軍航海回來時，聞李已在滬以淸道人名義售字，雖曾特往訪問，並承坦白的奬許道：像你們抱定宗旨革命的人，我是佩服的，可是有些隨波逐流甚至朝三暮四，翻雲覆雨的人，我實在羞與爲伍云云。以這樣一個古道可風的篤行君子，有大功德於予，而予昏昏塵網中，竟絲毫無所報答，眞是一極大的遺憾。

清帝坐朝與引見

五知

清代諸帝，春夏兩季，多居住於西郊林園，如淸初之暢春園，清末之頤和園是也。至冬季天寒，始回返宮中，居暢春園始於康熙，而聖祖亦卽逝於該園，時內外城交通不便，康熙帝病大漸至崩，中已一日，城內宗室官民，猶未之知，及隆科多受命入城，果親王等諸皇子乃知其事，雍正帝之謀得帝位，與此大有關係也。按淸代儀制，宮中三殿，太和，中和，保和，皆沿明舊制。太和爲正殿，近世唯光緒親政，大婚，及宣統登極御焉。丹墀下列品級石，百官分品序立，殿陛尊嚴，莫敢仰覰。中和殿則惟大祀御駕一蒞。保和殿則殿試朝考，大考考差，及筵宴外藩在焉。凡御太和正殿曰「坐朝」，其五日一常朝曰「坐門」，御門之典，舊在太和門，後改御乾清門，至咸豐而中輟。同光兩朝皆未舉行。清之末代不坐朝，而但引見召見辦事各衙門，奏摺以夜子時，由司員一人捧至東華門外，俟門啓隨奏官以入，至九卿朝房，摺匣交奏事官錄於簿。乾清門啓奏事官奉之入內奏事處，交奏事太監呈覽，時僅丑正。唯奏事官一燈置石欄上，覰燈移至階上，則事將下，俄而奏事官捧摺出，呼「接事」則羣官鵠立以俟，奏事官呼某衙門，曰「依議」，曰「知道了」，曰「另有旨」，口傳手授，百無一舛。蓋覰摺上指痕爲辨，橫畫曰知，豎畫曰議，至光緒時，又移至西苑門矣。

關於引見之制，前已略述其梗概。大約分爲京官外官兩類，京官由各部，外官由吏曹帶領，其「綠頭籤」又曰「繕牌」，以分繕各員銜名也。光緒初，値引見時，皇帝前坐，太后高坐後方，如供佛然。又外官監司以上，及京官京察俸滿者，引見後必有召見，俗謂之「叫起」。召見之制在偏殿，或暖閣中，宮監及簾而退，入屋而跽，先去帽，曾賞花翎者，必以翎向上以示敬。是皆昔時典制習俗，今則除遺老外，知者已鮮，故補記之。

徐一士先生印象記

心民

偶而從「古今」上讀到一士先生的文字，我感覺到一種"慈愛家人久別重逢般的欣喜，雖然我失去聽徐先生談話的機會才不過半年。這原因一半是由於徐先生的談話態度曾屢次深深的印在腦際，一半也是這些年來不大容易讀到「膾炙人口」像徐先生一類的文章了。

在沒有認識徐先生以前，我總以爲徐先生旣然是有名的掌故專家，一定是個鬚髮皆白的老者，或者還多少帶一點清末官場文人的味兒，（因爲徐先生對清代官制異常熟習，總以爲他是做過一兩任的清室的遺老。）可是事實上却大錯而特錯了。我第一次見到徐先生是在三年前一個深冬的晚上，一位老師介紹我到瞿兌之先生所辦的國學補修社去聽講，那是一個私人的組織，以利用業餘或課餘時間研究國學爲目的。除瞿先生自任社長外，另有導師數人，輪流講話。徐先生便是社中導師之一，但事先我並不知道。當時同座二十餘人，誰是先生誰是學生我也鬧不清楚。（因爲從年齡方面說來，有的學生比先生還大。）我却把一位老者誤認作徐淩霄先生（因曾在報紙上見過照片。）等到一位坐得靠近的同學指明我的錯認並暗暗指我認識一士先生時，我心裏不禁暗暗欣喜，那位掌故名家的風采，到底給我瞻仰到了。

或許因爲年齡身體不大結實的關係，先生的像貌很是清癯。背略駝，冬天棉衣穿得多尤其顯得出。牙齒已剩得不多，凹下去的兩唇代替了鬍鬚現出他底老態，但一眼望去只想到是個中年人罷了。鼻上架一付無邊老式眼鏡，近視程度相當深，再加上他的談吐，使你於感覺到學者的風度之外還想到形容小品文常用的四個字：冲淡雋永，因爲他不但彬彬儒雅，而且也頗會幽默。

補修社本是一個研究性質的小組織，導師們一面彼此互相研究，一面誘掖後進，（聽講的多半是大中學生或職業青年。）所以採取談話的方式。不像教師在講台上講書那樣死板，也不像朋友聊天那樣無意義。每星期聚會一次或兩次，先生和學生愛到不到，並不強迫。徐先生除了因病或不得已事故而外，總是僕僕風塵老遠的跑了來。他担任講歷史掌故或名人軼事。他說話的態度異常親切，可是他的親切和瞿兌之先生不同，瞿先生是親切裏面帶有嚴肅，一開口便令你不自覺的聚精匯神的去領略；而徐先生則是親切裏面含有慈愛的意味，使你在不能不聚精匯神之外還感覺到像家人父子促膝談心時的情趣，且能抓住你的注意力，不讓你忽略一句話甚至一個字。徐先生腹內的寶藏眞多得不可勝計，尤其是筆記一類的書籍，未寓目的想來不很多吧。（徐先生近有「近代筆記過眼錄」連載於中和月刊。）博聞強記四個字，大可當之無愧。令人最佩服的是他能夠融會貫通從許多種不同的記載裏面找出事件的眞像，對於歷史尤具有他人不可及的眼光，這不是一天兩天可以做得到的。而且記憶力特強，（雖然他談話中每每夾一句「我的記性壞透了」，但這壞透了的記性，已是不常人所能趕得上了。）能夠滔滔不斷講兩三小時不止。歷史本是死東西，有的人說來平鋪直敍毫無趣味，像有些歷史教員之類有的人却能妙趣橫生。徐先生極善於利用他豐富的材料並善於用耐人尋味的幽默態度說出來，高興起來，還像演劇似的作一種生動的表情，（譬如有一次談到希特勒的照片總是一貫的作風時，徐先生便瞪起兩眼將手一舉做起雄視全歐的演說姿態。）每次談話時，他事先雖然預計以一個人或一件事爲範圍，但往往古今中外會牽帶出許多事來（譬如從曾國藩談到張宗昌之類，聯繫是極偶然的）。有一個時期，關於曾左胡李的軼事談得特別多，大約講了兩三個月，每次自成段落爲一小故事，各次聯到一塊又可視爲一個大故事。我每次總想「這次定好好寫一段筆記」，但一次也沒有完全記下來，原因是徐先生雖然有點口吃，可是說話非常之快，且由於肚內掌故太多的關係，每每說着說着就另生枝葉，枝葉中又生枝葉，往往說得多遠，令人幾乎忘了本題，可是他自己却知道適可而止，把話頭轉同來。他說的話絕不憑空臆造，都是有根據的，每引一段書，必告訴我們書名作者姓名和刊行年代，甚至於還敍述一下作者的生平和這書在某時期所引起影響。

先生爲人極其和藹熱心，同學偶有詢問，無不竭誠解答，一個細小的問題，甚至說上一點鐘，若是他不能答覆的，便答應同去査書或請教別人，這種諄諄善誘態度，最値得我們永遠紀念。

他住的地方離社非常之遠，少說點也有十來里吧，北京洋車的昂貴電車的擁擠，他都能安之若素。在寒風刺骨的嚴冬或烈日如火的酷暑，一支不大講究的手杖一個磨光了四角的提包老是跟着他遠遠的跑來。有時社中師生到得不多，甚至於只兩三人，他也是照樣親切的談話，並不因人少而減却趣味，這一種精神實在令我們感佩。

徐先生的日常生活，相當儉樸，從來沒看見他穿過講究的衣服，冬天老是一件舊大衣，夏天老是一件舊大褂，有時爲了遮太陽，還喜歡提一把黑布洋傘，如果再加上「老殘」手上的串鈴，說句笑話，倒眞像一位走方郎中了。

也許是一種病態，每說幾句話嘴角的肌肉必大大的牽動幾下一直牽到眼角，這也是一個唯一的特徵。紙烟癮相當的深，可是不挑牌子，同穿衣吃飯一樣的不考究；並且一枝烟總要弄熄它兩三次，但說不到幾句話又伸手去探洋火了。愛惜物力也許是先生的習慣吧！

記得古今曾上登有一篇徐先生「我的書法」，那篇文章多少有點自謙，可是先生的自謙並不是虛僞而是誠實，因爲在他自已的眼裏，總以爲字寫得不好是畢生憾事，他是時常埋怨自已的書法的。但如果要說他的書法糟糕到怎樣下不去，那實在是罪過；先生雖不以字名，可是下筆之快，明眼人一眼就可以看得出來。他的原稿果然是「漆黑一團」，可是你要細看，每一個字都有他特出的作風和筆力，再加上快勁兒，徐先生實在也大可以「無憾」了。

站在學生的立場，我對徐先生的認識也只僅此而已，因爲除了聽講之外，沒有別的機會見面，現在因爲補修社停頓，連聽講的機會也失去了。

引見之綠頭籤

一六

五知

滿清時凡各省州縣及分發人員，皆有由吏部帶領引見之例，其意一驗其人物之態度語言，以防假冒，一則使各省人士，於供職前得觀光上國，開其心胸，廣其見聞，法至善也。按引見時，只背履歷四句，卽姓名爲一句，籍貫出身爲一句，年歲爲一句，省分官階爲一句也。凡引見人員，以其官級，共分各班，每排數人，如光緒丁亥十三年引見人員分海防，籌餉，勞績等八項，故單開八排九排，一排內閣蒙古侍讀學士，二排翰林侍講學士，三排內閣漢中書，四排擬補鹽大使，五排至七排分發道府，八排保擧知縣，九排奏留主事。每排之首一人爲領班，居末者名壓班。因引見時咫尺天顏，恐失儀注，故期前由大臣監臨演禮一次，以資練習。嘗聞友人安康余子敬(名寶齡光緒戊戌翰林)云，彼供職吏部時，卽帶領引見者，每次引見人員，總有一二人恐懼畏縮，或僅背一二句，以下卽不能出聲者，或惶悚語無倫次者，至心跳氣粗，面紅耳赤者，猶爲餘事。並云某次有九江府某引見後，跪地不起，蓋已麻木無力，盡力扶之始得起立，余君並斥之曰，此處並非戲台推出午門斬首，何畏縮乃爾。因知其人好聽譚叫天也。余君並云：此時幸値少年力壯，故能隻手曳之起，否則亦無能爲力也。至引見儀注，先由有司點名排列，及皇上御寶座後(光緒宮多在養心殿)左右各立二三人，乃御前大臣。御案左右各跪三人，卽吏部六堂官，左三人手捧各排「綠頭籤」，挨次進呈，右三人挨次恭接。綠頭籤者，以木片爲之，長約八寸，闊一寸餘，首塗綠漆，餘爲白漆，光潔精巧，上開引見各員履歷，進呈睿覽，事後發各員敬謹收藏。故凡引見者以此籤曾經皇上寓目，皆珍視之，實亦人生功名途中之紀念品也。據李圭「入都日記」引見時光緒帝御容云：「寶座寬約五尺，深約三尺，黃緞墊厚約二寸，皇上盤膝中坐。仰覩御容，如日方昇，清瘦中有英明之概。冠毡冠黃絨結，月白絨領，[illegible]綢袍，天青綢褂。手握綠頭籤，隨看隨顧堂官，儀表端凝云云。」所述可資掌故。又余君語余云：德宗於政治極熟稔，每次引見時手揮綠籤，卽次開列，如閱紙牌然。與所謂「隨看隨顧堂官」可互證。至清末暗殺迭起，乃以「驗放」代引見，儀節亦弛，數百年考詢之典，亦告終焉。

舊書回想記

知堂

二〇 容膝居雜錄

容膝居雜錄六卷，崐山葛芝著，自序云丁巳年六十矣，爲順治十四年，書則是康熙初刋也。葛君字龍仙，崇禎時諸生，書中記乙酉春曾至紹興訪劉念臺，又多說及徐俟齋，共有五六處，卷三中論志墓之文云，及吾之生存當求吾友俟齋先生爲作一傳，余六十年中排纂生平行業，作紀年錄，已成書矣，亦不欲出之以示俟齋，蓋俟齋知吾深，但須憑空結撰，必能得吾精神意思之所在也。同卷中記軼事之一云，「姜行人如須鼎革後隱於吳中，一月與徐孝廉昭法酒間相謔，姜忽送一紙於徐云，桓溫跼張，尙有枋頭之敗，以昭法名枋也。徐不假思索，立答一紙云，項羽虎視，不免垓下之亡，以如須名垓也。坐客絕倒，嘆代風流蘊藉。」羅叔言編徐俟齋先生年譜中則引池北偶談載，姜吏部垓南渡後流寓吳郡，與徐孝廉枋善，一日行閶門市，姜顧徐曰，桓溫一世之雄，尙有枋頭之敗，徐應聲曰，項羽萬人之敵，難逃垓下之誅，相與抵掌大噱，市人皆驚云云。羅氏按語云，如須先生卒於順治十年，乙酉以後五年居吳，而先生乙酉以後前二十年不入城市，後二十年不出戶庭，寧有抵掌吳市之理，此記事之小失實也。不佞拏出池北偶談來查看，乃遍覓不得，恐怕是在漁洋山人別的著書中吧，一時也不及再查。葛龍仙與徐昭法既相知甚深，所記當可信憑。漁洋山人得之傳聞，又加以藻飾，遂不免有失實處，蓋酒間原可在山在野，不必一定在閶門市也。寒齋未有居易堂集，不知其中有葛君所云之傳在否？又年譜註中說及葛瑞五，疑即葛芝之字，亦未能明。葛吾與顧亭林同時同縣，而書中不一提及，則因顧氏北游不返，或不相知也，

二一 柯園唱和集

柯園唱和集不分卷，序一葉，本文百十六葉，內題柯園十咏，王袞錫首唱，主人沈槱元五和之，此外和者五十二人，共得七言絕句五百八十首，鄙人不解詩，讀之亦覺無甚好句，但是對於此集感到興趣者，則以柯園乃是沈園故址故也，作序者亦爲王袞錫，爲誰菴居士之孫，署戊戌秋，蓋是康熙五十七年，序中云，柯園在蠡城東南，罨蓮橋之陽，地接稽山，巷隔深轍，沈子宜士卜居焉，末又云，或云柯園地即沈園舊址，陸放翁夢游處，果爾，此十詠數百篇恨劍南不及見之。越風卷九沈槱元條下云，「沈翁家有園亭。在春波橋畔，放翁逢其故婦詩，曾見驚鴻照影來，即此地也。少時觴咏其下，有和主人柯園諸景詩。內一方池澄泓，可鑒毫髮。」今案十詠之二爲淡影池，殆即此。各詩註云，相傳青海魯公見魁星於此，或云，人有十影，至四五則亂，數盡者大貴。又云，額係王山陰先生書，案即誰菴也。唯商寶意云曾和諸景詩，查集中並未見，但有商元柏，則是寶意之父，案寶意生於康熙四十年，在戊戌才十八歲，或者觴咏尙在其後，故其詩亦遂未得刻板歟，越風記王袞錫著有十三樓詩集，沈槱元有柯亭詩

草，陶元藻全浙詩話引錄，寒齋有安越堂校本，改亭爲園字，唯同書又引楊魯滂國朝詩話，稱其著有吹竹集，據販書偶記卷十五，原書名柯亭吹竹集，初二集共九卷，則似柯亭字不誤，集中余石颿詩註亦稱主人爲柯亭，當係其別號也，

二二 荊園小語

小時候在族人處見石印小本篤素堂外集，借讀一遍，頗覺可喜，倏忽已是四十餘年，更求得而讀之，則石印不精，近始獲一木活字本，語亦平平，有似兒時果餌，再嘗亦殊不甚甘也。讀荊園小語，却覺得頗佳，勝於聽訓齋語，此比較亦難細定，大旨豈不以艱難與安樂所處之異故耶。荊園小語向爲世所重，多刋入叢書中，最近者爲平步青之葛園叢書，光緒癸未年刻，有汝南常袞杞序，即平氏別名。中有云，葛園叢書類取浙東先正賢師友遺著，今開雕小語舊本，頗訝重複可已，讀至第二十八條，冬夜箋記所釆者，憬然作而喟曰，嗟夫，意在斯乎，何閔人之深也。此序今收入安越堂外集中，小語第二十八條論金瓶梅，序文則指野叟曝言之翻刻，所謂抱杞蓋即此耳。寒齋得平氏門人楊寧齋藏本，小語全本有圈識，末過錄識語云，「癸丑徵君年五十五，則當生於萬曆已未，端愍甲申殉難，徵君年二十六耳，杜門課弟，發名成業，此卷尤爲修齊之要，豈第幼學指南。僕幼時先大夫以此誨讀，謂一切格言善書無不賅括，讀此可無須讀他書，守之終身可也。今年予亦五十有五，徵君之品詣萬不敢望，其學亦豈能涉其萬一哉。丙戌嘉平三日，霞外人。」此文未發表，但於此可以看出重刻小語的意思，更爲明瞭。乾隆中平原張予覺輯錄先正嘉言，可與小語互相發明，或足備參觀者，分條箋註，名曰荊園小語集證，分爲四卷，至咸豐七年始由張氏後人刋行，修養之書，有人爲作箋證，事不多有，可知此類書中小語之獨爲人所重也。張氏集證意見多通達，可供閱覽，唯徵引不著所出，不但有失傳述之本意，亦併減少讀者之興味耳。

二三 三不朽圖贊

張宗子著有明越人三不朽圖贊不分卷，寒齋所得最早者爲乾隆乙卯慕村余氏印本，末有白文印曰棟山讀過，蓋是平景孫舊物。此外有一本似是後印，而內容次第與目錄稍不同，立德忠諫之五徐龍川公像前別有一幅，後署族裔孫迪惠仿遺像重摹，案徐迪惠字鹿苑，上虞人，嘉慶戊午舉人，故此本應是庚辰板歸朱氏後所印，唯末無朱松山跋，不知何也。朱端侯校勘語於徐龍川像上批云，此像不準，予有徐氏藏本，戴五嶽冠，執笏，項有鎖，下注族裔孫迪惠仿造遺像重摹，此乃眞像，若是則古劍老人所稱沿門求像，其眞確乎否，抑未能遍也。案所稱徐氏蓋即徐鹿苑之諸孫文若，住東郭門內徐立綱故宅內，爲會稽廩膳生，民國初尙存。古劍老人求像未能眞與遍，此殆不能免，如姚長子本鄉曲窮民，死於寇難，豈能有遺像可得哉。光緒戊子山陰陳氏重刋此書於湖北，改竄失眞，殊不足取，唯圖像尙可看耳。民國七年王子餘以鉛字重印，文字一仍陶菴之舊，且收錄平景孫李越縵二家校語，甚爲有益，像用銅板，令李元昉縮小摹寫，不脫眞容氣味，殊不可耐，王君亦是有識者，何以乃有此失也。十二年又印三板，校正誤字外，併加入李越縵跋及朱端侯校勘語，唯銅板則愈益模胡矣。宗子著作此外寒齋所得有夢憶八卷，乾隆甲寅又道光壬午巾箱本，均王見

大所刻，粵雅堂重刊本，硯雲甲編一卷本。西湖夢尋五卷，康熙丁酉本，光緒丁氏重刊本。古今義烈傳八卷，天啓年刊，惜有一卷抄配。史闕十五卷，道光甲申鄭氏刊本，瑯嬛文集六卷，光緒丁丑王氏刊本。瑯嬛集詩不分卷二冊，光緒辛丑虞山周氏抄本。評東坡和陶詩一冊，漢陽朱氏抄本，署戊子冬，胤字缺筆，當是乾隆之三十三年，後附宗字補和二十四首，書眉亦有評語，或是王白嶽等人手筆耶。

二四　蘿菴游賞小志

李越縵雜著抄本一冊，從杭州書店得來，內爲蘿菴游賞小志，霞川茶隱詞鈔，樂府外集，共三種。書面題龍集光緒二十有四年九月，霞廬主人志庚甫假傅氏鈔本錄竟題面，朱文長印曰太原公子，內又有印曰志庚珍藏。卷首附粘任秋田手札，文曰，「志庚仁仲如握，月前由潤田交到越縵堂雜著一冊，見係手鈔，足見恣意文囿，孟晉無量。記此三種曾於都門奉讀一過，假鈔未果，今復展誦，彌覺尋味不置，間有校訛處訂正處，筆之簡首，請閱後一印證之，即撕去可也。手此鳴謝，藉頌著祺，不盡縷縷，愚小兄塍頓首。」審其語氣，當是師弟關係，案任君倚舵吟遺稿章琢其跋語中說及王君子餘，爲昔日門下士，然則志庚即王子餘世裕無疑，王君關心越中文獻，曾於紹興公報社印行文獻輯存書第一二輯及越中三不朽圖贊，樂府此稿云從傅氏傳錄，或是郇子原抄本歟。霞川花隱詞刻入二家詞鈔，樂府有蕭山鍾氏刻本，游賞小志僅由番禺沈氏刊入晨風樓叢書甲集，鉛字光紙，脫誤滿目，今得此本，據以校正，佳處甚多，共改正百三十餘字，添小注九處，又本文一則，差可披誦矣。任秋田批注八條，最重要者爲第四，文云，「破產一節是先生恨事，曩在都談次每裂眦言之，然余以爲事關前定，即不結社不交一人，未必不破家也。烟雲過眼，付之太空最妙。此註似亦可刪。秋田注。」案此蓋指壬子二月條下原註，斷斷訴比匪破家事，似當時讀小志者多注意及此。越縵堂日記補壬集，同治壬戌十月二十三日項下錄有覆潘伯寅書，起首云，「頃奉手諭，並蒙擲還蘿菴小志，獎飾逾恒，遂使腐札迴榮，枯詞溢潤，語林未出，見賞庾郎，本論初成，折衷叔夜，方之鄙作，深愧昔流，雖知過情，能無感發。承示志中宜刪一節，具承風義，勉袚古賢，刻狀虺蛇，誠汚簡牘，當如來旨，即事芟除。」但以後援敍二周前事，凡費四百餘言，豈獨裂眦，且復切齒，其無意於削刪註語，蓋已顯然可知矣。

二五　天籟集

呂善報六紅詩話卷二云，「康熙初錢塘鄭扶義旭旦撰天籟集，計詩四十八首，自序謂如來趺蓮臺，矢四十八願，度一切衆生脫離苦海，讀是集者當作如是觀。余細讀，詞雖鄙俚饒有奇趣，其書不甚流傳，余偶於友人胡松坪大宇處見之，摘錄數首以見大凡，正不得已小兒女嬉戲之詞少之也。」此書光緒丁未有活字小本，題陳旭旦評，又有卷二則署錢塘悟痴生編，初意二者皆是今人，及見詩話乃始省悟。集中所錄皆是江浙間通行童謠，什九與現今相同，可知是誠實的集錄，未經文人加點，故可貴也，其評語則頗有唱經堂意味，中有數處對於纏足加以痛罵，當初亦疑爲留學生口吻，今乃知康熙時人語，蓋其時思想界亦頗有新氣象，故曾有禁纏足與廢八股文之事，非是偶然，近又從杭州得同治壬戌芝秀軒刻本，有許之敍許郊二人序跋，得見原書面目，甚爲可喜，唯序中只云鄭君云旭且，不及扶義名，未知詩話何所依據，或康熙刻本如此作歟，活字本所據當即是芝秀軒本，唯原有鄭君自作序跋各一篇，今只有跋而無序，又誤鄭爲陳，疑或是據傳鈔本乎，殊未能明了也，商嘉言菲亭詩草卷十有詩云八月五日風雨舟中讀鄭扶曦先生天籟集題後：萬木響刁調，扁舟一葉飄。兩聞自天籟，千古乃童謠。情最蒼蒼重，魂郲戀戀銷。有心人不見，風雨正瀟瀟。小註云，「首自序云，將貿之蒼蒼者，末自跋云，戀戀於中而不能已也，故及之。先生自謂古之有心人。」此詩作於嘉慶庚辰，可知其時所見本序跋俱存，詩話則編定於嘉慶甲戌，相距才五六年，似爾時天籟集原本尚有流傳，但至今日而同治重刻本乃亦甚稀有矣。

二六　越妓百咏

壬午年中從杭州書店得安越堂平氏藏書十餘種，其中有抄得兩冊，皆雜錄詩詞，以會稽韓氏作爲多，計所記時日大抵在乾嘉之交十七八年間，卷首爲嘉慶癸亥韓恭樵與姪予良書，末有平景孫題字五行。冊中所抄多極淩亂，唯其中有九葉首尾完具，題曰越妓百咏，下注云，自壬戌起至戊辰止共七年，蕚桴氏未定草，後附吳妓二十咏，亦蕚桴作，末有題越妓雜咏詩後二首，署名鴻軒氏。案抄本中韓汝韡，亦名昶，字蕚不，蕚桴，鶴夫，韓昂字鴻軒，又字芸沚，耘子。曾見胭脂牡丹尺牘六卷，道光乙巳年刋，題韓鄂不著，因知其人是畜是游幕者，韓昂亦有嘉慶戊午新城官署與王楷堂唱和詩，可以爲證。呂善報六紅詩話卷三云，「會稽韓蕚桴汝韡與從兄鴻軒昂集王次回句爲無題七律各八十首，較張雲軒制所集多至十倍，眞

奇觀也。蕚桴詩以清麗爲主，佳句如簾額薄香飛鳳子，牆腰拋籜長龍孫，春日偶成句也，天遙萬里杳無跡，人靜一村微有香，月下尋梅句也，禪關悟透心偏淡，閨閣吟成姓也香，咏柳絮句也，皆不讓元人。」此百二十咏本係游戲之作，中多狎褻語，亦正是狹斜惡少之本色，唯在詩中却甚少見，又因此得知其時越中游女之姓氏與人數，不失爲絕好史料也。越縵堂日記補內集，咸豐丙辰六月初七日條下記夜中微行，三叩夜度娘家，雖紀述簡略，差可比擬，此外則不易尋找矣。六七年前題張亭甫南浦秋波錄有云，「近來想稍收集關於冶游之書，而既不專精，又復吝嗇，結果自然是不能大有所得，但就所有的書中看去，則此冊要算是最好的一種，文情俱勝，板橋雜記或在其次耳。」百咏只是七言絕句一百首，別無記述，豈足與名著抗衡，但艷史所紀都是堂子裏的事，而此則是一府城裏的私門子，正是極難得的紀錄，在寒齋舊書中甚值得提出來一說者也。（全記完）

越縵老人詩扎

周炎虎

前些日子，從古今社帶回幾冊華北編譯館館刊。中有周知堂先生的「名人書柬鈔存」一文，鈔有李越縵家書四通和潘伯寅致李信二十七通。李氏家書經周先生鑑定，雖未見於越縵堂日記而「文詞可以模擬，若書中所陳事實乃必不能僞造也。」家書前二書係越縵親筆，後者則從抄本「越縵堂書牘」中錄出者，全本共有二十五首。

我因愛讀越縵堂日記，時常留意越縵著述。曾於古書店裏見到一冊「越縵堂藏書目錄」，筆畫舛誤良多，疑是贋鼎，故未買下。越縵著述已刊者：僅「越縵堂騈體文」「白華絳跗閣詩」「杏花香雪齋詞錄」及「山陰紹興兩府志」「有明於越三不朽圖贊」三書校語，尙有北平圖書館王重民輯的九冊「越縵堂讀史扎記」係從藏書識語中輯得。先後所刊兩次影印日記，都六十四冊。惟最後一函日記原稿，被樊樊山攫去，因其中多責樊山之語，故日記付印時，堅持不出，或云已遭毀棄，今則樊亦下世，益無可蹤跡了。瓌寶不傳，有識同慨。聞樊山之盜稿必有所據，願世之洞悉玆事者，爲之縷述顛末也。

關於越縵堂藏書的出售，頗多軼聞。自越縵嗣子承侯患心疾殉後，家道日替，遂擬出售藏書。先浙江圖書館議價萬金，派人查勘，據覆稱：「校勘精絕，而二十四史已大多丹黃竣事，尤堪珍視。」卒爲省議會所梗，事遂中輟。其後有錢儈胡某者所得，欲售諸日人而日人所重者在宋元精槧，顧越縵貧，平生所聚書籍無善本，乃作罷論。已而胡某之錢肆閉歇，乃押之陸姓，陸姓亦俗物，不好古，旋乃售於北平圖書館，越縵遺書至此始得其所。當遺書捆載北運時，其每葉簽注紙條，途中被人抽去，彙訂成帙，另去獲利。

中華月報復刊號，陳乃乾先生有「越縵堂日記之□」一文，取日記原稿與「石印本勘對一過，凡塗抹之字悉爲校補」刊出者得二十餘條。我在抱經堂也看到一部石印本，有朱筆校文，塗抹之處，姓名均經校出，篇首有校者題語似爲越縵族人，惜余匆匆過眼，未及憶矣，殊可憾也。

余近亦偶從書店故紙堆中得越縵堂詩扎十餘紙，係致山陰姚海槎先生振宗者。海槎先生，生丁清季，篤志闇修，於目錄之學寖饋尤深。新會梁任公先生稱先生爲目錄學之權威，洵非過譽。先生以所居宋陸放翁故宅爲名，顏其所著書曰「快閣師石山房叢書」。

越縵堂日記已刊印者，止於光緒十五年。李氏卒於光緒二十年甲午（一八九四），年六十六。以下所錄有年月可稽者均注明，晚年日記，被扃諸樊山書篋，存亡不明。凡此數紙，恐世無多見，願與同好共讀之。

一

乙未二月師石山房小集以四古命題勉成四律呈在留諸公斧削

古琴

玉徽寒落斷文溪。留得枯桐閱古今。萬壑松風懷繼調。千年鸞鳳賸知音。爨餘奪入中郎聽。絃外誰傳靖節心。猶有空山舊明月。每隨絲綺到花陰。

古劍

三尺青蛇出地初。血痕黯淡土花疏。波濤久玲龍蛟窟。炎氣常騰牛斗墟。自昔風塵勞戰伐。

即今妖魅又驅除。袁公曾試林於鋭。千載空山嘆不如。

古鏡

一輪曆洗纖纖塵。閱世興亡更閱人。土蝕尚存秦代字。月明曾照漢宮春。身經百刦光難掩。胸有千秋鑒倍眞。髣髴如來金粟影。欲從古佛問前因。

古研

歷盡滄桑破研餘。黯然古色伴琴書。千秋瓦冷愁銅雀。一勺池枯病玉蜍。石到忘年交已久。田因得歲世常儲。知經多少寒窗客。日夜窮研等磨驢。

二

乙未重陽後三日師石山房小集是時黃花初綻因以命題拈得四律勉成呈教

憶菊

重陽節近起相思。何處秋風發數枝。三徑日斜人醉後。一籬月落客歸時。伶俜瘦蝶香應抱。嘹唳征鴻信未知。好似懷人陶靖節。停雲八表賦新詩。

訪菊

省識東籬處士家。尋芳莫問路三叉。枯節落日柴門遠。烏帽臨風石徑斜。可有白衣隨送酒。不因紅葉便停車。溯洄直到伊人處　伴月凌霜水一涯。

供菊

缾鉢蕭閒伴此身。交雖冷淡意彌親。香花淨室留居士。風雨清樽對故人。銀燭畫屏宜寫照。素娥青女未爲鄰。相看秋景同予瘦。深護重簾到小春。

殘菊

繁華看到小春中。消盡黃金酒亦空。且讓梅花爭雪白。寧嗤楓葉卸霜紅。美人遲暮憐荒徑。傲骨崚嶒耐晚風。留得一畦佳種在。來秋依舊賞籬東。

三

小詩奉題寄嘯樓九日聯吟圖即請　海槎尊兄大人　大吟壇諟正

昔人詠重九。七字已千秋。況有知音侶。同登寄嘯樓。纍纍珠玉貫。泛泛菊萸浮。倘遇催租吏。相邀盡一甌。

丁酉九月下浣小弟李慈銘待定草 (白文印曰李印慈銘，又朱文印曰𢘿伯。)

四

近藁感舊詩　朱鎭夫孝廉

高步人寰避俗知。古今俛仰若爲師。登山靈運劬游屐。示疾維摩感鬢絲。

後有注文：「君有山水之癖。自採武夷九曲歸。遂臥病不起。又攻學太鋭。致耗心血。同人惜之。」

五

對菊兩律即請　海槎道兄先生　是正

蕭疏老圃綴秋光。出世心情入道妝。千載知交唯靖節。一年聲價在重陽。霜華撲處何嫌傲。籬落依來故自香。今日幸無車馬溷。西風簾捲爲開觴。

紅萸碧篠自參差。未及東皇雨露施。寫照惜無高潔畫。傳神須仗性靈詩。美人遲暮偏多壽。隱士豪華亦有時。歲歲餱糧餐不盡。爲留佳種徧庭墀。

蒓客未是草 (朱文𢘿伯印)

六

對雪

白也漫天戰不休。幻成玉宇與瓊樓。從今莫笑世人老。江上青山也白頭。

頃刻能將玉雪霏。司花手法未全非。神仙畢竟多奇巧。剪水漫天作絮飛。

銀砌闌干玉作臺。千山浮白似啣盃。先生高臥蓬廬裏。更有何人送炭來。

萬里江山皓月明。灞橋風雪有人行。而今塡滿崎嶇路。世上應無路不平。

古人風景至今留。李愬當年入蔡州。機會難逢時不失。男兒及早覓封侯。

曉起兒童掬雪忙。摶成獅子喜洋洋。要知未有肝腸熱。祇恐明朝出太陽。

數枝梅白雪中春。粧點園林迥絕塵。莫道此花能耐冷。冰心玉骨見天眞。

謾看瑞色兆年豐。春信梅邊柳外通。郢客高歌傳絕調。巴人屬和總難工。

蕭蕭一夜朔風寒。關塞爭歌行路難。莫向朱門添喜色。鄉村多半有袁安。

論形鶴氅與鵝毛。論色堆鹽似練濤。做盡顚狂嬌模樣。須知體質不堅牢。

臘月二十一日燈下（有朱文杏花香雪齋印）

七

明午邀得　紫縝眉叔仲彝心雲諸君子。集敝齋小敍尙乞閣下惠蒞同樂。幸早命　駕。先欲手談也。此訂

海槎道兄大人左右　　慈銘頓首　十六

八

前日奉過　高齋。得窺　淸秘石硏。尤爲奇古。得未曾有。一晌之間。眼福無量。焦山鼎拓本。尋之未獲。檢得別鼎拓文一紙。頗不亞於焦鼎也。玆同兩玉文印先奉淸鑒。此上

海槎尊兄大人　　弟慈銘頓首

九

海槎尊兄大人左右。十六日

手書敬悉。今之讀慈文者。不曰祖盧陵。即曰禰震川也。其未讀慈文者。亦附和云云。悠悠耳食之論。慈聞之未嘗心服而首肯也。何也。凡爲文者。其始也。必求其所從入。其旣也。必求其所從出。彼句剽字竊步趨尺寸以言工者。皆能入而不能出也。古今人雖不相及。然而學問本末莫不各有所會心與其所得力者。即父子兄弟猶不相假借。而況盧陵震川乎。以慈之文。上視二君子。其氣力之厚薄。議論之疵醇。局法之工拙。固已大相區絕矣。至其得力會心之所在。可以自喻不可以語人。亦豈能驅之使盡同古人邪。慈嘗自謂。其文蓋從盧陵入非從盧陵出者也。假使拘拘步趨如一手模印。辟諸輿臺皁隸且不堪爲古人以妄況。敢與之揖讓進退乎。宜乎譽慈。而慈不之許也。閣下云云。實爲獎借過當。至謂源流派別。出於南渡諸家。苟非知己不能深悉其本末洞然如此也。彼耳食附和之輩。駢足林立。果有當于慈否耶。又慈初不解詩。十年以來。信口率筆。尤與唐宋相闊。近以數詩际人。其人報之曰。盛唐盛唐。慈駭詢其故。則曰。此某公之言也。士大夫往往類此。姑述之以助　左右一笑。手此復請

道安諸維

愛照　小弟李慈銘頓首十八日（有蒓客白文印）

十

閒居無聊述感四首錄塵　琴西仁兄侍講年

談師爺

蕘公

滿清官制，凡中央各部，有所謂胥吏，地方政府，則有師爺，實皆屬幕僚，而為主官之輔佐不可須臾離者。師爺中因紹興籍多，故統名曰「紹興師爺」。當道光前，胥吏師爺中，固多傑材。即咸同間如左宗棠之在湘撫駱秉章幕中，稱左師爺，又以其性情簡傲，遇事固執，人又以「左都御史」稱之，蓋巡撫官階，例領右都御史空銜也。迨至季世，因政治腐敗，幕僚之品亦日下，所謂「胥吏」，「紹興師爺」者，遂為舞文弄法，及刀筆老吏或陰謀家之代名詞，頗似京劇「四進士」中知府顧讀衙門之師爺，由其「臉譜」，即可知其為人，亦足覘世道人心之變易焉。然自來老吏，實中外各級政府之中堅，如洪氏「容齋隨筆」卷十五記「京師老吏」云：「京師盛時，諸司老吏，類多識事體，習典故。翰苑有孔目吏，每學士制草出，必據案細讀，疑誤輒告。劉嗣明嘗作皇子剃胎髮文，用『克長克君』之語，吏持以請，嗣明曰：此言堪為長堪為君，真善頌也。吏拱手曰：內中讀文書不如是，最以語忌為嫌，既尅長又尅君，殆不可用也。嗣明悚然，亟易之。靖康歲都城受圍，禦敵器甲刓弊，或言太常寺有舊祭服數十，閒無所用，可以藉甲。少卿劉珏即具稿，欲獻於朝，以付書史。史作字楷而敏，平常無錯誤，珏將上馬立俟之。既至而結銜脫兩字，趣使更寫，至於三其誤如初。珏怒責之，逡巡謝曰：非敢誤也，某小人竊妄有管見在，禮祭服敝則焚之，今國家追急，誠不宜以常日論，然容臺之職，唯當秉禮，少卿固體國，不若俟朝廷來索則納之，賢於先自背禮而有獻也。珏愧歎而止。後每為人言，嘉賞其意。今之胥徒雖公府右職，省寺掌故，但能鼓扇猥浮，顧賕謝為業，簿書期會之間，乃漫不之曉，求如彼二人，豈可得哉。」所稱「識事體習典故」，固非易事，然胥吏中明幹之材，各地皆有，俗語每云如「老吏斷獄」，喻其決少錯誤也。明清兩代，此類人才最盛，如上述之紀載尤多。清歐陽小岑「曉窗春

大人教正（琴西不知何人）（黎庵按：琴西似為孫衣言之別署，識者正之。）

未能落拓奈愁何。如此年華草草過。處世最難矜氣少。讀書半誤啾名多。玉川破屋禁寂臥。白石高臺好放謌。猶有壯心銷未盡。床頭寶劍一摩挲。

閣外清溪繞檻流。冷懷端合證閒漚。蓴鱸有味聊安困。花月多情總是愁。三徑獨留松菊在。一生羞作稻粱謀。固知時命無煩卜。欲其騷人理蹇修。

回首長安似寢遊。天涯落魄感羈留。漫從燕市尋屠狗。空向金臺躍紫騮。秋雨相如愁伏枕。春風王粲倦登樓。馳驅浪說家居好。身世勞勞總未休。

睽違動輒似參商。感遇傷離意渺茫。舊侶何人悲伏櫪。同遊幾輩賦長楊。綠波芳草思千里。落月停雲天一方。遲我尺書還未報。歸鴻北鄉不成行。

小弟李慈銘呈稿

越縵老人雖不以書法名，而讀其影印日記，除欽佩其文詞之外，於書法之神韻兼得欣賞之也。越縵晚年書法雖不逮中年，而頗覺其古氣盎然。此則與國學大師章太炎有相同處。蓋章之書法亦饒有古氣也。

語」記「部曹才學」云：「向來六部胥人皆紹興籍，自明即然，凡回稿回堂者，另是一人。其所謂稿工者，大都有才學而不利場屋者，又深明例案，故所作奏稿咨稿，駁斥事理，悉無懈可擊，而文亦曉暢。外間院司各胥亦如之。兵興之後，中外皆成絕響，有絕不通者，求如昔之舞文弄弊而不得矣，眞可慨已。」蓋專制時代，法度既嚴，避忌尤多，胥吏之長，即在熟於朝章國故，「深明例案」，雖貴族顯宦亦莫如之何。據各筆記載：「福郡王（安康）征西藏歸，戶部書吏索其軍需報銷部費，乃上刺請見，賀喜求賞。福大怒曰：么麼小胥，敢向大帥索賄賂乎？顧胆若是必有說，姑令其入見，因厲色詢之。對曰索費非所敢，但用欵多至數千萬，冊籍太多，必多添書手，日夜迅辦，數月之間，全行具奏，上方賞功成，必一喜而定。若無巨貲，僅就本有之人，分案陸續題達，非三數年不能了事。今日所奏乃西軍報銷，明日所奏又西軍報銷，上意倦厭，必干詰責，物議因而乘之，必興大獄，此乃爲中堂計，非爲各胥計也。福聞之大爲激賞，遽飭糧台以二百萬予之。蓋道光以前軍需報銷，部費皆加一成，不似今日之數厘。此吏眼明手快，措語侃侃不撓，可動王公之聽，亦奇才也。而福公能測英主喜怒，亦非庸流所及，然其司閽，達此刺已得賂十萬，否則談何容易得見一福公哉。大抵彼時不論君子小人，在上在下，皆有才略智術，故辦事如火如荼，光焰萬丈耳。國家全盛，何地無才，此則關乎氣運也。」（見金氏續水窗春囈）以福氏在乾隆時得君之專，權勢之盛，猶不能逃胥吏之索，亦可見事在人爲。宜歐陽氏有「求如昔之舞文弄弊而不得矣」之慨也。又同治時曾國荃以勳臣入領兵部，因向任疆吏不諳朝章，遂累爲部胥所窘，且被彼等輕視，然格於典制，只能自認才疏歷淺，卒以此外放晉撫。則其勢力之厚，習慣之深，牢不可破，亦可概見。此皆關於京師部曹者，至地方衙門之胥吏與師爺，「曉窗春語」有「三老一變」云：「乾隆六十年停止捐納，外官府以下皆正途，督撫司道則重用旗人，而吏治蒸蒸日上。旗人外放者，大都世家子弟，正途入官者，不過書生耳，而何以如此見效，則有「三老」在焉。一『老吏』，二『老幕』，三『老胥』。一省必有一省之老吏，皆曾爲府州縣同通而解組者，熟習一省之情形，剛方端直，雖督撫到任，亦必修式廬之敬，後輩更爭禮之，諸事求教，自有入德之門。老幕則皆通才夙學，不利場屋，改而就幕，品學俱優，崖岸尤峻，主者尊之如師，不敢以非禮非義相加，禮貌偶疎，即拂衣而去，通省公論便譁然矣。至於吏胥，亦皆老成謹篤，辦事不苟，義所不可，本官不能奪其志。故有此「三老」朝夕相處，逢生蔴中，不扶自直。道光以後，此風漸微，三老者變而爲『老貪』，『老滑』，『老奸』，無人敬禮，高才之士率唾棄之，而國家二百年紀綱法度，皆失傳矣。余少時見老輩徐仰亭之待沈觀察，有所不合，觀察年逾六十，尙長跪謝過始已。後來我師陳稻莊先生，即近乎圓通矣。」此文所述，最爲重要，所稱三老，其職雖微，實地方政治之主管。蓋滿淸時凡地方官衙門，無論賦役錢糧，刑名文案，莫不操於各師爺之手，人多不注意之，實則與社會人民最有關係之中堅分子也。著者特表而出之，並記其風格，詳其演變，足徵史識。文中所謂一省老吏，「皆曾爲府州縣同通而解組者」，以曾任知府知州知縣同知通判等地方官，而爲幕賓，自屬師爺中之上選，惟不多耳。余猶記憶先父以甲午舉人知陝西南鄭褒城諸縣時，有刑名師爺（民國改稱承審）王某，脾氣極大，而先父稱之曰前輩，尊之爲上賓，似理所應然，蓋即當時風氣也。

關於幕僚胥吏之故事，人才，可述者實多，如同光朝曾國藩幕中之四李，人材濟濟，傳播一時。李鴻章由曾幕而至大僚，輔之者如于式枚等，均大手筆，皆非若世所譏之「紅筆師爺」（又諧紅鼻）所能望其項背者。故其奏疏漂亮，處事明敏。又咸陽李岳瑞（前一癸未光緒九年進士）「春冰室野乘」記「田文鏡之幕客」云：「田文鏡在雍正朝，爲河東總督，得君之專，與李敏達鄂文端爲鼎足。一時大臣，無與倫比。世傳其幕客鄔某事，頗奇秘，鄔紹興人，習法家言，人稱爲鄔先生。一日謂文鏡曰：公欲爲名督撫耶？抑僅爲尋常督撫耶？文鏡曰：必爲名督撫。曰然則任我爲之，公無掣肘。文鏡問將何爲？曰吾將爲公草一疏上奏，疏中一字不能令公見，此疏上公事成矣。許之，則疏稿已夙具，因署名上之，蓋參隆科多之疏也。隆科多爲世宗元舅，頗有機幹，世宗之獲當璧，隆科多與有力焉。旣而恃功不法，驕恣日甚，上頗苦之。而中外大臣無一敢言其罪者，鄔先生固早窺知上意，故敢行之不疑。疏上，隆科多果獲罪，而文鏡寵遇日隆。已而文鏡以事與鄔先生齟齬，鄔憤而辭去。自此文鏡奏事，輒不當上意，數被譴責。不得已使人求鄔，以重幣聘之返，鄔要以每日餽銀五十兩，許之。鄔再至大梁，不居撫署，每入見几上有紅箋封元寶一錠，則欣然命筆，一日或缺，即翩然去。文鏡益嚴憚之，聖眷漸如初。是時上亦知鄔在文鏡幕中，文鏡請安摺至，有時輒批朕安，鄔先生安否？其聲動九重如此。」所述未知確否？然其事或有，惟是否文鏡，尚待詳考。蓋必爲淸中葉之幕府佳話。因當時窺旨刻隆科多者甚衆，但不知先發者是否田氏耳。按世宗之得繼大位，本取之非禮，其勅撰而被乾隆禁燬之「大義覺迷錄」一書，載之最詳，欲蓋彌彰，反成鐵案。而當時參與陰謀擁立之功最大者，在外武力則爲年羹堯，在內則掌管京師兵權之步軍統領「舅舅隆科多」。（雍正語）迨嗣位後，因欲滅口，故必除此詳知逆謀之年隆二人而後快。年隆雖欲保首領而不可得，故旋皆以小錯被戮。「野乘」謂隆科多「恃功不法」云云，若非未究史事，即妄爲皮相之談。而鄔先生事，當係雍正初師爺中之眼光敏銳者，要其事非虛，特其人不必即由即鄔也。總之道光以前之胥吏幕客，學識旣優，品格亦好，及至叔世，上焉者能舞文弄法，下焉者竟錯謬不通，遂亦不爲社會所重。然今日各衙署中，求一「公事好」者，亦匪易矣。

二忘室隨筆

王治心

二忘

不注意的事，往往容易忘掉；相反的，凡是歡喜的事，總是念念不忘的。中國古人中，有一個主張三忘主義的莊子，他叫人要忘掉三樣東西：第一是功，第二是名，第三是自己。從前有過一樁笑話：「有一個健忘的解差，押着一個犯罪的和尙到省裏去，深恐忘掉，就拚命地記牢四件東西，第一是一柄傘，第二是一面枷，第三是個和尙，第四是個我。在安徽飯店中過夜，和尙把他灌醉，偷偷地薙去了他頭髮，並且把枷戴在他頸上，逃走了，等到那個解差醒來，摸着傘枷和尙都在，獨獨失掉了個我。」這可以算得是莊子的同志了罷！莊子曾經這樣責備世人，說他們「不忘其所忘，而忘其所不忘，」意思就是「應該忘掉的倒不肯把它忘了，不應該忘掉的偏偏都忘了。」究竟他所說不應該忘的是什麽；乃是人的精神，就是所謂道；應該忘的是什麽？就是功名與自己；這是他老先生的理想人生。但與我的「二忘」不同，我的二忘，不像莊子那樣消極，却正是非常地積極。記得孔子有過這樣的話：「發憤忘食，樂以忘憂，不知老之將至云爾。」九年以前，我曾經題我的書房叫「不知老之將至齋」，請朋友寫一張匾額，並且印在信紙信封上。想不到天下事往往無獨有偶的，偶然翻閱着大衆雜誌，看見張一鵬先生的書齋也稱爲「不知老之將至齋，」竟有不約而同的思想。不管他老先生用的多久，而且已經在雜誌上公開，我怎麽可以再用這名稱，犯冒牌的嫌疑呢？所以我就改了「二忘」，取義於那上面的兩句，好在意思還是一樣的。那末，可以說：「只此一家，並無分出」。

酒與詩人

詩必窮而後工，所以詩人也稱騷人，他們有一肚皮牢騷，要用詩來發洩；同時，又要用酒來澆一澆胸中傀儡。像陶淵明李太白那些人，他們的詩中，都滿含着酒氣，「斗酒詩百篇」，一杯在手，詩興便來，酒便與詩人結了不解緣。

詩人大都是窮漢，要買酒呷，就不得不「典衣買春酒」了，好在那時的酒非常便宜，杜甫說：「速來相就飲一斗，恰有三百青銅錢」。身邊只賸得三百文，還要用來買酒，一斗酒只要三百文，雖然是窮詩人，還不覺得十分困難，若是現在的話，九塊錢一斤紹興，那只好垂涎三尺了！

但是三百文一斗的酒價，是不是正確的呢？據唐會要說：「貞元二年，京城榷酒斗百五十文」，比杜甫的時候還要便宜一半，其實榷是酒稅而不是酒價，不能作爲標準。相反的，我們在唐人詩中，看見李白有「金尊斗酒沽十千」，白樂天有「共把十千沽斗酒」這些話，在同一時期，怎會相差如是之大？李白是酒中仙，不會不知道酒價的。不過唐書食貨志裏，記着「德宗建中三年，禁民酤以佐軍費，置肆釀酒，斛收值三千」，那末，還是三百文一斗。又楊松玠談藪中也記着從前盧思道的話：「長安酒賤，斗價三百」，三百文一斗，好像是的確的。我想當時或者也有限價，三百是官價，十千是黑市罷！一笑！

說到盧思道，順便來提到一件事，他是北齊

人，人都稱他爲八米盧郎，徐師川有詩說：「字直千金師智永，句稱八米繼盧郎」。八米是什麼意思？我們不懂，據說當文宣帝死時，十首挽詩中，獨盧詩採擇了八首，釆與採同，應該是八釆，所以元微之有「八釆詩成未伏盧」句，才是對了！

名號

一個人總有一個名號，只是我們中國人，有許多新花樣，名之外還有字，字之外還有號，號之外還有別號。名分譜名官名別名小名，字號又分一字別號綽號等等，眞是非常麻煩。從歷史上我們看見字號最多的，要算宋朝的朱夫子，他的名叫熹，字元晦，一字仲晦，又叫晦菴，晦翁，自稱別號叫雲谷老人，滄洲病叟，以及遯翁考亭新安紫陽等等；又嘗託名鄒訢註參同契，死後謚法叫文，又封於信國及徽國，所以後人又稱他爲文公信國公徽國公，合起來，一共有十五個名號。同樣的人，歷史上非常之多，朝題一號，暮題一別號，什麼居士呀！什麼山人呀！一個人可以有百十個化身，這種風氣，到現在還是非常普遍，好像魯迅是周樹人的筆名，茅盾是沈雁冰的筆名，但是人家只知道魯迅不大知道周樹人，只知道茅盾不大知道沈雁冰，一個別號出了名，連他的本名也會埋沒的。

古代有許多名人，我們只知道一個很熟悉的名，却不知道另外還有別的名號，好像伯夷叔齊，據皇侃論語疏中說伯夷名允字公信叔齊名智字公達。還有后稷字度辰，（見路史後紀）箕子字胥餘，（見莊子）瞽瞍名橅，（見稽古名異錄）紂字受德，（見汲冢周書孔晁注）老聃名元祿，又名乾字元杲，（見路史及前涼錄）以及介子推姓王名光，鬼谷子姓王名詡，孟子又字子居，陳仲子又字子終，伯樂姓孫名陽，吾黨直躬姓石名奢，都是我們所不習見的。

這些還是冠冕堂皇的名與字，還有一個不肯叫人知道的小名，有叫阿毛或阿狗，有叫小三子或阿哥兒，都只是小時候在家裏叫叫；長大了，連家裏的父母尊長也要避掉，好像有些不雅緻。陸游老學菴筆記說到他的從伯父已經做了官，祖母楚國夫人呼他的小名叫馬哥，他便感慨地說：「今吳人子弟，稍長便不欲人呼其小名」，以爲風俗的日薄。所以要像曹阿瞞劉阿斗那樣地傳下來，眞是很少。記得李鴻章六十歲自壽，做了一副極得意的對聯：「已無朝士稱前輩，尚有慈親喚小名」，這眞值得自豪，六十歲老人，還有母親呼他的小名，又是何等幸福快樂的事！

據說唐玄宗也叫阿瞞，劉裕叫寄奴，劉孝綽叫阿士，李從珂叫阿三，苻堅叫堅頭，袁枚叫瑞官，等等，知道的人却不多。唐朝狄昌有過一首詩：「馬嵬烟柳正依依，又見鑾輿幸蜀歸，地下阿蠻應有語，這回休更怨楊妃」。詩裏所說的阿蠻，有人說是楊妃的小名，但是楊妃的小名本叫玉環，這詩裏又阿蠻楊妃並稱，文義上當然不合；所以又有人說蠻瞞同音，當是玄宗的小名，不過以本朝人對於本朝天子，直呼其小名，又不致如是輕薄。看全詩意義，玄宗幸蜀歸來，又不致在地下說話，這眞是莫知所指，梁紹壬在秋雨盦中也不能肯定，無怪顧擷雲在小說月報談名中有一些兒弄錯了。

飲茶

福建南部有一種很特別的飲茶，聽說竟有因飲茶而傾家蕩產的，他的害處同鴉片烟一樣。大約十多年以前吧？旅行到泉州內地時，承一個朋友的招待，鄭重其事地邀到他府上去飲茶；他預先約好了兩個當地閒人，在候着我這個遠客。握手寒喧以後，引入到一間書房裏，只見滿架圖書，徧懸名人書畫，明窗淨几，雅緻異常；窗外點綴着艷麗的花朶，綠茵的草地，淸風送來了陣陣幽香，身入這富含詩意的環境裏，不覺俗慮頓消，精神爲之一爽。

那主人一面招呼客人，一面開始忙着敬客的工作，少見多怪的我，很驚異地注視着。靠窗燃起一隻小小的炭風爐，從廊簷下小磁缸中舀出淸水盛入一把小小的陶器壺裏，放在炭風爐上。再從一個書櫥裏取出一套精緻器具，就是一隻小磁盤中裝着一把紫砂小茶壺四隻小茶盅，小眞小得可以，茶盅像蛤蜊殼一像大小，茶壺像平常用的蔴油瓶。再從一個小小的錫罐裏（像鼻烟壺大小）傾出一撮黑的茶葉，滿滿地裝入小茶壺中，我隨手拿起錫罐一看，上面貼着一張精美的商標，有廈門黃泉圃茶莊字樣，並且知道這茶葉名叫鐵觀音，就同旁座的兩位陪客談起茶葉來，據說這是頂名貴的茶葉，也有好壞的，好的要值二三百元一兩，比鴉片還要貴上幾十倍。

壺裏的水已經煮開了，他便拿來向着茶盤中的茶壺茶盅澆上一遍，把盤裏的水潑掉，茶壺（這時茶葉已經泡濕了）裏的水滴乾，再來第二次這樣的手續，剛剛把煮沸了水都用完，然後復注入淸水煮沸，冲入小茶壺中，舉起那小茶壺向四隻茶盅中滴上幾滴，在茶盅中大約滿了半盅。主人便請客人們各取一盅，說聲請，我便學着他們，把茶盅送到嘴唇邊，用舌頭尖舐上一點，覺得在一陣苦味之中含着香味，滿口中便淸涼爽快。如此地舐上幾舐，已經乾盃了，主人再來冲上一次，味兒已不若頭一次的濃了。這一幕隆重的敬客劇就此結束。接着隨便談談這飲茶的問題：

我問：爲什麼不借手用人而必須親手工作呢

不能！因爲火候與冲茶的時間，水的沸度，都有相當關係；沒有經驗的人，便會弄壞茶味。

又問：頭一次冲入的水，爲什麼把牠潑掉？這水內不是已經有了茶味嗎？

頭一次茶葉還沒有泡開，必須把熱氣蓋上一回，茶味才可以出來，所以頭一次是沒有味的。

並且說一定要用瓦器，炭爐，天落水，最好是深山中泉水，方才所用的，正是某山中取來的泉水。

飲茶如果成了癮，不飲便不舒服，故每有富家子弟，竟會因此而陷於窮困。

人喜異說

孟子說過一句極有經驗的話，就是說：「盡信書則不如無書」，叫凡讀書的人不要盲目地相信古書。盲目信古，果然是要不得，但是故意立異，也不是正當的態度。以前的讀書人，病在信古，如今的讀書人，病在立異。根據着一鱗半爪不很可靠的材料，把歷史上的事實來翻一個身，如同近人所說的：「岳飛是該殺的軍閥，秦檜才是愛國的忠臣」；「夏禹不過是一個蟲，不是歷史的人物」；「墨子是印度人」；「莊周即是楊朱」；這不可謂非無稽之談。然而這不獨今人如此，古書中亦有許多莫明其妙的記載，如：「堯殺長子考監明」；（見釋文）「舜兄狂弟傲」；（見尸子）「太甲殺伊尹」；（見竹書紀年）「柳下惠殺身以成其信」；（見韓詩外傳）「曹共公觀晉文公駢脅，使祖而捕魚」；（見淮南子）「秦穆公殺百里奚而非其罪」；（見風俗通）「介之推十五相荆，仲尼使人往視」；（見說苑）「仲尼本名兵，已乃去其下二筆」；（見癸年雜識）（子貢滅鬚爲婦人」；（見論衡）「曾子七十乃學」；（見顏氏家訓）這些亦可稱爲無稽之談。（說見秋雨盦）

北京從前的消夏

識因

研究北京風土之學的專家很多，廣搜博採，成績之佳，自不用說。再者北京的故老生長於舊京，耳目浸染，親身經歷，更是親切清楚，無論如何總比我一個外行而外鄉的人來談這個問題要強得多。不過我在京居住也有不少年，時間一長，對於此地風土多少也有點認識，只不過是一知半解而已。所以我所講的就以我個人所去過的所知道的為限。

現在正是「赤日炎炎似火燒」的時候，大家閒在了，都想找個地方去納納涼。我們現在人間朋友們或是帶了太太和小孩到中央公園北海去走走，喜歡靜的在茶座上一坐，泡上一壺茶，大家隨便聊聊天。喜歡動的弄隻小船划划，在水面上接受荷香和清風，雖是出點汗，倒是很寫意的。

可是從前的人呢，這兩件事都辦不到，前清時候三海是禁地，不能進去。到了民國初年只開放了一處中央公園，還不大普遍。中南海是總統府，仍是不能進去。大家只好到什刹海、積水灘、二閘、高粱橋和菱角坑這幾個地方去。

什刹海每年五月節以後開放，過了七月十五才取消，在荷花季兒開，也管牠叫做荷花市場。兩岸都搭滿了茶棚、飯棚、玩意棚，此外還有許多攤子。最多攤兒是賣河鮮兒的，就是果藕、蓮蓬、鮮菱角、老菱角、鮮核桃、杏仁、雞頭米等。這種攤兒的東西是沒準價的，遇見闊老或女太太們帶着小孩，總不免小小的要敲一下竹槓。茶棚臨水，坐在裏面，端起茶杯，看看荷花和稻田，那時誰還想到是在塵土狼烟的北京圈兒裏頭呢。

飯棚子最出名的食品是蘇造肉，但是油膩太重，實在不敢恭維。此外雞蛋餅、褡褳火燒、爆羊肚等還不難吃。同三五個朋友坐在棚裏隨便吃頓飯，或吃點心，在從前是化不了多少錢的。一過立秋，什刹海飯棚裏也照例添上炮烤羊肉，由掌灶的在鐺上炮好，端到座兒上吃的是炮羊肉，自己站在炙子旁邊，右手拿着加長的白坯竹筷子，左手端着一鍾燒刀子，自己烤自己吃是烤羊肉，可是天氣既熱，又在火旁邊，嘴裏喝着白乾，裏外發燒，沒有一位不是滿頭大汗，和豆汁攤上的小家碧玉喝完滾燙的豆汁，汗出來，把擦得一紅二白的臉沖得一道一道的，都是不大雅觀的。

誰都知道什刹海出名的東西是蓮子粥，有專賣粥的棚，還代賣茶湯藕粉及其他甜點心。其實蓮子粥用的果料太雜，味兒又太甜，並沒什麼好吃，倒是各樣的油酥火燒及奶油鐲子既不太膩又不太甜，倒是不錯。

玩意棚大概是臨時由天橋搬來的，鑼鼓喧天，吵成一片，走近汗味逼人，不可久留。也和天橋的規矩一樣，是散打錢，進門用不了多少錢，一場玩意中間總會要三四次錢，是很討厭的。不如坐在茶棚裏遠遠的聽送來鑼鼓聲，反叫人有神往之意。從前有踏軟繩和跑馬解的，近年來却沒有了。

從前每年什刹海開放時候總有一個賣芸豆糕的，他用熟芸豆麵揑成各樣東西，只賣兩個大銅子一個。各種果子也染上顏色，倒不十分像。最有趣的是揑的方塊豬胰子，上面放着兩粒用豆沙做的黑肥皂，也印上字號的紅字，遠看簡直跟真的一樣。還有一個趕茶棚賣冰糖子兒的老頭，站在你面前，麻煩半天，非買他一兩盒是不肯走開的。他的冰糖子兒跟信遠齋的作法一樣，用二寸寬三寸長的小紙盒一盛，也有小型的酸梅糕，式樣完全一樣，不過有白鈕子那們大。再有冰糖作的小黃瓜才一寸來長，染成綠色，也是頂花帶刺，黃綠相映，十分漂亮，因是綠顏色染的不能吃，不過拿着玩就是了。

賣玩物的攤有一個人用棉線編織各種草蟲，最像的是蝎子，用土灰色線編成，鈎子尾巴都是用鐵絲穿生麥粒作的，放在桌上，和活的一樣。黑地白點的天牛也很像， 蜻蜓、蟑螂等就差多了。

由什剎海的後海過了德勝橋往西就是積水灘，這個地方和陶然亭一向是文人士大夫詩酒聚會的地方，不像什剎海是雅俗共賞的。這地方水田荷花和曲折的港汊，密密的柳林，如在江南水鄉。南有高廟，北有匯通祠，都是詩人墨客常去的地方。清代詩人大致都有詠積水灘淨業湖之作。夏天柳陰一坐，聽樹上蟬鳴，或是一竿垂釣，眞可洗去俗塵。匯通祠在山上，由匯通祠下來，半山腰裏有一塊隕石，體積很大，不知從什麼時候有的，名人題詠很多。近幾年積水灘和什剎海冬季成爲年青人練習滑冰的地方，所以積水灘冬季也不致冷落無人。

二閘在齊化門外，是運河的終點，從前通行漕運時從通州到齊化門水程共四十餘里，設水閘五道，二閘即第二道閘。兩岸蘆葦茂密，風景很好。在夏季商人臨時設攤搭棚，賣茶賣酒，可是價錢很高，全是看人而定。河面上有船，可供遊人乘用或包賃。水裏有小孩游泳，如遊人將錢投入水底，小孩取出，就把取出的錢賞給他，這種小孩叫水耗子。兩岸上也搭有玩意棚，演唱各樣雜耍，直到七月十五放完河燈，二閘就沒人去，要問年青人幾乎就不知道北京有這們一個納涼的地方。

菱角坑也在齊化門外，大致和二閘什剎海情形相同，不過規模小點。茶棚裏有雜耍，也有票友清唱，或登台彩唱。近年也和二閘一樣，漸漸被人忘記啦。高粱橋在西直門外，有許多人在長河兩岸納涼或釣魚，於是就產生「雨來散」的臨時露天茶館，在柳樹蔭涼下，地下舖上席，坐在席上，拿出自己帶來的茶葉一沏，一面喝茶，一邊搧着大芭蕉，山南海北，隨便聊聊，吹來一陣一陣的小風，眞叫舒服。而且這裏沒有那們多遊人，不用長袍短褂的穿着，一身洗舊的褲褂，赤足穿鞋也沒人笑話你，累了在席上躺一會，也不會有人干涉你。坐在河邊叼着一枝烟在那兒等魚上鈎，到夕陽西下的時候，也許帶回家去幾條鯽瓜或黑魚。可是就怕暴雨，來一陣雨，茶客就坐不住了，所以叫「雨來散」。

這幾個地方我最喜歡高粱橋，因是一個最自由，不拘禮節虛文的地方，而且也不分階級，更不要太多的花費。大家在中央公園來今雨軒裏坐够，不妨到高粱橋去換換口味的。

夏季冷食也沒有現在樣兒多，不論是冰茶冰果子，或攙在酸梅湯裏，全用天然河冰，很不衛生，所以老年人全好勸人忌生冷，雖沒有科學根據，却很有理。從前到夏季，講究喝信遠齋的酸梅湯，他家還賣酸梅糕，酸梅滷。酸梅糕是用白糖加上酸梅汁，桂花製成的糖塊，用小紙盒一盛，式樣很多，有一盒裏就是一個大花籃的，有一盒裏有十多塊的，樣式有梅花、方勝、海棠、喜字、福字，也有五毒餅式的，大致和大八件的樣兒相仿。酸梅滷是用酸梅、桂花、白糖熬成濃汁盛在罐裏，想要喝時用開水泡酸梅糕，或冲酸梅滷，在冰上一震，和酸梅湯一樣。這兩樣東西是從前北京夏季送親友的禮物，或旅行京華的人必要帶回去的北京特產之一。

除信遠齋外，其餘乾果舖，也都賣酸梅湯、酸梅糕、和酸梅滷，不過品質有高下之分而已。酸梅湯那裏都有賣的，乾果店門口放上黑漆描金的冰桶，上面擺着細磁碗，白銅打的月牙兒，擦得雪亮，酸梅湯放在青花白地的，或五彩花的大磁罈裏，隔冰震涼，盛出一看，淡淡的和新沏龍井一樣，不用喝到嘴裏，看這些乾淨漂亮的傢伙，就覺得爽快，再打起那一對特有白銅冰盞，聽見叮噹的聲音，不由就想站住來一碗。街上廟會上也都有酸梅湯，好往碗裏加河冰，味兒也差，顏色濃得和末茶一樣，令人不起美感。

其他冷食有酪，有果子乾、玻璃粉。果子乾用柿餅，杏乾泡好，加上切片藕，玻璃粉用團粉熬成透明體，加上糖水、桂花及酸味。酪在酪舖去喝，也有挑挑兒下街賣的，挑上帶籤筒或骰子，也和冬天賣糖葫蘆一樣可以抽籤。果子乾、璃玻粉舖子都不賣，只是攤兒上挑子上才有賣的，壘土狼藉，又往往擱冰，直叫人不敢嘗試。

冷點心就是粽子、涼糕，全好在冰上，涼糕用江米麵作成，有棗兒的及豆沙豌豆黃餡的，糕面上放着青梅、山查糕片，紅白綠三色相映，十分好看，以護國寺、白塔寺、輪流趕廟的常攤回回年糕劉的東西爲最水伶。

夏季席面上都講究添冰碗兒，就是把各種河鮮及水果攢在一個大磁海碗裏，下面用冰一震，用牠下酒，十分爽口。什刹海會賢堂，每到夏季，常有炸荷花瓣一樣時菜，用白荷瓣攏上蛋清麵糊一炸，既不怎樣好吃，又是焦琴煮鶴很煞風景的事。

北京有一句俗話是「六臘月不出門，賽過活神仙」，有錢有閒的人們住在高大清涼的屋裏，晌午一覺睡醒，捲起天棚，院子裏潑上水，三五個朋友或是家人父子，坐在院裏，擺上桌兒來八圈，文雅的殺一盤，沒有伴，一個人可以看看閒書。冰桶裏冰着應時的果品，屋裏放着晚香玉、夜來香等鮮花，想吃什麼，可以叫廚子做，再不然派人專到字號貨的舖子去買。既無俗務纏身，眞正實行入伏，兩三個月不出大門，又有何妨。

中等人家也自有他們的樂趣，沒有天棚，放下葦簾子，或是大堂簾，屋裏也是陰陰的不透日光。上午把應作的事料理完了，下午睡够了，洗洗臉，等太陽落下去，院子熱氣散盡了，再擺上桌子吃晚飯，弄一兩樣素淡可口的家常菜，再熬上一鍋菉豆湯，或荷葉粥就成了，等撤去飯桌，沏上一壺茶，和長輩或同輩閒談，或是同孩子說說故事，晚上串胡同的瞎子過來了，可以花上點錢，把他叫到院子裏唱上一兩段，民初才一時興留聲機的時候，夏天晚上胡同裏有人背着留聲機，提着大喇叭，嘴裏喊「轉盤的話匣子」，也能叫到院裏唱，後來留聲機一多，中等人家可以買得起，近年又有無線電，唱轉盤話匣子的就絕跡了。即或是貧寒人家住在大雜院裏，一天工作旣完，洗去滿身的汗，拿出一塊蓆頭，舖在街門外大樹底下一坐，光着脚，只穿一件粗葛布汗褂，或是光着脊梁，沏上一包高末，街坊家大哥二弟的一聊，或是大家攢錢叫瞎子在胡同裏唱，圍着一聽，也就到了半夜。

古今

三千餘歲上下古

八十一家文字音

散文半月刊

第三十二期

本刊經常執筆人姓氏

汪精衛　周佛海　陳公博　梁鴻志　周作人　瞿兌之　徐一士　徐凌胥　謝剛主　吳湖帆　朱樸之　吳翼公　樊仲雲　趙叔雍　陳乃乾　沈啓无　謝興堯　周越然　紀果庵　文載道　沈爾喬　朱劍心　鄭秉珊　馮和儀　陶亢德　龍沐勛　金雄白

予且　袁殊　南冠　白衡　小魯　笠堪　褚冠　銖庵　左筆　心民　識因　經堂　微言　病叟　何淑　黃胄　拙鳩　夏曼　蘧公　何心　何齋　南山　白水　志雄　蘇青　羲公　堪隱

周黎庵　周幼海　諸青來　李宣倜　柳雨生　金息侯　汪向榮　何海鳴　陳寥士　胡詠唐　周樂山　楊鴻烈　陳旭輪　石順淵　葉雲君　趙正平　王治心　江亢虎　楊靜龕　錢希平　周炎虎　陳秋民　張素民　李耕青　姜賜蓉　魯昔達　周夢莊

古今出版社印行

古今半月刊第三十二期目次

中華民國三十二年十月一日出版

社長　朱樸

主編　周黎庵

發行者　古今出版社　上海亞爾培路二號

發行所　古今出版社　上海亞爾培路二號　電話：七三七八八號

印刷者　中國科學印刷公司

經售處　各大書坊報販

零售每冊中儲券拾元

國民政府宣傳部登記證滬誌字第七六號

預定	款項先繳 照價八折
定	半年 一百元　全年 二百元

關於「續孽海花」

瞿兌之

續孽海花前序

清季自光緒庚子之役以後。輿論發舒。小說家亦應時競起。大抵以政界或社會爲對象。若吳趼人李伯元劉鐵雲之倫。家張一幟。各負盛名。其間曾孟樸氏以孽海花出而與世相見。藉名妓賽金花（傅彩雲）爲線索。演晚清史蹟。妙于描摩。尤爲個中翹楚。蓋師友淵源。家世雅故。習知同光京朝風氣。名人性行。而藻思健筆。復能就各種資料。善于運化。用使形形色色。點染如意。所寫朝士之情態及談吐。歷歷如繪。生動逼眞。讀之覺老輩風流。去人未遠。斯其最難能可貴者。並時諸家。實無其儔也。

曾氏於此書甚自憙。入民國後。續有所作。並對舊作加以修改。（前成二十四回。後續十一回。共三十五回。合印本則止于三十回。）其說明此書內容之組織（見『修改後要說的幾句話』——民國十七年作）云。

……我的確把數十年來所見所聞的零星掌故。集中了拉扯着穿在女主人公的一條線上。表現我的想像。……我的結構和儒林外史等……雖然同是聯綴多數短篇成長篇的方式。然組織法彼此截然不同。譬如穿珠。儒林外史等是直穿的。拿着一根線。穿一顆算一顆。一直穿到底。是一根珠練。我是蟠曲回旋着穿的。時收時放。東交西錯。不離中心。是一朵珠花。譬如植物學裏說的花序。儒林外史等是上昇花序或下降花序。從頭開去。謝了一朵。再開一朵。開到末一朵爲止。我是繖形花序。從中心幹部一層一層的推展出各種形色來。互相連結。開成一朵球一般的大花。儒林外史等是談話式。談乙事不管甲事。就渡到丙事。又把乙事丟了。可以隨便進止。我是波瀾有起伏。前後有照應。有擒縱。有順逆。不過不是整個不可分的組織。却不能說他沒有複雜的結構。

又說明此書之意義（同上）云。

我這書的意義。畏廬先生說。……彩雲是此書主中之賓。但說彩雲定爲書中主人翁。誤矣。這幾句話。開門見山。不能不說他是我書的知言者。……他說到這書的內容。也祇提出了鼓盪民氣和描寫名士狂態兩點。這兩點。在這書裏固然注意到。然不過附帶的意義。並不是他的主幹。這書主幹的意義。祇爲我看着這三十年是我中國由舊到新的一個大轉關。一方面文化的推移。一方面政治的變動。可驚可喜的現象。都在這一時期內飛也似的進行。我就想把這些現象。合攏了他的側影或遠景和相連繫的一些細事。收攝在我筆頭的攝影機上。叫他自然一幕一幕的展現。印象上不啻目擊了大事的全景一般。……全書敍寫的精神裏。都自勉的含蓄着這兩種意義。

自道如是。言之固非誇也。描寫名士狂態。雖云附帶而非主幹。而此點在書中實爲極精釆之處。

余夙嗜讀此書。把卷醰然。而惜曾氏既逝。難乎爲繼。乃有張燕谷先生。承死友之遺志。賡續撰述。又成三十回。（自第三十一回續起。至第六十回爲止。）體裁仿原書。內容亦頗相亞。爲之一快。

張君江南名宿。文采斐然。科第起家。久官郎署。晚淸舊事。多所見聞。且與曾氏生同里閈。訂交最早。原書旨趣。體會有素。故曾氏在世時即以續編相諈諉。余得其稿。讀而善之。謂可與原書並傳。因爲介紹登入中和月刊。由第二卷第一期爲始。期登一回。逐回披露。而張君遽歸道山。未及見其竣事也。

友人酷嗜此書。不鄙余之固陋。屬爲重加校訂印行。以饜時人之望。且徵序於余。余既與此書有一段文字因緣。誼不可辭。竊謂爲名小說作續編。欲其完全如出一手。事固大難。兼筆致。思力。見解。非能盡同。能於同一體裁之下。大致相稱。而各展其長。成一家言。斯亦可矣。當曾氏以此相屬。張君嘗以『我那裏有你的華美的文筆。那裏有你的熟練的技術。這是萬萬不敢的』之語而辭謝。（見『續孽海花』楔子。）其自視欿然。正見鄭重其事。殆亦以不易完全如出一手爲慮耳。洎曾氏云亡。繼其遺志。奮筆爲之。則良能自展其長。蔚然可觀。佳處亦足頡頏前書。同工異曲。其是之謂乎。曾氏語張君以『現在能續此書者。我友中只有你一人』（同上）。張君於此。可稱無負也。

其自述（同上）云。

獨坐沈吟。不禁把四五十年前的事。一幕一幕的如電影般開起來了。几上適有東亞病夫修改後之三十回本孽海花一冊。展開一看。好像我心中電影的脚本。因此想到東亞病夫囑我續編之語。不覺黯然。且他平日與我所談及之遺聞軼事尙多。均未編入。當即取眞美善中所續之三十一至三十五回尋出來一讀。其於六君子之被殺。沈北山之參三凶。義和團之大亂。陝西回鑾後之朝政。直至光宣間之宮闈祕密。辛亥革命之北京情形。皆不及敍出。鄙人當時則身在北京。親所見聞。若說軼事遺聞。七十老翁之腦中很像萬國儲蓄會的存欵很多。若一一寫出來。也可以繼續東亞病夫未了之志。……那時適有友人來談。極力慫恿我續下去。我道。臣今年已七十矣。恐怕不能罷。他說。吾鄉錢蒙叟八十歲時尙著楞嚴蒙鈔。難道你就沒有這勇氣麼。……修史都是記國家重要的事。至於那勝流俠客。名士傾城。其片言隻語。朋輩流傳。風流雋妙。刺心蕩魄。倘不爲之記出。也就如玉樹長埋。一坏黃土。不太辜負了當時的朋友麼。我聽了不覺悚然。客既去。將三十回以後的五回。重看了一過。覺得其中事跡。如賽金花並未與孫三結過婚。大刀王二向戴勝佛莊立人借錢。也與王二的人格不合。我就從現行的三十四回後續起。以期文字一貫。至于東亞病夫所續的五回。不妨並行不悖。好在事實各可獨立。只要無負書中舊友。東亞病夫天上有靈。當亦爲掀髯一笑哩。

蓋亦頗躊躇滿志。其不由第三十六回續起。而舍曾氏所續之最後五回。更從第三十一回著筆。自抒所見。亦即自展其長。別謀文字上之一貫。與原續五回並存不悖。固含有自成一家之言之意。正不必以與前書完全如出一手爲祈嚮也。張君所寫戊戌變政。庚子之役中人物。軼事。多有史料價值。頗可與史籍相表裏。沈北山（鵬）事蹟。知之最詳。寫來尤爲委曲盡致。多爲世所未悉。亦一特色。（第五十五回開始寫沈。有云。『作者與他是總角之交。他的一生歷史。都在眼中。……自問可作北山的行述。

』。）惜張君所欲寫之陝西回變後之朝政以迄辛亥革命之北京情形。未及寫出。辛丑和局甫竣。即文戛然而止耳。

曾張作風不盡同。張君旣言無曾氏華美之文筆與熟練之技術。又云。『……不過沒有東亞病夫的筆尖。能生出奇麗萬態的花朶罷了。』（見「續孽海花」楔子。）讀續孽海花者亦或謂其筆端稍近平衍。未若前書之縱橫奇肆。然張君實自有其寫狀甚工處。試舉一例。如第五十一回（頤和園垂簾重訓政）之寫『尹震生（宗湯）』見『王武揆』云。

尹震生接了華中堂的信。馬上將他和龍大典聯名繕寫好的奏摺。塡好了日子帶着。騎了馬趕出西直門。望海淀而來。他一路想。今天晚上到何處去呢。他自己想。這個摺子上去。太后一定歡喜。我的前程未可限量。他就想着軍機大臣王武揆也是后黨。且跟他有些親戚關係。今天順便去告訴他一聲。一來表示我的線索靈通。二來微露交情深厚。他一定留我。晚上到連總管那兒。請他派一個軍機處蘇拉引着去。省得多費周折。他經過王大軍機的寓處。就教家人投帖請見。那王宅門公。見是都老爺。只好進去回。那王大軍機連忙說請。尹震生進去。到了客廳。王大軍機卽從裏頭出來。分賓主坐下。王大軍機明知他必有要事。但他是個著名圓滑的人。……他見了面。不絕口的敷衍。一派毫不相干的言語。絕不問及來意。尹震生熬不住了。等他談論少停。說道。今天宗湯來見中堂。是要遞一封奏。王大軍機道。近來言路廣開。政府也很盼望各位有所建白。不過我備員樞垣。是不便先與聞的。震生道。現在一班自命新黨的。攪亂朝綱。宗湯是想請太后回宮。重行訓政。才可挽回。所以先來請示。王大軍機聽了。他就假裝着耳聾。說道。請太后回宮。天氣還不十分涼。在頤和園裏也還方便。大內的房子不十分合適。就是西苑裏。到九月裏回去也不晚。震生接着道。宗湯的意思。想請太后重行出來訓政。王大軍機道。現在皇上辦什麼事都上去請示的。差不多跟從前一個樣。他不等他再說話。就舉手摸了一摸茶碗。立起來道。本來我們是親戚。今兒晚上應當留你吃飯。你現在旣有這篇大文章。我不便留你了。家人們外面已喊着送客。震生只得出來。王大軍機特別送到門外。震生再四推辭。王大軍機一定要送。直到看上了馬。轉身回來。走到上房院子中。他老人家口中吟哦道。瓦罐不離井上破。將軍難免陣前亡。一面說一面進上房去了。

深具繪聲繪影之妙。此中有人。呼之欲出矣。（王入閣在戊戌政變以後。稱『中堂』嫌稍早。惟無關宏旨。小說家不可過拘。）其他描寫之善。或酣暢。或工緻。讀者可自得之。無待備舉。

余校錄此書。略事理訂。或於文字上謀其圓適。或於事實上正其違迕。或節其冗沓。或去其泰甚。隨宜斟酌。量加點竄。然亦不敢過於吹求。多所更動。寸心得失。來者難誣。期無負於張君。無負於讀者而已。

此書以史事爲背景。同於前書。惟作小說固與修史不同。而別有一種文藝上之境界。曾氏謂『敍寫的精神』以『印象上不啻目擊了大事的全景一般』自勉。張君蓋猶此志。均能予讀者以全景之印象。對於所寫種種事蹟。則每以小說家之能事。就臨文之便。施以離合變化。俾克引人入勝。雖大端期其語不離宗。而小節不妨有所出入。讀者於此。不宜過泥。要在認淸讀小說與讀史有異。（字字核實。良史所難。況小說乎。）領略其大意。欣賞其藝術。而不將其舛誤處據爲典要。（舛誤或有意或無意。有意謂變通假借。渲染生色。無意則謂本未深求。成不經意之失。有意者無論矣。無意者。如曾氏前書中即亦不乏。）斯爲善讀矣。管見所及。並綴言之。（編者按：前序未加新式標點。）

後序

續孽海花一書與續紅樓夢不同。紅樓夢是凌空之作，意盡而止，續其書者，無非憑各人之見仁見智，從反面正面自抒胸中所欲言。與紅樓夢本身是不相關的。至於孽海花這部書，明明以光緒初年至甲午間之朝局爲背景，爲主題，是確實不可移易的事。那麼就非一直寫到戊戌庚子或者竟至辛亥，（因爲身歷光緒一朝前後都有關係的人很多，而且從光緒初元以至辛亥，一幕一幕都互相連鎖，非至辛亥不能結束。辛亥以後，這才完全換了一班人一種局面。）不能算是完璧。所以續孽海花一書實在不可少。但續這部書有許多難處。第一，前書可以拿一個傅彩雲作主脚，而顯出結構上的精采。其原因是光緒初年以至庚寅辛卯間的朝局始終是清流的朝局。有清流便有金雯青，有金雯青，便有傅彩雲，在文章技術上容易對付。但是甲午以後的事，不是這樣簡單，敍述起來，恐怕頭緒太多，成爲演義體，而不是小說，尤其與前部書不成一個系統。第二，前書以美人名士俠客三種人爲著意刻畫的對象。好像山水畫中畫一個和尚一個樵夫，自然合拍，使人感覺一種幽雅的韻味。後來便沒有這種值得刻畫與刻畫而能發生美感的人了。第三，前書所寫的人物，情景處處逼眞，因爲作者與這些人這些事耳目接近的原故。後書範圍太廣，若都能那樣如身歷其境，實在太不容易。這不能純靠天才，沒有資格見過這些世面的人是辦不到的。

張君這部書，對於以上這些難處，雖然不能完全解決。我們敢說他已經想到，而極力在那裏注意，決不是率爾操觚的。可是他詳於戊戌而略於庚子，有點草草終卷的樣子。這不能不說是一件憾事。文章憎命，墓有宿草，看到這裏，對於這位老宿，更不禁滿腔無盡的懷仰之私了。

張君將這部原稿交到鄙人這兒，已經是景迫桑榆非常困頓的時候。洋洋三十回的巨帙，我固然非常慚愧，實在沒有功夫去替他細加磨勘，而就匆匆在期刊發表。但即使我有功夫，我也知道張君決無此精力再與我尊酒論文，細細商榷。所以其中留了許多罅隙無法彌補。其中最缺少檢點的，就是語句很多不合當時口吻。這本是做小說最應當嚴格注意的一件事。一種人是一種人的口吻，一時代的人是一時代的口吻。光緒年間的人，口中決不能說出民國以後方才流行的名詞。這個毛病，幾乎觸目皆是。從書的結構上說，原不相干。可是使看書的人得一個不快的感想。這是只可請讀者原諒的。就是曾氏民國以後續撰的孽海花，也有這個毛病。這是因爲民國以後吾國語言習慣的變化太大了，與光緒中的語言已經大大不同。若要認眞追溯起來，使其口吻逼肖，本也不甚容易。同時還要喚起讀者注意的，就是著者雖然好像對於傳述對話的技巧推板一點，其實有許多地方仍是非常生動的。此外稍微有一點記述不合體制的地方，本來却可以不必挑剔，不過前書既然好像樣樣在行（固然，也有不在行的地方。）續書也不應該不考究一點。例如敍宮中的事，頗有顯然不合當時情勢的。著者大約一臥滄江之後，記不起青瑣朝班的事了。凡是我所知道的，便隨筆替他補救一點，不知道的，也就只好不管。至於人名一層，前書的體例，多取原名音義相近的字顛倒用之，原是存忠厚之意。續書却不免疏忽，時而變名，時而用眞名。即所用變名前後也每每不一致。在讀者也明知就是這一個人，而且其中公是公非也沒有什麼恩怨，不過體例總應該畫一，凡是看出來的都替他改正了。

友人徐一士君，於近代掌故如數家珍，久已知名於海內。尤其對於校勘，一字不苟，其忠誠是我所極端敬服，而也是著述界所全信得過的。我儌幸能與之朝夕同筆硯，所以拜託他細看了一遍，他看出來的毛病頗不少。可是他異常矜愼，不自滿假，並不肯輕易動筆來改。（自然有的地方改也不甚容易。）所以除了大錯之外，其餘小疵也就不甚吹求。

縱然有上面所說的這些，但是這麼大的著作，今天就能彀拿出來出版，我敢說究竟是張君這樣老輩作事，替我們後人省力終爲不少。即以誤字而論，我終年與編校爲緣，從沒看見誤字如此之少的。可是我們在付印之前細校，在排印中再三校，在初印完成又校，總希望文從字順，不使有毫髮憾。這又是徐君辛勤助我的地方。

我爲什麼熱心於這部書呢。

甲午戊戌庚子辛亥四次重要關頭都在我的一生經歷了。垂老而逢此地變天荒之世，撫今追昔，履霜堅冰，然後知光緒朝史事之關係重要。中國自宋以後，是士大夫的政治。士大夫政治可以說誤盡蒼生。但是沒有士大夫呢，更不知今日成何世界矣。即以光緒朝中而論，自相殘害破壞的是士大夫，議論紛紜以致國是不定的也是士大夫。然而試想光緒初元清流的糾彈權貴，抨擊奄豎，扶植綱紀，排斥佞諛，是何等義正詞嚴，凛凛有生氣。儘管動機不盡純潔，儘管直言不被采納。然而這種氣概，是叫人有所忌憚的。國本所以不動搖，就靠在此。君主之威雖然無所不極，小人之傾害亦無所不至。終覺得士大夫的公論不能輕易抹殺，士大夫的身分不能輕易摧殘。不料戊戌一舉，把三百年不殺士的成憲打破。就滿清一姓來說，是不惜與全體士大夫爲仇，這個仇結得太深，再無法修好的了。就國事來說，是把障遏小人的壁壘打破了。大凡人在政治組織中，必須有所畏。畏公論，畏國法，這是最好的。總不能告訴人公論不必畏國法不必畏。戊戌是使人不畏公論，庚子更使人不畏國法。不得已倒有一樣，就是怕洋人。到了不畏自己的公論國法，而畏外國人，請問怎樣立國呢。（清季各小說所描畫的都可以看出庚子以後的變態心理。）辛亥以後，一切的改革總不能抓住中心。雖然若干地方有些進步，總抵不過破壞之多而且大。這就是由於戊戌庚子所受的創太巨痛太深了。我並不是說士大夫政治恢復起來就好了。宋以來的士大夫政治，到今日大約也就結束住了。正如封建政治到秦而結束一樣。但是今後的方向，應該極力將士大夫政治的壞處洗刷淨盡，而將其中好處維持培植起來，以爲立國之大本。

我們所要看的不是一朝的史事，而是這三十年中的國民心理的變遷。這便要從社會各方面來看，而亟須要一部好的小說了。孽海花是一部好書，續書比起前書來，當然還差一點，然後以之爲椎輪大輅之始。或者後人可以有一部空前的成功作品，亦未可知。

我覺得中國的小說與歷史犯著同樣的毛病。總是記言的太多，記動的太少。很少人能在瑣屑的地方顯出社會制度，因而在這種地方反映人民心理。日本島崎氏的「夜明前」一書，（今由華北編館館刊譯出登載，譯本改名黎明之前。）描寫明治維新前後的變遷，就是這種。

頗有人勸我試作一部描寫庚子以後的小說，以補張君此書的缺陷。以我見聞之陋，文筆之拙，斷斷是不能勝任的，何敢舉鼎絕臏。此書刊行以後，或者有人同情於我的話，薈萃前人的成就而鎔鑄以成一部新的偉著，那是我所願拭目以俟的。

前序意有未盡，於是再寫此篇作為後序。

附記一

究竟我們對於原著不得不改訂的地方是什麼，或者有人急於要知道，茲特舉其一二例以概其餘。

第三十二回。「敬華道，我還有一個新聞，就是江陰曹梅士……升在軍機大臣上行走，眷倚頗重。一天穆宗召見他，密諭良久，天顏大怒。他連連叩頭，急切的奏道，此事皇上萬不可出諸口。穆宗停了一會兒，叫他退出。第二天西太后也召見他，賞他食物，慰勞甚至，且面諭道，你好好吃了，我尚有恩典。曹叩頭食之而出，歸寓遂死。」

按曹毓瑛（即所云曹梅士）卒於同治五年，時穆宗僅十一歲，豈能有與孝欽分別召見樞臣之事，語太不根。且面賜樞臣食物，亦實不合體制。故於下文「珠澤」之言中特加「曹大軍機死的時候，穆宗年紀尚幼，離親政還遠，那能有獨自召見大臣的事」數語以斡旋之。

第三十三回。「勝佛道，……前天韓都老爺韓惟藎參了皮小連李合肥一摺子，幾幾乎要了他的性命，現在是充發黑龍江，這條命不曉得保得了保不了。」

按安惟峻（即所云韓惟藎）上疏獲咎，係遣戍軍台（張家口方面），非黑龍江，此尚無大關係。小說家不妨以意為之，無庸斤斤較量，故未為改正。而至第三十四回寫赴戍出發後，則所經過者為盧溝橋良鄉琉璃河涿州高碑店等處，則無論為軍台抑為黑龍江，似均不能循此路線。只可於出發前「王二」至「韓都老爺」寓中特增入「知道充發的地方定的是新疆」之語，作為前云黑龍江是傳聞未審，使就新疆之途，較為合理。

附記二

至於曾氏原書太不正確的地方是些什麼，想亦讀者所急欲知道的。據徐一士君說，略如左列。其實細按之，亦尚有不少牴牾處也。

第二回寫金汮（洪鈞）甫中狀元，陸仁祥（陸潤庠）已是孝廉。其實戊辰至癸酉相隔數年，陸為癸酉舉人也。

「一位呂順齋甘肅遵義廩貢生」，黎莼齋為貴州遵義人，甘肅無遵義。廩貢生却是不錯的。

第五回。「次日果然下了一道上諭，着翰詹科道在保和殿大考。」大考翰詹而綴以科道殊為不倫，只有翰詹大考，向來科道不加入。

「莊崙樵考了一等第一名，雯青唐卿也在一等，……崙樵就授了翰林院侍講學士，雯青得了侍講，唐卿得了侍讀，壽香本已開過坊了，這回雖考得不高，倒也無榮無辱。却說雯青升了官自然有同鄉同僚的應酬。」張幼樵乙亥大考以二等第三擢侍講，洪文卿汪柳門尤非一等，並未升官（一等第一是吳寶恕），張香濤時尚未開坊。且升官的都是以某官升用，不能馬上補缺。

寫此次大考時萃如亦在與考之列，鳳石時尚未散館，例免大考。「見報（京報）上有一道長上諭……下面便是接着召見軍機莊佑培。」宮門鈔例刊上諭之前，不能先有上諭，後面才是召見某人。

「……寫着袁尙秋討錢冷西檄文，……雯青看了幾乎要笑了出來，曉得這事也是壽香做學臺時候，幕中有個名士，叫袁旭，與龔和甫的妹夫錢冷西在壽香那裏爭恩奪寵鬧的笑話。」錢振倫字楞仙，道光戊戌翰林，爲翁心存女婿，至在張幕與袁昶交惡者乃其弟振常字箎仙事也。

第七回寫祝寶廷在浙江學政任納江山船女爲妾，此係寶竹坡壬午典閩試時事，是年十二月以自行檢舉交部議，癸未正月革職。書中言「一日忽聽得莊崙樵兵敗充發的消息……就把自己姍妓曠職的緣由詳細敘述參了一本，果然奉旨革職。」其時何能已有甲申之役張幼樵兵敗充發之消息。

第十二回寫傅彩雲與瓦德西事二人年齡相若，其實相差甚多。

第十三回寫潘尙書誤中劉毅爲會元而章騫被擯，自係壬辰翁叔平欲得張謇而誤得劉可毅事，乃屬之潘伯寅。且潘實前卒于庚寅矣。又闈中搜羅名士之名單多有已經通籍者。（書中列出者共十人一庚寅五己丑）

第十四回以威毅伯爲李合肥之代稱，曾忠襄爲同時封伯之人，不宜借用其爵號。

「自從莊崙樵馬江敗了革職充發到黑龍江，算來已經七八年了，……威毅伯就替他繳了臺費贖了回來。」張幼樵係遣戍軍臺，此乃作黑龍江，却又有臺費云云，未免不詞。臺者通蒙古臺站之謂也。張在戍所亦無七八年之多。

第十八回寫金雯青使還抵滬接到薛淑雲在味蒓園開談瀛會請帖。（論薛奉出使之命尚未放洋）按洪文卿歸國時薛叔芸正在歐洲使任。

第十九回寫李純客門對爲「保安寺街，藏書十萬卷；戶部員外，補闕一千年。」明係信筆點染。李蒓客乃郎中而非員外，且十萬卷亦不類其口氣也。

第二十五回寫何玨齋對部曲自稱「本帥」，有似演劇，不合當時口吻。

第二十六回「太后忽然傳出懿旨來，擇定明晨寅正冊定皇后，宣召王大臣提早在排雲殿伺候，清帝在玉瀾堂得了這個消息，……一交寅初便打發心腹太監前去聽宣，……那聽宣的太監興興頭頭的奔進來，就跪下碰頭，喊着替萬歲爺賀喜。清帝在床上坐起來着急道，你胡嚷些什麼，皇后定的是誰呀。太監道，赫葉那拉氏，這一句話好像一個霹靂，把清帝震呆了，手裏正拿著一頂帽子，恨恨的往地下一扔道，他也配嗎？」按寫來全無是處。選定皇后時皇帝豈能不在場，是于故事太外行矣。

此回及下回所寫宮闈情事多齊東野人之語，亦因外行之故。太后及皇后均自稱曰「朕」（小德張稱皇后曰陛下）尤謬，不獨於清制不合，歷朝均無此體制。

以上各節誠然不是緊要關節，然而孽海花的確是一部極好的歷史小說，別的地方既然十分逼真，則此種地方也應當力求愜當。而且一班人已經對孽海花當作歷史看，如不指摘一二出來，恐讀者或遂以訛傳訛矣。記事之書，難而又難。未身歷其境之人，固然不能寫得眞切。即親歷之人自己執筆亦往往有誤記之時。而且自己寫自己之事更容易誤記。前人書中，此例實在不少。所以古來史事之辨證，往往聚訟紛紜，永無結案之日。誠所謂盡信書不如無書。只好請讀者自己明眼鑒別而已。寫清季史事的人，本來更無出曾氏之右者，猶不能無毫髮之如此憾，則天下事之難求全，亦可想見矣。

樸園隨譚（四）

朱樸

懷北京

北京，這名聞中外無人不知的古城，在我的腦筋中，它不單是我的第二故鄉，簡直可稱得是天國，是樂園。二十年前我第一次到北京，在那裏住了三年之久，這在我的生命史上，可以算得是最最快樂的黃金時期了。第二次是民國十九年夏秋之間，短短的不過勾留了三四個月，感慨無窮。第三次是二十九年夏天，第四次是三十年夏天，這兩次都是來去匆匆，不過一兩個星期，並且終日忙於無謂的酬酢，一無閑情逸致去欣賞北京的一切，眞正可謂不勝遺憾之至。

今年春天，我本想隨恒廬主人北上一遊，不料臨時事阻，不克如願。半年以來，遠承素未謀面神交已久的知堂老人及徐一士先生等來函相邀，頻頻催詢，因之遊興大動，滿擬於中秋節前啓程，可是丁茲亂世，一念「出門一里不如家裏」之確有其眞理，躊躇不決，恐怕結果是又要走不成的了啊。

不管走得成或走不成，我的心嚮北京，已非一日，是堅決不拔的事實。三年以前，我就早想舉家北遷了，這是恒廬主人所深知的。「山人」賦性疎懶，因循蹉跎，無論何事總不肯想到就做，所以到現在一事無成，徒喚奈何，北上之終未實現，不過其一端耳。

二十年來，不佞遊歷的名勝之地也可謂不少了，遠至世界樂園的瑞士，近到我國天堂的蘇杭，雖都是各有所長，名不虛傳，但最最使得我夢寐不忘的，仍莫過於北京。我不僅是愛北京的風景，我不僅是愛北京的古蹟，我是愛北京所有的一切！

我愛北京城牆的雄壯，我愛北京住宅的寬敞，我愛北京氣候的乾爽，我愛北京人情的敦厚，我愛北京天壇的偉大，我愛北京三海（中海南海與北海）之清幽，我愛中央公園裏的古柏森森，我愛東安市塲裏的五光十色，我愛廠甸的舊書攤及古董舖，我愛天橋的雜耍紛陳無奇不有，我愛聽富連成的科班戲，我愛喝信遠齋的酸梅湯，我愛吃東來順的涮羊肉，我愛看北京人的大出喪………。

一切一切，不克盡述。總而言之統而言之，我認爲北京的景物無一不美，它是住家最最合乎理想的地方。毋怪南方人甚至歐美人到了北京後無一不是「北京迷」，「北京化」，人人都有樂不思蜀之同感。法京巴黎算得是名聞世界了，但以我個人的經驗來說，我還是喜歡北京。北京的特點在於中西俱全，新舊皆備，非但毫不衝突，並且十分調和。譬如就以十餘年前我住過的「歐美同學會」來說吧，雖然房子的外表完全是中國式，房子的裏面完全是西洋式，可是相得益彰，各盡其美，絕無不中不西之感。還有一點好處是娛樂的平民化。譬如以二十年前的事來說吧，有錢的人們化了十塊錢去聽楊小樓余叔岩梅蘭芳等諸大名伶的義務戲與無錢的人們化了一兩吊錢去聽廣和樓與廣德樓的科班戲，其享受的程度並無多大的差別。再如花了一毛錢的入門劵到中央公園去坐坐，到北海公園去溜溜，不知不覺的可以消磨半天的時光。此外，每逢過年過節，各有其特殊風光的應景點綴，世風相傳，一無變動，令人不知不覺的發生思古之幽情而不忘其歷史的本源。

然則北京是不是果眞一無缺點呢？憑我的良心說，實在是沒有。如果勉強要我硬說一兩點的話，那麼不妨以時髦的口氣說「暮氣太重」吧！二十年的悠長的時間，世界上無論何處無論何地差不多都有劇烈的變動，可是北京呢，我最近兩次去的觀察，有些地方雖間或亦有小小的改觀，但大體竟可說依舊如故。不但景物無恙，甚至人物亦多無恙。前年我到北京華樂園去聽戲，有一個案目居然還認識我。到五芳齋去吃點心，有一個茶房亦復如此。二十年來我個人歷盡憂患，飽經滄桑，而這兩位先生竟絕無變動，眞不禁令我感慨無窮！北京乎，北京乎，眞是世外的桃源啊！

中秋過了，重九即在目前，當此秋高氣爽之時，正暢遊名勝之大好時期。邇來懷念北京，積思成瘧，日前偶爾翻閱舊報，忽然看見民國十三年五月十七日的申報上載有我所寫的一篇「游頤和園記」，二十年前之景象，一一如在目前。附錄於下，聊當覆遊，蓋亦畫餅充飢之意云爾。

頤和園者，去北京西直門二十餘里，陰踞橫阜，陽臨大湖，周十四里半；崇樓飛觀，依山而構，清慈禧后之所經營也。余來京師，承衛先生渤贈遊劵，四月二十日遂與錢君海岳同往焉。車出西直門，經海甸，已見萬壽山宮殿，紅牆黃瓦，閃閃作光，而佛香閣尤爲壯麗。久之及園：入門爲仁壽門，月台上行立銅鼎龍鳳缸諸件；上爲仁壽殿，左右翼以配殿，當日引見外國使臣處也。自殿南轉，則見昆明湖，余先遊湖南，走文昌閣循東隄而南，有乾隆御碑，一銅牛背鐫篆文，尾係斷後新補，蓋庚子年八國聯軍入京之成績也。再南達八角亭，西通十七空橋，長一二十丈，聯接龍王廟，度橋而西，即廟也。有聯云：「雲歸大海龍千丈，雪滿長空鶴一羣」。前有牌樓三，西爲玩雲門，左轉爲鑑遠堂，對面爲澹會軒，月波樓，北入涵虛門爲涵虛堂，額曰：「晴川藻景」，聯曰：「天外綺霞橫海觀，月邊紅樹艷仙桃」。龍王廟後堂題曰：「鴻風懿釆」，左右階級如橋，下爲假山，拾級而下，至北洞口嵐翠間，遠望西山，平臨湖山，山風水浪，怡然有自得之趣。有聯云；「列岫展屏，山雲凝罨翠；平湖繞鏡，檻波漾空明」。道已盡，遂返八角亭，循隄而南，又通西隄，六橋縹緲，大致仿浙之西湖而微者，余以路遠乃不去。回文昌閣，有知春亭在閣前嶼上，北爲玉瀾門，內爲玉瀾堂，左藕香榭，右霞芬室，光緒所居也。左轉爲夕佳樓，由玉瀾門西行臨湖處爲隄，白石闌干，至湖西清宴舫而盡。經「日月澄輝」，「丹樓映日」，「煙雲獻彩」諸殿爲樂壽堂，慈禧所居也。階下有日圭，有銅鑄鹿鶴，入邀月門，步長廊，廊亘數里，直貊湖西，上繪雲霞，燬於荼火，外爲水殿，爲對鷗坊，爲寄瀾軒，內即萬壽山，有亭台矗立岩阿者，曰養雲軒，曰瞰碧堂。未幾至排雲門，有聯云：「疊石起瑤階，如山之壽；引泉爲玉液，在澤皆春」。前列銅獅怪石，峙一牌樓曰：「雲輝玉宇」，門內樓閣均在山下，鱗次而高接於山頂，衆香界內爲排雲門，匾曰：「萬壽無疆」。庭中有橋，左爲「玉華」「芳輝」二殿，右爲「雲錦」「紫霄」二殿，中有銅缸鼎龍鳳諸件，排雲殿匾曰：「大圓寶鏡」，有聯云：「崧岳大雲垂，九如獻頌；瀛洲甘雨潤，五色呈祥」。規模宏壯，爲慈禧受賀處，其照仍掛殿中，一切御用品均在，惜門封不得進。對廊緣山而高，輝煌奪目可駭，初步狹，上之廊將盡，又步狹上之廊，自西而東，復東而西，中間之上有石台，爲德輝殿，額曰：「敷光榮慶。」復斜而西，上有石階，即佛香閣，閣圓而高，階三層，斜上可歷其頂，登之四眺，園中諸勝均在俯仰間矣。殿後左右，復有一閣，閣北即衆港界，西穿假山，至轉輪藏前有二閣，後有數亭，均八角形，下立大碑，題「萬壽山昆明湖」六字。轉至佛香閣，右穿假山，爲寶雲閣，八卦形，俗稱銅殿，門窗破損，係聯軍之力也。上爲天寶閣，五方閣，下有石坊，題字頗多，有曰：「山色因心遠」，有曰：「天地不言工」云云，餘均不能記憶。遵故道出排雲門，仍循長廊過秋水亭，魚藻軒，淸遙亭，西通一室，曰「化動八風，」則長廊盡處也。秋水亭之北，爲「山色湖光共一樓」，旁側道登山，爲「聽鸝館」「畫中游」「愛山樓」「借秋樓」諸勝，駐有軍士，遂止游焉。下掠寄瀾堂，西抵湖宴舫，俗名石船，雲石爲礎，有首尾舵輪，爲樓二層，園人煮茗待沽，余二人遂於此小飲焉。出舫後有橋，兩端各有坊橋，西爲澄懷閣，迎旭樓，橋東爲穿堂殿，斜門殿，小有天，延賞樓，再北爲宿雲簷，如城樓然，至此萬壽山之勝已遍。乃入後山，東上蘇州街，街鋪以方磚，高高下下，夾道多松柏，約三里，至北宮門，有大橋，仰望後大廟塔，上連衆香界，道中所經亭臺極多，惜均坍壞，蓋咸豐英法聯軍火燒圓明園所波及也。北俯後湖，水聲汩汩，綠樹冪蒙，有碧天深處氣象。踰香岩宗印之閣，曲折達諧趣園，泉聲甚厲，自後湖來扼於西北，峽石修竹，嬋娟多可愛。南爲涵遠堂，僚堂作曲池，水淸見底，旁爲「湛淸」「霽淸」諸軒，「眺遠」「澄爽」諸齋，北有乾隆碑，文曰：「蘭亭尋詩」。徑旁爲知春堂，上知魚橋，橋下多游魚，臨水處亦多亭榭，而匾多不存，至可惜也。轉向萬壽山，南過一小城樓，曰：「赤城霞起」，曰：「紫氣東來」。冉南入德和園之頤樂殿，匾曰，「載日騰蛟」，觀劇處也。前爲大劇臺，分三層，上層額曰「慶演昌辰」，中額曰「承平豫泰」，下額曰「驩臚榮曝」，建築崇閎，外間所罕有也。旁爲重廊，後爲廂房，各十一間，王公大臣賜聽戲處也。北有殿曰「穫福申猷」，曰「煥焯珍符，」曰「郁繞祥氤」，曰「春陶嘉日」，亦列銅缸龍鳳諸件，出巳至仁壽殿之西矣，遂出大門而歸。夫頤和園世傳係慈禧截海軍之費而爲之者，又有謂不過就乾隆淸漪園而修築之者，此姑勿論。余觀其結構在淸代末造尙規模之大如此，不知當國家全盛時之所構如秦之「阿房」，漢之「建章」，陳之「臨春」、「結綺」、「望春」，隋之「迷樓」，乾隆之「圓明」，其壯麗更何如耶？世人多以游頤和園爲觀止，而不知吾國之可稱觀止者正多多也。惜乎國人不好古，多燬於兵，而繼起之君亦以前朝爲奢侈而不稍顧惜之，即西人夙以文明保守古蹟聞者，乃一入中國，亦蹂躪若此，噫，此豈第秦漢陳隋而已哉！即圓明一園，距今首尾僅三百年，而遺跡亦已無人能指其處矣，嗚呼！

左宗棠與梁啓超

徐一士

湘陰左宗棠與新會梁啓超二人對舉。似頗兀突。余以其均爲清代舉人中之傑出者。早有大志。對於仕宦。則左氏志在爲督撫。梁氏志在爲國務大臣。後各得遂其願。此點頗爲相似。故並述之。

左氏爲壬辰（道光十二年）舉人。會試三次不第。即棄舉業而專治經世之學。知交羣推。有名於時。咸豐間軍事起。久居湖南巡撫幕府。用兵籌餉諸務。實主持之。（入幕之始。由於湘撫張亮基之敦約。即甚見倚重。張旋署湖廣總督。左偕往。未幾調撫山東。始辭歸。會駱秉章撫湘。又敦聘入幕。倚任尤專。久於其事。左師爺之名大著。）始保同知銜知縣。繼保同知直隸州州知。（仍居幕賓地位。不以官自待也。）咸豐四年甲寅。督師曾國藩克復岳州。擬爲左氏請奬知府並花翎。左氏答劉蓉書言志。力辭此奬。書云。『吾非山人。亦非經綸之手。自前年至今。兩次竊預保奏。過其所期。來示謂滌公擬以藍頂花翎尊武侯。大非相處之道。長沙瀏陽湘潭。兄頗有勞。受之尙可無怍。至此次克復岳州。則相距三百餘里。未嘗有一日汗馬之勞。又未嘗偶參帷幄之議。何以處己。何以服人。方望溪與友論出處。天不欲廢吾道。自有堂堂正正登進之階。何必假史局以起。此言良是。吾欲做官。則同知直隸州亦官矣。必知府而後爲官耶。且鄙人二十年來。所嘗留心自信必可稱職者。惟知縣一官。同知較知縣。則貴而無位。高而無民。實非素願。知府則近民而民不之親。近官而官不之畏。官職愈大。責任愈重。而報稱爲難。不可爲也。此上惟督撫握一省大權。殊可展布。此又非一蹴所能得者。以藍頂尊武侯。而奪其綸巾。以花翎尊武侯而褫其羽扇。既不當武侯之意。而令此武侯爲世訕笑。進退均無所可。滌公質厚。必不解出此。大約必潤之從中慫恿。兩諸葛又從而媒孽之。遂有此論。潤之喜任術。善牢籠。吾向謂其不及我者以此。今竟以此加諸我。尤非所堪。兩諸葛懵然爲其顚倒。一何可笑。幸此議中輟。可以不提。否則必乞詳爲滌公陳之。吾自此不敢即萌退志。俟大局戡定。再議安置此身之策。若眞以藍頂加於綸巾之上者。吾當披髮入山。誓不復出矣。』語甚懇切。却又極詼諧。由不肯受無功之倖保。說到不願爲（亦可云不屑爲）同知及知府。又因之說到督撫權大之可爲。意志可知。至言爲知縣必可稱職。知縣爲親民之官。官卑而職要。（直隸州知州除領縣外有直轄之疆域。其爲親民之官。與知縣及散州知州同。）在可爲之列。惟此不過就前保官秩所歷之階。作一回顧。實陪襯之筆耳。（知府四品。公服之帽例用青金石頂珠。所謂暗藍頂也。於是有「藍頂加於綸巾之上」等趣語。左好以諸葛自況。亦每戲以諸葛稱人。書中言及曾胡而外。並言兩諸葛。所指爲誰。俟考。劉蓉在曾幕見重。或即其一歟。後左氏出湘撫幕。駱秉章督師入川。延劉居幕府。言聽計從。卒肅清川亂。並擒獲石達開。劉亦頗有諸葛之風者。官至陝撫。）其言督撫非一蹴所能得。料此願之不易償也。乃後竟由浙江巡撫而閩浙總督陝甘總督。以大學士入朝爲軍機大臣後。又出督兩江。且錫爵由一等伯晉二等侯。爲清代赫赫名臣。素志得償。而侯相之尊。更過乎所望矣。（有清故事。漢員進士出身者始得入閣。左以舉人破格膺揆席。實爲異數。故李鴻章謂之破天荒相公。）

梁氏爲己丑（光緒十五年）舉人。屢應會試未捷。當戊戌（光緒二十四年）政變。以康黨被名捕。逋亡國外。以言論稱雄。仍爲政治活動。辛亥（宣統三年）上海報紙有詆之者。梁氏致書其主筆自辯。有云。『公等又日日造謠。謂吾運動開黨禁。輦致巨金以賂政府。甚且言其曾親自入京。住某處謁某人。若一一目覩者然。似此記事。則作報者亦何患無新聞哉。吾請開心見誠與公等一言。謂吾不欲開黨禁耶。此違心之言也。吾固日夜望之。以私情言。則不親祖宗邱墓者十餘年。堂上有老親。不得一定省。游子思歸。情安能免。以公義言。則吾固日日思有所以自效於祖國也。吾固確自信爲現在中國不可少之一人也。雖復時人莫之許。而吾固以此自居而不疑。而吾之所以自處者。又非能如革命黨之從事秘密也。恒必張旗鼓以與天下共見。故吾信吾足跡若能履中國之土。則於中國前途必有一部分裨益。謂吾不欲開黨禁。此違心之論也。雖然。屈己以求政府。而謂吾爲之乎。凡有求於人者恒畏人。吾之言論固日日與天下共見也。曾是乞憐於其人者而乃日日罵其人不遺餘力乎。手段與目的相反若是。雖至愚不爲也。吾嘗有一不慙之大言在此。曰。吾之能歸國與否。此自關四萬萬人之福命。非人力所能強致也。吾知公等聞吾此言。必嗤之以鼻。然人若不自知。吾亦無如吾何也。故吾常以爲天如不死此四萬萬人者。終必有令我自效之一日。若此四萬萬人而應墮永劫者。則吾先化爲異域之灰塵。固其宜也。是故近年以來。中國有心人。或爲吾摯交。或與吾不相識者。常思汲汲運動開黨禁。彼固自認爲一種義務。吾無從止之。然竊憐其不知命也。而公等乃日日以欲得一官相誚。吾數年來早有一宣言在此矣。若梁某某者。除卻做國務大臣外。終身決不做一官者也。然苟非能實行吾政見。則亦終身決不做國務大臣者也。夫以逋亡之身。日夕槁餓。而作此壯語。寧不可笑。雖然。舉國笑我。我不爲動也。雖以此供公等無數諧謔之資料。吾不恤也。數年以後。無論中國亡與不亡。舉國行當思我耳。而公等乃以欲得官相猜。何所見之不廣若是。鵷鸞翔寥廓。鵰銜腐鼠而視之曰嚇。吾今乃覩子之志矣。』自明決不運動開黨禁而求官。一方面則云做官必做國務大臣。餘非所屑。且國務大臣必須能實行其政見始做之。若做之則必能自效於國家。爲國民造福。一己之出處。四萬萬人之運命實系焉。自待之重。語氣之豪。可謂壯哉。未幾武昌事起。舉國震動。清室授袁世凱內閣總理大臣。組織內閣。以袁之推薦。任梁爲法部副大臣。（號曰次官。地位類似今之次長。）時黨禁已先開矣。梁氏未肯回國就職。固以自忖時會非宜。亦可云副大臣之地位尚未符其國務大臣之志願也。迨入民國。乃先後爲熊（希齡）內閣之司法總長及段（祺瑞）內閣之財政總長。在國務員之列。以階秩論。可謂已達到其未歸國前之宣言矣。（辛亥四月。清室以預備實行立憲之理由。變更政府官制。裁舊內閣及軍機處。設新式之內閣。爲責任內閣之雛形。以總理大臣爲領袖。佐以協理大臣二人。各部尚書一律改爲大臣。與總協理均爲國務大臣。即梁氏所言非此不做者也。迨袁氏組閣。復裁協理大臣。國務大臣惟總理大臣及各部大臣矣。民國初年。號爲行內閣制時。責任內閣曰國務院。設國務總理及各部總長。均爲國務員。猶之清末之國務大臣也。）惟兩次任國務員。皆失意而下臺。無甚成績可稱。以事業論。固未副當年之自負。所嘗爲人注意者。特爲熊內閣草大政方針。作言而未行之曇花一現而已。黃遠生民國二年九月十一日通信『記新內閣』言及梁氏之加入熊內閣有云。『熊氏之被電推爲總理也。力辭甚堅。有雖仲尼復生無可爲之語。……其以大義相責而促成之者實梁任公。及議院通過後。熊氏復姍姍其來。任公復屢電催之。故熊氏到京後之第一目標。反在任公。其先本以教育部屬之。任公堅辭決絕。任公之左右尤代任公堅辭決絕。熊氏乃大不懌。故第一次談判時。熊實不懽而散。至第二次談判。熊乃出其最峻厲之詞鋒與任公交涉矣。謂屢次皆公促我來。屬我犧牲。而公乃自潔。足見熊希齡三字不抵梁啓超名字之尊。又詰任公以公既不出。則張季直汪伯棠皆牽連不出。熊內閣勢將小產。此時進步黨將持何等態度。又如公等均不出。熊內閣純以官僚組織成之。輿論必不滿意。此時進步黨又將持何等態度。故爲進步黨計。公亦不可不出。其詞懇切。任公無以難之也。至此時已改換任公爲司法部矣。』黃與梁素頗接近。如所云。是其時梁氏雖勸熊組閣。而自身之出處。猶持遲迴審顧之態度。未嘗不慮任此而不克有爲足爲盛名之累也。卒以環境關係。竟『試他一試』。一試而失敗後。恢復其言論生活。自言願終身爲一學者式之政論家。不復涸入實際之政途矣。未幾見獵心喜。又入段內閣爲財政總長。再試而再失敗焉。蓋其人不愧爲政論家之權威者。筆挾情感。善於宣傳。每發一議。頭頭是道。其文字魔力。影響甚巨。（晚年歸於學術之作。亦多可稱。）而政事之才。實極缺乏。故畢生之所成就。終屬在彼不在此耳。若左宗棠之如願而爲督撫。所自効於清廷者。武略則平靖內亂。戡定邊陲。政謨則盡心民事。爲地方多所建設。自另是一種實行家之卓越人才已。（至其晚年兩値樞廷。老矣。且爲同列所擠。在朝爲時甚暫。相業罕所表見。可不論。）

左氏之中舉。幾失而竟得之。梁氏則中舉後會試。嘗一度幾中而竟弗售。其事亦可合述。

道光壬辰。左宗植宗棠兄弟同應湖南鄉試。宗植領解。宗棠卷同考官本擯而不薦。循慣例已無取中希望。正考官徐法績搜遺。得而大賞之。特中第十八名。宗棠對之深有知遇之感。其同治八年己巳爲徐撰神道碑敍及此節云。『其年秋。公以禮科掌印給事中主湖南鄉試。特詔考官搜遺卷。副考官胡以疾卒於試院。公獨校五千餘卷。得士如額。解首爲湘陰左宗植。搜遺所得首卷爲左宗棠。榜吏啓糊名。監臨巡撫使者吳公榮光。避席揖公賀得人。四座驚歎。』又同治九年庚午『書徐熙庵師家書後』云。『故事。鄉試同考官以各省州縣官由科目進者爲之。凡試卷經同考閱薦而後考官取中。同考所斥爲遺卷。考官不復閱也。是科宣宗特命考官搜閱遺卷。胡編修旣以疾先卒。公獨披覽五千餘卷。搜遺得六人。余忝居首。書中所稱十八名者也。當取中時。公令同考官補薦。不應。徐以新奉諭旨曉之。旋調次場經文卷。傳視各同考。乃無異議。禮經文尤爲公所欣賞。題爲「選士厲兵簡練俊傑專任有功」。書中所稱經文甚佳者也。後幷進覽。當時闈中自內簾監試官以下頗疑是卷爲溫卷也。比啓糊名。監臨巡撫南海吳公榮光賀得人。在事諸公多有知予姓名者。羣疑益解。……計同舉四十五人中。余齒最少。今亦五十有九。……白頭弟子。尙得於櫂戈躍馬時得瞻遺翰。不可得謂非幸也。抑余尤有慨焉。選舉廢而科目興。士之爲此學者。其始亦干祿耳。然未嘗無懷奇負異者出其中。科名之能得士歟。亦士之舍科名末由也。惟朝廷有重士之心。主試者不忍負其一日之長。則興敎勸學。其效將有可觀。於世道人心非小補也。』徐左遇合。良有過於尋常座主門生者。宜左氏惓惓於師門者甚至也。而其最被欣賞之文。題目若與左氏異日事業隱相闘合者。殆抱負所在。故言之有物。不同人云亦云歟。『選舉廢而科目興』一段。持論亦頗軒爽。人才之出於科舉。正以舍是末由耳。考官例得搜遺。惟往往習於省事。僅閱同考官所薦之卷。餘置不問。宣宗恐各省同考官屈抑人才。壬辰五月降諭云。『三載賓興。爲掄才大典。各直省主試經朕特加簡任。宜如何滌慮洗心。認眞校閱。務求爲國得人。順天同考官及會試同考官。俱係翰詹科道部屬。該員等甲第本高。又經朕親加校試。尙無荒謬之人充選。所以得人較盛。各直省同考官。則年老舉人居多。勢不能振作精神悉心閱卷。即有近科進士。亦不免經手簿書錢穀。文理日就荒蕪。各省督撫雖照例考試簾官。仍恐視爲具文。全恃主試搜閱落卷。庶可嚴去取而拔眞才。士子握槧懷鉛。三年大比。一經屈抑。又須三年考試。或竟有終身淪棄者。豈不可惜。該主試俱係科甲出身。試回思未第之先。芸窗誦讀。與多士何異。若止就薦卷照常挑選。而又落卷漠不關情。設身處地。於心何忍。嗣後各直省督撫務將簾官認眞考校。不得以年老荒謬之員濫行充數。其典試各員。必須將闈中試卷全行校閱。不得僅就薦卷取中。方爲不負委任。……特申誥誡。儻各直省正副考官草率從事。一經朕別有訪聞。即將該主試嚴懲不貸。』左氏所云『特詔考官搜遺卷』『朝廷有重士之意』。即謂此。亦科舉掌故也。聞同考官某已於左卷加『欠通順』字樣之批條。經徐氏力與爭持。始換批補薦。又文學家吳敏樹。與左同榜獲雋。亦搜遺所得六人之一。

梁啓超乙未（光緒二十一年）會試。副考官李文田極賞其卷。已議取中矣。卒爲正考官徐桐所阨。以致擯棄。李氏於落卷批『還君明珠雙淚垂』之句。以志慨惜。傳爲文字因緣之佳話。胡思敬『國聞備乘』紀其事云。『科場會試。四總裁按中額多寡。平均其數。各定取舍。畸零則定爲公額。數百年相沿。遂成故事。乙未會試。徐桐爲正總裁。啓秀李文田唐景崇副之。文田講西北輿地學。剌取自注西遊記中語發策。舉場莫知所自出。惟梁啓超條對甚詳。文田得啓超卷。不知誰何。欲拔之而額已滿。乃邀景崇共詣桐。求以公額處之。桐閱經藝。謹守御纂。凡牽引古義者皆擯黜不錄。啓超二場書經藝發明孔注。多異說。桐惡之。遂靳公額不予。文田不敢爭。景崇因自請撤去一卷。以啓超補之。議已成矣。五鼓漏盡。桐致書景崇。言頃所見粵東卷。文字甚背繩尺。必非佳士。不可取。且文田袒庇同鄉。不避嫌。詞甚厲。景崇以書示文田。文田默然。遂取啓超卷批其尾云。「還君明珠雙淚垂。恨不相逢未嫁時。」啓超後創設時務報。乃痛詆科舉。是科康有爲卷亦文田所拔。廷試後不得館選。漸萌異志。』據余所聞。李批梁卷。僅『還君明珠雙淚垂』七字。未贅下句也。梁領得落卷後。見李批而感知己。謁之。李聞其議論。乃大不喜。語人以此人必亂天下。梁主本師康有爲（時名祖詒）之學說。宜不相投。又相傳徐桐之堅持擯梁。係誤以爲康氏卷。梁代師被抑。而康竟掇高魁焉（中第五名）。時康名已著。其文字議論深爲舊派人物所惡。斥以狂妄。（胡謂康「萌異志」者。係指戊戌之事。所撰「戊戌履霜錄」。詆爲謀逆也。）

左謂在壬辰湘試同舉中齒最少。時年二十一也。梁則十七歲即中舉。更爲早發。適與左子孝威中舉之年齡同。（孝威爲同治元年壬戌舉人。後亦未成進士。）

八大與石濤（上）

鄭秉珊

此身已付隨身鍤，此筆無殊掛杖錢；
定汝賺人人賺汝，無聊笑哭漫流傳。（八大山人）
筆頭那識祖師禪，寂照虛空近自然；
但覺淋漓元氣溼，不知是墨是雲煙。（石濤宏濟）

——居巢今夕盦讀畫絕句

鄭板橋集題「屈翁山詩札，石濤石谿八大山人山水小幅，並白丁墨蘭共一卷」詩云：

國破家亡鬢總皤，一囊詩畫作頭陀；
橫塗豎抹千千幅，墨點無多淚點多。

這是說以上諸人，都是在明屋後，不願用世，寧可削髮爲僧，以表示消極的衷懷。其實他們以外，還有漸江（江韜）無可（方密之）今釋（金堡）諸人。那與顧亭林齊名的歸玄恭，也一度逃於釋氏，嘗自署爲普明頭陀。可是像八大與石濤，還因爲是明朝的宗室，其抱無窮之痛，尤深於他人。那骯髒不平之氣，發之於詩書畫，不啻點點血淚，遂具有藝術上最高的評價。現在把他兩人的軼事來談談。

關於八大的記載，據我所知，有清史稿，國朝耆獻類徵，碑傳集，國朝先正事略，清畫家詩史，國朝畫家筆錄，國朝畫識，國朝書人徵略，國朝畫徵錄，桐陰論畫諸書，但詳略不等。其實八大山人傳以邵長蘅青門簏稿中一篇最詳實，後轉載於碑傳集，先正事略亦因之，惟稍刪略。其次是張浦山的國朝畫徵錄所記，亦爲後來諸書所依據。此外還有陳定九一篇，見所著之「留溪外集」又載於張山來所輯的虞初新志中。

八大山人大概是明天啓五年（公元一六二五）生。甲申之變，時年二十歲。他是明寧藩後裔，邵傳云：「世居南昌，弱冠遭變，棄家遁奉新山中，薙髮爲僧，不數年，豎拂稱宗師。住山二十年，從學者數百人。臨川令胡君亦堂，聞其名，延之官舍，年餘，意忽忽不自得，遂發狂疾，忽大笑，忽痛哭竟日。一夕裂其浮屠服焚之，走還會城，獨自徜徉市肆間，常戴布帽，曳長領袍，履穿踵決，拂袖翩翩行，市中兒隨觀譁笑，人莫識也。其姪識之，留止其家，久之，疾良已。」邵長蘅敍其行止如此。因爲他曾晤見八大的，所記當然是很確實的。

邵氏的著作，據四庫總目提要云：「康熙戊午以前爲青門簏稿，詩六卷文十卷，己未訖辛未爲旅稿，詩二卷文四卷。」八大傳在簏稿中，是戊午以前所作。戊午是康熙十七年，時八大年五十四歲，邵氏年四十二歲。傳中又述會見的情狀云：

「予客南昌，雅慕山人，屬北蘭澹公期山人，就寺相見。至日大風雨，予意山人必不出。頃之澹公馳寸札曰：山人侵蚤已至。予驚喜，趣呼筍輿冒雨行，相見握手，熟視大笑。夜宿寺中，剪燭談，山人癢不自禁，輒作手語勢，已乃索筆書几上相酬答，燭見跋不倦。澹公語予：山人有詩數卷，藏篋中，秘不令人見。……山人面微頳，豐下而少髭。」

用手語和筆談，因爲山人那時已自諱爲啞吧，其自諱爲啞的故事，陳傳記述較詳：

「父某亦工書畫，名噪江右，然暗啞不能言。甲申國亡，父隨卒，人屋承父志，亦暗啞。」

陳傳又記其還俗事云：

「數年，妻子俱死，或謂之曰：斬先人祀，非所以爲人後也，子無畏乎！個山驢遂慨然蓄髮謀妻子，號八大山人。其言曰：八大者，四方四隅，皆我爲大，而無大於我也。」

陳定九與八大見面與否不可知，但張山來虞初新志成於康熙二十二年癸亥，八大時年不過五十九歲。所以兩傳都沒有說到八大的晚年情形。然兩傳有一相同點，即俱說他是明宗室，而不著其眞名姓。這個問題，直到雍正間張浦山著國朝畫徵錄纔云：

「或曰姓朱氏，名耷，字雪個，故石城府王孫也，甲申後號八大山人。或曰山人固高僧，嘗持八大人覺經，因以爲號。余每見山人書畫題欵，八大二字必聯綴其畫，山人二字亦然，類哭之笑之，意蓋有在也。」

張氏雖然用或然的語氣，說他名叫朱耷，但我們可深信是眞確的。因爲明朝宗室的名字，都是揀字典中的僻字，試一翻明史宗室傳，便可證明，耷字也是一個極僻的怪字。又，八大的取義，固然有陳氏和張氏的幾種說法，但我以爲，八字豈非是朱字的尾，而大字恰是耷字的頭，他藏頭露尾，隱約眞姓名，正是王孫末路，無可奈何的辦法呢！

八大五十以後的情形，諸家紀傳，俱無可考，祗好索之於書畫眞跡。日本住友寬一氏所藏八大畫冊，其中記云：「甲戌夏五月六日以至既望，爲退翁先生抹此十六幅筍中，翌日示之，已被人竊去荷花一幅。筍中之物何處去也，比之晉人問旨於樂廣，水鏡廣直，以麈尾柄确几曰，至不？客曰至，若至耶，得去也。書附高明一笑。」甲戌爲康熙三十三年，八大那時年已七十。陸心源的「穰梨館過眼錄續錄」載有小鳥圖軸，題云：「西洲春薄醉，南內知已晚，傍著獨琴聲，誰爲挽歌版。橫施爾亦便，炎涼何可無，開館天台山，山鳥爲門徒。」亦爲甲戌之夏畫，可證其七十歲時尙健在。

大連永原氏，藏有八大山人爲石濤所畫之大滌堂圖，附有石濤手札及其長詩，是關於八大石濤事蹟的最寶貴史料。其手札云：

「屢接先生手教，皆未奉答，總因病苦，拙於酬應，不獨於先生一人前，四方皆知濟此等病是笑話。人聞先生年逾七十，而登山如飛，眞神仙中人。濟方六十四五，諸事不堪，十年已來，見往來者新得書畫，皆非濟可能讚頌得之實物也。今日李松庵兄還南州，空函寄上，濟欲求先生堂畫一軸，平坡上老屋數椽，古木樗散數株，閣中空諸所有，即大滌堂也。此事少不得者。餘紙求法書數行，眞濟寶物也。欵求寫大滌子大滌子草堂，莫寫和尙。濟有冠有髮之人，向上一齊滌空。不能還身至西江，一睹先生顏色爲恨，老病在身，如何不宜。上雪翁生先。濟頓首。」

這封信尙恨沒有記出年月，但由此使我們得知八大石濤原是朋友，八大時時有信給石濤。八大七十左右時，石濤年六十四五，兩人相差僅五六歲。又，石濤逃於釋而不喜搖麈尾參禪，不願自稱和尙，證以清代學者像傳中石濤像，披髮作頭陀裝而益信。其大滌堂圖詩跋云：

「石江山人稱八大，往往游戲筆墨外，心奇跡奇放浪觀，筆欹墨舞眞三昧。有時對客發癡題，佯狂李白呼青天，須臾大醉草千紙，書法畫法前人前。眼高百代古無比，旁人讚美公不喜，胡然圖就特丫叉，抹之笑曰小伎。四方知交皆問予，廿年蹤跡那得知，程子抱犢向予道，雪個當年即是伊。公皆與我同日病，剛出世時天地震，八大無家還是家，清湘四海空霜鬢。公時聞我客邗江，臨谿新構大滌堂，寄來巨幅眞堪滌，炎蒸六月飛秋霜。老人知意何堪滌，言猶在耳塵沙歷，一念萬年鳴指間，洗空世界聽霹靂。家八大寄余大滌堂圖，矐喜駭歎，漫題其上，使山人他日見之不將笑余狂態否？時戊寅夏五月，清湘陳人大滌濟山僧草。」

看了上面的詩，八大性格，可以想見。所謂公皆與我同日病，即在弱冠時同遭家國之變，削髮爲僧也。戊寅爲康熙三十七年，八大時年七十四歲了。

在「大滌子詩畫題跋」中，載有兩人合寫蘭竹軸，石濤題云：

「八大山人寫蘭，清湘大滌補竹，兩家筆墨源流，向自獨行整肅。」

又補八大山人山水題云：

「秋澗石頭泉韻細，曉峯煙樹乍生寒，殘紅落葉詩中畫，得意任從冷眼看。己卯浴佛日雪個爲岱老年翁寫古樹苔石，屬余補水灘紅葉，并賦小詩請正。淸湘陳人苦瓜。」

據上面的跋，是己卯年兩人復得相見，并合作山水。己卯是康熙三十八年，石濤居揚州，也許八大也去揚州會晤，以舒積年離愫。那時八大已七十五歲，石濤也七十左右了。

石濤有寫蘭十二幅冊，其第三圖露蘭風竹，有庚辰九月五日染菴居士戲題一詩云：

「雪個西江住上游，苦瓜連歲客揚州，兩人蹤跡風顛甚，筆墨居然是勝流。是竹是蘭無會處，非竹非蘭轉不堪，我有藤條三十下，寄打文同鄭所南。」

其第十一圖，有八大山人題云：

「南北宗開無法說，畫圖一向潑雲烟，如何七十光年紀，夢得蘭草淮水邊。禪與畫皆分南北，而石尊者畫蘭，則自成一家也。八大山人。」

此冊題詩的人有染菴居士，八大山人，姜實節，黃雲，梁佩蘭等，都是石濤的知友。其年紀爲自康熙三十九至四十三年先後共五年，那麼若以康熙四十三年八大尚在的話，是年臻大耋了。

八大山人畫上有題詩的很少，惟「聽颿樓書畫記」續卷下有八大水墨花鳥冊，每幅題詩，其墨梅一幀，款題「辛巳之冬日，畫於水明樓」。辛巳爲康熙四十年，八大時年七十七。那麼八大存年是否有八十歲，雖然不敢斷定，但七十七歲尚康健，能伸筆作畫，是無可疑的了。

關於八大書畫的價值，早經有清三百年來諸名家的論定，不必再附會着說似西洋畫的後期印象派和野獸派等等最新的藝術。記得我在中國第一次全國美展會中，看見狄平子所藏的牛石慧畫的花鳥圖，與八大畫筆極相似。相傳牛石慧是八大山人的兄弟，牛字是朱字的上半，石字是表示他是石城府王孫，慧字是自讚其聰穎。這三個字用草體書聯寫着，好似「生不拜君」字樣。所以葉德輝「觀畫百詠」云：「八大山人牛石慧，石城回首雁離羣，問君哭笑因何事，兄弟同仇不拜君。」但據我的妄猜，牛石慧的畫不多見，也許並無其人，而是八大小施其狡猾。猶之「人屋」「青年」「驢漢」「个山」等之爲其另一筆名也！

中公

周越然

『中公』是中國公學的簡稱。本篇言清末民初與我有關係時的中國公學——就是我的回憶——故以此爲題。

中公的歷史，講起來頗多趣味。牠最初由鬧學（罷學）而成；日本人要干涉這樣，又要干涉那樣，我國一部份的留日學生認爲『奇恥大辱』，遂相邀歸國，組成中國公學。

清末民初鬧學的風氣，着實盛行。不獨在日本的學生常要鬧學，就是在中國的學生也是如此。震旦鬧學，組成復旦；南洋鬧學，造成南中。這不過兩個例子。其他鬧學的案子，眞不少呀！

最初組成中公的時候，似乎沒有校長，祇有幹事；地點在上海北四川路橫浜橋之北，福民醫院左近。後來，因欲取得官欵，聘請夏劍丞（敬觀）先生爲校長。夏先生是紅道台，與端方很親熱。光宣間丁憂，閒居在申，不過他曾經做過江蘇提學使，又曾經署過江蘇巡撫。端方極相信他。有了他做校長，官費一定請得到。據說後來與復旦同等，也每年撥兩萬元。

我第一次和中國公學發生關係，在北四川路的時代。我担任歐洲近世史，介紹我去的是胡梓方先生（江西人）。當時和我一同教書的，有兩位王先生，後來都成聞人。一位是王顯華（浙江人），一位是王雲五（廣東人）——商務先後聘爲總經理。當時的學生，後來成爲世界聞人的，據我所知，祇有一人，就是胡適之。

在北四川路時代的中公，頗優待教員。除上課下課茶房照例倒茶，絞

熱手巾，下課時另供牛乳一杯。我沒有吃到牛奶，因爲在牠煎熟之前，我已經離校了。我第一次在中公授課，祇有兩早晨——兩個小時。不是我不肯去，倒是他們不要我。我的失敗，我的寂然被『逐』，因爲我教得太快。衆學生雖然默默而聽，沒有和我當面爲難，但是我知道我有誤處。後來旁人告訴我，說我的教法，不合他們的『胃口』。他們所要的，是國語的仔細講解，我所能授的，是整段整頁的大意。他們所要的，是文法上的分析，我所願授的是史事的連貫。我那年二十四歲（清光緒三十四年，即公曆一九〇八年），自己是一個甫從學校裏出來的學生，對於教育全無經驗。我去教曾經留學過日本的學生，本不應該，太不量力！班中各學生，有穿吳服的，有着木屐的，有鬍鬚長長的，……倘然現在有人請我去教類似的一班，我看見了一定會倒退而出。當時我年少無知，所以『胆大妄爲』地跑了進出。顯華和雲五在那邊，大受學生的歡迎，因爲一個教讀本，一個教文法，都能詳解的緣故。

我第二次進中公教書，在民國三年。那年我三十歲，担任的是商科英文。到任不久，我就鬧了一個小笑話。讓我寫出來給大家看：

商科某級的學生頗多，大半爲湖南藉。書本相當高深，但是發音並不正確。他們最劣的功課是作文。他們怕作，我也怕改；兩方面耗廢有利之光陰，作無爲之事罷了。一日，我剛巧踏進教員預備室時，李師登輝——當時爲教務主任，也是我第二次進中公的介紹人——對我一看，即用英語高聲說道，『周……，你來看這本練習簿。有學生來告你呀！你不小心！你自己看，以後應當謹愼些！』

我仔細繙查那篇『文章』，看見漏改了一個誤處；就是：三個相等云

謂字（動詞）的寡數（單數）第三身（第三人稱），兩個已經代他加了S，其餘一個忘記加了。我即稟告道：『老師，是不是這個錯誤？那有什麼大關係呢？我同他加了兩個S，脫了中間一個罷了。是不是這個錯處？』

李師道，『他們沒有指出錯處來，我也沒有工夫去找你的誤點。總之，他們已經到我這裏來告過你了。并且就是那個S也很重要。教師那裏可以錯呢？』

我氣極了，少年氣盛地回口道，『李老師，俗語說得好，「孔夫子也有錯誤」，難道我們中公的教員比孔夫子還要好麼？這一點點小事情，少加一個S，他們還要小題大做地告到你教務主任那裏來麼？』

李師道，『你和我辯，有什麼用。你口才好，你自己到課堂上去同他們辯好了。』

我答道，『好的。那末我把這本練習簿拿去了。』

我一進教室之後，即手持練習簿而問道，『這是那一位的？』

有一個身裁不高，肥肥的湖南學生應聲而起道，『是我的。』

我道，『請你到我這裏來。』

他來了。我以手指定那個漏改的字而對他說道，『我沒有在這個字上加一個S；那是我的疏忽。但我已經在前面相等的字上加了兩個S；照理你應該明白了。古人說「舉一反三」。你即使笨，也應該舉二反一呀！請你把這本練習簿拿回去罷。』

上面所講的雖然是我一己的經驗，無足輕重，然而青年教員也可借以為鏡。對待學生，我們總要有理，總要說得過去。

我第二次在中公教書，另外還有一件可笑的事，也值得記出來。當時中公經濟不足，常常欠薪。我們幾個窮教員，天天去拜訪會計員；他老是不在『家』。我們四、五個人急極了，決意組織索薪團，硬要李老師加入。他笑笑，不肯答應。後來我們果然找到了總務主任劉君，逼他付欵。他說，『欵沒有到，到了就發。』我們硬要他清付欠薪。他說，『下一個月一定付。』我們說，『口說無憑，我們不敢相信。』他說道，『那末，讓我寫一紙借據給你們罷。』上面影印的，就是他給我的親筆字條：

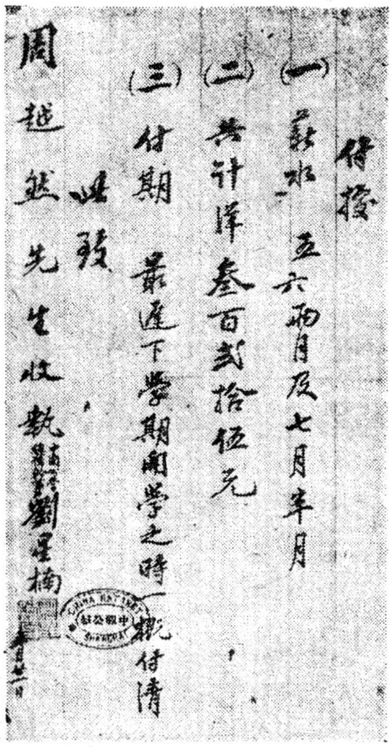

那時的校長是王搏沙（敬芳）；他是創始時幹事之一。他身任福中（煤鑛）公司的要職，少到上海來。就是來的時候，也不十分顧問校事。他好玩政治；什麼憲政黨呀，政學系呀，都與他有關係。聽說後來還要組織國粹黨，不過沒有成功。我曾經見過他一次；但沒有與他交談。他與別人講話，頗露真誠之狀。

我第二次在中公教書，有一年之久。除了借據上之欵至今未曾收到外，其餘的月薪早已取得，并且早已化盡了。

界路的中國新公學，和一二八前後，法租界（第八區）的中國公學，與我毫無關係，所以不敢亂道。

四十年來師友感懷錄（二續）

趙正平

三　天上飛來的兩位革命保母

瀏陽劉人熙（艮生）老先生

河北王芝祥（鐵珊）老將軍

我在最艱苦時，常自己安慰自己道，『你不是時代的一個大幸運兒麼？』因爲隨時隨地，總有人來暗中呵護我，無所爲而然，莫之求而致。我向來絕對不迷信，無論那一種神乎其神的神話式預言，因爲不合於科學，總是不肯相信，但是星相家算我的命，相我的相，總是說我一生的好運，全在有朋友指點幫助，無論怎樣難關，總可度過，如今回想起來，這眞是道着語，也可謂奇了。譬如上文所說從東京到南京，初出茅廬與世接觸的人生最要緊的第一關，就遇到一個清道人，不料從南京到桂林，不知不覺中又得到兩個奇人的呵護，這兩個奇人中的一人，更是中國革命史上可以大書特書的瀏陽兩大傑（唐才常與譚嗣同）的導師劉人熙老先生，三國志上徐庶譽諸葛孔明與龐士元爲伏龍鳳雛，我於劉老先生亦有此感。現在要講到劉老先生呵護我的關係重大，不能不先說一說民國紀元前風雲際會好像梁山泊上聚集了一百另八個好漢似的桂林城。本來清道人待我如此熱誠，我何忍離開，只因當時對於實行革命的覺悟，是在運用新軍，我自己雖因健康關係，已忍痛離開軍校（詳後），而總不願離開軍事關係。所以，第二次東京留學的目的，是在研究物理化學，想對於兵器上有些貢獻，後來同盟會成立，奉命赴南京，夢寐求之的地位，是陸軍學校教官，以爲自身雖不當軍人，但能教育出若干實行革命的軍官，效果且勝於自當軍官，所以鈕惕生先生由桂赴日順訪南京的時候，我就吐露了這心願，彼此心心相照，深深約定，就在清宣統元年的冬天帶了一個江西同志鄧九如結伴南行。這一次的旅程，從上海到香港，從香港到梧州，俱是輪船，從梧州到桂林，却是民船，雖然祇有五六百里左右的水程，可是桂江水淺灘多，逆流而上，舟子十分費力，足足有十天的光景才能到達，沿途自平樂陽朔而上，山勢忽現奇觀，山峯峭拔，一個一個的獨立，遠望好像是一個樹林，我當時曾創了一個石林的名詞，所謂桂林山水甲天下陽朔山水甲桂林，眞是名不虛傳，可惜當時一肚子的熱忱，完全注在行動方面，這些佳山水，竟忽略過去。到了桂林以後，所就的職，雖然是僅僅一個陸軍小學教官，但校長（時稱總辦）鈕惕生氏爲表示隆重起見，特與我一個教務長名義，其實當時踏進了陸軍小學，有教育未來軍官的機會，已是萬分欣幸，名義倒也滿不在乎。還有一件最大的快慰事，所有東京的陸軍同志（就是加入同盟會的會員）濟濟一堂，如湖北的李書城、孔庚，湖南的趙恒惕、四川的尹昌衡，福建的方聲濤、王孝縝等不下二十餘人，均由鈕氏羅致集中，準備開練新軍，創辦一幹部學校，可惜這些羣英，因爲開練新軍的計劃，發生頓挫，不久大部星散，鈕氏亦辭去，大有曇花一現，落英繽紛的景象、我本不想親握兵符，既來之必須安之，同時尚有鈕氏招致之國內同志（

也是立志革命響應同盟會的一批軍官）如福建之何遂，河北之耿毅，湖南之劉建藩，浙江之呂公望，江蘇之冷遹等均意志堅定，咬緊牙關候此殘局之展開，我則不聲不響不告一人，以獨力撰述文稿，並在每月薪水二百兩當中提出一半創辦一雜誌，先名南報，發刋兩個月後，被迫停版（因出版手續欠缺），改名南風報，再出版，除陸軍小學教官梁史（潤軒）同志，曾密繪一張『雄雞一聲天下白』的圖畫，冠之卷首，可算是創辦同志外，任何同志，多莫明其妙，輾轉詢問，這雜誌是誰辦的。說也奇怪，這雜誌原沒有什麼精釆到了不得，內容除論述些國際情勢和發揚民族精神的先哲先烈，詩文事迹外，亦不能達到曉暢的宣傳，比較了現代的雜誌，當然要相形見絀。可是在珠江流域，樹起一隱隱躍躍鼓吹革命的大纛旗的，可說就是本刋，梟然時代造英雄，這本刋物，不獨風行全桂軍民各界，南寧龍州武裝同志且遠道公推代表捐金相贈，遠至附近各省如雲南講武堂陸軍小學等軍事教育機關，亦竟寄金訂閱，每日至數百份，而該兩校主辦人，如李根源李烈鈞等，亦常來書獎勉。其他如貴州，如四川，如廣州，如黃埔陸軍小學亦均函牘紛馳來請分寄。在桂林城內，則供職於陸軍小學幹部學校督練公所的本來若干同志首先捐欵，助其擴大外，餘如軍校的學生，以至法政師範各文學生，以至諮議局（民元後稱省議局）中桂省各士紳以至省城以外各地方，亦都不約而輸金來助，以一個毫無準備，毫無計劃，毫無商量，不過一時敢作敢爲的一個刋物，竟形成這樣一個局面，眞是無所爲而然，莫之求而致了。自從南風報稱盛一時，報社所在地，也竟形成了一個革命組織的策源地。上文所述何遂冷遹等國內同志爲實際行動計，在報社中聚集了二十餘人，發誓立約，作爲組織的中堅，由此中堅更推出負責人，或組織一般陸軍學生，或組織一般陸軍下級士兵，或聯絡一般高級軍官，爲愼防洩漏計，中堅幹部，能知道全部的組織，其他學生士兵則各別組織不能知道中堅幹部的組織，因爲這樣嚴密，所以糾合了數百人的同志，而消息始終沒有洩漏，這個時期正是黃花崗起義前後，黃花崗發動消息到桂，當夜曾秘密會議，決定次日晚間響應，若干人率領某部同志，搶軍裝局，若干人率領若干同志守城門，若干人率領若干同志攻巡撫署，部署已定而次日上午黃花崗大失敗的密電又到，於是不得不懸崖勒馬。可是現在回想起來，當時報社和組織幷合一起，乃是一件極大危險的事，爲什麼竟始終沒有危險，不能不感謝一位在無形無聲中天上飛來的革命保母劉老先生了。

一日，陸軍小學舉行畢業式，午後我返報社，社中同志大驚小怪的說道，奇怪奇怪，今日忽有臬台（當時制度省城內有撫藩臬三司，俗稱三大憲，臬司專主司法）王芝祥氏（鐵珊河北通州人）從陸軍小學回署時，來投刺拜訪，不知是什麼意思，並且留語，『請告趙先生可來臬署談談』。王氏懲治盜匪著名，同志中多爲我危，說『去不得去不得』。當時我也猶豫不能決，但繼思他是一個司法大員，若要拿辦我，儘可派人來傳或拘，何必親來，旣已親來，必非惡意，且即有惡意，亦何能逃脫，不如恭恭敬敬的回訪他。主意旣定，遂在晚間與諸同志愼重告別，言萬一有意外，請勿有所舉動，以免株連。於是雇一小轎（時桂林城內多以小轎代步）逕向臬署前去，抵署時投刺以後，不到半分鐘，便聽見嘩着開中門，閽人恭恭敬敬的領我行進中門，經過外客室而進簽押房。這位王老將軍（曾率領軍隊）非常的親善謙和，攜我的手，連說『久仰久仰，請坐請坐』。坐定王老將軍開口就說，中國政治腐敗，非革命不可，講了一番議論以後，結論是一句問話『老兄的意見以爲如何』。予當時靜聽他老人家的話，心裏兀自盤算，如何對答，如果說贊成，那不是立刻可以綁起來辦我麼？如果反對，不但是違背本心的假話，並且亦同反對他一樣。忽然如有神助，心靈一動，立刻答道『中國政治所以腐敗，全是官吏昧於時勢（當時的官吏確只是思想問題行動上都是很規矩），若使個個大員同你老一樣，那革命也好，不革命也好。』這幾句話回想起來，眞是在我不善講話的生平歷史上，算是最巧妙的言辭了。當這談論中間，王老將軍忽然介紹一鬚髮更白的老先生道，他常常見你的文章，常常向我稱贊你，接着這位老先生問了我一些話，我亦糊裏糊塗的不敢動問他大名，所以，只料他是一位博學大儒。坐了一個多鐘頭，才告辭出來。報社中同志見了我安然回社，更自喜歡，但是自此以後，心上總有些不解，到底爲什麼這位王老將軍如此敬禮，眞的看重我麼？還是試試我麼？接連幾日，老是這樣想。老將軍因爲聽見我鬧胃病，有一日親開一個藥方來叫我留心調治，他越是親熱，我越是不解，但是眞的內容漸漸明白了。原來王老將軍這樣禮我重我，乃是千眞萬眞，原因全在那一天晚上問我些話的又一位老先生。據一個河北省同志（憶爲劉炳初兄，亦是留日士官學生）告訴我，那位老先生姓劉名人熙號艮生（辛亥革命後曾爲湘人公推出任民政廳代理省長），瀏陽人，是唐才常譚嗣同的親長而兼老師，最富革命思想，誘掖後進，尤其熱誠，他與王老將軍是密切的姻親，在桂充任王老將軍的總文案，兼營務處幫辦（全省巡防隊將近百營統歸營務處王兼總辦），還任法政學校教師。王老將軍非常相信并且敬重這位老先生，可以說是王老將軍的靈魂，這位老先生常常看到南風報，常常對王老將軍講，南風報的文章很有骨氣，不知道誰是主編，一定是一位富有愛國血性的男子，因爲這幾句話，王老將軍就打聽到了我，就親自過訪，在前清很重官階的專制時代，一位年近古稀炙手可熱的老將軍，忽然投刺訪問一二十四歲青年的書生，固然是劉老先生的力量，可是王老將軍亦眞是一個奇人了。

只因爲王老將軍誠心誠意的傾向改革，誠心誠意的愛護我們，才知道南風報社的安全，完全靠他。那時廣西巡撫衙門裏，并不是沒有人注意到南風報，并且桂撫還囑咐王老將軍注意南風報，可是經王老將軍三言兩語的解說，就穩如泰山了。到了辛亥那一年的夏天，大概風聲也緊了，王老將軍就明白囑我還是乘早離開桂林，向眞正有力量的方面去開闢一個新局面（詳後）。臨行前，王老先生就露出廬山眞面，親草一篇長古風，親手寫了一個橫披遞給我，還說閒來可看看，我眞似得了活寶貝一樣，恭恭敬敬的精裱了，和淸道人的那副臨事知難易爲世定安危的聯語，緊緊隨身攜帶。可惜這篇古風，也因辛亥革命丟在潯州中學裏，并且一句也記憶不起來，眞是一件很大的遺憾。但是像這樣天上飛來的一位革命同志的保母，不能不感激地記出，探本溯原這不獨是我個人的幸運，還可以見到辛亥革命的成功，實在有種種方面的精神力，匡扶贊助而成；更探本溯原講，宋明末年造一輩大儒的遺傳民族精神，何等悠久而深刻，因爲王老先生也是一位理學家而傾心於王船山先生的大儒呵！

夏遊小記

周幼海

今年我第一次在日本過夏天，沒有回家。有人說我自己是想回家的，但是我家裏，因爲某種原因，不讓我回去。說這話的人，既不了解我，更不了解我的家。沒有人可以强迫我做一件事，而我的家也從沒有强迫我做任何一件我不願做的事。所以，我安安靜靜的在這裏過着。從七月中八月底，去了兩個山上，兩個海濱，讀了一些書，思想了一些事情。

我無論如何該感謝，我住的那一個區域的警察署的，他們一點不厭煩的給了我三張旅行證。沒有旅行證，我不能離開東京一步。

最先我去箱根，是七月十六號動身的。在十五號早晨，我起來後，像是很隨隨便便的寫了下面三句：

「我糢糊從夢中醒來，
聽了窗外行路人的語聲，
才記起自己是在人家的國裏。」

寫完後，自己非常愛好。也更隨便的懷了這一種說不出的心情，在七月十六號清晨動了身。

雖然日本現在限制旅行，比如到某一地方的火車票，一天限賣幾張。我也很順利的到了小田原，小田原是東海道線上一個不大不小市鎮，從東京約需兩小時的火車路程。從這裏上山，四十分鐘到宮之下，這還是箱根半山上的一個溫泉。

在宮之下住到廿三號，偶然遇見犬養健先生一家，很高興的每天在一起玩，一起在游泳池裏游水。和犬養先生，也談些南京上海及重慶的事。餘下的時間，很舒適的讀着書。到箱根，我並沒有帶很多書，本來至少應該帶一本「經濟原論」的，九月我還有考試。但是因爲我以前讀「經濟原論」時，絕沒有想到是爲預備考試。再加以自己很愛好張潮的那一句：「到名山去寫試驗論文，是最傻的事。」——這是我從「The Importance of Living」中知道的。所以，我並沒有帶。帶的只是一本預備隨手翻翻的「論語」，陶希聖的一本「中國政治思想史」，及臨時從書架上拿下來的，一個德國人的「瑪麗安東尼傳」。最後一本，我花了三個晚上讀完。像是自己也生活在一七八九年左右的法國皇宮裏一樣。

犬養小姐和我談起「浮生六記」和「紅樓夢」，她說她最近在研究中國的文學，問我「紅樓夢」中最歡喜誰。我知道這問題，她是從林語堂學來的，我記得「My Country and My People」中，林語堂說歡喜黛玉的是理想主義者，歡喜寶釵的是現實主義者。對犬養小姐的問題，我笑着說很難回答。其實，我是有回答的，我的回答是，兩年前我歡喜黛玉，一年前我歡喜寶釵，但也可憐黛玉。可是現在，我最歡喜的是，從黛玉身上拿出一點，寶釵身上也拿出一點，再從其他每一個人身上，比如湘雲，襲人，晴雯等等，都拿出一點，而合起來的一個人。當然，我很清楚這樣一個人是難得幾乎可以說沒有的。所以，我每一個人都歡喜。我歡喜黛玉的那一些可愛的地方，也歡喜寶釵的那一些可愛的地方。只要我認爲有可愛的地方的人，我都歡喜。但是我堅決的相信，假使有那一個萬全的人出來的話，我還是最歡喜那一個人的。

犬養小姐更和我談起中國新時代的小姐，我說，尤其是上海的小姐，她們太新了。假使她們能用中國古來的一些神秘的色彩，只適宜的用一點的話，那定可以顯得更可愛些。她們不一定能做「李淸照」，但做「芸」是可能的。

有一晚很好的月亮，山路上走了很久，覺得看月亮總應該是海濱。

二十三號再繼續上山，到蘆之湖畔，前年春天曾和母親及妹妹來此。看見了沒有雪的富士山，沒有雪的富士山是不及有雪的。富士山據日本人說最能代表「日本趣味」，但是我覺得並不怎樣。也許我不是日本人，假使是，一定也很自然的感覺富士山是靈峯了。我看起來，除了是一座有點特別的山以外，太單純，及過份的嚴肅。

假使一個國家的名山勝地，經過「國際觀光團」之類一宣傳，那這個國家的名山勝地之存在，就像這國家的外交部，陸軍部，及海軍部一樣了。我很久以前就這樣感覺，所以，我愛好中國的深山，深山裏的古寺；和出家人一起生活，每天聽着鐘聲！

蘆之湖旁住了很多德國水手，晚上，其中一個奏着很美妙的手風琴。他們一定非常憶念遠隔重洋的故鄉，無形中，我覺得自己很了解他們。

二十五號坐公共汽車，經過有名的十國峠，到了熱海。是一個海濱的溫泉，除了靠海以外，毫無可取。三年前曾和伯偉來此，三年前來這裏是一種心緒，三年後來這裏又是一種心緒。於是我問自己，假使再過三年後，再會來這裏的話，又將是一種怎樣的心緒呢？我文不對題的回答：海仍是一樣，海上的雲也似乎仍是一樣！

廿六號早上四時，忽然醒來，看見海面上的紅光，爬起來，欣賞上了一場海上的日出。我說自己隨手檢來一個幸福。到了下午，又回到宮之下，從熱海坐火車到小田原，只需三十分鐘。

二十七號在報上看到墨索里尼下台的消息，不覺爲之一驚。旅館中的人，都似乎很震動。我從頭到尾的想了一番，覺得至少，那些研究全體主義的書，關於法西斯蒂的一部份，是不必重寫的。

在這裏，我又發現日本人生活態度和中國人不同之一點。在旅館裏住有一對穿得很漂亮，長得也不難看的年青夫婦。吃飯時，兩人都板着臉，一句話不說。我很奇怪，既然來這裏過一個假期，爲什麼不快快樂樂的輕輕鬆鬆的生活。總之，吃飯並不是一件苦痛，而是一件快樂的事。何必兩人都板着臉，好像在吵架一樣。（當然，我不能說他們在自己房間裏也是如此。）我相信，一定是男的先板起面孔的，因爲假使那男的笑嘻嘻的，那女的一定不會板着面孔。而如果那男的板着面孔，女的也絕不會笑嘻嘻的。那樣，也許男的會瞪她一眼。假使是中國人，至少，假使是我，我一定不會這樣，只要我不厭惡自己的太太，或是自己的太太不厭惡我，（如果有一方厭惡，就不應該很不自然的在一起，尤其是沒有補救的方法時。）那我一定笑嘻嘻的吃一頓飯，每天像生活在開玩笑中似的和她在一起。我要使自己快樂，更要使她覺得和我在一起，是快樂與幸福的。這樣做，絕不是錯誤。反之，板着面孔，既對不起自己及太太，更對不起這美麗的人生。大家笑嘻嘻的，不但自己高興，看見的人也高興，旁邊站着的侍者及廚房裏的人，都一定非常高興。我希望日本人注意這點，而能改良的話，那我相信，他們一定更能使自己受歡迎些。

二十九號回東京，東京極熱。家人該又在園中乘涼了，我這樣懷念着。

八月二號到鵠沼，離東京很近的海濱。住在高島先生的別墅。很感謝高島夫人之招待我。鵠沼的海岸很危險，到了那天的黃昏，去海濱散步，就看見一個溺死的人。因此高島夫人很担心，我也小心的玩了一星期。

八月二號的早上，有一個可愛的日本人——其可愛的原因寫在下面。一看見我就連說恭喜恭喜。我很莫明其妙，不知喜從何來。他看見我驚奇的樣子，接着說收回上海租界實在是可喜的事。我恍然明白後，連忙謝謝他。以前，我也有過同樣的經驗，那次是因爲德義承認國民政府。

鵠沼的幾天海濱生活，很使我身心愉快。我愛海濱，雖然也愛山，但更愛海。該說愛水，我愛海，愛湖，愛浩浩的長江，愛兩岸桃花夾柳的小溪。我並不是說自己是智者，也絕不承認自己不是仁者。我愛動，但更愛靜。所以，孔老夫子說的話，有很多我是不能予以同意的。

浮在海上，看藍天上的白雲。在香港時，我稱之爲雲船。很憶念一些關於海的事，像非高高大叫一聲不可的憶念。

讀「哥德格言集」，最愛下面兩句，「全人生是這樣的，希望的事，不能做到，能做到的事，不是希望的。」及「所有抒情詩的事物，在整個應該是合理性，而在個個之點，應該是非理性的。」嘆息似的說，哥德畢竟是哥德。

六號從東京轉來父親的信，很長的一封，說了很多事，最重要的，是要我不要做一個詩人，而要做一個去鬥爭的事業家。這是父親第二次和我說到這點，第一次是五年前從重慶寄到香港的一封信中。那時，我只是讀讀而已，並沒有承認父親說的是對的，也沒有說父親說的是不對。後來，我漸漸知道父親是對的了。至於這次，我不知該怎樣回答父親，因爲我認爲自己已經開始走上鬥爭的路上，而不再那麼風花雪月了。但是，我絕不願自己失去那一點詩情，我永遠認爲沒有詩情的人，是領略不到人生的美，雖然，也不會嘗到像「往事知多少」的憂愁。

父親的信件使我思索了一個晚上。

八號下午回東京，十一號又動身去日光，日光位於東京的西北方，約需三小時火車，與箱根正是反對的方向。在山下住了兩晚，去看了東照宮，三年前的秋天和孝增及伯偉曾來此，那時我正是最「多愁善感」。記得那晚，冷極，寂寞的半弦月，一個人出去在林間散步，拚命向黑暗處走。忽然怕起來，急忙的跑回旅館。

十二號下午，雨後，天空中橫貫了兩道彩虹。我靜靜的望到消逝了爲止。虹的成因，本只是科學上極簡單的事。但我却願以詩，或是以神話來解釋，其得到的結果，我自己是非常愛好的。

十三號繼續上山，山上極涼快，早晚像十月的天氣，再加以下雨，完全是秋天。

中禪寺湖像是比蘆之湖大些，也像是美些。旅館前面是一片樹林，樹林前是一條公路。公路旁就是湖。假使在公路上走着，很想起曾看過一張影戲裏的一片景色，那影戲裏還有一首不知名的但很熟悉的歌。於是，我也哼着那首歌，冒着細雨，從湖的這邊，走到那邊，再走回來。好像這滿山烟雨，是爲我撒的。

出乎意料的，旅館中居然有很好的酒。幾個月不知酒味，嘗了一點。同去的朋友有點酒意的說，喝酒就想家。我笑着沒有說什麼，當我在香港時，我就說過，家，最好的時候，是在回家及離開家的公共汽車上。因爲那時，每星期從學校回家，要坐很久的公共汽車。我很了解這點，朋友想回家，等他回去兩三星期後，他一定又想出來。

旅館的飯菜不但不好，而且不够。所以，老是在肚餓。一天下午，下了決心，兩人走了三里多路到中禪寺去，想找一家小飯館吃點什麼。我們以爲一定有魚，結果找到一家，魚是有了。我們仍吃得不够，再問還有些什麼。說是有肉，我們很奇怪的要了，實在想不出這小飯館怎會有肉的。緊張的等着，兩人都有一個多月沒有吃過肉，很高興。說是肉來了，煎的猪肉。兩人痛快的吃着，忽然互相望了望彼此的樣子，不禁太笑起來。這樣子只有久未吃肉的人才做得出來的。

當然，人並不是一定非吃肉不可。但是，人是非吃飽不可。人不吃飽，什麼事都不能做，就是做，也一定很沒有精神。

吃完肉我們再走回旅館，來時要四十分鐘，我們像只費四分鐘的走回去。自己像是又得到了一個什麼新的經驗。

我極愛這山中的湖。

清晨，我坐在湖濱。望着靜靜的湖，靜靜的山，靜靜的天，只有天上的雲，稍帶聲息的在移動。湖中的雲影，也從這個山頭，移到那個山頭。聽着拍在岸邊的水聲，我靜靜的想，假使我跳下湖水，永遠不再起來，那才是投了大自然的懷抱裏。

黃昏，我也坐在湖濱。夕陽使湖水成爲金黃色，遠山更濃了。山頭的雲，也更厚些。似乎有雨意，晚風也更冷些。暮色漸漸降下，湖水漸漸變成蘋果綠色。湖水也似乎更深了，我的心也似乎更像這湖水。看不見湖的對岸時，我慢慢走回去，天邊閃着最早的一顆星！

要我不回憶是不可能的，要我不希望也不可能，要我不依戀現在，更是不可能。我像是一秒鐘也沒有荒廢過的生活到現在，該努力時，我努了力。該笑時，我笑了。該憂愁時，我也毫不做作的憂愁。也許有人會說這太富感情，但是，我並不能同意這句不美的話。單生活在過去的人，是不幸的。單生活在現在的人，太傻了。單生活在將來的人，僅只會做夢。我生活於三者。

十九號經過了戰場屋，到湯元，是從中禪寺湖上去的山的更深處。一個僅只需要三分鐘，就可以走完的鄉村。但有溫泉，到處都是硫磺味。在一個極小的日本旅館中，住了一晚。會使人想起一切是在寂寞的旅途中。來日本，是旅途。來日光，是旅途。來湯元，也是旅途。根本，人生就是一個旅途。

我所佩服的魯迅先生曾說，路是人走出來的。我覺得，路的確是人走出來的，但是現在，僅只是走，是走不起了，我們應該打開我們的路。路傍的一些花草，只是一些點綴而已，最要緊的還只是一直向前打過去。

二十號早上，像逃避什麼的，回到中禪寺。

從湯元回中禪寺湖的第二天，因爲實在受不住這一片靜靜湖水的引誘，終於跳下湖中游了水。是一個美麗的早晨，溫暖的太陽像是秋天，藍得似乎看得見最深處的天空中，只有一點雲絲。微微的一陣風吹來；這僅有的一點雲絲，也漸漸消逝在藍空中，不留一點痕跡。但是，空中仍繼續不斷的有着那一點雲絲。湖像一面鏡子，我先試了試水，有點冷。摩擦一會自己的身體，跳了下去。水冷得刺到我的心。游了沒有多遠，水更冷起來，清新得像自己剛生下這世界上一樣。我繼續游了點，離岸較遠了，忽然怕起來，帶點慌的急忙游回來，爬上岸，躺着，一眼看見藍天，似乎自己飛上了天，在天上打了一陣滾，剛飛回來一樣，我微笑起來。

我仍有點怕，我無法使自己跳下湖去，像自己說的，永遠不再浮起來。我甚至不敢游遠，或是多游一會，來了。我雖愛好這大自然，但我更愛這人間社會。我之愛好大自然，只是因爲當我在人間社會中感到有點疲乏，有點厭倦時，這大自然可以恢復我的精神，我的勇氣。紀德曾說，他年青時，愛親近自然，年紀大了，却愛和人類親近，我也這樣感覺，不過，我更覺得，等我更老時，我仍會去親近自然的。

我在欣賞自然，但不去研究自然。在研究人間社會，但不去欣賞人間社會。

二十四號黃昏，在湖中釣了魚，據說傍晚容易釣些。坐了日本式的船到湖中，放下鈎等着。結果是釣到一條約有一尺的鱒魚。我並不怎樣享受這釣魚，我享受的是一天晚霞，一天這無法形容的晚霞。那幾分鐘，永遠在我眼前。晚風吹過，極冷。又沒有多穿衣服，竟抖索起來。

二十五號中午，我忽然發燒了。知道是因爲釣魚時受了涼的關係。熱度很高，三十九度。我不知該怎樣安慰自己的，立刻睡下來，吃了一口不知叫什麼的能治發燒的藥，頭上也放了冰袋。從下午兩點鐘睡起，非常不舒服，全身像火燒着一樣，神智也不清，胡思亂想，忘記了一切，也似乎記起了一切。一直到四點多鐘才醒來，好些，開始出汗。再睡到晚上，更好多了，只有三十七度。人清楚得多，也放心得多。晚飯也吃了，而且很想吃。一切是很快的來，很快的過去了。睡前，又喝了一杯「Hot Whisky」，睡得很好。第二天早上起來，和平時一樣。

我着實嚇了一跳，幸虧二十小時內，立刻好了。否則，在山上，還要下山去請醫生，還要通知東京。通知東京，問題就大了。甚至於，更要通知家裏。一點小病是沒有關係的，使家裏遠遠担心，却是極不願意的事。就要我想到，假使母親接到一封電報，說是我病了，她不知會怎樣急時，我似乎立刻就好了。

生病不是好事，在國外生病更不是一件好受的事。生活本該是生活在親愛人們之前，生病尤其該生在親愛人們之前。我從此以後，應該更小心自己的身體，以免「英雄最怕病來磨」。

在中禪寺繼續住到二十九號的下午回東京。

這一個多月，我很有價值的生活過去，又知道了更多的事。我去了日本的鄉村，山脚下一叢樹林後，炊烟陣陣，才知道那裏是有人家的鄉村。我不能說那不是和平的，那裏一點沒有戰爭氣息。但住在那裏的人們，也一定想不到，有很多可愛的鄉村，本來是像他們的鄉村一樣和平的，現在是看不到炊烟了，是變成廢墟了。我不知道人類爲什麼有這樣的幸與不幸，又是誰使人類不幸的！

像是休息一會的，我又該繼續我的有規則的充實自己的生活。我很高興自己能下決心再到日本來，這是一件不能再對的事。假使自己不來的話，有許多更正確的事，我是無法知道了。也無法親身經歷一些，不來日本是永遇不到的事。假使我現在還在國內，還在南京或上海，我也許會被一時的色彩所欺騙，而忘記天總歸是藍色的了。但是，我又記起這句話，爲了證明天是藍色，是沒有跑光世界上每一個地方的必要。

不會沒有陰天，不會不下雨，但是，天永遠是藍色的。也許有黑暗的時候，也許有痛苦的時候，但是，只要埋頭努力，光明總將是我們的。

曾左交惡及其他

魯昔達

曾國藩胡林翼對左宗棠均曾力薦。咸豐十年林翼敬舉賢才力圖補救疏。謂：『左宗棠精熟方輿，曉暢兵略。在湖南贊助軍事，遂以克復江西貴州廣西各府州縣之地。名滿天下，謗亦隨之。其剛直激烈，誠不免汲黯太戇意饒少和之譏。要其籌兵籌餉，專精殫思，過或可宥，心固無他。臣與左宗棠同學，又兼姻戚。咸豐六年曾經附片保奏其在湖南情形，久在聖明洞鑒之中。』國藩亦疏請簡用宗棠，謂：『左宗棠剛明耐苦，曉暢兵機。當此需才孔亟之際，或飭令辦理湖南團防或飭赴各路軍營，襄辦軍務。或破格簡用藩臬等官，予以地方，俾任籌兵籌餉之責。均候聖裁。無論何項差使，惟求明降諭旨，俾得安心任事。必能感激圖報，有俾時局。』宗棠之能獲大用，曾胡實有大力焉。而宗棠之自負才高不肯自承爲所援引，未免氣矜太過矣。惟于家書中對薦已之京官潘祖蔭宗稷展則謂：『皆與吾無一面之緣，無一宗之交，留意正人，見義之勇，非尋常可及。』似深感謝意者。是以二人非與已爭名者乎。

宗棠之宏才得展實自入湖南巡撫幕始，而其能入湘撫張亮基幕者則由林翼之數次力薦。稱其『才品超冠等倫，廉介剛方。秉性良實，忠肝義胆與時俗迥異。胸羅古今地圖兵法，本朝憲章，切實講求，精通時務。』亮基依其言，禮致宗棠，言聽計從。旋署湖廣總督，仍延入督幕。後調撫山東宗棠始辭去。復入湘撫駱秉章幕，譽望日隆，九重動色矣。前者，林翼曾屢薦之於湖廣總督程矞采。稱其『有異材，品學爲湘中士類第一。』『才學識力，冠絕一時。』『品學高博性至廉潔，讀本朝憲章最多，其識議亦絕異。其體察人情，通曉治略，當爲近日楚材第一。』更前，則又嘗薦諸雲貴總督林則徐，會則徐引疾不及禮琫。後過湘時，招至舟中，談論竟夕，稱爲不凡之才。林翼薦賢之篤於此可見，使無林翼，則宗棠或以山林逸隱終也。

曾胡左均善爲奏牘。李續賓陣亡三河，林翼疏陳續賓志行功績，及慷慨捐軀之狀，備極沈痛。咸豐帝朱批曰：『詳覽奏牘，不覺殞涕。惜我良將，不克令終。倘冀忠靈不昧，他年生申甫以佐余也。』飭終之典極爲優渥。說者謂固由續賓戰功夙著，亦林翼奏疏情詞之懇篤使然。林翼祭續賓文有『公來生我。生我楚人。倚公爲命。以至於今。』『與公同命。覥顏尚存。』『固知兵少。不忍惜身。固知賊多。不忍遺君』等語，亦極悲切動人。國藩甚歎譽之。林翼致李元度書云：『迪公（續賓）之祭文，以夜半起坐，悲憤而成。應請滌公改正數十字。同林翼之奏，刊成一本。傳之通都，藏之名山，或可藉人以傳聞耶。過蒙足下與滌公獎備，如老諸生五十年不得中舉，忽聞榜有名，爲之一快。』又云『前撰祭迪公之文，文之字句儘有不妥，而氣性淋漓。即此一端，或倘可辦成一二事耶。其文質地頗美，乞老兄同滌丈點竄，以便付梓。』國藩文學素爲林翼推服，元度亦負有文名者也。國藩輓續賓聯云：『八月妖星，半壁東南摧上將。』『九重溫詔，再生申甫佐中興。』下聯即用咸豐帝批林翼疏語，上聯則以續賓陣亡之前，彗星見，人以爲續賓陣亡應之。林翼於奉到優卹續賓之旨後，致宗棠書云：『迪公之卹極優，璞山（王金珸）無此殊恩。此豈文字不如我耶。總之，天下奏牘僅三把手，而均在洞庭以南。此三子者，名次高下尚待千秋，自問總不出三名之下。儻其抑志附心，儲精厲學，則不肖尚未可量也。』所謂三把手即指已與曾左而言，而宗棠亦嘗言『當今善奏章者三人，我第一』，則其傲岸之性然耳。清代曾左胡均爲奏議大手筆，國藩之雄偉，林翼之懇切，宗棠之明暢，均足度越恆流，不必強爲軒輊；若以文學根柢論之則國藩爲獨優矣。

宗棠嘗自以抱負過絕流輩自喜，謂曾胡均不足知已底蘊。其襄辦國藩軍務時，致郭嵩燾書有云：『滌公謂我勤勞異常，謂我有謀，形之奏牘，其實亦皮相之論。相處最久相契最深如老弟與咏公，尚未能知我，何況其他。此不足怪。所患異時形諸記載，毀我者不足以掩我之眞，譽我者轉失其實耳。千秋萬世名，寂寞身後事，吾亦不理，但于生前自謚曰忠介先生可乎。』其超然不羣之氣宇有如此者。後又嘗致書郭崐燾云：『閣下生平惟知有曾侯李伯及胡文忠而已。以阿好之故，並欲儕我于曾李之列，于不佞生平志事，若無所關，而但以疆目之，何其不達之甚也。』其對同時人物均有夷然不屑之概，于曾胡輩尚不欲人相提並論況李鴻章輩者歟？

曾左交惡相傳起于金陵既克。蓋國藩以洪福瑱死于亂軍中入告，而洪實逸出未死。宗棠偵知而疏陳之。國藩疑左軍有意張皇，上疏抗辯。宗棠復疏爭其事，辭氣激昂。至洪被擒于贛事始大白，而曾左之怨卒不解。惟據歐陽兆熊所記云：『恪靖來咨，極詆文正用人之謬。詞旨亢厲，令人難堪。文正咨覆云：「昔富將軍咨唐義渠中丞云，貴部院實屬調度乖方之至，貴部堂博學多師，不僅取則古人亦且效法時賢。其于富將軍可謂深造有得，後先輝映，實深佩服。相應咨覆云云。」恪靖好以氣陵人，文正則以詼諧出之，從此恪靖亦無一字見及矣。』事在攻在金陵之前也。唐訓方官皖撫，頗負時望，富明阿劾罷之，爲清議所不取。以宗棠之孤高自負，目空一切，而謂其師法富明阿，諧而近虐，宜其拂然矣。國藩素工諧謔，論文尤重詼諧之趣，偶以不堪宗棠之盛氣相陵，報之以此，竟成凶終隙末之局，良可喟嘆也；而宗棠亦不得謂無過也。『捫蝨談虎客』論曾左交惡事有云：『文襄粗材不足責也。文正學道有年，晚歲當益近，今若此，于所謂休休有容者，寧無慚德耶。』蓋以國藩學養素深，故責之嚴耳。王闓運同治十年九月十日日記有云：『夜過滌丈，談修好左季丈事，滌有恨于季，重視季也。季名望遠不及滌，唯當優容之。故余爲季言甚力，正所以爲滌也。此隙起于李次青劉霞仙，而李劉晚俱背曾，可爲慨然。』闓運于咸同間中興將帥，喜譏談，而尤不滿於宗棠。後宗棠戡定西陲，由一等伯晉二等侯，時論頗議其賞薄，謂應封公。闓運獨謂其『再辭侯封，近於知恥』。不慊之意可見。至謂曾左之隙起於李元度劉蓉，未知其然否也。或闓運一時性發，語未足憑也。按同治三年十月宗棠『直陳李革司被參情節摺』有云：『曾國藩初次奏劾李元度，謂其負曾國藩負王有齡，此次代爲乞恩，又謂昔年患難與共之人，惟李元度獨抱向隅之感。所陳奏者臣僚情義之私，非國家刑賞之公。臣不敢附會具奏。』語侵國藩，然已在絕交之後矣。元度以軍事爲國藩嚴劾，遂嘗相失。然本係患難相從之人，後亦彼此諒解。同治七年國藩致許振禕書云：『嘗悔昔年參劾次青太甚，今次青光復舊物，儻有傳書，鄙人愧悔漸可少減矣。』國藩逝世元度『哭太傅曾文正師』詩，有『平生數知己，當代一元臣』之句。又致輓聯亦極推崇。而劉蓉則未聞有與國藩齟齬者，闓運之語殆一時興到耳。而劉曾且以夙好而爲姻家（國藩子紀澤娶蓉女），國藩墓銘卽出其手者也。

曾紀澤爲國藩家繼起之唯一人物，宗棠甚愛重之，嘗稱以『聰明仁孝』。並以人才保奏，時紀澤出使未歸也。迨紀澤回國宗棠已前卒矣。宗棠督兩江時，委國藩壻聶緝槼佐上海製造局事，製造局督辦李興銳以紀澤日記於聶緝槼有不滿之詞爲疑。宗棠與書解釋，謂其尚有志西學，故令其入局學習。並謂『日記云云，是劼剛一時失檢，未可據爲定評。傳曰思其人猶愛其樹，君子用情惟其厚焉。仲芳能則進之，不能則稟撤之。其幸而無過也容之，不幸而有過則攻之訐之，俾有感奮激勵之心，以生其歡欣鼓舞激厲震懼之念。庶仲芳有所成就，不至棄爲廢材而閣下有以處仲芳，亦有以對文正矣。弟與文正論交最早。彼此推誠許與，天子所共知。晚歲凶終隙末，亦天下所共見。然文正逝後，待文正之子若弟及其親友，無異文正之生存也。』益見宗棠之於國藩誠有異乎尋常之凶終隙末者矣。且據薛福成所記，宗棠嘗爲國荃言與國藩絕交之故。其過在國藩者七八，而亦自認其二三。是宗棠亦非完全諉過國藩也。緝槼歷官至安徽巡撫，移浙江，爲臺諫所劾引退。家於滬上，嘗飭資興學，卽所謂聶中丞公學者是也。子其杰營商業，爲滬商界聞人焉。吳趼人小說『二十年目覩怪現狀』纖緝𡲢備至。而據『沃丘仲子』所爲『近代名人小傳』，則稱『國藩重其少年蹤懃因妻以女。當官素和謹，至浙日突彈罷不職文武多人，羣吏大驚，怨讟以作。然在當世疆吏中，尙足稱廉靜。』或『怪現狀』所述之內容有過當者歟？紀澤日記曾見二本。一稱『曾侯日記』（申報館鉛印本）一稱『曾惠敏公使西日記』（上海書局石印『曾恩敏公全集』本）內均無指摘緝𡲢語。

宗棠平時言論于名滿天下之曾胡每不在目，而于舉世皆知倘已成名之駱秉章則甚表推崇。毛鴻賓之爲湖南巡撫也，數書宗棠，以秉章簡致爲詢，宗棠覆書，舉秉章撫湘績效以告，極口贊嘆。謂『德敎既不勝書，武節亦非所短。』雖謂『外間論者每以滌公之才不勝其德爲疑。豈知同時所嘆爲有德者，固未知滌公，卽稱爲有才者所成亦遠不之逮乎。』意卽秉章之才實過曾胡也。是固其不肯人云亦云之素性使然，而秉章亦自非如世俗所論之庸碌而專恃幸運耳。

湘軍志謂宗棠督辦浙江軍務，『以初領軍，亦益謹事國藩，自比于列將。』郭崑燾糾之曰：『宗棠向喜與國藩爭，國藩嘗禮下之，未嘗一日謹事國藩也。』又曰：『謹事數語，有意詆之，非實情也。』以宗棠之自負，固非能謹事國藩者。宗棠于浙事將定時，致駱秉章書云：『滌相于兵機每苦鈍滯，而籌餉亦非所長。近日議論多有不合，祇以大局所在，不能不勉爲將順，然亦難矣。』不滿國藩之意，情見乎詞。惟政府方以東南全局委之國藩，宗棠自不能事事立異，所謂勉爲將順者此耳。前當被劾出湖南撫幕，嘗自請于曾胡，願爲一營官殺敵自効。此特以滿腔憤鬱之氣，爲無聊極思之語，非眞欲爲曾胡帳下一小校也。晚年爲章壽麟序銅官感舊圖有云。『公不死于銅官幸也，卽死於銅官，而謂盪平東南，誅巢馘讓，遂無望于繼起者乎。殆不然矣。』蓋謂靖港之役國藩投水縱不獲救，大功亦可告成。卽全局初不系于國藩一人之意。其目中之國藩，與時論良有異同也。

宗棠輓國藩聯，自署晚生，時宗棠尙未大拜，亦循督撫對大學士稱謂之慣例，本未足云特示謙敬。然昔當國藩入閣時宗棠爲浙江巡撫，未肯以晚生自稱，迨宗棠大拜，與書曾國荃云：『來示循例稱晚，正有故事可援。文正得協揆時，弟與書言，依例稱晚。惟念我生只後公一年，似未爲晚，請仍從弟呼爲是。文正覆函云，曾記戲文一齣，恕汝無罪。兄欲循例，蓋亦循此。一笑。』是可爲宗棠對國藩稱弟不稱晚之證。則輓聯稱晚生，實破格之循例矣。林翼於官文入閣後，書札中亦兼作兄弟稱謂，蓋因二人嘗定金蘭之契，林翼以脫略形跡示親密也。宗棠請表揚國藩之奏，極稱其濟餉之功。後此大舉西征，則深怨國藩吝於接濟。如致楊昌濬書云：『曾文正于西餉，每多介介。至自奏定協厚庵（楊岳斌宗棠陝甘總督後任也）之月餉三萬五千兩，亦吝不與。而馬穀山（新貽）何小宋（璟）及見署兩江之張振軒（樹聲）於前後接手時，則不待催請而自接濟。人之度量相越，竟有如此哉。』而薛福成則謂：『文襄嘗與客言，我既與曾公不諧，今彼總督兩江，恐其隱扼餉源，敗我功也。然文正爲西征籌的餉始終不惜餘力，士馬實賴以飽騰，而文襄不肯認也。』國藩于濟餉之事果始勤終怠而福成之語不免回護歟？抑宗棠責望過奢而所言未可據爲典要歟？若有意扼其餉源，則于事實所必無，以其與文正平生不類也。

宗棠雖不慊于國藩，而與其子弟輩則仍相善。當西征時，聞曾國荃由河督調補山西巡撫。奏稱：『曾國荃與臣素相契合，勇於任事本所深知。合應仰懇天恩飭速赴晉撫新任，冀於時務有裨。』以表推許之意。國荃前官湖北巡撫，上疏嚴劾大學士湖廣總督官文貪劣諸狀。詞連軍機大臣胡家玉，國藩頗不謂然。以家門功名大盛，不欲爲非常之舉也。此自其晚年戒愼之一端。與其弟國荃書云：『吾家位高名重，不可作此發揮殆盡之事。米已成飯，木已成舟，只好聽之而已。』又與國荃書云：『余初聞弟摺已發，焦灼彌月。直至得見奏稿，始行放心。所言皆係正人應說之事，無論輸贏，皆有足以自立之道。此後惟安坐聽之而已。』則自是非論之，以爲所劾非謬。迨政府於查辦大臣覆奏後，明定處分。官文解湖廣總督，以大學士革職留任。(家玉亦緣是出軍機。)復與國荃書云：『官相處分極輕，公道全泯，亦殊可懼。少荃宮保於吾兄弟之事，極力扶助。雖於弟劾官相不甚謂然，然但慮此後作官之不利，非謂作人之有損也。』蓋李鴻章於以卜國荃之不久於鄂撫任矣。國藩嘗以鴻章與兪樾對擧，有『李少荃拚命作官，兪蔭甫拚命讀書』之譃。鴻章智略優于國荃，而於作官之事，計慮亦過之。其不以國荃劾官文爲然，正忠于師門之故。未幾國荃果不安於位，引疾而歸。宗棠最惡官文，每稱爲『媼相』。故于國荃之論劾，極示心折。與書謂『兄疏稿在江西已讀過。是目下第一好事，是當今第一篇文章。昔人論張濬恪生平若無鳴禮一疏便覺減色，豈不諒哉。』可謂相視而笑莫逆于心矣。

林翼致國藩書嘗云：『季高謀人忠，用情摯而專一。其性情偏激處，如朝有爭臣，室有烈婦。平時當小拂意，臨危難乃知其可靠。』又致宗棠書嘗云：『蘇公之德吾楚一人，名太高望太切，則異日之謗讟亦且不測。公其善爲保全，毋使蒙千秋之誣也。』曾左之友道中乖，林翼其有先見之明歟？使林翼而在，以其與曾左之關係必能斡旋其間，使之言歸于好，然惜哉林翼其早喪耳。當林翼逝世宗棠祭以文，詞極雄暢沈痛。國藩稱其『情文並茂，殊爲傑構。』中有句云：『我剛而褊，公通而介。』又云：『自公云亡，無與爲善。』『孰拯我窮，孰救我褊。』是宗棠于己之褊，未嘗不自知之。而謂能救其褊，惟有林翼也。宗棠對林翼亦每以盛氣陵之。書函時有詆嘲，而林翼一不與較，始終調護。嘗致郭崑燾書云：『鄙人今春不欲與季丈抬槓，恐傷其氣。實則應薦之事，應抬之槓，均俟之異日也。然橫覽七十二州，更無才出其右者。儻事經閱歷，必能日進無疆。』又嘗致宗棠書云：『奉書皆憤懣之詞，不能以口舌與公爭。』其雅量高致，殆有非國藩所及者。

宗棠後與李鴻章會師剿捻，捻平之後，以所部劉松山功高，上疏請表揚國藩之賞拔松山。時曾左固仍在絕交中也。疏云：『臣嘗私論曾國藩素稱知人，晚得劉松山，尤徵卓識。劉松山由皖豫轉戰各省，國藩常足其軍食以相待，解餉至一百數十萬兩之多。俾其一心辦賊，無憂缺乏。用能保垂危之秦，救不支之晉。速衞畿甸，以步當馬。爲天下先。即此次巨股盪平，平心而言，何嘗非劉松山之力。臣以此服曾國藩知人之明，謀國之忠，實非臣所能及。合應仰懇天恩，將曾國藩之能任劉松山，其心重於以人事君，其效歸于大裨時局。詳明宣示，以爲疆臣有用人之責者勸。』國藩以剿捻無功而解欽差大臣之任。一時聲望頗減。宗棠有此一疏，特爲表彰，實爲難得。惟宗棠此擧，似有隱衷存焉。蓋平捻之役，鴻章統淮軍，宗棠統湘軍，蕆事而後論功推淮軍居首。宗棠自矜其功，意不能平，故借揚國藩以揚松山。松山固已部大將，揚已部亦所以抑李部耳。鴻章及淮軍將士，夙受國藩卵翼，特擧國藩以立言，俾使關口奪氣，其動機殆非純出自公歟？國藩致郭崑燾書云：『左帥表劉壽卿之功，謬及鄙人，論者謂其伸秦師而抑淮勇，究不知其意云何也。』是國藩固亦已懷疑于其動機矣。而就事論事，宗棠此疏推重國藩如此，亦自見大臣相處之誼也。國藩于金陵既下，即裁遣其弟國荃所部，惟留少數精銳，畀松山將之。號曰老湘營，宗棠授陝甘總督，松山率部隸焉。其後松山陣亡于金積堡，宗棠悲不自勝。即命松山姪錦棠代將。迄西陲之戡定，此軍恆爲其主力部隊。雖迭經增募而老湘之稱未改。薛福成謂宗棠征西之功，國藩實助成之。蓋非漫爲標榜者。至松山部平捻時所以稱爲秦軍，則以先本赴陝西剿匪，繼乃由陝出而令討捻之故。

國藩卒於江督任，優旨賜卹，宗棠家書(致其子孝威)中論及云：『贈太傅謚文正，飾終之典，極爲優渥，所謂澀亦宜之也。惟兩江替人，殊非易易。時局未穩，而當時賢能殊不多覯，頗爲憂之。』又云：『曾侯之喪，吾甚悲之。不但時局可慮，且交遊情誼，亦難恝然也。已致賻四百金，輓聯云：「知人之明，謀國之忠自愧不如元輔。」「同心若金，攻錯若石相期無負平生。」』蓋亦道實語。君臣朋友之間居心宜直，用情宜厚。從前彼此爭論，每拜疏後即錄稿咨送。

可謂鉏去陵谷絕無城府。至茲感傷不暇之時乃復負氣耶？知人之明謀國之忠兩語，亦久見章奏，非始毁今譽，兒當知我心也。喪過江干時，亦宜往弔。以敬父執，牲醴肴饌，自不可少。更能作誄哀之，申吾不盡之意。尤是道理。吾與侯所爭者國事兵略，非爭權競勢比。同時纖儒妄生揣擬之詞，何直一哂耶。』

心長語重，肝胆照人。斯亦可謂一死一生乃見交情矣。

甲申正月，左相開兩江總督缺，蓋因病也。給假四月，回籍調理。五月復入京，七月入閩督師，以欽差大臣身份出之，其時則已垂垂老矣。翁同龢日記記其到京後情事云：

五月十九日：『出西華門，拜左中堂於栴檀寺，未見。昨日到尙遲數日請安起跪不便。』二十一日云：『以陳紹一罎，白米百斤送左相。』二十六日云。『左侯仍在軍機大臣上行走毋庸入直。遇要事傳問，並管理神機營。調舊部兩營來京。』閏五月初八日云：『左相以內閣典籍廳印行文外省，廷寄申飭。』十三日云：『左相封事，同軍機上，聞以後自請每日入直。』二十九日云：『左相國來長談，神明尙在，論事不能一貫，大不滿意於沅帥（按曾國荃也。時爲兩江總督）。念湯伯述不置。云已補上海爲沅所撤。力主戰，以爲王德榜李成謀楊明燈（按宗棠舊部有提督劉明燈，光緒二年遵旨列保記名提鎭，稱爲『將材中以識略著者。』楊或劉之筆誤耶。）皆足了此也』。六月朔云：『冒雨至內閣大堂會議，實未議，只看摺耳。……左相說帖。』二十一日云：『訪左相談，雖神情不甚清澈，而大致廓然。贈我盾鼻餘瀋，其所撰詩文雜稿也。反覆言打仗是學問中事。第一氣定，氣定則一人可勝千百人，反是則一人驅千百人矣（此句語氣未妥，或有誤字）談及先兄文勤（按翁同書也），咨嗟不已。』七月初二日云：『延煦參左宗棠於乾清宮未往行禮，交部議處。』初六日云：『醇王參延煦劾左宗棠行禮不到，意在傾軋，交部議處。』十一日云：『是日吏議上——左相罰俸一年。』十八日云：『左宗棠授欽差大臣，赴福建督師。楊昌濬穆圖善幫辦。』二十日云：『得電信。無名。殆盛君（或盛宣懷）所爲，言左相不可往閩，宜在吉林備俄也。』二十四日云：『以蒸豚等送左侯。』二十五日云：『左相來辭行，坐良久，意極惓惓。極言輔導聖德爲第一事。默自循省，愧汗沾衣也。其言衷於理，而氣特壯。曰凡小事精明，必誤大事，有味哉，有味哉，勸其與元沛協力，伊深納之，悵惘而別。』宗棠晚歲，雖老態龍鍾，然尚豪氣依然，於俄事尤極忿悵，烈士暮年，壯心未已者也。

上海郵政管理局暫准登記證第四〇〇號

本期每冊實價拾元

古今

散文半月刊

第三十三期

懷弘雅量涵高遠
領畧清言見古今

汪兆銘

精衛

樸之吾兄 [illegible]

古今半月刊第三十三期目次

下期特載預告

南社詩話……曼昭

中華民國三十二年十月十六日出版

社長　朱樸
主編　周黎庵
發行者　古今出版社　上海亞爾培路二號
發行所　古今出版社　上海亞爾培路二號　電話：七三七八八號
印刷者　中國科學印刷公司
經售處　各大書坊報販

零售每冊中儲劵拾元

國民政府宣傳部登記證滬誌字第七六號

預	定
欵項先繳 照價八折	半年 一百元 全年 二百元

續孽海花人物談（上）

紀果庵

前余爲孽海花人物漫談，掛一漏萬，不免爲學人所譏。余生也晚，雖有志於朝章國故，而草野鄙僿，將何取資，況大戰成劫，書缺有間，搜羅采輯，舉不易易，時人謂近代史較古代史尤難爬梳，非夸言也。連年於中和月刊讀海虞張隱南先生（鴻）續孽海花，雖貫串脈絡，不能踵武曾氏，要其穿插時事，紀錄晚清故實，有裨國史，不能不謂爲精心之作。續書每遜原著，自西廂紅樓，何莫不然，則於張氏此作，固亦當勿爲苛論。張氏不幸於壬午一月病逝，耆宿凋零，彌用慨嘆，聞書將單行出版，張氏地下有知，或亦爲之瞑目乎？（中和四卷六期止已刊完）

續孽海花之筋節，唯在戊戌庚子兩大變局，而以彩雲緯於其間，所惜敘及彩雲本身者，不及全書五分之一，賓主不侔，最足惹人評議。唯如余文所云，吾輩所賞，在人物而不在技巧，則味乎牝牡驪黃之外，又不必執一般成見以爲衡度耳。按戊戌庚子之變，線索實非有二。自光緒帝初政，即有發憤圖雄之志，西后專擅，積不相能，乃有戊戌，戊戌之後，太后既益忌新黨，加以無識庸臣，煽誘其間，魯莽滅裂，終召八國聯軍之禍，譬之奕棋，一著既錯，滿盤皆輸，縱欲挽回，抑已艱矣。光緒十年甲申，法攻越南急，中朝窮於應付，忽而和，忽而戰，盛伯羲（昱）遂疏劾軍機大臣，於是樞垣自恭王以下十餘人，一夕俱罷，醇王代領軍機，引用孫毓汶等，朝政益不如前，翁叔平相國，亦被排出軍機者，唯仍在毓慶宮行走，不失帝師之位，其不慊孫等，已不必言，既而盛伯羲又劾醇親王不宜與聞機務，中朝對清流，漸有厭煩之意，不久，陳寶琛張佩綸等遂皆以欽差會辦之頭銜，紛紛外放矣，然朝中隱分黨派，互爲傾擠，實自茲始，故論者咸目甲申爲晚清政局之關鍵焉。（張季直自訂年譜：自恭王去，醇王執政，孫毓汶擅權，賄賂公行，風氣日壞，朝政益不可謂。由是而有甲午朝局之變，由甲午而有戊戌政局之變，由戊戌而有庚子拳匪之變，由庚子而有辛亥革命之變，因果相乘，昭然明白，………故談朝局國變者，謂始於甲申也。可爲此說一例。）自今年上溯甲申適周甲子，撫古念今，頗多感觸。續孽海花第三十九回「蘭鮑同堂洛閩分黨派」記汪鳴鑾受翁相國暗示彈孫毓汶去職事，詳細生動，可補舊史之闕。欲明此役，請先追言甲申故事，頃閱黃秋岳花隨人聖盦摭憶，對此記載至詳：

「甲申時，秉政者恭邸與高陽李文正鴻藻，恭邸自庚申和議後，內平髮捻回匪，外與各國駐使周旋坫壇，承文忠（祥）之後，雖不悉當，尚畏清議，高陽則提挈清流，開一時風氣，忌清流者，亦因之而起。法越事起之前，合肥丁內艱，奪情回籍，守制百日，朝廷以合肥統北洋淮軍，即命向隸淮軍之張樹聲署直督以鎮率之，其子靄青，在京專意結納清流，爲乃翁博聲譽，此時即奏請豐潤（張佩綸）幫辦北洋軍務，忽爲言官奏劾，疆臣不得奏調京僚，豐潤仍留京，因而怨樹聲之調爲多事，樹聲甚恐，頗慮其挾恨爲難，非排去不安，然豐潤恃高陽，又非先去高陽不可，靄青即多方慫恿清流，向盛伯熙再三游說，彈劾樞臣失職，伯熙爲動，乃不意并樹聲亦論列之，此乃非靄青所料。自光緒七年秋起，法人謀越日急，恭邸掌樞（軍機）譯（總理各國事務衙門）因應失宜，以致决裂，已屢經台諫彈劾，且西后於邸，恩眷已衰，迨十年三月，伯熙奏上，兩宮即召見伯熙曰：樞臣如此，教我們如何是好？即下淚曰：然則非更動不可，伯熙亦淚下。次日，恭邸與高陽即出樞，樹聲亦開兩廣缺矣，伯熙旋亦悔之。此爲同光清流於朝局盛衰之關鍵，清流亦自此結局。迨醇邸當國，援引孫毓汶入値，從此賄賂公行，風氣日壞，朝政益不堪，旋有甲午之役。……靄青名華奎，當時清流已分道揚鑣，伯熙及王可莊兄弟，黃仲弢皆不慊於蕢齋（佩綸）……故爲靄青所用。」又記祁文端寯藻曾孫景頤之言云：「同光間李文正公鴻藻，文文忠公祥，久居樞府，咸豐庚申，恭忠親王首辦各國交涉，其人忠懇公明，維持調護，文正以帝師兼値軍機（指鴻藻爲同治師），吳江沈文定桂芬先數年入樞，當時已分南北派；榮文忠祿，時方隨文文忠左右，與文正定交，即在文忠所。光緒初，常熟又爲帝師，時二張（南皮、豐潤）奔走於高陽，頗攻擊吳江（沈文定）仁和（王文勤），王爲沈辛亥浙江鄉試門生，故援王以厚南派之勢。甲申三月事，實起於清流，李文忠丁母憂奪情未起，張樹聲署直督，其子華奎小有才略，向附清流，與二張稔，方謀請以豐潤幫辦北洋軍務，外間傳聞豐潤已首肯，而爲南派所懾，於是有致高陽書，中有某忝値赤墀，豈疆吏所能乞請，若臨以朝命，亦必堅辭。合肥旋回任，其事乃寢，華奎乃草一疏底，以豐潤曾保唐、徐，時法越事起，唐徐敗退，爲舉非其人，且辭連高陽，因王仁東達於祭酒盛昱，祭酒乃更易其詞，嚴劾全樞，正値慈寧不慊恭邸，與醇邸議，而有大處分之下，外傳孫濟寧預其事，諭旨即出其手，然濟寧已先奉命出外查辦事件，早出都門矣。」在續書中，正言翁尙書利用孫萊山會與恭邸有此嫌隙，因而觝去之，固知當時孫氏與謀之謠，甚囂塵上矣。孫在書中化名祖蓀山，翁則仍曰龔和甫，恭王射名敬王。按孫萊山於甲午力持和議，至痛哭流涕，後雖爲清流所非，然亦不得謂爲無所見也。其晚節簠簋不飭，世頗訾之，交通權璫，尤爲士林所薄，沃邱仲子近代名人小傳云：

「孫毓汶字萊山，故大學士玉廷孫也。以翰林同治初大考一等一名，擢侍講學士，値南書房，督福建安徽學政，考試公明，關說不入，光緒初始除侍郎，授軍機大臣，晉兵部尙書，毓汶固權奇饒智略，尤有口給，然守家學，頗勵操行，既入樞府，頓改節，孜孜營財賄，通竿牘，時領樞府者爲世鐸（禮親王），懦庸無能，毓汶遂專魁柄，夙値南齋，多識羣奄，恒於后前稱其能，寵以日固，黔藩司王德榜入覲之，謁之，索門包白金千，德榜起行間，負氣善罵，怒曰：吾國家官，非孫家官也，不見何害，安用賄爲！竟去，既還仕，黔撫適缺員，毓汶爲后言，德榜不通文理，不可攝封疆，遂以臬司黃槐森權撫，德榜憤死，又閩臬司黃毓恩，餽冰敬二百金，却之曰：八年夔州，僅足辦此乎！蓋毓恩任夔州守久，臕仕也，已而竟調黔臬，懼餽萬金，未及黔遂晉閩藩。其弄權類如此！凡命題書畫，輒摹贋本進，而自留其眞，時稱齊天大聖，言如小說中孫悟空之善變化盜桃竊丹然。……甲午日朝事作，遼地半失，提督董福祥晉謁，尙屬爲購關東貂褻，福祥面叱之，言官爭彈其攬權，德宗亦悟其奸，遂准病致仕去，然毓汝固未嘗乞休也。」對萊山微辭良多，所稱言官，即汪鳴鑾（柳門）等，翁氏之門生，書中稱爲錢唐卿，其搏擊出諸常熟授意，而罪狀則仍言甲午主和也。汪與長麟（書中化名長琳）被革黜，事在光緒廿一年十月，續書記此，完全出於李蓮英之圈套，長麟爲左翼總兵，時帝親往天壇郊祀，李故使御膳房廚司犯蹕，因被長逮繫，及西后傳膳，詭言膳夫被捕，無人烹調，遂大召后怒，傳諭德宗，痛爲申飭，並問曰：「你這兩天召見的錢端敏（即錢唐卿），這個人好不好呢？皇上一聽，知道出了事了，就奏道，兒子因爲有人說他不很安分，所以當面問問他，看起來這個人不見得靠得住。」太后冷笑道：「你這句話還有一點兒明白，你就去辦吧！」至汪，長被排，除助翁爲帝張目，嚴斥后黨外，又有宮闈瓜葛在內，蜷廬隨筆翁文恭條亦記帝后對答之言，與續書參讀，頗有意致：

「翁文恭師，得君之專，一時無兩，上聞諸內侍相語曰：某人爲某人之心腹，上笑曰：我無心腹，只有翁同龢一人，可爲吾心腹耳。太后聞之不懌，蓋未悟股肱心膂之說，認作植黨營私耳。珍貴妃以微過被譴，降作貴人，遂不得與上相見，上亦不得臨幸，蓋宮廷定制如是，貴人位卑也。上以慈意嚴切，無法解救，不免怏怏踰年，太后怒息，赦珍出，仍命爲妃。上意釋。定省之際，愈爲婉順，太后亦喜，笑謂曰：汝常能如此盡孝，吾豈不歡？前此之桀鶩，汝必誤聞人言也，吾言是否？上素性訥愿，唯唯而已，太后因問，汝當初誤聞何人之言乎？上默不敢對，太后笑曰：汝不妨姑言之，上復囁嚅，太后怒曰：有問無答，孝行何在！上大惶恐，自念實無人言，何敢妄說，而又實逼處此，不得不略舉一二，倉卒無可指名，憶及早晨召見之九門提督長萃，戶部（當作吏部）侍郎汪鳴鑾，二人素爲太后所稱者，言之當無妨，乃舉二人以對，太后勃然曰：鼠輩乃敢離間我母子乎？立將二人付刑部，照離間兩宮例定罪，於是盈廷惶駭，樞臣及翁相國等，皆入宮泥首以請，旋得旨，長萃汪鳴鑾，皆革職永不敘用，慈聖之意，初欲上舉翁同龢爲對，不意上以長萃汪鳴鑾當其災也。」（徐一士君認此說不可信，見國聞周報十卷十期隨筆）所云長萃係長麟之誤，麟官戶部右侍郎（清史稿云，累至戶部右侍郎）翻譯進士，能文善書，黃秋岳君引吳介清筆記云（吳名汝康汪同鄉官吏部）：「長石農能文善書，與清秋浦總憲銳，均爲翻譯界出色人物，任右翼總兵時年僅廿八九歲，短小精悍，英爽俊偉，陛見日，奏對稱職，聖眷因之日隆。甲午事起，失利疊聞，不得已起用恭忠親王督辦軍務，特簡長隨同辦事，一日，因某事與王爭執，抗辯不少屈，退出後，王顧左右云：後生可畏，聖上喜用青年，吾輩暮氣深沉，不足任重致遠矣。不意進銳退速，乙未十月，竟以離間宮廷，不知大體，與吾鄉汪柳門先生鳴鑾同日罷黜。先是和議成，大學士六部九卿翰詹科道，齊集內閣大堂，恭讀硃諭，汪讀至賠欵二萬萬，與其師高陽相國，均痛哭失聲。自是攖心疾，早蓄歸計，至是得遂初服。但是日緣何致觸上怒，疑莫能解，其後曾有人追述此事經過（似是時報駐京記者汪康年），事隔多年，任亦忘之矣。甲午十月，豫撫裕寬，入都覲覲，覬覦蜀督，先謀之李奄，所索奢，未能滿其欲，裕故與珍妃母家爲近姻，乃輦金獻之珍妃，俾伺便言之上前，未及行，爲李偵知，憾裕舍己之珍，遂以告孝欽，孝欽果大怒，立召珍親詢之，妃直自承不諱：且曰：上行下效，佛爺不開端，孰敢爲此乎？孝欽怒，杖之百，頓先朝諸妃嬪及大公主（恭邸女）環跪乞恩，乃與瑾妃並降爲貴人，翌年十月，長麟罷黜，不數日，竟復二妃封位，……謠傳種種，均謂長麟與珍案有關，然宮闈秘密，莫得究竟也。」黃氏云：「就前後情節觀之，汪長必爲珍妃被黜進言，以爲應復其位，以泯帝后之嫌隙，故觸上怒，而此事又不能明言，故以離間宮廷不知大體八字，籠統揭布；意其情形，汪柳門有藉此求去之隱衷，長石農則年少敢言，自恃八旗子弟，其同遭淪謫不復起，則緣德宗始終抑鬱，故帝黨一蹶不振也。」汪康年所記不知與此有出入否，寒齋無康年莊諧選錄等書，故不能知。歸納諸家之說，則長汪之去，與珍妃被黜有關，殆無疑義。唯吳黃所云汪有藉此求去之心，殊恐未必。觀翁文恭乙未十月日記：「見起，遞摺畢，上宣諭，吏部侍郎汪某，戶部長某，離間兩宮，厥咎難逭，着革職永不敍用。臣等固請所言何事，而天怒不可回，但云，此係寬典，後有人敢爾，當嚴譴也。三刻退，擬旨，未到書房，訪燮臣數語歸，柳門候余久，伊甚坦然，可敬也。」仍以續書所云，出之新舊黨互相排擠爲是，不可以小說之言，視爲讕語耳。長麟被黜，既非右翼總兵，尤非九門提督，諸所記皆附會。

汪穰卿以辦時務報，蜚聲晚淸，其終也，亦以報館致瞿文愼於顚蹶。書中射曰王讓卿。與梁超如（啓超字卓如）林敦古（即六君子中之林旭字暾谷）戴勝佛（譚嗣同字復生）王子度（黃公度）等等盤桓詩酒，頗敦氣類，而賽金花亦所眷也。按穰卿與梁，初雖融和無間，迨光緒廿四年，新政次第實施，朝廷用康有爲言，將時務報收歸官辦，而令康爲監督，汪大不願，遂自改其報曰昌言報，格式一仍舊貫，康氏無可接，以朝旨令江督及滬道强迫停閉其報，經汪向江督劉坤一呈請得免，梁氏乃於上海各報刋登時務報原委記一文，言時務報之設，原係上海强學會餘款，及兩湖張督輸捐，初非汪氏一人出資，何得自居經理云云，蓋汪氏於國聞報所刋改組時務報啓事中有「康年於丙申秋在上海剏辦時務報，延請新會梁卓如孝廉爲主筆」一語，深觸梁氏之怒也。梁文洋洋數千言，詆汪甚厲，汪亦爲短文辨解，而着重於不可同室操戈一點。後此事派黃公度查辦，以新政瓦解，不了自了，及梁氏漫遊新大陸，又與汪通欵曲，近穰卿之弟詒年輯其兄傳記出版，對此事申說甚詳，好掌故者不妨取閱，又戈公振氏中國報學史，全載梁氏詆汪之文，亦可備報界故實。

賽金花至滬結識名妓小寶，其同里也，由小寶計劃，始再懸艷幟，並脫略孫三，不啻弄之掌股，則小寶亦奇人也。淸稗類鈔娼妓類金小寶有吳娘本色一條云：「光緒中葉，上海名妓有所謂四大金剛者，曰林黛玉，曰陸蘭芬，曰金小寶，曰張書玉，蓋繼如來三寶之吳新寶黃銀寶何雙寶而起者也。金名粟，爲吳娘，曾居閶門下塘，手足柔纖，肌膚瑩膩，風韻體態，雅近上流，若其酬答斂慧，雖文士，靡有加也。旋徙滬，負一時盛名，而絕無叫囂隳突之習，固猶是吳娘本色也。後適馬氏，未幾，挈厚貲下堂去，有兩客爭餌之，互致謗語，小寶左右之，不知所可，已而回蘇，言將入校肄業，又未幾重至滬，羅致舊客，設博場，役一俊僕，名之曰同胞。」觀此則小寶之奇可知。林黛玉亦有一條，無關宏指，不備錄。

賽金花在滬入京及義和團變中與瓦德西結識各節，泰半取材賽金花本事，（劉半農弟子商鴻逵所述，乃親詢之賽者。）而爲克林德立坊一事，尤賽所津津樂道者。賽氏病故舊京後，張次溪君曾摭拾當時紀載刊爲靈飛集，昨余偶於冷攤買到此册，中有楊雲史（圻）致張商量賽金花墓碑書，頗不以賽氏居功代李傅相向瓦德西說項爲然，玆抄錄於后，亦不失「賽史」中一小掌故也。

「次溪仁弟如晤：昨書誦悉……囑書碑文固樂爲之。……唯有數事，須於此時定局，一曰定名稱也，彩雲金花，皆其化名僞姓，不可稱，今旣爲存其人，則不當稱洪稱魏，而稱趙靈飛玫，旣雅馴，而存其眞面目也。二曰核事實也，此人事迹，全在余眼中，其所排難解紛，保全閭秀名節，確功不可沒，至若近年青年文士，不書事實，爲求刊物利市，聳動耳目，至謂其有功國家，信口雌黃矣。且謂李文忠求賽緩頰於瓦德西，而今月之實報半月刊，東山君至謂文忠屢請不至，乃躬自造訪，又不見，乃屏去騶從，徒步造膝，眞令人作嘔而髮指！無論文忠豈能跪求娼寮，且文忠自入都後，即未出門一次，庚子之夏，家嚴由文忠奏調議和，余隨侍居賢良寺一年餘，與于晦若、楊蓮甫、徐次舟朝夕晤聚，一切深悉，安有絲毫此種影響！此等紀載執筆亦求驚世異俗，或貪稿費，而辱國誣賢，一切不顧，至此且不獨辱祖國，且辱及德國，可謂無聊之極。倘聽其以訛傳誤，則他日將誤及史乘，今幸余等尙復生存，豈可令其信口胡說？前歲李氏即欲與劉半農法律解決，因劉死作罷，嗣欲登報辨白，爲余所阻，……所幸碑文紀載，今由弟主持其間，余聞之甚慰，亟欲與弟相晤，……此事旣出之當事，諸君風義之舉，則須格外謹愼，因關於國家，關於賽之事迹，若但求溢美，不顧其他，則辱國誣賢，在所不免，不可視諸眞娘蘇小，與風雅等觀而已也。……再文人至不足恃，孽海花爲余表兄所撰，廿六年前初屬稿時，余曾問賽與瓦帥在柏林私通，兄何得知之？孟樸曰：彼二人實不相識，余因苦於不知其此番在北京相遇之由，又不能虛構，因其在柏林，確有碧眼情人，故我借來張冠李戴，虛構來迹，則事有線索，文有來龍，且可鋪敍數回也，言已大笑，此辛丑之事，余年廿七，曾年三十，且余以北京拳匪材料供給不少，試問文人筆墨爲文筆不喜平庸起見，往往虛構出之，賢者不免，而況投稿求食者，豈能顧及流弊？……」

與楊氏意見相同者，則又有黃秋岳氏，其說數見，姑引其二：「孟樸近爲賽金花事，在滬報有談話甚詳，其實如傅彩雲者，何足辯證？鶴亭言（按是冒鶴亭）况虁笙舊與彩雲自命甚暱，願載筆爲傳，彩雲漫諾之，虁笙一夕具紙筆，造粧閣，首詢身世，已自十問答二，又據孽海花，叩以阿福事，則色然報以白眼曰：瞎說八道！夫欲從老妓口中徵其往事，而又期爲信史，此誠天下之書癡，虁笙已極癡矣，近人乃不信孟樸所述，而反欲徵於彩雲，輒詢以洪文卿與下堂事，則其癡與不曉事蓋不讓前輩也。」又云：「比見南北報紙，數記賽金花事，大率拙滯可笑，獨劉半農所爲傳記，余未及見，半農今已化去，見亦無從質之。其所作大抵徵於賽之口述恐未可據爲信史，庚子至今，才三十餘年，耳聞目見，說之可憑者不少，乃使老妓自言其遭際，其必爲所愛者諱可知。執筆時毋乃過勇耶？但樊山後彩雲曲，所述儀鑾殿火，瓦德西裸抱賽穿窗出云云，余嘗叩之樊翁，亦僅得之傳說，若瓦賽跨馬並遨，略無顧忌，則衆所共知。瓦歸國後，卒不得志，亦云緣此事。……又金鑾瑣記（四川高樹撰曾官御史）中有一詩云：蜂狂蝶浪亂官儀，妖孽天生此夏姬，鐵面丹心驄馬使，飛符驅逐出京師。原注云：賽金花傅彩雲，戶部尙書楊立山暱之，莊王妒甚，使拳匪誣之，彩雲下處，京朝官車馬雲集，實天生一夏姬也。城南弟（按樹弟名枏，時爲巡城御史）惡之，巡城時遞解彩雲回蘇。按此詩擬賽於夏姬，則年齒身世，尤不倫矣。而事實亦大誤，立山所眷口袋底名妓，名綠柔，殺之者載瀾，非莊王也。由此可見咫尺間事，猶易傳訛，矧文筆故實之比附乎？」斯所語可謂頗有見解，賽金花本事，雖出口述，然簡略之極，尤以阿福瓦德西諸公案，皆諱言之，即孫三亦不似孽海花中描寫之情節入微，且孫黑而麻，亦不似世人想象中之面首也。樊山翁前彩雲曲，世多傳誦，後彩雲曲，專爲賽在庚子一役之招搖而作，故猥媟不堪，詩格卑甚，爲讀者便利計，姑引其序及儀鑾火災一段如下：

「光緒己亥居京師，製彩雲曲，爲時傳誦。癸卯入覲，適彩雲虐一婢死，婢故秀才女也，事發到刑部，問官皆其相識，從輕遞籍而已，同人多請補紀以詩，余謂其前隨使節，儼然敵體，魚軒出入，參佐皆屏息鵠立，陸軍大臣某，時爲舌人（似指廕昌），亦在行列。後乃淪爲淫鴇，流配南歸，何足更汚筆墨，頃居滬有人於夷場見之，蓋不知偃蹇幾夫矣。因思庚子拳匪之亂，彩侍德帥瓦爾德西，居儀鑾殿，爾時聯軍駐京，惟德軍最酷，留守王大臣，皆森目結舌，賴彩言於所歡，稍止淫掠，此一事足述也。儀鑾殿災，瓦抱之穿窗而出，當其移亂宮禁，招搖市廛，晝入歌樓，夜侍夷寢，視從某侍郎使英德時尤極烜赫。今老矣，仍與廁養同歸，……而瓦酋歸國，德皇察其穢行，卒被褫譴，此一泓禍水，害及中外文武大臣，究其實亦一尋常蕩婦而已。……此詩着意庚子之亂，其他瑣瑣，概從略焉。

……瓦酋入據儀鑾座，鳳城十家九家破，武夫好色勝貪財，桂殿秋清少眠臥，聞道平康有麗人，能操德語工德文，……柏靈當日人爭看，依稀記得芙蓉面，隔越蓬山二十年，瓊華島上邀相見。……將軍七十虬髯白，四十秋娘盛釵澤，普法戰罷又今年，枕席行師老無力，……誰知九廟神靈怒，夜半瑤台生紫霧，火馬飛馳過鳳樓，金蛇𦖭䃺燔鷄樹，此時錦帳雙鴛鴦，皓軀惊起無襦袴，小家女記入抱時，夜度娘尋鑿坏處，撞破煙樓閃電窗，斧魚籠鳥求生路，一霎秦灰楚炬空，依然別館離宮住！……」

考賽金花本事所記及前楊雲史轉述曾孟樸語，皆言與瓦帥初不相識，稗官附會，要亦不必太鑿，近閱瓦德西拳亂筆記，（王光祈譯，筆墨奇劣，竟不能達意）。對儀鑾殿災，描寫甚詳，而書中迄未提及賽氏，瓦是幕中人，自更不便說起，則此事難乎傳信，抑不必斤斤爲辯矣。

書中記大刀王五與譚嗣同相結事，恍如看七俠五義彭公案，其詳不獲於他書取證，又一回記譚入山學道，聞新黨得勢而出山赴京，途遇盜匪掠刦村農，拔刀爲助，亦譚一重要軼事，不知可信否？按大刀王五（書中射名王二），在晚清時頗蜚聲京華，後以尋仇，爲拳匪所殺，其人誠奇男子也。護送安維峻赴甘一事，尤爲人所樂道，故書中頗致意於此。安字曉峯，甘肅泰安人，光緒六年進士，十九年官御史，一年中先後上六十餘疏，日韓起事，首彈李合肥挾外洋以自重，甚至謂其子經方婿於日，殆冬烘頭腦之戇直書生也。然於彈李之餘，乃痛詆李蓮英及西后，稜稜風骨，殊有足多。原摺略云：「聞和議出自皇太后，太監李蓮英實左右之，臣未敢深信，何者？皇太后既歸政，若仍遇事牽掣，將何以上對祖宗，下對天下臣民？至李蓮英是何人斯，敢干政治乎？如果屬實，律以祖宗法制，豈復可容？唯是朝廷受李鴻章恫嚇，不及詳審，而樞臣中或係私黨，甘心左袒，或恐決裂，姑事調停，李鴻章事事挾制朝廷，抗違諭旨，唯冀皇上赫然震怒，明正其罪，布告天下，如是而將士有不奮興，賊人有不破滅者，即請斬臣以正妄言之罪。」疏入，上諭：「軍國要事，仰承懿訓遵行，天下共諒，乃安維峻封奏，託諸傳聞，竟有皇太后遇事牽掣之語，恐開離間之端，令革職發軍台。」清史本傳云：「維峻以言獲罪，直聲震中外，人多榮之，訪者萃於門，餞送者塞於道，或贈以言，或資以贐，車馬飲食，衆皆爲供應。」蓋直道自在人心，初非一手可掩，同光之間，肅人前有吳柳堂（可讀）侍御之尸諫，後有安曉峯之遣戍，堪稱雙璧。關於王五，各家紀載頗多，玆引春冰室野乘一段，以見官府吏胥之劣狀，亦可與本書相發明。

「大刀王五者，光緖時京師大俠也，業爲人保鑣，河北山東羣盜，咸奉爲祭酒。王五因爲制法律約束之，其所劫必奸吏猾胥，非不義之財無取也。己卯庚辰間，三輔劫案數十起，吏逐捕不一得，皆心疑王五，以屬刑部，於是刑部總司讞事兼提牢者，爲溧水濮青士太守文暹，奉堂官令，檄五城御史，以吏卒往捕，王所居在宣武城外，御史得檄，發卒數百人圍其宅，王以二十餘人，持械俟門內，數百人者，皆弗敢入，第囂呼示威而已。會日暮，尙不得要領，吏卒悉散歸，既散，始知王五不知何時，亦著城卒號衣，雜稠人中，而官吏不之知也。翼日，王五忽詣刑部自首，太守召而詢之，則曰：曩以兵取我，我故不肯從命，今兵既罷，故自歸也。詰以數月來劫案，則執爲其徒黨所爲，執爲他路賊所爲，侃侃言無少遁飾。太守固廉知其材勇義烈，欲全之，乃謬曰：吾固知諸劫案與汝無與，然汝一匹夫，而廣交遊，酗酒縱博，此決非善類，吾逮汝者，將以小懲而大戒也，笞之二十，逐之出。歲癸未，太守出爲河南南陽知府，將之官，資斧無所得，憂甚，一日，五忽來求見，命入，則頓首曰：小人蒙恩無以爲報，今聞公出守，此去皆暴客充斥，非小人爲衛，必不免，且聞公乏資斧，今攜二百金來，將以爲贐。太守力辭之，且曰：吾今已得金矣！五笑曰：公何欺小人爲！公今晨尙往西商處，貸百金，議不諧，安所得金乎？無已，公盍署券付小人，俟到任相償何如？至於執羈靮，從左右，公即不許，小人亦決從行矣，太守不得已，從其言，遂同行。至衛輝，大雨連旬，黃河盛漲，不得度，所攜金又垂盡，乃謀之五曰：資又竭矣，奈何！五笑曰：是戔戔者，胡足難王五？言畢，乃匹馬腰佩刀，絕塵馳去，從者譁曰：王五往行劫矣！太守大駭，旁皇終日不能食，薄暮五始歸，解腰纏五百金置几上，太守曰：吾雖渴絕不飲盜泉一滴，速將去，毋汚我！五啞然大笑曰：公疑我行劫乎？王五雖微，區區五百金，何至無所稱貸，而出此乎！此固假之某商者，公不信，試爲折簡召之，即書片紙，令從者持之去，次日，某商果持五所署券呈太守，始謝受之，五返京師，仍理故業。安曉峯侍御之戍軍台也，五實護之往，車馱資皆其所贈；五故與譚復生善，戊戌之變，五詣譚君所，勸之出奔，願以身護之行，譚君固不可，乃已。譚君既死，五潛結壯士數百人，欲有所建立，所志未遂，而拳亂作，五遂罹其禍。」

此文大似遊俠刺客傳，惜稍病冗贅，然五之行誼於此可見。庚子被禍，自是舊黨尋仇有意爲之，非僅由拳民妄殺者。（曾書亦致推挹。）

樸園隨譚（五）

朱樸

記雁蕩山

鄙人是一個十十足足的鄉下人，雖然居住在這個名聞世界的大都市裏前後已有一二十年之久，可是土氣未脫，野性猶存，對於時髦娛樂如跳舞場跑狗場之類始終不感興趣，旦夕所念念不忘而心嚮往之者仍不過是鄉間山水之自然風景而已。回憶幼時七八歲至十歲之間，每年舊曆三月十八日總隨先公赴芙蓉山去看迎神賽會，十分有趣。十歲以後，每逢淸明與重九的翌日，例隨先公赴惠山掃墓，此情此景，如在目前。十幾歲時在東林書院讀書，有一次校中全體學生到蘇州去旅行，遊了一次虎邱，以後一直到二十歲未曾到別處去遊過名山大川，眞正可謂孤陋寡聞之至了。

二十歲後到了北京，暢遊西山，香山，玉泉山，萬壽山。以後離京南下，又復出國兩次，十餘年間所遊過的名山國內計有紫金山，鷄鳴山，靈巖山，靈隱山，江郎山，雁蕩山，天台山，廬山等處，國外遊過歐洲法瑞中間阿爾卑斯山之一部。總上所述的諸山之中，印象最深而又最令我不忘的是雁蕩山。我是民國二十五年五月初旬遊雁蕩山的，距今不過七年。當時我曾寫了一篇「遊雁蕩山記」，載在那年七月份的中華月報上，現在轉錄於此，藉資回味。讀者如不以「炒冷飯」見譏，不勝大幸！

余耳雁蕩山之名久矣，屢欲往遊，苦未得閒。民國廿五年四月下旬，閩贛浙皖邊區淸剿總指揮張向華先生出巡四省邊境，五月初旬，經浙省之永嘉，瑞安，平陽，樂淸等縣，余幸獲偕隨，遍覽勝境；八日抵天台山，晚宿國淸寺，萬籟俱寂，百感交集，念歲月之易逝，慨良機之難再，因濡筆以紀此遊，藉誌不忘焉。

五月二日晨七時，余等由溫州乘小輪赴瑞安，行一小時，經妙智禪寺，乃登陸小遊。寺甚宏敞，門前有小石塔七座，環以半月形之小池，中蓄黃鯉魚數十尾，游揚自得。入大雄寶殿，僧人正誦經，殿宇甚新，金碧輝煌，堂中置有黃白色杜鵑花及淺綠色繡球花數盆，盛開，目之心醉。方丈殷勤導遊，歷半小時返船。

繼經仙巖山，復舍舟登岸。山路甚整潔，步行數百武，過一牌樓，題曰「溪山第一」，爲先賢朱晦翁所書，筆力遒勁。渡虎溪橋，抵聖壽寺，寺僧擊鼓鳴鐘以示敬。方丈出迎招待，引導登山，遊觀音洞，旁有瀑布，可數十丈，石壁上刻有「飛白」二字。再上登雷亭，旁有石壁對峙，下爲深澗，泉水湍流，宛如奔馬，是處名「雷潭」，余等燃爆竹投諸澗中，回聲震耳。繼登龍鬚亭，經仙姑潭返寺，寺僧出所治素看以饗客，頗精美。午餐後繼續再行，下午四時抵瑞安，晚宿南堤電氣公司。

五月三日晨八時離瑞安，渡飛雲江乘小輪抵平陽，十時到達，在縣政府午餐後，即換輪赴鰲江，寓陳鯨量先生之「橫海樓」。是日大雨不止，下午張總指揮出席平陽縣各界歡迎大會，並致訓詞，晚應各團體公讌。

五月四日天晴，晨五時即起，六時乘小輪赴水頭鎮，九時抵達。在北港區公所小憩後，即向南雁蕩山進發，步行二十餘里始達。初見山脈，至爲平庸，經「石天窗」後左轉，遠望奇峯林立，石骨嶙峋，先登「雲關」，左右石壁萬仞，勢若倒垂，人過其下，動魄驚心，據巔俯瞰，峻險無比。右折赴西洞朱仙姑廟，廟藏洞中，陰濕非常，前有一樓，面對「凌霞」「踞虎」諸峯，倚窗四矚，心曠神怡。午餐後即離廟下山，進登對面之凌霞峯，循石級蜿蜒而上，約數百武，抵會文書院。小樓數楹，空無所有，惟遠眺層巒疊嶂，聯嵐旋抱，胸襟爲之一展耳。後有一圖書館，入座小憩，進茗解渴。旋下山盤桓至四時餘，乘竹筏沿溪順流而返，五時餘重抵水頭鎮，在北港區公所晚餐後再乘小輪返鰲江，已夜深十一時半矣。

五月五日晨八時離鰲江，九時半抵平陽。轉船赴瑞安，十二時在縣政府午餐後即返溫州，寓甌江大旅社。

五月六日晨五時即起，張總指揮得中央委員邵翼如(元冲)先生名片，悉同寓，遂訪談片刻。六時半離溫，渡江後乘汽車於十一時抵雁蕩山，駐雁山旅社，由雁蕩山名勝建設委員會常務委會潘耀庭君招待，因悉蔡孑民吳稚暉二先生亦來此小遊，方於今晨離此。雁山旅社介於「靈峯」「靈巖」之間，背山面溪，淸幽絕倫。午餐後，由潘君引導，乘人力車出發，一路溪流琮琮，漸入漸佳。抵靈峯橋，以山路崎嶇，遂舍車步行，仰瞻靈峯，聳立雲際，左右環以「雙筍」「天冠」「超雲」「朝陽」「金鷄」「合掌」「五老」諸峯，奇異怪誕，莫可名狀。循路而上，抵紫竹林，入白雲庵小坐，門前有一怪石，名「斷尾鯉魚」，甚肖。拾級再登，經一石坊，上刻「天階」二字，爲康有爲所題。抵「古竹洞」，更上爲「鳳凰峯」，在「來儀亭」中小坐，遠望萬峯筆立，無一不奇，幾疑置身畫中。旋折赴「合掌峯」，進「觀音洞」，地位之險奇，不可以言喻。兩旁石巔夾峙，高數十丈，中露一線青天，視之宛如合掌，自掌根入掌心，都數百級，入內爲大雄寶殿，後有高樓數層，洞頂飛泉，掛落殿前，曰「珠簾泉」，右瀝成方池，曰「洗心處」，旁有「最上乘」三字，甚佳。出洞後折赴「北斗洞天」，大門上漆着龍虎二字，入門懸泉下滴，落一池中，曰「天漿玉液池」，舉目四顧，屋宇敗頹，叢棘遍地，不可久留，遂轉赴「三折瀑」，先「下折瀑」，繼「中折瀑」，最後「上折瀑」，各高百餘丈，飛舞而下，如掛銀河，如懸匹練，日光射之，璀璨如鏡，飄風颺之，柔飛若烟，既雄偉如奔馬，復婉媚若美人，誠極視聽之大觀，有不能不令人拍掌叫絕者矣！三折瀑中以上折瀑爲最勝，石壁四合，下澌為潭，飛涎濺沫，寒氣襲人。留連久之，登山巔由山背蜒蜿而下，經「鷄龍岡」，紆迴盤曲，砠磴崎嶇，在「梅花樁」小憩後，赴「水濂洞」，一路泉聲鏘鏘，如奏音樂。經「鐵城障」，崇壁千仞，崛然特立，旁有一峯，名「老猴披衣」，神形酷似。左折入淨名寺，清冷靜邃，已隔塵雜，方丈法號「月鏡」，係余同鄉，瀹茗相欵，絮談不絕，不覺天之將暮，匆匆告辭，返雁山旅社時已日落西山矣。

五月七日晨七時乘肩輿出發，經「觀音峯」等登「青雲梯」，遠眺萬山重疊，峯巒蜿蜒，入「息征亭」小坐後，進抵「大龍湫」，大龍湫為雁蕩山最有名之瀑布，壯偉秀麗，二者兼具，袁子才曾賦詩頌之，極工切之致，錄之如下：

『龍湫山高勢絕天。一線瀑走兜羅綿。五丈以上尚是水。十丈以下全為烟。況復百丈至千丈。水雲烟霧難分焉。初疑天孫工織素。雷梭拋擲銀河邊。繼疑玉龍耕田倦。九天噗唾唇流涎。誰知乃是風水相搖蕩。波迴瀾轉冰綃聯。分明合併忽分散。業已墜下還遷延。有時軟舞工作態。如濊如幔如盤旋。有時日光來照耀。非青非紅五色宣。夜明簾獻九公主。諸天花散維摩肩。玉塵萬斛橋叟賭。明珠九曲桑女穿。到此都難作比擬。讓他獨占宇宙奇觀便。更怪人立百步外。忽然滿面噴寒泉。及至逼近龍湫側。轉復髮燥神悠然。直是山靈有意作遊戲。教我亦復無處窮真詮。天台之瀑何狂顛。雁山之瀑何嬋嫣。石門之瀑何喧闐。雁山之瀑何靜妍。化工事事無複筆。一瀑布耳形萬千。要知地位孤高依旁少。水亦變化如飛仙。』

旁有小樓數楹，名「龍壑軒」，懸一聯云：「一峯拔地起，有水從天來。」為康有為所題簽，筆劃蒼勁。小坐後續行，經「芙蓉峯」「羅漢寺」「雙髻峯」「紅岩洞」「合珠峯」「響水岩」等處，抵「梅雨潭」，一路翠竹蒼松，綿綿不斷，石澗湍流，琤琮可聽。梅雨潭之瀑布亦極秀麗，對面為「駱駝橋」，奇險，面「駱駝潭」，臨「羅襟帶」，前後左右，但聞水聲。折赴「西石梁大瀑」，勢如奔馬，聲如鯤雷，下有一潭，甚深，余等就對面「澄心亭」品茗小坐，前仰「雙角峯」，後瞻「童子峯」，神形畢肖。亭旁有新屋數間，係雁蕩山名勝建設委員會所建者，余等即就此午餐。後赴「能仁寺」，寺已破頹，無甚足觀，惟途經「燕尾瀑」，玉帶雙流，宛如燕尾，倘覺其別有風致耳。旋循原道轉赴「靈巖寺」，寺為雁山之名剎，名峯環抱，各鬥奇勝，「天柱」拱於右，「展旗」侍於左，「屛霞」衛於後，「獨秀」「卓筆」「金烏」「玉兎」「雙鸞」諸峯俱羅列於前，峻險幽奇，目不暇給，迴胸盪氣，匪言能宣。尤以天柱峯平地拔起，孤圓削直，雄壯偉大，罕與倫比，如此名勝，嘆觀止矣！徐霞客許靈巖為「天下奇觀」，實獲我心哉。大雄寶殿四字為康有為書，客堂中懸有時人葉楚傖經亨頤諸氏之紀遊書畫多幅。殿旁有小樓數楹，係供遊客住宿者，頗精幽，上懸「聽瀑廬」匾額一方，梁寒操題，筆甚挺秀，旁懸喻信厚一聯，題曰：

造化敷設，有此大觀；山雁蕩，水龍湫，洞石佛，百二峯拔地凌雲，南戒雄奇推第一。

我輩登臨，更驚異境；右天柱，左展旗，後屏霞，數十仞神工鬼斧，靈巖名勝嘆無雙。

余等抵靈巖寺時適大雨，本擬雇土人一觀其攀登天柱峯之絕技，未能如願，頗以爲憾。迨雨止時已天晚，匆匆趕返旅舍，一路經「朝天鯉」「聽詩叟」「將軍抱印」諸巖，惟妙惟肖，顧而樂之。晚雁蕩山名勝建設委員會常務委員蔡履平君來訪，蔡君長古絃，爲奏「秋江夜泊」及「思賢操」二曲，哀感動人，彌足紀念。

五月八日晨天雨，與夫謂山洪暴發，不便續遊，遂決意赴天台山，因雁蕩山共有一百另一峯、六十一巖、四十六洞、二十六石、十八刹、十七潭、十六亭、十四障、十三瀑、十三溪、十嶺、八谷、八橋、七門、六坑、四水、四泉、二湖、諸勝，倘有其他不入門類者不知凡幾，斷非短時期而所克盡遊，祗能留待異日。瀕行，雁山旅社主人出示遊客題冊屬題，見有吳稚暉先生之最近墨跡，情文並茂，自非凡筆，錄之如下，用殿吾記：

『奇峯怪石，不可勝數，散布於平疇雜嶺之間，占廣大之區域者，雁蕩是也。

奇峯怪石，不可勝數，高下矗布，翕聚而爲崇高之大山者，黃山與華嶽是也。

奇峯怪石，不可勝數，夾江列陣，亘數百里，如岳家軍之不可撼者，三峽是也。

奇峯怪石，不可勝數，如泰西人之象戲，植高蹲之子棋，布局於郊原者，桂林陽翔是也。

關以外與滇之邊不與焉，域中山嶽之至奇者，盡於此五矣。古人所謂此實造化小兒糖擔中之玩物，非尋常丘陵峯巒比也。

若夫號稱名山者，自皆各有其一得之奇：如天台之石梁崩瀉，匡廬之五老屹峙，峨眉之蛇倒退，方山之雲水洞，諸如此類，亦竟他山無兩；然未嘗能稱奇峯怪石，不可勝數也。

雁蕩多數以二靈爲最勝；靈岩區域之上折瀑，以余所目擊，似在大小龍湫以上。

雁山旅社居二靈之間，去上折瀑又僅隔尺咫，可謂居一山之勝矣；而起居之適，食飲之美，取值之廉，尤令人快意，眞不負雁蕩而足爲東道主矣。

民國第一丙子五月五日，隨蔡孑民先生梁孟，徐先生季蓀，李先生潤章，陳先生仲瑜，遊三日，將出山，漫記之。』

民國廿五年五月八日燈下朱樸記於天台山國清寺旅次。

烏虖！七年前之一切猶歷歷在目也，而今江山依舊，人事全非，重讀此文，蓋不勝今昔之感云。

民國卅二年棨兒逝世第二週紀念日識於滬西樸園。

人往風微錄（八）

趙叔雍

沈曾植

沈曾植。字子培。號乙庵。晚號寐叟。浙江嘉興人也。八歲喪父。受課於韓太夫人。幼好問學。特精經義。十三四歲。並巳涉歷詞章音韻之門徑。而家境特艱。窘迫之際。嘗斥其舊藏初拓靈飛經以易米。獲朱提三十餘兩。至老猶輒稱述之。又其母病革。醫謂當進以人蔘。因貧不可得。乃終身不服蔘苓。以志哀思。旣而進治史學。讀書終日無倦容。夜坐感寒。遂獲腰痺之症。終身未巳。二十餘歲。在粵謁陳蘭甫先生。即荷欽重。光緒六年。中式爲進士。始就官京曹。與一時名俊往返。其尤習者。朱一新、袁昶、李文田、黃體芳、盛昱、文廷式、王鵬運、李慈銘諸君。時人以慈銘亦浙人。輒並稱爲沈李。時巳着手西北輿地之學。又深究古今律書。由大明律宋刑統唐律。以上治漢魏律令。撰漢律輯存。補晉書刑法志。而經世大典西北地圖書後。尤爲世所稱頌。在京師時。與康有爲友善。康好議政治。發大言。曾植雖陰相其議。亦每沮格之。懼不容於世而未克底於成也。旋轉官總理衙門俄國股。用其所學。探討益精。日本那珂通博士特來請益。則授以中原音切蒙古文之音。嗣後又旁及四裔地理之學。先後箋註蠻書、黑韃志、元朝秘史、長春眞人游記、蒙古源流諸書。維時洪鈞亦以西北之學見長。且搜獲歐洲人治元史著作。來相證訂。一行一字。必舉旁證。冷官暇日。又進治佛老二氏之書。光緒十九年。俄羅斯使臣喀希尼。以俄人拉特祿夫蒙古圖志。中有唐闕特勤碑。突厥苾伽可汗碑、九姓回鶻受里登囉汨沒密施合毗伽可汗聖文神武碑影本。因送總理衙門。請爲考釋。曾植爲作三跋覆之。俄人譯以行世。西人書中涉及蒙古事者。多引其說。所謂總理衙門書也。甲午七月。給事中余晉珊等劾康有爲惑世誣民。非聖無法。其弟子梁啓超與盛黃等營救無效。時中朝藩屬朝鮮內亂。朝廷遣兵往援。與日本遇。開釁敗績。朝野洶懼。有爲與曾植等謀保國彊本之策。計設保國會。次年復設强學會。一時名流。如陳熾、丁立鈞、王鵬運、文廷式、張孝謙、楊銳、張權均與焉。戊戌四月。居喪南歸。與文道希談禪。拈慈悲二字。作世間出世間一切圓相。根覺殊異。又偶同乘車過泥城橋。誦雙懸日月照乾坤之句。慨然遠想。謂世間至此。非此無由定國。又謂中朝黨論。疑忌方多。病狀益深。要方不敢輕試。莊子所謂至言不齒。俗言勝者。今之謂歟。有爲時治公羊學。老師宿儒。從而詬之。又諱言公羊。曾植以爲此則因噎而廢食。時曹元弼治孝經。欲以挽頹風。曾植以爲孝經開章言以順天下。禮易多言順。當闡此義。以詔後進。孔子言吾志在春秋。行在孝經。通於此者，乃可與識公穀之微言耳。旣就張之洞聘主兩湖書院史席。寓武昌。與鄭孝胥陳衍昕夕過從。見輒談詩。夙喜張文昌李商隱黃廷堅諸家。陳以爲愛艱深而薄平易。因進以宛陵集。庚子變後。李鴻章奉命爲議和大臣。招之不往。其與友人書有云。今日議和棘手。百倍於庚申。若敵未入都以前。早自改圖。何至顚危若此。許袁奇酷。中外寃哀。懲亂臣而不哀死事。則朝廷之彰癉不明。斥莠言而不表忠謀。則國論之指歸不定。竊意昭雪譯署五臣。亦所以表朝廷悔禍之忱。開議前所急宜下詔者。若事事待敵指揮。虧傷國體。仍不足以感動人心。非計之得矣。鴻章聞之。喟然曰。倘七月不出京者。恐亦不免於難乎。既而游金陵。就劉坤一。游武昌。就張之洞。每爲屬稿。暢論新政。證引中外大事。如數家珍。而尤致意於革新變法。其後任上海南洋公學監督。添設政治科。即今交通大學之篳路藍縷也。已而官外交部。外簡廣信府。署督糧道。時清廷尙欲以新政粉飾承平。欺罔多士。派載澤端方等五大臣出洋。考察憲政。端方識其博通古今。素治憲政。因辟爲隨員。後不果行。江西教案起時。法美兩國。以兵艦入鄱陽湖。主事者欲任捕數人。殺之以謝外人。曾植力持抗論。不少撓屈。保全實多。繼赴日本考察學務。彼邦朝貴士子。靡不請益。虛往實歸。皆饜其意以去。旋改安徽提學使。會值徐錫麟刺殺恩銘之役。亦陰爲保全。以免株累。其時皖署雅潔。則闢所居曰雙花王閣。曰天柱閣。曰曼陀羅室。曰持明窭。曰遜齋。儒生結習。點綴衙齋。而未能忘情。有如此者。其後搆熊成基新軍之變。布署從容。因以靖難。初不自襮其功績。當時倡導實業。又設造紙廠。製楮精勝。並雜印精品舊書。以爲存念之資。寒齋所藏覆刻本陸刊白石詞。附以事林廣記樂令一卷者。即是時所刻。手跋謂以試新廠製紙者。其書亦值兼金矣。曾植亦偶事塡詞。雖不極工。獺具騫嬌之致。其刊白石詞。亦飮香之餘事也。宣統間朝命爲禮學館顧問。此後以國事日非。輒滋蹙頞。嘗僧服造像以貽知好。題小詩了此宰官身。即是菩薩道。無佛無衆生。靈源同一照以寄意。蓋有托而逃於禪誦者。宣統間。振貝子爲慶王長子。道出皖境。聲勢炫赫。當道命藩庫以巨欵爲供應。不允。因與時忤。浩然有歸志。七月遂掛冠去上海。又回嘉興。暇則與楊仁山居士爲研究佛學之會。辛亥革命事起。曾植閔痛清政不綱。而有志於立憲者。亦頗欲斡旋朝事。冀以立憲解革命。九十月間。各省聯合會開會上海。先公請預其事。旋察立憲之不足以挽回顚覆。遂不更出。以遺臣故老樓居者如千年。不輕出戶庭。而題所居曰海日樓。暇則與僑滬諸老設吟社曰超社。擊鉢是娛。以比於宋之月泉。而是時從學者日多。日本人西本省三從爲弟子。且著中國大儒沈子培一書。以張其學。俄哲學名儒卡伊薩林伯爵亦來請謁。屢承教益。謂如意大利列鄂那德達蒲恩之評古代西歐文明。所謂意識完全者。誠中國文化之典型云。袁世凱繼任總統。每欲羅致。聘問不絕。輒婉却之。樊增祥初居滬上。既受世凱命北行。至笑吟從此蕭郎是路人之語。以示決絕。海寧王國維。研精古簡。尤長音韻之學。特來受業。其學大進。已而浙江人士。合請重修本省通志。設局分科。經始其事。洪憲議起。憤慨特甚。康有爲等時時在滬。與諸遺臣商復辟事。未得要領。某日志錡自北來惜陰堂。談及清室事。語先公曰。清室尙未計及復辟。海上諸老。酒邊詩畔。甚或徵歌選色之餘。雄談大計。冲人深宮蟄居。偶有所聞。兢兢戰戰。以爲禍至無日。不其可以已乎。志錡爲瑾太妃弟。胏腑之親。故言之不期痛且切也。迨張勳提師北上。倡議復辟。果如所言。七日而事敗。曾植以故主惓懷之篤。有爲交誼之深。不得不勉爲一行。冒暑北征。亦無所成。即其言亦未能見重於諸流輩也。旋即引去。七十稱觴。伉儷健朗。海內外名流。多以詩文張之。比於恩福堂之朝天比翼。曾植書法。初師安吳。壯歲參以張廉卿。晚年由帖入碑。融南北書流爲一冶。漆書竹簡。石經石室。無不涉其藩離。入其堂奧。有清一代。固無其傳。即明人亦罕有及之者。因是求書者戶限爲穿。曾植疏髯多姿。晚歲以足疾。微患偃蹇。而談笑治學。移晷不輟。讀書無間新舊。暇則捉筆爲文章。亦偶塗抹山水爲小幅以遺意。起居之室。四壁堆書。孑然置身。誠可謂爲書城坐擁者。平時吸水菸。終日不息。某日余往請益。見臨散盤。即求作扇頁。次日遂以見貽。自謂以草筆書鐘鼎。謂爲草隸。其書天趣揚溢。不可方物。至今什襲藏之。又梅蘭芳纍演海上。請往顧誤。欣然命駕。蓋數十年不入歌場者。歸應香南雅集。作小詞。手書卷子。載在曼陀羅寱詞集中。一時以耆儒碩學。綺緒新詞。爲不易得云。

八大與石濤（下）

鄭秉珊

張浦山著「國朝畫徵錄」，列八大於卷首。後來在乾隆間到揚州，纔得見石濤的畫，因此石濤小傳，僅列入續錄中。此後清史稿，國朝耆獻類徵，清畫家詩史，清代學者象傳，國朝書畫家筆錄，國朝畫識，國朝書人徵略，桐陰論畫，都有石濤的記載，但大都根據張浦山所作的傳。惟康熙間江陰陳定九鼎，除作八大傳外，還有石濤傳，敍述却較詳。據江陰縣志稱：「陳氏少年任俠，長乃折節讀書，著有『東林列傳』。又摭拾舊聞，著『留溪外集』，自公卿以下至匹夫編戶，以義俠節烈稱者，悉爲闡揚。」其述石濤籍貫問題，實較張氏爲確實。

畫徵錄說石濤是明楚藩後裔，諸家並無異議，但陳傳則云：「廣西梧州人，前明靖藩裔也。」按石濤所用印章，有曰「於今爲庶爲清門」，是用杜老丹青引詩句。曰「靖江後裔」，曰「贊之十世孫阿長」，就是明說他的譜系。明史宗藩傳云：

「靖江王守謙，太祖從孫，父文正，南昌王子也（南昌王爲太祖長兄）。當太祖起兵時，南昌王前死，妻王氏，攜文正依太祖，高后撫如己出，征陳友諒有功。守謙幼名鐵柱，後更名煒，洪武三年，更名守謙，封靖江王，藩桂林。後以好比羣小，戒諭不聽，廢爲庶人，徙居鳳陽，洪武二十五年卒。子贊儀，幼命爲世子。贊儀恭愼好學，永樂元年，復之國桂林。」

由上面的記述，石濤實爲贊儀十世孫。藩府本在桂林，後裔衆多，或徙居梧州，總之是廣西人。石濤別字清湘，大家因此疑他爲湖廣人，實則湘水發源於廣西，與灕水同源。他另有「粵山」印，題欵又有「粵山僧原濟」，或「湘源石濤」字樣，也可確定他爲廣西人。徐康前塵夢影錄記云：

「石濤山水，名聞畫林，以顧氏（蘇州顧氏）所藏長卷爲壯觀。卷有三丈餘長，高二尺餘。吳荷屋中丞擊節歎賞，且云是同鄉里，以他書畫易去。惜幅式過大，不便展玩。」

吳荷屋是道咸間名收藏家，南海人，刻有筠清館帖，著有辛丑銷夏記。他與羅天池潘季彤諸藏家，都喜收羅石濤畫蹟，就是因爲石濤是他們粵省先賢的原故。石濤有寫屈翁山詩意冊，有爲陳恭尹寫高士閒居圖，其蘭竹冊中，又有梁佩蘭題跋。按此三人，當時並稱爲嶺南三大詩家，可見石濤少壯時往來粵東西，與他們是交好極密的朋友，也足證明其爲粵人無疑。

依據他與八大的書札，甲申國變時，年在十五歲左右。順治八年，他由廬山攜了蕭伯玉的信，到虞山見錢牧齋。三月中回廬山，牧齋作十四絕句送行，及回到江西，蕭氏已病卒。詩見於「有學集」。石濤時年二十二歲左右，已披剃爲僧了。

石濤畫蹟，存世者極多，但在畫上題年月的却很少。茲根據有年月的畫，以推知他一生的行蹤；如順治十四年遊西湖。（時年二十八歲左右，公元一六五七年）十九歲居天龍古院（一六六二）康熙十二年（一六七三）在安徽宣城，登敬亭山。十五年涇川鄧明府招登水西幙山大觀亭。大概在此數年中，都住在安徽黃山附近，使他的畫，深得大自然朝夕春秋氣象的變幻。他自題畫梅長卷跋云：「予自庚申獨得一枝，（闇）六載遠近，不復他出。」庚申是康熙十九年（一六八〇），大約石濤那時起，已旅居揚州，有廬可住，所以六年中不再遠出了。廿四年（一六八五）春二月，乘輿探梅，策杖游青龍天印東山鍾陵諸勝，這些都是金陵四周的山名。二十七年（一六八八）在邗上（揚州）。二十八年起，北遊京師，在京師一住四年之久，時年六十歲左右。三十一年南歸（一六九二）重游宣城，在清音閣畫壁，擬索施愚山梅淵公諸老友和詩。翌年由黃山歸揚州。三十四年（一六九五）再遊西湖。三十五年六月，再游黃山，客黃山之松風堂，有松風堂詩。三十六年（一六九七）在揚州，自春至秋，爲問亭居士仿周昉百美圖，用四縑作長卷，三十七年五月，題八大所贈之大滌堂圖，時年六十九左右。自此以後，居揚州不復他往，遺有畫蹟很多，最後畫蹟，至四十六年丁亥（一七〇六）爲止，大概卒於是年，年紀已七十八歲左右了。

石濤住黃山頗久，所以他山水的粉本，便是黃山眞景。他的朋友，皖籍的最多，如施愚山梅淵公等爲最著。梅氏名淸，字瞿山，亦以畫黃山風景名於世，王漁洋稱爲山水入妙品，畫松入神品者也。又有黃燕思，工詩，石濤摘黃氏詩爲寫詩意圖三十二幀。此朋友如岱瞻、張笨山、汐厂、用九、聖跂、劉石頭諸人，其行誼都不可考。石濤冊頁有贈問亭維摩者，署欵用臣僧九頓首字樣。按問亭就是博爾都的別字。博氏係滿淸宗室，號東皐漁父，襲封輔國將軍，工畫，能詩詞，著有問亭詩稿，白燕樓詩集等行世。石濤的到京師，也許就是博氏所邀請，因此得覩白燕樓及耿信公琴書堂所藏歷代名蹟。故宮博物院有石濤與王麓臺合作的蘭竹軸，便是在康熙三十年二月應博氏之請而寫的。此京朝派江湖派兩大畫家的合作，實無上的珍品，亦藝壇的佳話。麓台曾說：「海內畫家，不能盡識，而大江以南，無出石師右者。予與石谷，皆所不及。」惟眞賞者能有此傾倒語，亦惟有眞本領，纔能得到此美譽也。石濤南歸後，又爲仿仇實父百美圖長卷，高過半丈，景長數丈，臨摹了三年始就。此卷更有李光地王士禎曹寅等跋語，並且因京師無人能裝裱，特地寄到揚州託他請人精裱，也可見當時的揚州繁華，能集合全國的精工巧匠於一地。又有仿宋緙絲德輝丹集圖，鳳凰來儀圖，衆爵齊鳴圖長卷，也都是替問亭所作，大概彼時漢滿的隔閡漸泯，而博氏實一佳士，所以他樂爲屢次揮灑而不辭了。

石濤作畫，與八大不同的地方，是畫必有題。因此其題畫詩傳世者無慮數百首。所用印章極多，署欵往往二三別號連署，有幾十種方式。鄭板橋云：「石濤善畫，蓋有萬種，蘭竹其餘事也。石濤畫法，千變萬化，離奇蒼古，而又能細秀妥貼，比之八大山人，殆有過之，無不及處。然八大名滿天下，而石濤名不出吾揚何也，蓋八大純用減筆，而石濤微茸耳。且八大之名，人易記識，石濤弘濟又曰淸湘道人，又曰苦瓜和尙，又曰大滌子，又曰瞎尊者，別號太多，翻成攪亂。八大只是八大，板橋亦只是板橋，吾不能從石公矣。」板橋所舉，只是最普通的幾個別名，已使人弄不淸楚，致當時名望沒有八大山人來得大。可是若論給予後世的影響，八大遠沒有石濤的廣，譬如揚州八怪，不嘗都是石濤的私淑，他們都崇尙主觀，發揮個性，筆墨恣肆，不受古法束縛，實和石濤如出一轍的。

在石濤卒年七十八歲左右時(康熙四十六年)，揚州八怪之一的金冬心，年紀已二十一歲，鄭板橋也已十五歲了。石濤遺跡，在維揚獨多，他們當然容易受絕大影響，尤其是板橋是專畫蘭竹的，所以傾倒也最甚。板橋云：「石濤畫竹好野戰，略無紀律，而紀律自在其中，甚矣石公之不可及也！功夫氣候，僭差一點不得。」又云：「石濤和尙，客吾揚州數十年，見其蘭幅極多，亦極妙。學一半，撇一半，未嘗全學。非不欲全，實不能全，亦不必全也。」板橋不獨蘭竹學石濤，其所創的「六分半書」亦由石濤的書法悟入的。板橋最崇拜明代的徐文長，嘗刻印曰：「徐青藤門下走狗鄭燮」，而石濤的花卉，據鄧實云：「石濤上人晚年始爲花卉，規撫青藤，欵字亦撫之，印章纍纍亦似之。」原來他們是一家眷屬，板橋可以說是祖青藤而祧石濤呢。

與板橋同時，而也私淑石濤的，有圖淸格。圖氏號牧山，滿洲人，部郎，善畫墨竹，也學石濤。桐陰論畫云：「余見畫冊小幅，筆意蒼渾，逸趣飛翔，有離奇荒幻之致。草蟲造入微妙，一點一拂，皆有異趣。」圖氏與高西園李復堂爲板橋最知好的朋友，所以板橋集有贈圖氏的詩篇。

骨董瑣記云：「石濤所用烟壺，以西藏貝多樹所結子爲之，制作古樸。程松門爲刻像及銘於壺上，舊爲海寧陳氏所藏，鄭叔問文焯曾賦詞乞得之。」由此所載，知道石濤也有鼻烟癖的。鄭叔問民初還在，不知此壺現落何所，否則倒可憑上面的小像，與淸代學者象傳中所繪的對比。程松門歙人，居揚州，是石濤的弟子，山水乾皴枯墨，運以中鋒，畫風與石谷麓台爲近，却不像是石公的嫡傳弟子。

乾嘉時，泰州朱野雲鶴年，山水畫是學石濤的。朱氏遊京師，高冠大屐，絕無江湖人俗態，與龔定盦最稱莫逆。嘗贈一聯給定盦道：「灌夫罵座非關酒，江斅移牀那算狂。」龔氏得之大喜，懸之廳事。野雲的個性狂放，所以筆墨能得石師的遺意了。

李斗揚州畫舫錄云：「釋道濟，字石濤……工山水花卉，任意揮灑，雲氣迸出，兼工纍石。揚州以名園勝，名園以纍石勝，余氏萬石園出道濟手，至今稱勝蹟焉。」石濤把紙上平面的邱壑，移爲地上立體的邱壑，但未知萬石園現在如何？要是尙存的話，倒是頗想一遊的。

石濤著有畫語錄十八章，空諸依傍，自出神解，文字古奧如周秦諸子。他的題畫跋有云：「筆墨當隨時代，猶詩文風氣所傳。上古之畫，迹簡而意澹，如漢魏六朝之句然。中古之畫，如初唐盛唐，雄渾壯麗。下古之畫，如晚唐之句，雖淸麗而漸漸薄矣。到元則如阮籍王粲矣。倪黃輩如口誦陶潛之句，悲佳人之屢沐，從白水以枯煎，恐無復佳矣。」又云：「古人未立法之先，不知古人法何法。古人旣立法之後，便不容今人出古法。千百年來，遂使今人不能一出頭地也。師古人之跡，而不師古人之心，宜其不能一出頭地也，寃哉。」他主張畫要因時而變，又貴創作，可是現在偏有人死摹仿他的作品，並且還很流行，此種行爲，其實是石師平生所大聲訶叱的。

留俄偶憶

蔣先啓

我是「古今」忠實的讀者，我也很想替「古今」寫一篇文字，以酬一年來它給我以實際安慰的「恩誼」。記得今春我曾寫了一篇長文求正朱樸之先生並請他交「古今」發表，但是因爲別的原因沒有「如願以償」；半年來人事紛擾，許多事使我掃興，而獨想爲「古今」寫作的念頭仍未打銷，就「彷彿神經裏有鬼似的」，不時想提起筆來寫。

寫什麼呢？這個年頭寫「國際論文」是極容易爲瞬息萬變的「客觀情勢」所「挑難」，「政治八股」又寫得膩人，且引不起讀者的興趣；在亂世中生長着的我，雖然自身也經歷着許多「可歌可泣」的事，但是自已尚不是對國家社會有什麼貢獻的要人，寫出來必定是貽笑大方的自討沒趣。想來想去，還是寫一點留俄的趣話吧，這雖然不是值得人們注意的歷代掌故，可是「留俄」是與中國革命歷史多少有着關聯，內容又是外人所不會知道的，寫出來也許可能引人入勝。

以上似乎是不必要的「開場白」，現在來「言歸正傳」：

自從民國十三年中國國民黨改組，召開第一次代表大會，決定「聯俄」政策以後，民國十四年就在蘇聯的首都莫斯科設立一個專收中國留學生的「中國勞働大學」——亦名孫逸仙大學（簡稱孫大，又稱中山大學，俄文簡寫是 Y.T.K.）。有許多人以爲自這個學校成立以後，蘇聯才收中國留學生，或以爲只有此校收中國留學生，實則在此校未成立前，就已有「東方勞働共產主義大學」——亦名斯達林大學（簡稱「東大」，俄文簡寫是K.Y.T.B.）招收中國留學生，「東大」是帶國際性的學校，內中有波斯、南美洲、高加索、阿富汗、土耳共、印度人、也有日本、中國、朝鮮、蒙古人，在一九二〇年「東大」成立以後就有中國班的設立，如著名共黨瞿秋白、彭述之、任單宣、張國燾等都是該校卒業的學生，該校在「孫大」成立以後還有中國班的存在，直到民國十六年國民黨分共，十七年夏天才將「東大」中國班合併到「孫大」。除此以外，尚有基輔「砲兵專門學校」、「步兵專門學校」、「高等射擊學校」以及軍事上的最高學府「伏龍塞陸軍參謀大學」，政治上的三大高級學府「列寧學院」、「馬克思恩格思研究院」和列寧格勒的「軍事政治研究院」，都可以收中國留學生，不過人數不及「東大」「孫大」多。在「鼎盛時期」（即大家都以留俄爲時髦的時候），各校的中國留學生合計約千人左右，這些留學生不僅不完全是共產黨員，且有絕對反對共產主義被目爲「右派國民黨」者，如歸國後在政治上較露頭角的谷正綱、陳春圃、林柏生、康澤、賀衷寒、劉詠堯、蕭贊育、谷正鼎、王陸一、鄧文儀諸氏，當時都是在莫斯科公開反對共產主義與C.P.份子鬥爭的，這是「奇跡」，這也是留俄學生的「特點」。

我們是北伐以前的中央黨部和廣東省黨部分別攷選派去的，我記得當時預定進「孫大」的同志，還有「跨黨份子不許與攷」的規定。攷取以後，最大部份是從香港乘輪至上海再至海參崴取道西伯利亞赴莫斯科，也有小部份是從滿洲循陸經西伯利亞至莫斯科的，這些留學生，大都是沒有在國內預學俄文的，到了海參崴後，才開始學幾句普通話應急；在上海上船的時候我們在黑夜中用種種的方法逃避巡捕和海關的檢查，我記得當時所坐的是俄國最大的海船「皇后號」，我們小心翼翼的上船後就被關在貨艙裏的一間極黑暗的小房裏，一直等到駛出吳淞口外，才准許我們到甲板上去透透空氣，這種「放洋的苦味」，也是咱們留俄學生所獨嘗的，其離國情緒的緊張，迄今回憶，猶有回味！

我們坐了三天的海船便到了海參崴，這裏有許多華僑，對我們都很親切。在旅店裏稍事勾留，便循世界上最長的西伯利亞鐵道，經過伯力、依爾庫斯克、赤塔、沃木斯克諸大城市而直達莫斯科，記得在火車上要生活十三天，經過的大小車站，不是下去排隊盛開水，便是到車站食堂去吃麵包，我們當時是被指定乘坐三等臥車，許多人在一塊有說有笑，十三天的火車行程，也很易挨過，有些男同學還在車上與同去的女同學談戀愛，上車時才互通款曲，下車時已卿卿我我，在火車上戀愛成功，也是咱們留俄學生的特色。

在俄國留學的待遇是很好的，我們進校後就憑「學生證」領到大衣、西服、襯衣、靴襪、被褥，及一切書籍用品。日食三餐，早點麵包、牛奶、牛油，午餐晚膳二菜一湯，很够吃飽，吃飯有飯票，按月發一本，逐日分三次扯下交給廚役，每月發洗澡券四張，剃頭票二張，洗衣洗被不要自己花錢，而且每月還發十五個盧布作零用，如此學生，眞願永世勿畢業！

功課是着重社會科學，如政治經濟、中國革命問題、哲學、西方革命、經濟地理、蘇聯建設、俄國革命史等爲必修科，而將自然科學列爲課外自選補習課程，初入學時除加緊學習俄文外，一切課程，均須經過翻譯，一切講義，均有譯本，經過六個月以後，俄文程度較好的，參加直接聽講班，俄文程度始終無法直接聽講的，則自入學至畢業均可用翻譯講授到底。講課者均爲蘇聯著名的教授，注重分段研究方式，大概每段提出兩小時爲教授講解本段應研究的範圍及應理解之點的時間，以二小時或四小時爲學員詳閱指定參攷書籍或講義及向教授質疑的時間，以二小時爲學員討論——對本段大綱發表研究結果的時間，以一小時爲教授結論時間，對學員研究結果提出正確批判；如此教授法，也是以往國內各校所未有的，效果非常宏大，給我們的興趣也很濃厚。

不知是爲了保守秘密或尙有其他的原因，我們進校以後，都由教務處給我們取了一個俄文名字，沒有學過俄文的人初叫俄文名字，不僅覺得生疏不順口，並覺得怪好笑的，當時我們吃了麵包沒事做，便喜歡把各人的俄文名字譯成可笑的中國成語：叫「媽媽喜偷夫」的，有叫「莫吃豆腐」的，有叫「屁精不亦樂乎」的，有叫「可憐得很」的，有叫「老寡婦」的，有叫「肚裏有花」的，……眞是五花八門，不一而足，其中尤其是我的「俄文名字」的譯音爲「最野蠻」，用英文來拚寫是 Sgebanof，同學們給我開玩笑，將它譯成「死鷄巴懦夫」，我氣極了，走到教務長博古列也夫那裏去申請改名，他說：

「我們給你取的名字很好，這是十九世紀俄國大文學家的名字。」

「我不管這許多，總而言之，這名字的中國譯音對我是有點侮辱性，所以我不能要，請求另取。」我很堅定的說，面色很不好看，經過翻譯同志的畫蛇添足，博古列也夫大笑了，結果，他另給我取了一個名字，雖然中文譯音是「可請你屈服」，可是總比「死鷄巴」要好得多了。

在蘇聯男女關係是比較隨便的，我們初去時有點看不慣，以後便習慣成自然了，我在「孫大」時有男同學五百餘名，而女同學不足一百餘名，這一百餘名中還要除去在國內已配好的，剩下的也就奇貨可居了！當時一位貌僅中姿的女同學有十位以上的男同學追求是常有的事，即是醜得像猪八戒一樣的女同學也不會無人問津，至於那些校花更是盛氣凌人，不是這位男同學請吃中國飯，便是那位翻譯同志請吃「啞不樂吃」（蘋果），害得我們那些不修邊幅像韓蘭根殷秀岑一般尊容的同學，在離親芳澤之下只得被迫走「國際路線」。當時我們這一羣走國際路線的同學，在俄國「播種」的很不少，好在在蘇聯的法律上沒有什麼所謂私生子，無論在何種情形下生下來的小孩，都由國營託兒所撫育成人，不過這些中西合璧的小國民長成以後，將無處找到他的父親，這也是國際上的奇蹟之一！

我在蘇聯求學時對於戀愛一道是東不成西不就，走國際路線又是胆子太小，怕難爲情！所以塞外三年，一無所成，歸告鄉妻，她還說是菩薩保佑！但是我雖戀愛未成，却喜做打油詩挖苦戀愛成功者，記得同學中有名李拔夫其人，亦爲情場名將，其忠愛葉女，狀極可憐，我作打油詞四首以嘲之：

一、遇艷

濃香沁鼻，何處嬌聲起，忽逢麗人含笑立，眼兒媚，腰兒細，秋波一轉似有意，問君可願「氣打奇」。（註）

（註）「氣打奇」即俄文「讀」字之譯音。

二、課讀

中國叫做「契丹伊」，俄國的——「露絲基」，「柳不柳，瓦斯，」——我愛你，我愛你！

三、叩訪

風瀟瀟，雪飄飄，獨坐書齋，好不寂寥，輕移腳步往廬山（註）跑，站在門外把門敲，「愛人喲，好嗎你好？」

（註）其愛人住在宿舍六十三號房，廬山爲六三之同音。

四、求婚

不怕白雪地，雙膝跪下去！問愛人「你愛我末？」愛人發了氣，李拔夫，流淚帶鼻涕！

從這四首打油詩，便可想見當時男女關係的活躍，校方對於已成功的青年男女是特別優待的，成功之日，不必舉行結婚儀式或請酒，只要到「公社」去合簽一個名，便可在宿舍內特別分配一間小房子給新夫婦同住，有了身孕又可請求科學打胎，如逢婚變也不會受到任何不好的批評，又不要負什麼責任，這樣互不妨害的男女關係，確是在中國遇不到的。

我們還有一項特別舒服的享受便是下休養所，在每年天氣炎熱的夏季，一切學生工人都輪流到莫斯科附近風景幽秀的休養所去休夏，最後一次，我們更到了以前皇族休夏的勝地——南俄克里米去，休養所是在黑海的小島雅爾他，離塞巴斯拖波爾要港很近，現在已成爲戰雲迷漫之處。在休養所我們日食四餐，無所用心，洗海水浴、運動、遊覽、晒太陽，其生活之富有興趣，爲此生所僅遇。屬文至此，回首當年，實不禁神往！方今大戰正酣，往日遊覽勝地，已成一片瓦礫，人事變遷無窮，怎能不令人有隔世之感？

此外值得我們懷想的便是「孫大」和「東大」附近的景色，我進過「孫大」，也進過「東大軍事班」，斯特拉斯奶亞廣場中的普希金銅像，伏兒漢茄廣場中突立的大教堂，以及與大教堂臨近的莫斯科河，克里姆宮……在在留給我腦海中無限慘痛的印象，我不願回憶，但每當月明星稀夜深人靜的時候仰視碧雲，又不容我不回憶，世事無常，人生如夢，追憶此生無緣再去的十七年前舊遊之地，實不禁感慨系之！

憶何家槐

文載道

豫才先生詩云：「舊朋雲散盡，余亦等輕塵。」每念此詩，輒爲惘然。而一年容易，又是簾卷西風矣。在這樣的境地中，時時有幾個千百里外舊朋影子，浮上我的心頭，彷彿聲音笑貌如在眼前，把自己的幻想凝而爲一。明知逼取便逝，却也難得忘却。倘要具體的說出原因來可又無法解釋，但這正是前人筆下的「無可奈何花落去，似曾相識燕歸來」也。而且這種筆墨近乎浪費，雖不吃力也難討好，或者，還不免遭到清流的挨罵，不合於目前驚心動魄的「大時代」，這在大家相信文字可作符咒用的風氣之中，像我輩的雕蟲小技，原是早該肅靜迴避，而此刻居然獃着臉在絮絮叨叨者，其被輕賤唾棄也不亦宜乎。

但即使不計一切的厚顏寫去，若要找可懷憶的材料，却又如沙裏之掏金。這並非是說我不敢寫，不屑寫，不應寫，實在大半還是爲了不易寫。何以見得呢？我想，這至少得具備一個條件，就是彼此間比較的有瞭解認識，方才於「私」的一面有可說的地方。若是交本泛泛，緣只數面，則所說自不外在其學問事業及品德上，就未免煞費躊躇了。何況時當此時，地當此地，有所評隲，總還是以無關宏詣的部分爲最適合吧。

我認識家槐的時間並不如何長。不過如其偶然的寫上幾千字，似也不患無辭。其次，手頭尙有舊日記在，必要時據以參閱，可補記憶之不足。此文用一句成語來說，純以自我爲中心。換言之，就是雜而無當的「身邊瑣事」。信手拉來，憶則書之，並以六千字爲限。

家槐一名永修，浙江金華義烏人，與陳望道師同鄉，年齡較我稍大。身材頎長，兩眼眦而細，左眼角好像還有一個疤，說話則如一般人的藍靑官話，但不若望道師之多鄉音耳。只是和他妹妹說時，我們便不能懂了，如吃飯叫「才服」。談話到興酣沐漓，語尾往往拖句「他媽的」國罵。有時也喜歡哼幾句崑曲，京戲則不愛聽。也不善飲酒，但有一次大約吃得多了幾杯，自告奮勇的哼起六才來，引得座客都吃吃作聲，因爲他唱的並不高明，然而也可見出他的天眞風趣——。不錯，他確是很天眞的人。而在我的朋友中，也正是最誠懇忠摯的一個。有時爲了言不投機，輒令彼此面紅耳赤，尤其碰着我這個著名的不懂世故、不諳人情的孟浪漢。現在我的脾氣依然未改，而家槐却已遠離海上了。諺云，江山好改，本性難移，在今天眞覺得有一字不移之確。

我和家槐是幾時開始相識的呢？

似乎是民國二十六年的三月。我正在忻老師處讀毛詩春秋。但一面却更愛讀新文藝書，和這方面的作者。這時每星期六，我家例有一次不成氣候的音樂會。指示者如鋼鳴，如張庚，如孫愼諸先生。恰巧寒齋還置有一座披霞娜，而地點又在鬧市中心。一時琴聲嘹喨，歌喉宛轉，有時還由同人塡製曲譜，其中有一首名作××歌，即爲鋼鳴與立成（孫愼）所撰塡。這中間，最無成績的要算我和家槐了。別人聽幾遍後即可朗朗上誦，我們兩人却無論如何唱不像樣。

家槐的加入，是鋼鳴所介紹，而鋼鳴則由表兄甘君所介紹。鋼鳴爲人熱情有餘，較之家槐則就精深不足，其學問亦然。因此我雖然和鋼鳴認識在先，但後來的友誼却還是以家槐爲深。

於此有可以補述的：當時上海出版界非常蓬勃。雜誌如光明、文學、婦女生活、新學識等都由生活書店印行。光明出面爲洪深及沈起予二君主編，但洪深不常在滬，故一部分閱稿工作由夏衍、家槐等分任。此外光明又組織了一個讀者會，也爲家槐所襄助。甘兄囑我加入，曾先致信給家槐徵求同意，旋因家槐返鄉，此事遂擱置下來。至民國二十六年三月一日，舊日記中有云：

夜，八時，周鋼鳴、何家槐、孫愼來，談至十時去。

不知道這是否見面第一次？越數日，又有記云：

夜，八時，何家槐、周鋼鳴、孫愼等來，十一時至。何君並贈其所著寒夜集一册，北新書局出版。計短篇小說十四篇。雖爲舊作而却乃新刊。俱有上下欵。並爲三弟題紀念册。

這時因彼此覿面無多，故其來也必與周孫二君偕。所贈的寒夜集，中間有幾篇的材料，有以他自身生平爲底子的。如回鄉記中描寫一個年老的父親，日夕渴望旅外的兒子回鄉，其致兒子的書云：

「……吾兒不念家鄉，視血族如陌路，最可痛心……弟妹等均望兒回，余與汝母尤爲焦急，日夜盼禱，寢食皆廢；倚門望閭，風雨無間……一兒年已弱冠，豈猶不能體貼此中苦味耶……」

情詞迫切，口吻宛然。遂只得回鄉一行。終於以鄉間及家庭的現狀，都未能如兒子的理想完美，且父母復不斷以婚事相纏，「因此本已感到沈悶了的我，決定第三天下午走了。」雖經父母竭力勸阻，「但我的決心，是不能動搖的」。可是路上却又懺悔起來，以爲行色如此匆匆，彷彿「打了一個圈子，不但沒有給他們一點愉快，給自己一點安慰，反而使大家都很難受。」

這確寫出父與子的矛盾衝突，一方面雖愛之甚切，一方面却依然不能理會接受，可以概括一般青年的苦悶，使我到今天還是印象分明也。

以後的友誼，便循此日漸的進展，如同至新亞飯店聽中華基督教的聖樂團，上卡爾登觀話劇，討論文藝的寫作等等。如五月二十日日記有云：

暮返家，見家槐已在齋。今日特爲圭之文稿而來 。談至十時許始去。

他以誠懇坦白的襟懷，對我等拳拳誘掖。並謂我之生活應加以改變，古書不妨讀，但做人方法及必修書籍亦不可廢，而其最佩服者莫如魯迅先生。我等聆此乃大感動，甚願長以爲好也。

這裏有須略爲說明的，他對我們的勸勉，完全站在私人的友誼立場，絕對不擺出半點青年導師氣派，以居高而臨下。如同時的一位友人，他的學識根底不及家槐遠甚，居然亦不時的滔滔訓誨，且態度尤不甚誠摯，如說我們是小資產階級，而彼則無疑爲標準戰士，雖然用心未嘗不望我們的向上，但看到他那種談吐氣概，便使人可望而不可即。至於他所有的學問呢，大抵爲浮而不實的道聽塗說，再加上極力的誇張，覺得他口中所說的人個個都是遠離塵土的神。如說「亂彈及其他」作者的生平事蹟，其實多是報屁股上的失聞故實，而他却視同信史一般的隨手拾來。後來他爲自己辦的那家學校寫一篇宣言，想託家槐送給L報去登，不禁使家槐大爲搖頭，覺得他不惟離擠墨汁做作家猶遠，就是眞正的想幹教育恐怕還須擠點汗汁上去。這篇宣言結果自然未被家槐送去，且對之亦甚失望焉。

從這些小事情上對照起來，很可以看出家槐的特色，不可不說。淇寫作除少數的散文，和一本英國福克斯著小說與民衆的譯本外，自以小說爲最。但不幸說到小說，難免要聯想到這件使他不愉快的舊事上去，雖然兩方面都要負點責。他在滬的時候，不時以這件事情深自懺悔。不過反轉來也是一種好處，他並不像某些人那樣的一受刺激，便對人生冷淡起來，而卻是更堅決硬朗的踏實地走去，思想也益趨積極凝練，最後即用行動來貫徹實踐，故離滬後遂有覆車之禍，據其女弟來信，創傷雖已醫好，短時內右腿恐不能恢復原狀云。這裏我們希望故人無恙之外，對此更感到惶恐悚然。聞家槐所過的生活甚爲艱苦，一月內須奔走幾次，但接下去也便是卓絕兩字了。且其精神生活反極平穩，體重時有增加。以此再和前述的舊事並論，我覺得一時的毀譽究竟不甚重要，縱使這是他無可諱飾的缺點，但只要看到一個人能努力爲後來打算，便像新肉重生，所見者不過痕迹罷了，倒是我的這段話之爲多餘。雖然世上不乏狹隘之徒，捉住一點永不放鬆，但這先要看一看他本人是否眞乃毫無瘡疤，假如屬於眼前的我們，似乎更可免開尊口了。

家槐的小說集，最早好像是良友版的曖昧。這部書是出賣版權的。不過他很懊悔，因爲後來銷路相當好，不如抽版稅之合算。另外有一冊黎明書局的竹布衫，北新書局的寒夜集、稻粱集。後面的一部是他離滬後才出，恐本人尚未見面。本來還有一本文藝論集，歸上海雜誌公司出版，原稿已送去審定；因戰事作而停止。他曾經託我將其所有著述都寄去，誤於我的因循至今未有交待。其他未收集的部分想必很多，原想代他雇人鈔寫寄去。後來以他地址已變動，新址不淸楚只好作罷了。

散文稻粱集，刊於一九三七年八月。版式略小，北新創作新刊之一。最末有一篇是「懷志摩」。

他似是徐氏的學生，贈他的立軸中上欵爲「家槐我弟」，今倘存寒齋。徐氏對家槐頗愛護，彼亦甚欽敬。曖昧中有一篇提到「貓」的，即是取材於徐氏家中。其文曰：

「我每每幻想一個大凍的寒夜，一爐熊熊的白火，前面坐了我們兩個人，像師生，又像兄弟；旁邊蹲着他最疼的貓——那純粹的詩人。」最後則說：

「但在這荒歉的中國文壇，這寂寞的人間，他的早逝卻始終是個無法補償的，……我想他那不散的詩魂，也是一定會在泰山的極巔，當着萬籟俱寂的五更天，恨綿綿的，悵望着故鄉的天涯！」

這不難見出家槐與這位詩哲的交誼。不過他在文末的後作的補記裏，卻又表示這篇東西應看作他五年前的舊作，「我的文章實在太浮太偏了」。大約因徐志摩身後的毀譽頗不一致，不應說的過偏，只是其內心自然還是敬愛感謝，而其實倒是顧慮太甚。一個人豈能眞做到四平八穩，一無稜角——要是這樣，恐怕也難得令人放膽接近。臨到朋友的紀念評論，只要其目的不在標榜高捧，若是筆鋒常帶好感，似也不失人情之常，正如我寫此小文的意義一樣。

經過這樣幾個月的往還切磋，和家槐的關係更日趨密切。如六月七日所記：

晚上九時餘，何周二君來，被雨阻，俱下榻書齋後面，暢談甚久。

其時上海文化界異常熱烈，劇壇又盛極一時，有四大話劇團的先後獻演。這一天我正和內人在看業餘實驗劇團的「羅蜜歐與朱麗葉」，幾場鬥劍尤其精彩。其他的各方面空氣，也大有山雨欲來風滿樓之勢。家槐遂時時的來爲我們談論朝野動亂，比及夜深，或上小酒館買醉，歸來則爲我留宿，非至丑後不睡。凡此瑣碎者不必悉記，要記的是和他在故鄉的一段日子。

先是，家槐讀英國福克斯文藝論集曰小說與民衆，心竊好之。旋復知福氏曾在西班牙內戰中佐政府軍力戰捐軀，益堅其欽敬，得書店同意，擬加以迻譯。惟以滬居嘈雜，友朋日有周旋，頗思易地而潛心作「媒婆」。適逢我有故鄉之行，恐隻身嫌太枯寂，乃以此意與家槐商，引爲大快。時交通尚方便，二人遂欣然就道，鼓棹浙東，於一九三七年七月既望動身，舟行一晝夜，翌日即抵故鄉——。家槐往外或返鄉皆乘火車，這次還是他初度與海對面。聽着夜來嘩啦嘩啦的浪花衝擊之聲，彷彿扣弦而歌，不禁顧而樂之，以致一夜無眠。

跳上碼頭，我們喚了兩輛洋車繞道抵家。車輛在石子小街上掠過，一路轆轆有聲，並呈顛簸之狀，或者是塵世坎坷的象徵吧。在慣於平滑的柏油道上行走的人，對此亦別有一種情調。尤其是那些十九世紀低陋的平房，曲折陰暗的羊腸小道，常常引起一種思古之幽情來。幸喜風景不殊，城郭依然，碧水粼粼，雞犬相聞。我因幾年不返故鄉了，這時眞有五柳先生筆下的「乃瞻衡宇，載欣載奔」之快，雖無稚子候門，差有老僕相迎。吾鄉屹立海中，素以魚介著聲東南。鄉近便是佛國的普陀，夏季避暑最爲相宜。我和家槐的原定計劃，是想把他的譯著完畢後，再到普陀去遊玩，終以戰事而未果，此後不知這個志願能否實現？

寒家鄉下舊宅，始建於先祖之手，至父親而重加修葺，別建起坐之所數楹。鄉間的房屋多數是很寬敞，再加上郊外吹來的習習清風，所以雖當炎夏，亦復幽涼了。

說到我對故鄉的懷念，說來原是平凡得很，因爲它究竟占據了我「過去的生命」之一角。世上固多名區勝蹟，但兒時遊釣之地也未嘗不爲凡夫所依依。古人有云，富貴不歸故鄉如錦衣夜行。又如晝錦堂記所說，仕宦而至將相，富貴而歸故鄉云云，少時頗覺其氣勢浩大，今天則又嫌其暴發氣太重，虛榮自大，去讀書人的理想遠矣。只有晉書所載，張季鷹見秋風起而思及故鄉的蓴菜鱸魚，及陶公歸去來辭所述，才覺得魏晉人之不可及，雖然對前者也許爲了自己是老饕的緣故。魏志記曹孟德詔令中有述原來的志願云，「故以四時歸鄉里，於譙東五十里築精舍，欲秋夏讀書，冬春射獵，求底下之地，欲以泥水自蔽，絕賓客之往來，然終不能得如意。」結果雖是事與願違，却也可窺到曹公的氣度志尚，而其不能得如意的原因，實在還是爲了世局的過於混沌，只得「思遂更欲爲國家討賊立功」矣。這次讀樸園隨譚，有同樣的及早還鄉讀書的想望，尤其先獲我心，但也不免要黯然無言了。

我的文字到這裏忽然又拉扯開去，大有喧賓奪主之概，但文思也將到了枯竭了；那末，就此再「記」點趕快結束吧。

我們在鄉間的日常生活，大約是早晨七時前起身。家槐很講究攝生，還硬拉我同行深呼吸，如此十分鐘即進晨餐。有時叫傭人往街上買剛入市的黃魚來，金鱗赤口，非水鄉百姓不易得，而鄉間則視為尋常。先用水蒸沸，再去其骨，命灶僕製羹作麪，面上則浮着碧綠的嫩葱，令人想到唐人夜雨煎春韭的句來。於色、香、味三方面皆顯出一種新鮮而豐腴的特色，蓋以其得土膏露氣之眞，較之滬上吃的市氣甚重的「黃魚麪」，眞「不可以道里計」了。餐罷遂相偕出城郭，看着野渡無人，楊柳依依，或過竹院逢老僧閑話，步麥隴聽牧童歌唱，幾乎令人忘去身外的一切——。以上云云，並非我刻意的在紙墨上煊染點綴，凡是在鄉間消磨幾年的人，都可以俯拾皆是，不煩跋涉，此正所謂風月無邊也。沈尹默先生詩云，江邊終日水車鳴，我自平生愛此聲，就是一幅最素樸的江村浮世繪。而古今來最享盛名的詩，也莫非在於白描的自然貼切。這樣的過了片晌，我們才回家工作。家槐埋頭在書齋中翻譯，我躺在北窗下讀中外小說，如夏伯陽、伊特拉共和國、死魂靈、子夜、密爾格拉得，……或重讀，或初讀。午飯時菜看多為水族動物，但家槐則只要求青菜豆腐，謂其中維他命甚富。這很使我乏味掃興。我因他初次到魚蝦之鄉來，還特地四出設法找最新鮮壯實的東西，親友中有送我以肥大青蟹的，即在鄉間也視為異味，有時出重價也不能得，不料他竟遠而避之，說是細菌太多云。這眞令人有煮鶴焚琴之感。後來看到生食的鹹蟹，甚至連看都不敢看一眼。大約這些東西在離海過遠者，確乎不肯輕於下箸。如我曾與衛聚賢先生說及「蟹」時，他居然引為聞所未聞。後來經我强迫家槐的嘗試，不料第二天果然有點泄瀉。其實還是為了他夜半的貪涼受風之故。

午餐既畢，照例是手抛倦書午夢長。醒來或飲冰，或剖瓜，然後各人又去譯作閱讀，待至薄暮，即往教育館的體育場上拍籃球。拍畢，必由館後的一座小山迂徑回家。山上有亭翼然，可供遊人飲食，因山脚有一酒家，晚上如有星月，亦可就石桌小酌，聽松枝隨風作響。但總究覺得太黝暗了，以致不能辨物。一日，友人曾宴我們於亭上，家槐於漆黑間竟誤食了一匹蜘蛛，主人雖努力道歉，而家槐則因此通宵不能成寐，亦此行之趣話也。

教育館中職員錢君，曾讀其小說集，經我介紹後必間日來夜談，並有小說稿託家槐修改，希望能在上海雜誌中刊載。後錢君患肺病死，而原稿猶至今存放寒齋。

如此前後的住了二十天光景——自七月十六至八月七日——，因蘆溝橋事件發生，而上海又有風聲鶴唳之勢，母親們已有幾封信來催我們動身了。我們只得打消遊普陀的念頭。但這時交通已有點混亂，乃從鄉間乘輪到穿山，乘公共汽車到寧波，再以高價買通輪船茶役到達上海。而家槐的這本譯著也終於沒有完成，後來在上海再寄寓我家時始告蕆事。故在譯後瑣記中，曾說到當全國情形異常嚴重時，「我却還是蟄居在定海的載道家裏趕着譯事，那種焦急、苦痛、難堪的滋味，眞是難以形容的。因此沒有譯完就和載道一道趕回上海。」他本想再加點註解引證，以時間心緒故也不及補進了。至民國二十七年三月，此書始由生活出版，定價四角。然家槐已不在滬。由我自已往書店購買，故至今未有上下款。今恐亦絕版了。

總之，在我的過去生活中，恐以這一年鄉居時為最寬暢，自由與安逸了；而我的朋友中，也以家槐為最誠摯坦白的一個。形諸筆墨，或尚不為多事吧？惜今未知家槐飄泊何處，如得讀此文，亦能鑒而憐之否。

八月廿七日夜三鼓，燈下。

賭闈姓

陳乃乾

吾國賭風，向以粵東爲最盛。余孩提時，曾見有呂宋票者，亦名白鴿票，來自粵東，推銷及於各省。購票者到期可對號得獎，略似今之儲蓄獎券，白鴿二字，不知何所取義。其所以名呂宋者，或云其票發行於呂宋錫蘭等地，粵人特爲其推銷轉販而已。

光緒初年，有所謂賭闈姓者，則粵東商人得本省大吏之同意而經營者。其法略師呂宋票故智而變通之，以本省中式舉人之姓爲標的，猜中之姓愈多，即得獎亦愈多。惟僅行於廣東一省而未推及他省，故江浙之人鮮能道之。今科舉停廢已久，知者更少。爲綜合諸書而考訂之，研究風俗史者儻有取焉。

「二十年目睹之怪現狀」第六十一回，九死一生（人名）與吳繼之文述農二人談話云：

繼之道：「不知是甚麼道理，單是廣東人喜歡賭，那骨牌紙牌骰子製成的賭具，拏他去賭，倒也罷了。那絕不是賭具，落了廣東人的手，也要拏來賭，豈不奇麼。像那個闈姓，人家好好的考試，他却借着他去做輸贏。」述農道：「這種賭法，倒是大公無私，不能作弊的。」我道：「我從前也這麼想，這回走了一次廣東，才知道這裏面的毛病大得很呢。第一件是主考學臺自己買了闈姓，那個毛病便說不盡了。還有通了關節給主考學臺，中這個不中那個的。最奇的，俗語常說沒有場外舉子，廣東可鬧過不會進場中了舉人的了。」述農道：「這個奇了。不會入場，如何得中。」我道：「他們買闈姓的賭，所奪的只在一姓半姓之間。倘能多中了一個姓，便是頭彩。那一班賭棍，揀那最人少的姓，買上一個，這是大衆不買的，他却查出這一姓裏的一個不去考的生員，請了搶手，或者通了關節，冒了他的姓名，進場去考，自然要中了。等到放出榜來，報子報到，那個被人冒名去考的，還疑心是做夢，或是疑心報子報錯的呢。」繼之道：「犯到了賭，自然不會沒弊的，然而這種未免太胡鬧了。」

在此段文字裏，可以看到賭闈姓的輪廓。此外尚有李慈銘光緒元年七月十一日桃華聖解盦日記裏一段，亦可互相參證。

闈姓賭局者，廣東近年大商主之。遇開科之年，設局賣票，令人入錢，預擬榜中每姓幾人以千萬爲一決，俟揭曉，按其中否，以定輸贏。其始僅行之童子試，後行之鄉試，今漸行之會試。其大力者至爲所擬之姓廣通關節，以冀必勝。於是房官提調監試各官，皆陰行賄賂，轉相販鬻，自督撫收其稅以爲利，名爲罰欵，故行者益縱。士之應試者，多託贄商賈，自稱門生，大爲風俗之害。

又有巴陵人物志廣東候補道方公傳云：

當闈試之年，雜取諸著姓分紙錄之，名曰闈姓紙。賭賽者，各以意度某姓之能否與中，若射覆之爲者。購入某紙如其值以償之，名曰買闈姓紙。商預次第所發紙，各配以錢數等差，多或至百數千圓。陰注諸籍，嚴扃錮之。俟榜發，按籍以定勝負，名曰賭闈姓。當國者貪其抽輸，屢禁屢弛。

觀以上各書所載，則賭闈姓之盛行，不僅是賭博問題，將使淸廷唯選拔人才之科舉制度，受其擾亂。於是京官之有言責者，奏請嚴禁。清廷亦知事態嚴重，於同治末年光緒元年三次下詔嚴禁。

（一）同治十三年正月十二日

諭內閣：御史鄧承修奏請飭禁抽收闈姓賭欵一摺，據稱廣東省賭風甚熾，每屆鄉試及歲科試期，開場設局，竟有巧立闈姓名目，抽收經費等語。賭博本干例禁，況考試屆期，尤應嚴行禁止。若如該御史所奏藉端抽收欵項，殊屬不成事體。著瑞麟張兆棟即行裁革，出示嚴禁，以肅政體而杜弊端。

（二）光緒元年六月初四日

諭內閣：給事中黃槐森奏廣東闈姓賭局復設，請飭申明前禁一摺。廣東省闈姓賭局，上年業經奉旨嚴禁。茲據該給事中奏稱近有棍徒營謀改易闈姓名目，復圖開設，實爲有干禁令。著英翰張兆棟迅即申明前禁，永遠裁革。查有土棍私行開設，即著飭屬拏辦，並飭嚴查往來渡船，如有夾帶票根號簿者，即行從重究辦，以杜弊端，而肅政體。

（三）光緒元年七月初十日

諭內閣，張兆棟奏闈姓賭局已禁不宜復開一摺。廣東闈姓賭局，前經降旨裁革，該督撫自宜遵旨嚴禁。乃本年五月內，英翰以此項捐罰收欵甚鉅，可爲辦防之用。輒於具奏後，不候諭旨，遽行出示弛禁，殊屬不合。英翰著交部議處，仍著該督撫遵照六月初四日諭旨，將闈姓賭欵，嚴申禁令永遠裁革。不准藉詞復開，以肅政體。

此事雖經京官之百計指摘，詔諭之再三嚴禁，然本省督撫則以大利所在，莫不爲之庇護。同治十三年及光緒元年六月兩次下詔，因鄧黃二氏參奏，可謂事之應有。而光緒元年七月之詔乃因廣東巡撫張兆棟之奏，則出乎意料之外。迨檢查督撫年表，始知兆棟之奏別有用意。蓋兩廣總督自同治十三年九月瑞麟逝世後，即以巡撫張兆棟兼署，至光緒元年二月始別以英翰爲總督，時有安懷堂商人巧立名目，組織闈姓賭局。在總督衙門呈稱「創立守助會，承辦乙亥丙子丁丑三年生息共繳銀八十萬元，以廣東全省文武鄉會童試榜上姓名爲準。」（見張兆棟疏）兆棟因奏請禁止，疏入而英翰免職，兆棟復署總督矣。

廣東去京師萬里，若督撫無權勢而又能勾通京官，則不難矇蔽九重，任所欲爲。故如賭闈姓之聲名狼籍，詔諭嚴禁，而時禁時弛，未能禁絕。其是否與科舉同時廢止，今不可考。惟光緒二十年尙盛行如故。署潮州府知府方功惠即以此被劾。巴陵人物志紀其事云：

舊例承充之商，報部八十萬金。至茶陵譚公督粵，倍徵之，且促其限。商力絀，乞緩。有羅安者誆商錢，任代爲請。已而避匿洋境，或指安爲潮州守方柳橋家丁，坐方約束不嚴。及誘安出證，事得白，而奏已上矣。方亦旋卒。

方柳橋名功惠，湖南巴陵人，以藏書名，曾刻有碧琳瑯館叢書。爲廣東候補道，以光緒十三年及十九年，兩次署理潮州知府。茶陵譚公名鍾麟，以二十年三月署兩廣總督。羅安案當在二十年下半年。

關於闈姓賭之遺蹟，如票根號薄等類，今無法搜得。余藏有賭卷一冊，適爲光緒二十年物。卷共五十二葉，前二葉爲木刻板所印，三葉以下，則均爲木活字排印。字體甚古雅，頗有現代通行之仿宋字意味。其第一葉之前半葉，式如下：

限姓	陳李黃何張梁吳林劉葉楊關潘盧羅趙馮蕭蔡謝鍾鄧董譚黎 龐鄭歐湯蘇曾龔簡凌霍朱冼伍王崔戴杜盛顏許金敖史白刑 龍衛雲韓鄒邵斐卞卡汪徐郭莫邱甘江裴傅傳佘余東車甯寗		
眂	卷收銀	壹大員	共收得票壹仟條
首名	謝教銀	陸佰大員	內扣部銀叁拾陸兩
貳名	謝教銀	貳佰大員	內扣部銀壹拾叁兩
叁名	謝教銀	壹佰大員	內扣部銀陸兩正

此半葉爲刻板，惟中行之眂字爲特製活字排入者，取其可以隨時抽換。每卷用千字文號碼爲標記，若此卷即爲眂字卷也。所謂限姓者，蓋因全省生員姓別太多，故指定此七十五姓不在賭博之列（參看下文章程）。此項賭卷，似係發售賭票之經手人自己擬定而由賭局代爲刷印，每本取工料一元。經手人憑此再分條兜售於購票人；另給收據號單。定印一卷者，以售出一千條爲足額。所謂首名二名三名者，乃指每一卷中得中姓最多之人而言，若眞正頭彩，則所得之彩决不止六百元也。所扣部銀，即用以報效官廳者。

自第一葉後半葉至第二葉末，分列章程九條。自第三葉至五十二葉，每半葉十行，共爲一千行。每行第一字，依千字文排列，每字下列姓二十，每行各不相同。兹錄首二行於下，以見一斑。

（天）周區胡馬麥陸廖彭高勞溫鄺陶岑司尹丁任容易

（地）周區胡馬麥陸廖高沈屈熊丁任溫康符陶莊勞孔

章程九條云：

一、以甲午年科考取廣東全省文鄉科中式文解元舉人正榜姓氏爲據。恩額加額，俱加同計。除去旗滿漢軍及欽賜舉人與副榜，並上限出七十五姓，一概俱皆不計。其餘外任揀二十姓爲額，寫多向尾除去，寫少寫重，及寫犯限之姓，乃係自誤。雙姓取頭一字作姓。先取中姓多爲第一，同中姓，論名多爲第一。同中同分。各卷以收壹千條爲滿。如收不足，謝教照數均派。中式謝教銀兩，每兩先扣經費銀壹錢正，其部銀及每佰兩扣員水銀貳兩壹錢正，均在謝教內扣除。各卷均列三名現銀結單，中式，憑單到店領取。相信掛數中式，爲（作惟字解）經手是問。諸君光顧，信得經手，方可投卷。其卷銀准截卷日收清。欠數未清，謝教不與。其欠數仍追經手收足。先此聲明，以免後論。

一、各卷號單，有粘改原跡毀爛字號掛角圖章，及遺失銀單，俱不得領取謝教。至原來堂名不刻，均照千字文及掛角圖章爲據。

一、部內字刻板定必求人，不論字畫點撇多少，崩缺，朦暗，倒裝，及一字數様寫法，古體，俗體，俱皆作正，不得以官板執拗。

一、各卷釘裝，出自部館工人之手。倘部館工夫忙速，釘裝時入錯別卷，多篇少篇，及粘錯部皮，刻錯卷名，與謝教銀數不符。凡來取部者，必須當面看明，每卷足壹仟條，無錯無欠，方可出門。如有錯欠，當場換過。若不即換，出門後不得復來取換。因近來有取卷出門，私自將卷頁撤去，來廠强換不休，藉端滋鬧，索回票銀者。故以出門不換，嚴杜弊端。

一、原來姓卷，本廠如有刻錯原卷一姓，每本銀壹錢，補回彩銀貳分。刻錯兩姓，每銀壹錢，補回彩銀四分。三姓至十餘姓，俱照兩姓錯補彩。刻重姓作一姓計，刻少姓及犯限之姓，此三欵補回彩銀壹半。其刻錯犯限之姓，不得作中式入點計。至來底有犯限之姓，乃寫少寫重，乃係自誤。間由本廠部館查出，代爲添改。倖因該字中式，即在謝教內扣除銀一成，以作花紅，爲小心校對者勸。庶賞罰平允。或因有忙速，入亂別卷，其銀多除少補。若遺失原底，本廠代揀選好姓。落卷如有混亂字軌，上下顛倒，票底與部字不符，俱照部字爲正。如不合意，單部交回，原銀送復。不得藉端補彩及要原卷之姓爲論。本廠不標不貼，賞罰既明，例在必行，俱照部字爲正。

一、落卷之後，不得取回添改。一免阻事，一昭畫一。倘原來添改，與本廠無涉。原底字跡糊塗，工人刻錯，不得索補彩銀。

一，部限以五日清派，憑號單交部。如遲不來取部，及知刻錯而不即來說明，乃係自誤。不補彩銀，實照部內字爲正。

一、掛部投票，必須遵善後局憲示所定期限交銀。倘至限期不交，或交未清。雖有中式，謝教不與。仍將票銀淸追，以杜效尤，而免取巧。

一、中式首名，即到掛號以便查對。不得以街上賣試錄執拗，俱照憲示正榜姓氏爲實。簪花後十五日，憑單交謝教。各卷倘有意外不開，部銀照扣，餘銀送復。本廠秉公辦理無私，諸君合意，方可投卷。謹啓。

觀此數條，可見主事者之規模闊大，辦法公正。當時銷路之廣，氣勢之盛，亦可想象得之。不論其事之有益有害，但在廣東一省內，固嘗風靡千萬人，綿歷二十載，世有編述中國風俗史者，安得不視此爲極重要之材料乎。惜余生晚，不及躬逢其盛。故對於買票之手續，獎金之分配，未能詳悉。倘蒙前輩老先生舉以賜教，甚感盼焉。

鑼鼓登場記

小魯

話說三十二年七月的某日，西風突的變了東風，跨刀的也轉了逆運，選得了一處山僻小邑的牧令，就此鑼鼓登場，幹上了草台班子的台柱。

正在興致勃勃的當兒，幾位愛抽冷氣的朋友，說上話了。「這年頭兒，跟誰有仇，就叫誰去幹縣長。您可別先樂意，您以爲這一番大爺愛唱什麼調調兒，就唱什麼調調兒了，多痛快！您別忘了您是草台班！上邊有管着您的太公、老爺子、爺叔、大哥；跟前還有管着您成天鬧麻煩的大娘舅、二娘舅、以至於三娘舅；下面又是這們幾十口子伙伴，天天向您要飯吃；您要是愛民如子的話，少不得要來上勤察民隱的那一套，那您就得小心紳士們的狀子，管叫您又得平添無限的煩惱；幹嗎服侍一個人的輕鬆活兒不幹，要去做大衆的奴才！」好傢伙！「聽他言，不由人，心驚胆怕！」不是我犯了戲迷，唱上了改詞的鄘鄔縣，因爲幾位仁兄的高論，聽了叫人實在洩氣。本意是想藉此登場，吐吐跨刀之氣，現在還未幹上，就要準備着去受氣上加氣的加一二五的氣，您瞧！除了攢紗帽，那還有什麼說的？

不過我又想到在大舞台上，唱壓軸的那些角兒們，那是怎樣唱的？難道在上面的，就沒有大爺叔、大娘舅？人家的羣衆，誰又不比我多上個千兒八百倍的？我想也許是「內心苦」「臉上笑」那樣兒的興葱葱的在幹着吧？反正就是這們一回子事，且幹起來再說。

說幹就得挑班子，先打我心眼裏想請的人去

約。有的說：「沒有名，要錢。您能給我兩千塊一月？」好！算我沒說。有的說：「尊情可感，礙難分身。」算是碰了一個軟釘子。有的當面不言語，背後乾脆的罵街；「憑你也想用我？」好不容易找着一兩位知己的答應了，這就千歡萬喜的訂下了，不是在下沒人緣，來找我的，並不是沒有，可都異口同聲的說：「在上面太苦，帶我們到下面想想辦法去吧！」我還沒有準備做貪官，那能容的了這般仁兄，就在這「我要人不肯」，「人肯我不要」的蹩蹩扭扭的勁兒下，勉強湊成了我的班底。我可又想回來啦，我想誰也是這份樣兒！就憑梅蘭芳老板，要趕着唱霸王別姬，金霸王也不見得服服貼貼的，連氣也不哼一聲兒的，跟他上台去唱？這份氣兒，我是願意受的，我只求班子裏頭不要出一位儘打不肯裝死的老虎，替我召上沒趣，那就行了。

動身的那天，我先向伙伴們唱了一個大諾，我說：「咱們這一班算是話劇吧，咱們是廢除名角式的班子，大家湊合着幹。我剛從跨刀的掛頭牌，同志的什麼苦悶，我不知道？我決不會不說人話。咱們吃大鍋飯，先混飽肚子，再說其他。您別以為二千六百四十四元的縣經費，不够買畫呈文畫指令的紙張錢，咱們向老百姓說開了，一天三頓飯，還能不讓我們吃飽？說句公道話，這年頭兒，只問百姓要飯吃，總不能說咱們貪而且贓吧？說到『搭架子』『擺臭格』我從來不懂那一套。別的沒有什麼安慰，在物質上，准能讓您吃飽肚子，在精神也要讓您瞧着痛快。」有些前輩老先生們，瞧着有點不順眼，嘰哩咕嚕的說「這還像個官！」如令咱是頭兒啦，咱歡喜這一套，您能管的着！

可是我說的不搭架子不擺臭格，剛剛一到縣境，就給人推翻，離開老遠的十來里路，標語就貼上啦，什麼「勞苦功高的……」別損人，剛來啦，恁事都沒幹，那來的勞苦？什麼「××先進」啦，「為民衆解除痛苦」啦，帽子都嫌太大，戴上去覺着崐裏崐當，臉上不由的熱辣辣的，想是臉也紅了，老王瞧瞧標語，瞧瞧我的臉，嘴角上掛着一絲微笑，我明白他心裏在損我。我對自己說：「這也不是我叫幹的。」又想想，本來麼，那些幹頭兒的，誰又不是別人給捧的？一捧再捧，日子久了，把他捧得了忘其所以，後來瞧到了老朋友，也就不由的頭昂昂的，眼睛眇呀眇的，抖起來啦？

剛下車，爆竹響啦，一大羣人，把我一擁，這一位，那一位，我也記不清，反正是歡迎。走了一段路，想起了伙伴，再看看，前面是軍隊，後面是警察，四圍是士紳，伙伴一個也看不見，知道他們都被捧在老後頭了，彷彿聽到送過來一陣一陣的耳語，好像是說：「小子！不說人話，你也亂抖起來啦？」是我要抖的麼？蘇州人打話：「阿要天曉得！」

辛丑回鑾瑣誌補遺

李丕之

讀徐一士先生辛丑回鑾瑣誌，有與家嚴相關之記載，徵引取材，雖係節錄他書，頗與事實略有出入，又以語焉不詳，爰加補贅，用為前朝軼事之餘沫。

庚子之役，聯軍入京，兩宮奔西安，翌年和約媾成，疆吏為謀回鑾時供應妥善計，於行在所經，設皇差支應局，局設委員以司其事。庚子西狩叢談所載：「委員候補巡檢李贇元」者，即皇差支應局委員也。時家嚴以奉天附貢，分發陝西，是役適在潼關辦理皇差支應事宜。支應皇差，仔肩之重，事務之繁，自不難想像而得，加以閹璫豪奴，倚勢揚眉，王公恃尊，凌轢小吏，周於應付之苦，雅非局外人所能臆度者，茲就所聞於嚴君者，筆而公之本編，事固無當於文獻，或可有裨於談助也。

支應局之職司，如鑄造金銀餐具，行宮所用之帘帳被褥，及御用各物；此外尚爲扈從王公及大臣之位敍一品者備公館洎器用，下此者聽其自營，不遑兼顧也。喀爾喀親王那顏圖爲扈從大員之一，行轅中敷設之帘褥等物，皆製以紅緞，加綉團龍於其上，從儀制也。離潼時，其親隨有所謂「管事大臣」者，束之行囊中，家嚴以公帑所置，事後尚待報銷，未便聽其攜去，出而尼之，親隨不從，語多齟齬，辭且侵王，親隨遂向那王報告，王怒，令縛之，親隨遂即縛之。時支應局人員馳告升允，升允着親隨四人持名刺索家嚴去，追步出行轅，已在升中丞親隨之監護中，自無「撻於市」之理，不難以事理推測得之。西狩叢談所載，或係誤聞誤筆也。家嚴赴陝撫行轅，途經權閹李蓮英寓所，李適立門外，顧詢何往，家嚴盛怒不答，李遂回首謂侍閹曰：「小李先生爲什麼怒形於色」？（家嚴時年未及卅故有此稱）會有知者，以實對，謁升允，升允頗直其行，不以忤王爲罪。返途仍遇李閹於其門外，呼家嚴與共話，且謂「那彥圖扈從聖駕，倘敢胡爲，實屬不知王法，今天吃點虧，不要緊，等機會，大家吹風兒也會吹倒他」。鑾輿既啓，升允遂以白簡劾王，理藩院議處後，有旨：罰俸兩年。評者多謂非李某不能干權貴，非升允亦無以全李某，有骨鯁之上司，斯有骨鯁之寮屬，時論翕然兩美之。

此後，家嚴遂爲一般廷臣所注意，如北洋大臣榮祿（爲孝欽后之姪曾兩叓倩家嚴爲書札）荆州馬將軍等，咸加激賞，推誠延攬，雖未承教沐澤，而知遇之感，終身弗諼。嗣貽穀以禮部侍郎出任綏遠將軍，家嚴任其欽差晉邊墾務大臣行轅總辦，相與之關係，蓋亦因緣是役也。

駐蹕潼關時，家嚴因職務關係，與巨璫接觸之機會殊多。此輩以李蓮英爲巨擘，啓鑾時，太后與後李閹以騾車從之，一切要事，王公大臣匆遽中不能奏太后者，先向李閹諸啓，閹輒倨坐車中，頤指手劃，以處萬事！皮學禮及崔玉貴爲次要人物，然權變機警遜於李，恒喜以勢屈人。

崔玉貴豢健走毛驢一，日可二百餘里，哈巴狗兒一，極纖小玲瓏之致，納之袖中，扈駕入陝，倉卒中將與俱西，所謂性命以之者也。知府衙門爲駐蹕之所，知府某，侍衛於二門之外，崔適見之，招手呼之來，詢以：「汝何人何職終日蹀躞庭中所典何事」？知府對曰：「卑職即潼關知府某某」。崔聞之遽喜曰：「甚好！汝既是此地知府，有一事須煩尊駕」。導之入門內，指牆下狗矢，着知府持畚帚掃除之，且曰：「老佛爺倘興發出外散步，覩穢物必見責也」。知府不敢多言，懼有罪譴，遂吞聲除之。

當日閹璫之所爲，恣橫無狀，筆所難罄，徒知壅蔽內外，從中取事；內則乘間蹈隙，堅忍協謀，窺伺上意，頗能以小人之忠信邀功固寵，外則憑依宮廷，結黨樹權，譸張僭妄，擅作威福，于是佞倖勢長，元良氣消，上下離心，國運潛移。竊以爲有清絕祀之條件固多，閹禍實爲主要之一，覆亡之實，雖未踵秦漢唐明酷烈之跡，蓋亦僅矣！

秋窗閒鈔

周樂山

金華火腿

金華火腿實產於東陽，蓋金華舊屬八縣皆盛產火腿，運銷各地，號稱珍品。八縣之中，產腿之多及質之佳，皆莫能與東陽敵。著名之「蔣腿」，即產於東陽之蔣村，土俗之所以稱「金華火腿」而不名「東陽火腿」者，蓋以舊日金華爲府，東陽爲縣，東陽之名不及金華之週知於世界耳。此與杭州之紫皮甘蔗名爲杭州土產，乃產自塘棲也。餘杭歌謠有所謂「三十六碼頭」者，開首即云：「金華火腿東陽出，紫皮甘蔗生塘棲」，觀此可校正土俗傳稱之謬誤。

夜雨寺

「何當共剪西窗燭，却話巴山夜雨時」，此乃唐人李商隱「夜雨寄北」名句也。彼所謂「夜雨話巴山」之「巴山」究在何處？

據考：重慶古名「巴子國」，又稱「巴渝」，故重慶縣治名「巴縣」，亦簡稱「渝」，至「巴山」則實無其山，李商隱作詩時或係指巴地附近之山而言，而「夜雨對話」則確有其地，即「夜雨寺」。

「夜雨寺」在距重慶五里浮圖關之山頂，寺有黃槲樹（常綠亞喬木）一株，大可數人合抱，爲千年以上之古木。寺內所供佛像與普通寺院無異，山中一蕭寺耳。惟所佔地勢絕佳，下繞長江，風帆點點，如在几席，景物殊足令人留戀也。

關於利瑪竇

明代西洋教士利瑪竇之來華，爲西洋文化傳入中國之一大關鍵，袁小修「游居柿錄」，記利瑪竇生活頗詳，略云：「看報，得西洋陪從利瑪竇之訃。瑪竇從本國航海來，凡四五年始至，初住閩，住吳越，漸通華言及文字，後入都，進自攜天主像及自鳴鐘於朝，朝廷館轂之。蓋彼國事天，不知佛，行十善，重交道，童眞身甚多。瑪竇善談論，工著述，所入甚薄，而常以金贈人。置居第僮僕甚都，人疑其有丹方若王陽也。然竇實多秘術，惜未究，其言天體若鷄子，天爲靑，地爲黃，四方上下皆有世界，如上界與下界人足正相鄰；蓋下界者，如蠅蟲倒行屋梁上也。語甚奇。正與雜華經所云：『仰世界，俯世界，側世界』語相合。竇與縉紳往來，中郎衙舍數見之，壽僅六十，聞其人童貞身也。」所云：「天體若雞子，天爲靑，地爲黃。」已闡明地球爲橢圓形之理矣。

郁達夫詩

不見達夫先生近十年矣，前有海外東坡之謠，諒爲訛傳也。達夫善詩，每有所作，詩情激越，渾雄悲壯。當在吳淞中國公學任教時，案頭吟稿，積若牛腰，嘗有句云：「侏儒處處乘肥馬，博士年年伴瘦羊。薄有文章驚海內，竟無饘粥潤詩腸！敢誇鄰女三秋望，恭受涪翁一瓣香。升斗微名成底事，詞人身世太凄涼！」過徐州云：「秋雨秋風遍地愁，戒嚴聲裏過徐州，黃河偷渡天將曉，又見淸流下濁流。」又三十初度，自壽長短句云：「小丑又登場，大家起，爲我舉離觴，想此夕千金難買，他年回憶未免神傷。最好是題詩各一首，寫字兩三行，踏雪鴻泥，印成趾爪，落花水面，留住文章。明朝三十一，數往前事業，羞煞潘郎，只幾篇小說，兩鬢清霜。算今後生涯，也屬碌碌，老奴故態，不改佯狂。諸君若來勸酒，醉死何妨！」豪情勝概，可想而知。又贈王沉云：「蔦眉火色長如此，我馬玄黃日又瞟，黠盡輪蹄霜盡鬢，滿山風雪最憐君。」實爲達夫壓卷之作。

葉楚傖嘲成舍我

葉楚傖先生，早年有嘲成舍我一詩云：「面龐愛看馬君武，身段還摹呂碧城，夜半時聞學蘇白，小東門外認前身。」頗饒風趣。

御史奏事之笑話

曾見前人筆記載：雍正朝，御史錢以瑛由知縣行取，投部屬，旋擢浙江道監察御史，入台首疏三事：「一請敕尼姑還俗。一奏民間養女至二十歲以外，敕督撫諭令速行擇配。一奏民間鬥毆，每起於數十文，請令有司查明有需數十文之窮民，給錢以濟緩急，息鬥爭。」疏上，奉旨切責。着以主事休致。又宋慶歷中有衛士震驚宮闕，捕得殺之，御史宋禧言蜀有羅江狗，宜蓄之以警夜，時謂之「宋羅江」。又宋仁宗朝，御史席平鞠獄畢，仁宗問之，奏曰：「從車邊斤矣。」蓋謂斬也。時稱「車斤御史。」

憲貓

清代鄒泰和學士，有愛貓之癖，嘗督河南學政，按商邱畢，忽失一貓，嚴檄縣令捕尋，令苦之，用印文上詳云：「卑職遣幹役四人，挨家搜捕，至今逾限，憲貓不得。」一時傳爲笑談，此令風流可喜。見「葑溪菴偶筆」。

記樊增祥

嘗見某君筆記載：樊雲門（增祥）好諧謔，不獨口耳出入間，爲文亦然。一日，門弟子某以詩進，樊閱未竟，擲諸地，曰：「糟，太糟，糟得一場糊塗！」某曰：「是門生久荒之故，師忍坐視而不教誨之耶？」樊笑曰：「田無一草，不得言荒，足下胸無點墨，何荒之有？」某叩首曰：「姑以田無一草而論，倘辱老夫子潤沾雨露，則無一草之田，不難爲膏腴之地矣。」樊大笑，徐徐曰：「子眞善辯，容吾爲爾潤色之。」某出語人曰：「吾師雖驕狂，而已入吾彀中矣。」

狗

「寒燈小語」云：「狗雖人奴，義性尤重，守護家主，逐亦不去。不與食吃，彼亦無嗔，自去吃屎，將就度日，所謂狗不厭家貧是也。今以奴狗罵人，又豈當乎？吾恐不是以狗罵人，反是以人罵狗也。」此語異常道地，可見以狗罵人，尚須斟酌。

孽海花人名索隱

孽海花人物，本刊論之者多矣，近見蘇維華著「葑溪菴偶筆」，有「孽海花人名索隱」一則，似較眞確，亟錄之：

陸菶如（仁祥）——陸鳳石（潤庠）
何珏齋（大眞）——吳愙齋（大澂）
成木生——盛杏蓀（宣懷）
李純客——李慈銘（悉伯）
莊壽香——張香濤（之洞）
莊崙樵（佑培）——張幼樵（培崙）
莊小燕（煥英）——張樵野（蔭桓）
陳森葆——陳寶琛
黃叔蘭——黃體芳
祝寶廷——宗室寶廷（竹坡）
敬王——恭親王（奕訢）
龔平——翁叔平（同龢）
高陽藻——李鴻藻（高陽相國）
潘八瀛——潘伯寅（祖蔭）
章直蜚——張季直（謇）
聞韻高——文廷式（兩妃師傅）
薛淑雲——薛福成（叔耘）
寶妃——珍妃（庚子投井殉國者）
金妃——瑾妃（後爲瑾太妃）
蓮公公——李蓮英
賢王——醇賢親王（奕譞）

周佛海先生散文集

訂正第五版出版

往矣集訂正本目錄

原書原樣

上海郵政管理局暫准登記證第四〇〇號

本期每冊實價拾元

古今

散文半月刊

第三十四期

樸之吾兄屬為古今題字

寺樓鐘鼓催昏曉
墟落煙雲自古今

汪兆銘

精衛

古今半月刊第三十四期目次

下期預告

我與共產黨 …… 陳公博

中華民國三十二年十一月一日出版

社長 朱樸

主編 周黎庵

發行者 古今出版社 上海亞爾培路二號

發行所 古今出版社 上海亞爾培路二號 電話：七三七八八號

印刷者 中國科學印刷公司

經售處 各大書坊報販

零售每册中儲券拾元

國民政府宣傳部登記證滬誌字第七六號

預	定
款項先繳 照價八折	半年 一百元 全年 二百元

南社詩話

曼昭

自三十期本刊拙作樸園隨譚之三「記筆墨生涯」一文發表後，本社卽接得讀者「南社舊侶」等來信，謂文中所述昔年香港南華日報所刊載曼昭先生之「南社詩話」，此間讀者，多未得讀，要求本刊重行登載，俾供共賞。查是文全稿，不佞當年雖曾珍爲保存，但事變後因寒齋一再遷居，早已悉數遺失。茲偶於舊篋中覓得民國十九年九月十五日不佞與故曾仲鳴先生合編之蔚藍畫報第一期（在北京出版者），見中有輭載是稿之一部份，亟爲轉錄，俾饗讀者；雖一鱗半爪，不足以窺全豹，但吉光片羽，彌足珍貴也已。

癸未重九朱樸謹識

南社爲革命結社之一，刱於清末，以迄於今，已有三十年之歷史。其所揭櫫，爲文章氣節，其實所謂文章，革命黨人之文章，所謂氣節，革命黨人之氣節，特在清末，於內地不能不隱約言之耳。故革命黨人之好文學者，無不列籍其中，其所爲文辭，先後見於南社叢刋，搜羅美備，人無間然。惟詩話之作，則尙闃然無聞，竊不自揣，欲從事於此，每有所得，輒著於篇，不分先後，蓋排比整理，不妨俟之異日也。

曼殊上人所爲詩文辭，精妙絕倫，圓寂後，斷簡零篇，皆足珍貴。最近柳亞子所編曼殊全集，都五大册，付上海北新書局印行，於民國十七年二月一日出版，搜羅完富，考訂精詳，嗟夫！亞子，可謂不負故人矣！余於茲，僅錄曼殊生平一二軼事，以供憑弔。

曼殊性嗜糖果，亞子所爲傳已道及。曼殊工繪事，而懶不多作。朋輩固請，恒不能得，偶或三五茗談，糖餌滿前，則酣飫之餘，往往欣然命筆，頃刻數紙，朋輩爭先攜去，不較也。有某者，知其然，瞰曼殊至，故設佳餌以待，曼殊引手取啖，則故格之。請先下筆，然後進食，在座者皆竊爲不平，而曼殊夷然不以爲忤，便爲作一橫幅，秋柳數行，映帶江月，殘月一輪，搖搖欲墜，神味淡遠，誠柳屯田所謂楊柳岸曉風殘月者。某狂喜，滿掬糖餌以進，曼殊飽啖後，忽引筆於月輪中，略作數描，則頓成爲制錢形，廓圓而孔方，孔中且貫以小繩一串，在座者譁然，某驚且沮，曼殊閣筆一笑而去。嗚呼，絕世風流，誠所謂勝打勝罵十倍者。朱執信聞而狂笑曰，此可抵一部馬克思資本論矣！

清季詩人，如龔定庵，已帶浪漫主義色彩，曼殊詩筆雋妙，與定庵相近，才氣不如定庵，而靜深之致則過之。其實曼殊初不欲使才氣也，其爲人亦然，曼殊本深於情者，益以學佛，尤以慈悲爲宗。天眞未鑿，與人交，無虞詐，如嬰兒。生平不解以强力凌人，人以强力見凌，亦不知何以處之。嘗與馬君武論譯詩，不合，君武數爲所屈，辭窮，轉羞爲怒，遽起，奮拳欲毆曼殊，曼殊茫然，楊滄白起而排解，始已，滄白事後語人曰，曼殊乃天下之至弱者，而君武欲以强凌之，可謂殘忍矣！

民報紀念特刊，名曰「天討」，（近日香港有某小報，襲其名，其無恥尤在冒牌賣藥者下，殆猶狸狌之自命爲人也，哀哉！）曼殊爲作畫五幅，其一獵狐圖，其二爲岳武穆游池州翠微亭圖，其三爲徐中山泛舟莫愁湖圖，其四爲陳元孝厓門題詩圖，其五爲太平翼王夜嘯圖，筆意高遠。第五幅尤爲絕作，摹寫翼王入川時情狀，亂山四合中，孤城百尺，狀極峭冷，城外衆幕隱隱，起伏山谷間，而不見一人影，惟疏林衰草，與之無際，維時秋夜沉寥，上有寒月，翼王繫馬城門外枯樹上，披髮，着戰袍，仰首望月，長嘯若有聲。秋風吹髮，灑淅欲起，若與嘯聲相應，令讀畫者幾欲置身其中，與此英雄相慰藉矣。章太炎爲題句其上云：「力拔山兮氣蓋世，時不利兮騅不逝，蜀道之難難於上靑天，使人聽之彫朱顏。」用項羽垓下歌辭，及李太白蜀道難詩句，渾成貼切，眞所謂妙手偶得之者，與曼殊畫筆，可稱雙絕。

侯官林時塽，字廣塵，爲黃花崗七十二烈士之一，少年英氣，於詩學李太白，他人學太白者，但學其豪放，此所謂皮毛者也，而君則獨得太白之深摯，故往往神似。余記其落葉一首云：「落葉聞歸雁，江聲起暮鴉。秋風千萬戶，不見漢人家。我本傷心者，登臨夕照斜。何堪更嘔血，墮作自由花。」格調情韻皆高絕。

廣塵有斷句云：「入夜微雲還蔽月，護林殘葉忍辭枝。」下句尤未經人道，仁人志士之用心，固如此也。日本人宮崎寅藏每爲此句擊節。三月二十九日事起，舉世震驚，日本報紙記者，知宮崎與中國革命黨人稔，就之詢殉義諸人遺事，宮崎語及君，並以此句寫付之，日本詩人和者相屬。民國十二年冬，胡漢民在廣州因孫科拘押其兄淸瑞之利友鄒殿邦，忿爭於大總統孫公之前，孫公頗不直胡氏兄弟，漢民慚且怒，棄之香港。閒居無俚，每日臨池，摹曹全碑，且作詩自遣，有句云：「旣雨微雲仍在野，護林殘葉忍辭枝。」上句殆自比於三宿而後出晝，下句直是偷詩賊，嗚呼！廣塵目不瞑矣。

朱執信集所收詩甚不多，以余所知執信於詩學研究極深。其所爲詩，較集中所收，不止倍蓰。惟執信作詩，每不留稿，隨手散失，朋輩以其方在盛年，於其翰墨，亦不甚視爲難得，無意於什襲，初不虞其忽然而逝也。

欲研究執信之詩，不可不研究其尊人棣垞先生之詩。蓋執信詩學，實胎息於其尊人。棣垞之友陶子政，嘗評棣垞之詩古文似陳后山，汪莘伯亦云然。棣垞自評其詩曰：「淸而薄，如僧廚之粥也。瑩而确，如碔砆之玉也。挺而弱，如盆山之竹也。勁而削，如羸夫之肉也。」云云，其語妙天下如此。然凡讀棣垞集者，無不歎其自評之確。蓋棣垞之詩，幽深峭刻，一洗淺易浮滑之習，生平推孟郊而薄蘇軾，誠哉其近於陳后山也。執信之詩，於此極肖其先人，徒以奔走革命，苦吟之功，不如其先人之精且專，然才力則突過之矣。

朱執信集，所收執信詩，僅二十一首。然嘗鼎一臠，可以知味。大抵江西宗派之詩，最惡浮滑淺易。執信以瓣香山谷爲未足，益以昌黎之雄悍，東野之洗鍊，由此而詣於漢魏之深淳，觀於讀漢書，及登阿蘇火山絕頂諸作，當知吾言之非過譽。至其近體如和精衛舅氏，及寄陳生諸作，則所謂綠邈寸心者。凡堅於志者，必深於情，於此益信。

執信詩好用古典，於此毀譽參半。蓋奧衍與晦澀，往往相緣也。楊季彝謂執信晚年忽改作白話詩，當由於此，亦未爲無見。

民元章行嚴在上海民立日報，載執信古詩兩首，一爲代古決絕詞，一爲代答。蓋己酉之冬，汪精衛將入北京時，執信手書於箋，以爲決別者。精衛懷之入京，旣被執，此箋亦遭抄沒。民元大總統孫公旣解職，由南京乘聯鯨溯江流以至武漢，精衛諸人均從。行嚴以報館記者資格，橐筆其間，精衛口授此詩，而行嚴筆錄之，以寄登民立日報，距今十九年矣。偶檢朱執信集，未載此詩。幸余敝簏中，尙存得當日報紙一頁，亟錄之如左：

「決絕復決絕，蕭艾萋萋生，不如蕙蘭折。白露冷冷羣卉盡，祇賸柔條倚風泣。中夜出門去，三步兩徘徊。言念同心人，中情自崩摧。我心固匪石，萬言千言空爾爲。月光皎皎缺復圓，星光睒睒繁復稀。月光星光兩澹蕩，欲明未明鷄唱時。芙蓉江上好，幽蘭窗下潔。所寶在素心，不向秋風弄顏色。水流還朝宗，葉落還肥根。來年春三月，佇看萬木繁。人生在世亦如此，此身何惜秋前萎。」(代古決絕詞)

「蒲柳望秋零，凍雀守紇干。所貴特達人，貞心盟歲寒。齊鳥三年不飛飛沖天，所爭詎在須臾間。我有變徵歌，欲奏先汍瀾。歌中何所言，意氣傾邱山。丈夫各有千秋意，毋爲區區兒女顏。相期譬金石，誓滌塵垢淸人寰。何意中道去，一往不復還。此情誰爲言，心摧力已殫。不惜此身苦，恐令心期負。含辛進此歌，願君一回顧。」(代答)

史記稱荆軻入秦，知其事者皆白衣冠送之。酒數行，爲之歌曰：「風蕭蕭兮易水寒，壯士一去兮不復還。」皆泣數行下。執信此詩，嗚咽淒涼，誠不減易水之歌矣。易水之歌，祇感慨於壯士一去之不復還，而執信此詩，則輾轉低徊，念來日之大難，惜人才之不易再得，其深情苦語，尤一往無際，愈折愈深，宜精衛之諷誦久而不能忘一字也。昔日本大將兒玉源太郎卒，元帥山縣有朋以和歌哭之曰：「七十之老翁，上九折之坂，半道而失其杖矣。」其音調絕哀，此皆公私兩盡其情。誠哉「毋爲區區兒女顏」也。

案以余所知，當時惜精衛之赴死者，實不止執信一人。試檢汪精衛集胡漢民於精衛北京被執之後，發表其己酉三月十九日與漢民書，同年十一月十五日絕筆書及與南洋同志書，共三通。而跋其後云：「按吾友此事蓄念已久，然吾與孫中山君，及一二同志，屢泥其行。其意皆欲吾友爲木鐸，不遽爲血鐘也。吾友所言，昭昭然揭日月而行。譬之炊飯，以己爲薪，曾不念其己當爲釜者，故終不能回吾友之意」云云。其所謂一二同志者，執信必居其一。驗之此詩，可以無疑。然至今日，在南京提議通緝汪精衛必欲死之以爲快者，乃適爲胡漢民。此則不能不令人啞然者矣。

精衛獄中秋夜詩云：「落葉空庭夜籟微，故人夢裏兩依依，風蕭易水今猶昨，魂度楓林是也非。入地相逢雖不愧，擘山無路欲何歸，記從共灑新亭淚，忍使啼痕又滿衣。」所謂「風蕭易水今猶昨」者，得毋即指執信此詩耶？

然以情理度之，當時依依夢裏者，或不止執信一人也。執信於九年九月二十日在虎門殉難，粵軍旣收復廣州，葬執信於沙河，與黃花岡甚近。十年三月二十九日，精衛在黃花岡七十二烈士墓上作詩云：「飛鳥茫茫歲月徂，沸空鐃吹雜悲吁。九原面目眞如見，百劫山河總不殊。樹木十年萌櫱少，斷蓬萬里往來疎。讀碑墮淚人間事，新鬼爲鄰影未孤。」自註：「墓邇執信塚，故末句云然。」時于右任督師三原，於報紙上見此詩，萬里郵致一素牋，索精衛書之，懸於齋壁。

四年，袁世凱帝制謀定，執信奉孫公命，將在廣州起兵討之，會陳炯明亦有所圖，執信聞之，乃寄陳以詩曰：「五湖去日臣行意，三窟成時客有能。復說屠羊王返國，逢君跨馬我擔簦。暫同鮒涸相濡沫，莫學狐疑屢聽冰。」末二句則余忘之矣。執信此詩，蓋深知陳之性質，好爲人上，慮其以忮刻僨事，故以此喻之。辭雖嚴冷而意則質直。陳見之，爲之爽然。噫，使胡漢民而能如此，則於九年冬間，必不至以一廣東省長之故，蓄憾於心，日夜搆陳於孫公之側矣。論者謂十一年六月十六日觀音山之變，陳固安祿山，而胡則楊國忠，諒哉。

「五湖去日臣行意」，指二年陳受任廣東都督時，執信決然去國也。「三窟成時客有能」，薄當時陳之綰納衆士詒也。復說屠羊二句，明此來專爲發難，絕無與陳爭廣東位置之意也。暫同涸鮒二句，所以堅陳之信也。韓昌黎詩「嗟爾殘月莫相疑，同光共影須臾期」，嗚乎，天下之最短氣事，莫過於共處一境，同任一事，而時時刻刻互懷猜忌之念矣。

執信以九年九月二十日，殉難於虎門。其時陳炯明方率師與桂將林虎，滇將李根源等，戰於潮惠之間。魏邦平，李福林，則與桂將馬濟等，對峙於珠江兩岸，勝負未判。孫公乃命汪精衛，廖仲愷，繼執信之任。及戰事既定，汪精衛赴上海，迎孫公暨伍秩庸、唐少川及胡漢民偕至廣州，復開軍政府。既而精衛知胡與陳之相齮齕也，悵然不樂，遂一人歸上海。舟中有詩曰：「鷗影微茫海氣春，雨收餘靄碧天勻。波凝綠蠛風無翼，浪蹙金蛇月有鱗。始信瓊樓原不遠，却妨羅韈易生塵。鐘聲已與人俱寂，負手危闌露滿身。」所謂「始信瓊樓原不遠」，言有志者事竟成也。所謂「却妨羅韈易生塵」，言履霜堅冰至也。大不得意之事，即伏於得意之時，古今來往往如此矣。執信之詩峭厲，而精衛之詩則溫婉，兩人詩派固不同也。十一年三月，鄧鏗死於刺客之手，未幾孫公自桂林旋師驅陳炯明，兵禍遂作。韓仲樂言禮記「鐘聲鏗」。「鐘聲已與人俱寂」，謂鄧仲元死事也。「負手危闌露滿身」，謂大亂已成不能挽救也。是爲詩讖，則此未免於鑿矣。

邵懿徽來書，感慨於南社諸人，頗有變節，以爲低徊懷舊，事可不必。噫！其言過矣。凡團體經若干時代，其分子必不能無新陳代謝，理所固然。中國國民黨且不免，況於黨中之一種文學結社乎？清末革命運動，其關於宣傳者，可分兩大潮流：其一源於吾國古學，所謂「抒懷舊之蓄念，發思古之幽情。光祖宗之玄靈，振大漢之天聲。」此吾國固有之民族思想不假外求者也。其二源於近代文化，蓋自歐洲十八世紀以來，革命思潮，震撼世界，民主政治社會主義，相緣並起，爲吾國所莫能外者也。其在前者，則章太炎實執牛耳。論樸學則繼亭林梨洲船山之絕緒，論文學則翁山元孝之遺也。其在後者，則孫公實提挈之。迨民報出世，此兩大潮流，乃如江河之奔流入海，蔚爲巨浸焉。

樸園隨譚（六）

朱樸

憶錢海岳（並介紹其文集）

晚登高樓望，木落雙江清，寒山饒積翠，秀色連州城，目送楚雲盡，心悲胡雁聲，相思不可見，迴首故人情。——李太白詩集

近來常常喜歡到舊書店裏去跑跑，因之結識了幾個舊書店裏的朋友。重九之晨，有一家舊書店裏的朋友送了一大包書到寒齋來，翻閱一過，忽然看見裏面有一本「海岳文編」及兩本「海岳遊記」，不禁大喜過望！

海岳是我三十年前在無錫東林書院裏的老同學。那時我與他是同班，意氣相投，交稱莫逆，在同班數十人之中，他是最令我不會忘記的一個。海岳的尊人錢史才先生，是無錫著名的學者，（著有麟洲全集：計文十六卷，詩一卷，遊記六卷）。海岳家學淵源，自小即以能文爲人所驚異。我記得有一次在學校裏上作文課，國文教員沈先生（其名已忘）出了一個題目曰「說菊」，海岳做了一首長賦，滿篇古典，弄得那位先生手足無措，啼笑皆非，除了字字密圈外毫無其他辦法，那時海岳大概還祇有十二三歲吧！（我記得他比我大一二歲）。

海岳的國文雖足以傲視儕輩，但是其他的各門功課，無一不在平均分數以下。尤其是他那副書獃子的神氣最爲可笑，時常爲一班頑皮同學所嘲弄。可是他很自負，對於一般的同學們都不屑一顧，承他不棄，常常同我評論古今，月旦人物，頗有「天下英雄唯君與操」之氣概。（他在學校裏有一個綽號，名「官少爺」，因爲他的尊人是做官的緣故。現在回想童年天眞無邪的時代，眞不勝神往也。）

東林書院畢業後他的一切我都不能記憶了，現在所能勉強記得的是後來在蘇州我曾和他相遇過一次，在杭州又相晤一次，（那時他寓居在杭州，我還是下榻在他的寓所的。）可是何年何月，我簡直不淸楚了。

民國十三年我往北京，又遇到了他，那時他正在某大學讀書，寓在東城的某公寓裏，我們又時相過從；他曾陪我遊了一次頤和園，（見三十二期拙作樸園隨譚之四）。但是以後他又離開北京，不知到何處去了。

此後直到二十五年，那時我在嘉興軍次，有一天忽然接到他從南京寄給我的一封信，才曉得他在軍政部當秘書，察其語氣，似乎不甚得意。及後中日事變發生，彼此之間的音訊又告中斷，屈指至今，不覺又已整整的七個年頭了。

連日秋雨不斷，晚上我獨自在書齋裏將海岳的大作一一拜讀，二十年來故人的所經所歷，有如晤對。總閱這三本書裏的所作，忽爾汪洋恣肆，不可一世，忽爾纏綿悱惻，如泣如訴，眞可謂極盡文筆之能事。請看他的海岳遊記的自敍：

「予少有大志，束脩以來，欲盡讀天下奇書，交天下奇士，窮天下奇山水，建天下奇功業。四歲識字，七歲爲詩文，九歲卒九經，十六極諸史，汎濫百家，兼及鞮譯象寄，俛仰公卿間，歷知於馮蒿庵、樊樊山、王晉卿、秦宥橫、林畏廬、趙次山、張季直、梁任公諸先生，而吾鄉楊仁山、味雲、許修直三先生，亦加寵異。嘗浮江淮，上會稽，觀錢塘潮。攀九華、黃山、白岳、覽雲海。南極天台、雁蕩、普陀、匡廬、天目。北向京師，瞻耶魯，登泰岱看日出。東臨榆關。西北度雲中紫塞，經燕然，升恆岳。緬漢憑弔陰山青冢，驅馳河漢趙衞宋魏鄭楚之郊。擔簦躡屩，挾策於諸帥，無所遇，困窮歸，功業無建樹，年已逾弱冠，返之初心，如芒在背。且讀書雖破萬卷，爲古人陳迹，空言而不適實用；交遊雖多大賢，而資性駑下，未收同漸磨汲灌之效。足跡半海內，又皆禹跡到地，未踰重冥而窺九州。雖亦掛名宬史，迴翔粉署，都講北雍，一世之人，目之曰才子，曰名士矣。然予豈才子名士中人耶。思欲出身以效時，抒夙抱，自期於功業，以無相知有氣力爲推挽。又不屑濡足蒙垢，僥倖以乘時，甯窮棲茹薇，藏寶以迷國。久欲披髮入山，謝絕塵網，爲父母顧養而止。予既不得志於世，益欲登覽山河，以消其塊壘，以開拓其心胸，以遠遊於四海，有所作，每於舟車馬背，重崖絕壑，爇松脂，拾枯枝而寫之。然亦多噍殺憤激不平之辭，而積之久而多，用示鴻雪，偶一閱之，如晤故人，不忍棄也。又嘗慕項籍立功，有虞姬從之，子長出遊，有清娛侍之，英雄兒女，千古美譚。虞姬其人，世不可得而見矣。予妻能文好遊，有類清娛，乃歸不一年而下世。俯仰宇宙，此身遂孤。每至山顚水湄，徒爲傷遊感嘆，涕泣不能自已，故遊興於今亦少減矣。烏乎，遇不遇命也，而數之奇，世莫予若。產無薄田，不能家食，讀書不得。老成凋謝，風雅日替，交友不得。羈縻升斗，鞅掌簿領，窮山川亦不得。知己無人，際會無日，建功業更不得。讀書交友窮山川事，出之已似可勉，天並靳之，則建立功業之有待於人者，更無論已。而同輩後生，未嘗有志于斯，皆已一一扶搖以上，予又不得不悔曩者之所趨向。於是始信奇之爲累奇於人，卽數之所以奇於人與。去年秋，退歸笠澤，居閒多暇，因取舊記，編爲四集，爲篇一百有十，付之汗簡，就正同文。夫文章既不足以蕩夷海岳，驅遣風雲，嘖薄神鬼，縱橫古今爲一家言，徒取以撫玩泉石，奇卽肖其山川，於人何有，於世何有。時不再來，功業無分，恐遂汨滅，奇才如賈長沙，不得不無望於吳公之薦引也。今年書成，爰識數語，序以自勗，並志吾慨。」

這是何等筆墨！又是何等氣概！辜鴻銘評其文曰「雄豪奧秘，揮霍出之」，這八個字誠可謂言簡而當也已。

海岳文編中悼亡之文佔了六篇之多，想見其伉儷之情深。那六篇文是（一）亡婦薛夫人事略，（二）悼薛夫人賦，（三）薛夫人墓志銘，（四）薛夫人哀辭，（五）薛夫人象贊，（六）釋服奠薛夫人文，篇篇沉痛，哀感動人。寫到此地，不禁引起我自己的悲哀來了。先室逝世，已將三年，榮兒夭折，瞬逾二載，悼亡之後復繼之以喪明之痛，其何能堪？恨我不文，數年來竟未能作片言隻字之追悼，豈眞所謂「至哀無言」者非歟。嗚呼痛巳！

現在海岳不知又飄泊到何處去了，同病相憐，天各一方，追懷良朋，我念何如！

南遊紀事詩

謝剛主

朱明易逝，節候忽移，回思昔遊，已成夢想。余以癸未初夏，稅駕南遊，講學濰上，小遊明湖，即道出金陵，晤友滬上，閶門爲所昔至，乃登靈巖，攬勝而返。時則炎飈映日，行旅戒塗。獨以眷懷三泖，寄情水鄉，而契友良朋，亟擬晤聚；雖乘暑南行，反多勝趣。比返舊都，已屆初秋。徒以攖於俗務，家事蝟集，兼以舍弟之喪，妻兒孤露，憂從中來，不能自已。雖欲彊作歡欣，愧未能撰成隻字。前成數章，久而未續。爰即舊章，聊贅數語，以志鴻爪云爾。

何堪涼月又如鈎，晚色初寒玉簟秋，悵望鄉關眠不得，瓊華殘照水明樓。

癸未八月初旬，余購銀桂一本，置諸座隅，每當治事之暇，晚飯初罷，篝鐙點讀漢書，鈎稽兩漢風俗故事，擬撰漢畫考。倦則讀歸熙甫文，信所謂局促於一室之中，方揚眉瞬目，爲有奇景。時而明月窺人，好風時來，香溢中座，緬思昔遊，逸興遄發。

吳歈唱罷又秦歌，咫尺天涯感逝波，獨下層樓思往事，空階明月影婆娑。

中秋後余至津門，友人約至北安利小飲，飯後微醉，同遊世界飯店，爲吳娃所棲，隔樓爲中原公司舞場，開窗攬眺，繁聲縟節，喧塡聒耳，獨下層樓，回思昔遊，咫尺天涯，境物不異。天階朗月，照地如霜，街旁楊柳，景色婆娑，如此良夜，心爲之淸。

昔年曾得過膠州，今年重登萬印樓，把酒持觴尋舊蹟，銅符古璽至今留。

昔年余與徐聖公同遊勞山，道出濰縣，晤簠齋先生後裔陳君藻兄，出陳古器，頓飽眼福。余講學濰上，造訪陳君，陳蕃下榻，促膝夜談。室宇精潔，不異舊京。惟屢經滄桑，蘭亭繭紙，亦非昔觀，君子之風，不異矩矱。君藻精刻印，前索鐫石章，久而未應，出示舊作，爲鐫賤字，猶數年前物也。純篤之風，於此可見。

閒掃庭除靜不喧，蕉花柔竹依闌干，味蕖畫室明如洗，合與周陳共往還。

余因君藻兄而識郭味蕖君，精鑑別，善丹青，與君藻同遊郭氏園，時方盛夏，青松植道，紅蕉盈庭，階前列二三石墩，以備夜談之用，蒲留仙聊齋中境況，彷彿見之。室陳周亮工、陳簠齋字，鄭板橋畫，畫案几榻，悉皆樟楠，雖舊京未嘗有也。魯東故家喬木，於此見之。

歷下水木原明瑟，不似京塵十丈長，猶記江家池畔坐，千條赤鯉掠池塘。

濟南西門內有江家池，爲明代江氏之放生池，今江氏已無遺蹟，而放生池獨存。水淸見底，遊魚往還，大者三四尺，小者一二尺，日光照之，赤鱗耀彩，投之餠餌，競來趨食，亦不畏人。池上爲滙泉樓，池旁有一醬園，蓄水池中有一尾尤巨，約可數十斤，停留其中揮之不去。詢諸市人，一夕風雨，魚來池中，潛伏不出。已四十餘年，自此魚來園中，醬園日益發達，故有來遊者樂與往觀云。

小樓獨酌試淸泉，蒲筍嘗來味倍鮮，未必石家誇鮰肺，此身端合在江南。

池上滙泉樓，精庖饌，烹魚尤美。泉水紆迴其間，菜蔬洗濯尤潔，余攜妻登樓，酌淸泉，試新茗味尤芳冽。雜以蒲筍餠餌，飲至微醺，實則余僅勝蕉葉，佐以蒲筍湯，紅燒肉，日影過午，徐步出城，晡後登車，一覺醒來，已至汶上矣。

小橋流水野人家，閒對朝暉靜不譁，隱約湖光山色裏，鵲華風景洵堪誇。

余至濟南，住商埠之石泰巖旅館，爲德人所辦，室極淸潔。比由濰返濟。翌晨即攜妻驅車赴鵲華橋，橋畔流水潺湲，綠楊下，設有茶肆，坐對朝暉，靜聽流水，綠樹叢中，千佛山色，隱約可見。余等小坐肆中，食粥及寒具，即覓舟遊湖，朝靄初散，菰蒲中時聞禽鳴，一天寂靜，蕩槳於碧綠叢中，尙無游湖之人也。

鐙映秦淮槳映歌，碧紗錦帳影婆娑，蒼烟暮靄消沈盡，燕語鶯啼醉客多。

秦淮鐙影，人所艷稱，實則一灣碧水耳，西不及文德橋，東不踰鐵路，咫尺河塘，泛舟其中，熙攘往來，了無意趣。吾想六朝桃葉問渡，當不如斯之偪仄，即明季顧湄鄭妥，香巢所居，亦必較今日爲娟潔也。何以佳麗銷沈，而湖山爲之改色歟？唯至華鐙初上，暮色浸人，輕歌慢舞，鐙影婆娑，於是人皆微醺，眼花撩亂，穢水濃香，皆結妙諦；塵埃沙礫，悉化雲烟。旣夫錦幄微溫，笙歌初罷，此又下客留恍時矣。姨甥李君塏藩約余飲於河畔酒家，飯罷登舟，移時而去，其喧嚷之狀，不異昔時也。

君室堪稱如意館，前身合是庾蘭成，我來君處閒獨坐，寒潭秋水倍關情。

龍城段无染拭，余之妻弟也，能詩善畫，昔在舊京，住於余家，鐙窗讀罷，每相笑謔。聞其家有小鬟如意，君愛之彌篤。旣余偕妻登堂，則如意已納爲姬人矣。時君于役潯陽，未能晤對，徘徊君齋，不覺悵然於懷。

東莞張氏佳公子，玄[illegible]同遊飽餠豚，荒攤冷肆搜尋遍，攟輯掌故賴君存。

東莞張次溪與余同受業於北江先生之門。河間紀果庵久耳其名，未能晤面。旣余來金陵，紀張兩兄同來相訪，約余遊後湖，同舟共載，抵掌談心。次溪南人，而賦性豪爽，出炊餠醬肘，悉爲北地名物，據案大嚼，佐以果餌，移舟柳陰，微風蕩漾，淸談徐發，不覺日晡。次溪憙董理故事，成書盈尺，搜輯之勤，未嘗有也。

莊騷讀罷讀玄經，悵觸關山愧未能，局促石城同飯顆，夷門猶有老諸生。

昔余講學金陵，一時舊侶，率多星散。憶昔薄暮，偶遊狀元境萃文書局，識葉仲經君，長於目錄校讎之學，辨別板本，考鏡源流，如數家珍。余即薦之蔣慰堂兄，引為記室，此次南來，復至萃文，訪仲經於太平路，則兩鬢全白，狀至蕭索，一旦晤對，其喜可知。仲經以詩相貽，意致惇切，愧我無才，未能相和也。

憶昨石城結縭時，而今髩髮已如絲，回首二十年前事，小閣垂楊總未知。

昔余負笈舊京，家君作宰和州，命余就婚金陵，住易家橋，浹旬北返，後余至金陵，欲訪其地，亦迷其處，比余偕妻南遊，往省母家，回首前塵，已二十年矣。

與君痛飲申江畔，時事倏忽又六年，快閣同登覓舊侶，樓頭明月影初圓。

民國廿六年冬，余由粵北返，至友鄭西諦飲之於申江紹興酒肆，今次來滬，又同飲肆樓，不覺大醉。獨下危樓，仰視天空，不覺皓月正當頭也。歸後醉臥，醒來已四更矣，信步街頭，覓食甜飲，心神始清。

徐公逃禪眞長者，王沈風流最上賢，爭羨桂林山水好，何來恰遇滬城邊。

余賦性戇直，學本荒殖，賴有徐聖公能匡余過。王君以中則余老同學，有聖人之稱。沈君仲章則余識之於舊京，銳敏勤苦之士也。余服務北平圖書館時，曾與諸公同遊桂林，探陽朔山水之勝。忽忽已近十年。今茲來滬，徐公則逃禪韜晦，王君則避地申江，葉譽虎先生延之校讎釋乘，食宿禪林如老頭陀。然以中喜食肉，與余同癖，徐公每命庖做紅燒肉，在精舍中大嚼。沈君工異國文字，博學多能，近棄其所學，為木工。為粘版公司，採木於洞庭東西山之間，每道洞庭山水之美，余心向往之，而未能也。余來滬晤徐公，同遇兩君，京洛舊侶，一旦同聚一堂，其喜可知。

與君同約吃河豚，踏遍閶門總未聞，悵觸石家樓畔坐，閒看靈巖嶺上雲。

聞木瀆山水之勝，余約沈君同遊，比至蘇州，偶忘沈君住址，踏遍閶門，總未尋得。無意中遇畫師徐君北汀，亦異事也。乃偕妻遊木瀆，籃輿登靈巖，山色秀麗，殿閣玲瓏，有凌雲之概。下山後，食於石家飯店，所謂鲃肺湯，為時人所稱，後詢之苦雨老人，鲃肺實河豚也。惟木瀆風光，柳隄河房，落照孤帆，猶縈心目。

黎庵風致最翩翩，閒話古今遡衆賢，聞說鳳梧新結子，蓮房玉蘂碧澄鮮。

余與黎庵尺素往還，尚未識周郎玉貌，既接謦欬，乃一翩翩佳公子也。潘陸才華，主持筆政，不禁健羨者久之。樸之先生約余午饌，聞說碧梧結子，合有紅蛋之詢，北返舊京浹旬，尚佇盼迢迢一紙書也。

東行日記

陶亢德

八月十四日　晨訪幼笙哥並晤孝潔姪，去樸園訪樸園主人，聊表辭行之意。極司非爾路某段大水未退，深及黃包車夫之股。擬再訪黎庵話別，想愚園路積水更深，又知晚上文友社招宴他亦在座，就偷嬾作罷。回至靜安寺略購汗衫短褲肥皂之類，所費已近千元，平常除書籍煙捲之外，難得購物，今日「躬親其事」，始知物價之昂，洵足驚人矣。向保長處請自警團站崗之假。返家接太平出版公司邀午宴請帖，精神太壞，頗想不去，又覺不好意思，即坐人力車涉大水至華懋飯店。菜爲西餐，胃口又不好，略進少許，眞是食而不知其味。至匯中飯店草野君房間稍坐後，與雨生同在大馬路購一帶鉛筆之記事簿，價十元，白紙扇一，二十二元。久候電車不至，秋陽炙人，遂僱人力車至亡友越裔君家，晤其夫人，知世兄已入某木廠學習。臨行贈以三百元，聊爲購書之費。返家後假寐休息，和儀忽來，不得不起床招待，量寒熱四十八度餘，她說是打傷寒預防針後之反應，明天保你好。五時餘去華東兄處就診，云反應之外，略有感冒，防船中發熱更甚，除退熱藥外，更爲開退注射後發腫之藥片。醫藥兩費，恰爲百元。赴中華日報及文友社宴，同在康樂酒家。文友社祇一到，中華席上亦只坐而少吃，見人乾杯頗想一逞，總怕身體吃不消而止。席上遇章克標君，不見近十年矣，談吐風涼猶昔。予且本月二十六日娶媳，今日似特別高興，飲酒至空前之醉。晤黎庵，告以明日即行。

席散後與越老雨生坐報館汽車回家各取行李。妻爲攜手提箱至門口，及我坐進車廂回頭一看，人已不見，越老遂開玩笑。繼雨生至家取行李，柳老先生祝我們一路福星，柳老太太送至弄口。晚宿都城飯店，係別人空房間，現在上海旅館，多係長期住客，臨時要一間絕不容易。馬三兄來，並以蘋果洋梨見惠，國祥兄伉儷來，時已深夜一時，且係煞費打聽始找到者，蓋余匆匆離家，未說住宿何處，或說而家人彼時耳已不聰。盛情均可感。世間最難得者兄弟，余無兄弟亦無姊妹而得友不少，世間最難得者朋友，亦一說也。

八月十五日　六時即起，人仍發熱，匆匆盥漱後至匯中與同行諸友合齊。報館梁雷二君以汽車來送。抵碼頭後不久，福間副領事來照料船票之類。辦手續時一樣列隊依序，無法或不欲憑身分爭先。近午開船。先塡所帶烟捲表，由事務員在烟盒上蓋戳。越老帶有雪茄若干，亦在外包之玻璃紙上一一加戳，嚴密之至。十二時半午飯，日本菜，有我所不能下咽之佳肴生魚片，盡以贈雨生。一點半練習帶救生圈，此爲船上常例，不過普通總由茶房之類演習而旅客則免耳。又塡入口表，主事者詢問特詳，如什麼學校畢業，那一年畢業，畢業後做什麼事，做什麼事後又做什麼事，現在做什麼，幾年幾月做起等等。

十六日 午前三時睡醒，與丘石木君談創造社，談到該社人物，談到郁達夫的毀家詩紀。雨生說起去秋他們赴日時，長崎某飯店有一女侍名八重光者，日本讀音爲夜夜迷子，請某君題字時某君即題此四字相贈。又謂旅館有張宗昌所題大字，詢以是否「旅館之王」四字，則云並非，殊出意外。八時起床，詩人陳寥士君來，見示昨晚所成新作七首，記其中之二云：

陶亢德謝希平周越然章克標石木丘，風魯風雲陳君又名單雲雨雨生露關露恰同舟，詩人草野心平東鄰彥，鴻雪他年記壯遊。（同行十人均集於此矣）

月照青天碧海端，瓊樓玉宇不勝寒，入秋初度團圓夜，遙想閨中祇獨看。（八月十五日即夏曆七月之望）

石木亦能詩，其「東行」中有二句甚佳：世局葛藤憑快劍，心頭風雨託深巵。船上有人談做官，謂白黑紅三缺最肥，至白黑紅代表何種缺子，是在古代中世抑今日，則不詳矣。

下午四時左右抵長崎，五時半登岸，在海關旁見一人力車，車身較高，車輪特大。下榻新長崎旅館，布置不惡，面對一山，晚間燈火點點，頗似香港夜景。晚飯爲西餐，一湯，猪排牛排各一，一魚。得飲啤酒。長崎如蘇錫之類城市，所經之路無車馬喧，行人亦少，住家小孩有在門前木桶中洗澡者。日本小孩與中國小孩尤有「同種」之味。

遜清駐日公使何如璋有詩詠長崎云：岩居茅屋兩三家，平港停輪日已斜，上岸欲尋瑤草去，洞門深處碧雲遮。又黃公度詩云：夕陽紅樹散鷄豚，薺麥青青又一村，茅屋數家籬犬臥，不知何處有桃源。

十七日 七時即醒，睡眠不足。早飯爲日本菜，素少早食，對一大碗飯只得搖頭，味噌湯則喝盡。九時餘上街。購小算盤，泥人，硯台各一，擬回國時予兒女者。硯台形如一小拖鞋，別有致，價不廉。遇雨不得歸，店主婦拿出櫈子來勸稍坐。日本婦女已跑出深閨，旅館中店舖裏多女人執役。寄內一信。

下午三時四十分離長崎去博多，坐二等，聞今日日本火車已無頭等者。火車沿海而行，時經隧道，頗似廣九路上初出九龍時之一段。七時抵博多，寓博多旅館，和洋合璧，設備甚精。晚飯時與陳魯關三人吃中菜，餘人進和食。仍飲啤酒。浴後與魯風閑談，余謂日本報章雜誌，對於本國美德優點無不鋪張盛讚，我國則正相反，這點可惡，那點該死，用盡全力，痛詆不已，久而久之，是否不會造成國人自暴自棄之心理？渠則以爲中國今日無中心思想，大家胡里胡塗窮兇極惡過日子是大可擔心的惡現象。在旅館初購日本烟捲，名鵬翼，二十支包，平時定價十八錢，戰時負擔額三拾二錢，共計五角日金，與滬上較，可算極廉，味亦比上海那種有草無煙者爲佳。

十八日 六時即醒，早餐爲稀飯。博多以產人形著名，旅館貼鄰適有一人形店，往購少許。此店門面不小，店員却僅母女（？）二人。十時半離博多，目的地名唐津，擬在彼休息二日，稍蘇疲勞。十二點稍過即到，住虹之松原之唐津飯店，其地多松林，海灣在前，松濤海濤打成一片。午飯之湯與餅奇少，越老謂「連我的小孫子也吃不飽」。牛肉甚老，生前似已古稀之年。兩條沙丁魚細如小指。一片西瓜却其甜如蜜。

飯後有人上街購瓜果，余則午睡以求退熱。應每日新聞之請，寫「所望於此屆文學大會者」數百字，所說的話還是我所要說的話而非官話或代表話。自洗汗衫褲，想此時家中山妻或亦正在躬腰爲兒輩洗衣襪。傍晚大雷雨，望窗外只見溟濛一片，水天無際，白浪衝沙灘，松樹亂搖頭。有小孩三五，裸體在雨中奔走海灘上，膚色如紫銅，活像畫上景物。晚飯後打乒乓，同伴無大將。寫一明片寄內。

十九日　昨晚早睡，枕上聽海水擊岸聲，如自然巨人之打鼾。七時三刻起身，早餐爲冷飯，不能下咽，呷味噌湯數口而已。上街一行，無物可買。午飯後服藥，手心脚底均發燙，怕病倒異國逆旅。今日陰晴，風勢甚勁，海水終日呼嘯不已，初抵唐津聞濤聲，爲之一快，不一日即覺厭煩，人情大率如此。本定渡海去一小島上垂釣，以風大作罷。晚飯於「彌棲」，樓在旅館對岸，過一長如錢塘江岸橋之松浦橋。屋甚宏大，晚景尤佳，有虹懸天際。同行十人除謝君外無不痛飲狂歌，醉態可掬。坐「太可惜」（出租汽車之日本音譯）返旅館。在唐津初見日本之三輪車，名爲「厚生車」，有蓬與窗。

二十日　行前旅館主人屬書，爲寫「可與共患難亦可與共安樂」十一字。近一時離唐津，車站旁一市政處之類機關送繪圖明片一套。車上見鄉人吃飯團，並無飯菜佐食。三時稍前抵博多，三時十二分換車去門司。五時四十分抵門司，經關（下關）門（門司）海底鐵道，歷時六分鐘，工程之鉅可見。五時五十分抵下關，日本文學報國會已派員在站迎迓，乘汽車至山陽飯店下榻，各報記者競來訪問攝影。日本報館似甚重攝影，自輪船進長崎口，在船上攝影起，已不知若干張，惜不以每張見贈，否則當洋洋大觀矣。悉北京代表亦已行抵下關，住另一旅館。寄內一片，服藥而睡。

二十一日　上午十一時十分離下關，一行二十八人，文學報國會人員在外。車上蒙地代表以「蒙疆文學」期刊見贈，印刷內容均不惡。東京新聞記者預約寫「大會最後一日的感想」，須於二十七日午後一時前交卷。車上飯食甚佳，半夜並有酒喝，惜余九時即上臥舖，致須稍緩數日始得一嘗日本威士忌之味。

二十二日　六時半即起。七時火車過一大隧道，歷時十分鐘之久。日本國土沿海多山，隧道奇多，想來建築時頗不容易。車過熱海，景色甚麗。陳綿博士告我，北京報上登我名字，計有亢德，元德，玄德，兀德，凡德等等，想係由日文轉成中文之誤，日文報上凡登我國人姓名，難得一字不錯者。上午九點二十分抵東京站，自下關至此共行二十二小時餘，尙係「急行」，爲余生平乘火車之最久者。一路行來之初印象，是日本一般之店舖居家人民服飾飲食，均不比我們闊氣，而交通電信教育文化之發達，則遠非我們所能及，兩國盛衰之理，其在此乎，其在此乎！

東京站上不少日本文學家在接，遇在滬見過一次之小說家林房雄，即授我「文學報國」第一號一份，第三版上刊有去歲中華日報宴林氏於金門飯店時所攝之影，說明一誤金門爲金山，再誤梁式爲梁棧，三誤錢公俠爲楊錢公使，四誤鄙人爲充德，五誤周越然爲周越烈，六誤潘序祖爲潘序租。日本手民排漢字之不行，於此可見。在站前先由該會事務局長老作家久米正雄氏致歡迎詞，並攝影。繼分大汽車二輛上二重橋遙拜宮城，再赴大使館謁蔡使。子平先生適他出，正欲興辭，忽見其與謝抗白公使緩步而入，原來係去帝國飯店晤我們，而不知我們未投逆旅先來使館也。稍坐片刻，在園中合攝一影而退。至帝國飯店，高僅三層，全係石築，余戲稱之為石屋，壁為赭黃色，樸雅有致，聞係美人設計，大地震時未損毫髮。午餐仍為西菜，一湯二菜一點心，價日金二元五角外加捐稅。今日日本飲食遊樂旅館捐稅，凡在五元以上者均徵稅百分之五十。命侍者洗衣服，云特別快亦須三日之久。大概今日日本凡須人力之事，非必要者均極不易，舉國決戰之秋，本應無閑人空力供隨意消費也。

午後應邀去明治神宮外苑游泳場觀「學生水泳錬成大會」，奇熱不耐久坐，獨自外出，至一小茶店進冰茶一杯，價一角。先在樓下付款取一牌片，然後登樓而飲。閑步過慶應大學病院，傍門植一松，旁柱木牌，述此松由來云：「此松原在某池畔，某年有一幼童失足墮池，攀松枝獲救，後即視此松如生身父母，今移植於存人生命之醫院門內，洵佳事也。」其言饒有深意。

晚菊池寬氏招宴於山水樓，係中國菜。座上有不少女電影明星。初宿帝國飯店，全係着華美和服之女侍者，我們大叫熱茶來喝，而來必無多，至多人得二杯，又無加冲開水之習慣，天熱口渴，為之叫苦不已。

二十三日　上午參拜明治神宮與靖國神社，拜前須洗手漱口，門前置有水池，安有木杓。先二鞠躬，繼擊掌二下，再鞠一躬禮成。自停車地至參拜處路非咫尺，又係卵石舖成，炎天行此，頗感疲乏，而同行日人，邁步前進，毫無倦容，體力不如人乎，誠心不如人乎？出神社後再赴湯島孔聖堂，招待者鹽谷溫宇野哲人諸氏。聖像云係朱舜水攜來，廟經地震毀壞後人重修者。由越老上香致祭。

中午赴朝日新聞之宴，座有谷萩那華雄少將，能華語，豪爽之氣逼人。下午三時赴朝日新聞座談，有滿洲田兵君及林房雄氏，題為「戰後之中國文學動向」，據實談之。席間有漫畫家日出造為作速寫。五時半赴讀賣新聞晚宴，散席後再應名取氏之宴，路途甚遙，領路之草野心平氏又臨時忘為誰家酒樓，在街燈稀落路黑難行中步行多時，於一小巷口幸遇主人之迎候。始不至空勞往返。座上有黑田伯，文學評論家河上徹太郎小林秀雄諸氏。館名常藤村，日本菜。初見日本舞蹈，一人跪彈三絃，一人跪唱其聲嗚嗚之曲，一人執扇而舞。小林氏告我，此舞係一戀愛悲劇。歸旅館已午夜。是日理髮於旅館，價一元九角半。

二十四日　晨起草大會提案，提案為刊行東亞文藝期刊，俾即交報國會方面譯成日文。朝日座談紀錄不甚與所談相符，不知何故。中午蔡大使招宴，佳餚美酒，醉者不少。下午與雨生田兵等赴大政翼贊會訪該會總裁後藤文夫氏。為中華寫「日本初印象」，草草而成，不像樣子，因須明日托馮介如先生帶回國內，限於時間，無法事也。承林出賢次郎先生見訪。先生旅華已數十年，今夏返國前任同文書院大學學監。去秋念新來滬，為余介紹相識。今春編東西月刊，擬譯日文佳作，曾向請教，即蒙以學校藏書「日本文化之性格」相假。東西出非其時，不得不二期而止，於我雖物質上絕無所得，而精神上對贊助此刊得以問世之友人固始終心感也。

五時半每日新聞社招宴於偕樂園，中國料理。與武者小路實篤同席，初識其人，沉默寡言，老輩風範。飯後由其領導三呼萬歲而散。方紀生君以其新譯天上人間一書見贈，係一描寫戀愛悲劇之小說，著者中河與一氏，原作銷至十餘萬，譯本不多時初版三千亦告售罄。日本讀書人之多，出版業之盛，爲我華所望塵莫及者。過去余曾努力於出版，結果傾我所有而一事無成，不知再過若干歲月，始能重振旗鼓再起爐灶也。

二十五日 今日爲大會開幕日，九時去帝國劇場。越老穿綢長衫嗶嘰馬褂危坐主席台上，攝電影之强烈燈光逼人，揮扇不止。喊萬歲者亦一老人，想取吉利之意。開會時有陸海軍代表之演說，陸軍方面爲谷萩報導部長，身材魁梧，發音宏亮，語調高壯如獅子吼，海軍方面代表御潔白軍服，舉止安詳，出言溫靜。下午國際振興會以音樂戲劇娛來賓，演出絕佳。

晚赴情報局總裁天羽英二氏之宴，氏儀表非凡，長身鬈髮，頗有歐風。亦能說華語。華文每日索稿。

二十六日 上午九時開會，直至下午四時始畢。武者小路實篤，佐藤春夫二大家均有演說，聲低而語調少抑揚，長於著作者未必亦長於口才。夜赴大東亞省山本次官之宴。青木大臣倘旅華未回也。張我軍君爲日本西部新聞代索稿，成千字。

二十七日 大會後一日，分組會議。余列第三組。午後東京新聞記者來會場坐索預約稿，即席匆匆寫付。文學副賞我國方面獲獎者已決定予且與袁犀兩位，朝日新聞學藝部記者即來會場要余寫記予且一文，時已四時而五時即須交稿，余於四時又必須訪黑田伯。國際振興會出來已四時半，匆匆趕至旅舍寫朝日文章，致不及參加大會閉幕式。今日分組會議後再開全會，由各組主事報告討論要旨時，譯華語者爲日本文士魚返善雄氏，國語之佳，堪稱無比。晚應大政翼贊會之宴。席散後出席電信社座談。

二十八日 幾經考慮後決定暫留日本，昨晚臨睡時想起家庭重累，個人過去，思潮起伏，澈夜不能成眠。上午去使館商膳宿事，回旅館時既不會坐電車，又叫不到太可借，東問西探，總算多走了若干冤枉路免於作迷途之羔羊。越老等往參觀陸軍士官學校，無暇同往。

晚上文學報國會新中國文學研究會招宴。日本方面出席者如吉川幸次郎，新居格，井上紅梅，波多野乾一，小田嶽夫，實藤惠秀，魚返善雄等，無不精於華語，即河上徹太郎，林房雄諸位亦多少能說幾句，席間因之得談笑風生，無拘無束。魚返先生在席間示我以宇宙風留美學生特輯一冊，因中載拙作認有同感，故藏至今日不棄。飯後集團遊逛，午夜始返。

二十九日 日華油廠支店長石井先生以人形見贈。午與雨露去名取先生家午飯，參觀書室，琳瑯滿目，惜余對書喜購置而不愛借讀，否則大可滿載而歸。衆書中有一名「屁」者，專述屁之種種，厚厚一大册，此類我人視爲怪書之書，日本出版甚多。如「顏魯公」之類，論其書法兼及生平，雖非怪書，我國似亦少有。大概出版一盛，任何事物人物均即有人爲之著述成書，雖不免於濫而總勝於無。去藤山愛一郎氏住宅花園出席文化振興會園遊茶會時，途經一覺林寺，與雨生進禮求籤，各得上上。

藤山愛一郎氏爲日本著名實業家，私人出資創辦中國經濟文化研究會，附設支那文庫，邀往參觀，藏書限於有關中國者，英日華文均有，縣志不少，雜誌合訂本亦夥，如余前編之宇宙風等均赫然在內。參觀時並攝電影以留紀念。

園會至盛大，國際文化振興會副會長德川侯爵，岡部文部大臣，理事長永井松三先生，專務理事黑田伯爵等均躬親招待，文學界評論界人物到者甚衆，如日前曾至帝國飯店枉訪之前伊朗公使市河彥太郎氏（在滬曾在新中國報招待席上見過），贈我「東洋與西洋」一書之谷川徹三氏亦在。（氏近著續東洋與西洋在滬購得，而前著東洋與西洋遍定不得，在會議席上相見，因詢此書是否絕版，蒙允以自存者惠贈一冊，送書時並附一信，囑宜特別注意書中論東洋與西洋之三。）鹽谷溫先生亦與會，承以其近作二首寫惠。雨生與菊池寬氏同桌喝啤酒啖三明治，忽有人請其高聲談話，原來電影公司在攝有聲電影也。是日到有我國男女留學生不少，頗爲不諳日語之代表作舌人。

在園中茗室初試日本茶道。一女士跪地對爐椀作調茶狀，別有數女士端茶雁行送至飲者前，手執紅巾，姍姍而至，至客前行禮甚恭，席地而坐之客亦還禮如儀，端椀而飲時須略移椀沿（其故不得而知），一飲而盡。茶色如墨綠，泡沫浮於面。飲前先進一甜點。

將散會時屬簽名者雲集，另爲主人題陶詩結廬在人境而無車馬喧兩句。

晚宴於河上徹太郎先生家，國人爲啓无雨生蔣君崇義及余，日人爲河上，林，小林秀雄與小林茂。茂爲創元社主人，出有創元支那叢書，內收胡適之四十自述，豐子愷緣緣堂隨筆，周作人瓜豆集等。席間談起來年決定出版新中國文藝年鑑事。菜爲道地中國菜，烹調者「博雅」主人陳雲階君，陳君經營菜館，甚得河上氏之助，故特顯身手。既醉且飽之際，同席電影明星相馬女士演一類似急口令之快調說白娛客，日人皆邊聽邊笑，我輩則一句不識，但望其表情可掬之容態亦感興趣。啓无應主人之請，爲題一扇，錄古詩「但使主人能醉客，不知何處是他鄉」句。

三十日 寫寄內信，托何大雄君寄至上海。午赴編輯者協會招宴，席間略述上海雜誌界情形。日本編輯者與作者似非如我國之二而一者。創元社小林茂氏送贈該社新書及新出再版書多冊，復函致謝。其中小林秀雄所著之杜斯退夫斯基之生活一書，三年間銷至九版之多，此類書如在我國出版，恐九年亦不能銷完一版。

謝公使來談，謂日本政治家軍人之清廉儉約，至足驚人，一留日學生言，有錢留學生以東京無跳舞場，乃去橫濱探戈。

三十一日 中午赴菊池寬先生之宴，被邀者本有越老，啓无，我軍，越老以去參觀東洋文庫，及返旅館，余與雨生克標已爲林與小林率領而去，報國會同人又不知設宴何處，爲僱太可惜送至菊池家，則其家人亦不知在何處請客，徒勞往返。沈張以另有他約，擬先一到再去，亦以不知席設何處而罷。其實在東寶軒，位一小巷中，云係俱樂部性質，非尋常酒樓飯館。

二時半方紀生先生來，與沈，張，柳同往吉祥寺訪武者小路實篤先生。電車行約四十分鐘，下車後經井之頭公園，瘦長山樹，筆立成林，河中蓄金魚鯉魚甚多。住宅環境絕佳，陳設布置亦精雅，畫室中掛石濤山水一巨幅。氏擅畫靜物，贈客各一，啓无獨取其二。贈余者據方君云市價當值三五百金，在氏庭院門前及公園橋上各合攝一影。同回東京，方兄作東宴於北京榮館大雅樓，另客為谷川徹三，中河與一，林芙美子。彼此題句互贈，武者小路先生贈余者句為：「努力，努力，只有努力常能產生奇跡。」（原為日文，大意如此。）敢不自勉。

明日將離東京，作名古屋，宇治山田，大阪，奈良，京都等地七日之遊。同行諸友各理行裝，深夜未寐，余戲謂如過大除夕。自己因既決定暫留日本，購物無多，提箱一隻，書一包，人形一個，早交文學報國會同人明日送至大使館，唯坐觀他人忙碌，不覺興寂寞之感。

九月一日 晨八時半離帝國飯店去車站，九時車開，下午二時十七分抵名古屋。即往參觀三菱廠，佔地甚廣，跑乏了腿。晚縣市府及商工會議所招宴。片岡鐵兵穿大綢長衫，遠望之頗像萬象老板平襟亞，寄內一明片。

二日 午前參觀名古屋古城，中藏日本國寶不少。遊動物園，猴子騎自行車，象作把戲，小孩看來必更有味。飯後搭省線電車去宇治山田，參拜伊勢神宮。旅館在山上，係和式，六人共浴，越老大發議論。共吃克標在名古屋購來之葡萄，色青顆大，味極甜，價甚廉。夜雷雨。

三日 上午九時許冒雨出發，十一時半抵大阪。寄內一片，請為兒輩購雨具。明潔上學遇雨時，常科頭冒雨而往，大傘不肯撐，小傘不給怕遺失。正午睡，為雨生叫醒，同往百貨公司購物，余買自來水筆三，給明潔二兒各一，自用一。寫寄京滬諸友信。

四日 晨離大阪，午後一時抵古京奈良。先至依水園參觀寧樂美術館，藏我國美術珍品不少，中有紹興出土銅鏡六面，余為越人，異國覩此，不無感慨。至奈良公園公會堂午宴，園役鳴號呼鹿至，瞬息間來者近百頭，飼以薄餅，馴良可愛。吃牛肉鍋，奈良名菜也。日本午食不飲酒，今日破例，同席者風雨本少飲，草野微恙亦不敢貪杯，遂使余與龜井勝一郎氏得其所哉，食時大談龜話，魯風更引經據典，聞者大笑，飯後至畝傍山參拜橿原神宮，歸途復參觀天理教圖書館，余以倦極，乃與周柳同坐車中作假寐。宿奈良飯店，華美精致，國內未之前見。日本各地旅館均極講究，想與觀光事業發達有關。明年大會聞擬在我國舉行，招待來賓，住宿恐即成問題，好在國菜尚佳，旨酒亦隨處可得，日人又豪於飲，或能以醉飽彌各種招待缺憾歟！寄內一片，購小玩意名這兒人形，擬托雨生帶回，寫明給泠兒。

五日 六時餘即起床。同來諸友或去觀大佛，或往拜古刹，唯余獨留旅舍，寫寄內長信，給孩子信，給和儀信。當余出國之前，馮君正在籌備出刊物，邀余幫忙，今既遠羈國外，一時當無直接効勞之可能矣。或稱雜誌為文化的喇叭手，足見需要，然專冊書籍亦所必需，苟能同時並進，於復興文化當更有助。且默察現狀，讀者之於專冊書籍，亦已漸見渴望。然紙價太貴，印刷工價又漲，倘無鉅資，準備斠本，唯賴一二不得不以營利爲目標之書店，必於事無濟。

九時餘離奈良，未及十時已抵京都，此地乃日本之北京。參拜御所。（黃公度詠京都御所云：翠華馳道草蕭蕭，深苑無人鎖寂寥，多少榮花留物語，白頭宮女說先朝。）寓都飯店。人極不適，飯後欲去觀歌舞伎座而不得。午睡醒來，力疾爲奈良縣府寫「奈良隨想」一文，得千餘字，熱度驟增，鯨岡君爲向旅館要得藥粉五包，服後昏睡，大會解散式舉行於晚宴席上，不克參加，引以爲憾。夜請同行諸友題句於寧樂美術館所贈之摺扇上，闞公題得最妙：「文隨風至，一扇成功」，余其爲鐵扇公主乎。

六日 仍有微熱。在旅館理髮，價一元五角。下午得吉川幸次郎氏之招，往觀東方文化研究所。在圖書館中見到論語，人間世，宇宙風，談風，以至星期三各刋之合訂本。吉川氏與其他中國文學研究者二人正從事於新文學大系之全譯，案頭陳小說集（一）之譯稿本。晤該所所長松本文三郎，年逾古稀，鬚髮全白。忽思國內豈少老輩學者，政府民間何不創設若干學術機關，敦請出而指導主持，不勝於任令閑居家內，終日唯打瞌睡以度餘年萬萬邪。

旅館樓下有一商店，亦售畫册，中有版畫集一鉅册極美，思購贈滬上一友人，而爲陳寥士君捷足先得，僅此孤本，徒呼荷荷。

七日 九時與同來諸友在京都驛互道珍重而別。自此他們即向歸國道上馳去，與家人國士相見日近一日，余則獨返東京，在七百萬人口中操華語穿華服暫度爲追求理想而致之寂寞生活，思國懷家，在半年內將無已時。

九月十七日寄自東京

兩探花

胡家玉與黃貽楫

徐一士

科舉時代。以鼎甲爲殊榮。殿試一甲凡三人。賜進士及第。（二三甲則曰賜進士出身賜同進士出身。）謂之鼎甲。第一名稱狀元。臚唱後即授職翰林院修撰。第二三名稱榜眼探花。均即授職翰林院編修。以視二三甲進士之選爲翰林院庶吉士。下科時散館試前列始得在翰林院授職者。（二甲授編修。三甲授檢討）。待遇實爲優異。散館之試。爲庶吉士一緊要關頭。往往改官主事知縣等而遂出翰林也。惟鼎甲雖經授職在前。已可放督學典試之差。應散館試時地位較爲穩固。而亦難絕對保險。如試卷發生疵謬。仍有不獲留館逐出翰林之虞。有清故事。大致如是。道光辛丑探花新建胡家玉。同治甲戌探花晉江黃貽楫。均于散館時改官主事。回首玉堂。同病相憐。談者每並舉之。如龍顧山人（郭則澐）「十朝詩乘」卷十六云。『狀元散館罕斥退。榜探則恒有之。初得改員外。孫淵如後。一甲斥退者悉改主事。胡都憲（家玉）以「烏有先生」誤書「先王」置劣等。吾鄉黃比部（貽楫）以「蔚藍」誤「蔚蔚」置劣等。皆探花也。都憲聞黃事。歎曰。不圖乃得此後輩。』（其「滄趣樓律賦序」。有「先王之訛。摘疵一字」語。亦即指胡事。）此探花前後輩二人。洵可相提並論焉。（關於乾隆間丁未榜眼孫星衍已酉散館改主事事。李次青（元度）「孫淵如先生事略」（「國朝先正事略」卷三十五經學）云。『五十四年散館試「厲志賦」。用史記「躹躬如畏」語。大學士和珅擬爲別字。置二等。以部曹用。故事。一甲進士改部。或奏請留館。時和珅知先生名。欲令屈節一見。先生不往。曰。吾寧得上所改官。不受人惠也。遂就職。又編修改官可得員外郎。前此吳文煥有成案。或謂君一見當道即得之。先生曰。主事總擢員外。何汲汲爲。自是編修改主事。遂爲成例。』）

胡家玉散館見擯。如郭氏所云。由於誤「烏有先生」爲「烏有先王」。蓋本諸前人記載。如歐陽宋卿（昱）「見聞瑣錄」後集卷四述及胡事有云。『總憲散館題爲「擬司馬相如子虛賦」。賦成。斑駁陸離。動人心目。惟「烏有先生」誤寫「烏有先王」。倘遇愛才者。則王字出頭一撇。加之甚易。而總憲素負才名。書法尤冠一時。忌之者衆。故特摘其疵纇。皆不肯援筆以保全之也』。即亦言「烏有先王」者。（憶他家所記更有同之者。此說傳衍頗盛也。）惟據胡氏所記。則其誤乃「管城先生」而非「烏有先王」。胡氏旣於辛丑（道光二十一年）授職編修。未及散館。即於癸卯（道光二十三年）簡放貴州學政。任滿回京。丁未（道光二十七年）始補應散館之試。其自訂「夢與老人年譜」記丁未散館云。『四月補散館。越日閱卷。穆相居首。予卷分在黃侍郎（琮）處。擬第一。送穆相定前後。置第二。衆見首卷序賦皆有疵。以爲不可作館元。白穆相。穆怒曰。由諸公評定。季仙九取予卷細閱。驚而詫。衆視之。則首句有「即墨大夫問於管城先生曰」「生」字誤作「王」字也。復白穆。穆曰。此三等卷也。衆曰。寫作俱佳。一字筆誤。置一等後可矣。穆不許。遂置二等二十名後。引見改部屬。分刑部四川司。』其自記如此。當屬可信。不知何以競傳爲「烏有先王」也。至其題目。自亦非「擬司馬相如子虛賦」矣。（究係何題。待考。）閱卷諸大臣本以穆彰阿所定首卷有疵。不堪爲館元（散館試第一名之稱）。言于穆。蓋欲以胡卷易之。不意觸穆之怒。而「管城先王」適又被季芝昌看出。於是以穆之遷怒致翰林不保。得失之際。此一字之關係。洵非同小可哉。穆彰阿時以文華殿大學士爲軍機大臣。閣席樞席。均居領袖。宣宗倚任最隆。有權相之目。宜諸大臣縱有成全之意。難與固爭也。（歐陽氏謂胡疵被摘緣忌之者衆。似未必然。至援筆代改。亦未免言之太易。）

黃貽楫於甲戌（同治十三年）以探花授職編修。丙子（光緒二年）應散館試。又以一字之誤改主事。彼誤于賦。此則誤于詩。詩題爲「際天菽粟青成堆（得青字）」。句中誤「拖藍」爲「拖蔚」。（非「蔚藍」誤「蔚蔚」。）遂以三等改主事。李蒓客（慈銘）丙子四月二十八日日記云。『錢唐張景祁賦足冠場。而開韵誤書「崔嵬」作「崔巍」。遂置三等第一。黃貽楫詩中「拖藍水滿汀」句。誤書作「拖蔚」。置三等第三。陸潤庠詩首句「一望芃無際」。「芃」字誤書作「芒」。又用「殷其雷」「殷」字爲平聲。而以一等得留。』當時所記如此。蓋此次散館。賦極佳而以一字之誤遂出翰林者。尚有一庶吉士張景祁。（賦題爲「擬唐李程日五色賦（以德動天鑒祥開日華爲韵）」。）甲戌狀元陸潤庠。如李所云。亦幾遭不測焉。又翁叔平（同龢）丙子四月二十日日記云。『黃貽楫詩中訛「拕藍」爲「拕蔚」。遂置三等。噫。惜哉。』二十二日云。『訪黃濟川編修。（散館列三等。詩中訛一字也。命矣夫。）』甚致歎惋。（拕字即拖字。）十八日舉行散館之試。二十八日乃降諭分別去留。黃氏二十二日頭銜固猶是翰林院編修也。惟旣列三等。已勢在必去矣。

觀胡黃二探花之事。其時科舉制度下繩尺之嚴與束縛性之重。亦可略見一斑焉。

二人失翰林後。均官刑部主事。惟胡氏宦途利達。官至都察院左都御史。曾充軍機大臣。足稱通顯。黃則沈冥部曹。落拓以終。視胡爲不侔矣。（胡氏同治間官至兵部左侍郎軍機大臣。緣事出軍機。後遷左都御史。又緣事獲譴。降五品京堂。光緒初補通政司參議。旋引疾開缺。其晚境亦頗不得意。）

續孽海花人物談（中）

紀果庵

翁文恭罷黜，不出於后而出於新黨，論者頗病翁之依違老滑，書中於此，紀載頗入情理，翁蓋老實而無膽量魄力，亦可謂讀書太多之徵。其於南海，既荐而又悔焉，以是招新黨恨，然舊黨更何嘗不以去之爲快，書於四十六回紀太后坐山看觀虎門，不禁使人悟政治鬥爭之險巇，篤厚君子，殆不能爲之。王伯恭蜷廬隨筆記翁潘甚多，而對翁極不滿，罷相事，所載與續書悉合；玆摘錄於下：「光緒中，吳縣潘伯寅（即曾書中潘八瀛）常熟翁叔平（射龔平）兩尙書，皆以好士名，潘公斷斷無他，尤爲懇到，翁則不免客氣，潘公不好諂人，客至無不接見，設非端人正士，則嚴氣正性待之，或甫入座，即請出。翁則一味藹然，雖門下士無不答拜，且多下輿深談，此兩公之異也。潘公嘗向吾言：叔平雖爲君之座師，其人專以巧妙用事，未可全信之也，吾與彼皆同時貴公子，總角之交，對我猶用巧妙，他可知矣，然將來必以巧妙敗，君姑驗之！後又曰：叔平實無知人之才，而欲博公卿好士之名，實亦愚不可及。庚寅冬，潘公薨於位，翁旋爲軍機大臣，戊戌罷官，潘公之言竟驗。……四月廿七日，翁師相罷斥後，五月一日遂頒變法之詔，自後所有綸音，皆康有爲口含天憲，雖軍機王大臣，亦不得稍參末議，而德宗與彼，言聽計從，終不加以重任。……常熟雖罷官，固未出京，太后乃追究其保荐康有爲之罪，驅逐回籍，交地方官嚴加管束，並有毋得滋生事端字樣，此詔乃常熟之門人，剛毅大樞密所擬也。師傅重任，相國大臣，又得君行政，專而且久，竟得如此下場，開闢以來所未有也。常熟既深結主知，斷無驟發雷霆之事，而康有爲經常熟切保後，屢蒙召對，溫諭褒獎，謂可畀以鈞衡之任矣，不意故我依然，仍是浮沉郎署，又調知保摺後加之辭，引爲大恨，疑常熟從旁沮之，不去此老，終難放手作事，乃於上前，任意傾軋，極口誣罔，德宗忠厚仁弱，雖知其所訐過甚，竟不能正色折之，時在戊戌四月廿七日，常熟六十九歲生辰，宗族親友，門生故吏，爭來慶賀，常熟亦欣然置酒相款，特於是日乞假，在寓酬答，蓋前一日尙在內廷行走，上意固魚水契洽如常也。忽淸晨奉嚴旨，以翁同龢在上前語言狂誖，漸露跋扈，本應嚴譴，姑念平時尙無大過，加恩僅予褫職，以示保全云云，中外譁駭，以爲天威不可測也。」同書康有爲條云：「有爲虛聲所播，聖主亦頗聞之，將爲不次之擢：常熟竊窺上意，因具摺力保，謂康有爲之才，勝臣十倍，既又慮其人他日或有越軌，乃又加人之心術，能否初終異轍，臣亦未敢深知等語。以爲此等言詞，可以不至受過矣，孰意大謬不然，斯亦巧妙太過之一誤也。」可與前條參看。近代名人小傳亦言翁性疏闊，不達情僞，動爲人欺，臨事喜納羣言，而不能別其是非，而持議輒兩歧云云，實尙未足諡翁之短。唯於翁之龍則謂：「張蔭桓既荐康有爲，同龢以爲不世才，密爲帝言，既德據膠州，俄法交乘，帝決更國事，更力荐有爲。初榮祿入値，執禮若弟子，亦漫受之，祿含怒弗言，至是乃與剛毅朋比，譖於孝欽，謂其勸帝遊歷國外，帝預白其誣，后終不信，遂令開缺回籍，詔中謂其狂詩情形，斷難勝機樞之任，……姑念在毓慶宮行走有年，姑從寬開缺回籍云云，蓋后手筆也。去之日，帝哭失聲，而無如后何。」是翁之去，不由於帝矣，未知孰是。清史稿關內本無康傳，關外本有之，而只言「尙書李端棻學士徐致靖張百熙給事中高燮曾等先後疏有爲才」，殊不及張蔭桓及翁相，不知何故。翁氏及門孫師鄭所爲「說林」，頗辨翁無荐康事，曾摘翁日記以實之云：「甲午五月初二日，看康長素新學僞經考，以爲劉歆古文，無一不僞，而鄭康成以下皆爲所惑云云，眞說經家一野狐也。戊戌四月初七日，上命臣索康有爲所進書，命再寫一份遞進，臣對，與康不往來，上問何也，對以此人居心叵測，曰，前此何以不說？對，臣近見其所著孔子改制考知之。四月初八日，上又問康書，臣對如昨。上發怒詰責，臣對，傳總署令進，上不允，必欲臣詣張蔭桓傳知，臣曰：張某日日進見，何不面諭？上仍不允，退乃傳知張君，張正在園寓也。己亥十一月二十一日，新聞報紀十八日諭旨，嚴拏康梁二逆，並及康逆爲翁同龢極荐，其有才百倍於臣之語，伏讀悚惕，竊念翁逆進身之日，已微臣去國之後，且屢陳此人居心叵測，臣不敢與往來，上索其書，至再至三，卒傳旨由張蔭桓轉索，送至軍機處，同僚公封遞上，不知書中所言何如也。厥後臣若在列，必不任此逆猖狂至此，而轉以此獲罪，唯有自艾而已。」（甲寅週刊一卷三十期）由翁自紀，具見力剖無推荐事，然斯固當日人人所知之一種空氣，况翁之所以自辨者，端在康進時已正去國一語，殊不知舉荐必在進用之前，豈非欲蓋彌章邪？昔賢日記，多留後人刊刻地步，遂不能盡據爲信史。唯書中記翁罷直接由於與張蔭桓主張不同及臨行謝恩等事，全從日記化出，如戊戌四月廿二日云：「是日見起，上欲於宮內見外使，臣以爲不可，頗被詰責，又以張蔭桓被劾，疑臣與彼有隙，欲臣推重力保之，臣據理力陳，不敢阿附也。語特長不悉記……散時先傳旨告奕劻，又赴張蔭桓處商宮內進見事，臣期期知其不可也，歸後穨然。廿七日微雨，既而潺潺，喜而不寐，今日生朝，晨起治事如常，起下，中官傳翁某勿入，同人入，余獨坐看雨，檢點官事五匣交蘇拉英海，一時許，同人退，恭讀硃諭（詞見前引各書），臣感激涕零自省罪狀如此，而聖恩矜全，所謂生死而肉白骨也。隨即趨出，移至公所小憇。……張樵野來，……明日仍須磕頭，姑留一宿。（時帝在頤和園）廿八日晴，午正二駕出，余急趨赴宮門，在道右磕頭，上回顧無言，臣亦黯然如夢，遂行。五月十三日，晴旋陰。……寅正一刻，乘轎出前門永定門，回首觚稜，能無依戀，六刻抵馬家堡，……卯正十分登車。」帝與翁初非無感情，觀其臨別依依，不禁使人惆悵，徒以既脅於新，復逼於舊，翁乃無再留之理耳。（梁啓超戊戌政變記康有爲擢用始末一節，記翁極傾心於康，連次密荐皆出康力，翁之被黜，全由后黨抵排，梁氏新黨，自不欲說出眞正內幕以陷於不義，合各家記述而幷觀之，新黨之亦不慊於翁，蓋不可掩之事實也。）

御史楊崇伊，射名尹震生字宗湯，爲李蓮英榮祿鷹犬，首彈新黨請太后再行訓政，論者鄙之。楊夙主理學，文廷式之罷，亦出楊之彈章，晚淸理學之儒，大都識陋而無行，如徐桐等皆其類也。末流之弊，一至於斯。近日又有著論抗議漢學力崇宋學者（如錢賓四近三百年學術史），要亦不可不加考慮矣。近代名人小傳：「楊崇伊字莘柏，以翰林考授御史，負氣，持儀節，熱中求進，嘗劾文廷式落職，見惡於名流，乃益希權要意言事，榮祿辟為武衛中軍幕僚，已而授漢中府知府，擢道員，瀕大用矣，鹿傳霖告榮祿曰：是生最無行，彼方假公名招搖，奈何荐之？祿悟，崇伊晉謁，拒焉，憂歸，遂不復出。後以爭娶妾，捶楚鄉人，為端方劾罷，交地方官嚴管，然方實代廷式修舊怨也。」花隨人聖盦摭憶云：「余前言楊莘伯之劾文道希，由於內廷授意者，或疑未盡然，……然楊之黨后，專劾附德宗者，傳聞線索有自，實鑿然可徵。葉緣督日記，光緒二十四年八月初六日，政局全翻，發難者乃楊侍御也，並聞先商王廖兩樞臣，皆不敢發，急赴津與榮中堂定策，其摺係由慶邸遞入，據此，則楊又為戊戌政變之急先鋒，與榮祿奕劻勾結之狀，歷歷如繪。」按楊為翰林楊沂孫子，李鴻章子經方之姻親。光緒廿三年，首奏請封閉强學書局，其揣摩已可見一斑。晚年僑寓蘇州，與吳郁生弟爭妾，相訟，終遭處分。清史無楊傳，續書於此公刻畫甚至，其赴園遞摺一段，顯示李蓮英之氣燄，直視台諫如厮役。又所稱招搖事，書中指明為洩露密電，楊志不在道府，以是故，乃亟令補漢中府缺，殊不快意，非如沃丘仲子所云，以功得升擢，實因過故意外放也。

榮祿（射名華甌）統武衛軍督直，及裕祿督直，實為太后自固之計，光緒及黨人初不覺察，致為巨猾所笑，且為所乘，哀哉！書中記端午橋（射名段扆橋）欲附新黨而不敢，謀於立山，立山乃以此內幕告之，蓋旗人多知其情，非虛語也。梁啟超政變記第三章，記述清楚，摘錄備攷：

自四月初十以後，皇上日與翁同龢謀改革之事，西后日與榮祿謀廢立之事，四月二十三日皇上下詔誓行改革，二十五日下詔命康有為等於廿八日覲見，而二十七日西后忽出罷免翁師傅硃諭令皇上宣布，皇上見此詔，戰慄變色，無可如何，翁同龢一去，皇上之股肱頓失矣。及翁同龢之出京也，榮祿贐之以千金，執其手嗚咽而泣，問其何故開罪於皇上云。嗚呼，李林甫之口蜜腹劍，於今復見，小人技倆，誠可畏哉！同日並下有數詔書，皆出西后之意，其一命凡二品以上官授職者皆須到皇太后面前謝恩，其二命王文韶裕祿來京，命張之洞毋庸來京，其三命榮祿為直隸總督北洋大臣，而九月間皇上奉皇太后巡幸天津閱兵之舉，亦以此日決議。蓋廢立之謀，全伏於此日矣。榮祿之不入軍機而為北洋大臣何也？專為節制北洋三軍也。北洋三軍，曰董福祥之甘軍，聶士成之武毅軍，袁世凱之新建軍，此三人皆榮祿所拔擢，皆近在畿輔。榮祿諷御史李盛鐸奏請閱兵，因與西后定巡幸天津之議，蓋欲脅皇上至天津，因以兵力廢立，此意滿洲人多知之，漢人中亦多為皇上危者，而莫敢進言，翁同龢知之，而莫敢明言，唯叩頭諫止天津之行，而榮祿等即藉勢以去之，皇上之危險，至此已極矣。……西后與榮祿等既布此天羅地網，視皇上已同釜底遊魂，任其跳躍，料其不能逃脫，於是不復防閑，一聽皇上之所為，故皇上數月以來，反因此得有一二分之主權，以行改革之事。當皇上之改革也，滿洲大臣及內務府諸人，多跪請於西后，乞其禁止皇上，西后笑而不言，有涕泣固請者，西后笑且罵曰：汝管此閒事何為乎？豈我之見事猶不及汝邪！自此無以為言者，或問於榮祿曰：皇上如此妄為，變亂祖制，可奈何？榮祿曰：姑俟其亂鬧數月，使天下共憤，惡貫滿盈，不亦可乎？

……至七月初間，皇上忽語慶親王云，朕誓死不往天津，……當時適值革禮部大堂官（王小航請變法幷請皇帝太后出洋遊歷，請禮部代奏，尙書許應騤不允，爲帝所知，盡罷禮部滿漢尙侍共六人，事頗膾炙人口），擢軍機四京卿（楊銳，林旭，譚嗣同，劉光第）之時，舊黨側目而視。七月二十間，滿大臣懷塔布立山等七人，同往天津謁榮祿，越數日，御史楊崇伊等數人，又往天津謁榮祿，皆不知所商何事，而榮祿遽調聶士成之軍五千人駐天津，又命董福祥之軍移駐長辛店，七月二十九日，皇上召見楊銳，是日有旨命袁世凱入京，八月初一日召見袁世凱，即日超擢爲侍郎，初二日復召見袁世凱，是日又召見林旭，而御史楊崇伊張仲炘等，亦於是日詣頤和園上封事於太后云。初三日榮祿忽有電報達北京，言英俄已在海參崴開戰，現各國有兵船數十艘在塘沽，請即遣世凱回津防堵，世凱即於初四日請訓回京，而皇上命其初五乃行，初五復召見袁，初六日遂有西后垂簾志士逮捕之事。」按梁氏所記，雖有涉及主觀處（如言翁之罷，全由舊黨是），然以幕中人言此，自無更較明確者矣。

戊戌六君子，各具性情，譚復生深於佛理，獨視死生如無物，獄中賦詩尤世所稱誦。楊叔嶠爲張香濤所荐，故以爲不至於死，且屢明其被康黨所扳，黃秋岳「摭憶」云：

「精衛先生居北京獄中可二年，時時就獄卒，得聞數十年來佚事，曾雜見於南社詩話。比語予，所聞字字實錄，出自獄卒之口，質俚無粉飾，較之文人作史尤爲可信。……有老獄卒劉一鳴者，戊戌政變時，曾看守譚嗣同等六人，其言曰：譚在獄中，意氣自若，終日繞行室中，拾取地上煤屑，就粉牆作書，問何爲，笑曰，作詩耳！可惜劉不文，不然可爲之筆錄，必不止望門投止思張儉一絕而已也。林旭美秀如處子，在獄中時時作微笑。康廣仁則以頭撞壁，痛哭失聲曰：天哪，哥子的事，要兄弟來承當。林聞哭，尤笑不可仰。既而傳呼提犯人出監，康知將受刑，哭更甚。劉光第曾在刑部，習故事，慰之曰：此乃提審，非就刑，毋哭！既而牽自西角門出，劉知故事，縛赴市曹處斬者，始出西角門，乃大愕，旣而駡曰：未提審，未定罪，即殺頭邪！何昏瞶乃爾。同死者尙有楊深秀，楊銳，無所聞。唯此四人，一歌，一哭，一笑，一詈，殊相映成趣。」

此所記與續書意態合，而梁任公殉難六烈士傳殊不然，如康廣仁（射名唐常博）云：

「康君名有溥，字廣仁，號幼博，又號大厂，南海先生同母弟也。精悍厲鷙，明照銳斷，見事理若區別黑白，勇於任事，洞於察機，善於觀人，達於生死之故，長於治事之條理。……科舉旣變，學堂旣開，勸南海歸上海，卓如（即啓超）歸湖南，專心教育之事，激厲士民愛國之心，養成多數實用之才，以爲三年之後，然後可大行改革也。時南海先生初被知遇，天眷優渥，感激君恩，不忍舍去。旣而天津閱兵廢立之事，漸有所聞，君復語曰：自古無主權不一之國而能成大事者，今全國大柄，皆在西后之手，而滿人之猜忌如此，守舊大臣之相嫉如此，何能有成！阿兄當速出京養晦矣。先生曰：我忝受知遇，義不可引身而退也。……自是君不復敢言出京，然南海先生每欲有所陳奏，有所興革，君必勸阻之，謂必待十月閱兵以後，若皇上得免於難，然後大舉，未爲晚也。……南海先生旣決意不出都，俟九月閱兵之役，謀有所救護，而君與譚君任此事最力。……八月二日忽奉明詔令南海先生出京，初三日又奉密詔敦促，一日不可留，先生戀闕甚耿耿，君乃曰：阿兄即行，弟與復生卓如及諸君力謀之，……以故先生行而君獨留，遂及於難，其臨大節之不苟又如此。君明於大道，達於生死，……既被逮之日，與同居二人程式穀錢維驥同在獄中，言笑自若，高歌聲出金石，程錢等固不知密詔及救護之事，然聞令出西后，乃曰：我等必死矣，君厲聲曰：死亦何傷！汝年已二十餘矣，我年已三十餘矣，不猶愈於生數月而死數歲而死者乎！且一刀而死，不猶愈於抱病歲月而死者乎？特恐我等未必死耳，死則中國之强在此矣！死又何傷哉！……神氣雍容，臨節總不少變。」（近代名人小傳亦云：廣仁學不足望其兄而富膽識，不畏艱險，故當政變，未嘗逃避，對簿侃侃，不爲懦詞，蓋非乃兄所能矣。）林旭（射名林敦古）傳云：

「……及開保國會，君爲會中倡始董事，提倡最力。初榮祿嘗爲福州將軍，雅好閩人，而君又沈文肅公之孫婿，才名藉甚，故榮頗欲羅致之。五月，榮既至天津，乃招君入幕府，君入都請命於南海，問可就否，南海曰：就之何害，若能責以大義，怵以時變，開導其迷謬，消遏其陰謀，亦大善事也。於是君乃决就榮聘，已而舉應經濟特科，……遂與譚君等同授四品卿銜，入軍機參與新政，十日之中，所陳奏甚多，上諭多由君擬。初二日，皇上賜康先生密諭，令速出京，亦交君傳出，蓋深信之也。既奉密諭，譚君等距踊椎號。時袁世凱方在京，謀出密詔示之，激其義憤，而君不謂然，作一小詩代簡致之譚等曰：伏蒲泣血知何用，慷慨何曾報主恩，願爲公歌千里草，本初健者莫輕言！蓋指東漢何進之事也。及變起，同被捕，十三日斬於市。臨刑呼監斬吏問罪名，吏不顧而去，君神色不稍變云。……妻沈靜儀，沈文肅公葆楨之孫女，得報痛哭不欲生，將親入都收遺骸，爲家人所勸禁，乃仰藥以殉。」

康無論矣，適與獄吏之說反。林臨刑仍問，似亦非笑而不言者耳。唯譚劉二傳，與書全合；譚傳曰：

「譚君字復生，又字壯飛，少倜儻有大志，能文章，好任俠，善劍術，父繼洵官湖北巡撫，幼喪母爲父妾所虐，備極孤孽苦，故操心危，慮患深，……自甲午戰後，益發憤提倡新學，……時南海先生方倡强學會於北京及上海，天下志士走集應和之，君乃自湖南溯江下上海遊京師，將以謁先生，而先生適歸廣東不獲見，……陳公寶箴爲湖南巡撫，慨然以開化爲己任，君亦爲陳君所督促，留長沙與諸志士辦新政。……定國是之詔既下，君以學士徐公致靖荐被徵，奏對稱旨，超擢四品卿銜，與楊劉等同參與新政，……八月初六日，變發，時余方訪君寓，對坐榻上，有所擘畫，而抄捕南海館之報忽至，旋聞垂簾之諭，君從容語予曰：昔欲救皇上既無可救，今欲救先生亦無可救。吾已無事可辦，唯待死期耳。雖然，天下事知其不可而爲之，足下試入日本使館謁伊藤氏請致電上海領事而救先生焉。余是夕宿於日本使館，君竟日不出門以待捕者，捕者既不至，則于於其明日入日本使館與余相見，勸東遊，且攜所著書及詩文辭稿本數册家書一篋託焉。曰：不有行者，無以托將來，不有死者無以酬聖主。今南海之生死未可卜，程嬰杵臼月照西鄉，吾與足下分任之，遂相與一抱而別。初七八九三日，君復與俠士謀救皇上，事卒不成。初十日遂被逮，被逮之前一日，日本志士數輩苦勸君東遊，君不聽，再四強之，君曰：各國變法，無不從流血而成，今中國未聞有因變法而流血者，此國之所以不昌也。有之，請自嗣同始！卒不去，故及於難。君既繫獄，題一詩於獄壁曰：望門投宿思張儉，忍死須臾待杜根，我自橫刀向天笑，去留肝胆兩崑崙！蓋念南海也。以八月十三日斬於市，春秋三十有三。就義之日，觀者萬人，君慷慨神色不少變，時軍機大臣剛毅監斬，君呼剛前曰：吾有一言！剛去不聽，乃從容就戮。嗚乎烈矣！」劉光第（射名劉培村）傳云：

「劉君字裴村，四川富順縣人，弱冠成進士，授刑部主事，治事精嚴。及南海先生開保國會，君翩然來爲會員，七月，以陳公寶箴荐，召見加四品卿銜，充軍機章京，參與新政。……向例凡初入軍機者，內侍例索賞錢，君持正不與，禮親王軍機首輔，生日祝壽，同僚皆往拜，君不往，軍機大臣裕祿擢禮部尙書，同僚皆往賀，君不賀。……其氣節嚴厲如此。……變既作，四卿同被逮下獄，未經訊鞫，故事提犯自東門出則宥，出西門則死，十三日使者提君等六人自西門出，同人未知生死，君久於刑部，諳囚獄故事，太息曰：吾屬死，正氣盡！聞者莫不揮淚。君既就義，其嗣子赴市曹痛哭一日夜以死。」

按後漢書黨錮傳張儉爲八及之首，與李杜齊名，及被錮，亡命，困迫遁走，望門投止，莫不重其名行，破家相容。則譚詩宜作「投止」，不當「投宿」也。又杜根傳，永初元年，舉孝廉，爲郎中，時和熹鄧后臨朝，權在外戚，根以安帝年長，宜親政事，乃與同時郎上書直諫，太后大怒，收執根等，令盛以縑囊，於殿上撲殺之，執法者以根知名，私語行事人，使不加力，而載出城外，根得蘇，太后使人檢視，根遂詐死三日，目中生蛆，因得逃竄，爲宜城山中酒家保，積十五年，酒家知其賢厚，敬待之。及鄧氏誅，左右皆言根之忠，帝謂根已死，乃下詔布告天下，錄其子孫，根方歸鄉里，徵詣公車，拜侍御史。譚氏獄中，尙隸事精切如此，良不可及。劉裴村不賞蘇拉酒資，書中頗強化之，以爲結怨之媒，自古小人難養，不可不假以詞色，張江陵成功，半由於是，新黨諸君，蓋有未諦於此者焉。

往余於北平歷史博物館見刑人用鬼頭刀，以爲鋒利無比。及閱說部，記當日行刑時兵士狼狽之狀，不覺失笑。而燕谷老人，久宦京曹，自非讕語。清末武事之窳蓋如是。頃見許承堯四朝詩史有過菜市口詩，言刑人之狀，可與書中比勘：「薄暮過西市，踽踽涕洟歸，市人競言笑，誰知我心悲？此地復何地？頭顱古累累！碧血沁入土，腥氣生蜱蟣，愁雲泣不散，六月嚴霜飛，疑有萬怨魂，逐影爭噓唏。左側橫短垣，茅茨覆離離，此爲陳尸所，剝落牆無皮，右側豎長竿，其下紅淋漓。微聞決囚日，兩役舁囚馳，高台夾衢道，刑官坐巍巍，囚至匍匐伏，瞑目左右敧，不能辨顏輔，亂髮鬖黴黧；毆刀厚以寸，鋒鈍斷脰遲，一役指囚頸，一役持刀揮，中肩或中顱，刃下難遽知，當囚受刃時，痛極無聲噫，其旁有親屬，或是父母妻，泣血不能代，大踊摧心脾！」世俗對行刑有種揣測，以爲劊子手者，敏利有法，直如庖丁之於牛，豈知不然，觀六君子之受戮，不啻一部中國殺頭史也。

洋人看京戲及其他

張愛玲

用洋人看京戲的眼光來看看中國的一切，也不失爲一樁有意味的事。頭上搭了竹竿，晾着小孩的開襠袴；櫃台上的玻璃缸中盛着「參鬚露酒」；這一家的擴音機裏唱着梅蘭芳；那一家的無線電裏賣着癩疥瘡藥；走到「太白遺風」的招牌底下打點酒……這都是中國，紛紜，刺眼，神祕，滑稽。多數的年青人愛中國而不知道他們所愛的究竟是一些什麼東西。無條件的愛是可欽佩的——唯一的危險就是：遲早理想要撞着了現實，每每使他們倒抽一口涼氣，把心漸漸冷了。我們不幸生活於中國人之間，比不得華僑，可以一輩子安全地隔着適當的距離崇拜着神聖的祖國。那麼，索性看個仔細罷！用洋人看京戲的眼光來觀光一番罷。有了驚訝與眩異，才有明瞭，才有靠得住的愛。

爲什麼我三句離不了京戲呢？因爲我對於京戲是個感到濃厚興趣的外行。對於人生，誰都是個一知半解的外行罷？我單揀了京戲來說，就爲了這適當的態度。

登台票過戲的內行仕女們，聽見說你喜歡京戲，總是微微一笑道：「京戲這東西，複雜得很呀。就連幾件行頭，那些個講究，就夠你研究一輩子。」可不是，演員穿錯了衣服，我也不懂；唱走了腔，我也不懂。我只知道坐在第一排看打武，欣賞那青羅戰袍，飄開來，露出紅裏子，玉色袴管裏露出玫瑰紫裏子，踢蹬得滿台灰塵飛揚；還有那慘裂緊張的一長串的拍板聲——用以代表更深夜靜，或是吃力的思索，或是猛省後的一身冷汗，沒有比這更好的音響效果了。

外行的意見是可珍貴的，要不然，爲什麼美國的新聞記者訪問名人的時候總揀些不相干的題目來討論呢？譬如說，見了謀殺案的女主角，問她對於世界大局是否樂觀；見了拳擊冠軍，問他是否贊成莎士比亞的脚本改編時裝劇。當然是爲了噱頭，讀者們哈哈笑了，想着：「我比他懂的多。名人原來也有不如人的地方！」一半却也是因爲門外漢的議論比較新鮮戇拙，不無可取之點。

然而爲了避重就輕，還是先談談話劇裏的平劇罷。「秋海棠」一劇風靡了全上海，不能不歸功於故事裏京戲氣氛的濃。緊跟「秋海棠」空前的成功，同時有五六齣話劇以平劇的穿插爲號召。中國的寫實派新戲劇自從它的產生到如今，始終是站在平劇的對面的，可是第一齣深入民間的話劇之所以得人心，却是借重了平劇——這現象委實使人吃驚。

爲什麼京戲在中國是這樣根深蒂固與普及的嗜好，雖然它的藝術價值並不是毫無問題的？

「秋海棠」裏最動人的一句話是京戲的唱詞，而京戲又是引用的鼓兒詞：「酒逢知己千杯少，話不投機半句多。」爛熟的口頭禪，可是經落魄的秋海棠這麼一回味，憑空添上了無限的蒼涼感慨。中國人向來喜歡引經據典。美麗的，精警的斷句，兩千年前的老笑話，混在日常談吐裏自由使用着。這些看不見的纖維，組成了我們活生生的過去。傳統的本身增強了力量，因爲它不停地被引用到的人，新的事物與局面上。但凡有一句適當的成語可用，中國人是不肯直截地說話的。而仔細想起來，幾乎每一種可能的情形都有一句合適的成語來相配。替人家寫篇序就是「佛頭着糞」，寫篇跋就是「狗尾續貂」。我國近年來流傳的雋語，百分之九十就是成語的巧妙的運用。無怪乎中國學生攻讀外國文的時候，人手一編「俗諺集」，以爲只要把那些斷句合文法地連綴起來，便是好文章了。

只有在中國，歷史仍於日常生活中維持活躍的演出。（歷史在這裏是籠統地代表着公衆的回憶。）假使我們從這個觀點去檢討我們的口頭禪，京戲和今日社會的關係也就帶着口頭禪的性質。

最流行的幾十齣京戲，每一齣都供給了我們一個沒有時間性質的，標準的形勢——丈人嫌貧愛富，子弟不上進，家族之愛與性愛的衝突……「得意緣」

，「龍鳳呈祥」，「四郎探母」都可以歸入最後的例子，出力地證實了「女生外向」那句話。

「紅鬃烈馬」無微不至地描寫了男性的自私。薛平貴致力於他的事業十八年，泰然地將他的夫人擱在寒窰裏像冰箱裏的一尾魚。有這麼一天，他突然不放心起來，星夜趕回家去。她的一生的最美好的年光已經被貧窮與一個社會叛徒的寂寞給作踐完了，然而他以爲團圓的快樂足夠抵償了以前的一切。他不給她設身處地想一想——他封了她做皇后，在代戰公主的領土裏做皇后！在一個年輕的，當權的妾的手裏討生活！難怪她封了皇后之後十八天就死了——她沒這福分。可是薛平貴雖對女人不甚體諒，依舊被寫成一個好人。京戲的可愛就在這種渾樸含蓄處。

「玉堂春」代表中國流行着的無數的關於有德性的妓女的故事。良善的妓女是多數人的理想夫人。既然她仗着她的容貌來謀生，可見她一定是美的，美之外又加上了道德。現代的中國人放棄了許多積習相沿的理想，這却是一個例外。不久以前有一張影片「香閨風雲」，爲了節省廣告篇幅，報上除了片名之外只有一行觸目的介紹：「貞烈嚮導女。」

「烏盆計」敘說一個被謀殺了的鬼魂被幽禁在一隻用作便桶烏盆裏。西方人絕對不能了解，怎麼這種污穢可笑的，提也不能提的事竟與崇高的悲劇成份攙雜在一起——除非編劇的與看戲的全都屬於一個不懂幽默的民族。那是因爲中國人對於生理作用向抱爽直態度，沒有什麼不健康的忌諱，所以烏盆裏的靈魂所受的苦難，中國人只有恐怖，沒有憎嫌與嘲訕。

「姐兒愛俏」每每過於「愛鈔」，於是花錢的大爺在「烏龍院」裏飽嘗了單戀的痛苦。劇作者以同情的筆觸勾畫了宋江——蓋世英雄，但是一樣地被女人鄙夷着，純粹因爲他愛她而她不愛她。最可悲的便是他沒話找話說的那一段：

生：「手拿何物？」

旦：「你的帽子。」

生：「噯，分明是一隻鞋，怎麼是帽兒呢？」

旦：「知道你還問！」

逸出平劇範圍之外的有近於雜耍性質的「紡棉花」，流行的「新紡棉花」只是全劇中抽出的一幕。原來的故事敘的是因姦致殺的罪案，從這陰慘的題材裏我們抽出來這轟動一時的喜劇。中國人的幽默是無情的。

「新紡棉花」之叫座固然是爲了時裝登台，同時也因爲主角任意唱兩支南腔北調的時候，觀衆偶然也可以插嘴進來點戲，台上台下打成一片，愉快的，非正式的空氣近於學校裏的遊藝餘興。京戲的規矩重，難得這麼放縱一下，便招得舉國若狂。

中國人喜歡法律，也喜歡犯法。所謂犯法，倒不一定是殺人越貨，而是小小的越軌舉動，妙在無目的。路旁豎着「靠右走」的木牌，偏要走到左邊去。「紡棉花」的犯規就是一本這種精神。它並不是對於平劇的基本制度反抗，只是把人所共仰的金科玉律佻撻地輕輕推操一下——這一類的反對其實卽是承認。

中國人每每哄騙自己說他們是邪惡的——從這種假設中他們得到莫大的快樂。路上的行人追趕電車，車上很擁擠，他看情形它是不肯停了，便惡狠狠嘆道：「不准停！叫你別停，你敢停麼？」——它果然沒停。他笑了。

據說全世界罵起人來是有條有理，合邏輯的。英國人不信地獄之存在也還咒人「下地獄」，又如他們最毒的一個字是「血淋淋的」，罵人「血淋淋的驢子」，除了說人傻，也沒有多大意義，不過取其音調激楚，聊以出氣罷了。中國人却說：「你敢罵我？你不認識你爸爸？」暗示他與對方的母親有過交情，這便給予他精神上的滿足。

「紡棉花」成功了，因爲它是迎合這種吃豆腐嗜好的第一齣戲。張三盤問他的妻，誰是她的戀人。她向觀衆指了一指，他便向台下作揖謝道：「我出門的時候，內人多蒙照顧。」於是觀衆深深感動了。

我們分析平劇的內容，也許會詫異，中國並不是尚武的國家，何以武戲佔絕對多？單只根據三國志演義的那一串，爲數就可觀了。最迅疾的變化是在戰場上，因此在戰爭中我們最容易看得出一個人的個性與處事的態度。楚霸王與馬謖的失敗都是淺顯的教訓，台下的看客，不拘是做官，做生意，做媳婦，都是這麼一回事罷了。

不知道人家看了「空城計」是否也像我似的只想掉眼淚。爲老軍們絕對信仰着的諸葛亮是古今中外罕見的一個完人。在這裏，他已經將鬍子忙白了。拋下臥龍岡的自在生涯出來幹大事，爲了「先帝爺」一點知己之恩的囘憶，便捨命忘身地替阿斗爭天下，他也背地裏覺得不值得麼？鑼鼓喧天中，略有點淒寂的況味。

歷代傳下來的老戲給我們許多感情的公式。把我們實際生活裏複雜的情緒排入公式裏，許多細節不能不被剔去，然而結果還是令人滿意的。感情簡單化之後，比較更爲堅強，確定，添上了幾千年的經驗的份量。個人與環境感到和諧，是最愉快的一件事，而所謂環境，一大部份倒是羣衆的習慣。

京戲裏的世界旣不是目前的中國，也不是古中國在它的過程中的任何一階段。它的美，它的狹小整潔的道德系統，都是離現實很遠的，然而它決不是羅曼諦克的逃避——從某一觀點引渡到另一觀點上，往往被誤認爲逃避。切身的現實，因爲距離太近的緣故，必得與另一個較明徹的現實聯繫起來方才看得清楚。

京戲裏的人物，不論有什麼心事，總是痛痛快快說出來；身邊沒有心腹，便說給觀衆聽，語言是不夠的，於是再加上動作，服裝，臉譜的色彩與圖案。連哭泣都有它的顯著的節拍——一串由大而小的聲音的珠子，圓整，光潔。因爲這多方面的誇張表白，看慣了京戲覺得什麼都不夠熱鬧。台上或許只有一兩個演員，但也能造成一種擁擠的印象。

擁擠是中國戲劇與中國生活裏的要素之一。中國人是在一大羣人之間呱呱墮地的，也在一大羣人之間死去——有如十七八世紀的法國君王。（「絕代豔后」瑪麗安東尼便在一間廣廳中生孩子，床旁只圍着一架屏風外擠滿了等候好消息的大臣與貴族。）中國人在哪裏也躲不了旁觀者。上層階級的女人，若是舊式的，住雖住在深閨裏，早上一起身便沒有關房門的權利。冬天，棉製的門簾擋住了風，但是門還是大開的，歡迎着闔家大小的調查。淸天白日關着門，那是非常不名譽的事。卽使在夜晚，門門上了，只消將窗紙一舐屋裏的情形也就一目了然。

婚姻與死亡更是公衆的事了。鬧房的甚至有藏在床底下的。病人「迴光反照」的時候，黑壓壓聚了一屋子人聽取臨終的遺言，中國的悲劇是熱鬧，喧囂，排場大的，自有它的理由，京戲裏的哀愁有着明朗，火熾的色彩。

就因爲缺少私生活，中國人的個性裏有一點粗俗。「事無不可對人言」，說不得的便是爲非作歹。中國人老是詫異，外國人喜歡守那麼些不必要的祕密。

不守祕密的結果，最幽微親切的感覺也得向那羣不可少的旁觀者自衞地解釋一下。這養成了找尋藉口的習慣。自已對自己也愛用藉口來搪塞，因此中國人是不大明瞭他自己的爲人的。羣居生活影響到中國人的心理。中國人之間很少有眞正怪癖。脫略的高人嗜竹嗜酒，愛發酒瘋，或是有潔癖，或是不洗澡，講究捫蝨而談，然而這都是循規蹈矩的怪癖，不乏前例的。他們從人堆裏跳出來，又加入了另一個人堆。

到哪兒都脫不了規矩。規矩的繁重在舞台上可以說是登峯造極了。京戲裏規律化的優美的動作，洋人稱之爲舞蹈，其實那就是一切禮儀的眞髓。禮儀不一定有命意與作用，往往只是爲行禮而行禮罷了。請安磕頭現在早經廢除。據說磕頭磕得好看，很要一番研究。我雖不會磕，但逢時遇節很願意磕兩個頭。一般的長輩總是嚷着：「鞠躬！鞠躬！」只有一次，我到祖姨家去，竟一路順風地接連磕了幾個頭，誰也沒攔我。晚近像他們這樣慣於磕頭的人家，業已少見。磕頭見禮這一類的小小的，不礙事的束縛，大約從前的人並不覺得它的可愛，現在將要失傳了，方才覺得可哀。但看學生們魚貫上台領取畢業文憑，便知道中國人大都不會鞠躬。

顧蘭君在「儂本癡情」裏和丈夫鬧決裂了，要離婚，臨行時伸出手來和他握別。他疑心她不貞，睬也不睬她。她淒然自去。這一幕，若在西方，固然是入情入理，動人心弦，但在中國，就不然了。西方握手習慣已有幾百年的歷史，因之握手成了自然的表現，近於下意識作用。中國人在應酬場中也學會了握手，但在生離死別的一剎那，動了眞感情的時候，決想不到用握手作永訣的表示。在這種情形之下，握手固屬不當，也不能拜辭，也不能萬福或鞠躬。現代的中國是無禮可言的，除了在戲台上。

京戲的象徵派表現技術極爲徹底，具有初民的風格，奇怪的就是，平劇在中國開始風行的時候，華夏的文明早已過了它的成熟期。粗鄙的民間產物怎麽能夠得到清朝末葉儒雅風流的統治階級的器重呢？紐約人聽信美術批評家的熱烈的推薦，接受了原始性的圖畫與農村自製的陶器。中國人捨崑曲而就京戲，却是違反了一般評劇家的言論。文明人聽文明的崑曲，恰配身份，然而新興的京戲裏有一種孩子氣的力量，合了我們內在的需要。中國人的原始性沒有被根除，想必是我們的文化過於隨隨便便之故。就在這一點上，我們不難找到中國人的永久的青春的祕密。

鄉愁

梅岑

劉繼莊廣陽雜記載：

「大兄云：滿洲擄去漢人子女，年幼者習滿語，與女眞直無別，至老年，鄉音漸出矣，雖操滿語，其音則土，百不遺一云。予謂：人至晚年，漸歸根本，此中有至理，非粗心者所能會也。予十九歲去鄉井，寓吳下三十年，飲食起居與吳習，亦自忘其爲北產矣。丙辰之秋，大病幾死，少愈，所思者皆北味，夢寐中所見境界無非北方幼時熟游之地，以此知漢高之思豐沛，太公之樂新豐，乃人情之至，非誣也。」

日人原公道著「先哲叢談」有述朱舜水事云：

「舜水歸化歷年所，能倭語，然及其病革也，遂復鄉語，則侍者不能了解。」（據藥味集「關於朱舜水」一文中所引）

以上二事皆證人情之窮而返本，言此者古今事例甚多，如丘遲以「暮春三月，江南草長，雜花生樹，羣鶯亂飛」之語招陳伯之歸梁，即是其一。今特舉此二者，則以繼莊舜水，世所熟知，其遭遇悲苦更易得今人之同感耳。繼莊以北人流寓南中，舜水以明遺民避地日本，漂泊終身老而懷土。因思世有「葉落歸根」一語，雖是譬喻，頗足爲二事詮解。此語本出傳燈錄，爲六祖慧能涅槃時所說，其中含有什麼禪家妙諦，吾輩凡夫，不敢妄說。不過從世俗眼光看來，也就頗能象徵人生一種淵默澄凝的境界。有如寒林獨影，落照鐘聲，衰颯中却自有安息之感，這好像頹廢，其實乃是凝鍊，所謂絢爛之極的平淡。但恐個中滋味非閱歷世變者不能體會其深，領略其眞耳。

哲人康德把宇宙分劃成若干範疇而以時間空間爲其最基本的間架，立義深微，匪易卒曉，可是就人生以論人生，則時空爲生活最基本的間架却是不待辨說的自明事實。人，當身外種種俱已幻滅，渺如烟塵之際，所想到的除了自身的寒燠痛癢，就是自己所從生長的地方和一生所經過的歷史，故鄉與童年，這是人自空間時間最初得來的印象，也就是到最後還要追求的幻影。「狐死正丘首」，今日的墳墓最好也即是當日的搖籃，「胡馬依北風，越鳥巢南枝」，「大戀之所存」，其實就在極平凡，極切近的地方，却又像隔着迢迢的遠道，追求而不可得，這種永遠的鄉愁，越是偉大的人格越是難於擺脫，試觀最富世界性的文人如屠格涅夫所寫的小說多半以小小的斯巴斯谷衣爲背影；哈代則老離不開他的威賽克斯，其小說至名爲Wessex Tales，再如樂聖貝多芬以音波振撼數百年來全世界的人心，可是他耳聾之後所作樂章多半是記錄波恩市童年的心影。至於魯迅先生纂張介侯表章涼州文獻之風，編會稽郡故書雜集，輯謝承後漢書，更於所作小說，散文中刻意描寫故鄉紹興的風物人情，那更是最近的事實了。

還有一些不幸的國土，憑藉牠所蘊育出來文豪藝人吐訴哀愁於世界，以博世人的同感，以祈蘇生之運命，如波蘭之有顯克微支蕭邦等，愛爾蘭之有辛格賴來格來夫人等，印度之有太戈爾等是，招精魂於巳墜，回芳春於凛秋，雖其來復之機多半不能及身見之，總之是人間最偉大最光榮的努力。這使人想起荀子所說的「葉落糞本」，糞，肥也，那較之歸根之「歸」是別有積極性和將來性的。袁子才落花詩所謂「化作春泥更護花」也。

徐一士先生近以文載道先生的文字相示，於其理蘊之深，意境之美，甚多推許。徐先生論齒論學均爲前輩，月旦人物品題文章，一如其治學爲文之精嚴不苟，絕非輕易許可人者，文先生作品本亦我所愛讀，今經徐先生提示，愈益領會其深美。「關於風土人情」及「食味小記」兩篇談鄉土風物之作，更是屢讀不厭，以其中意思多是久蘊於我心而未發者，文先生娓娓言之，眞是「不啻若自其口出」了！

這兩篇文字以樸實坦白的筆寫樸實坦白的心，所說固不外鄉土的風物人情，惟其切近也就愈見深遠，惨怛悱惻不能自已的鄉園之念，這是一種詩的藝術的感情，擴而充之，便是對國家人類之愛，和錢武肅王富貴還鄉，用錦繡包纏林木，以爲誇耀之純出於佔有意識者大不相同也。文先生自稱水鄉之氓，文字也縹渺縈迴，饒有江南烟水氣，我則生長於北地風沙裏，先世且是胡人，於南中風物連名色也多是陌生的，但讀此文時，略無隔膜，只覺親切，髣髴聞跫然足音於空谷，可知人心有所同然，自能起了不期然而然的同感。當時隨手寫了幾章短詩以寄讀後感興，茲舉三首如下：「天墮星飛夢屢驚，如磐夜氣默無聲，人間感慨無南北，萬里悲風吹月明。」「劫塵隨水水東流，舊夢纏綿死未休，忍向蓴鱸尋故味，吳江楓落不勝秋。」「童年梨棗繫深思，夜靜燈紅人睡時，熗栗香隨秋夢渺，傷心誰識李和兒？」

詩本在婉曲的言語，達散文所不能盡達之情，上面幾章却不過是拙直的韻語，辭采聲律，一無是處，原不足以言詩，所以不怕出醜，揭露於此，只爲揭示一點誠實的感觸而已。不知文先生看了以爲何如？文先生談到甲行日注陶菴夢憶等明遺民的作品，於敍述風土人情之中，寓家國之感，這正與舊約書中耶利米哀歌，三百篇中的變風變雅，同是人間最肫摯，最沉痛的心聲。至於其見解的精粗文字的巧拙到居其次了。我近來也頗喜歡翻閱天咫偶聞燕京歲時記等記述北京風土之書，此類多是北京旗人之作，所感的是和葉天寥張宗子不同的別一滄桑，對於受過現代思想沐化的我們本來沒有很深的緣分，可是翻閱一回便增一番感慨。燕京歲時記裏所記極平凡的物如硬麪餑餑，杏仁茶，冰糖葫蘆等等，近兩年來或竟已絕蹤，或漸歸寥落，或僅存形骸已失了眞味，於區區食味中也可以見得世變之亟了。阮芸台在揅經室集裏有兩篇揚州畫舫錄跋，龔定菴有己亥六月重過揚州記，皆作於道光中葉以後，以一地的榮枯覘察國運。龔作有云：「天地有四時，莫病於酷暑而莫善於初秋，澄汰其繁縟淫蒸而與之爲蕭疏濟蕩，冷然瑟然而不遽使人有蒼莽寥泬之悲者，初秋也，今揚州其初秋也歟！」這正是鴉片戰爭前夜一個敏感文人的感覺，從全國經濟中心的揚州的衰落看出一個舊時代之方死和一個新時代之方生。北京，自庚子以來，一幕又一幕的離奇變幻，充分反映出二十世紀中國的悲喜劇表演的進程，北京的黎明也就是中國的黎明之開始，可是現在放下震在廷敦禮臣輩的著述，來看看這十分嚴肅的現實，不禁冰雪凝冬之感。雪萊詩云：「嚴冬旣已臨，陽春當不遠」，也許在這裏面潛伏着一陽來復的生機吧。所願日後風景不殊，燕京歲時記等不致如洛陽伽藍記夢粱錄東京夢華錄等只供文人吟咏，好事家考古的資料，便好了。前讀屠格涅夫散文詩拾遺其最後一篇題爲我的樹，敍述一中風盲目的半死的地主在盛夏穿着皮外套，坐在手推車裏，以僅能聽出的聲音，吩咐推車的僕人說：「到這下邊來！到我的祖先世世代代的土地裏來！到我的千年大樹的下邊來！」他的頭上果然是一顆鬱鬱蒼蒼參天蔽日經歷千年的大槲樹。是的，莊子說過：「人之在天地，猶小石小木之在大山也。」大地山河本非爲人而存在，強指我所從生長之地曰故國故鄉而眷戀不置，從「自然」看來未嘗不是一種迷妄，可是人之所以爲人便是在自然裏創造出第二自然來，我輩凡人不能如浮屠之不三宿桑下，憑了移情作用把雲樹山河都看做可與吐訴精誠，掬示肺腑的故友與愛人，此境似癡，實乃是通徹的慧觀，因爲人生實難，所以能綿延下去，嬗遞下去不致隨豈風以灰滅者，實在就是這種聰明的自欺術之妙用而已。我們的思想可徹底却不可透底，透了底連此身也無著處，其他更有何說？我一向傾心於屠氏的詩的現實主義，因其沒有託爾斯太杜斯退益夫斯基那樣神秘的宗教色彩，而代之以深徹的叡智和宏大的悲憫，在這篇詩的末尾說：「這時風吹過來，大樹的葉子蔌蔌的鳴着，這聲音我以爲就是倉老的槲樹對於我的思想和病人的自讚所給的沉靜的答語和寬容的笑聲」，這也許就是對於有「家」的漂泊的鄉愁而發的一種寬容的笑聲吧！

通訊

覆李耕青書

龐沐勛

在一個月之前，我於古今半月刊第三十期後面，獲讀者李耕青先生的臨榆通訊。在耕青先生的通訊裏面，提到他有一位同事，看完了拙作的「苜蓿生涯過廿年」，一夜不曾睡覺，接着又說：「龐先生是個熱心教育的人，不知道肯不肯收一個景慕他的學生？」這教我讀了，又慚愧，又興奮，早就想寫一封懇切的信，答覆這位耕青先生的同事，可是這位同志（這同志的稱呼，是指的志同道合，並不是政黨的關係，區區是願終身從事教育文化事業的，不曾加入任何政黨，合併聲明。）的尊姓大名，我不知道，耕青先生的通訊地點，我也沒法查考，那時又剛作舊京之遊，歸來塵務坌集，便把這件事擱了下來，將心比心，這要使人家如何的失望，就是我個人也抱着萬分的不安。剛纔溜到中央大學，（暫用從前的金陵大學做校址，我也寄住在附近的教職員住宅。）看過了我們文學院的學生宿舍，並且參觀了全體學生的早操，感覺到現代的青年們，確確實實有了自覺心了，對於智力體力方面，大多數是肯認眞注意到的。這一團朝氣，假使領導得人，加以相當的培養，那我們中國的前途，是絕對可以樂觀的。我一路懷着興奮的情緒，跑回家來，吃過一個半燒餅，和一杯中大農場出品的新鮮牛乳，偶然又在案頭翻出這一期的古今來，這位同志，又觸上我的眼簾，我不覺加上一重慚愧，一重興奮，馬上提起筆來，寫了這一封亂雜無章的公開信，希望借點古今寶貴篇幅，替我做一回綠衣使者，傳給耕青先生，和他的同事。

我自從發表了那篇苜蓿生涯的文章以後，得着許多社會有聲望的人士，和一般富有正義感的青年朋友們的同情，陸續接到各方面的來信，總在一百封以上，有的情願來做我的學生，有的來訂閱我所主編的「同聲月刊」。我在興奮之餘，不能不特別感謝古今的編者，在無形中替我做了很大的宣傳工作，把我那「流佈或不廣」的「專門性刊物」，（這是古今第二十九期編輯後記裏面的話）驟然增加了不少的定戶，不能不驚歎着古今的力量，深入了社會各階級，使我這樣一個「教書匠」的一篇小文，也得着「附驥以傳」的好機會。尤其是這位「遠處山海關」的讀者和他的同事，竟因讀了我的小文，「一夜不曾睡覺」，怎能叫我不「感激涕零」，更加鞭策自己，檢討自已，是不是個人的精神力量，果然能感人於數千里之外呢？我說不出的慚愧，更說不出的興奮，我願犧牲我的一切，乃至我這一顆頭顱，抱定「鞠躬盡瘁，死而後已」的精神，來和一般有志的熱血青年，共同盡點做一個現代中國國民的天職。我枉讀了三十多年書，枉做了二十多年的「教書匠」，直到最近幾年來，飽經世變，纔深切的感到自已的錯誤，纔深切的感到只會賣弄文字，是於事無補的，纔深切的感到顧亭林先生：「一命爲文人，便無足道」的這句話，確有深長的意味。文字不過是一種傳達情志的工具，眞正的學問，是要「知行合一」的。一切的一切，是要靠精誠來感召，事實來表現的。先師孔子，倘有「我欲託之空言，不如見之行事之深切著明」的感歎，我們不必好高騖遠，只要站在我們自已的崗位，脚踏實地地盡我們的天職，時時刻刻的提醒自已，是不是配做一個人？是不是配做一個現代的中國人？學問是從經驗來的，我們從書本上所求的知識，是先民一點一滴的積累下來，遺留給我們的，我們如果不誠心誠意地去體驗，去實行，那即是「學富五車」，也是無益於人，有損於已的。我最近在中大週會上，曾經對全體同學說過下面的一段話：

我們既然投生在這個世界上，投生在這個國家裏，就應該有緜續人類生命的任務，就應該有緜續民族生命的任務。人的壽命是很短促的，而人類的生命，和民族的生命，是需要緜續不斷的。禽獸都負着這緜續種子的任務，難道生而爲人，反而可以連禽獸都不如，坐視種族生命之將斬，而猶在醉生夢死中糊裏糊塗的混過一世麼？努力做學問，爲什麼就可以緜續人類的生命，緜續民族的生命呢？因爲人類的生命，民族的的生命，都寄託在它的文化上，而文化的發展，是靠人類的不斷努力，積累而成的。一點一滴的盡着一個人的責任，就是爲這人種這民族緜續一分的生命。

耕青先生：你認爲我這段話，是對的嗎？我自已承認我是一個笨人，平生抱定三個字，用來做人做事的祕訣。這三個字裏面，第一個是捷字，我們對於一件事，經過了相當周密的考慮，就應該非常果决的去實行，用不着懷那患得患失的心理，瞻前顧後的把它延擱下來，坐失時機，這就叫做快幹。我對學問上的態度是如此，對於事業上的態度也是如此。試問人生幾何，能禁得起幾次的徘徊瞻顧？我因爲做了二十多年的國文先生，常是督促學生，努力這門功課，學生總是推說英算忙不了，抽不出時間來。我便反問他：「你是不是中國人？如果自已承認是個中國人，是不是應該弄通本國的文字？儘管你忙的怎樣，總不會比曾文正公在軍中時候那麼的忙，他老人家仍舊要讀書寫字，力求進益，一般青年人怎麼能夠把一個忙字來搪塞呢？」那學生被我反詰得啞口無言，也漸漸的自覺了。第二個是拙字，我們對於某一件事，既然認爲是應該去作的，就應該脚踏實地，孜孜矻矻的一直往下幹去，多流一滴汗，就會多了一分收獲，天下事絕對沒有取巧偷懶，能夠立於不敗之地的。尤其是做學問，更需要一絲不苟的笨幹。不瞞大家說，我現在雖然薄竊時名，在社會上也有了相當的地位，可是我自信還是保持着二十年前的小學教員生活，我辦的刊物，要經過兩三次的親手校對，朋友們總是笑我，「這你太不合算了，何必把精神銷磨在這個上面？」我雖然覺得這話相當有理，可是交給別人，總放不了心，我總是笑着說：「將來到了沒有辦法的時候，去做一名校對，我想是絕對可以勝任愉快的？」耕青先生，你看我這不是一個大笨貨麼？至於第三個祕訣，我想得到、可是現在做不到，只好暫時放在心裏，對不起，說句俏皮話，叫作「天機不可洩漏」吧！

耕青先生：請你告訴你的同事，我現在正在懺悔着，我年青的時候，不應該立志做個文人，不應該立志要做個名士，弄得「手無縛雞之力」，連生活的技能也沒有，那裏能夠做青年的領導者？自問常識還不夠，那裏配做人家的先生？我現在正在懺悔着，這二十多年的粉筆生涯，虛糜了國家的金錢？貽誤了人家多少的佳子弟？孤負了各方父老希望培植後進的熱忱和苦心？我常是這樣想：一個學生，從小學讀到大學，要用多少父兄血汗換來的金錢？要費多少政府向老百姓身上一點一滴吸收來的國帑，假使做先生的，不好好的去誘導學生，造成棟樑之器，各各的去盡國民的天職，怎樣對得起自已的良心？我現在在學校裏做人家的先生，是出於不得已的，那裏還敢「有靦面目」，做耕青先生的同事的先生呢？

我現在已是中年人了！我的頭髮也花白了！可是我的一顆心，還是活潑潑地。我是愛說老實話的，也很願意把一些淺薄的見解，來和大家互相砥礪，互相探討，公盡一點國民的天職。在幾個月之前，有一位武裝同志，從他的駐防地不遠數千里而來，一見面就叫着「老師」，弄得我慚惶無地。他是一個熱烈純潔的青年，曾經到過外國，受了軍事教育。因爲他有一位朋友，是我的學生，所以「謬採虛聲」也就不辭跋踄而來，一登「龍門」，相談至契，我陪他跑了不少的路，爲他殺雞炊黍，盡一日之歡，臨別時贈給他「大智若愚，大勇若怯」的八個大字，我願和他做個好朋友，師生的名分，是不敢當的。

耕青先生，請你告訴你的同事，我願意和他以及所有的青年同志們，做個「神交」的朋友。我現在比較忙碌些，恐怕來不及和每位讀者通訊。我正整備着邀集幾個老老實實的朋友，在我那專門性刊物之外，另出一種普遍性的小刊物，來和一般青年們討論討論，怎樣去盡國民的天職。我的魂夢，也跟着我這枝禿筆，飛到數千里遠榆關去了！已經費了古今許多篇幅，就此擱筆吧。

周佛海先生散文集

往矣集

訂正第六版出版

往矣集自本年一月初版發行以來，至五月末倏已銷罄三版，銷行之成績，不獨爲比年出版界所絕無，即在戰前，亦可稱奇蹟。自售罄以來，各地讀者及代售處，紛紛函詢，遠及廣州山海關等處。本社乃商請作者周先生，准予改訂重排，加添新材料，改用廿五開本，出版第四．五版，未數日又告售罄，即趕印第六版，業已出書，欲購者請逕向本社或代售處接洽爲荷。

每冊實價中儲券貳拾元

往矣集訂正本目錄

發行所
古今出版社
上海亞爾培路二號・電話七三七八八號

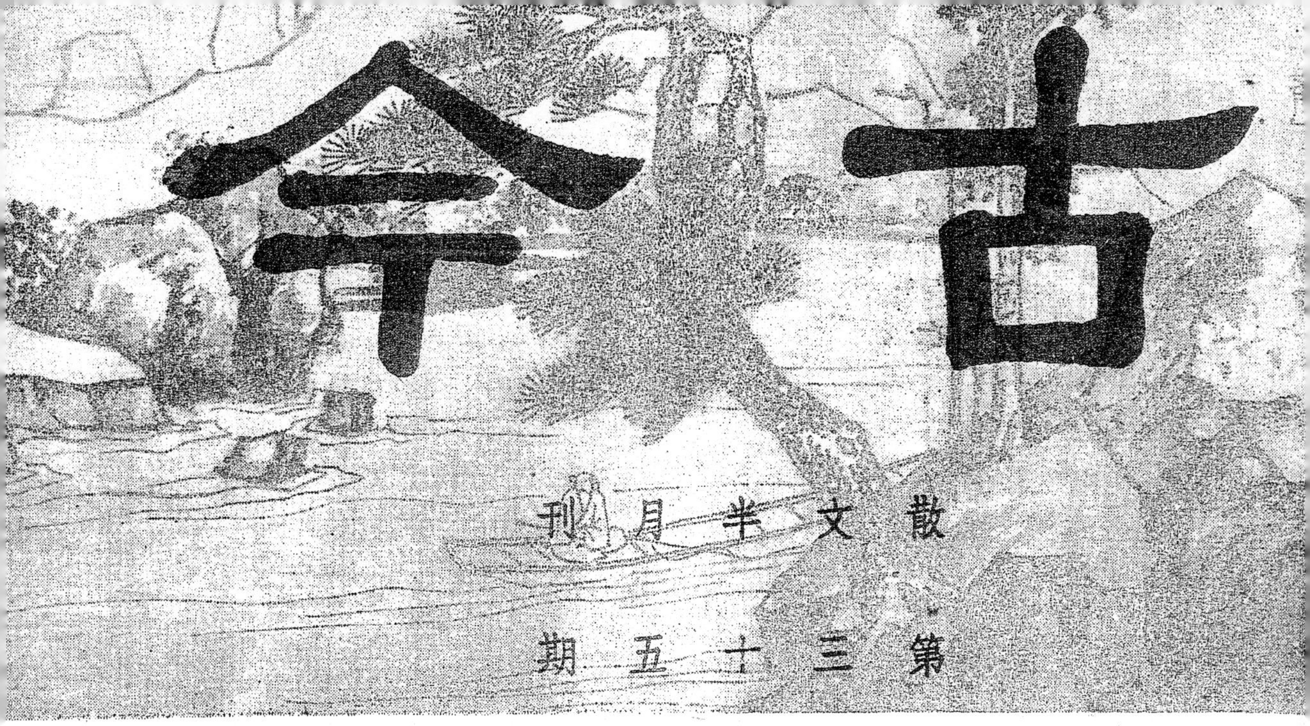

樸之吾兄屬為古今題字

不通古今不師聖賢則鄙夫耳

古人言古今我言今亦何傷乎

吉田松陰語

汪兆銘錄

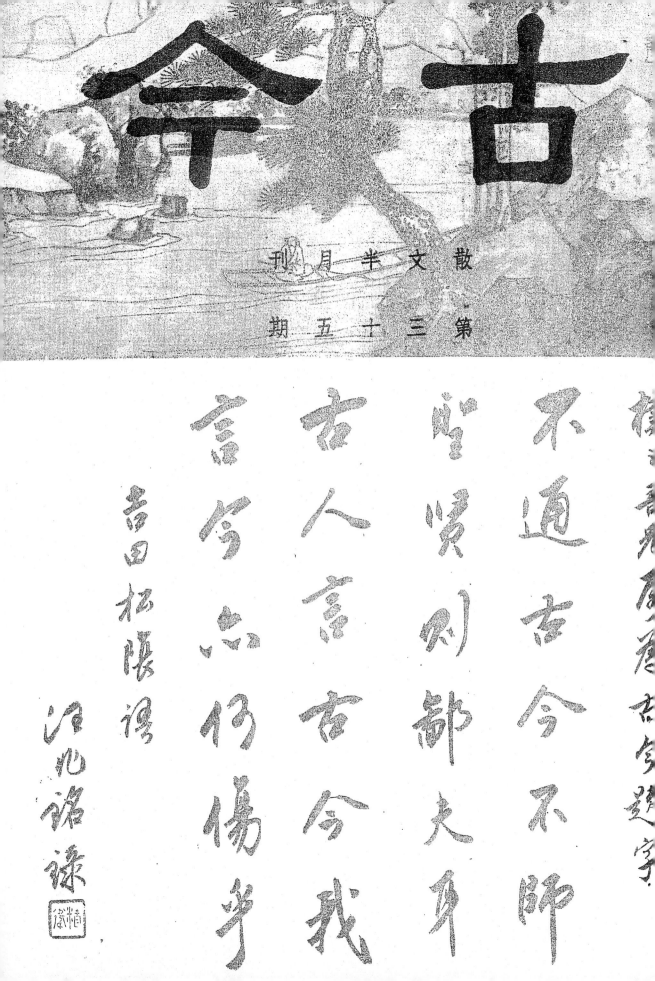

古今半月刊第三十五期目次

原書
原樣

中華民國三十二年十一月十六日出版

社長　朱　樸
主編　周黎庵
發行者　古今出版社　上海亞爾培路二號
發行所　古今出版社　上海亞爾培路二號　電話：七三七八八號
印刷者　中國科學印刷公司
經售處　全國各大書局報販
總經售　中國聯營書報社
國民政府宣傳部登記證京字第七六號
郵准掛號登記證京字第一〇一二號

價	零售每冊　國幣八元
定	半年一百元　全年二百元

我與共產黨（上）

陳公博

前言

這篇文章我本來决定要寫的，但我同時希望藏之書廚，待身後才發表。我不是想自己守秘密，我曾參加過共產黨，并且是中共第一次全國代表大會的代表，這是公開的事實，就是日本出版的『中國共產黨』也有這樣的記載。我更不想代共產黨守秘密，我久矣和共產黨立於反對地位，確認中國不能實行共產主義，就是蘇俄，祇有共產黨的專政，沒有實行過他們所謂什麼共產主義。而且我更根本否認馬克斯的學說，今後世界各國也不會實行所謂科學的社會主義。我不想發表這篇文章的理由，在於我和陳仲甫先生有過一重不想告人的公案。仲甫先生在北大是我的學長，以後有過交誼，做過同事，心內總想在我生時秘不發表。本來我在民國十四年由美回國之後，就想發表我和共產黨的經過，祇因當時國共合作，恐怕因我一篇文章，影響到國民革命的前途。十六年底共黨亂平，我在上海辦革命評論時，也有過一次想發表，無如當日南京咬定我廣州共黨暴動，是我勾結共黨幹出來的，并且上我一個尊號是叫做準共黨。我一生自命是硬漢，素來不喜歡解釋，在各人都叫我是準共產黨時候，而我却做這篇文章，無異於討饒，因此我也不願發表。及至二十一年到南京參加南京政府，也想過在『民族雜誌』發表，但那時仲甫先生被共黨目爲托洛斯基派，已被共黨開除，仲甫先生很不得意，生活也發生困難，如果我發表這篇文章，無異落井下石，乘人之危，非大丈夫所當爲，及後仲甫先生被捕下了獄，我曾到獄中探視他兩次，人是蒼老了，髮也禿白了，顏也憔悴了，我何忍再發表。及我離開重慶不久，仲甫先生又已逝世，我想文章是决定寫的，還是寫好留待身後發表罷。

自佛海兄在古今發表過兩篇文章，附帶提起我和共產黨的關係，許多朋友閒談中，問起我參加共黨當時的情形，一時我也說不清，因爲當時的經過，非三言兩語所能盡述，心想這段史實似乎應該敍述一下，恰好周黎庵先生又要我寫文章，一時高興，給了他這個題目。然而事後又懊悔，也曾給黎庵先生一封信，說我和仲甫有過一次糾紛公案，不願執筆。黎庵先生告訴我，說以當時之人而記當時之事，當爲信史，假若不寫，反使人發生許多揣測。方煥如先生見了古今發表的預告題目，又來函希望我多敍脫離共黨事實，因爲他曾留學莫斯科，見過共黨關於我脫離共黨的報告，他很懷疑，所以希望我據實來一次寫作。好罷，這篇文章既然決定要寫的，遲早發表似乎不生什麼問題，然而我對仲甫先生隱忍二十年，今天倒把他和我這重公案翻起來，似乎還有些於中未歉，好在今日事已過去，既不是一種是非問題，更不成一種攻訐問題，而祇是一種事實的報告，我想就是仲甫先生今日還在世，也會原諒的罷。

（二）

這篇文章喚做『我與共產黨』，自然我是一個主角，這樣就由我個人寫起罷。談及廣東共產黨的起源，很多人傳說，廣東的共產黨發源於北京大學，以為廣東的共產黨遠在我北京時代就有了組織，共實這是誤傳的。大概因爲廣東共產黨開始祇有三個人，就是我，譚平山，譚植棠，而三個人都是北大的同期畢業生，因此附會流傳，遂有這種推想。實在我們在北大時，一些組織也沒有，除了譚平山參加過『新潮』社外，我和植棠，都沒有參加過任何組織。我在廣東做學生，已被人目爲動如脫兎，而在北京時却靜如處女，這一段歷史我也想借這個機會，簡單說說。

我在民元時候，本來也是個浮囂使酒罵座的少年，那時不過二十歲，被人任過軍隊中短期的參謀官，更被人推舉過縣議會的議長。何況遠在丁未就自命參加過革命運動，而且又在報館當過了記者，會寫幾句短評，會做兩首歪詩，那時眞是自命不凡，不可一世。到後來卒至折節讀書，那就不能不感激我的父親了。

我的家庭內，母親很是嚴肅，而父親倒很慈和，我自有記憶以來，我的父親從來沒有打過我，并且也不會罵過我。可是在辛亥反正之後，看我那種趾高氣揚，便忍不住了。父親對我雖然素來慈和，可是嚴厲起來，却秋霜滿面，凛然令人生長，一天他正色對我說，你拿什麼學識和資格去做參謀，去當縣議會議長。你這樣不知自愛，終有一天翻筋斗跌下來，就是地位不跌下來，人格也會墮落。古之學者爲己，今之學者爲人，就算爲人罷，自己沒有學識，爲人也不了。自然父親那時叫我什麼都不要幹，而去讀書，但那時所有的學校都一律停辦，如何有機會去入學校，父親後來想出主意，叫我入伍學生軍，因爲父親認定學生軍也是一種學校，入伍無論時候長短，總會學些所不知道的事情。實在說，當時我眞不願意，無如父親當時直是下命令一樣，我祇好鬱鬱脫去軍官的服裝，去當普通的士兵了。

那知道我入伍三個月，自己覺得樣樣都不懂，開正步其始以爲很容易的，焉知道眞正合乎正步的姿勢，短期眞不容易。每天早起和睡覺的喇叭，我也弄不清，除了食飯號之外，要有同伴通知我才會動作。我把這話告訴了父親，他這時倒好笑，說那樣你連士兵都當不好，那裏配做參謀。大約你現在才知道學然後知不足罷。我自己也覺得好笑，而又十分慚愧，從此矜平躁釋，才決心求知，這是我爲什麼後來苦苦讀書的緣故。

學生軍解散之後，沒有幾個月父親逝世了，我決定從父親之命，找學校求學，那時廣州名爲高等教育的，祇有法專（法政專門學校）和高師

（高等師範），我爲興趣考入了法專。但學費從那裏來呢？靠着平時報館的關係，一面做撰述，一面做學生，倏忽三年，便畢業了。在讀書的當時，不知不覺發生了思想問題，讀了比較行政法，比較國際公法，比較憲法，感覺許多問題無從解答。我想這樣終身由之而不知其道，就因學識不廣，見聞不多，畢業時聽見北大有了哲學系，竟想以哲學爲解決思想的鎖鑰，決心北上，於是在民國六年的夏天，終於一個人孤獨的，寥寂的，到並無一個熟人的北京城。

我北上的時候，自己已下決心，就是不管閒事，專管讀書，丁未和辛亥時候一段歷史，決然把他忘記，而從頭做起。在北京三年，眞可以說養心性，寡交遊。一般朋友固然很少往來，就是蔡孑民先生不過見過一次，陳仲甫先生也見過一次，胡適之先生倒見過二次，而所見的都是不關宏旨，見孑民先生是請他寫一付對聯。見仲甫先生是和譚平山去的，爲的是問考試日期，見適之先生是好奇，因聽說他有一張紙寫明『談話請勿過五分鐘』，這是在當時北京講應酬的社會很少見的。至於其他一次則在五四運動之後，北大教授都處在風聲鶴唳之中，上海的國民黨本部有人託我請他南下編輯，後來他考慮之後婉謝，通知我還是用電話，這一次算是比較有重要的事了。

在北大時，所來而不大往的都是同班或同住的同學，最熟的要算譚平山，和他族姪譚植棠，其餘區聲白、何邦瑞等，都是廣東人，算起來不滿十個。新潮社是成立了，平山加入後來徵求我的同意，我告訴他我的思想還未成熟，寫文章似乎爲時尙早。我這話本來是推託之詞，新潮社的人物，我本來不大來往，所知的祇有同班康白情，而康先生有一次舉動使我發生微微的反感。康先生是我的同班，他每次上課照例是遲到的。恰好一次是上老莊哲學的課，講授的是馬夷初先生，馬先生大概看見康先生的遲到，視爲常例，平日不以爲然，這次他正襟認眞起來，問他爲何來遲，康先生答他住得太遠。馬先生說，你不是住在翠花胡同嗎，離此不過五分鐘，何得謂遠。康先生說，先生不是講莊子嗎，彼一是非，此亦一是非，先生不以爲遠，而我以爲遠。這一場爭辯，兩方面都似乎不能下台。康先生當時是新潮社的活躍份子，我看見這樣的詭辯，不由得對新潮沒有好感。自然我以康先生一人而概括新潮全體人物，實在以尺量天，然而我素來有種莫名其妙的怪脾氣，好觀人於微，既對康先生不滿，自然不願引爲同列加入新潮，更沒有替新潮寫過文章了。

五四運動終於勃發了。我在那天本來沒有預備參加，祇見同住的同學們說，『我們到新華門請願』，『我們到新華門請願』，我在那時正兼廣東四報的通訊記者，以新聞採訪的興趣，也隨衆到了新華門。我記得領隊的是法文同班許德珩先生（在他十六年由法國回國時才開始做朋友，加入革命評論），他像瘋狂的指揮着同學，排着一條長蛇陣在新華門前請願。北京的五月已經很熱了，旭日當空，汗流浹背。新華門是關着，許多同學似乎站得疲勞要散了，我還忍耐着，以爲不來則已，既來則須看到終場。許先生發出命令，叫同學不要走，若請願不應，預備下跪。他不發命令還好，他一發命令，頓時惹起我莫名其妙的反應。我心想請什麼願，有力量便打進去，沒有力量便散去更作後圖，爲什麼要下跪？好！走罷，於是我個人便離開隊伍，走到南池子僱了一部洋車，便回公寓看書去了。到了下午，公寓裏起了很大的騷動，說同學游行，打進了曹汝霖和章宗祥的住宅，事已鬧大了，同學們恐怕要發生意外的危險。我那時預料沒有了不得的大事，還是很沉着的探訪我的新聞。

五四運動鼓不起我興奮，其後雖然參加過幾次會議，但那是我的職務，不是我的興趣。那時我是哲學系的班長，出席雖然不能不去，但依然很少發言。祇有一次我會和幾個人去發傳單，鼓動罷工和罷市。那時已是民七的冬天了，那次運動和五四無關，也非新潮社所鼓動。現在記得似乎還是區聲白發起，都是我們幾個人自由行動。我明知北京不會罷工和罷市的，但幾個人公推我到香廠的新世界發傳單，我覺得這樣行動比新華門請願有意思得多，所以我慨然允諾。我還記得那夜是隆冬，香廠新世界遊人無幾，我跑上屋頂散傳單時，看見底下行人寥寥可數。我想這樣是沒有效力的，但負了這種任務，終要完成，跑上屋頂散了傳單之後，便下至三樓聽梨花大鼓。心想不久恐怕警察要來搜索了，但遲之甚久，還是雞犬不驚。我自己也覺好笑，費了很大的勁來發傳單，而結果却不發生絲毫影響。梨花大鼓實在聽得無味，一個人又到了香廠一家澡堂洗了澡，踽踽涼涼的回公寓去了。

北大那時眞有些思想雜進，就以爲文學系而論，有講白話文的陳仲甫和胡適之，有主張復辟拖辮子的辜鴻銘，有專講印度哲學的梁漱溟，有提倡舊文學的劉師培和黃季剛。此外還有許多課餘組織，如古代音樂研究會，圖畫研究會，甚至有研究皮簧梆子的結社，打拳健身的教師，眞是魚龍曼衍，百戲雜陳，不過對於社會主義的組織，還是沒有。而我呢，還是我行我素，獨往獨來，個人的思想確是複雜而在那裏變化，往往讀書至夜深三四時，還是在那裏思索。我可以說未至北京之時，苦於求思想，旣至北京之後，苦於多思想。就以唯心唯物兩論而說，終日在腦內思維，終無是處。康德的心物調和論，祇是心物兩論的調停，若夫治學，應於何處下手，安身立命又應在何處下手，的確是我當時一種極端的苦悶，這個苦悶，直至後來研究經濟學理才算解除。

說至此地，我似乎應該說說平山和植棠兩人了，平山的原名本叫譚鳴謙，別號聘三，自然是三聘草廬的意思，後來他改名平山，也是由聘三諧聲來的。那時我因爲他留了一撇小鬍子，免不了開玩笑的叫一聲聘老。邇時北京有位王士珍先生，別號聘卿，就是世間所傳的王龍、段虎、馮狗三傑之一，聲勢煊赫，報紙常書聘老而不名。我時常說南北兩聘老，也喚平山做聘老而不名。而平山爲了報復罷，喚我做猛野，廣東人叫利害是猛，而野呢廣東是傢伙的意思，所謂猛野，就是利害的傢伙。這樣彼此稱呼，差不多好幾年，至民國二十七年我在漢口重遇平山，還是叫他做聘老。平山的爲人，年紀比我大幾歲，世故也比我老練多，祇是他具有一種名士風，充滿浪漫氣息，不大修邊幅，在北京某一時期，也曾發狠大做其新衣服，可是時機和興趣一過，又依然吊兒郎當。後來在廣州替共黨工作，倒是一個努力不懈的人物。在民十四回國之後，我很感覺奇怪，爲何平山前後判若兩人。問問植棠，才知道平山受黨的鞭撻而非出自本性，我才恍然大悟。至於植棠倒是樸實無華，忠於待人，信於所守，他是學史地的，因平山的關係，我才認識他。我對於植棠的印象和交誼都比別人爲深，至今懷念斯人，猶戀戀不釋。

（二）

談起廣東共產黨的歷史，大概沒有人不知道它的機關報「廣東羣報」，可是羣報的創立當時，遠在共產黨成立之前，當我們在北大畢業的時候，我和平山幾個人便商議回廣東辦一個報館，當日辦報紙的動機，並不在於營利，我於報業是有經驗的，尤其在廣州辦報祇有虧本。我們的動機也不在於自我宣傳，那時我們剛在學校畢業，祇想本其所學，在學校教書，根本幷沒有政治慾。我們的動機的確在於介紹新文化，因爲我們離北京南歸時候，廣州還在所謂桂系莫榮新的掌握中，廣州當日報紙也有十多家，除了小報不算，大概可以七十二行商報和國華報作代表，七十二行商報性質近於上海的新聞報，祇問廣告，不問新聞，更不問社評，國華報則完全類於上海以前風行一時的橫報，專門大膽描寫色情文字。我們常常批評廣東報紙的文字是第四等文字，甚麼是第四等？我們也沒有標準，祇是一種刻薄的批評，以爲第三等已是低下了，然而還是不够，所以謚它是第四等。自然當日我們是以介紹新文化爲目的，但甚麼才是文化，我們當日也沒有抉擇，祇是介紹各種未曾輸入廣東的學說，這種思想大約是受了蔡孑民先生的影響罷，但當時羣報的確是這種姿態。

羣報當日設立，股東很少，不過幾個人，所謂股東都是同學們，他們也知道投資是失敗的，入股祇是對朋友一種應酬，集資三千元，結果收股不過半數，也有些名爲股東，實際至羣報關門，還未交出股本，也有些祇交半數，其餘就賴着不交。我這個人除非不幹，一幹便不會回頭，無論成敗，出了版再說，因此在千辛萬苦之中，終於出版。主持羣報的就是平山植棠和我三個人，以經驗的關係，推我作總編輯，平山編新聞，植棠編副刊，這樣便宣告出版。

我知道廣東的政治情形，羣報是不會長命的，在發刊詞上，我結尾一段後語，說恐怕不出三日便要關門，那裏知道眞眞三日便關起門來，原因是廣州又發生政變了，陳炯明由漳州起師，以粵軍回粵爲名，驅逐桂系。羣報出版當日，陳師已越惠州，官廳恐怕有些報紙替粵軍宣傳，索性下了一紙命令，所有報紙一律停刊，各報停刊的翌日，也曾集議一次，同業都埋怨我，說我那篇發刊詞，眞是一篇預言。我那時倒心安理得，因爲羣報能够停刊，亦一佳事，羣報雖然勉强出版，我已煞費張羅，股東既不肯投資，不獨我的衣物典盡當光，連太太的金釧也上了質庫作排字工人的伙食了。各報停刊沒有幾天，粵軍終於佔領廣州，莫榮新解除兵柄，隻身由西江北遁，於是各報又自動出版。

有一夜，區聲白先生帶了兩個人來見我，一個是陳雁聲，一個是陳秋霖，他兩人本來陳炯明要他接辦政學系的機關報中華日報，但忽然爲夏仲明所奪，所以亟望自已能够辦一個報，或者參加一個報館工作，出一口氣。幷說陳炯明每月有三百元給他們，意思就是拿三百元來津貼羣報。

當時我對於他們兩位來幫忙是歡迎的，那時我在法政專門母校已當教授，編輯工作一時忙不過來，而平山又那樣的名士風度，他高興起來，看看新聞，不高興起來，連報館也不到。植棠對於編輯還沒有經驗，一切都集中我的身上。可是對於三百元的津貼，我絕不願意接受，由他們兩人分用，作爲薪俸。同時我對兩位先生聲明，羣報不能作爲任何人的機關，祇能介紹新文化，如果同意，就此片言爲定。那兩位先生也乾脆，他們說對於新文化很有興趣，絕不替陳烱明作個人宣傳。自後秋霖和雁聲便加入羣報陣營，雁聲代了平山的職務，秋霖作作短評，寫寫散文，植棠依舊編副刊，我和平山便專意在法政和高師當教授，祇是每天下午到報館，寫寫評論，看看大版。

仲甫先生終於在滬上和俄國共產黨發生關係了，對於廣東，認爲是革命策源地，非常注意，於是俄國便有兩個人以經營商業爲名到了廣東，說也奇怪，那兩個俄國人當時首先在廣東往來的是無政府主義者，由於區聲白是研究無政府主義的，遂連帶和我們往來。那時廣東雖然粵軍回粵，內部的暗潮動盪不寧，在政治有胡漢民先生和陳烱明的磨擦。在軍事有許崇智先生和陳烱明的磨擦，而在改組前的國民黨，旣無組織，又無訓練，也無宣傳。我們覺得在北如此，在南如此，中國前途殊可憂慮，兼之那時也震於列寧在俄革命的成功，其中更有仲甫先生北大的關係，平山植棠和我，遂贊成仲甫先生的主張，由我們三個人成立廣州共產黨，幷開始作社會主義青年團的組織，公開在廣州宣告成立。

社會主義青年團成立，聲勢很是浩大，參加份子有各學校的教授，也有各學校的學生，原因是我和平山在高師和法專當教授，所以參加者非常踴躍，老實說：參加的人員決不是對社會主義有研究，而是好新和好奇。其時國民黨人也有研究社會主義的，也有研究無政府的主義，同情者旣多，聲勢殊震。廣州共產黨利用這個青年團作外圍吸收共產份子，以後林祖涵、劉爾崧、阮嘯仙、楊匏安都是由那個青年團慢慢吸收入黨的。

青年團成立後，最大的工作厥爲一方面吸收知識分子，一方面吸收工人。知識分子當日似乎不成問題，至於工人則廣東號稱產業工人的似乎沒有。於是共黨集中注意於機器工會和海員工會，至於職業工人，青年團也盡力的推進。那時候仲甫先生已應陳烱明之聘來粵任廣東省教育委員會委員長，自上海南來，更叫我任宣講所所長，推進組織的工作。

羣報陣營是相當複雜的，陳雁聲和陳秋霖始終沒有加入共產黨，雁聲是國民黨而不滿意陳烱明，秋霖是國民黨而同情陳烱明，平山植棠和我則始終超然物外，專心致志於辦報和組織。我們常常在工會開會，在各地演講，我們也不告訴雁聲和秋霖，而雁聲秋霖也知而不問，恰像兩方都有君子協定的模樣。

青年團成立之後，雖然做過不少事，但滑稽戲劇也時常排演。有一次德國共黨失敗，其首領李卜克來西和盧森堡死之，上海中共一定要廣東極力宣傳，我的主張，以爲廣東根本不知李盧爲何如人，祇要文字宣傳已足，而上海則主張紀念遊行，後來我索性不管，另由他人主持，拿綵亭抬着李盧遺像，滿街鼓吹着走。過路人們，以爲是甚麼牧師和太太死了，故而小出喪，我心想這樣太滑稽了。上海當時要做這類事情，也不止一次，我對於上海那班先生不近人情，已駸駸有厭意。中國各地重要都市的青年團依次秘密成立，遂有民十共產黨第一次代表大會在滬的召集。

（三）

上海利用着暑假，要舉行第一次代表大會，廣東遂舉了我出席，這次大會給我的壞印象不少，大概我後來脫離共產黨，要以這次大會給我的惡劣的印象為起因，而以仲甫和我的一重公案為後果。

七月初旬法專和高師都放了暑假，我和我的太太由香港轉上海。我們是住在大東旅館，各代表也有住在博文女學的，也有住在別處的。周佛海、李鶴鳴、李漢俊、張國燾、包惠僧，都在那時認識，而毛澤東則因為在北大圖書館辦過事，可以算是比較熟的朋友。當時的代表大會，所謂共黨的南陳北李都沒有參加，邇時仲甫以主持廣東教育會的關係，且為上海租界當局所注意，故未來滬，而李大釗則尚主持北大圖書館，也未南來，短短會期四五日，使我發生極大的反感，其中有幾件事，最使我極端不滿。

第一件事就是開會地點問題，當日原議每日開會均須更換地點，以免注意。但一連四日都在李漢俊的貝勒路家內開會，我覺得有些詫異，那天恰恰早上張國燾來找我，我問他為甚麼與原議不符。他說李漢俊是有問題的，他的主張不是列寧理論，而是柯茨基理論，他是黃色的，不是紅色的，我們在他家內開會，他似乎有些恐慌。他愈恐慌，我們偏要在他那裏開會。我聽了這句話，默然不答，心想，呵，原來如此！我以為同志間應當相見以誠，相規以義才對，國燾這樣做法，簡直是和漢俊為難，連同志的安全都不顧，現在第一次代表大會便有這些傾軋現象，以後惡果，可想而知。我看上海儼然分為兩派，互相磨擦，互相傾軋，我心內冷然，參加大會的熱情，頓時冷至冰點，不由得起了待機而退的心事。

第二件事，因為張國燾去過短期俄國的關係，故推他做大會主席，國燾那時不免趾高氣揚；然而國燾那時是沒有主見的，一切都唯俄國代表馬令和吳庭斯基的馬首是瞻，當時有兩件案子竟把我氣的差不多退席，一件是禁止共黨人員參加政治，甚至乎不許當校長。我爭辯着，共產黨是應該鬥爭的，為甚麼連校長都不可幹，國燾硬要通過，而多數居然贊成。可是到了第二晚開會，國燾提出取消昨夜的決議，我質問為甚麼大會通過的案可以取消，他說是俄國代表的意見。我真氣極了，我說昨日我本來不贊成，而會內倒否決我的意思，今則議案通過，祇由一個俄人反對，又取消議案，這樣不必再開大會，祇由俄人發命令算了。這次衝突，兩俱不歡。

第三件是通過宣言，內中對於　孫先生和徐世昌（那時　孫先生是廣東非常國會選出的臨時大總統，徐是北洋軍閥左右下的國會所選的大總統）相提並論，批評得一文不值。這一篇宣言，我根本反對，辯論很久，宣言終於通過了。我直急得跳起來，找佛海漢俊商議補救的方法，後來到最終會議，才提出一個折衝方案，將來這篇宣言應否發出，授權新任的書記決定。我回廣東之後，向仲甫先生痛陳利害，才決定不發，因此中共第一次大會的文獻，沒有宣言，不過當日共黨是秘密組織的，有無宣言，世間也不注意罷了。

因着國燾個人和漢俊爲難，恐怕其中代表還有附和國燾的主張罷，連日開會均沒有更換地點，終於一天晚上，變故遂降臨了。我們在漢俊樓上開會，人還沒有到齊，俄代表馬令和吳庭斯基也到了，忽然有一個僕人跑上樓來報告，說有一個面生可疑的人問他經理在家否，這個僕人也算機警，急上樓報告。俄國代表一聽這樣說，或者因爲長期經驗關係罷，立刻主張解散，我看各人本來已有些慌張，一聽馬令主張解散，都開前門分頭逃走，上海的弄堂房屋本來是慣走前門而不走後門的，大家往前門走，等於事急走太平門的辦法。

我本來性格是硬綳綳的，平日心惡國燾不顧同志危險，專與漢俊爲難，到了現在有些警報又張惶的逃避。心中又是好氣，又是好笑，各人都走，我偏不走，正好陪着漢俊談話，看到底漢俊的爲人如何，爲什麼國燾和他有這樣的惡感。他們走後不到三分鐘，我和漢俊談不上幾句話，突然面前出現了幾個人。現在我還記得，有三個法國警察官，有四個中國的便衣密探，至於外面還有多少人，那我被關在樓上是不知道的。這班人上樓之後，空氣一時非常緊張，有兩個人監視着我不許離開座位，不許說話，甚至乎不許喝茶，其餘的人便監視着漢俊往房間和各處搜索。爲首的法國警察。問誰是主人，漢俊不慌不忙的自己承認。這樣搜索，花了一個多鐘頭，什麼都看過，惟有擺在抽屜一張共產黨組織大綱草案，却始終沒有注意，或者他們注意在軍械罷，或者他們注意在隱密地方而不注意公開地方罷，或者因爲那張大綱寫在一張薄紙上而又改得一塌糊塗，故認爲一張無關重要的碎紙，連看也不看。這樣過了一個多鐘頭，才審問漢俊。他們問漢俊爲什麼家藏許多書，漢俊是懂得幾句法語的，告訴他們他是學校教員，藏書是要來供參考和研究之用。他們問爲什麼有許多社會主義書籍，漢俊說他是商務印書館的編譯，什麼書都要看看。他們問漢俊那兩個外國人是什麼人，漢俊說是英國人，是北大的教授，這次暑假來滬常常來談。

審訊完漢俊之後，便輪到我了。在搜索時間，我不能發言，我不能起身，但抽烟是可以許可的。自從國燾們走後，漢俊開了一聽長城牌烟捲，我們剛剛燃着一枝，法國警察便上來，我坐着沒有事做，連續把那餘下的四十八枝烟捲吸完，終於被審問了。還幸他們問得早一點，若再遲五分鐘，便無烟可抽，眞是不知如何是好。法國巡捕開始用法語問我，我那時還未習法文，旁邊一個中國人說：『總辦大人問你是不是日本人？』這時，我很詫異，爲什麼那位先生倒以爲我是日本人。我想還是直接通話爲便罷，遂用英語問他懂不懂英語。這樣，他便用英語問我，以下是開始的簡單問答：

『你是不是日本人？』警官很神氣的。

『我是百分之百的中國人。我不懂你爲什麼懷疑我是日本人？』我有些開玩笑。

『你懂不懂中國話？』

『我是中國人，自然懂中國話。』

『你這次由什麼地方來的？』

『我是由廣東來的。』

『你來上海什麼事？』

『我是廣東法專的教授，這次暑假，是來上海玩的。』

『你住在什麼地方？』

『我就住在這裏。』我一想不好，我決不能告訴他我住在大東，在旅館我還有許多關於社會主義的書籍，也有廣東共產黨的報告，所以這樣告訴他。

法國警官的態度似乎緩和了，但關於我是否日本人的問題，他還反覆研問，我揣測他這樣尋根覓究，也許他另接報告，以爲我們中日俄黨人在這裏開什麼會。這樣又經過半個鐘頭，那位法國先生便用法語向漢俊演說一番，後來漢俊告訴我，法國人所說的話，大意說知道我們是知識分子，大概想有某種的企圖，但中國教育還未普及，什麼都談不到，希望我們以後專在教育上用功，今天旣然找不到證據，祇好便宜我們了。

他們一窩風下樓之後，漢俊便催我急走，我說危險算是過去，我們何必事後張惶，再開一聽長城牌享受一下罷，因爲我不吸烟又半個多鐘頭了。尤其是難受的，兩個鐘頭未喝茶，口乾得利害。漢俊重新叫人煮水沏茶，樓梯又響，我那時眞有些吃驚，難道他們又捲土重來，誰知那人頭探出來的是包惠僧。惠僧問我們法國巡捕走了沒有，我說此非善地，你還是走罷，詳情明日再談。惠僧走後，我和漢俊再談幾句，看時計已十點多鐘，遂和漢俊告別。

我總以爲大風過去，海不揚波了，但出了漢俊門後，倏見一個人隱身在弄口，似乎在偵察，我走了幾步，他居然跟着來，我故意走快幾步，他也走快幾步，我走慢幾步，他也走慢幾步。我心想今夜総不能回大東旅館了，然而又不能不回，因爲有許多文件，倘不燒毀，終須買禍。路邊恰巧有一家商店，還是燈火輝煌陳列着許多商品，我裝作看商品，一面思量怎樣脫身。可以說是靈機一動罷，我記得去年由北京轉滬回粵，在上海曾逛過一次大世界。大世界在夏天有兩場電影，地下露天，屋頂也露天，那個地方異常黑暗，是容易脫身的。我主意旣定，立刻叫了一部黃包車往大世界，誰知那人也僱了黃包車跟在後頭。我到大世界後什麼地方都逛一逛，很游閒的逛書場，逛戲場，総在地面的露天電影看了三四分鐘，便踱至屋頂的露天電影，在人叢繞了一個圈，從別門下樓僱車回大東旅館。我回至房間叫我的太太打開了箱子，關好了房門，一口氣把文件用火焚燒，全擱在痰盂，至此才詳細的告訴她當夜的情形，湮滅證據的工作，算是告成了。

誰知一波未平，一波又起，那夜是陽曆七月中旬，是上海最熱的時候，我們的汗悶得出不來，在床上無論如何也睡不着，兩人把席子拖下地板，才安穩睡了一覺。熱極生風，半夜裏起了大風雨，睡至微明，忽然聽見一聲槍響，同時又聽見一聲慘叫，我從地板跳起來，打開房門一看，看見走廊寂寞得沒有一個人，祇是急雨打窗，狂風吹面，我想明明有槍響，有慘叫，那莫不是我變了福爾摩斯的案中人麼？我喚起勵莊，告訴他我所聞，但兩人都猜不出什麼事故，我反懷疑是一種夢境。

還是睡罷，到了九時，有一個茶房跑進來，說你們隔壁房間有一個女子被人謀殺了。我問他什麼一回事，他說前日有一男一女投店，今早那男的起身還叫了一碗麵，食後出去，我們問他要錢，因爲他只交櫃上五塊錢。他說立刻便回，我們也不注意，不料剛才我入房打掃，那女的已死在床上，經理立刻來看，他身中一槍，並且頸上還有毛巾纏住，看起來大概男的打了他一槍不死，又用毛巾來勒斃的。我聽了之後，我也不告訴他今早所聞，恐怕他還找我做證人，弄出莫名其妙的麻煩。不過我再想，如果有巡捕和偵探來偵查，保不定認識我就是昨夜被偵查人之一。長安雖好，不是久戀之家，此地究非善地，不如走罷。我去找着總經理，那時大概是郭標罷，廣東人和廣東人總容易說話，我說我隔壁出了命案，我的太太非常懼怕，所以今日要去杭州一行，把所有行李，暫存旅館，俟回來還要換一個房間。這種說話，自然郭大經理坦然不疑，我和我的太太，趁着巡捕和偵探沒有光臨，遂離開旅館。先在一家飯館安頓了太太，我自已跑去找李鶴鳴告訴他昨夜的經過，並且我下午要到杭州。經過昨夜的變故，他們也打算停會，另易地方。會期不定，我更可以從容的遊西游，逛靈隱了。

在杭州讀報，知道那件命案，是男女的情死。女的名喚孔阿琴，是一個絲廠的女工。男的名字，我已忘記，是一個洋行的西崽。兩個人不知爲什麼不能結婚，相約同死。那個西崽，趁他的大班往青島避暑，偷了一根手槍和孔阿琴來大東開房間。到了天明，開了一槍，而孔女士居然不死，那男的急極了所以又加工的用毛巾去勒。大概一時男的有悔意罷，或者獨生總比同死爲佳。他收拾起死心，寫了一封自白的長信，又叫了一碗麵吃飽，才揚長而去。此事經已大白，初到的杭州，玩了兩三天地方也游膩了。天熱的杭州，等於一個大暖氣管，蚊大如蠅，夜熱逾晝，我們祇好賦歸了。歸來上海之後，佛海來找我，才知道最後大會已經在嘉興的南湖船上開過，會議算至結束。大會宣言發出與否，授權仲甫決定，因爲仲甫已被舉爲中共書記，當日所謂書記，就是黨魁。我和各人草草談了兩三次，遂乘船回廣東了。

在上海還聽見一件關於戴季陶先生的軼事，季陶和仲甫約定共同發起共產黨，到了成立之前一日季陶來了一封信，說他和國民黨關係太深，的確不能參加共產黨組織，不過他是同情共產黨的，他正在籌辦交易所，打算以交易所的贏餘，來幫忙共產黨的黨費。我在上海雖然前後停留近十日，但和各代表來往很少。佛海正鬧着戀愛，共產黨人的議論也有贊成不贊成，但我以爲戀愛是個人的事，爲了戀愛，有時性命都不顧，朋友的贊成和反對，更是閒事。佛海夫人直至我在民十四由美國回至廣東才相識，那時我對佛海的戀愛批評，算是宣告中立。

樸園隨譚（七）

朱樸

蠹魚篇序

古今問世，忽忽已將兩載，成績如何，識者早有定評，無待詞費。當古今發刊之初，我們即抱定一個堅決不拔的旨趣：即寧願曲高和寡而孤芳自賞，決不隨波逐流而取悅庸俗。出版以來，雖在精神和物質兩重壓迫的艱困環境之下，而我們時時刻刻保持這種一貫的風格，始終不懈；事實具在，不難覆按。出乎我們意表之外的是曲雖高而和者倒並不寡，古今月刊創刊號出版三天後即悉數銷罄，以後無期不是供不應求，後來我們應了讀者熱烈懇切的要求，自第九期起改出半月刊，截至目前爲止，已出至三十五期，可是無期不是悉數銷盡，一無存留。

我們爲彌補一般讀者之無法購得過去之古今合訂本起見，因有古今叢書之出版，並以周佛海先生之「往矣集」爲第一種。自本年一月初版起，到現在不滿十一個月的短短時間之內，已經再版六次之多。這種盛況，不特爲近年來出版界所絕無，即在戰前，亦簡直可稱奇蹟也。

古今叢書第一種出版後讀者歡迎之熱烈，既如上述，然則我們爲什麼直到現在才出版這本古今叢書第二種呢？這是因爲我們在選擇材料的時候，還是很謹愼的躊躇的不敢以粗糙窳劣之作來濫竽充數，正像我們之於古今半月刊的水準一樣，堅抱寧缺毋濫的主旨。

玆値本書——古今叢書第二種排竣之時，謹將內容略爲介紹于下。

本書除周越然先生「購書的經驗」一文外，餘皆陸續刋於已出各期的古今半月刋中。作者諸公，不但都是當代聞名的作家，而且恰巧還是南北各占其半。本書中的所述，對於買書的甘苦，版籍的源流，書肆的內幕，書賈的技倆，旁及各地私家與公家書庫的風土，名勝，都有所點染及描繪，不論當作書市掌故，或文史小品看，都無不可，而足與黃蕘圃、葉郎園、繆藝風、傅藏園諸家之作媲美。其中如周越然先生庋藏之富，經驗之深，陳乃乾先生出入丹黃之久，歷年過眼之廣，在海上本已夙負盛名。而陳先生又惜墨如金，鑒於古今殷勤敦請，始以其力作見貺。其中所述藝風堂繆荃孫氏的收校古書情形，尤其世所罕知，而於乾嘉諸賢，徵引更富，讀此卷畢，對清代以來之書市大要必能一目瞭然。周知堂先生的舊書回想記，爲先生本身所極重視之作，而出之以一貫的雋永冲淡之筆，其引言中曾謙遜地比爲「有如抽紙烟的人，手嘴閒空，便似無聊，但在鄙人則是只圖遮眼也」，其實正如我們讀他的「夜讀鈔」一樣的低徊有味。紀果庵先生的白門買書記，如與謝興堯先生書林逸話中所述北方書市部分並讀，自益覺相映成趣，較之前人金陵買書志所記，尤爲淵達條暢，親切有致。謝剛主先生的晚明史籍考，久爲識者所珍，今復出其餘緒，成此三吳回憶錄，不但見聞博洽，材料充實，而文筆之清麗拔俗，尤可當絕妙好辭看。他如庾持先生之四庫瑣話，對有清一代文獻，鈎劃精詳，楮冠先生之蠹魚篇，於諸作中又自成一格，本叢書並即以此爲題。總之，本書內容，不惟作者是名家，而作品尤屬名作，加以輯錄，付諸手民，也無非想於此寂寞的文苑中，略盡濡沫之力而已。

不佞哀樂中年，更値亂離，所資以强自排遣者，僅此區區抱殘守闕之微趣。涼風天末，落日書城，纂輯既竟，略志所感云爾。

齊白石翁畫語錄

瞿兌之

齊白石翁今年八十三，在舊京畫人中巍然祭酒矣。民國以來，跌蕩文場，以詩畫篆刻擅名者，漸從凋謝。後起諸賢，雖藉甚一時，然民國初年京華掌故，已多不能舉似者。嘗謂民國以來，藝術之盛突過前代，將來史家必須精心作民國藝苑傳以傳其人。以畫一端而論，畫至清末，古法既多失傳，觸目皆是庸熟一流之作。吳昌碩崛起，從金石探源，融化而為蒼潤奇矯一派，變化神奇，又在趙撝叔之上。私淑缶翁者，陳師曾取其法以為山水人物，無一不戛戛獨造，而又不悖於古。每成一幅，勢若風馳雨驟，石破天驚，有筆有墨，有正有奇，若有法，若無法，若人力所至，若非人力所至。其中又涵濡書卷，一望知為從學問中來。中外新舊諸人，莫不歛手推服，謂自此方得見眞中國畫，自此方知文人畫之可貴也。陳君不自視襮，不競聲氣，亦不自矜重，在賣畫與不賣畫之間，亦在畫人與非畫人之間。其歿也，未至五十，人莫不惜之，以為天靳之年不使臻絕世之名。然其實師曾在北都藝苑，約略十年有奇，其所成就之風氣，殊足驚人，不僅在其畫之本身可貴也。京師人文淵藪，自乾嘉以來，種種學問都在此間作登高之呼，聲氣應求，奔走恐後。唯畫最岑寂，蓋昔年之畫多為山林嘉遁之士所寄託，而京輦冠蓋之場，不甚為高人逸士所喜至。畫人多在吳越間，大江上游已稍冷落矣。意蓋五代以來之風氣，絹素丹粉筆研之製，皆在唐之江南東道區域內，工必利器，故他處不得而爭。又汴燕兩京皆平原演迤，無巖壑林卉之奇，太行諸陘，雖亦頗蘊靈異，而笠屐罕經，不似江南山水竹樹，是處几岸間可見。天家秘笈，誠多瓌寶，宜可開拓心胸，顧韋布之士既絕不得寓目，即公卿貴游，非內廷供奉亦無由一窺美富。凡此皆京師畫事之所由不振也。有清一代南中藝苑，或陷於輭熟，或流於險怪，大抵囿於耳目所及，未有高視千秋之想。物極必反，其機固有先見者。末年影印名蹟之風大盛，雖瑕瑜不掩，然古人之作易見，終有助於畫風之變革也。

民國初元，京師卜居最賤，南北往來又暢，人海浮沈，轉多樂趣。而新興之士大夫亦頗喜提倡一二閑雅之事。時值改革之際，故家收藏名蹟，固多流出。乃至內庫所存之箋紙顏料筆墨，盈筐累篋，俯拾即是。山巔水涯，道觀梵宇，壁畫造像，一切有關藝術之物，銷路大佳，層出不已。春明僑寓，冷肆閑坊，偶一經過，即可載寶而歸。故工具既精，眼界亦寬，而又備友朋盍簪之樂。

其時常相與聚會者，姚茫父陳半丁凌直支湯定之皆擅寫意花卉，而詩詞題署無一不工。師曾性既和易，下筆尤兼馬工枚速之妙。每酒罷攤紙，各奏所長，得者皆珍如拱璧。至如人物山水，兼收衆長而融成一家，淋漓旁礴，精光照世，友朋中殆無不心折也。師曾嘗著論文人畫一文，於是新人亦皆知欣賞，傾倒雅俗。其轉移風氣之力誠偉矣。白石至京稍晚。其作品既出，沈雄怪偉，壁壘更明，天與大年，使之巍然為舊京畫手中之魯殿，其人則尤可紀。

白石與師曾取逕本不同，造詣亦異。然淵源所自，有不同而同者。蓋師曾生長湖湘，其幼年喜弄筆摹仿湘中流行之花卉畫。旣與湘鄉曾氏爲姻連，曾氏門客湘潭尹翁和白名金陽，以畫名於楚南。師曾亦嘗與有問故之雅。白石翁與尹翁同里閈，又皆出王湘綺之門，其氣脈故有相通者。尹翁曾游曾文正軍府，與惠敏善，共惠敏研求照相技術，爲湖南語照相者第一人。惠敏亦能畫，亦常與之切磋。顧爲人儒緩落拓，老而益困，傳食貴人間，賴其兩女以終天年。民國初尙在，年歲與湘綺相伯仲，先湘綺亡，畫人中之數奇不偶者也。

余之得奉教於尹翁也，在宣統己酉庚戌間。先君以余喜弄筆，令執贄受業，越二三日輒來余家，晚飯罷始去，飯必佐以燒酒三四杯，縱談舊事娓娓不倦，以是稍知其身世。其敎畫也至可笑。初敎以礬箋加膠礬之法，膠若干成，礬若干成，冬若夏又加減若干，取水也必潔，滌器也必謹，如是者殆旬餘，乃可言畫矣。然猶不許動筆，必先擇舊畫稿，俾鉤勒焉，鉤以濃墨，筆筆必到，是爲粉本，取玻璃板，以薄膠粘於上，然後以所礬之紙覆焉，必平必淨，纖毫可映，始論調色。其調色也，不取諸市，靛青燕脂赭石硃砂石青石綠皆自製，羅列椀盞杵臼無算，眞若紅樓夢譏惜春連嫁妝都開上了者。每種皆分別輕重濃淡而儲焉。凡有質之色，皆先和水研細，俟將乾再入膠，又乾再入水，每研一種，恒需竟日。其製粉尤奇，謂鉛粉不可用，用蘆甘石之堅重者，訪諸藥店，得之至艱，製成則果鮮潔似玉簪花也。其摹畫也尤有層次，先以淡色鉤出瓣葉，常備染色筆二三枝，先濃後淡，必勻必細，必俟染痕之積於其邊緣。受敎者謂可作畫矣，乃竟日僅染一二瓣而止，不令其一氣呵成也。余憶之眞切，至今猶在心目，摹南田牡丹一紙，花凡兩叢，月餘始就。

其時尹翁已近八旬，而目光腕力猶精強。示余作蜻蜓蝴蝶之屬，健筆細筋，悉著紙上，伴色揣稱，栩栩如生，無一毫苟率。先曾祖所畫草蟲紈扇猶存一握，取以相較，如出一轍，始知老輩相傳固自有法。然余賦性不耐雕蟲，習之不能竟業，因請於師曰，工筆畫固略知其法矣，寫意畫可學乎。曰可。越日示余以羅兩峯畫卷，俾以爲範，顧仍令以油素鉤勒置諸紙下，不許對臨，惟指示用筆運墨之法，心焉識之，竊喜可以恣我胸臆矣。然頗疑師終不令我棄去臨本放筆爲之，豈師亦有所不能歟。又久之復以請，師曰可矣。然子勿以寫意畫爲易爲而遂偭棄規矩也。先敎以畫梅，謂作枝幹必以中鋒凝鍊而出，圈花必以宋人爲法，勿取偃仰反側作態，又必以生紙，防筆之輕滑。次敎蘭竹，始獲控送之樂。是時余年十六七，方高自標置，於古今流略盡欲問津，不屑意於一技。自此流轉一生，百無所就，雖常覺胸中有一段奇氣，而筆底輒不能副。追思少日，負吾師多矣。

尹翁精於畫，而自謂書法不足以副之，每畫竟乞其署欵，輒不應。以故流傳不多。余藏其墨筆二幀，近與凌直支翁語及，云亦藏其梅花一幅。其聲氣至爲黯敝，余嘗詢諸舊京畫友，知尹翁者直支外則于君非厂而已。

吾湘文壇宗匠，斷推湘綺。余旣受學於湘綺晚年，白石翁亦以是時來會城，荷湘綺之延譽，漸有聲於縉紳間。尹翁時時爲余言，齊君瀕生詩畫篆刻戞戞獨造，殆天授非人力，湘綺賞重之，甚不可不一見。辛亥三月禊日，賞花之會，湘綺與白石偕臨，羣公賦詩，屬白石爲圖，此圖竟未踐諾，及秋而革命事起，長沙俶擾，風流雲散矣。越三十年，同寓舊京，同更世難，始乞白石補爲之，又爲裝畫人所賺，失而復得，此余與白石翁之淵源也。

歲庚辰白石翁八十壽辰，余曾爲文以祝，述舊事，因致慨於畫史之滄桑，亦頗能狀翁之生平。不嫌冗贅，輒連類而錄於此。

湖外數千年。自易元吉外。尠以六法名者。近世王蓬心以宦蹟。闕文山以流寓。得其山水風土之奇。一發之於繪事。而風流閟絕又百餘年矣。蒸湘水清。瑩澈見底。釃爲溪渠。渟爲沼沚。引舟楫之便。致魚稻之饒。其諸山嶺蒼蒼涼涼。迴互幽深。光景晻靄。蘅杜芳秀之種。楓柏怪偉之姿。生其間者。固宜秉此豊懿。以藻績之工。抉天地之秘。顧寂然不作者。蓋鬱之久以厚其積也。白石山人之生。在咸同之交。乃吾鄉武達文通彪炳煥發之始。曾左胡彭諸公既樹不世之業。裂茅土而昭旂常。湘綺王先生獨致力於文章經術。以著作驂駕其間。山人雖後起。不及見諸公。猶得以畫名天下。其行輩相次。聲華相接。若薪火之相續。山人之於湘綺。蓋猶湘綺之於諸公也。豈非天之篤於衡湘。固有其時也。山人之畫亦天授非人力。古人蹊逕一埽而空。直以筆精墨華致山川烟雲粉黛毛羽之態於眼底。他人縱欲效之。已落第二乘禪矣。當山人躡屐入都。睥睨公卿。有如野鶴翩然集於華廡。而未嘗一改其蕭疎出塵之致。翺游春明數十年。脫然聲氣之外。布衣躧蹻如其初來。豈徒以畫重哉。其人亦當求之於古獨行隱逸之林。非叔季所易覯也。宣統己庚之間。山人偕湘綺翁來長沙。適吾家有春禊之集。先公爲詩。湘綺與諸君和焉。待山人爲圖。圖未及就。蹉跎逢變。後三十年。余舉此以語山人。山人憮然共感前塵。命筆補之。雲樹樓臺正似當時情景。且辱詩爲贈。此兩家文字交之所由來。余受文詞於湘綺翁。而粗解繪事則尹翁和白導之。尹翁亦山人同縣也。近歲與山人俱寓舊京。跧伏人海。念亂懷鄉。此心未嘗不同。願山人呼吸沖粹。視履考祥。其必享期頤之壽以見寰宇之再清。而如下走者亦或尚能追隨杖履以話歸耕。嘗讀寧鄉黃虎癡所爲闕雯山壽言。想見其爲人。心向往之。先曾大父從文山游。道光中屢爲文酒之會。晚年感於世變。繪自濟圖。作少壯老三像乘浮查泛大海。何蝯叟左文襄諸公相與跌宕欷歔。詠歌往復。海宇多故。賢者早決於幾先。今及百年。而小子又從山人游。興懷家國。鬱伊何已。觸類敍之以助山人酹一觴焉。

白石翁善作工筆草蟲，世人皆知之矣。其畫派與尹和白同，與先曾大父亦同。由是可知湖湘畫派之必爲一脈相傳，而流衍各殊其極。嘗考之嘉道間畫家闕雯山之事蹟，而知其果然。畫史於雯山多語焉不詳。惟寗鄉黃虎癡（本驥）三長物齋文略中有闕雯山我我圖記及八十壽序，頗有珍貴之史料。其言略云。

先生世居樅陽。挾藝外出。所歷多名山勝水。所接多高人逸士。流寓湖湘近四十年。每出一畫。名公鉅卿爭購藏之以爲重寶。得意之作往往持以贈人。心所弗善。易以重金不顧也。而其畫筆以丹青工細爲務。禽獸之羽毛。草木之華葉。人物之風神態度。無不求工於楮墨之外。徑尺之絹。累日始成。踵門來請者未敢以能事相促。故其所作。能自信必傳。性喜客。每宴客治饌必精。不使一面生者相雜。平生鬻畫之資。緣手立盡。家有賢偶。且有子若孫。若惟恐其以家事相累。未嘗一動歸皖之思。

觀雯山之爲人，而嘉道間老輩風流如見。如尹齊二翁者蓋皆得其流風餘韻者也。

白石翁之爲人，或疑其立崖岸自矜重，而不知其重氣誼，敦厚如老儒，其品質則山澤之臞，其行誼則博聞疆識而讓敦善行而不怠之君子也。中年以後，畫與篆刻名重一時，其他則爲所掩。以余觀之，其詩淸矯，近得明人神髓，遠含郊島意味，即在詩人中亦當占一重要位置。蓋與湘綺雖面目迥異，而取徑高卓不隨流俗則同。工詩者固多，而擺脫詩家一切習氣乃至難。此眞所謂詩有別裁非關學也。即其題畫欵識，信手拈來，皆成妙諦，無一語涉凡近，亦惟明人偶有之，人不能學，即學亦不能似也。余每侍翁畫案之側，見其握管署欵，心中輒億擬數語。及其寫出，則往往出余意表。故知翁之畫非他人所能僞爲，即題署亦無人能捉刀也。然翁固自虛心，每値余在側，亦必徵余可否。翁之身世，世人往往僅知其中年以後事，雖聞其少年曾攻梓人之技，初不得其詳。得翁自述狀略，而後知其天才固有自來而苦學亦人所不及也。此文爲翁八十歲自撰，未經示人，玆以余堅請，移錄於此，俾讀者可與余所紀互證。此文亦獨具風趣，歷歷落落，恰如其畫境。非有會於文心畫理者不易知。

白石狀略

生於湘潭。南行百里杏子隖。星斗塘老屋。八歲。始從外王父讀書於白石山上之楓林亭。春雨泥濘。王父左提飯籮。右擎雨傘。負子背。朝送暮往負歸。性喜學畫。以習字之紙裁半張畫人物。外王父嘗不見許。秋來因病。讀書中止。在家取帳簿紙仍舊寫字塗畫。一日王母曰。汝父無兄弟。得長孫愛如掌珠。以爲耕種有助力人矣。汝善病或巫醫無功。吾與汝母同禱於神祇。叩頭有聲。額腫墳起。嘗忘其痛苦。醫謂食母乳。母當禁油膩。汝母過年節嘗不知肉味。吾播百穀。負汝于背。如影不離身。今旣可砍柴爲炊。汝只管寫字。俗語云。三日風四日雨。那見文章鍋裏煮。明朝無米。吾孫奈何。惜汝生來時走錯了人家。如是。乃將論語掛於牛角負薪以爲常事。年十二。王父去世。父敎扶犂。因力弱復令學木工。朝爲工。夜鐙習畫。年廿七慕胡沁園陳少藩二先生爲一方風雅正人。事爲師。學詩畫。蕭薌陔文少可皆拜畫師。如是能寫眞於鄉里。借五龍山爲詩社。社友王仲言一班凡七人謂爲七子。推白石爲社長。黎松庵薇蓀雨民爲詩友。識張仲颺。引爲湘綺弟子。壬寅年四十二。識夏午貽郭葆蓀李梅庵兄弟叔姪。是歲冬。午貽由西安聘爲畫師。敎姚無雙。風雪過灞橋。遠看華山。識樊樊山先生。見張仲颺郭葆生。游碑林雁塔。浴溫泉。越歲癸卯春。午貽請盡畫師職。同上京師。樊山曰。吾五月當繼至。太后愛畫。吾當薦君。（樊山爲題借山圖詩。寧獨蛟螭隱金篋。便借彝鼎登明堂。蓋欲舉薦也。）由西安上京華道過黃河。望嵩山。到京居宣武門外北半截胡同。識曾農髯。晤李筠庵張貢吾。五月之初。聞樊山將至。白石平生以見貴人爲苦事。辭午貽欲南還。午貽曰。壽田欲贈公以錢爲壽。不如贈公一縣丞。職雖小。亦朝中命官。就此引見不費一文錢。家嚴即升江西巡撫。君到省立上印。也是好頑一事。白石笑謝之。過黑水洋。到上海。居越月還湘。甲辰年四十四。侍湘綺師游南昌。七夕。師賜食石榴。招諸弟子至家即席曰。南昌自曾文正公去後。文風寂然。今夕不可無詩。坐中又有鐵匠張仲颺銅匠曾招吉及白石。推爲王門三匠。登滕王閣。小飲荷花池。游廬山。越明年。汪頌年爲提學使。借游桂林看佳山水。游陽朔。越年節得父書報四弟從軍巳到廣東。令白石追尋。因過蒼梧。至廣東。居祈園寺。探問移軍欽州矣。到欽州。郭葆蓀留之教姬人畫。游端溪。謁包公祠。復游東興。過鐵橋。看安南山水。久客思歸。攜四弟由香港海道至上海。一日乘輿。思游虎邱。是日至蘇。天晚宿駙馬府堂。虎邱歸復尋李梅庵於金陵。居三月始還家。造一室曰借山吟館。置碧紗櫥其中。蚊蠅無擾。讀古文詩詞。餘間種果木。繞屋三百株。辛亥。侍湘綺師長沙。求爲王母馬孺人撰誌銘幷書。自刊悔烏堂印。師方居長沙營盤街。白石往侍。譚三兄弟迎居荷花池上。爲先人寫眞。先是湘綺師來示云。明日約文人二三借瞿相超覽樓一飲。汪財官與君善。亦在坐。不妨翩然而來。得見超覽樓主人及諸公子。湘綺師曰。頻生足跡半天下。久未與同鄉人作畫。今日可爲畫超覽樓禊集圖。飲後主人引客看櫻花及海棠花。白石因事還家未報命。此約直至戊寅年。晤瞿公子兌之談及始補踐焉。所繪景物。依稀當年。至丁巳避鄉亂。竄於京華。平生知白石畫者郭葆蓀。知刻者夏午貽。知詩者樊樊山。幸二三人皆在此地。白石借法源寺居之。賣畫及篆刻爲業。識陳師曾姚茫父陳半丁羅癭公兄弟汪藹士蕭龍友。因寺壁傾倒一角。恐懼。遷於宣武門內觀音寺。識朱悟園。因識林畏庵。佛號鐘聲在枕側。睡不安眠。再遷石燈庵。老僧又好蓄鷄犬。晝夜不斷啼吠聲。再遷三道柵欄。再遷鬼門關外。乙亥夏初。攜姬人南還掃先人墓。哀哀父母。欲養不存。丙子春。蜀人來函聘請游蜀曰。蜀中之山水勝於桂林。惜東坡未見也。居成都半載。識方鶴叟。回重慶居兩月。年七十七。識張勺圃。秋涼回京華。天日和暢。無過北方。因在此留連廿又三載。竟使全世界知名。皆來購畫。刻借山館詩草一集。刻白石詩草八卷。且喜三千弟子。復嘆故舊晨星。忽忽年八十矣。有家不能歸。派下子女孫曾四十餘人。不相識者居多數。白石小時性頑鈍。王母欲怒欲笑曰。算命先生謂汝成人後必別祖離鄉。今果然矣。雖多男多壽未有福。對諸世人徒羞慚耳。

余於畫本無能爲役，顧以爲染墨淋漓，實有天然機趣，可以豁人胸襟。旣不在形似，亦無取斤斤於畫法。即筆法亦不妨略存其意而神明於規矩之外。此事得失要須自知，他人意或可或不可，不暇計也。尤不欲營營於古人名迹。嘗謂我輩詩文所以不能超妙，皆由幼時讀古人之作太熟，爲習氣所束縛而不自覺耳。余生平接跡兩賢，皆闇合此意。陳散原一生不臨帖，亦自承不能書，然散原書之佳處遠出能書者之上，齊白石亦不蓄古畫，不臨古本。惟白石自言昔年蓄意玩索徐青藤，固猶非絕不觀古畫者。大抵飛行絕跡，非神人不能。下乎此者則遺貌取神已爲上乘，白石獨抒胸臆之作，實足照映千古。近人之畫雖已進步甚多，而能傾動異國人士者尙不多見。白石爲東西諸文化先進國所最推重者，良以其偉麗堅蒼境界獨殊也。西歐人士於中國詩文境界未能領略，惟於畫尙知分別雅鄭。持縑求請，歲有其人，且以一見此翁顏色爲幸云。

吳昌碩與白石翁皆能神明斯冰之法者。其寫枝鉤筋筆如畫沙，固屬顯然似作篆籀。即點葉之醲厚，亦確從篆法之圓融得來。世人但見二公下筆如風雨，縱橫撩亂，遂以爲得自草法。殊不知篆法可迅速而草法並不能迅速，蓋篆貴婉通，重在取勢。草貴使轉，尤需停泊。惟畫藤蔓或有時似草書之縈帶耳。篆法入畫固難，草法入畫亦不易。

白石作畫氣勢雄偉，人所盡知，一似略不經意者。然下筆實非常矜愼，濡毫伸紙，每躊躇移晷刻。及其成也，稍不當意，即棄去不用。乃知古人所謂十日五日一水石及請君放筆爲直幹，遲速雖不同，其成功之難則一也。陳君半丁嘗告缶廬亦復如此。

白石少長田野，生平遍歷名山大川，其體物之精亦非常人能及。嘗爲余言仙茅附芝而生之理，示余畫芝之法。余深自愧粗疏也。顧白石每見余畫輒加許與，嘗爲余題畫梅作兩絕句云。

色色工夫任衆詮。一枝妙筆重京華。豈知當日佳公子。老作詩文書畫家。

圈花出幹勝金羅。一技雕蟲費琢磨。若使乾嘉在今日。風流一定怪增多。

白石晚年久廢吟詠，獨於余眷眷如此。

關於日知錄

文載道

一年前的夏天，費了好幾天功夫，將顧炎武的「日知錄」讀完。覺得這的確是一部好書。無論於朝章國故，學問道德，人情節操，風俗輿地，都有很精覈很廣博的啓發。自此以後，這部書也就成爲我不離案頭的讀物，常常的加以閱覽揣研，使我獲得不少的受用。

明亡以後的幾位遺老，如王船山、黃梨洲、歸玄恭、葉天寥等，其品格與學問，都有使我輩後生肅然起敬之所在；特別是在今天，他們的卓然的晚節，更使我們於拜觀之餘，加上了一份慚惶進去。而亭林尤其是其中的一人。

他們這許多人，其性格或有狂放狷介，豪爽凝靜之分；其治學處世和出身，也各有截然不伴之處。然而他們對於陵谷之變遷，身世之慨嘆，却無處不表現其蒼涼抑鬱之感。而且還竭智盡忠，苦心孤詣的，以這與生俱來的「執着」作種種的奮鬥。而他們本身所具有的，不過頭顱一顆，昂藏七尺，再加上三寸的禿筆與唇舌而已。信如詩國風「黍離」章云：

「彼黍離離，彼稷之苗，行邁靡靡，中心搖搖。知我者謂我心憂，不知我者謂我何求？悠悠蒼天，此何人哉？」

這無須更加上什麼註疏，就覺得有一種原始而淳樸的無言之痛，深深的透過了紙背。而將它和那些明代遺老的心境，行動相比，似乎雖不中亦不遠的了。然而，我們要注意的是，對於淸代的遺老，則因出處及品節所關，就不能「我田引水」的相提並論了。嘗見有許多清末遺老，在論述明遺臣身世的時候，往往也要來上一套「借題發揮」的妙筆，就令人覺得有點似是而實非，不免引為隔敎了。蓋一抹江流，每因來源不同而顯其涇渭之有殊，原是無勞鄙人的饒舌也。

好，那就不妨「就事論事」吧。

但似乎也並不怎樣容易：因為他的人是一個非常之人。至其學問，又不是截取一枝一節所能概括。就是這部「日知錄」，也可說上一聲卷帙浩繁。因此，以這樣的人與那樣的書而由區區來評頭論足，其不相稱蓋也不言而自明矣。不過為了要還我自己心許的愿——也可說是對作者的一點小小敬意，只得就「日知錄」中最愛讀的幾章，加以徵引，略為說明罷了。至於亭林一生的歷史事業，識者久有定評，我只在開頭約略的徵引幾句，總算是一個交待吧。

亭林先生的先世住在吳郡，為江東四大姓之一，五代時遷居滁州，南宋後從滁遷海門姚劉沙，又從姚遷崐山縣花浦邨，旋又移至千墩，自此，即因以為家焉。

他是一個嗣子。本生祖紹芳，字實甫。萬曆進士，官至左春坊左贊善，著有寶庵集。嗣祖紹芾，字德甫。太學生。工詩文而擅書法。本生父同應，字仲從，又字賓瑤。官蔭生，著有藥房，秋嘯等集；而性闊達好施與。嗣父同吉，早卒。嗣母王氏，是太僕寺卿王宇之孫女，王述之女。秉性貞烈，十七歲即未昏守節，洎明社既屋，又不食殉國，且又極孝，斷指以療姑病。縣人張大復，曾為文以記其守節及立嗣之經過。我們看了先生的「先妣王碩人行狀」所描寫之操心與處境後，在一燈熒然之夜，彷彿感到冥冥中自有一種貞英來相對，猶如讀汪龍莊雙節堂庸訓的情景。中有記其遺言云，「我雖婦人；身受國恩，與國俱亡，義也。汝無為異國臣子，無負世世國恩，無忘先祖遺訓，則吾可以瞑於地下。」王太夫人以萬曆十四年六月二十六日生，宏光元年七月三十日卒，享年六十。其年十二月丁酉，乃葬於其舅翁之墓傍。先生於此不禁感慨系之曰：「王孫賈之立齊王子也，而其母安。王陵之事漢王也，而其母安。若不孝者，何以安吾母。而猶然有靦於斯人之中，將於天崩地坼之日而卜葬。橋山之未成，而馬鬣之先封也；此不孝所以痛心擗踊，而號諸當世之仁人義士者也。」因此，他覺得「先妣之節之烈，可以不辱仁人義士之筆，而不孝又將以仁人義士之成其志，而益自奮，以無忘屬纊之言；則仁人義士之銘之也，錫類之宏，而作忠之至者也，不惟一人一家之褒已也。」聲淚俱下，情詞篤切，而弦外之音，又是感喟無窮。我們對於舊道德中的節、孝之類，以目前的標準看來，或者未敢推波助瀾，但無論如何却終可以哀矜與同情；尤其對於舊時代的婦女，犧牲一己性命或青春，去換得某一家門楣的光榮，「不亦大可哀哉？」不過有兩點可以令我們理解的是：其一，顧氏之表彰一切節婦貞女義士等言行，其中心自不外在「烈」與「義」，正是每個孤臣孽子之用心，形諸楮墨，自然特別的有聲有色。其二，從這裏可以看到顧氏不惟是當地一個著性，而世世「身受國恩」，沐浴清化，平時耳目所及，尤多是卓絕的德行，非常的事蹟，一旦痛遭大變，對於故君故國，自然更其大戀所存，雖晢不忘了。「日知錄」卷十三廉恥條下云：

「五代史馮道傳論曰：禮義廉恥，國之四維，四維不張，國乃滅亡。善乎管生之能言也。禮義治人之大德，廉恥立人之大節。蓋不廉則無所不取，不恥則無所不爲。人而如此，則禍敗亂亡，亦無所不至。況爲大臣而無所不取，無所不爲，則天下有其不亂，國家有其不亡者乎。然而四者之中，恥尤爲要。故夫子之論士曰，行己有恥。孟子曰，人不可以無恥，無恥之恥無恥矣。……所以然者，人之不廉，而至於悖禮犯義，其原皆生於無恥也。故士大夫之無恥，是謂國恥。吾觀三代以下，世衰道微，棄禮義，捐廉恥，非一朝一夕之故。然而松柏後凋於歲寒，雞鳴不已於風雨，彼昏之日固未嘗無獨醒之人也。」

這一段話，特別着重於廉恥，而劈頭便引那位「長樂老」傳中管子之論來映襯，其命意所在，當然不必細說了。後面又引「顏氏家訓」中齊朝一士大夫，教子學鮮卑語故事，因知者已多，無須轉載，至其對此事的評隲則是：「嗟乎，之推不得已而仕於亂世，猶爲此言，尚有小宛詩人之意。彼閹然媚於世者，能無愧哉！」顏子推是數遭遷革之人，其觀我生賦云：「予一生而三化，備荼苦而蓼辛。」則亭林於徵引之餘而復加慨嘆，原也無怪其然矣。

按「日知錄」初刻成於康熙九年庚戌，西歷一六七〇，時年五十八歲。（說見今人唐敬杲選註「顧炎武文」中所附之「亭林先生年表」，商務萬有文庫本。）然據國學基本叢書本「日知錄」所載「道光十四年五月嘉定後學黃汝成敍錄」謂：是書「自康熙三十四年，吳江潘檢討刻於閩中，流行既久……」云云，似乎頗有參差。而先生自序則云，「炎武所著日知錄，因友人多欲鈔寫，患不能給，遂於上章閹茂之歲，刻此八卷，……漸次增改，得二十餘卷，欲更刻之，而猶未敢自以爲定，故先以舊本質之同志」。查上章閹茂即庚戌，與唐說合。潘刻或爲複刻本。

但奇怪的是專制時代的帝皇，何以全是那種小心眼兒，如目錄卷六中明明有「素夷狄行乎夷狄」一條，待我翻了正文之後，却大有踏破鐵鞋之概。其他的想必還有。足見清初文網之森嚴，眞也無微不至了。然如卷十三「正始」章第二節云：

「有亡國，有亡天下，亡國與亡天下奚辨，曰，易姓改號，謂之亡國。仁義充塞，而至於率獸食人，人將相食，謂之亡天下，魏晉人之清談，何以亡天下，是孟子所謂楊墨之言，至於使天下無父無君，而入於禽獸者也……。」

這下面所論的，是晉嵇紹因山濤之勸誘而仕晉的故事：紹父嵇康爲晉文王所殺，本屏居不就，而濤則謂「爲君思之久矣，天地四時，猶有消息，況於人乎」，於是「一時傳誦，以爲名言。」但顧氏頗不以紹之行動爲然，而斥山巨源「爲邪說之魁」，並以魏晉人之以清談亡天下。其清末評嵇紹曰：「何怪其相率臣於劉聰石勒，觀其故主青衣行酒而不以動其心者乎！是故知保天下，然後知保其國，保國者，其君其臣，肉食者謀之，保天下者，匹夫之賤，與有責焉耳矣。」所謂天下興亡，匹夫有責，其語本此。而嵇紹忘却君父之仇，改變最初意志，在顧氏看來，自然要大聲呵斥了。其次，他把亡國與亡天下分別看待，這不能不說是一種卓見。若論「禁毀」，則這一節似乎大有資格——，而且據說收入「四庫」時，已遭清廷的「化裝」了。但即使不禁毀又有什麼用呢？如滿清之卒能安穩地統治了中原，便是一個好而確鑿的例子，至於三百年來更尠有人理會這種涵義矣！這可見得文字在有的地方或者固然能够「載道」，可以「經世」，但在另一方面，殆也只有覆瓿之一途與？

顧氏的操守，不但見於晚年的大節，就是平素的出入進退，也是十分重視。這一點，正是儒家最可貴，最不可及的一面。如其拒絕別人請作應酬文字一事，即可概見，並有與人書云：

「宋史言劉忠肅每戒子弟曰：士當以器識爲先，一命爲文人，無足觀矣。僕自一讀此言，便絕應酬文字，所以養其器識，而不墮於文人也。懸牌在室，以拒來請，人所共見，足下倘不知耶？抑將謂隨俗爲之，而無傷於器識耶？中孚爲其先妣求傳再三，終已辭之，蓋止爲一人一家之事，而無關於經術政理之大，則不作也。韓文公文起八代之衰，若但作原道、原毀、爭臣論、平淮西碑、張中丞傳後序諸篇，而一切銘狀概爲謝絕，則誠近代之泰山北斗矣；今猶未敢許也。此非僕之言，當日劉乂已譏之。」

顧氏是一個道地的正統派，從目前的眼光看來，有許多見解論斷，難免有和我們扞格的地方。但如果綜論大體，再加以他卓然不拔的風操，也就未敢信口雌黃了；抑亦劉莘老所謂士當以器識爲先者也。因此，在「日知錄」卷十九中，有好幾個題目，完全采取於文章、器識、立言，修辭方面；並將有關國運興替的掌故史乘，名言至理而加以條舉目張。此正述先聖之元意，整百家之不齊；而其用力之勤，涉覽之博，論斷之精，在明清之際，蓋亦可得而數者矣。如文須有益於天下、文不貴多、著書之難、直言、立言不爲一時、文人之多、古人不爲人立傳、誌狀不可妄作……諸如此類的標題與材料，足以說明他對於文字的嚴謹不苟的態度。如他之主張「直言」，劈頭就說「天下有道，則庶人不議，然則政教風俗，苟非盡善，即許庶人之議矣」。於是引了盤庚之誥，子產不毀鄉校，漢文止輦受言，魯山令元德秀遣樂工歌于蔿以感動玄宗，白居易作樂府詩規諷時事諸節，以歷來言官之得失，作爲政之匡助，詞簡而意切，也可謂開言論自由的風氣了。從表面看來，天下有道庶人相應不議，則苟非盡善自然可以放胆議論。但天下事往往出乎情理之外，這就是愈是「無道」，愈是「苟非盡善」，而庶人愈沒有「議」的資格，「議」的餘地——而這也正是「道」之所以爲「無」也。

總之，遍覽全書，有許多地方，至少可以充實一下我們的見識，砥礪我們的操守。古今來一切書籍，有一於此，也就够得上開卷有益四字了。但在某些人看來，豈非又是沒落與倒退麼？然而我想，我們在說這種話的時候，最好也能撫躬反省一下：在這天下洶洶之際，像顧氏的情操器識，宇宙之大倘有幾人？自然，爲了彼此所處的時代不同，有些思想議論，亦有須加以取舍與抉剔的。

嗚乎，「孤臣孽子，其操心也危，其患慮也深」，故其中雖言舊制處而依然切合當時現實。惜因「古今」篇幅所限，未能多所引證，而鄙人淺陋，尤未能達先生用心於什一，淸夜書此，只望能作「知慚愧」之裨助而已。

（重陽後二日，夜二時）

續孽海花人物談（下）

紀果庵

譚復生遊說袁世凱（射名方安堂蓋由慰亭二字化出），是新黨得失之關鍵，以袁之梟雄，而不能預料其忠佞，知人之難，有如此者。任公譚傳，記事尚詳，他家亦有記之者，或不如梁氏之可信耳：「皇上欲開懋勤殿設顧問官，令君擬旨，先遣內侍持歷朝聖訓授君，傳上言謂康熙乾隆咸豐三朝有開懋勤殿故事，令查出引入上諭中，蓋將以二十八日親往頤和園請命西后云，君退朝，乃告同人曰：今而知皇上之眞無權矣！至二十八日，京朝人人咸知懋勤殿之事，以爲今日諭旨將下而卒不下，於是益知西后與帝之不相容。二十九日皇上召見楊銳，遂賜衣帶詔，有朕位幾不保，命康與四卿及同志速設法籌救之詔，君與康先生捧詔慟哭，而皇上手無寸柄，無所爲計，時諸將之中，唯袁世凱久使朝鮮，講中外之故，力主變法，君密奏請皇上結以恩遇，冀緩急或可救助，詞極激切。八月初一日，上召見袁世凱特賞侍郎，初二日，復召見，初三日，君徑造袁所寓之法華寺直詰袁曰：君謂皇上何如人也？袁曰：曠代之聖主也；君曰：天津閱兵之陰謀，君知之乎？袁曰：然，固有所聞。君乃直出密詔示之曰：今日可以救我聖主者，惟在足下；足下欲救則救之，又以手自撫其頸曰：苟不欲救，請至頤和園首僕而殺僕！可以得富貴也。袁正色厲聲曰：君以袁某爲何如人哉！聖主乃吾輩所共事之主，僕與足下同受非常之遇，救護之責，非獨足下，若有所敎，僕固願聞也！君曰：榮祿密謀，全在天津閱兵之舉，足下及董聶三軍，皆受榮所節制，將挾兵力以行大事，雖然，董聶不足道也，天下健者，唯有足下，若變起，足下以一軍敵彼二軍，保護聖主，復大權，淸君側，肅宮廷，指揮若定，不世之業也。袁曰：若皇上於閱兵時疾馳入僕營，傳號令以誅奸賊，則僕必能從諸君子之後，竭死力以補救。君曰：榮祿遇足下素厚，足下何以待之？袁笑而不言，袁幕府某曰，榮賊幷非推心待慰帥者，昔某公欲增慰帥兵，榮曰：漢人未可假大兵權，蓋向來不過籠絡耳。……君乃曰：榮祿固操莽之才，絕世之雄，待之恐不易易，袁怒目視曰：若皇上在僕營，則誅榮祿如殺一狗耳！因相與言救上之條理甚詳，袁曰：今營中槍彈火藥皆在榮賊之手，而營哨各官，亦多屬舊人，事急矣，既定策，則僕須歸營更選將官，而設法備貯彈藥則可也。乃丁寧而去，時八月初三夜漏三下矣。至初五日袁復召見，聞亦奉有密詔云，至初六日，變遂發。」譚之胆識，不可謂不大，惜在心未細耳。而袁氏奸猾之狀，歷歷如見。

立山爲內務府大臣，富於貲，自稱漢軍，故又姓楊，字曰豫甫，戊戌與榮祿合力傾新黨，而庚子終不免於舊黨銜怨，何也？說者不一，近代名人小傳云：「己亥，議爲穆宗（同治）立嗣，山主恭親王溥偉，載漪仇之，及拳亂作，廷臣議對御前，山復言神術未可恃，而匪渠皆艷其富，遂說漪勳等殺之。」春冰室野乘云：「逢福陔觀察言：立豫甫尚書之死，人皆知爲拳匪涎其財富，而不知尚書與瀾公別有交涉，其死也，瀾實與有力焉；先是都下有名妓曰綠柔者，艷絕一時，瀾與立皆昵之，爭欲貯諸金屋，是時瀾尚閒散無差事，頗窘於資，故不能與立爭，綠柔卒歸立。瀾以是銜立刺骨，及是遂傾之以報。聯芍仙（沅）學士之上封事停攻使館也，出遇崇文山於景運門外，崇訝曰：芍仙何事，今日未明入值耶？學士告以故，崇勃然曰：芍仙！君自忘爲吾滿洲人乎？乃效彼漢奸所爲！（聯爲崇門生）學士毫不遜謝，竟拂衣去，崇益怒，未數日，學士遂赴西市矣。是日學士已赴市，將就刑，忽見一大師兄，紅衣冠由宣武門出，怒馬驟馳，騎後尚拖一巨物，塵埃坌涌，觀者皆莫辨，俄頃至刑所，始知爲一人，縛手足，繫諸馬蹄，面目已毀敗，不可復辨，私問諸番役，乃知爲立尚書也。」如所言；立之死亦慘矣。之二說者，皆有所見，蓋若西后無死之之心，徒瀾公亦無能爲役。余前記黃秋岳言，已力辨瀾公與立結怨爲綠柔而非賽金花矣，然續書中固言瀾與立曾因爭賽而失和，立賽交誼，本非尋常，賽金花本事記其自述云：

「在這個時期中（指由滬移津），我結識了不少的顯貴人物，有一位楊立山，性情極豪爽，和我最要好，初次見面，就送給我一千兩銀子，以後三百兩五百兩是常常給。又有一位德曉峯（名馨，曾爲浙撫，即書中之達壽山）人也誠懇，和我最投契。……楊立山的老太太作壽，我由天津來京給他拜壽，恰巧德曉峯也在京，事畢後，他們便同着一些朋友很懇切的挽留我長住在京裏，無論如何，不讓再回天津了。有的便趕忙去給我租房子，他們這番美意，很難違拂，且有他們幾位在旁關照，也絕無什麼舛錯，隨即搬來京裏。我們在京就住在李鐵拐斜街鴻陞屋裏（按即與孫三幽會所也），這時如韓家潭，陝西巷，猪毛胡同，百順胡同，石頭胡同等地方，住的差不多全是妓女相公，這一帶非常繁華。京裏從前是沒有南班子的，還算由我開的頭。我在京裏不久，經諸位摯好一吹噓，幾乎無人不知。每天門前車馬擁擠不堪，有些老爺們，覺着這樣來去太不方便，便邀我去他們府裏，像莊王府，慶王府我都是常去的，尤其是莊王府，只有我一個人能去，旁的妓女，皆不許進入。賽二爺的稱呼，也是從這時才有的。因爲楊立山給我介紹了他一好友，名叫盧玉舫，人極有趣，見我幾次面，就想着同我拜把兄弟，我竭力推辭，他偏不允，便換了盟單，磕了頭，他行大，我行二，從此人們都稱呼我賽二爺。過了些時，我嫌城南一帶太髒太亂，想在內城找一所清潔寬敞的房子，就在刑部後面高碑胡同內看好了一所，便租了過來，搬去還沒有一個月，房東要賣房，我因裝置修飾花了不少錢，捨不得搬走，便打算買了他，同房東划了划價錢，講妥二千五百兩銀子，才要寫契撥欵，趕上官廳禁止口袋底，（商鴻逵氏原註云：口袋底，西城一胡同也，……光緒己庚間，這一帶成立了一種曲班，裏面都是姑娘們唱曲，賣茶如今之落子館。後其中漸有操賣淫業者，時端王弟載瀾任步軍統領，聞而禁之，因最初之一曲班設於口袋底，故聆曲者，皆曰逛口袋底，及禁止，亦皆曰禁止口袋底。）內城不許立樂戶了，那些被驅逐的姑娘們，就有躲藏在我這裏的，房東恐怕受牽連，房也不租不賣了，只催我快搬家，整天同我吵鬧，我一生氣，就又回了天津。」

由此不特證明賽立之關係，抑可知立瀾之爭，原因顯然，彩雲是時傾倒衆生，竟可左右時局，恩仇互快，夫豈彼所能料耶？立山官內務府久，生活極侈汰，陳恒慶歸里清談記載殊詳，大可與書中相印證，恒慶與立至交，亦非妄談也：

「立山尚書，字玉甫，漢軍人，其先楊姓。美容儀，慷慨好施，交遊至廣，善鑒別古磁古字畫，收藏甚富，由奉宸苑郎中，洊升戶部尚書，爲內務府大臣。邸內園林之勝，甲於京師諸府。余與之鄰居，起園時，爲之壁畫，自園門至後院，可循廊而行，雨不能阻。山石亭榭，池泉樓閣，點綴煞費經營。演劇之廳，原爲吾家廳事，後歸尚書，予爲布置，可坐四五百人，時雅片盛行，設榻兩側，可臥餐烟霞，靜聽詞曲，男伶如玉，女伶如花，迭相陪侍。……凡冠蓋而來者，冬初則一色雞心外褂，深冬則一色貂褂，王府女眷，珠翠盈頭，小內監二人，扶掖而至，脂粉之香，馥郁盈室，復有時花列案，蓓蕾吐芳，雕簷之下，鸚鵡八哥，懸以銅架，喃喃作人語，與歌聲互答。酒酣燈炧，時已四鼓，賓散戲止，優伶各駈快車出城去，此可謂盛矣。」

續書四十七回記其慶壽演戲一節，皆京朝名伶，極一時之盛，舖排場面，與上文及金花所述對勘，可知梗概。近代名人小傳亦云：「旣官總管久，致巨富，家居侈靡，排日宴樂觀劇，而性坦直好義，數傾萬金濟人急，未嘗有難色，每隆冬諸族員寒素者，輒假其裘裳，入春盡付質庫，第以質券歸，山一笑罷，無復言也。……山嗜烟，日盡二兩，而儀容俊偉，容光煥發，人無知其有烟霞癖者。」至其偏護皇帝與西后不合，或亦出之義俠本性，有不能自已者歟？凌霄一士隨筆云：「立山庚子被殺，與五忠之列，其任內務府大臣，嘗於冬令爲光緒帝設一屏風蔽寒，時在戊戌政變後，帝被囚，西后虐視之，他大臣無敢向帝致慇懃也。西后知而大怒，嚴詰何人所爲，立山自承，並請未先白太后之罪，西后喝令奄人毆之，立山亟曰：奴才自己打罷！於是自批其頰，至紅腫不堪，后怒始解而叱之退。蓋立山不欲辱於奄人之手也。」又引涘園談往記立庚子被禍云：「立忠貞公之入獄，在請室一慟而絕，救之良久不起，羣以先世父（指徐政靖先生）精於醫，因請爲診，以竣劑甦之，詢其獲罪之由，且勗以舒和以全大臣之體，忠貞曰：昨論大舉攻使館於御前，廷議紛紜莫決，太后謂羣臣曰：此國之大事，應決之於皇上，帝自退政，恒拱默不言，自是力言其不可，以爲無同時與各國開釁理，王夔石稽首曰：聖慮及此，國家之福也！端邸怒斥之曰：王文韶此時，猶爲此誤國之言邪！余繼謂宜先派大員宣朝廷德意，不喻，然後圖之，則我爲有辭。太后遽曰：即命汝往！余對受國厚恩，不敢辭，惟向不諳洋務，請命徐用儀同往，允之，未及覆命，亂民已蟻聚我家，役壇門外，謂有地道潛通西什庫教堂，大搜索之，無跡，則擁余至壇前焚表，表升，無以罪我，方擾攘間，有類緹騎者，逮予至此，余雖不肖，然亦朝廷極品官，乃一時昏瞀而屈膝於亂民，虧體辱國，死不蔽辜，是以悔恨，非畏刑也。逾二日，大差下，獄卒掖之去。」是立雖遊惰手，然不失爲識大體之臣也。端剛諸惡，此之不容，國家不亡，豈非天哉！楊以豪俠，常周人急，故有伶人路三寶殮屍美譚，與王九之送張樵野遣戍，同爲晚清伶界之光云。

沈鵬，字北山，與燕谷老人生同里閈，以排擊三凶，直聲大動，既閱本書，乃知房闥之間，頗有隱衷，激而出此，非局外所知，小說有稗正史，此一端矣。孫師鄭（雄）舊京詩文集載沈墓表，極稱斯舉，照錄之：

「光緒廿四年戊戌四月，故相翁文恭公奉嚴旨開缺，知與不知，皆以公之去國為惜，公曷為而去國？為榮祿剛毅輩媒孽傾陷而去也。（此其說與梁任公同）……沈君北山，與翁公同里閈，肄業國子監南學，為公所賞，旋拔中癸巳順天鄉試舉人，出公門下。甲午聯捷成進士，改庶吉士，散館授編修。夙慕楊忠愍史忠正之為人，平居目擊時艱，常鬱鬱思有所建白。同邑內閣中書張鴻，振奇士也，與君為總角交，又與翁氏有連，常擬彈劾三凶疏稿以示君，君極稱許，謂適如吾意中所欲言，因加點竄，於己亥十月呈乞掌院學士代奏，疏中大旨謂三人行事不同，而不利於皇上則同。且權勢所在，人爭趨之，今日旗員之中凡掌有兵柄者，即權不逮榮祿，而亦榮祿之黨援也；凡勢位通顯者，即悍不若剛毅，而亦剛毅之流亞也；而旗人漢人之嗜進無恥者，日見隨聲附勢而入於三人之黨，時勢至此，人心至此，可為痛哭流涕長太息！故竊謂不殺三凶以儆其餘，則皇上之安危未可知也。臣伏願皇太后聽曲突徙薪之言，懍滋蔓難圖之義，亟收榮祿之兵權，而擇久任督撫忠愨知兵者分領其衆；懲剛毅之苛暴，而用仁恕慈祥之人；李蓮英奄豎小人，復何顧恤！除惡務盡，不俟終朝，如此則皇上安於泰山，可以塞天下之望矣。掌院徐相國桐，怖其言，格不上達，君流涕長跪，再三固請，仍不允，遂將摺匭置案上，拂衣出都，道出津門，有國聞報館記者來訪君，乞觀疏稿，君坦然示之，次日，即登報傳播遐邇，為榮祿剛毅所聞，徐桐恐禍及己，遂露章劾奏，旋奉嚴譴，奪職監禁，經年始出獄，然已憂悸成心疾，居北郭家祠，三歷寒暑，見人不言，時或狂笑，惟喜振筆疾書，不能得紙，則牆壁几案，墨痕狼藉，視其所書之語，多詰屈不可解，未幾，疾卒。……初聘吳縣劉氏，繼娶武進費氏。（即書中所言之米小亭，乃費屺懷念慈也。）」夫以僉壬滿朝，奸邪道長之季世，而敢批鱗直諫，不畏強禦，若沈君者，詎不足以風乎？惜所稱轟天雷說部，未之寓目，或其點染，更有可觀者。

余雖嗜史，而深惡正史，翻閱清史，殆個人之履歷表，官階表耳，其於個性，固無所描繪，即事實之肯綮，亦不願明言。昔人稱墓誌碑銘，為諛墓之文，披覽史書，誠不知相去幾許。（清史稿尚不如碑傳集等所刊之文能盡委曲）所幸私家紀載，往往詳官書所不詳，紀正史所不紀。而數十年來，以時事為背景之說部，迭出不窮，其中緣飾固多，然亦必有其質地以為根核，吾人欲明晚清之社會，轉不如於此覘之。若孽海花，固此中佼佼者，續書恣縱，雖不逮正，唯於戊戌以來三十年之朝局，大致可以得一輪廓矣。余每讀三國志注，輒覺裴氏之法，頗宜仿行，今日若有人大發宏願，盡取清代筆記之有關正史者，分別輯錄附載之，綱以目錄，緯以索引，俾後之從事於斯者，一展卷而衆說悉陳，異聞斯廣，則有益學術，當復不淺！掌故之學，未窺門徑，徒事撏撦獺祭，草為此篇，因感翻檢之難，遂期補苴之切，不知海內識者，以為如何也。若夫政局之變化，賢佞之興衰，久有定論，無待費辭。

九月廿三日晨起完稿

記江召棠案

陳乃乾

現代的考古學者，往往不惜費了九牛二虎之力，去尋求千百年前殘缺不完的史料。却把眼前完整的史料，棄置不顧，未免可惜。有人說：眼前的史料，必須留給千百年後的考古學者去做抱殘守缺的工作。若以現代人整理衆目共覩的現代史料，似乎太平凡了。

我是一個平凡的學者，遇到有關史料的文件，不論新舊，總覺得興奮。今年嘉興海日樓沈氏的藏書，運到上海出售。我在其書箱中檢得破舊照相片九幅，皆行草書，大小不一，不署書者姓名。一時不能明瞭其意義，但覺得有極重要的悲慘的史料包含在內。茲錄其原文：

（一）前日來信，無禮追逼。今日請酒，萬般威逼。（一在花廳，二在酒席，三在密室後劉先生房內）怪弟不應拏已放鄧貴和。逼應允放永遠監禁五人。新昌棠浦，怪是弟解釋錯了。

（二）威逼萬分，不要一人在身邊。一在小花廳，（對面）一在席上。吃完，邀入密室，又威逼弟。允解手，逃到此劉先生房內。要他去說，他又高抬身價。

（三）我爲救全棠浦百姓，力爭不采。恫喝萬狀，立要發電請兵船來督辦。

（四）爲新昌案辨爭，昨威逼立放犯事教民，以致決裂被殺。現在我死，教案易結。議明殺凶首龔棟，餘拏龔高龔基，不拖別人，武舉亦不辦。致意新昌民人安守本分，莫再滋事。

（五）意是逼我自刎，我怕痛，不致死。他有三人，兩拉手腕，一在頸上割有兩下。痛二次，方知加割兩次，欲我死無對證。

（六）忤作驗，即明白填傷單存案，並要劉先生眼見相驗爲是。（此人絕有力量）不驗不上藥，氣管斷，無醫法。

（七）生不驗死受驗，心不舒也。快喊仵作來驗。二弟叮囑兄妻妾子女不可悲傷。人有一死，祇要死得所，何恨之有。看我死而甘心。此即王神父也（時王安之來房）要堂內查點物件，勿事後又訛也。

（八）棠緊難過，有痰咳痛不過喉。城外有差兵保護教堂否。

（九）教堂人點明房內物件，不必在內，恐失物寃人，只煩警察兩口親兵兩名保護此堂就是。

因其中有「教案」及「新昌」字樣，知與新昌教案有關。乃查檢晚清史籍詩文集，始確定此九幅爲南昌縣令江召棠絕命書。三十年前，市上有流行小冊，書多南昌教案，開卷即有割碎頭頸之江召棠大令小影。惟此手蹟九幅，却並未載入。此案爲清末各省教案中最慘烈之一幕，當時曾轟動全國。但事過境遷，世人已澹然忘之。而清史亦未爲江立傳，故其姓名亦鮮有知之者矣。惟馬其昶抱潤軒文集中有江君家傳，略云：

江君諱召棠，字雲卿，桐城人，官江西南昌縣知縣。光緒三十二年正月壬寅，法國教士王安之置酒天主堂，脅以事，不從，被刺死。民大譁，焚燬三教堂，殺安之，西國士女遇害者九人。巡撫以下坐罷職。自教案以來，未有禍烈如此者也。先是三十年夏，新昌縣棠浦民龔姓與教民鬨。訛言棠浦叛大吏以兵至，未遽動。龔姓抗不服，聚衆數千。洪江會匪乘間陰煽之，相持數月，勢洶洶。議者遂主剿。大吏愼其事，檄君往。君單騎馳入村，曉諭禍福。龔姓長老皆感泣，立繳兵械。縛首從三人至，定監禁罪。事得解。而安之猶以民弱，一用兵，可立威。憾君庇民，議罪輕，無能懲後。謂繼此荏港新建高安三案由此起，時時誚讓。至於折柬招君飲，君入而門閉。從者在外。酒半，出片紙書三事，强君署名，「加抵龔姓罪」，「償欵十萬」「釋荏港教民逮繫在獄者」君以死拒，安之曰：「君死易耳。」即持刀剪向君。君知不可理喻。陽起，旋欲出，不得。趨旁室，與教堂司事劉宗堯言，宗堯漫不應。安之亦至。久之，啓門出。從者入見，則君已流血被體，刺喉不殊，不能言。以意索紙筆，自書安之暨二教民謀殺狀。且言從官久，薄得民譽，懼身死，愚民激義憤讎教，貽國際憂，惟長官加意焉。君傷，未即死。還署，食飲從喉出。民日詣問起居，知不可起。而安之猶陽陽乘輿出入巡撫署。民見之，益憤。丙午，遂羣起毀教堂。安之遁，民追刺之，死。又四日庚戌，君卒。

召棠被刺在正月二十九日，民衆毀教堂，殺王安之，在二月初三日。是役也，毀法國教堂三處，斃王安之等六人，又毀英國教堂一處，斃金姓教士夫婦二人。巡撫胡廷幹據實奏聞，外務部奏派直隸津海關道梁敦彥來省查辦。梁敦彥者本廣東蜑戶子，爲淸廷派赴美國留學之第一批學生，久染歐化，鄙視舊式官吏。旣承辦此案，頗偏信西人一面之辭。竟抹殺事實，置公論於不顧。覆奏後，即奉上諭云：

江西南昌教案，前經外務部奏派直隸津海關道梁敦彥前往確查。昨召見該員，詳詢此案情形。據奏各節，與胡廷幹等電稱旣多不符，即該撫等迭次來電，亦復前後歧異，實屬顢頇貽誤。江西巡撫胡廷幹著先行撤任。布政使周浩另有旨察辦。按察使余肇康於重要刑案，未能立即訊驗，著先行交部議處。此案仍著外務部悉心妥辦。

結果由梁敦彥與法使館三等參贊官端貴在南昌訂約了事，承認江召棠自刎。其約共五條(一)應給被害教習五人家屬撫䘏銀四萬兩，另給一萬兩作爲後來新教習等川資經費之用，其欵應以庫平庫色兌交駐滬法國總領事收領。(二)新昌等舊案，及南昌新案所有被毀教堂學堂養濟院等處，及教內之人房屋，並一切物件，總共賠償銀二十萬兩整。交由教堂提欵償補。各案教內之人之損失，作一律了結 (三) 庫平庫色銀二十萬兩，分爲十次交付，每三個月爲一期二萬兩，交由法國主教在九江收領。(四) 所有被燬教堂各紅契，應由地方官從速補給管業執照。並在南昌縣城內借予教堂房屋一所，以待教士蓋有房屋，即行遷移。(五) 江西巡撫應行從速出示曉諭其告示底稿，已經外務部與法國駐京欽差會訂。

召棠之被害，當時南昌人無不知之。其臨終絕筆，當時在場官紳，當亦無不見之。惟以朝廷及外交官之媚外求和，以致據實奏聞之胡巡撫因而撤任。公道不伸，賠欵了事。此絕筆數紙，遂隱匿不出。馬其昶傳云：「詔遣津海關道梁敦彥偕法參贊戴端貴馳抵南昌定讞。法參贊堅不承安之謀殺，謂知縣死自由刎，不得議䘏。索撫䘏教士銀二十五萬兩。朝廷顧邦交，曲從之。然於君之死事，未嘗不嘉其忠。追贈太僕寺卿。所在之地，往往開會追悼，亦聽民爲之，不禁止也。」蓋言隱而事顯。當時民衆，除在各地開追悼會外，並印成「南昌教案」小册，散發宣揚。惟不得絕命詞以資佐證，徒爲空言叫囂而已。馬氏又云，「南昌之獄，議者斷斷致辯，惟自刺與謀殺殊耳。」今忽得此遺蹟，案乃大白云。

悼王獨清先生

顧鳳城

獨清先生逝世已經三週年了。他那胖胖而紅潤的面孔，健談而興奮的精神，孩子的脾氣，孤高的性格，這一切都深印在我的腦中，使我不能遺忘。誰也想不到像他那樣虎虎有生氣，而且態度非常樂觀的人竟會不壽，竟會在正當英年的時候，掉下了他的家國，他的親友，以及無數的讀者而悄悄地死去。從此我們再看不到他和藹動人的表情，再聽不到他鋒利爽朗的談吐，再讀不到他雄壯纏綿的詩歌，這不可不說是我們中國文壇的重大損失。獨清先生地下有知，一定也是十分遺憾的吧？

我們不願獨清先生死去，獨清先生自己也不願死去，他有堅强的生之意志，在任何艱難困苦的環境之下，他從不灰心，從不悲觀，他堅執着「生」，他從來沒有想到「死」！雖然在他患着重病的時候，他還懷念着他未完成的譯稿，他還記憶着他的詩篇，當他臨危的時候，他幾次要想從床上爬起來，他不願死，他要生，他愛他的國家和民族，他愛他的朋友和讀者，他還有許多事業沒有完成，但是，不幸的病魔損害了他的健康，死神奪去了他的生命，終於結束了他的短短的一生，嗚呼！

獨清先生爲陝西西安人，具有北國的豪邁慷慨的精神，以及敦厚樸實的性格。他的家是世代書香，祖父曾做過大官，至父親而家道中落，他少有大志，因不容於大家庭，故於十六歲即出外自謀生活。先至上海任某報編輯，後至日本，繼又輾轉飄浮至歐洲，經歷法國、意大利、比利時、瑞士諸國，遊歷歐洲諸名勝，憑弔了不少的故蹟，這與他後來的寫作有不少的關係。在歐洲時，家庭供給已經停止，這時完全靠着寫作爲生，主要的生活來源，是靠法國各報的特約撰述。一九二六年自歐洲歸國，加入創造社從事新文學運動，繼任廣東大學文學院長，上海藝術大學教務長等職。

他不事生產，不善處理自己的生活，可說完全是詩人的氣質。因此終年一貧如洗，衣食不繼。但是，他的性格是孤高的，他絕不向人告貸，亦不願把他生活情形告知朋友，因此朋友中很少知道他的眞實的生活的。有時他吃飯的錢沒有了，會從他住的愚園路跑到我住的西愛咸斯路來，妻知道他尙未吃飯，堅決的留他，那麼他也就欣然的和我們一同吃了。有時我們或者已經吃過了飯，妻再要爲他弄飯時，他是堅決不要的，後來我們知道他常常空着肚子在馬路上流浪，或者跑到舊書舖中去看看書，以忘去他的沒有吃飯。

獨清先生是很愛清潔的。雖然他過着獨居的生活，沒有僕人服侍他，但是他的衣服被褥都十分整潔，應用器具也都井井有條，而且勤於沐浴，當他病危的時候，熱度非常高，他因好幾天沒有洗浴，還要掙扎着起來洗澡而致增加他的病患。他絕無所謂「浪漫詩人」的那種潦倒落拓的習慣。

他待人和藹誠懇，無論是一個很有學問的博士教授，或者是一個胸無點墨的苦力，他都一律看待，絕不傲慢做作。他最喜和人淸談，一杯紅茶，一支香烟，他就可和你談上半天。談時精神興奮，聲音洪大，一種自然而天眞的氣慨，整個的流露在他的表情上。

他的寫作態度極爲嚴肅，非經再三推敲，認爲滿意，決不輕易發表，往往爲了一首詩，推敲修改至數月之久。因此他雖從事文學二十年，但是他發表的作品却很有限，雖然生活極度困難，甚至難以爲繼的時候，他也不願以不成熟的作品輕易問世。

使他最苦悶的，是爲了政治問題。獨清先生實在是一個詩人，但是後來他却偏偏和政治發生了關係，而且加入了托派。從那時起，他受到幾方面的圍攻。尤其使他氣憤的是左翼作家方面對於他的封鎖，用了種種方法不讓他的作品出版。這是因爲他不是正統左翼的關係，所以受到他們的蔑視。但是天曉得，他與政治實在並無因緣，他加入了托派以後，可說並未做過什麼工作。與其說他對於政治有什麼認識，還不是說他因爲從前留法同學的私人關係而加入政黨的。獨清先生又是天生傲骨，絕不願去向人解釋，也不願意疏通，因此他的精神是十分苦悶。他在這種精神生活十分苦悶物質生活又極艱困的時候，他對於學問方面更用功，他的態度更沉着，他的意志也更堅定了，他絕不發無謂的牢騷，也不怨天尤人，他的修養實已到了醇化的地步。

關於他的戀愛問題，知道的人很少，據說在西安的老家，他有一個舊式妻子，但是從他十六歲出外以後，從來沒有回去過。他在歐洲，有一段戀愛的歷史，不過後來的結果是破滅，這在他的心靈上也許是一個永遠不可磨滅的創傷。回國以後和一位姓黃的女士戀愛，他們的感情很好，但是始終沒有同居在一起，據他親密的朋友說，獨清先生是不適宜與女人過同居的生活，他的生活習慣，他的孤獨癖，他的……都只適宜過獨居的生活，而他與黃女士的感情却並沒有爲了沒有同居而疏隔，在他病重的時候是黃女士會同朋友送他進醫院的，他死後黃女士哭之甚哀，爲他料理一切身後的事，並爲他保管遺作書物，黃女士不愧是獨清先生的知音了。

獨清先生的病並非不治之症，是普通的傷寒，但因無錢就醫，而朋友們又並不知道他生病，無法去幫助他，以致錯過了醫治的機會。當親友們知道他的病已十分危急而送入醫院的時候，他的腸已斷了，終於無法挽救他的生命，我們的詩人就這樣的結束了他的一生。傷哉！

獨清先生的著作可以分爲三部分：詩，戲曲，散文。詩集已出版者有聖母像前、威尼市、埃及人、死前等，戲曲出版者有楊貴妃之死與貂蟬二種，散文出版者有自敍傳「長安城中的少年」及「我在歐洲的生活」二種，此外尚有翻譯但丁的「新生」，「獨清譯詩集」，「獨清文藝論集」等數種。

他於民國二十九年八月三十日卒於上海同仁醫院，年僅四十歲。

記楊自容先生

刁也白

去年三月裏，偶然見到報上廣告，「古今」特載周佛海先生「苦學記」，就很注意。我與周先生雖無一面之交，但他的苦學精神，曾經朋友告訴過我，私心企佩已久。於是購了一冊，細細地讀去，從此便同「古今」結了不解緣，按期披閱，從未間斷。尤其對於周先生的文章特別有好感，有時在他文字中提起他的外舅「楊卓茂先生」，更惹起我甘棠之思。

楊卓茂先生，就是吾鄉謳歌傳頌的楊家好官，（鄉人稱縣官，姓楊的稱楊家，姓李的稱李家。）號自容，湖南湘潭人，現在大約已逾花甲。瘦長的身段，「同」字的面容，宏朗的聲音，穩健的步子，深印在我的腦中。他雖是前清廩貢生出身，却充滿着新思想，所以能够跟時代前進，又精明，又幹練，有話就說，說了就做，眞不失爲一個典型的强項令。

記得他是民國廿二年春天，從江都調任到奉賢。當時家鄉受盡匪黨的蹂躪，百廢待舉，上峯特地調他來整頓，並准許調派省保安隊，隨同鎭攝。他奉命以後，不願用武力來擾動地方，一肩行李，悄然從上海乘車來接事。先召集了一個地方會議，確定工作的綱要，用三分軍事，七分政治的計劃，辦理善後，不愧宵旰勤勞。不滿幾個月，已經著有成效，而他唯一的宣言，就是不要錢。當時的奉賢縣政府，確實是弊絕風清的一個廉潔政府。現在舉幾個例來談談他的德政。

奉賢境內有六大幹河，是全縣農田灌溉的生命線。這六大幹河，都直通於黃浦江，而他們的出口處，却完全屬於南匯地界。所以每逢舉辦河工，常常爲了境界問題，發生許多不能避免的糾葛，奉賢人士莫不引爲憾事；南匯接壤地的人民，也爲了距離城廂有百餘里的路程，平時去納稅完糧，極不便當，而與奉賢縣治所在地的南橋，相隔僅三里許。有此顯明的事實，兩方民衆，都主張把該段地帶，歸併奉賢，曾經在民國二年，提出省議會審查成立。後來雖然因受其他阻力，一再擱置，但是兩方民衆，仍不斷的向上級官廳請願，歷時達二十餘年。等到楊先生來奉，就組織一個整理境界委員會，作大規模的進行，推地方紳士何志仁爲主席，而以筆者兼任秘書，草擬請願書條陳十大理由，連同圖說由楊先生親自晉省，分向上級機關據理力爭。同時南滙接壤地的民衆，起而響應，一致行動。不過南匯城區人士爲了地域和傳統觀念，出來反對，提出許多問題來牽制。旋經省廳迭次派員調查，前後一年餘，卒仗楊先生的奔波接洽，始由省政府會議，准予歸併。

閔行對岸，就是南匯歸併過來的一個地方，叫做竹港口，是黃浦江中絕好的船港。這段浦面遼闊，很適合於水上運動，而且交通便利，從上海出發，水陸兩路均可在四十分鐘內到達，旅滬英美法德比各國僑民，特地在該處發起一個游艇會，有帆船、汽艇、水上飛機等大小百餘號，停泊在竹港口附近，每逢例假，舉行競賽，非常熱鬧。不過他們沒有陸上歇息的地方，很不方便，就在竹港口上面李家閣，購了百餘畝田地，蓋造洋房，作爲會所，並且附設一個俱樂部，浴場、酒吧、輪盤、舞廳，色色俱備，門禁森嚴，中國人不得越雷池一步。當時在英美勢力之下，誰也不敢反對，偏偏這位楊先生要在「老虎頭上拍蒼蠅」，限他們在一星期內來縣辦理登記備案手續，一方面按照外國人不得在內地置產的條約，勒令土地局撤銷賣買。不料他們非但不睬，反而由游艇會長某英人，揑報上海英國領事，電請外交部轉省飭縣保護。然而楊先生並不退步，一不做，二不休，將經過情形明白呈報外，自已親自帶警下鄉查封。這樣，外國人沒有辦法，托了許多人疏通，並且送了一份重禮來結納，楊先生嚴詞拒却，於是外國人也只好知難而退，自願將已收買來的土地歸中國人承糧執管，并聲明游艇會俱樂部決不兼營其他不正當娛樂，而就此結案。

奉賢備荒辦法，向來是積錢不積穀的。楊先生認積錢是一樁很危險的事，所以他一到任，即盡數購了穀，分儲東西兩倉。有一次，東倉爲了收藏不密，發生霉爛，經管人員恐怕遭到外界的物議，不得已用推陳出新的方法，私自出糶。不料這時穀價大漲，相抵之下虧本很大，一時沒法補進。那時楊先生已經省府發表調任金壇，故許多人勸他對這事不必過問，況且倉儲另外有委員會保管，縣長無直接關係，即使案發，可以卸責。但楊先生不以爲然，寧願將移交的日期，改遲了半月，親自督促倉儲各委員，照數補足，點收清楚，方始交卸而去。

楊先生辦事認眞，不但於此可見，並且每天早上七時前入辦公室。按照衙門習慣，書吏大都晏起，而那時各機關實行合署辦公，工作人員有百餘名，楊先生坐在簽到處，看見遲到各員即派人往促，所以左右不敢落後。他每逢公事下鄉，十里內不用舟車，沿途訪問，勤求民隱。他幕中人才，亦是一時之選，如秘書陳季聰，不惟老成謹篤，且他的文學大有桐城氣息，曾經爲筆者做過一篇先室的事略，傳誦一時。現在相別六年，不知他近況如何，令我想念得很！

楊先生於民國廿五年秋卸任。臨走的時候，民衆不約而來送行的有數千人之多；從南橋車站到浦江輪渡口，兩旁排列成行，供香案，放爆竹，萬頭攢動，這種盛況，尤是空前絕後，沿途爭相攝影，今舍下尙留幾幀，頗足珍貴。

家君向不與聞地方事體，平素同楊先生更無往來，不過曉得楊先生能够爲民造福，特地集孔宙碑，親書一聯，頌揚德政。現在楊先生離奉已有八九年，家鄉人一提起他的名字，「楊家好官」，仍舊脫口而出，可見得感人之深有如此者！當時各界爲了紀念起見，勘念浦江渡口，建築自容亭，不料正在鳩工庀材的時候，事變忽起，不知何日方能成就呢？

楊先生有一個令郎，名惺華，現已有聲於時。他的令嬡就是「古今」所載周先生文章中時時提起的夫人淑慧女士。她曾經在民國廿四年省親至奉賢。這時周夫人爲了子女需要照料，由李慧琴女士介紹一個鄉女去當傭工，後來因病回鄉，就在我家服役，常常稱道夫人的賢德。正直的父親，當然生出優秀的子女，是可不用多說的了。

徵求合訂本來函

樸之先生閣下：中秋日魏園甲午同庚會中，得晤
大教，快慰平生。古今一二三四期合訂本，聞已售罄，具徵洛陽紙貴，風行一時，甚盛甚盛。弟擬奉託
貴社代爲徵求，如有人肯割愛者，願以千元爲酬（一二三四册全），拜託設法爲荷。
見示請寄泗涇路廿九號大華公司交李適可，費
神容晤謝。敬頌
著安。

弟李祖夔頓首　十一月六日

寧武關之小考證

薑公

皮黃劇中之寧武關，爲譚派鬚生享名傑構，實係從崑曲增損而成，大致皆仍其舊。所演乃明季周忠武（遇吉）死義甯武關事，載在史冊，備極壯烈；以之搬演於紅氍毹上，慷慨悲歌，咽嗚叱咤，頗虎虎有生氣，足以立懦而廉頑，千載而下，猶覺精神奕奕，英姿偉蹟，長存於天地間也。惟是飾周遇吉者，唱做繁重，尤必擅長武工，牌子身段，動合矩矱，即舉手投足，俯仰之間，亦須一一與急管促絃相呼應，方能恰到好處，固非藝事夙有修養之名伶不辦，術語所謂文武崑亂不擋者是。其中『亂箭』一折，尤爲全劇精彩所在，久已膾炙人口，幾於家喻戶曉，世蓋共謂周氏死於亂箭，方弗楊再興之於小商河，華雲之於戰太平焉。

顧考之傳記，迺與戲劇及野語迥不相侔：周遇吉之死，或曰，經血戰兩晝夜後，力盡被執，爲賊所磔；或又曰，追賊陷重圍，馬中流矢，忽蹶，度事不可爲，恥見辱賊拏，遂拔佩刀自刎死。雖言人人殊，莫衷一是，要之，皆與亂箭無涉。特同時死於亂箭者，別有一王將軍，固助周同守甯武者也。意者後人道聽塗說，遂傅會其事，加諸遇吉之身耶？陸放翁詩：『斜陽古柳趙家莊，負鼓盲翁正作場，身後是非誰管得，滿村聽唱蔡中郎。』無論其爲分謗，抑掠美，殆均不免斷鶴續鳧僵桃代李之譏耳。

按：清人王源居葉堂集，有王將軍傳，略云：王將軍，名好智，其先山東新城人，遷遼東海州衛。少從戚將軍繼光游，戚甚愛重之，教以兵法。中萬曆某科武鄉試，歷任邊疆最久。及遼左兵興，隸島帥毛文龍麾下，年已五十餘，累功至副將。將軍爲人高顴長鬚偉幹，沉勇多力，挽弓八鈞；揮雙鐵鞭，重斤二十有四，號王鐵鞭，後文龍以譖死，將軍懼得罪，率壯士五百人入海島，漁獵自給。久之，聞周將軍鎮甯武關，遂往依焉。

當是時，李自成勢甚張。崇禎十七年正月，賊圍太原，分兵向甯武。周將軍再戰再捷，殺賊萬餘人。賊益兵來攻，戰不利。將軍時年八十，每食尚能盡一猪首二鵝，謂周將軍曰：『事急矣！我與公共命殺賊，庶可退乎？』周將軍曰：『止！賊勢大，將不支，我且死！翁無疆場責，無祿，胡爲爾？翁去矣！』將軍毅然曰：『吾曩不食君祿乎？今得效死報國恩，幸也。且公遇我厚，我不應死報公乎！我八十矣，更何求？』言罷，目閃閃，慷慨奮袂推案起。周將軍壯之，相與痛飲，披甲上馬。時大風起，沙飛晝晦。周將軍出南門，當盜鋒，將軍由北門出，爲奇兵，橫擊之。賊列陣十餘里，將軍揮鞭大呼競入，賊披靡，殺數百人。顧賊衆，與周將軍勢分不能合。或傳周將軍被圍，則深入救之；不知所在，出，則又入。賊相顧大驚，曰：『此老將銳不可當，難與敵。』方選善射者千人，環射之。麾下士俱盡，將軍力不支，遂死。

周將軍血戰兩日夜，殺賊數千人，力竭被執，大罵不屈，賊磔之。夫人劉氏率內丁巷戰，亦殺賊無算；兵敗被磔，與將軍三首同懸市上，見者流涕。王將軍一僕曰王印，匍匐亂屍中，尋將軍不見，見一馬死草澤間，泥沒腹，箭集身如蝟，鐵鞭一，倚鞍立，則將軍之馬與鞭也！印大哭，即馬旁求之，得一臂，一束帶，臂有誌，識之，曰：『此將軍臂也！』遂以帶繫鐵鞭負之，奉其臂，與將軍之孫永，命招魂而葬之。

觀此，則亂箭明明爲王將軍事，初與周遇吉若風馬牛之不相及，世俗多以訛傳訛，遽令李戴張冠，得毋數典忘祖乎？抑周遇吉浩氣英魂，彪炳天壤，大名已可永垂宇宙，正無事畫蛇添足，藉亂箭以爲重。而王將軍在地河嶽，在天日星，亦一振奇偉人也。使得盡其用，當不失爲萬里長城之檀道濟。其死事之烈，視周將軍且有過之無不及。然其名竟湮暧無所聞，今世止知有周遇吉，絕鮮知有王鐵鞭者；君子疾沒世而名不彰，倘亦有幸有不幸歟？是可傷已！俞曲園亦云，『俗傳周忠武爲亂箭射死，殆即由王將軍事而訛？……周忠武死寧武關，事跡甚著，而王將軍事無知者，不可不表而出之也。』雖然，古今無名英雄，慷慨赴義，捨生成仁，以馬革裹屍，與草木同腐，碧血黃沙，久而盡泯其跡者，何可勝數，又豈獨王將軍一人爲然哉？嗟乎！

因王周兩將軍，輒復聯想及於周夫人殺賊殉夫事，較舞臺上之『別母』、『亂箭』諸折尤爲悲壯動人，是亦有關寧武關可歌可泣之一掌故也，因並誌於此。周將軍之忠勇，世故多知之，乃其妻亦奇女子也，世則未有知者。按：明史周遇吉傳稱，夫人劉氏，素勇健；城陷時，率婦女數十人據山巔公廨，登屋而射，每一矢，斃一賊，賊不敢逼，縱火焚之，闔家盡死……云云。是周夫人之勇武貞烈，洵足愧世之丈夫而巾幗者，其事固鑿然有據，非同齊東野人之語。而山東李織齋（煥章）所撰小傳，紀之尤詳，有爲正史之所闕漏者。據云，夫人并能持矛陷陣，力戰捐軀，庶幾凜然烈丈夫之所爲矣。

周夫人者，山西總兵左都督周遇吉之元配也，將家子，貌美麗姣好，纖小盈盈，有異力，善騎射，挽弓數百石，讀兵家言，傳李衛公兵法，屢佐忠烈公立奇功。崇禎末，從忠烈公甯武帥幕中。李自成西入潼關，據西安，稱大順王，僭號永昌。夫人謂忠烈公曰：『明年，寇必渡河。將軍當奏之朝，統兵禦之河上，天下事猶可爲也。』忠烈公是之，不果行。明年正月，寇分四路，將兵出河懷蒲津，自引兵四十萬，由西安東收諸塞上兵，趨宣府居庸，犯京師。是時，忠烈公在雁門，聞諸鎮路將皆降，乃擇標兵三千人屯甯武。寇至，忠烈公迎之戰，三大敗之，俘斬數千計。自成驅榆林寧夏兵，共攻忠烈公，又大敗之。追戰，陷重圍中，奮力格鬥，俘斬愈多。日暮，寇已退，馬中流矢，忽蹶，忠烈公拔佩刀自殺。

夫人貫重鎧，持雙矛，三陷陣，入中堅，折其牙旗，斬最驍將，寇大崩壞莫敢當。自成至日暮，又合圍，夫人潰圍出，標下健兒盡矣。夫人怒自鞍間提其賊前隊將而舞，寇披靡，自成大驚遁去，陣潰亂。夫人乘亂攻之，所擊殺近萬。忽聞傳云忠烈公已就斃，夫人大呼曰：『天乎！天乎！將軍死，戰何爲耶？』亦自殺。

李織齋書其後曰：『余來趙城，學博文水武公，君子不妄語人也，爲余言其本末，爲之傳，附忠烈公傳後。』度其說必不誣，足補史傳之遺。李傳又云，『時有一將軍最勇，亦死軍中，史氏並軼之……』意其人或即居業堂集所言之王將軍（王鐵鞭）歟？

薑公按：姽嫿將軍，英雄兒女，萃忠烈於一門，而又益之以王將軍，凜然大義，視死如歸，斯誠曠代之所希遘，迺能於一時一地見之，得毋兩間正氣之所鍾乎。倘有健筆之士，掇拾諸家傳記，稍加剪裁，酌予藻繢，演爲傳奇，授之梨園子弟，粉墨登場，寧非絕妙之歷史佳劇；以視時伶依樣葫蘆之寧武關，其聲價當不可同日而語矣。

原書原樣

古今叢書第一種

周佛海先生散文集

往矣集

增訂第七版即將出版

往矣集第六版倏又告罄，現正在趕印第七版中。並經作者夫人楊淑慧女士同意，將其近作「我與佛海」插入附錄，可為本書生色不少。又作者尤以有關集中文字之照片見惠，其中人物，皆當日風雲際會，有關史跡，其珍貴可想。約於十一月下旬可以出版，改售定價廿五元，欲購者請逕向本社或各地代售處接洽為荷。

往矣集增訂本目錄

插圖多幀
朱序
『汪精衛先生行實錄』序
苦學記
扶桑笈影溯當年
盛衰閱盡話滄桑
四游北平雜感
廣州之行
武漢追憶鱗爪
走火記
自反錄

附錄

記周佛海先生
訪周佛海先生一夕談
我與佛海

每冊實價中儲劵貳拾伍元

發行所

古今出版社

上海咸陽（亞爾培路）二號・電話七三七八八號

上海郵政管理局暫准登記證第四〇〇號

本期每冊實價拾元

古今

散文半月刊　第三十六期

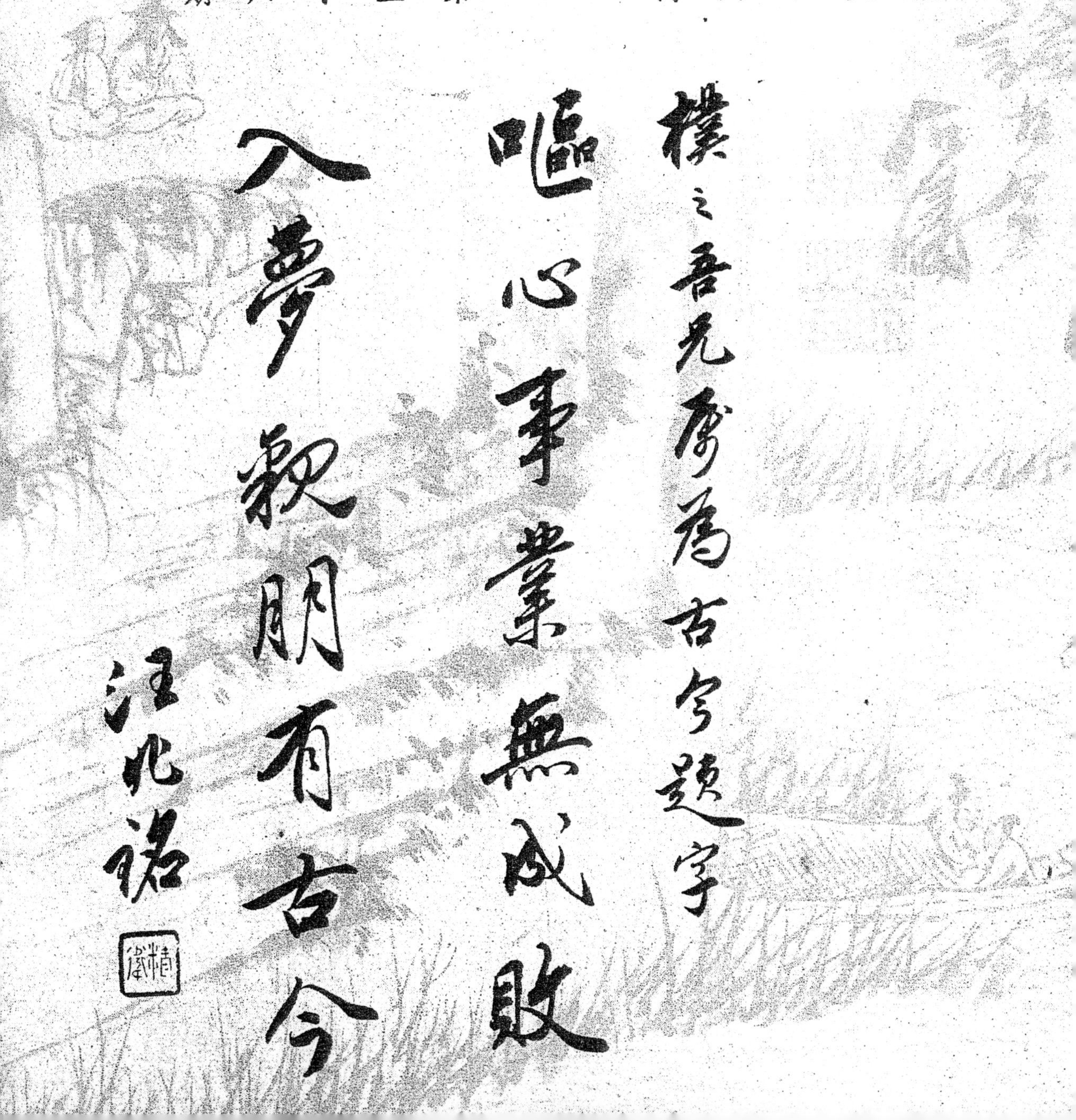

樸之吾兄屬為古今題字

嘔心事業無成敗

入夢親朋有古今

汪兆銘

精衛

古今半月刊第三十六期目次

發行部啓事：本刊定戶每期均交郵局寄發執有『平寄總收據』爲憑唯頗有不能收到者敝社恕難負責如欲免遺失查詢之麻煩者請補加掛號郵費否則此後對平寄定戶遺失之查詢恕不再行答覆特此聲明

中華民國三十二年十二月一日出版

社長　朱樸
主編　周黎庵
發行者　古今出版社　上海成陽（亞爾培）路二號
發行所　古今出版社　上海成陽（亞爾培）路二號　電話：七三七八八號
印刷者　中國科學印刷公司
經售處　全國各大書坊報販

零售每冊中儲券拾元

國民政府宣傳部登記證滬誌字第七六號
第一警察局登記證C字一〇一二號

預定	
欵項先繳	照價八折
半年 一百元	全年 二百元

我與共產黨（中）

（四）

陳公博

自中共組織正式在上海成立之後，陳仲甫先生不久就辭去廣東教育委員會委員長的職務，回到上海。他要急急回到上海，固然以第三國際代表堅持中共的中央機關非設在上海不可爲共主要原因，而附帶還有一兩個原因，也使他對於廣東不感覺十分興趣。其一是自仲甫到了廣東以後，一班自命衛道的老先生們羣起而攻，他們大概一方面討厭所謂新文化罷，一方面又恐慌着將來學校的校長和教員們要換了屬於新文化的少年們。生活問題常常可以迫人挺而走險，何況廣東的教育久已成爲他們的地盤，他們爲着地盤而戰也是事有必至理有固然的天經地義。他們製做出仲甫主張公妻共產的謠言，又說仲甫改了『萬惡淫爲首，百行孝爲先』的兩句格言爲『萬惡孝爲首，百行淫爲先』。這種不合理并且荒乎其唐的謠言，居然一犬吠影百犬吠聲，社會上全都信了。於是報紙上有直接着之言論來攻擊仲甫的，甚至於把他老人家陳獨秀的名字改爲陳毒獸。也有廣東士紳聯名公請罷免他的教育委員會委員長，要求官廳驅逐出境的。這一下無端的誹謗，殊使他心灰意冷。其二，仲甫先生對於寫作短文，文筆可算犀利無比，但對於長篇大論，却非所長，尤其他本來不是學教育的，對於教育沒有很深的理論。初到廣東之時，各方面震於其辦『新青年』又爲北大文化策源地文科學長的大名，遂排日請他演講。仲甫既不能公開宣傳共產，也不好批評政治，就是口若懸河罷，有時也會乾枯，何況他本來不善講演，多演一會講，令人多一次失望。教育委員會連仲甫共有三個委員，除他兼任委員長之外，還有許崇淸和陳伯華兩位先生，由於他的聲譽慢慢低降，辦事上已感覺不大適意，而且外間已駸駸有了謠言，說陳烱明要更動仲甫，而以陳伯華代之，這也使仲甫急於求去。其三，更有一個不能公開原因，仲甫忽然覺得孤立無援，有一天晚上他告訴我不能不離開廣東了。他有一位朋友告訴他，某一夜在太平洋西菜館宴會，間壁胡漢民廖仲愷兩先生都在座，談起仲甫，竟沒有人加以好評。仲甫之來粵，本爲各人邀請而來，現在楚歌之聲四起，似乎不可終日，故不如及早引退。仲甫既已打定主意，遂請假歸滬，末後由請假而辭職。

廣州的中共那時着着進行，除了社會主義青年團作外圍之外，吸收作正式黨員的已有二十個人以上。那時它的主要工作是在工會活動，黨員分子倒有一半是工人，恰巧香港的中國海員爲着要求加薪罷工，所有香港的海員因爲香港政府監視甚嚴，全行來粵。那一次的罷工本來是國民黨的聯誼社主持，迨來粵之後，共產黨遂於中加緊活動。海員份子是當日共黨的唯一目標，此次罷工可以說替共黨增加了一枝生力軍，後來共黨著名的蘇兆徵就是當日海員領袖之一。

說也奇怪，廣州的共黨并沒有用過蘇聯一個錢，旣沒有地址，更沒有人事費。那時平山任書記，植棠任宣傳，我任組織，平山還是那樣的吊兒郎當，植棠則熱心而苦於活動不定，因此書記組織宣傳集中在我的一身。我和平山植棠都有職業，在各校當教授，以每月的贏餘，充作黨的費用，這樣辛辛苦苦支持了一年。那時我的思想忽然又發生問題了，我喜歡求知，不喜歡盲從，自己是共產黨員，而且又負了廣東共產黨的責任，但是對於共產黨的理論祇是一種名詞上的宣傳，如辯證法哪，唯物史觀哪，階級鬥爭哪，剩餘價值哪，到底它的來源是怎樣，意義是怎樣，單靠着一本馬克斯傳是不够的（那時我譯馬克斯傳已完成四分之三的工作）。靠一篇馬克斯和恩格爾所草的共產宣言是不够的，靠着上海中共寄來幾本小冊子也是不够的。幷且許多問題自己固然不能解答，閒常問起仲甫也不能解答。而且我當時任宣講所所長，經濟學一門找不到適當教員，只好自己兼任，許多問題，無從找參考書，我想就有參考書，倘不從頭研究起，也祇有鷄零狗碎的搜羅，成了一知半解的學問。我知道想研究經濟，應當從亞當斯密 Wealth of Nations 的研究起，但嚴幾道所譯的『原富』，以中國的古文，翻英國的術語，佶屈聱牙，義意本淺，轉爲深奧難通，我看了兩三遍，越看越不懂，我當時即下决心捨棄廣東的事業，去美國留學。我要到美國的原因有兩種，第一是我的英文已有些根底，我已學習英文四五年，而又當過英文教員，到了美國用不着再從新研究文字，比較事半功倍。第二是往美國可以半工半讀。我求學自從入法專起以迄北大止，都靠着報館的撰述和通訊維持，如果到了外國，自然不能再擔任。半工半讀祇有美國，除了美國沒有這樣方便。當仲甫還任教育委員會委員長時，我已表示過我的意見，仲甫也贊成我的主張。

在仲甫離粵之後，第三國際的代表名叫斯里佛烈 Slevelet 的偕着張繼先生自滬來粵。斯里佛烈化名西門 Dr. Simon 博士，他是一個荷蘭人，在爪哇宣傳共產而被當地政府放逐，故改派來中國負了代表第三國際的任務。張溥泉先生和他約在長堤的西濠酒店談話，張溥泉先生提出國民黨和共產黨合併問題，當時他們所談的還不是國民黨容共問題。大約這個問題是斯里佛烈和溥泉先生已經談過，并且有成議的。當日擔任翻譯的是張春木，後來改名爲張太雷，做了鮑羅庭的翻譯。他也是北大的學生，去過俄國，也是中共的委員，至十六年廣州共黨暴動時在戰爭中被我們的砲艦擊斃。他們問我的意見如何？我當時很詫異，在第一次全國代表大會不是他們還要發宣言要反對　孫先生的嗎，爲何變得那樣快。

我不贊成這個提議，因爲我有我的理由。第一，國民黨的主義和共產黨的主義究竟不同，今日即合，終久必分，與其將來分裂，倒不如各行其是，祇在黨外合作。第二，我尤其堅持我的意見，我先問合併之後，共產黨是不是存在，他們說不解散。我說共黨既然不解散，則是黨員有了兩個上級機關。我承認國民黨是革命黨，共產黨也是革命黨，如果兩個上級機關有不同的命令時，黨員服從了國民黨即是對於共產黨叛黨，倘服從共產黨時則是對於國民黨叛黨。兩個黨是革命黨，叛黨即是反革命，叫黨員何以自處？當時我的立論完全從黨的主義和立場去辯論，却從未想到共黨要加入國民黨實在要吸收國民黨份子，和假着國民黨招牌來擴展共產黨活動的陰謀。假使當時我就知道的話，我也還是反對，因爲我的主張以爲一黨的革命就在於取得廣大羣衆的同情，光是用策略和陰謀，只是一種旁門左道，而非正當革命的方法。

斯里佛烈雖然提出這個合併主張，却和我辯論很少，他是比較沉着的，而且他還要去桂林見　孫先生商議這個問題，在未有結果以前，他不大願意發意表見。但張溥泉先生呢，却非常熱烈的和我爭辯，他說國民黨已老朽了，須要增加新的血輪，所謂新血輪就是共產份子。而且三民主義和共產主義沒有什麼不同，現在列寧在蘇俄實行的新經濟政策就是三民主義中的民生主義。國民黨和共產黨既都同是革命黨，則所發命令自然更不會不同，因之黨員也不會發生反黨和反革命的事實。我們辯論了兩個鐘頭，我還是堅持我的主張，這次辯論祇是私人間交換意見，當然沒有結論。末後斯里佛烈要我介紹見　汪先生，并在教育會會堂作一次公開演講，宣傳俄國革命後種種進步，邇後他就跟着溥泉去桂林，回粵之後也不找我，逕自回滬。傳來的消息，他們此行，沒有什麼結果，焉知道當日熱心主張國共合併的張溥泉先生倒成爲後來元老派中的反共大將，這眞是一件不可思議的事了。

仲甫先生離粵不久，　孫先生便由桂林回師轉道廣東北伐，師次梧州，陳烱明下野退居惠州，　孫先生免了他的省長職務代以伍老博士廷芳，胡漢民先生任了北伐行營的秘書長，許崇智率了梁鴻楷、黃大偉、李福林、朱培德出發韶關，入江西北伐去了。陳烱明的部下葉舉，在攻廣西時任了總指揮，是時也放棄了廣西，把所有陳系軍隊都帶回了廣州，廣州的城內城外都是陳家隊伍，那時形勢眞可說是劍拔弩張，陳烱明的叛變直是指日間事。

倏然仲甫先生又由滬來粵了，他說是來粵視察黨務的，我們開了幾次會，討論今後黨的工作問題，仲甫又找着陳烱明的秘書黃居素先生，說要往惠州和陳烱明相晤。我以爲仲甫先生是慰問陳烱明之意，人是有感情的，仲甫既由陳烱明請來，現在陳烱明下野，一去存問，也是人之常理，所以我并不加以勸阻。仲甫先生又要我陪行，我說我向來沒有見過陳烱明，黃居素幾次介紹，我都婉謝。因爲我回粵之初，就決定辦報而不見大人先生，所以這次我也不願去。仲甫對我說，他和居素不大熟，旅途寂寞，多一個熟人，比較有說有笑，一定要我同行。後來我告訴仲甫他一定要我去時，我祗是陪行，而以不同見陳炯明爲條件。但是他們到了惠州去見陳炯明時，我也不是一樣寂寞嗎，所以我堅挽秋霖一起行。那時在羣報的同事中，我最和秋霖談得來，他雖然是國民黨而我是共產黨，我從來不勸他相信共產主義，也從來不要求他入黨，每天共同工作，共同食喝。夜深工作完畢便一起逛長堤，步着夜月至家才分手。

時間是記不起了，總在將近夏天罷，我們四個人搭廣九火車至石龍，由石龍轉輪船往惠州。我還記得在船上過了一夜，仲甫和居素同住一艙，我和秋霖同住一艙，早上到了惠州，進了旅館，九時左右仲甫便和居素給陳炯明接去了，我和秋霖便在惠州城內亂逛。見了一間女子師範，秋霖發起進內參觀，我覺得沒有多大意思，而秋霖堅持着非進去不可，秋霖那時還沒有結婚，大約是求偶心切罷，見了女師的招牌，免不了有些遐想，君子成人之美，反正是遊覽，我何必固執己見。名片遞進之後，出來迎接的是一位校長金碧西，談起來她是市民大學聽講的學生，原來我和她有師生之雅，惠州和廣州雖不遠，也可謂他鄉遇故知了，她帶我們參觀各教室後，又要請我食飯，又要帶我們遊惠州的西湖，秋霖大概是興盡了，而我那時還非常面嫩，總覺得遊覽地方有了女子同行不方便。秋霖和我是無話不談的，更不難長日遊玩露出粗獷的面目，因此我們都婉辭了。回至旅館仲甫們還沒有回來，大約陳炯明留他午膳了，我們草草食了午飯，買了四五斤荔枝，沽了兩三瓶酒，遂至西湖雇了一隻小艇，到處遊覽，惠州的西湖比杭州的西湖具體而微，那時陳炯明住在西湖角上一所祠堂，西湖一部分倒成了戒嚴區域。我們關照船夫隨便在湖上蹓一下，便泊在一個堤下的橋孔，開始縱談，飲酒，食荔枝，末後更趁着清風徐來水波不興，大睡其覺。及至午睡醒來，飛鳥投林，夕陽啣山，我們便回旅館。仲甫和居素早已回來，我們便又打疊下船回石龍，趁車回廣州了。在船上仲甫告訴我，陳炯明不像下野樣子，室內排滿了軍用地圖，桌上架滿了軍用電話，恐怕廣東不免有事，我聽了默然。居素和秋霖都目爲陳系的人，我在仲甫面前，不好表示甚麼意見，更不好說甚麼話。

仲甫先生在回滬之前一日，約我在宣講所談話，我記得是下午，學生已經放學，因爲植棠在我的所長辦公室，他拉了我在院後的第二班課堂談。他說廣東恐怕不久必有變故，我們應知有所適從。論道理是應當聯孫，論力量是當聯陳，問我有甚麼意見。仲甫先生到底是刺探我的還是眞要問我主張，我至今不敢判斷，但我正色對仲甫說，我們暫時不說道理和力量， 孫先生到底是中國一個人，陳炯明縱然了不起，也祗是廣東一個人，何去何從，先生當知所擇。仲甫先生聽了我的話，默然一回，說我們看罷。自從這次他離開廣東以後，一直至到民國十五年一月國民黨開第二次全國代表大會，我們才重相見。

我看見廣東的緊張局面，更使我急於離開廣州，於是立即籌備赴美，有一天早上 汪先生約我至他家內談話，說廣東法政專門學校校長金章已經離職，要我繼任，徵求我的同意。當時胡漢民先生主張林雲陔，而伍老博士則主張葉夏聲， 汪先生告訴我，他和廖仲愷先生倒主張我長法專，因我可以專心辦教育。 汪先生幷且告訴我，當日下午就要離開廣州赴香港往浙江見盧永祥。我告訴 汪先生，我久巳想出國，一切都巳預備，並且巳在交涉着取得護照，現在所餘者僅是旅費問題。 汪先生也不强我所難，更給了我一封信去見新任廣東財政廳長程天斗，就此我們便分別，直至到後來我在十四年回國之後才見面。

陳烱明終於叛變砲擊觀音山總統府，幷通電請 孫下野了，叛變那天上午 孫先生率了兵艦回泊白鵝潭，砲擊陳軍，自此數十天廣州終日處於一個震撼飄搖的局面。這樣砲火連天的綿亘了數十日， 孫先生遂回滬上，陳烱明扭揑了許久，才往惠州回廣州。程天斗因事變走香港，我的留學經費又行擱起，不料因陳烱明的叛變，影響到我和陳仲甫的分裂，影響到羣報的分裂。那時上海消息非常之消沉，平山雖然吊兒郎當，但聰明却不後人，和我商議要舉他赴滬探聽消息，趁早脫離這個是非之地，我自然聽他的話，開了一次會，舉他爲廣州共黨的代表赴滬。我那時的確無法離開廣州，因爲我赴美的旅費還未得財廳發給，而且平山旣去，廣州共黨更無人主持，並且我的家事還未了，我去之後，就算工讀有了着落，老母的家用託誰維持都是一個問題。在陳烱明叛變之後，我祗在報上得一個消息，說上海 孫先生巳派了許多委員籌備改組國民黨，陳仲甫也是委員之一，其餘都不知道了。

還有一件事我直到今日才願意順便公開的，就是廖仲愷先生被陳烱明認爲他這次下野的主動者，在叛變之前一日，騙他到石龍扣起還未放出，更使我逗留在廣州。說也奇怪，我和廖先生本來不熟，祗在教育會開會時見過幾次，他做他的財政廳長，我做我的教授，風馬牛不相關。那時汪先生是廣東的教育會會長，廖先生和我都是評議員，我們沒有談過話，沒有交過言，祗在評議會上偶然相見。那時我很愛騎馬，恰巧劉毅夫跟了唐繼堯回滇，把他那匹老馬硬送給我，所以我每天早上都在東山的百子路跑了一回馬才上課。每天馳馬之時，亦碰着廖先生回辦公廳。一個是乘馬，一個是坐車，路上碰見點點頭，由是遂發生一種不相交言的神交情感。而且從各方面所得的消息，廖先生非常廉潔，在叔季之世，而有這麼一個乾淨人，不由得使我心折。我聽見廖先生被扣，心內眞是焦急萬分。我知道對於營救廖先生我是無能爲力，但相信可以盡萬分之一的人事。我不認識陳烱明，更不認識陳系的軍人，但我認識金章先生，金先生是法專的校長，外間盛傳金先生是陳烱明的幕後策士。我想此時不救廖先生，更待何時救廖先生。我是沒有把握的，但金先生素來敬重我，或者因我一言，有轉圜餘地。我從來沒有到過金先生的私宅，爲了營救廖先生之故，和他見面好幾次。末後廖先生是釋放了，我也安心了，由是我遂放心準備離廣州出國。這一段的經過，我從來沒有告訴過任何人，我旣沒有告訴過廖先生，也沒有告訴過廖夫人何香凝，更沒有告訴過廖夢醒小姐，倘然今日廖先生還在世，我更不會公開的自述。自然當日營救廖先生的不止我一人，何必貪天之功，以爲己力。就是我一人幹的罷，也不過路見不平，拔刀相助，無功可言。這是不是一種正義感呢？我更不敢說，反正是我的一種特別怪脾氣罷。

廖仲愷先生釋放之後，家事也處置完畢了，母親生活的維持託了一位杜先生，於是我候船出國。恰在這時張太雷啣了上海中共之命，並攜了仲甫先生手書來粤見我。希望我立刻離粤往上海，因爲上海盛傳我有幫助陳烱明的嫌疑。我看見仲甫的信，眞是小說所說三尸神暴，七竅烟生，問張太雷是根據了甚麼證據，他說上海許多國民黨員都那樣說，而且香港的報紙也登載過。我說許多國民黨員到底是甚麼人也要指出，至於那張香港報是晨報，我也見過，附陳者首名是古應芬，而把我排在第六第七名，頭一名的古應芬就不是附陳，末後更往江門組織大本營討陳的。我沒有做過陳烱明的官，沒有拿過陳烱明的錢，並且也沒有見過陳烱明。陳烱明是紅是黑的，我都不淸楚。廣東我是要離開的，但不能立刻，因爲出國護照還沒得美領事簽字，而且還要候船，我總不能跑到香港和上海等船期，我是一個窮教授，萬不能花了許多預備留學的經費無聊的呆住在上海。張太雷又勸我，要留學何必去美國，何不去莫斯科。我的肝火已動了，我爲甚麼要到美國的理由也不願再申說，衹說我聯陳不聯陳，陳仲甫應該知道，剛去上海的譚平山也應該知道，何以兩人知而不言，他們不止够不上做朋友，而且更够不上做人。至於我要到美國，也早在仲甫在粤時候決定，何以贊成於前，而阻撓於動身的俄頃，是不是跟我開玩笑，我一口拒絕了張太雷，衹託他帶一封信給仲甫，這封信長至千餘言，現在也忘記了，問他還記不記得他問我聯孫或聯陳，問他還記不記得我的答覆。末後附帶罵平山，說我們做了朋友和同事多少年，連我的性格和主張都不淸楚。我在廣東的行動都是公開的，他對我是最知道淸楚的，上海這樣無稽之言，爲甚麼默無一語。人之相知，貴相知心，似這種賣友之人，連做尋常的朋友都不配，遑能論乎共同艱苦奮鬥。我聲明自今以後獨立行動，絕不受黨的覊束了，我也從此脫離共產黨了。翌日我們在一個木作樓上開會，我把這些經過報告了廣州共產黨，聲明即日起不再負責。那時會場起了很大的震動，譚植棠劉爾崧發言最多，全體主張廣東共產黨獨立。我自問不願意再和共產黨一起，對於獨立與否我不贊一詞，衹是聲明脫離一切共黨關係，決心出國，末後譚植棠因爲幫我的關係竟被他們開除黨籍，兩年之後才復加入，而劉爾崧也受了嚴重警告，其餘黨員處分有差，這些事都是我到了美國或在回國之後才知道的。我旣決心不再問共產黨事，遂於十一月上旬倏然附春陽丸渡日本，過上海連岸也不上，省得麻煩，後來在日本一逗留便是三個月，在民國十二年二月十二才由橫濱渡美。

對於羣報的結束，我應該說幾句話交代。本來羣報的陣營就相當複雜，我在上文也曾述過。因着陳烱明的叛變，雁聲起了很大反感，發起老脾氣，天天在編輯室罵人。他所罵的自然是陳烱明和陳系的軍人，據茅連茹，當然牽到秋霖身上。他們兩個人私交本來很好的，至是雙方都有些不自然的態度。我佩服雁聲，也可憐秋霖，雁聲在羣報同人眼中本來是一個性情孤僻的怪人。但無論怪到怎樣，他在這個時候倒是不畏強禦，大義凜然。而秋霖呢？雖然平日同情陳烱明，但圍攻總統府，心內終不謂然。可是反對在心頭，苦處却說不出口。

正在無法解決之際，羣報的惡命運臨頭了。代陳仲甫而爲教育委員會委員長的陳伯華先生，平常人都目爲一個好好先生，忽然注意起羣報。他說羣報是共產黨的機關，廣州在陳烱明掌握之下，不能任共黨宣傳，他提出兩個辦法，一個辦法是收買，一個辦法是封閉。這個嚴重的惡運臨頭，在平山未離粵之前我和他及植棠討論結果，衹好出頂，但是附帶有個條件，即是出頂之後不能再用羣報名稱。現在彷彿記得頂費是三千元罷，除發還股東股本之外，恰恰够還債。大約他們早已把羣報的賬目算好，所以頂費出得不多不少。這一次也算是强制收買，我們辛苦經營的羣報不在莫榮新淫威之下橫死，倒在陳烱明叛變之後夭折了。

我到日本之後，倒碰見許多熟朋友，有些朋友是在橫濱的華僑學校教書，有些朋友是在東京讀書，還有些朋友在橫濱領事館服務，他們或者是廣東法專的同學，或者是北大的同學，一時倒不覺寂寞。我在橫濱住了十幾天，到東京早稻田大學附近一家貸間和朋友居住，不到一個月，我又回到橫濱住在一家日和合璧的旅館候船，眨眨眼又是民國十二年一月了。

那時廖仲愷先生自上海來日，住在中國的公使館他的兄弟廖鳳書先生那裏，不知道他怎樣知道我在橫濱，他派了一個中國的海員到橫濱華僑學校找我，要我到東京和他見面。終於一天借着一個書畫展覽會參觀之便，我又到東京的中國公使館。我記得那時在座的除了廖先生之外，還有許崇清先生和我的親戚二人。我本來和廖先生很生疏的，這時在異國相見，倒非常親切。他告訴我沈鴻英和楊希閔的軍隊，已佔領廣州，但沈鴻英是靠不住的，剛剛接電報，沈鴻英已被楊的軍隊驅逐至北江，廣東大概可告安定，我們可以回粵做些事了。他又問我以後怎麼打算，我告訴廖先生我還要到美國留學。廖先生很不客氣的勸我不要到美國，他說去了幾年，也不過如此，倒不如早回廣東做點事。我問他做什麼，他說法專沒有妥人接辦，你還是當法專校長罷。我默然了一陣，心想又是法專校長問題，然而當時我實在不好多說，因爲我求知的心情是沒有人可以了解的。當時我在廣州教書，據社會的批評，似乎我已是一個名教授。在一個已博有社會微名的人，而說還要求學，是令人難得相信的一件事。可是學問不足，衹有自知，我不能以膚淺之學騙人，更不能以膚淺之學騙自己，但若再堅持求學之意，恐怕廖先生不相信，終於默然之後說：『再看罷。』見了廖先生之後，我遂回橫濱，一夜天氣很冷，忽然接到廖先生一封信，說希望我到熱海一行，因爲那天在座還有幾個人，許多話不便談，現在在熱海可以多談幾句，如果來的話，希望接信之後即來，他在熱海也不會停留很久的。

我接了廖先生信之後，心裏很猶疑，我不怕什麼，衹怕廖先生又要我回廣東。但後來想想還是去罷，因爲不見得廖先生會太勉强我，他眞迫我時，我還可以把心情儘量告訴他。這次廖先生倒不提出我回粵問題，祇是詢問我國共合作意見，我告訴他我和斯里佛烈和張溥泉談話經過，他沈吟了一下說，我們不妨和越飛談談。這時我才知道蘇俄駐華代表越飛也來了熱海。晚上三個人見了面，越飛告訴我蘇聯命令中國共產黨加入國民黨，實為完成中國的國民革命，而且越飛更鄭重的說，中國祇有實行　孫先生的三民主義，絕不能行共產主義。我問越飛蘇俄希望共產主義何時在俄實行，越飛只是搖頭不答。我問越飛六十年共產主義在俄會實現嗎？越飛倒很老實，說還是一個疑問。廖先生很滑稽的笑着說：『公博，你還有什麼話說，我們要做革命黨也要做現在的革命黨，不要做一百年後的革命黨，我們努力實行三民主義，不必再討論了。』廖先生這句話倒使我非常感動。不過我撇開國共的問題不談，我表示我祇能做一個黨的黨員，不能做兩個黨的黨員，因為我的性格，既然不愛騙人也不愛騙自己。我回橫濱之後，在民國十二年二月十二日附美國總統號赴美，開船的第二日在船上還接廖先生一個電報，希望我趕速歸國，但是我既然決心求學，又焉好半途而廢呢！

抵紐約之後，我入了哥倫比亞大學的大學院，那時我又由哲學而改研究經濟。我研究經濟的理由，固然因為經濟學上許多問題不能解答，尤其迫我研究經濟的，我那時已有一個信念，即以為除了責任之外更沒有什麼道德，除了經濟之外更沒有什麼政治。前一個思想是我研究倫理學上的結論，後一個思想是我研究各國政治史的結論。

我抵美之後，接植棠一封信，說上海的共產黨決定我留黨察看，因為我不聽黨的命令，黨叫我到上海我不去，黨叫我去蘇俄我又不去。我不覺好笑起來，我既不留黨，它們偏要我留黨察看，反正我已和他們絕緣，不管怎樣，且自由他。但我和共產黨絕緣是一件事，而研究馬克斯又是一件事，我既研究經濟，應該徹頭徹尾看看馬克斯的著述。我一口氣在芝加哥定了馬克斯全部著述，他自己著的資本論和其他小冊子，甚而至他和恩格斯合著的書籍都買完了。我在美國第一年除了研究經濟史和經濟學史之外，其餘時間都用在馬克斯理論身上。我最先發覺的就是馬克斯所說中等階級消滅的理論絕對不確。照馬克斯的理論有幾個階段，第一個階段是資本主義消滅了封建，第二個階段，資本主義更消滅了中產階級，然後社會上僅存資產階級和無產階級兩大壁壘，最後的階段是有產階級自掘墳墓而無產革命成功。但是我們空想是無用的，我們要寫一本書，誰都可以提出相當的論據，我們必得要調查，從我的調查統計，美國那時距馬克斯的共產宣言出世，中產階級不但沒有照他推想消滅，反而增加至百分之十二，其他所謂資本主義國家大致相同。這個原因，因為在馬克斯之後產生不少技術工人，這班工人的工資比其他自由職業者的收入還大，於是這班工人遂慢慢變為中產階級，至於為中產階級中堅的農民增加數還不在內。這樣馬克斯引為革命基礎的產業工人羣衆根本潰散了。

第二個發覺是馬克斯的辯證法不確。辯證法是共產黨人所認的秘寶，在辯論中動不動拿辯證法來塞反對者之口。我研究辯證法的結果，辯證法固然不是馬克斯所發明，也不是馬克斯的老師黑格爾所發明，而是由希臘形而上學的學者斯諾所發明。據黑格爾的辯證，一切進步都由於矛盾，由矛盾而生眞理。A正面和B反面的對立便生了C的眞理。不久D又作了C的反面，兩相矛盾便生了E的眞理。這樣相反不已，而相生也不已，但我不懂馬克斯爲什麼獨斷到了無產階級專政的正面便停止，而不復有無產階級的反面？因此我認定共產宣言不是眞理而是對工人的宣傳，既然他的理論不是眞理而是一種煽動宣傳，所謂科學的社會主義便根本搖動了。

第三個發覺，馬克斯所謂剩餘價值也是片面的觀察，據馬克斯的主張，一個工廠的盈餘，都是廠主剝削工人而來的，在一個小小的手工廠，這個理論還有點相似，但施於大產業則馬克斯的理論完全失了根據，譬如拿一條鐵道來說罷，鐵道是獨占的事業，剩餘價值很多，但剩餘價值決非單由於鐵道上的工人日常工作來的。當建築鐵路時國家給他事業的獨占權，沿鐵道土地的强制收買，都是造成鐵路剩餘價值的很大原因。但我想爲什麼馬克斯有這些荒謬理論呢？我更研究馬克斯著書的時代，著書的地點，才恍然大悟。因爲馬克斯寫那本資本論是在英國產業革命的初期，而馬克斯又在那時因流亡卜居英國寫這本資本論。英國產業革命初期的確有這些剩餘價值現象，所以馬克斯據爲定論，馬克斯的資本論就算有價值罷，也祇如亞當斯密所著的原富和馬爾薩斯所著的人口論一樣的價值，時代一過，事實不同，而共產黨人奉爲金科玉律，眞是非常可笑。

我經過長時間的研究，我固然不贊成馬克斯的社會主義，也不贊成亞當斯密的資本主義，我深深感覺在今日的中國捨民生主義實在無法可以建國和復興，我決然擺開馬克斯所有著述，而專從研究美國的實際經濟着手，留待歸國參考之用。我在美國前後三年，中間也好和社會主義者來往，美國著名的社會主義者斯葛尼寧Scolt Neering就是交遊中一個人。他那時還沒有去過莫斯科，對於蘇俄是懷疑的一個人，他祇是研究社會主義而不替蘇俄宣傳，我提出許多問題辯論，他也無法解答。我又提出三民主義和他討論，他倒承認是中國革命的一種妥實主義。

在美國當時的生活我也順便一提，我三年中在美國祇是去過一次波士頓，去過一次華盛頓，什麼黃石公園，什麼洛磯山，我都無力遊覽，爲着我的生活，寸步不能離紐約。中國方面是無法接濟學費的，我在夜間祇在所謂中國城的華僑學校做教員，月得八十元，藉以維持學費。美國華僑的堂鬥是駭人聽聞的，有所謂安良堂，有所謂協勝堂，各結黨徒，以烟賭爲業，或者每年發生一次堂鬥，或者一年發生數次堂鬥，兩方面偷偷摸摸開槍打死人。他們開起火，是不問是非的，如果一個姓李的給姓陳的打死，凡是姓陳的都在可以報復之列。大約這是廣東鄉村械鬥的遺風罷，也可以說是部落吞併的餘跡罷，華僑堂鬥是司空見慣一件事。我在紐約三年也碰過發生兩次，關心我的同學們都勸我不要到中國城，但是不教書又怎樣生活呢？我常對我的朋友笑說，你們的盛意是可感的，但去教書是可以打死，不去教書是可以餓死。打或者打不死，而餓是一定可以餓死的，我還是教書罷。

在美國三年眞是埋頭讀書，國內朋友很少通音問，政治上的朋友更是不相往來。一次陳秋霖來了一封信，才知道滇桂軍佔領廣州之後，他到香港替陳炯明辦了一個報館喚做新聞報。我覆信勸他愼重考慮，我不贊成陳炯明的爲人，這樣無意義的事也不宜再幹。後來遲之又久，秋霖又寄了我一封信，中間還夾着印紅色的新聞報，說他巳經反正，脫離陳炯明，擁護　孫先生。他這次舉動，也算是一種非常行爲，是即香港有名的報變。我想秋霖是可愛的，覆了一封信贊成他的行動。

倏忽三年，大學算是名義上研究完畢了，碩士學位巳考過，應該考博士了。可是當前有一個難題，就是哥倫比亞大學的制度，凡是博士都要把論文印三百本送給圖書館才能得博士證書。我是沒有錢的，也不是淸華學生有公費印書的權利的，那本論文排字費就要美金一千元，我就想到廖先生的身上。廖先生那時已做了廣東省省長，我想大概他可以幫我一個忙罷，去了一信，要求他給我一千元的印刷費。廖先生託人來了一個通知，說如果我回國，他可以設法滙我一筆旅費，若是考博士，他倒不願幫助，所以由廣東大學滙來六百元，恰恰足當回國旅費之用。我躊躇了許久，想想得一個博士頭銜終無實用，得了博士，不能歸國，也是枉然，决然舍去博士遊歐洲大陸歸國。

哥倫比亞是美國著名四大學之一，所謂四大學除了哥大之外，便是耶路，哈佛，丕林斯頓。四大之中，哥倫大學的學齡最少，取得博士也比較容易，美國從前本來嘲笑哥大的博士爲半個博士，我旣是考了試而沒有證書更是半個之半個了。我曾經想寫一篇『四分之一的博士』來描寫我在哥大的生活，祇是因循至今還未執筆，現在索性不再寫了。

旅吟集

謝抗白

至水戶登瑞龍山訪朱舜水墓不得

拜墓故登山，登山不見墓，誠敬無以申，徬徨立歧路，山鳥投平林，山花雜高樹，秋色蒼然來，瑞龍日云暮，不遠千里來，雲深不知處，時旣不可留，毋寧且歸去，凡事豫則立，此乃無所據，三百數年前，朱明失天助，乞師哭秦庭，海東曾七渡，其志雖未伸，其心實良苦，忠憤黃土埋，寸衷積傾慕，一瓣爇心香，重來莫再誤。

袋田卽景 在小戶之北

山頭忽見白雲峯，疑是殘春雪未融，一陣風來雲又去，幾多側嶺幻橫峯。

爲聽溪聲未肯眠，中宵靜坐客牕前，一丸秋月涼於水，照出流湍白起烟。

潺潺似訴不平事，疑到西湖聽壑雷，我似當年蘇玉局，也曾判事冷泉來。

久川屈曲引游蹤，噴雪奔雷欲化龍，乘興尋源何處是，白雲堆裏一高峯。（久慈川爲境內大川流甚急）

名古屋

征塵南望路漫漫，客裏盤飧未可餐，金鯱雙蟠天守閣，忍飢遙立舉頭看。（天守閣上金鯱爲日本國寶之一）

奈良

秋色橫空到眼前，重來還見舊雲烟，霜楓新染紅如醉，闊別山靈十八年。

若草山前月似銀，淸楚自古見精神，我來良夜逢三五，妙相圓明倍可親。

二月堂前日未斜，食苹高潔古曾誇，如何不向深山去，嗜採靈芝踏落花。（公園內鹿甚多就人而食）

千二百年東大寺，遙遙唐宋舊名高，從今繼往敷文教，挽刦銷兵願服勞。

圓山酒家 西京

月榭雲廊曲曲通，看雲邀月趣相同，四圍更繞參天綠，風送飛泉響半空。

讀崇德老人紀念冊（上）

徐一士

近讀『崇德老人紀念冊』（衡山聶氏刊）。其目爲（一）欒山公事略。（二）欒山公誡子書。（三）亦峯公辦理新寧余李兩姓械鬥案紀略。（四）亦峯公勘訊趙莫兩姓田坦案稟稿。（五）仲芳公軼事。（六）崇德老人高壽厚福之由來。（七）曾文正公手書功課單暨崇德老人跋。（八）崇德老人書不忮不求詩。（九）亦峯公、仲芳公、曾文正公、崇德老人小像。（十）崇德老人自訂年譜。

崇德老人爲湘鄉曾文正（國藩）最幼之女。所謂『滿女』『滿小姐』也。名紀芬。適衡山聶仲芳（緝槼）。諸姊均適名族。而處境皆不佳。惟老人遐齡淑閫。福德兼隆。靈光巍然。世欽人瑞。卒於壬午年十一月二十三日（民國三十一年十二月三十日）。壽九十有一。其子其昌其杰等爲刊此冊。用資紀念。嘉言懿行。於斯足徵。洵賢妻良母之模範人物也。

此冊可藉以考見曾聶兩家之事。而關乎政治暨社會之史料。以及名人軼事。復多寓乎其中。即就史料而論。其價值亦殊匪細。固吾人不可不讀之書也。

曾聶兩家。其曾氏家世。以文正暨忠襄（國荃）之名著寰區。世多能詳。聶氏家世。則知者較少。實亦湘中望族。其先且於雍乾間已以名德見重矣。『崇德老人自訂年譜』乙亥（光緒元年）所紀云。『初聶氏自南宋居於江西清江。清初有應禪公者。遷於湖南衡山。是爲第十三世。至第十五世欒山公諱繼模。以名德重於鄉里。精醫理。嘗入縣署獄中。爲囚治病。自設藥店。並以藥施之。至老不衰。縣令以公爲封翁謝之。而公仍徑行不輟。子環溪公（先懋）以乾隆丁巳進士選授陜西鎭安知縣。欒山公馳書訓子。言甚深至。載於經世文編。壽至九十三。環溪公亦年七十八始卒。環溪公孫京圃公（鎬敏）心如公（鏡敏）蓉峯公（銑敏）聯翩科第。敭歷曹司。均在嘉慶初年。湘南於時稱盛。亦峯公（爾康）即環溪公曾孫也。以咸豐癸丑翰林散館。揀發廣東知縣。歷宰劇邑。累官至高州府知府。補用道員。廣東劇邑。號爲難治。公勤恤民隱。循聲昭灼。所刊岡州公牘等書。爲公一生精力所萃』。可見大略。仲芳爲亦峯公子。由監司而躋封疆。歷撫江蘇安徽浙江。（冊中稱中丞公。）開缺後丁母憂。以毀卒。（其弟季萱旋亦以哭母兄而逝。）得旨宣付國史館孝友傳。並賜一門孝友匾額。事蹟具詳冊中。

關於欒山公馳書訓子事。『欒山公事略』云。『寄書訓子。教以治民教士之法。陳文恭公時爲陜西巡撫。見其書大爲稱賞。刊發通省官廳。以資策勉。此書後刻入經世文編。爲世傳誦。』冊載原書。庭訓官箴。深可玩味。以未嘗服官之人。而言之委曲精詳若是。尤爲難得。書後附有環溪公跋云。『桂林陳公撫陝時批先君子此書凡三番。初云。「布衣也。表裏瑩亮。總由根柢深厚。人情物理無不洞悉入微。安得如斯人者出爲民福。」旣云。「臨潼旅次閱鎮志。再繹此書。理足詞摯。何其眞切有味也。直可爲居官龜鑑。不僅庭訓可傳已也。」最後云。「祇此一篇。抵過著書數十卷。爰樂爲圈注。用廣穀詒。」』陳文恭（宏謀）爲乾隆間名臣。久任疆圻。講求吏治。稱許此書。至再至三。信乎其可傳也。左文襄（宗棠）於此書亦極注意。見『仲芳公軼事』。據云。『先君初謁左文襄公於金陵。年方二十七歲。文襄問先君。有名繼模作誡子書者。是府上先代否。先君答是先太高祖。文襄問尚能記憶其文否。答曰能。文襄曰。我二十年前於經世文編中讀此文。甚爲嘉嘆。至今尙能成誦。即對先君背誦其文數段。先君於其漏落處爲正其誤。文襄甚喜。曰。數典不忘其祖。可嘉也。』文襄雖以武略顯。固亦重視吏治者。關於以醫術濟人事。『事略』更有云。『八十四歲。先齋丁繼母憂歸。以公高年。遂不復出。一日深夜雪中有敲門乞赴診者。子先齋起應門。告來人曰。老人年高。深夜不能驚動。候天明來可也。公已聞聲振衣起矣。即呼子入內曰。此是生產危急。何可遲誤。遂著屐偕行。其捨己濟人之心。如此眞切。殆醫界所罕有也。』良足風已。

『亦峯公辦理新寧余李兩姓械鬥案紀略』『亦峯公勘訊趙莫兩姓田坦稟稿』。讀之可見其官粵政績之一斑。蓋心精力果。尤重民命。異乎俗吏所爲也。

曾聶二家之締姻。忠襄所主持也。『崇德老人年譜』己巳（同治八年。十八歲）云。『十月間……。余之姻事即定議於此時。忠襄公作伐之函今猶在也。納采回聘等事皆忠襄公代辦。』又按文正日記是年十一月有云。『接澄沅兩弟信。澄勸送眷回籍。沅擬以晚女許聶家。皆有肫誠顧恤之意。久宦於外。疾病相尋。如舟行海中。不得停泊。惟兄弟骨肉至親能亮之也。』蓋深感其意焉。

『年譜』紀幼時事。如癸亥（同治二年。十二歲）有云。『余幼時頭上常生蝨。留髮甚遲。十一歲始留髮。因髮短年稚。須倩丁婆爲余梳頭。其時方行抓髻。須以鐵絲爲架而髮繞之。余聞而以意仿製。爲之過大。文正見而戲曰。須喚木匠改大門框也。文正平日對兒女極嚴肅。惟亦偶作諧語。文正又嘗對歐陽太夫人云。「滿女是阿彌陀佛相。」阿彌陀佛者。湘鄉語云老實相也。』家庭瑣屑。寫來亦有趣致。文正性甚嚴正。却又以好作諧語著稱也。

文正治家。以勤儉爲主。其見於家書家訓及『崇德老人年譜』者。不一而足。雖臻通顯。而於保持勤儉之家風三致意焉。治家之善。令人嘆服。崇德老人自幼親承庭訓。適聶而後。守文正之遺指。亦以勤儉持家。歷久不衰。蓋文正之遺澤遠矣。

其尤足動人觀感者。文正在兩江總督任時。爲家中婦女定一功課單。分食事衣事細工粗工四項。見『崇德老人年譜』戊辰（同治七年。十七歲）云。

是年三月由湘東下至江寧。二十八日入居新督署。五月二十四日文正公爲余輩定功課單如左。

早飯後　做小菜點心酒醬之類　食事
巳午刻　紡花或績麻　衣事
中飯後　做針黹刺繡之類　細工
酉刻過二更後　做男鞋女鞋或縫衣　粗工

吾家男子於看讀寫作四字缺一不可。婦女於衣食粗細四字缺一不可。吾已教訓數年。總未做出一定規矩。自後每日立定功課。吾親自驗功。食事則每日驗一次。衣事則三日驗一次。紡者驗線子。績者驗鵝蛋。細工則五日驗一次。粗工則每月驗一次。每月須做成男鞋一雙。女鞋不驗。

右驗功課單諭兒婦姪婦滿女知之。甥婦到日亦照此遵行。

同治七年五月廿四日　家勤則興人勤則健能勤能儉永不貧賤。

以侯相之尊。秉圻之責。家中婦女。乃於此種功課單下勤其操作。使今日所謂新式家庭『摩登』婦女見之。當爲失笑。然文正治家之精神(淳樸勤儉)。斯實寓焉。今時易事遷。固難盡泥。而其命意所在。仍足師法也。崇德老人能師其意。故克以善於持家聞。此冊特影印文正手書此項功課單之原蹟。並將老人民國三十年手書跋語(時年九十矣)一併影印。跋語云。『吾家世居湘鄉深山。距河甚遠。地方俗尚勤樸。文正公歷游南北。目睹都市浮華虛僞之習。早知大亂之將至。後居高位。深恐家人染奢惰之習。決計仍返鄉居。以保存勤儉耕讀之家風。此功課單即本斯旨。我國舊日女子習文事者。每每趨向浮華。而厭棄勞作。文正公教余等於勤儉早起衣食工作數事。躬親督責。不稍寬假。常言人之福澤有限。幼年享用則老年艱窘。凡人均應學多作有益於人之事。況此均分內之事乎。迴思生平所得受用。皆由受此基本訓練之所致也。近來女子教育摹仿西洋。以享樂爲目的。視奢惰爲當然。其影響於社會國家者已可見矣。因敬刊此單行世。或於民族復興之教育有所貢獻耳。民國辛巳仲秋聶曾紀芬敬識。』詞意極其肫切。知湘人淑世之意深也。

崇德老人之手書影印於冊者。更有所錄文正不忮不求詩。以其垂訓警切而醒豁。爲極佳之格言。凡書數過。或以應乞書者。蓋亦含有勸世之意。此爲民國三十一年所書。(時年九十有一。即其逝世之歲也。)亦附有短跋云。『同治庚午。先文正公奉命赴天津辦理教案。事機嚴重。慮有不測。手書遺訓。作此二詩。以誡子孫。曰。忮不去。滿懷皆是荆棘。求不去。滿腔日即卑汙。臨難之際。惟以此爲訓。其重視可知矣。因敬錄之。以勗後輩。民國壬午年仲春。崇德老人敬書並跋。時年九十有一。』文正書法。無待贅言。老人亦工於書。九十高齡。字畫端勁清潤。無一懈筆。蓋德器福澤。亦可略見於斯焉。

老人適聶之初。蓋亦嘗歷艱困。後乃漸臻康娛之境。其事頗散見於『年譜』。『崇德老人高壽厚福之由來』更爲綜括之敘述云。『文正公生平以廉儉率屬。誓不以軍中一錢作家用。嫁女以二百爲限。先母結褵。在文正公及夫人逝世之後。奩資較諸子爲豐。適先祖慈有存款爲銀號所倒失。先母遂盡出其所有二千金代償。以舒堂上之憂。私蓄一空。且至貸欠。家計匱乏。備嘗艱辛。先君蒙左文襄公器重。歷加委任。幸得薪水以支家用。先母晚年談及昔時情況。猶有時淚隨聲下焉。先慈生時。先外祖母歐陽侯夫人已年逾四十。且體弱多疾。故先慈秉賦不强。幼而多病。後因生育。益以憂勞。屢至篤疾。動經數月。中年以後。事境漸順。體氣漸充。六十以後居滬。諸子及媳。諸女及婿。孫曾外孫數十人。多在膝前。有媳七人。皆係出名門。能色笑承歡。婿四人。皆一時才彥。先慈顧而樂之。其晚景之愉快。固不在物質之享用也。竊綜先慈生平。早年拂鬱。而晚歲康娛。體質素弱。而竟享高壽。直至九十一歲冬月逝世時。耳目聰朗。神明不衰。一家蒙其福蔭。子孫受其化澤。其致之之道。實由夙植德本。樂善不倦。仁慈惜福。……敬以所知縷列於左。』所列凡四項。爲（一）戒殺放生。（二）節儉惜物。（三）濟貧施藥。（四）存心無我。各加敍述。又云。『先慈賦性仁厚。心氣和平。生平無疾聲厲色。對於他人之行事。常曲加諒解。故惱怒時少。愉悅時多。烟酒激刺有礙衞生之物。素不沾唇。牌賭看戲耗損精神之事。概行屛絕。他如飲食有節。起居有時。作事有恒。言語簡默。皆爲受福致壽之道。亦由恪守文正遺訓所得受用也。』由屯而亨。家運之轉移。本乎人事。老人厚德載福。其體質亦由弱而强。深得養生之道也。

仲芳中丞受知左文襄。畀任上海製造局差。由是著聲。遂得置身通顯。敭歷封疆。故於文襄極感知遇。而文襄之相待。實亦不同恒泛也。『仲芳公軼事』云。『先君初謁左文襄公於金陵。……（按此段即前引談及樂山公誡子書一節。）即留飯。並命常進見。見必同飯。次年蒙委任兩江營務處會辦。營務處即今之參謀處。爲籌畫軍事之機關。自平定新疆歸來。數年間初無軍事。而文襄注重軍備不稍懈。設營務處於署內。每日數小時至處辦事。並在處午餐。總會辦皆陪食。其學問之博。謀略之遠。治事之勤。求才之切。皆有不可及者。文襄膳食常有犬肉。一日以箸送犬肉至先君飯碗。先君伺隙潛置案上。文襄見之。即曰。此名地羊肉。味甚美。何爲不食。先君對曰。素戒食牛犬。不敢犯耳。文襄笑而諾之。又明年。蒙委任上海製造局會辦。時廣西越南邊事已萌動。文襄命先君赴滬。夜工加緊造械。除夕前一日奉札即行。不許在家過年也。又兩年蒙委充總辦。先是局中素無造後膛鎗砲之設備。先君在局凡八年。任內造成保民鐵甲兵艦一隻。此爲中國自製鐵甲兵艦之始。又仿英國阿姆司脫郎自升降式造成十二寸口徑大炮四尊。分裝於吳淞及大沽兩炮台。此爲當時各國海防巨炮最大之口徑也。時所用之工程師爲英人彭托。全用中國工匠。造成世界最新之武器。……同時無烟火藥後膛鎗七生的野戰炮。亦皆造成。先君離局後。兵艦及大炮均未繼續。十年前炮廠尚存未完工之大炮一尊。據稱尚係五十前年之半製品云。曾文正公於咸豐季年即延攬科學專家。自製輪船機器。金陵事定之後。籌設上海製造局。招致天算科學人材。如李壬叔徐雪村華蘅芳。後又設方言館訓練學生。延英人傅蘭雅君翻譯科學書籍。……當時局中譯印科學工程書籍百餘種。先君離局後。傅君旋去。又數年。譯書之舉遂廢。憶在光緒二十五六年已見無線電愛克司光兩書。以後遂無出版。人亡政熄。良可嘆也。民國以來。因造鎗機器已老。鎗廠全停。祇造子彈。光緒末年尚造野戰炮。後亦漸停。機器日老。不復換新。遂使前人艱難締造之規模。全行廢棄。亦國運爲之也。……昔年製造局交通不便。先君商之炮隊營統領楊君金龍。利用軍隊。修築馬路。直通法租界。兩旁植楊柳。即今之製造局路。其時製造工人各營弁兵湘人甚衆。遂發起建立湖南會館。初僅三楹。後加擴充。即今日之會館也。』所敍製造局事。爲其重要之史料。中國兵工事業之可追遡者也。（製造局兼辦譯書事業。以開風氣而輸入科學知識。亦其時一特色。影響頗巨。）至左文襄之嗜食犬肉。亦名人軼事之罕見他家記載者。（李文忠鴻章有食犬肉之傳說）如『所聞錄』云。『李至倫敦時。於英故將軍戈登之紀念碑下表敬意。將軍之遺族感激之。以極愛之犬爲贈。此犬蓋於各地競犬會中得一等賞者也。以此贈李。蓋所以表非常感謝之意。不意數日後得李氏謝柬。中有云。厚意投下。感激之至。惟是老夫耄矣。於飲食不能多進。所賞珍味。感欣得沾奇珍。朶頤有幸云云。將軍之遺族得之大詫。報紙喧騰。傳爲笑柄。』此無稽之談也。西人夙盛傳華人均喜食犬肉。故有此謠耳。若文襄之事。聶親見之。則信而有徵矣。所聞錄爲民初上海發行中國圖書局編印之滿清稗史所收。未詳輯者爲誰何。

「崇譜」所述。可相印證。並及崇德老人之謁文襄與文襄所以欵接故人之女者。亦足使讀者深感興味。壬午（光緒八年）云。『是年春中丞公隨左文襄出省閱兵。……來寧就差。亦既兩年。僅恃湖北督銷局五十金。用度不繼。遂略向左文襄之兒媳言之。非中丞公所願也。是年始奉委上海製造局會辦。進見之日。同坐者數輩。皆得委當時所謂闊差而退。文襄送客。而獨留中丞公小坐。謂之曰。君今日得無不快意耶。若輩皆爲貧而仕。惟君可任大事。勉自爲之也。故中丞公一生感激文襄知遇最深。是年年終奉文襄命趕製過山炮百尊。限日解寧。竟未遑在寧度歲也。』又云。『文襄督兩江之日。待中丞公不啻子姪。亦時垂詢及余。欲余往謁。余於先年冬曾一度至其行轅。在大堂下輿。越庭院數重。始至內室。文襄適又公出。余自壬申奉文正喪出署。別此地正十年。撫今追昔。百感交集。故其後文襄雖屢次詢及。余終不願往。繼而文襄知余意。乃令特開中門。肩輿直至三堂。下輿相見禮畢。文襄謂余曰。文正是壬申生耶。余曰。辛未也。文襄曰。然則長吾一歲。宜以叔父視吾矣。因令余周視署中。重尋十年前臥起之室。余敬諾之。嗣後忠襄公至寧。文襄語及之曰。滿小姐已認吾家爲其外家矣。湘俗謂小者曰滿。故以稱余也。』曾左夙交。後雖相失。舊誼仍在。因文正而厚其女及壻。談吐之間。亦見老輩風韵。佳話可傳。文正長於文襄一歲。文襄固久知之。同治元年壬戌。文正以兩江總督拜協辦大學士之命。文襄時官浙江巡撫。例於閣臣自稱晚生。而致書文正。請仍循兄弟之稱。謂僅幼於文正一歲也。迨文襄西征奏績。以陝甘總督協辦大學士。旋晉大學士。光緒元年乙亥答忠襄（時官河東河道總督。與書文襄循例自稱晚生）書（見文襄書牘）舉前事爲言云。『來示循例稱晚。正有故事可援。文正得協揆時。弟與書言。依例應晚。惟念我生只後公一年。似未爲晚。請仍從弟呼爲是。文正覆函云。曾記戲文一齣。恕汝無罪。兄欲循例。盍亦循此。一笑。』此爲曾左雅謔之關乎年齡者。文襄是時忽對崇德老人發文正生年之問。似非耄而偶忘。殆故示惝懭（俗所謂倚老賣老）以作談資歟。

讀浮生六記

文載道

大約是舊曆立冬的前夜，在書店買到了幾冊舊書，雖無精鈔名刻，但却皆有點骨董意義。其中有一部曰雁來紅叢報。看了一下內容，還是浮生六記初刻本之一。同時又看到前幾天本埠某劇團正在上演浮生六記話劇，而且好評嘖嘖，於是就想趁此「投機」一下，寫成了這篇小文。

雁來紅叢報相當於目前的雜誌性質，鉛印，三十二開本。封面右角印有「丙午四月」字樣，蓋爲清光緒三十二年，西歷一九〇六年也。共四冊。但浮生六記刋至第四冊，還只以卷三坎坷記愁止，尙少浪遊記快一卷，似寒齋收藏者也非「叢報」之全璧也。

關於作者沈三白或原書的掌故逸聞，一向就非常的少。只從書中知道名復，蘇州人，乾隆二十八年癸未（一七六三）十一月生，卒年無可考，然總在嘉慶十三年之後，因其第四卷浪遊記快寫成於此年，故以此推得。幼聘婦金沙于氏，八齡而夭，續娶卽陳芸，與三白同年生而早十月。習幕作賈，兼能繪事。但平生展蹤甚廣，陳芸亡後又隨其至交石韞玉作更暢浪之遊。自謂「余遊幕三十年來，天下所未到者，蜀中黔中與滇南耳。」惟至嘉慶十年石韞玉絜眷重赴四川重慶之任，邀其同往，乃別母西行而止於荆州。二月，後由荆至樊城，陸行赴潼關。十月，隨石氏家眷赴濟南，迨入秋又隨石氏入都。

以上的經歷事實，都根據原書的敍述。因爲除此之外，記載三白生平的實在稀少極了。尤因他出身不過習幕作賈，並非一意的將文章當經世之具，所以留傳於後世的自更無多。如果不賴這幾卷殘闕的筆記，及楊甦補在冷攤上的發現王韜園等的推崇，恐怕到今天還是默默無聞吧。但也許正因這個緣故，遂使作者的驅遣詞藻，刻劃愁歡，還不曾落到雕磨做作的痕跡，而只覺其淸新自然，綽約多姿，於不經意處却又顯得機杼一家也。這一點，俞平伯先生在重刋浮生六記序上說得頗有意思：

「文章事業的圓成本有一個通例，就是『求之不必得，不求可自得。』這個通例，於小品文字的創作尤爲顯明。我們莫妙於學行雲流行，莫妙於學春鳥秋蟲，固不是有所爲，却也未必就是無所爲。……

「卽如這書，說牠是信筆寫出的固然不像；說牠是精心結撰的又何以見得。這才是一半兒做着，一半兒寫着的，雖有雕琢一樣的完美，却不見一點斧鑿痕。猶之佳山水明明是天開的圖畫，然彷彿處處吻合人工的意匠。當此種境界，我們的分析推尋的技巧，原不免有窮時，此記所錄所載，妙肖不足奇，奇在全不着力而得妙肖，韶秀不足異，異在韶秀以外竟似無物。儼如一塊純美的水晶，只見明瑩，不見襯露明瑩的顏色；只見精微，不見製作精微的痕跡，這所以不和尋常的日記相同，而有重行付印，令其傳播得更久更遠的價值。」

這一段評語把「六記」的精髓幾乎都給他說盡了。我們可以將俞先生自己在前面的幾句話，當作借花獻佛：「古人論文每每標一『機』字，概念的詮表雖病含混，我却賞其談言微中。」他在臨末並謂：「我自信這種說法不至於是溢美」，跟鄙見也復相合。像「六記」那樣的文筆和才華，也方能當俞先生那樣的精緻而明脆的論斷。可見天地間的奇書有時不關着墨多寡，雖是殘卷冷籍，也未必眞賞無人。

浮生六記的最初刻本，從光緒丁丑王韜的跋文推測起來：是楊甦補（名引傳，獨悟庵居士，王氏婦兄）將原稿得於冷攤後，即付尊聞閣主人以活字板排印。按尊聞閣所印者似即爲申報館之仿宋本叢書，這從其他的書上可以想見。後來由俞氏校印的樸社本，即根據雁來紅叢報及獨悟庵叢鈔本——後者大約便是所謂「尊聞閣」所印的了。而經俞氏等的介紹後，六記的書名始引起文壇的注意與贊賞。這樣又到林語堂先生主編人間世時，又竭力稱譽此書文筆之優越，並在英文天下月刊將其譯成英文，於是沈三白夫婦的姓名與故事乃得遊遠海外了。林先生在當時也感到有關沈君生平的記錄太少，曾親自赴姑蘇訪其墓址、遺蹟，也並無所獲。可惜我這時手頭沒有清刻蘇州縣志，無法查覓沈君的小史，不過想起來恐也未必有什麼新發現。然而無論如何，浮生六記能在今天引起國內——以至國外這樣廣泛的擊節欣賞者；由冷攤上一帙殘闕的稿本而浸浸乎躋於古今「名著」之林，使三白而有知，也將含笑於玄壤了！其實，到目前爲止，世上未被發現，或發現而未經方家品題之作，自然還不止六記一種。這就看各人幸與不幸了。其次，要分析六記作者所以反在身後顯出波瀾的原因，一半就不能不歸功於時代的風氣。在頭巾氣極重的道學家和正統派心中，像筆記小品——一切屬於抒情範圍之作，無不受到輕蔑或歧視的命運。何況，作者本是一個習幕經商的人，在當時非但沒有「藉藉」之名，而且也是正統派輕視的對象，則其名之不稱固也無足深怪。一直等到五四運動以來，大家都感到文體解放之必要，再加上周作人、俞平伯、朱自清諸氏對小品散文提倡之力，抒寫之勤，以及作品本身在文苑上所顯示的光輝，於是像浮生六記、陶庵夢憶、甲行日注、板橋家書、以至公安竟陵之文，……益加聲價十倍，推崇備至，甚或以爲與中國的新文學運動大有影響的了。這在正統派看來，固然是文體的日趨萎靡，（可嘆！）但在另一方面，却又覺得是中國文化的一個轉捩；雖然在更急進者看來，恐怕還是一樣的噗嗤一笑，而斥之爲骸骨迷戀吧。（可憎！）

這樣又到了林語堂氏「以自我爲中心，以閒適爲筆調」的小品運動之再現，把人間世、宇宙風當作推波助瀾的要津，於是浮生六記一類的筆記散文，在大衆語運動的壁壘森嚴之對峙中，彷彿變成「柳暗花明又一境」了。這就是浮生六記及其同類作品所以會隔在身後一二百年忽然走運的大關鍵。不過六記本已被湮滅在冷攤主人之手，而今天却有這樣聲勢者，却不能不說一種分外的幸運了。

其次還有一個重要因素：便是書中女主人陳芸言行的令人傾倒。無論在人格、學問、胸襟方面，都非一般泛泛的女流可比。自然，要是這種女性生在此刻的話，或者還並不值得我們筆舌的評衡，但一想到她所處的時代環境，是怎樣的頑固腐舊，而她却往往有過人的行動，卓絕的識見，就自然令人起着敬愛之心了。何況，她最後的結局，正爲了舊時代大家庭的積威的凌虐磨折，而終至吞聲飲恨，鬱鬱以沒呢？所以，三白的潦倒坎坷的境遇，究竟還不如陳芸的宛轉悽涼的心事之令人同情。

這裏，且把林語堂氏在人間世四十期中，「浮生六記英譯自序」抄上幾段——他在劈頭就是這樣說：

「芸，我想是中國文學中最可愛的女人。她並非最美麗，因為這書的作者，她的丈夫，並沒有這樣推崇，但是誰能否認他是一個最可愛的女人？她只是在我們朋友家中有時遇見有風韻的麗人，因與其夫伉儷情篤，令人盡絕傾慕之念。我們只覺得世上有這樣的女人是一件可喜的事，只願認她是朋友之妻，可以出入其家，可以不邀自來和她夫婦吃中飯，或者當她與她丈夫促膝暢談書畫文學乳腐滷瓜之時，你打磕睡，她可以來放一條毛氈把你的脚腿蓋上？也許古今各代都有這種女人，不過在芸身上，我們似乎看見這樣賢達的美德特別齊全，一生中不可多得。你想誰不願意和她夫婦，背着翁姑，偷往太湖，看她觀玩洋洋萬頃的湖水，而嘆天地之寬，或者同她到萬年橋去賞月？而且假使她生在英國，誰不願意陪她去參觀倫敦博物院，看她狂喜墜淚玩摩中世紀的彩金抄本？因此，我說她是中國文學及中國歷史上（因為確有其人）一個最可愛的女人，並非故甚其辭。」

林氏所說，雖不免稍嫌其「溢」，但總之也說明了陳芸的器度豐韻，是如何的令人企慕了。而這種「企慕」，完全是經過藝術上的陶冶，得到一種親切而又醇正的愉快，使歷史在讀者之前忽然失去距離，遂不禁引起各種的遐想，然這決非動輒談「授受不親」的偽道學者所能理會罷了。而林氏以為他們之不容於大家庭的原因，「不過因為芸知書識字，因為她太愛美至於不懂得愛美有什麼罪過。因她是識字的媳婦，所以她得替她的婆婆寫信給在外想要娶妾的公公，而且她見了一位歌妓簡直發癡，暗中替她的丈夫撮合娶為簉室，後來為強者所奪，因而生起大病，在這地方，我們看見她的愛美的天性與這現實的衝突——一種根本的，雖然是出於天真的衝突。」所謂女子無才便是德，所謂人生識字憂患始，可見才之與德，識字之於幸福，向來是處在這樣深刻的對立地位。而陳芸呢，不但識字，並且有才，不但有才，並且還要為她的丈夫娶簉室，還要女扮男裝出外遊玩山水，還要聯句吟詩；而這一切，無不與當時高唱「夫為妻綱」，「三從四德」的現實所衝突，則其最後所受的層層壓迫，自然無法避免了。

本來，「妒非女人惡德」。女性不許丈夫有外遇，原也人情之常。不料一到了陳芸之手，却相反的去促成丈夫的娶妾，而所娶的還是妓女！這在素以「中庸之道」治天下的專制時代，當然不允許有這種「非常」之舉了。而歷來衛道之輩所允許我們的，是中和庸。「中」是不偏不倚，不反不側，奉公守法，「乖乖兒的」。「庸」是不智不愚，不死不活，衆口一聲，「天皇聖明」。丈夫要納妾，固然無從反對，否則，像芸那樣的舉動，也難免大悖於中庸之外，超越於情理之中了。因為中國女子唯一的典範即是貞靜淑嫻——這些誰也弄不清的抽象詞眼。連走起路來都要扭扭揑揑的。然而在芸，則只是憑着一股莫名的天真質直之稚氣，想把世上一些美而可愛的人物邱壑都據諸左右。一無所謂階級，二無所謂禮教，三無所謂權利。……所以她會把一妓女薦給丈夫，會無視於世俗的習見，會不惜將女人最愛鬧的妒忌放棄，且願共處一方。以人為可愛，而我誠可愛矣。在愛與美的中間，她沉醉、她流連、她享受，終至渾然地忘去身外的榮辱！如她先看見三白同伴徐秀峯艷稱新妾之美，即曰「美則美矣，韵猶未也」。及秀峯問以「然則若郎納妾，必美而韵者乎」後，從此便癡心物色。待看到浙妓溫憨園，才對三白說，「今日得見美而韵者矣。」這正如林氏所說「由於藝術上本無罪而道德上犯禮的衷懷」──那種愛美愛眞的熱情的驅促，才使她從一層層庸俗的範圍中脫穎而出，傲睨一切。我想，可惜芸只是一個弱女子，而壽命又有限。要是換一個精力充沛的男子，說不定還有許多石破天驚的舉動吧。

綜觀全書，閨房記樂適與坎坷記愁成一對照。前者細膩熨貼，後者則悽清曲折。但論感人之深，不消說，還得推後者。這理由，猶如喜劇不及悲劇之易於動人，所謂哀愁乃文藝的源泉也。其中聲淚俱下之處不一而足，如記芸之臨終云：

「（上略）芸又欷歔曰，妾若稍有生機一線，斷不敢驚君聽聞。今冥路已近，苟再不言，言無日矣。君之不得親心，流離顚沛，皆由妾故，妾死則親心自可挽回，君亦可免牽掛。堂上春秋高矣，妾死，君宜早歸，如無力攜妾骸骨歸，不妨暫厝於此，待君將來可耳。願君另續德容兼備者，以奉雙親，撫我遺子，妾亦瞑目矣。言至此，痛腸欲裂，不覺慘然大慟。余曰，卿果中道相捨，斷無再續之理。況曾經滄海難爲水，除却巫山不是雲耳。芸乃執余手而更欲有言，僅斷續疊言來世二字，忽發喘，口噤，兩目瞪視，千呼萬喚，已不能言，痛淚兩行，涔涔流溢。旣而喘漸微，淚漸乾，一靈漂渺，竟爾長逝，時嘉慶癸亥三月三十日也！當是時，孤燈一盞，舉目無親，兩手空拳，寸心欲碎，綿綿此恨，曷其有極！承吾友胡肯堂以十金爲助，餘盡室中所有，變賣一空，親爲成殮。」

讀此文時，正是氣候剛入冬令，於秋之蕭瑟中又加上冬之枯寂，而夜來一雨瀟瀟，孤燈搖搖，冥冥中彷彿見此一對精英陷在萬般轉折之境，眞也自笑其替古人担憂之亟也。詩云，「姑惡，姑惡，姑不惡，妾命薄，」聽芸臨終之言，忽想到東坡的詩，猶覺得芸自始至終是一個胸無城府的老實人。而造物之加彼者又何其酷哉！無怪三白要說：「奉勸世間夫婦，固不可彼此相仇，亦不過過於情篤。語云，恩愛夫妻不到頭，如余者，可作前車之鑒也。」這也等於無可奈何的解嘲而已。好像物極必反，由絢爛必至平淡。三白豈眞有慊於「恩愛」，蓋激於悲憤，作此反語，其主意未嘗不深曲耳。

除此段外，還有三白自貢局司事被裁後，因家居窮寂，只好再至靖江作將伯之呼，在失途夜宿神廟時，也有一段涼徹肌骨的描寫：

「時已薪水不繼，余佯爲雇騾以安其心。實則囊餅徒步，且食且行。向東南兩渡叉河，約八九十里，四望無村落。至更許，但見黃沙漠漠，明星閃閃，得一土地祠，高約五尺許，環以短牆，植以雙柏，因向神叩首祝曰，蘇州沈某投親失路至此，欲假神祠一宿，幸神憐佑！於是移小石香爐於旁，以身探之，僅容半體，以風帽反戴掩面。坐半身於中，出膝於外，閉目靜聽，微風蕭蕭而已。足疲神倦，昏然睡去。及醒，東方已白，短牆外忽有步語聲，急出探視，蓋土人趕集經此也。」

歷來風土景物之描寫，每因作者當時的感受而顯出文字色澤的深淡晦明。而這一段，尤因作者以平淡自然之筆颼颼寫去，而自身又正絕於崎嶇困厄之中，遂覺寥寥數十言的狀景寄愁，使讀者同其咨嗟太息。野途風霜，天涯星月，一照到愁城的遊子，眞無一而非驚心觸目的徵象。

況且此去又是向人低首告貸非出本願，而閨中更有芸的望穿秋水呢！其他的許多晶瑩細致的點染，在整整四卷中，可謂不勝枚舉，且待讀者自己去領略。最後，要說的是五六兩卷佚稿眞贋問題。

在林先生的英譯序後面，曾說起此書如在王弢園、石韞玉及其他文中有發現關於三白生平文字者，請寫信通知他。現在，因韜園文集深封書篋，查來麻煩，姑待他日。至於石韞玉的著作，（三白有記云：琢堂名韞玉，字執如，琢堂其號也。與余爲總角交，乾隆庚戌殿元，出爲四川重慶守。）寒齋舊藏有文集獨學廬初稿、二稿、外集三種，詩集則自池上集至鵑聲集約八九種。但我很仔細的在詩文中逐一檢閱之後，却不見有關三白的材料。而同時知名之士若洪稚存六十初度，張船山乞假歸蜀，伊墨卿江亭雅集，李石農至浙東等，却頗多唱酬。就是三白記的石琢堂舊交孝廉王惕夫，也見於其觴詠中。但又有「同社」，「社友」的讌會云云，未知有否三白在其間？這不免令人疑問，何以不見於石氏的集子，雖然也很可能。昨天無意中看見二十五年度江蘇省立蘇州圖書館年刊中，有故程瞻廬先生補白「沈三白軼聞」云：

『浮生六記之著者沈三白先生，（復）其行事散見於他籍者頗少，而浮生六記又鉠其後二種。近雖有足本，類（？）語意不倫，望而知爲贋鼎，先生少年時住城南，曾居滄浪亭，曾遊水仙廟，惜代遠年湮無有能知其逸事者。先生曾隨册使趙文楷殿撰至琉球繪有琉球觀海圖。石琢堂先生晚香樓詩集中，有題沈三白琉球觀海圖云：中山瀛海外，使者賦皇華。亦有乘風客，相從貫月槎。鮫宮依佛宇，龍節出天家。萬里波濤壯，歸來助筆花。』

於此，始知石氏尙有晚香樓詩集。則寒齋所藏石氏著作，也是不足的了。至於這所謂「足本」，程氏已斷其爲贋鼎。而林氏也說，「過兩星期得黎庵由甬來札，謂全本已爲蘇人王均卿老先生（文濡，即說庫編者）所得，而王又適於二月前歸道山。」惟最後按曰，「頃閱世界書局新刊行『美化文學名著叢刊』內王均卿所『發現』浮生六記『足本』，文章既然不同，議論全是抄書，作假功夫幼稚，决非沈復所作，聞當爲文辯之。」其辨僞語氣益見肯定。今從『足本』中山記歷開首觀之，如「然而尙囿方隅之見，未觀域外，更歷瀴溟之勝，庶廣異聞。……凡所目擊，咸登掌錄。誌山水之麗奇，記物產之瓌怪，載官司之典章，嘉士女之風節。文不矜奇，事皆記實。自慚謭陋，甘貽測海之嗤，要堪傳信，或勝鑿空之說云爾。」持以和原作相較，其眞僞優劣之判，殆也無待煩言了。即在世界本趙苕狂的考文中，也說：「至於這個本子，究竟靠得住靠不住？是不是和沈三白原本相同？我因爲沒有得到其他的證據，不敢怎樣的武斷得！但我相信王均卿先生是一位誠實君子，至少在他這一方面，大概不致有所作僞的吧？」然則對於此書也不敢保持怎樣的信任，他可知矣。

我覺得歷來假冒、竄改和賡續的書，都不能與原著媲美，而且日久難免識破。上自劉歆，下迄高蘭墅改續的手段，尙且爲後人所揭露，則在作僞伎倆每下愈況的今日，更加不值一顧，也不值一辨了。

三白生而窮愁以終，死復無聲於後世，自其遺稿問世，始得一露鋒芒。不料居然還有不自忘其老醜的文儈，竟靦然的狗尾續貂，爲書賈開一方便之門，而黔驢之技，却又淺庸之至。豈眞一爲文人，便無足觀哉？

（十一月十四夜，雨窗，三鼓）

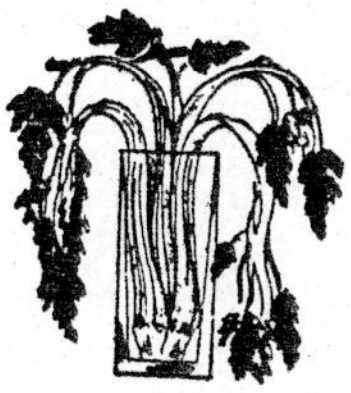

生死篇

梅岑

記不清是那一年了，總之，還在我十歲以前吧，因爲偶然的機緣，在我幼小的心上印下了一個暗影，廿餘年來人世間幾多變化，不但未能把這個黑影子拭了去，而且牠隨着年紀的增長漸次擴大，直到今天，我心上僅剩的一點光明也快被牠蝕盡了！廿餘年前的北京，三海尚未開放，城裏頭找不出像現在這們多的遊觀所在，城外當夏日護城河水漲時，至少在北京人的眼裏看來頗有浩淼烟波之趣——雖然所謂河者其實不過一條狹小的水溝而已。明人所記滿井、高梁橋的勝遊固然早成了陳迹，二閘、菱角坑等處的水影荷香，和沿途臨時搭設的幾個戲棚裏的管弦彈唱、嘈雜嘔啞，却很可以招邀來不少清閒的城裏人。護城河的遊船載着遊人輕快的歡欣，飄浮自在，船頭上有時還有唱書人唱着劉金定招親之類兒女英雄的中世羅曼史，足以撩動船上女客們——其中有的是所謂大門不出二門不邁的標準規矩人——心靈隱秘處潛在的青春。就在這船上，有一天，隨着祖母、父親、姑母、母親、和兩個弟弟從朝陽門外看野戲歸來，水面風吹，夕陽紅亂，我正從艙裏坐觀岸上的烟樹人家，忽然看見兩匹騾子馱着一具棺材緩緩的走動，這個極其慣見毫不新奇的現象，不知是怎麼，竟像神之啓示似的撼動我整個平靜而幼稚的靈魂。我第一次窺見了「死」——這永遠的神秘，永遠的恐怖。當時想到這棺材裏裝着的，不是曾經和我一樣活過的人麼？現在他死了，這棺材永遠隔絕了，他和世界的連繫，在我周圍的父、母、祖、姑、兩弟這幾個親人，假如有一天也死了，我將怎麼樣？或者我自已死了，他們將怎樣？再不然，我們都死了，這河、這樹、這太陽、這鬧嚷嚷的世界又將怎麼樣？這個極單純然而極複雜，極平凡然而極神秘的問題，像一條有毒的蛇，在我的心裏執拗的纏着、嚙着，使我難得擺脫，這一夜我竟不得安眠，無名的眼淚不自禁的沾濕了衾枕！我不能再渾然活在童年的夢裏，享受家人骨肉的和平溫暖了，從此就戰慄在人類永恒的命運之前！

果然，所怕的事眞個到來，「死」的影子漸漸變成了實體。自我九歲時兩個弟弟幾乎是同時，被猩紅熱攫去之後，我才知道這世界原來這樣的脆，這樣的容易碎，我那時雖然躲在外祖母的家裏，未曾看見他們的死象，可是失去了遊戲伴侶的寥寂，淒涼已然深刻的傷了一個孩子的心。回到家來，一切景象如舊，只少了這兩個人，就改換了一番境界，像一個經了霜的園林。此後廿餘年裏，母親的死，嬸母的死，父親的死，最後是四年前祖母的死！當時船中同遊的人，現在除了姑母之外，連一人也不剩，眞都到別一個世界裏去了，我現在在這兒寫着這無聊的文字，他們的血肉却都化做荒丘的泥土！可是我這踽踽涼涼在暗夜裏行路的孤兒竟怎麼樣呢？我似乎和死者並未離開，他們彷彿依然在我的前後左右，入了中年，傷於哀樂，這感覺也就愈加深切，雖然經過幾度憧憬，幾番幻滅之後，近來眞像匈牙利詩人彼脫斐 Pitafi 所說連絕望也感到虛妄，幾位骨肉至親遺留下來的聲音笑貌，却每天在夢中相見宛如平生。母親的憂鬱，父親的詼諧，弟弟的活潑，祖母的慈祥，直到我自已也化爲幽泉白骨之前，是不會不消失也不會黯淡的。舊作「孤兒篇」有臆想自己死滅情景的一段云：「依依客旋里，啞啞鳥返林，投身父母懷，和淚話悲辛，祖母喜孫至，杜杖笑吟吟；兩弟驚兄至，跳躍牽裾襟。廿年久契闊，團圞意倍親。所恐死無知，白骨空粼粼！」這使我們想到梅脫林克「青鳥」中貼兒在記憶之土裏見着祖父母的一幕，那仙人說：「他們都活在你們的記憶裏面……你們只要不忘記死者，馬上可以看見他們很快活的活着和沒死一樣」，「死者日以疏，生者日以親」，這句古詩倘從生者立言那自然甚是沉痛，倘從生者追慕死者的心情說來，却未免有欠於淳至吧？

我不懂文藝，不知道巴金「激流三部曲」應得何等的評價，可是看到「秋」裏，蕙死之後，覺新他們請碟仙，招邀她的殤魂一節（手邊無書，未能徵引），凄風苦雨，哀髗裏夾雜着陰森，其意境很像李長吉詩，是現代創作中很不多見的場面。對於死後世界，理智上明知其無，情感上却不忍不信其有，這樣巧妙的自欺，正是人生之一術。尤其對於這超於人力無何奈何的「死」。中國儒家在很早就有了這種調劑情理的聰明。檀弓有云：「孔子曰：之死而致死之，不仁而不可爲也；之死而致生之，不知而不可爲也。是故竹不成用，瓦不成味；木不成斲；琴瑟張而不平，竽笙備而不和，有鐘磬而無簨虡，其曰明器神明之也。」說過「未知生，焉知死」的孔子，把生死問題的解決當作藝術而不當作宗敎，不問死者之鬼的有無，只論活人之心的安否，這是很高超却又很切實的辦法，所謂「極高明而道中庸」也。較之老莊的否定分別，泯除比較，「一死生，齊彭殤」的齊物論，自然更貼切於人情，因爲那種冥無迹象的超理智境界，本非實際世間所能有，其理論也就非實際生活中所能行。莊子妻死，鼓盆而歌，貌似曠達，實多

勉强做作，正如劉伶的荷鍤。「情之所鍾，正在我輩」，故作忘情，反倒大非自然矣。陶潛的「縱浪大化中，不喜亦不懼，應盡便須盡，無復獨多慮」，反似不如其挽歌中所謂「親戚或餘悲，他人亦已歌」之更來得眞誠摯切，就因前者的境界是超人的，是主觀的排遣語；後者的境界是常人的，是客觀的沉痛語。人情戀戀不能因生死而截斷了連繫，死者希望死後有所續延，生者也不忍把死者認作完全的灰滅，這理念實在植根於普遍於生物界的生之意志，其源甚遠，其力甚强，是一種眞正的自然主義，乃自然的發展而非自然的復歸也。像這樣就生以言生，不假神意的支持，不求論理的貫澈，實爲中國哲學一個根本特質。近來，似乎有人拿中國和古希臘比觀，覺得兩者有頗多的同點。笛肯生作「希臘人的人生觀」，說「諧和一語是了解希臘人的一把鑰匙」，而中國的儒家道家也在標揭着中和、中庸之道，然而這市政府治下的島國文化畢竟和農村封建的大陸文化有更根本的差異，日在戰伐中過活的希臘人熱烈的讚美着「生」却也戰慄的恐怖着「死」，尼采在「悲劇的產生」裏就認爲希臘的悲劇是起於對於死之恐怖的征服。酒神的狂醉其實也就是對於「死」的掙扎反抗。「沒有恐怖的深淵，也就沒有美的平面」。希臘藝術的基本精神就在「死」之否定上，歐洲整個藝術史乃至文化思想史都是這一點精神的發展，我們從這裏才可以懂得普羅迷修士懂得歐狄浦司懂得浮士德懂得漢姆烈德，懂得擺倫、雪萊、哈代、杜斯退益夫斯基、屠格涅夫。魯迅先生的摩羅詩力說大可供吾人參考也。

儒家對死的態度之客觀表現具見於喪祭之禮，如前面所引明器之說，馮友蘭氏以桑他耶那宗教詩化之說爲解，可謂精絕，然而我們不要忘記儒

家的理論不過是一種理論，而且大部分是以貴族社會爲根據的理論，「窮年不能盡其學，累世不能究其禮」（墨子非儒）的儒家理想，究竟在一般社會裏有過多少具體的實現，實在大成疑問。喪祭之禮自漢以來，不但不是人生的藝術，而且成了帶着很濃厚政治色彩的宗教儀式。廬墓、丁憂等事在漢魏時代竟成了仕宦升沉的標準，作三國志的陳壽居喪使婢女和藥丸，以致得罪鄉評，沉滯終身，是最有名的例證。作爲這種僵化的煩瑣儀式之反動的便是六朝士大夫的狂蕩。阮籍聞母喪與人圍碁不輟，然而碁罷大慟吐血數升，（晉書籍本傳。）比之趙宣居墓隧二十年，可是五子皆生於喪服中，（後漢書陳蕃傳。）畢竟孰誠孰僞？禮者到了這個地步眞是忠信之薄也！至於流俗沒有破壞的膽量和勇氣，却也缺少遵守的誠意與信心，乃漸漸由虛僞流入了輕狎。南史王秀之傳載其遺令曰：「世人以僕妾直靈助哭當由喪主不能淳至，欲以多聲相亂，魂而有靈，吾當笑之，」後世便有雇人替哭的滑稽喪儀。唐人作李娃傳有東西二肆比賽挽歌的記載，也未嘗不是風流焰口、說書、唱曲以博「弔者大悅」的先河。此外還有傳燈、跑方、焚燒樓庫、陰陽宅戲齣等熱鬧非常的節目，這簡直由哀傷變爲歡喜，拿喪葬當作遊戲了，總之，希臘人所由以產生悲劇的「死」之恐怖我們竟把牠當作一場玩笑。古人說，「居喪不言樂」，「里有喪舂不相，鄰有喪不巷歌」，可是過大殯在今天的意義實無殊於「大過會」，是公衆娛樂之一種。死者的子孫也大以跟着棺材遊行爲一種出風頭、擺體面的舉動，正像北京舊日所謂耗財賣臉的香會的「把兒頭」。聽說當年山東某縣有富戶於喪事舉殯時特意在附近地方舉辦幾臺大戲，分散觀衆，以殺出喪時擁擠之勢，喪禮至此，嘆觀止矣。更可怪的是士大夫的積非成是，習僞爲眞。世說：「晉簡文崩，孝武年十餘，立，至暝不臨，左右啓，依常應臨，帝曰：哀至則哭，何常之有？」王陽明年譜：「父卒，久哭暫止，有弔客至，侍者曰：宜哭，先生曰客至始哭則客退不哭，飾情行詐也。」此二事自是古人行禮之差近於認眞者。俞理初癸巳類稿引此而爲評論曰：「是皆不守禮制，臣妾皆臨而嗣子不臨，客匍匐舉哀而主人默爾；且必客退而哭，客進反不哭是飾情示矯也。」俞君在近世號爲明達，持論拘墟，竟至於此，「且必客退而哭」等語，並未看懂原文，遽下斷案，不僅迂陋，簡直荒唐了。在這樣空氣和環境之中，看了耶、回等教以宗教儀式行喪禮者反覺其嚴肅認眞矣。喪葬之禮的虛僞、遊戲，便是對於「死」的輕狎，對於死的輕狎，便是對於「生」的侮辱，不知「死」之莊嚴也就不知「生」之鄭重。儒家的調諧情理，其末流竟是混淆死生，加之變亂太多，人生大苦，生無可樂，死也就無甚可悲。生時的實象既甚黯淡，死後的想像也異常悲涼，受了宗教陶冶的民族所構想的死的輝煌，在我們簡直無從理解，在混沌的社會裏中古以五石散、近世以鴉片烟、麻雀牌排遣無聊生命的人民，只能把席方平、考弊司之類的小說，鍘判官、八件衣之類的戲曲當作冥土的想像了。我們的歷史上絕少鮮明的生，絕少强烈的死，絕少峻嚴深刻的思想和熱烈奔放的感情。林語堂氏以「生之重要」名其講中國人生活和思想的書，其實眞能知道生之貴重者恐怕只有呂氏春秋貴生一篇所代表理論吧？「全生爲上、虧生次之、死次之、迫生爲下……故迫生不如死。嗜肉者非腐鼠之謂也；嗜酒者非敗酒之謂也；尊生者非迫生之謂也。」「不全寧無」這是多明快、多磊落的議論。然而魏晉以下，幾人知此，哀哉！世俗所謂貪生怕死，皆戀戀於迫生耳！皆垂涎於腐鼠、敗酒耳！記得前十數年北京先後有梁巨川、王靜安二氏自殺之事。當時舊派讚揚其殉淸室，新派責備其放棄對社會的責任，一般社會則肆爲譏嘲，甚至當作笑柄，其實我們雖不來提倡自殺，然而死生亦大矣，一個人至於捨棄了他的生命，總該有他很沉痛的理由。梁氏，從他的遺書和他的哲嗣漱溟先生所作思親記等看來，本是熱腸愛世一流，不甘於當時黑暗勢力和荒淫無恥空氣的壓迫，憤而自沉；王氏則早年治康德、叔本華哲學，久矣視人生爲虛幻、世界爲泥洹，讀所作紅樓夢評論、詠蠶詩及人間詞中諸作可知其厭倦生活至何程度，其由文哲之研究入於考據以此，其自溺於昆明湖亦未必不以此。社會上膚淺的揄揚、責備，和浮薄的譏嘲，足見其把死之一事看得何等輕飄了，羅曼羅蘭在「愛與死之搏鬥」裏借迦爾諾的口，對傑羅姆說，你不能死，「共和國不願拖着你的死屍，因爲牠過於沉重」，能感到「死」之重量的才能感到生之重量也。過去對於專制帝王的屍諫，反倒不能生效於現代的中國人民，我不知道這是歷史的進化呢？還是因爲「喪亂死多門」，和死太慣熟了，遂習見而不驚呢？

當着這世界史上空前的巨變，人類全體眞個都在生死線上掙扎，「生與死」，這不是從容思辨的對象，而是無可閃躲的實在的問題。我沒有哥德越過愛子的死屍前進的勇毅，還來哀傷幾個逝去的親人，拉拉雜雜，說一片關於生死的空話，這不但多餘而且也太不知趣了。不過，蚊蝻噆膚對於一個人的影響，有時會大於泰山的崩頹，因爲這是直接的感受。北歐的憂鬱哲人吉開迦爾 Kivkekaard 所說：「世界最基本的實體乃是單一的個人」，就這一點看來原也不失爲一個眞理。可是像我這般藐如蟲蟻的個人，豈只說不到推動世界，抑且無力担荷這世界所給的負擔。僶俛於生死之間，不能有古希臘的剛烈，也不能有古中國人的灑脫，甚至也無分如世人頹廢的享樂，「識得菜根香」昔人以自高其恬淡者我只好拿來證實我的艱苦，正是汪容甫所謂「九淵之下，尙有天衢」，然而還得挨下去，挨下去，這種滋味眞要在酸鹹之外了。我却無所埋怨，我願學習古時登廊派哲人的强忍，把這悲哀的命運客觀化了，作爲對象來觀照，體驗，這或許也是人生勝業之一吧？

古今儁語

果堂

（一）雲臺編唐鄭都官谷所著詩集，民間初無傳本，分宜嚴氏從內府鈔出，乾隆時始刊行全集，皆近體無古詩。可知古人此事專精，不工者遂不爲。不似今人可一體不工，不容一體不備。（周壽昌「思益堂日札」卷五）

（二）七十子之徒，周末漢初，去聖人則近矣。彼其徒之識道理，與屬詞比事，或尙不及後之大賢也。若非後之大賢，識之是弗好古也。若謂過於後之大賢，則是古之瓦瓻，賢於今之金玉也。（定庵年譜外紀）

（三）因讀史謂宗夏曰：古之諸侯，卽今之土司也。後之儒者以漢唐宋之眼目，看夏商周之人情，宜其言之愈多，而愈不合也。（劉獻廷「廣陽雜記」卷四）

（四）今之學者率知古而不知今，縱使博極羣書，亦庋算半個學者。然知今之學甚難也。農政一事，今日所最當講求者，然舉世無其人矣。卽專家之書，今日甚少。以予所聞，惟此帙耳。徐玄扈先生有「農政全書」，予求之十餘年，更不可得，紫庭在都時于無意中得之，予始得稍稍翻閱。玄扈天人，其所著述，皆迥絕千古，然此書先生未竟之稿，而方國維方岳貢重爲編輯者也。故讀之不能暢。人間或一引先生獨得之言，則皆令人拍案叫絕，意欲摘其數十則錄于日知錄內，而卒不暇也。（「廣陽雜記」卷三）

按余曾見農政全書二部，明徐光啓撰。皆六十卷。一爲崇禎十二年原刊本，一爲道光十八年重刻本。惟明刻本頗不易得，有亦殘缺不完，讀劉此記，是淸初已少見矣。

（五）錢大參良臣自諱其名，凡有「良臣」二字皆塗之。其幼子頗慧，凡經史中有良臣字，輒改之。一日讀孟子，曰今之所謂爹爹，古之所謂民賊也。傳以爲笑。（「稗史」）

更衣記

張愛玲

如果當初世代相傳的衣服沒有大批的賣給收舊貨的，一年一度六月裏曬衣裳，該是一件輝煌熱鬧的事罷。你在竹竿與竹竿之間走過，兩邊攔着綾羅綢緞的牆——那是埋在地底下的古代宮室裏發掘出的甬道。你把額角貼在織金的花綉上。太陽在這邊的時候，將金線曬得滾燙，然而現在已經冷了。

從前的人喫力地過了一輩子，所作所爲，漸漸蒙上了灰塵；子孫晾衣裳的時候又把灰給抖了下來，在黃色的太陽裏飛舞着。回憶這東西若是有氣味的話，那就是樟腦的香，甜而穩妥，像記得分明的快樂，甜而悵惘，像忘却了的憂愁。

我們不大能夠想像過去的世界，這麼迂緩，安靜，齊整——在滿清三百年的統治下，女人竟沒有什麼時裝可言！一代又一代的人穿着同樣的衣服而不覺得厭煩。開國的時候，因爲「男降女不降」，女子的服裝還保留着顯著的明代遺風。從十七世紀中葉直到十九世紀末，流行着極度寬大的衫袴，有一種四平八穩的沉着氣象。領圈至低，有等於無。穿在外面的是「大襖」。在非正式的場合，寬了衣，便露出「中襖」。「中襖」裏面有緊窄合身的「小襖」，上牀也不脫去，多半是嬌媚的桃紅或水紅。三件襖子之上又加着「雲肩背心」，黑緞寬鑲，盤着大雲頭。

削肩，細腰，平胸，薄而小的標準美女在這一層層衣衫的重壓下，失蹤了。她的本身是不存在的，不過是一個衣架子罷了。中國人不贊成太觸目的女人。歷史上記載的聳人聽聞的美德——譬如說，一隻胳膊被陌生男子瞥見了，便將它砍掉——雖然博得普通的讚嘆，知識階級對之總隱隱地覺得有點遺憾，因爲一個女人不該吸引過度的注意；任是鐵錚錚的名字，掛在千萬人的嘴唇上，也在呼吸的水蒸氣裏生了銹。女人要想出衆一點，連這樣堂而皇之的途徑都有人反對，何況奇裝異服，自然那更是傷風敗俗了。

出門時袴子上罩的裙子，其規律化更爲徹底。通常都是黑色，逢着喜慶年節，太太穿紅的，姨太太穿粉紅。寡婦繫黑裙，可是丈夫過世多年之後，如有公婆在堂，她可以穿湖色或雪青。裙上的細摺是女人的儀態最嚴格的試驗。家教好的姑娘，蓮步姍姍，百摺裙雖不至於紋絲不動，也只限於最輕微的搖顫。不慣穿裙的小家碧玉走起路來便予人以驚風駭浪的印象。更爲苛刻的是新娘的紅裙，裙腰垂下一條條半寸來寬的飄帶，帶端繫着鈴。行動時，只許有一點隱約的叮噹，像遠山中寶塔上的風鈴。晚至一九二〇年左右，比較瀟洒自由的寬摺裙入時了，這一類的裙子方才完全廢除。

穿皮子，更是禁不起一些出入，便被目爲暴發戶。皮衣有一定的季節，分門別類，至爲詳盡。十月裏若是冷得出奇，穿三層皮是可以的，至於穿什麼皮，那却要顧到季節而不能顧到天氣了。初冬穿「小毛」，如青種羊，紫羔，珠羔，然後穿「中毛」，如銀鼠，灰鼠，灰脊，狐腿，甘肩，倭刀，隆冬穿「大毛」，——白狐，青狐，西狐，玄狐，紫貂。「有功名」的人方能穿貂。中下等階級的人以前比現在富裕得多，大都有一件金銀嵌或羊皮袍子。

姑娘們的「昭君套」爲陰森的冬月添上點色彩。根據歷代的圖畫，昭君出塞所戴的風兜是愛斯基摩式的，簡單大方，好萊塢明星仿製者頗多。中國十九世紀的「昭君套」却是顛狂冶豔的，——一頂瓜皮帽，帽沿圍上一圈皮，帽頂綴着極大的紅絨球，腦後垂着兩根粉紅緞帶，帶端綴着一對金印，動輒相擊作聲。

對於細節的過份的注意，爲這一時期的服裝的要點。現代西方的時裝，不必要的點綴品未嘗不花樣多端，但是都有個目的——把眼睛的藍色發揚光大起來，補助不發達的胸部，使人看上去高些或矮些，集中注意力在腰肢上，消滅臀部過度的曲線……古中國衣衫上的點綴品却是完全無意義的。若說它是純粹裝飾性質的罷，爲什麼連鞋底上也滿佈着繁縟的圖案呢？鞋的本身就很少在人前漏臉的機會，別說鞋底了，高底的邊緣也充塞着密密的花紋。

襖子有「三鑲三滾」，「五鑲五滾」，「七鑲七滾」之別，鑲滾之外，下擺與大襟上還閃爍着水鑽盤的梅花，菊花。袖上另釘着名喚「闌干」的絲質花邊，寬約七寸，挖空鏤出福壽字樣。

這樣聚集了無數小小的有興趣之點，這樣不停地另生枝節，放恣，不講理，在不相干的事物上浪費了精力，正是中國有閒階級一貫的態度。惟有世上最清閒的國家裏最閒的人，方才能夠領略到這些細節的妙處。製造一百種相仿而不犯重的圖案，固然需要藝術與時間；欣賞它，也同樣地煩難。

古中國的時裝設計家似乎不知道，一個女人到底不是大觀園。太多的堆砌使興趣不能集中。我們的時裝的歷史，一言以蔽之，就是這些點綴品的逐漸減去。

當然事情不是這麼簡單。還有腰身大小的交替盈蝕。第一個嚴重的變化發生在光緒三十二三年。鐵路已經不那麼稀罕了，火車開始在中國人的生活裏佔着一重要位置。諸大商港的時新款式迅速地傳入內地。衣袴漸漸縮小，「闌干」與闊滾條過了時，單剩下一條極窄的。扁的爲「韮菜邊」，圓的爲「燈草邊」，又稱「線香滾」。在政治動亂與社會不靖的時期——譬如歐洲的文藝復興時代——時髦的衣服永遠是緊匝在身上，輕捷俐落，容許劇烈的活動。在十五世紀的意大利，因爲衣袴過於緊小，肘彎膝蓋，筋骨接筍處非得開縫不可。中國衣服在革命醞釀期間差一點就脹裂開來了。「小皇帝」登基的時候，襖子套在人身上像刀鞘。中國女人的緊身背心的功用貫在奇妙——衣服再緊些，衣服底下的肉體也還不是寫實派的作風，看上去不大像個女人而像一縷詩魂。長襖的直線延至膝蓋爲止，下面虛飄飄垂下兩條窄窄的袴管，似腳非腳的金蓮抱歉地輕輕踏在地上。鉛筆一般瘦的袴腳妙在給人一種伶仃無告的感覺。在中國詩裏，「可憐」是「可愛」的代名詞。男子向有保護異性的嗜好，而在青黃不接的過渡時代，顚連困苦的生活情形更激動了這種傾向。寬袍大袖的，端凝的婦女現在發現，太福相了是不行的，做個薄命的人反倒於她們有利。

那又是一個各趨極端的時代。政治與家庭制度的缺點突被揭穿。年青的知識階級仇視着傳統的一切，甚至於中國的一切。保守性的一方面也因爲驚恐的緣故而增强了壓力。神經質的論爭無日不進行着，在家裏，在報紙上，在娛樂場所。連塗脂抹粉的文明戲演員，姨太太們的理想戀人，也在戲台上向他的未婚妻借題發揮，討論時事，聲淚俱下。

一向心平氣和的古國從來沒有如此騷動過。在那歇斯迭里的氣氛裏，「元寶領」這東西產生了——高得與鼻尖平行的硬領，像緬甸的一層層疊至尺來高的金屬頂圈一般，逼迫女人們伸長了脖子。這嚇人的衣領與下面一捻柳腰完全不相稱。頭重脚輕，無均衡的性質正象徵了那個時代。

民國初建立，有一時期似乎各方面都有浮面的清明氣象。大家都認眞相信盧騷的理想化的人權主義。學生們熱誠擁護投票制度，非孝，自由戀愛。甚至於純粹的精神戀愛也有人實驗過，但似乎不會成功。

時裝上也顯出空前的天眞，輕快，愉悅。「喇叭管袖子」飄飄欲仙，露出一大截玉腕。短襖腰部極爲緊小，上層階級的女人出門繫裙，在家裏只穿一條齊膝的短袴，絲襪也只到膝爲止，袴與襪的交界處偶然也大胆地暴露了膝蓋。存心不良的女人往往從襖底垂下挑撥性的長而寬的淡色絲質袴帶，帶端飄着排穗。

民國初年的時裝，大部份的靈感是得自西方的。衣領減低了不算，甚至被蠲免了的時候也有。領口挖成圓形，方形，雞心形，金剛鑽形。白色絲質圍巾四季都能用。白絲襪脚跟上的黑綉花，像蟲的行列，蠕蠕爬到腿肚子上。交際花與妓女常常有戴平光眼鏡以爲美的。舶來品不分皂白地被接受，可見一斑。

軍閥來來去去，馬蹄後飛沙走石，跟着他們自己的官員，政府，法律。跌跌跘跘趕上去的時裝，也同樣地千變萬化。短襖的下擺忽而圓，忽而尖，忽而六角形。女人的衣服往常是和珠寶一般，沒有年紀的，隨時可以變賣，然而在民國的當舖裏不復受歡迎了，因爲過了時就一文不值。

時裝的日新月異並不一定表現活潑的精神與新穎的思想。恰巧相反。它可以代表呆滯；由於其他活動範圍內的失敗，所有的創造力都流入衣服的區域裏去。在政治混亂期間，人們沒有能力改良他們的生活情形。他們只能够創造他們貼身的環境——那就是衣服。我們各人住在各人的衣服裏。

一九二一年，女人穿上了長袍。發源於滿洲的旗袍自從旗人入關之後一直是與中土的服裝並行着的，各不相犯。旗下的婦女嫌她們的旗袍缺乏女性美，也想改穿較嫵媚的襖袴，然而皇帝下詔，嚴厲禁止了。五族共和之後，全國婦女突然一致採用旗袍，倒不是爲了效忠於滿淸，提倡復辟運動，而是因爲女子蓄意要模仿男子。在中國，自古以來女人的代名詞是「三綹梳頭，兩截穿衣。」一截穿衣與兩截穿衣是很細微的區別，似乎沒有什麼不公平之處，可是一九二〇年的女人很容易地就多了心。她們初受西方文化的薰陶，醉心於男女平權之說，可是四週的國際情形與理想相差太遠了，羞憤之下，她們排斥女性化的一切，恨不得將女人的根性斬盡殺絕。因此初興的旗袍是嚴冷方正的，具有淸敎徒的風格。

政治上，對內對外陸續發生的不幸事件使民衆灰了心。青年人的理想總有支持不了的一天。時裝開始緊縮。喇叭管袖子收小了。一九三〇年，袖長及肘，衣領又高了起來。往年的元寶領的優點在它的適宜的角度，斜斜地切過兩腮，不是瓜子臉也變了瓜子臉，這一次的高領却是圓筒式的，緊抵着下頷，肌肉尚未鬆弛的姑娘們也生了雙下巴。這種衣領根本不可恕。可是它象徵了十年前那種理智化的淫逸的空氣——直挺挺的衣領遠遠隔開了女神似的頭與下面的豐柔的肉身。這兒有諷刺，有絕望後的狂笑。

當時歐美流行着的雙排鈕扣的軍人式的外套正和中國人淒厲的心情一拍即合。然而恪守中庸之道的中國女人在那雄糾糾的大衣底下穿着拂地的絲絨長袍，袍叉開到大腿上，露出同樣質料的長袴子，跨脚上閃着銀色花邊。衣服的主人翁也是這樣的奇異的配答，表面上無不激烈地唱高調，骨子裏還是唯物主義者。

近年來最重要的變化是衣袖的廢除。（那似乎是極其艱難危險的工作，小心翼翼地，費了二十年的工夫方才完全剪去。）同時衣領矮了，袍身短了，裝飾性質的鑲滾也免了，改用盤花鈕扣來代替，不久連鈕扣也被捐棄了，改用撳鈕。總之，這筆賬完全是減法——所有的點綴品，無論有用沒用，一概剔去。剩下的只有一件緊身背心，露出頸項，兩臂與小腿。

現在要緊的是人，旗袍的作用不外乎烘雲托月忠實地將人體輪廓曲曲勾出。革命前的裝束却反之，人屬次要，單只注重詩意的線條，於是女人的體格公式化，不脫衣服不知道她與她有什麼不同。我們的時裝不是一種有計畫有組織的實業，不比在巴黎，幾個規模宏大的時裝公司如Lelong's Schiaparelli's壟斷一切，影響及整個白種人的世界。我們的裁縫却是沒主張的。公衆的幻想往往不謀而合，產生一種不可思議的洪流。裁縫只有追隨的份兒。因爲這緣故，中國的時裝更可以作民意的代表。

究竟誰是時裝的首倡者，很難證明，因爲中國人素不尊重版權，而且作者也不甚介意，既然抄襲是最隆重的讚美。最近入時的半長不短的袖子，又稱「四分之三袖，」上海人便說是香港發起的，而香港人又說是由上海傳來的，互相推諉，不敢負責。

一雙袖子翩翩歸來，預兆形式主義的復興。最新的發展是向傳統的一方面走，細節雖不能恢復，輪廓却可儘量引用，用得活泛，一樣能够適應現代環境的需要。旗袍的大襟採取圍裙式，就是個好例子，很有點「三日入廚下」的風情，耐人尋味。

男裝的近代史較爲平淡。只有一個極短的時期，民國四年至八九年，男人的衣服也講究花哨，滾上多道的如意頭，而且男女的衣料可以通用，然而生當其時的人都認爲那是天下大亂的怪現狀之一。目前中國人的西裝，固然是謹嚴而黯淡，遵守西洋紳士的成規，即是中裝也長年地在灰色，咖啡色，深青裏面打滾，質地與圖案也極單調。男子的生活比女子自由得多，然而單憑這一件不自由，我就不願意做一個男子。

衣服似乎是不足掛齒的小事。劉備說過這樣的話：「兄弟如手足，妻子如衣服。」可是如果女人能够做到「丈夫如衣服」的地步，就很不容易。有個西方作家（是蕭伯納麼？）曾經抱怨過，多數女人選擇丈夫遠不及選擇帽子一般的聚精匯神，愼重考慮。再沒有心肝的女子說起她「去年那件織錦緞夾袍」的時候，也是一往情深的。

直到十八世紀爲止，中外的男子尙有穿紅着綠的權利。男子服色的限制是現代文明的特徵。不論這在心理上有沒有不健康的影響，至少這是不必要的壓抑。文明社會的集團生活裏，必要的壓抑有許多種。似乎小節上應當放縱些，作爲補償。有這麼一種議論，說男性如果對於衣着感到興趣些，也許他們會安份一點，不至於千方百計爭取社會的注意與讚美，爲了造就一已的聲望，不惜禍國殃民。若說只消將男人打扮得花紅柳綠的，天下就太平了，那當然是笑話。大紅蟒衣裏面戴着綉花肚兜的官員，照樣會淆亂朝綱。但是預言家威爾斯的合理化的烏托邦裏面的男女公民一律穿着最鮮豔的薄膜質的衣袴，斗蓬，這倒也値得做我們參考的資料。

因爲習慣上的關係，男子打扮得略略不中程式，的確看着不順眼，中裝上加大衣，就是一個例子，不如另加上一件棉袍或皮袍來得妥當，便臃腫些也不妨。有一次我在電車上看見一個年青人，也許是學生，也許是店夥，用米色絲方格的兎子呢製了太緊的袍，脚上穿着女式紅絲條紋短袴，嘴裏啣着別緻的描花假象牙煙斗，煙斗裏並沒有煙。他吮了一會，拿下來把它一截截拆開了，又裝上去，再送到嘴裏去吮，面上頗有得色。乍看覺得可笑，然而為什麼不呢，如果他喜歡？

……秋涼的薄暮，小菜場上收了攤子，滿地的魚腥和青白色的蘆粟的皮與渣。一個小孩騎了自行車衝過來，賣弄本領，大叫一聲，放鬆了扶手，搖擺着，輕倩地掠過。在這一剎那，滿街的人都充滿了不可理喻的景仰之心。人生最可愛的當兒便在那一撒手罷？

應付勁兒

小魯

先得聲明一句，這勁兒兩字，得連在一起讀，讀成一個字的聲音，像不可之讀為叵，不律之讀為筆一樣，那麼「應付勁兒！」這句口邊上的話，讀起來才够勁兒！

「瞧您這副應付勁兒！」這是誇贊正在應付得神的朋友們，常用的詞兒。要是咱們擺起面孔說話，無論是對尊長，對朋友，對上，對下，都得以誠相見，任憑怎樣說，也不能談什麼應付不應付。一提到應付，我們就會覺得多少就有點講手段缺乏誠意，可是有時候別人要求您的，您不樂意幹；您叫幹的事，別人又不樂意幹；那怎麼辦？您要說：「不願幹，吹！」咱們不說。您要是還想想下去，那您可就得要懂得應付啦！

應付最好的考語，就是「應付得體」。談到「得體」二字，自然會讓初問世的毛頭小伙子，瞧着有點稀里胡塗的。就打得體說吧。譬如說您追求一位女士，也許您對她的虔誠恭敬，勝過您對老爺子老太太的十倍百倍的，您總會明白，那又是什麼一回子事，您知道會用什麼方式，和她在一道去吃、喝、玩、樂。您能用不同的方式，您就算是得體啦。再說，您愛了她，您還能不依着她，揀她所喜歡的去辦？您辦的她樂意了，這也算您應付得體。要是她要求的，您辦不了，或是您的力量辦不了，憑良心說，我是相信您的，在這熱戀的當兒，您還能不獻盡您的所有麼？萬一您的事情吹了，我要說這錯處還得歸您。您當初為什麼忘了自己？為什麼不度德，不量力？為什麼草茅之士，也想觀光上國？您明白？應付也是有限度的，不是什麼事情，都可以應付成功的，在事情剛演變的時候，我們要是估計到這事情不是應付得了的，或是不是我可以應付得了的，還是省點神，不應付倒也罷了。

談到應付尊長和上司，也彷彿是這個勁兒，可惜的是還沒看到有位青年，肯用這份服侍愛人的傻勁兒，去伺候尊長和上司。說到長上脾氣，最顯著的就是一個訓字，上訓下在他自然得體，下對上呢，您要是儘管是！是！是！的是下去，也會叫人不痛快，您得答渣兒。譬如看到年輕喜歡收拾的，他會說：「為什麼要梳上這們油光光蓬鬆鬆的菲律賓？這花花綠綠的西服，您瞧小屁漏的樣子，還像一個公務員？」您得接着說：「是！報告××，沒法子，昨天同學王雙喜結婚，請我做儐相，才這麼收拾了一下，這回去我就得改！」「改呀！」「是！」完事啦。長官瞧着這孩子服從就行，至於改不改，也就不會再頂了。瞧着年長的，他們又會訓：「瞧你這暮氣沉沉的，頭髮也不修，鬍子也不光，成個什麼樣兒！」您得說「是！報告××，這兩天有點病，弄成這個樣兒，下班我就去收拾收拾，」行！大家都對付過去啦！

做長上的，都覺着比底下人高明，他說的話，您要給頂回去，或者說給他駁一下，會叫他不痛快您一輩子。他說的話，您不但要表示相信，您最好再給他加上一些證明，那他可就更高興您了，反正您自己不要先拿主意就行。譬如教育部長對您說，「咱們小時候，一看見老師舉起夏楚，就嚇的直抖，不敢不直着嗓子喊。現在的孩子，像野貓似，不打還行，您看恢復體罰怎樣？」您不要直接承認，顯著您不會應付，您可以說，「是！所以我主張要採取洛克的訓練主義。」要是部長主張孩子不要管的兒，讓他們自由發展，您就可以說「是！所以我主張要採取盧騷的自然主義。」反正相反的學說有的是，揀愛聽的說，那還不行麼？這一種討好的方式，就是海派所謂「和調」是也。不過和調只是應付的前奏而已，當然我們不能忘掉此來的目的。先用和調的方式，來取得人家的好感，然後再慢慢的話入正題，這並非在下獨創，也是有老譜兒的。孟老爹去見什麼王的時候，王說：「自己好貨兼好色。」孟老爹先說：「好得有理！」然後再說：「當求其大；」王說：「愛牛不愛羊。」孟老爹也先說：「愛得有理！」然後再說「愛而無私；」不過有時候，您儘管能像孟老爹那樣會和調，會說得有理，結果您施的那一套應付勁兒，還是不免於瞎扯淡的，孟老爹不就是現成的榜樣麼？

某人所愛聽的東西，也可以說是某人最懂得的東西，所以您要和他的調，也得先研究，要不然鬧笑話是免不了的。有一位在美國學農業的某君，因爲和某公有點淵源，回國後就要去找他弄點小差使。這位某君，也是聰明人，在求見之前，先忙着打聽某偉人的嗜好。有相好的說：「園藝他是喜歡的。」又問喜歡什麼花木？又聞說：「某某樹是他最喜歡的。」臨見的那天，某偉人聽說他是學農業的，遂臨軒指點道：「您看我這園林佈置得如何？」某君很恭謹的說道：「佈置得很好！我在學園藝的時候，覺得園林中要能夠多栽某某樹，才足以使一座園林生色。這一座園林，樣樣都好，就是缺乏某某樹的點綴，我認美中不足，不識×丈以爲何如？」言下頗有得色。可是某公卻望着他一句話也說不出。某君儘坐了一會，退了出來，還以爲相好的尋他的開心。後來一打聽，才知道滿園栽的，就全是那個叫什麼樹的。您自己不認得麼，那還有什麼說的。

談應付的，不是沒有主張的人，相反的說，卻是有主張的人。沒有主張的人，跟着別人和調，揀人愛聽的說，揀人喜歡的幹，就這們樣子的混碗飯吃，多麼乾脆而便當？就怕自己有股傻勁兒，覺得應該這們幹，不該那們幹，幹不通還要兜圈子，繞灣子的幹。因爲要避開阻力，減輕阻力，掃除阻力，那才需要一面幹着一面應付。咱們的　國父那樣志行堅貞的聖人，他也曾和段干木張大騎來過三角；委陳炯明掌過兵柄；您能說那不是應付？等到砲打觀音山，他老人家可就硬起來啦，什麼也不管了，幹吧！所以談應付的朋友，他自己心裏，早已琢磨着定下了一個限度，到了限度的時候，他才不管什麼呢。反正是幹吧，沒有我有您！沒有您有我！

應付的局面，在對上的時候，顯著虔敬而謹慎；對下的時候，多的是隨便而任性的那副調調兒；在平等局面的時候，最顯著熱烈而緊張；大家既沒有什麼顧忌，存心好的，還只求適可而止；存心壞的，還不是想把您應付完了才算完事；我也不願說他。古來上應付下的訣巧，只重在一個威字，那些個捧皇帝伯伯的耗子們，立下了什麼威儀三百，禮儀三千的規矩，叫您見了皇帝伯伯，只有匍伏的份兒，沒有抬頭的份兒。又把皇帝伯伯盡量的和老百姓們隔絕，盡量的讓他神秘，讓您聽到他的名子，就覺得凜然不可侵犯；叫您受着碰到他就有化爲飛灰的危險；您還敢向他囉嗦！推而至於芝蔴綠豆大的官兒，還有那些個縉紳先生之流，也都學着擺面孔，不輕於說笑。西來順的涮羊肉，隨便怎樣好吃，也不屑一顧，懼有失官體也。至於上混堂洗澡，那更是道地的有失官體，尤其是地方的主腦官兒，更加不敢輕於嘗試的。

我以爲上不敢近下，是衷有所不足的病癥，苟有所持，又何致色厲而內荏！一味的用威，亂嗄唬人，人家有話也不敢向您說了，下情不能上達，這樣一天一天的抑鬱着，一旦暴發了，憑什麼您也挽救不了這不可禦的崩潰，所以還是早一點親近親近，應付應付的好。

應付下面的辦法，只要一個公字和一個平字。在上的無私財，無私欲，那還有什麼說；賢者在位，能者在職，升遷以其功能，那還有什麼說的，在上的吃油而穿綢，在下的枵腹而襤褸，他自已雖還願意死守，他的老婆孩子可不容他不跑生意去了。

在這窮得大家不願幹的時候，做尖官卡官的，應付下面，就比應付上面更困難了，憑一個公務員去做買賣，無論如何不會失敗在現在的商人羣裏的。憑什麼要餓着肚子跟您當膽寫版？這時候您除了拿西亞爾比拿大米子去應付，憑什麼您也應付不下來。這就是說應付又到了一個新限度，不是憑勁兒可以完事的，這該是我們要從另一方面想辦法，來應付這一方面的時候。空應付已經辦不了哪！

談貨幣書法

堪隱

歷代泉源，於其書法字體，卽可見當時之文化美術。昔日鑄貨錢，上所書年號元寶通寶諸字，無論何代，除皇帝御書外，必選當時書法名手書之。故市上古泉，僞質雖多，若細審字體精神，卽可辨其六七。降至今日，雖行紙幣，，其書字亦多名家。見於記載可考者，如大宋徽宗所書之「宣和通寶」一小平錢，及「大觀通寶」大錢，皆瘦金體，遒勁可愛。不佞喜蒐藏古泉，燈下摩挲，古趣盎然。不特有關各代經濟，亦有關歷朝藝事也。除「宣和」，「大觀」爲人所知外，曾敏行「獨醒雜誌」卷三云：『宋崇甯二年鑄大錢，其錢文徽宗嘗令蔡京書之。筆畫從省，崇字中以一筆上下相貫。甯字中不從心。當時識者謂京「有意破宗，無心甯國。」後乃改之。』今崇甯錢流傳尙多，卽蔡京所書也。按北宋雖有蘇黃米各蔡大家書法，因帝王所好之故，瘦金體亦盛行。其字秀麗而枯乾，識者稱爲亡國之字。故清初順治，康熙，雍正，乾隆諸制錢文字，雖不知出何人手，但皆顏體歐神，端莊富麗。多屬劉石庵一派。

加以銅質金黃，一見卽知其爲承平之世。道光而後，字體稍變，銅質亦劣，而憂患隨之矣。民初袁世凱稱帝，改元洪憲，當時曾鑄紀念幣。余藏有「洪憲通寶」大錢，傳世絕少，詢之故老，云係山東狀元王壽彭書。蓋袁有內史之設，皆前清一甲，如湖南探花鄭沅，甯甯狀元劉春霖均網羅之。時由諸人各寫一紙進呈，袁獨圈出王書錢文，批以「試鑄」。未幾起義軍興，遂未鑄成，故今所僅見者，只當時「試鑄」樣錢數枚耳。十年前國府所鑄鎳幣及紙鈔中央劵，其字體似譚延闓書，以黑大圓光也。又滿洲所鑄硬幣，其字體端凝，耐人欣賞，聞爲寶瑞臣（熙）書。滿中央銀行紙幣，其五角幣，上有「滿洲中央銀行」六字，乃趙兼歐，秀麗之至，聞係滿帝手筆，卽宣統所書也。其一元幣，下並附貨幣法一則，則鄭蘇堪（孝胥）所書。皆極名貴，於若干年後，將同爲歷史上珍異之物也。

談體味

朱衣

人們有句俗話，「情人眼裏出西施」，如其男女間的愛慕，也可說是於「體香」（也可說是體臭）關係的話，那麼竟亦可說「情人鼻裏出西施」了。

關於女人體香或體臭的事跡，古今中外的詩人、小說家已經說得很多，李笠翁云：「名花美人，氣味相同，有國色必有天香，天香結自胞胎，非由薰染，佳人身上，實有此一種，非飾美之詞也。」所謂「非飾美之詞也，」其實不免也是因人而異的主觀之說。又近人樊樊山也有描寫女人體香的詩句。如「墮馬接響坐接茵，憑肩私語夜相親，何須更勸蓮花盞，吹氣如蘭已醉人。」「竟體芳蘭綉被溫，薰衣長感玉人恩，最能操縱檀郎處，剛便銷魂又返魂。」此外，我們更從外國名著裏，也看到不少描寫女人香味的文章，像達能超在「死亡勝利」裏，敘述愛人肌膚的肉香，盧梭在「愛爾兒」中描寫女人化妝室的香味，史依斯門在「巴黎人之素描」記載女子腋窩的幾種香味，大詩人歌德當和史泰茵夫人仳離的時候，還討得了夫人的內衣纔動身呢。

從這些詩文中，都已十足描摹體臭的神祕。愛理娜葛琳名聞世界的小說「性感」中的主人公的女子，眷戀着中年醜漢根達，就是爲着這體臭的魅力，中國的俚詩：「願變蝴蝶去裙邊，一嗅餘香死亦甜」，雖然是色情狂男子的談吐，但於此總可以吸引異性的魔力了。

腋氣亦體臭的一種，而且比較起來更覺強烈，「兩般秋雨盦隨筆」云：「人患腋氣，俗謂之狐騷臭，粵人爲尤甚」。崔令欽「教坊記」云：『范漢女大娘子亦是竿木家，開元二十一年出內，有姿媚而微慍羝』，卽謂腋氣也。體臭既然可以譽之爲「天香」，腋氣當然也得另有一個好聽些的名詞。——在愛好者看來——古人有詠這一種氣味的詩句云：『明知不是雪，爲有暗香來』。名腋氣爲「暗香」，確是香豔夠味。海陬冶遊錄亦云：「明珠貌美而微患慍羝，余戲贈二十八字云：『酒半留髡夜未央，羅襦偷解玉肌涼，荻欄橋畔春風軟，那識銷魂別有香』」。這詩中所謂「別有香」，卽是「指腋氣而言的」。

人從身體內所發出的氣味，有天然的，也有人工的，如上面所說的「天香」和「暗香」，及哺乳婦女的「奶花香」都是出於天然，也有因爲吃了特殊食品的緣故，而造成一種特殊「體臭」的，陳大聲嘲北妓詩中有句云：「生葱生蒜生韮菜，腌臢，那裏有夜深私語口脂香。」但我相信不乏嗜痂有癖，薰蕕同器的人，以陳大聲所認爲「腌臢」的北妓的「體臭」，反而覺得別有風味。如「呂氏春秋」所載「某人（逸其名）體臭甚濃，其妻妾兄弟親友無能與之居者，自苦而居海上，人有悅其臭者，晝夜隨而不去，是謂『逐臭之夫』」。可見香臭好惡的不同，眞不可一概而論了。

但極端反對體臭的，古今來也不乏其人，如「北周蕭詧，惡見婦人，遙聞其臭」。又明顧元慶「雲林遺事」云：「雲林（倪瓚）嘗眷趙買兒，留宿別業，疑其不潔，俾之浴，且捫且臭，復俾浴不已，竟夕不交而罷，趙談於人，每爲絕倒。」又云：「楊廉夫耽好聲色，一日，與倪瓚飲友人家，廉夫脫妓鞋置酒杯其中，使座客傳飲，名曰鞋杯，倪瓚素有潔癖，見之大怒，翻案而起，連呼齷齪而去。」蕭詧與倪瓚兩人，可說是反對「體臭」的極端派了。

至於前面文中所舉出的若干西方男子爲女人的「體臭」而顛倒的事實，這也並不是說西方男子個個會爲女人的「體臭」而銷魂蕩魄的。西方藥物中，就有不少是專供消滅「腋氣」之用。尤其是一種「救命圈」牌的肥皂，亦是因爲它能夠消滅一切「體臭」而得名。這種肥皂的廣告上的語氣，往往說一個很美麗的女人，可是沒有男人喜歡伴她跳舞，就爲不知用這種肥皂消滅「體臭」之故。或說一個很有錢的女子，可是找不到男性伴侶，就爲不知用這肥皂之故。文字之不足，還加上很美觀的圖畫，可見西方女子，固多「暗香」之美，而西方的男子也未必盡是「逐臭之夫」哩。

往矣集

增訂第七版出版

往矣集第六版倏又告罄，現出版第七版。並經作者夫人楊淑慧女士同意，將其近作『我與佛海』一文插入附錄，可為本書生色不少。又作者允以有關集中文字之照片見惠，其中人物，皆當日風雲際會，有關史跡，其珍貴可想。定價改售廿五元，欲購者請逕向本社或各地代售處接洽為荷。

每冊實價中儲券貳拾伍元

蠹魚篇

要目一斑

漢園集

現已編印即將出版

發行所

古今出版社

上海咸陽路（亞爾培路）二號・電話七三七八八號

本期每冊實價拾元

秀威經典
人文史地類　PC0460

古今（三）

原發行者 / 古今出版社
主　　編 / 蔡登山

數位重製・印刷 / 秀威經典
http://www.showwe.com.tw
114台北市內湖區瑞光路76巷65號1樓
電話：+886-2-2796-3638
傳真：+886-2-2796-1377
劃撥帳號 / 19563868　戶名：秀威資訊科技股份有限公司
讀者服務信箱：service@showwe.com.tw
網路訂購 / 秀威網路書店：https://store.showwe.tw
網路訂購：order@showwe.com.tw

2015年3月
精裝印製工本費：2500元

Printed in Taiwan

國家圖書館出版品預行編目

古今 / 蔡登山主編. -- 一版. -- 臺北市 : 秀威資訊科技,
2015.03-
冊；　公分. -- (人文史地類)
BOD版
ISBN 978-986-326-299-2(第1冊 : 精裝). --
ISBN 978-986-326-326-5(第2冊 : 精裝). --
ISBN 978-986-326-327-2(第3冊 : 精裝). --
ISBN 978-986-326-328-9(第4冊 : 精裝). --
ISBN 978-986-326-329-6(第5冊 : 精裝)

1. 言論集

078　　104002194

讀者回函卡

感謝您購買本書，為提升服務品質，請填妥以下資料，將讀者回函卡直接寄回或傳真本公司，收到您的寶貴意見後，我們會收藏記錄及檢討，謝謝！

如您需要了解本公司最新出版書目、購書優惠或企劃活動，歡迎您上網查詢或下載相關資料：http:// www.showwe.com.tw

您購買的書名：________________________________

出生日期：________年________月________日

學歷：□高中（含）以下　□大專　□研究所（含）以上

職業：□製造業　□金融業　□資訊業　□軍警　□傳播業　□自由業

□服務業　□公務員　□教職　□學生　□家管　□其它______

購書地點：□網路書店　□實體書店　□書展　□郵購　□贈閱　□其他

您從何得知本書的消息？

□網路書店　□實體書店　□網路搜尋　□電子報　□書訊　□雜誌

□傳播媒體　□親友推薦　□網站推薦　□部落格　□其他__________

您對本書的評價：（請填代號　1.非常滿意　2.滿意　3.尚可　4.再改進）

封面設計____　版面編排____　內容____　文／譯筆____　價格____

讀完書後您覺得：

□很有收穫　□有收穫　□收穫不多　□沒收穫

對我們的建議：________________________________

____

____

____

請貼
郵票

11466
台北市內湖區瑞光路 76 巷 65 號 1 樓
秀威資訊科技股份有限公司 收
BOD 數位出版事業部

(請沿線對折寄回，謝謝！)

姓　　名：＿＿＿＿＿＿＿＿　年齡：＿＿＿＿　性別：□女　□男

郵遞區號：□□□□□

地　　址：＿＿＿＿＿＿＿＿＿＿＿＿＿＿＿＿

聯絡電話：(日)＿＿＿＿＿＿＿＿　(夜)＿＿＿＿＿＿＿＿

E-mail：＿＿＿＿＿＿＿＿＿＿＿＿＿＿＿＿